安徽省软科学研究重大项目（JS2019AKRK0053）
安徽省科技创新战略与软科学研究重点项目（202006f01050015） 研究成果

RESEARCH ON INNOVATIVE DEVELOPMENT OF
HIGH TECH INDUSTRIAL DEVELOPMENT ZONES

高新技术产业开发区创新发展研究

张本照　王海涛 ◎ 著

中国科学技术大学出版社

内 容 简 介

本书以《国务院关于促进国家高新技术产业开发区高质量发展的若干意见》《"十四五"国家高新技术产业开发区发展规划》为背景,主要研究当前我国高新技术产业开发区(简称"高新区")发展现状,重点揭示中国高新区创新发展的若干维度,多角度对中国高新区创新资源集聚、创新创业环境、创新活动绩效、创新驱动发展等方面进行评价,并结合国内外典型高新区案例研究,提出中国高新区的投资适用指引。

本书可作为经济学、管理学专业研究者的参考资料,可作为全国各级高新区管理人员招商引资的辅助材料。

图书在版编目(CIP)数据

高新技术产业开发区创新发展研究/张本照,王海涛著. --合肥:中国科学技术大学出版社,2024.6

ISBN 978-7-312-05998-8

Ⅰ.高… Ⅱ.①张…②王… Ⅲ.高技术产业区—产业发展—研究—中国 Ⅳ.F269.24

中国国家版本馆 CIP 数据核字(2024)第 109189 号

高新技术产业开发区创新发展研究

GAO-XIN JISHU CHANYE KAIFAQU CHUANGXIN FAZHAN YANJIU

出版	中国科学技术大学出版社 安徽省合肥市金寨路 96 号,230026 http://press.ustc.edu.cn https://zgkxjsdxcbs.tmall.com
印刷	合肥市宏基印刷有限公司
发行	中国科学技术大学出版社
开本	787 mm×1092 mm 1/16
印张	30.5
字数	779 千
版次	2024 年 6 月第 1 版
印次	2024 年 6 月第 1 次印刷
定价	120.00 元

前　言

改革开放的40多年,既是中国经济飞速发展和走向高质量发展的40多年,又是中国高新技术产业开发区(以下简称"高新区")从无到有、实现快速发展的关键时期。从1988年开始,中国高新区发展已经历35个春秋。截至2023年11月,中国高新区总数达178家,依托66家中国高新区建设了23家国家自主创新示范区。中国高新区设立35年来,以"发展高科技,实现产业化"为使命,围绕"高"和"新"的核心内容,筚路蓝缕、奋勇开拓,走出了一条具有中国特色的高新技术产业化道路,已经成为我国重要的区域创新策源地、体制机制改革试验田、高科技企业成长和高端产业集聚的重要载体,为我国经济高质量发展作出了重要贡献。

近年来,国家高新区不断深化改革探索,促进科技创新与产业创新对接,综合实力快速提升,为新时期高水平推进新型工业化奠定了坚实的基础。主要表现在:一是发挥高质量发展先行示范作用,成为经济稳定增长的重要引擎。2022年,中国高新区生产总值达到17.3万亿元,创造了全国14.3%的GDP,贡献了全国13.6%的税收。2023年1—9月,园区生产总值(GDP)达到12.33万亿元,同比名义增长7.11%。二是培育壮大高科技产业集群,成为保障产业链-供应链安全的重要基石。中关村新一代信息技术、武汉东湖光电子、张江集成电路产业的规模分别占全国的17%、50%和35%。支撑建设了38个国家先进制造业集群,集聚了1/3的高新技术企业、2/3的科创板上市公司。三是强化创新策源和关键核心技术突破,成为高水平科技自立自强的有力支撑。从基地平台来看,国家高新区聚集了近80%的全国重点实验室、70%的国家制造业创新中心、78%的国家技术创新中心。从研发投入来看,中国高新区企业研发经费投入超万亿元,占全国企业研发经费投入近一半。从成果产出来看,国家高新区企业拥有发明专利占全国接近一半;智能机器人、卫星导航等一批引领性原创成果在高新区加速产业化,第一枚人工智能芯片、第一颗量子通信卫星等均诞生在高新区。四是增强辐射带动作用,成为落实国家区域重大战略的主要阵地。京津冀、长三角、粤港澳大湾区集聚了全国1/4的国家高新区。东部地区地级市中国高新区覆盖率已达71%,中部地区地级市覆盖率已达59%。(数据来源:2023年12月12日,工业和信息化部举行的"发挥国家高新区作用加快推进新型工业化"新闻发布会)

本书基于近年来我们课题组承担的十几项有关高新区的安徽省软科学课题

和相关地市高新区"十三五""十四五"规划课题以及相关地市有关经开区更名高新区的可行性研究报告和高新技术产业发展规划的研究成果，回顾中国高新区的发展历程、理论溯源、管理体制机制，总结中国高新区总体发展现状、发展环境、发展动力机制、发展战略，从创新驱动发展、区域协调创新发展、绿色创新发展、国际化创新发展、开发建设创新发展、管理运营创新发展、金融服务创新发展、融资模式创新发展等方面对中国高新区进行了深入研究，从创新资源集聚、创新创业环境、创新活动绩效、创新驱动发展、创新的国际化等方面对我国高新区进行综合评价，选择上海、深圳、广州、苏州、杭州、合肥、武汉等市中极具特色的国家级高新区进行案例分析，提出中国高新区的投资适用指引。本书力图从宏观和微观的视角，运用实证研究和规范研究的方法，全面系统分析我国高新区的状况，剖析中国高新区发展中的重要问题，以期为中国高新区在经济高质量发展新要求下如何实现进一步创新发展提供参考。

全书分为五篇十二章。第一篇为概况篇，分为三章，主要包括：高新区发展相关概念界定和文献综述、高新区发展相关理论溯源、中国高新区管理体制机制理论与实践。第二篇为背景篇，分为五章，主要包括：中国高新区总体发展现状、中国高新区发展环境分析、中国高新区发展动力机制分析、中国高新区发展战略分析、高新技术企业融资模式及风险防范。第三篇为发展篇，分为九章，主要包括：中国高新区创新驱动发展研究、中国高新区区域协调创新发展研究、中国高新区转型升级创新发展研究、中国高新区绿色创新发展研究、中国高新区国际化创新发展研究、中国高新区开发建设创新发展研究、中国高新区管理运营创新发展研究、中国高新区金融服务创新发展研究、中国高新区融资模式创新发展研究。第四篇为评价篇，分为五章，主要包括：创新资源集聚评价、创新创业环境评价、高新区创新活动绩效评价、创新驱动发展评价、创新的国际化评价。第五篇为案例篇，分为七章，主要包括：上海张江高新区：全产业链体系建设案例分析，深圳高新区：开放式管理模式案例分析，广州高新区：大湾区创新核心枢纽建设案例分析，苏州工业园区：开放创新发展案例分析，杭州高新区：多要素联动区域创新体系建设案例分析，合肥高新区：国资引领产业投资发展案例分析，武汉东湖高新区：科技企业孵化器建设案例分析。最后一章，提出中国高新区投资适用指引。

本书的写作出版，得到了中国科学技术大学出版社相关领导的大力支持，得到了安徽省软科学课题和相关高新区规划课题等科研项目资金的支持。全书由张本照(合肥工业大学教授)、王海涛(合肥工业大学副教授)负责主要撰写和全书统稿工作。金融专业2021级研究生黄雨同学做了许多文字校对工作。具体分工如下：第一章(黄顺武、徐思静)、第二章(张本照、王浩)、第三章(张本照、王宏军)、第四章(张本照、黄雨)、第五章(张本照、张思雨)、第六章(张本照、王聪雨)、第七章(张本照、李飞霞)、第八章(胡东兰、焦开敏)、第九章(张本照、王佳敏)、第十章(张本照、鄢忆雯)、第十一章(张本照、吉玉婷)、第十二章(张本照、王炜杰)、第十三章(王海涛、万凯)、第十四章(张本照、叶雯)、第十五章(张本照、张兆)、第十六章(张本照、史剑涛)、第十七章(王海涛、徐笑宇)、第十八章(王海涛、张庆施)、第十九章(王海涛、解丽莎)、第二十章(王海涛、朱晓露)、第二十一章(王海涛、金喜悦)、第二十二章(王海涛、王薇)、第二十三章(黄顺武、冯汇佳)、第二十四章(张本照、朱晨晨)、第二十五章(张本照、袁文凡)、第二十六章(黄顺武、夏念暖)、第二十七章(张本照、汪敏文)、第二十八章(张本照、张择佑)、第二十九章(张本照、赵文杰)、第三十章(王海涛、狄可)。在此,对以上相关支持者表示衷心的感谢。

本书在写作过程中,参阅了国内外大量的相关文献,已在书后列出,在此对这些作者和网站资料收集者、提供者表示衷心感谢。若有遗漏,万望见谅。由于作者水平有限,难免有很多不成熟的观点和粗糙之处,敬请业界专家和广大读者雅正并提出宝贵意见,以便进一步修改完善。

张本照

2023 年 12 月于合肥工业大学翡翠科教楼

目 录

前言 ……………………………………………………………………………………（ⅰ）

第一篇 概 况 篇

第一章 高新区发展相关概念界定和文献综述 ……………………………………（2）
 第一节 高新技术产业开发区相关概念界定 ……………………………………（2）
 第二节 高新技术产业开发区研究的文献综述 …………………………………（5）

第二章 高新区发展相关理论溯源 …………………………………………………（10）
 第一节 高新区理论的起源 ………………………………………………………（10）
 第二节 高新区理论的发展 ………………………………………………………（12）
 第三节 高新区理论的创新 ………………………………………………………（15）

第三章 中国高新区管理体制机制理论与实践 ……………………………………（18）
 第一节 中国高新区管理体制机制的发展概述 …………………………………（18）
 第二节 中国高新区管理体制机制面临的挑战和改革方向 ……………………（21）
 第三节 中国高新区管理体制机制改革的成功实践 ……………………………（25）

第二篇 背 景 篇

第四章 中国高新区总体发展现状 …………………………………………………（30）
 第一节 中国高新区发展的历史演进 ……………………………………………（30）
 第二节 中国高新区发展布局现状分析 …………………………………………（32）
 第三节 中国高新区经济社会发展现状分析 ……………………………………（39）
 第四节 中国高新区创新现状分析 ………………………………………………（42）

第五章 中国高新区发展环境分析 …………………………………………………（45）
 第一节 中国高新区发展制度环境分析 …………………………………………（45）
 第二节 中国高新区发展经济环境分析 …………………………………………（47）
 第三节 中国高新区发展社会环境分析 …………………………………………（56）
 第四节 中国高新区发展技术环境分析 …………………………………………（59）

第六章 中国高新区发展动力机制分析 ……………………………………………（63）
 第一节 中国高新区发展动力机制的演变 ………………………………………（63）
 第二节 由政策和要素驱动的动力机制分析 ……………………………………（65）
 第三节 由产业集聚驱动的动力机制分析 ………………………………………（68）
 第四节 由技术创新驱动的动力机制分析 ………………………………………（70）

第七章　中国高新区发展战略分析 ……………………………………………………（75）
第一节　中国高新区的战略形势分析 ………………………………………………（75）
第二节　中国高新区发展战略的制定 ………………………………………………（78）
第三节　中国高新区发展战略要点 …………………………………………………（82）
第四节　中国高新区发展战略实施措施 ……………………………………………（85）

第八章　高新技术企业融资模式及风险防范 ……………………………………………（88）
第一节　高新技术企业融资及风险防范概述 ………………………………………（88）
第二节　高新技术企业融资阶段及最新发展趋势 …………………………………（92）
第三节　高新技术企业融资风险及防范策略 ………………………………………（96）

第三篇　发　展　篇

第九章　中国高新区创新驱动发展研究 …………………………………………………（102）
第一节　中国高新区创新驱动发展概况 ……………………………………………（102）
第二节　中国高新区创新驱动发展的影响因素和主要模式 ………………………（108）
第三节　促进中国高新区创新发展的对策建议 ……………………………………（112）

第十章　中国高新区区域协调创新发展研究 ……………………………………………（115）
第一节　中国高新区区域协调创新发展概述 ………………………………………（115）
第二节　中国高新区区域协调创新发展的主要模式 ………………………………（120）
第三节　促进中国高新区区域协调创新发展的政策建议 …………………………（126）

第十一章　中国高新区转型升级创新发展研究 …………………………………………（129）
第一节　中国高新区转型升级创新发展概况 ………………………………………（129）
第二节　中国高新区转型升级创新发展的主要驱动因素与挑战 …………………（137）
第三节　促进中国高新区转型升级创新发展的对策建议 …………………………（140）

第十二章　中国高新区绿色创新发展研究 ………………………………………………（144）
第一节　中国高新区绿色创新发展概况 ……………………………………………（144）
第二节　中国高新区绿色创新发展的驱动因素 ……………………………………（148）
第三节　促进中国高新区绿色创新发展的对策建议 ………………………………（151）

第十三章　中国高新区国际化创新发展研究 ……………………………………………（155）
第一节　中国高新区国际化创新发展概况 …………………………………………（155）
第二节　中国高新区国际化创新发展模式 …………………………………………（162）
第三节　促进中国高新区国际化创新发展的对策建议 ……………………………（165）

第十四章　中国高新区开发建设创新发展研究 …………………………………………（167）
第一节　中国高新区开发建设创新发展概况 ………………………………………（167）
第二节　中国高新区开发建设创新发展的主要模式 ………………………………（171）
第三节　促进中国高新区开发建设创新发展的对策建议 …………………………（174）

第十五章　中国高新区管理运营创新发展研究 …………………………………………（177）
第一节　中国高新区管理运营创新发展的概况 ……………………………………（177）
第二节　中国高新区管理运营创新发展的主要模式分析 …………………………（182）
第三节　中国高新区管理运营创新发展的对策建议 ………………………………（185）

第十六章　中国高新区金融服务创新发展研究 (188)
第一节　中国高新区金融服务创新发展概况 (188)
第二节　中国高新区金融服务创新发展的影响因素 (194)
第三节　促进中国高新区金融服务创新发展的建议 (196)

第十七章　中国高新区融资模式创新发展研究 (200)
第一节　中国高新区融资模式创新发展概况 (200)
第二节　中国高新区融资模式创新发展的主要问题 (209)
第三节　促进中国高新区融资模式创新发展的对策建议 (212)

第四篇　评　价　篇

第十八章　创新资源集聚评价 (216)
第一节　创新资源集聚评价概述 (216)
第二节　创新人才集聚评价 (219)
第三节　创新资金集聚评价 (225)
第四节　创新主体集聚评价 (231)

第十九章　创新创业环境评价 (239)
第一节　概述 (239)
第二节　创新创业活力评价 (241)
第三节　创新创业服务评价 (249)
第四节　金融支持力度评价 (258)

第二十章　高新区创新活动绩效评价 (263)
第一节　高新区创新活动绩效概述 (263)
第二节　产业结构评价 (264)
第三节　创新成果产出评价 (271)
第四节　技术要素发展评价 (276)
第五节　企业及行业盈利能力评价 (280)

第二十一章　创新驱动发展评价 (283)
第一节　概述 (283)
第二节　创新驱动经济评价 (285)
第三节　创新驱动效率评价 (290)
第四节　创新驱动人才评价 (294)
第五节　创新驱动绿色评价 (300)

第二十二章　创新的国际化评价 (305)
第一节　创新的国际化评价概述 (305)
第二节　国际创新活动评价 (308)
第三节　国际创新人才评价 (314)
第四节　国际创新产出评价 (319)

第五篇　案　例　篇

第二十三章　上海张江高新区：全产业链体系建设案例分析 (328)

第一节　上海张江高新区全产业链体系建设案例介绍 ……………………… (328)
第二节　上海张江高新区全产业链体系建设动因分析 ……………………… (332)
第三节　上海张江高新区全产业链体系建设成效分析 ……………………… (334)
第四节　上海张江高新区全产业链体系建设经验借鉴及展望 ……………… (340)

第二十四章　深圳高新区：开放式管理模式案例分析 …………………………… (344)
第一节　深圳高新区开放式管理模式案例介绍 ……………………………… (344)
第二节　深圳高新区实施开放式管理模式的动因分析 ……………………… (348)
第三节　深圳高新区实施开放式管理模式的成效分析 ……………………… (351)
第四节　深圳高新区开放式管理模式的经验启示与发展方向 ……………… (357)

第二十五章　广州高新区：大湾区创新核心枢纽建设案例分析 ……………… (360)
第一节　广州高新区大湾区创新核心枢纽建设概况 ………………………… (360)
第二节　广州高新区大湾区创新核心枢纽建设的动因分析 ………………… (364)
第三节　广州高新区大湾区创新核心枢纽建设的成效分析 ………………… (367)
第四节　广州高新区大湾区创新核心枢纽建设的经验与启示 ……………… (371)

第二十六章　苏州工业园区：开放创新发展案例分析 ………………………… (375)
第一节　苏州工业园区开放创新背景分析 …………………………………… (375)
第二节　苏州工业园区开放创新动力机制分析 ……………………………… (379)
第三节　苏州工业园区开放创新发展成效 …………………………………… (382)
第四节　苏州工业园区开放创新发展的经验借鉴与启示 …………………… (386)

第二十七章　杭州高新区：多要素联动区域创新体系建设案例分析 ………… (389)
第一节　杭州高新区多要素联动区域创新体系建设介绍 …………………… (389)
第二节　杭州高新区多要素联动区域创新体系建设动因分析 ……………… (395)
第三节　杭州高新区多要素联动区域创新体系建设成效分析 ……………… (397)
第四节　杭州高新区多要素联动区域创新体系建设经验及启示 …………… (403)

第二十八章　合肥高新区：国资引领产业投资发展案例分析 ………………… (407)
第一节　合肥高新区国资引领产业投资发展案例介绍 ……………………… (407)
第二节　合肥高新区国资引领产业投资发展的动力机制分析 ……………… (410)
第三节　合肥高新区国资引领产业投资发展的成效分析 …………………… (414)
第四节　合肥高新区国资引领产业发展的经验及展望 ……………………… (418)

第二十九章　武汉东湖高新区：科技企业孵化器建设案例分析 ……………… (421)
第一节　武汉东湖高新区科技企业孵化器建设案例介绍 …………………… (421)
第二节　武汉东湖高新区推动科技企业孵化器建设的动因分析 …………… (425)
第三节　武汉东湖高新区科技企业孵化器建设的成效 ……………………… (427)
第四节　武汉东湖高新区科技企业孵化器的经验借鉴及展望 ……………… (431)

第三十章　中国高新区投资适用指引 ……………………………………………… (434)
第一节　投资适用指引概述 …………………………………………………… (434)
第二节　各区域高新区投资指引 ……………………………………………… (435)

参考文献 ……………………………………………………………………………… (462)

第一篇　**概　况　篇**

第一章 高新区发展相关概念界定和文献综述

高新技术产业开发区是指由国家确定、经国务院批准设立的,以促进和发展高新技术产业为主要任务的、面向全球的特殊经济功能区,本章从高新技术产业开发区相关概念以及历史研究文献进行综述。

第一节 高新技术产业开发区相关概念界定

高新技术产业开发区主要聚集了高新技术企业、科技研发机构、大学科研院所、孵化器等创新主体,形成了高新技术产业集群,其目的在于加强科技创新、促进产业升级和转型、提高国家整体创新水平和经济实力。

一、高新产业的概念和分类

高新产业指的是在科学技术、信息技术和现代制造技术等领域里,以自主知识产权为基础,具备高投入、高风险、高成果和高附加值的新兴产业。高新产业是由高科技、新技术、新材料等基础技术和现代工程技术相结合而形成的。

高新产业是一个非常宽泛的概念。我们既可以把高新产业理解为是高技术产业,又可以理解为是战略性新兴产业,还可以理解为是高新技术企业。一般认为,高新产业的发展水平标志着一个国家或地区经济和科技实力的发展水平。我们很难从字面上直接看出高新产业和战略性新兴产业之间的差别,一般认为,高新产业是一个"宽""广"的概念。

按照产业分类标准,高新技术产业可以划分为以下七大类:

(一)新材料产业

新材料产业是指运用现代科学技术,通过研究、开发与应用,从而生产出在性能、结构以及加工工艺等方面都具备优良性能的新产品,直接为国民经济各部门和国防建设服务的基础性产业。新材料产业在国民经济中发挥着重要作用,在世界范围内已形成了较为完整的产业链。美国、日本、德国、法国等发达国家对新材料产业给予了极大的关注。从相关数据来看,新材料产业已成为全球最具有生命力、最具有发展前景的行业。据中国工程院预测,新材料产业在未来将会成为我国重要的支柱产业之一。

(二)生物工程

生物工程是利用工程技术手段改造天然生物资源的生产过程,通过增加、分离和改造有用物质或有益成分,进而加工或生产生物产品的生产工艺技术,包括新生物材料的开发、生产、加工、储藏运输、利用、保护及控制等。生物工程是一门应用科学,与化学和物理学有着密切的联系,但又是一门独立的学科,它主要研究生物学问题,并将这些问题通过化学手段或物理学手段转化为技术问题。它还包括一些基础学科,如分子生物学、遗传学和生物化学等,以及与生物工程有关的工程技术,如生物化工技术(如酶工程技术)、生命分析技术等。

(三) 空间信息产业

空间信息产业是以卫星及应用产品为主的高科技产业,包括卫星及应用产品、卫星天线、地面设备和导航定位系统等。在中国,卫星及应用产品主要有民用导航与位置服务系统、全球导航卫星系统、低轨卫星互联网、遥感与地理信息系统等。在航天领域,主要有航天测控设备、飞行器地面测控设备及系统、空间飞行器上的机械部件等。在地球轨道空间领域,主要有各类轨道导航卫星、科学试验卫星、气象和海洋卫星等。

(四) 新能源及新能源汽车

新能源汽车是指采用新型动力系统,完全或主要依靠新型能源驱动的汽车,包括纯电动汽车、插电式混合动力汽车、燃料电池汽车等。发展新能源汽车可以促进节能和环境保护技术在国家中的推广和使用,从而达到促进国家可持续发展的目的。新能源汽车是国家重要的战略产业。2015年,我国新能源汽车产量达到8.1万辆,占全球产量的80%以上。2017年以来,我国加大对新能源汽车的扶持力度,中央财政安排资金超过200亿元支持新能源汽车推广应用,补贴方式由以购置为主转向以使用为主,充电基础设施建设速度不断加快。

(五) 节能环保产业

节能环保产业是指围绕着能源、资源节约和环境保护,以节能环保产品开发、生产、应用和服务为主体的相关产业。其中,节能环保产品包括太阳能利用产品、绿色照明产品、环境保护产品、污水处理、工业废水处理等设备及专用材料。我国的节能环保产业发展迅速,形成了规模效应。2011年我国环保产业总产值约为4.4万亿元,其中大气污染治理及环境监测产业产值约为1224亿元,水污染治理及环境监测产业产值约为1813亿元,固体废弃物治理及无害化处理产业产值约为647亿元,清洁生产及能源梯级利用产业产值约为1716亿元,清洁生产及环境保护投资总额约为3784亿元,资源综合利用产业产值约为3941亿元。可见,节能环保产业在国民经济中的地位十分重要。

(六) 海洋新兴产业

海洋新兴产业主要包括海洋油气产业、海洋矿产资源开发、海洋新能源开发、海洋生物医药和产品开发以及滨海旅游业的发展。海洋油气产业是指海洋石油开采业,主要包括深海石油开采和海底天然气水合物的勘探;海洋矿产资源开发是指在海洋区域内进行的矿产资源的开采,如近海海底油气田的勘探与开发、海底矿产资源的开采和加工等;海洋生物医药及制品是指利用海洋生物活性物质,研究其生理活性的各种药物,如海洋生物疫苗、抗肿瘤药、抗生素等;滨海旅游是指利用海洋自然资源,发展观光、休闲旅游、康体健身和海上运动等为主要内容的综合性旅游项目;滨海生态建设是指利用海洋资源保护、修复和改善海洋生态环境,促进海洋渔业和生态环境改善为目的的各种工程建设活动;滨海城镇建设是指利用各种资源条件发展起来的海滨城市和港口城市建设。

(七) 智能制造装备

智能制造装备是指利用传感器、控制技术和网络技术,将人与设备、机器、网络之间进行有效连接,实现"感知、决策、执行"三个基本功能,对原材料、零件(产品)和半成品等生产要素进行实时监控和自动控制的设备。智能制造装备主要包括智能柔性生产装备、智能自动化加工装备、智能柔性装配装备、智能仓储物流装备、智能检测监测装备、数字化管理平台以及智慧工厂。

二、高新区的概念和主要特征

高新区是国家为实施高新技术产业化而设立的特殊区域,是以促进高新技术产业化为目标,以科技创新为核心,在一定区域内通过政策引导、优化服务和提高管理水平来实现高新技术产业聚集的特定功能区。

目前我国高新区数量已达178家。国家级高新区集聚了全国80%以上的高新技术企业和95%以上的发明专利,每年向社会输送人才数量占全国人才总量的60%。40%以上的中国科学院和中国工程院院士分布在各个高新区工作。我国已形成了以国家级高新区为核心,以省、市、县(区)级高新区为支撑的高新技术产业发展体系。

我国的高新技术产业开发区,是在国家重点发展高新技术产业和建设经济技术开发区的基础上发展起来的。作为新兴产业开发区,它以高新技术为基础,并随着新技术、新工艺和新材料的出现而不断发展。高新技术产业开发区具有以下特征:

(1) 高成长和高附加值:高新区内企业和科研院创造出大量的科技成果,许多产品处于国际领先水平,形成了具有较高技术水平的产品群。此外,高新技术产品的生产在降低成本、提高质量、扩大市场规模等方面具有明显优势,经济效益和社会效益十分可观。

(2) 高水平的技术开发和产业化能力:高新区内的企业普遍具有较强的技术开发和产业化能力。大多数高新区拥有一批知名的科研机构,有一支较高素质的科技人才队伍。不少单位或机构已形成了自己独特的技术优势,并具有良好的市场前景,如中国科学院、清华大学等科研院所在电子信息、生物工程、新材料等领域形成了自己强大的技术优势;上海交通大学、南京航空航天大学等高校已在机械制造、化学工程等领域形成了自己独特的技术优势;上海生物工程研究所在生物制药领域形成了自己独特的技术优势。

(3) 高水平使用外商投资:高新区内的企业积极开展对外合作,并努力引进外商投资,积极开展国际高新技术产业合作,不少企业在国外投资建厂或建立研发机构。同时,高新区内企业积极开拓海外市场,在世界各地设立分支机构和代表处,使高新区成为我国技术输出、资金输出和人才流动的重要基地。

(4) 高水平带动当地经济发展:高新区是高新技术产业发展和聚集之地。例如,广州高新区吸引了一大批国内外知名企业来区内设厂、投资;武汉东湖高新区是中部地区最大的高新技术产业区,是长江经济带重要支柱产业之一。这些地区以其良好的投资环境和巨大的吸引力吸引了大批国内外企业入驻,形成了高新技术产业集群和经济增长点。

(5) 高水平推进改革开放:高新技术产业开发区处于我国改革开放的最前线,不仅在政策上给区内企业以优惠,还主动参与国内国际市场竞争。特别是加入世贸组织以后,高新区在深化改革、扩大开放、加强国际合作方面发挥着重要作用。

(6) 以建设开发区或科技园区来实现对外交流与合作:如日本东京23区、韩国大田(首尔)市和上海浦东新区等都建有各自的高新技术产业开发区。

三、高新区与传统产业集聚区的比较

随着科技的不断进步和运用,高新区和传统产业集聚区的区别也越来越显著。高新区代表了以高科技产业为主导的经济发展区域,而传统产业集聚区则是以传统产业为主导的区域。本节将对这两种区域进行比较,探讨它们在发展模式、经济结构、人才引进等方面的差异。

(1) 发展模式。高新区的发展模式是以技术创新为核心的发展方式,其依靠高科技产业,围绕国家科技发展战略,在整个区域内形成了一套完整的创新生态系统,包括高新技术企业孵化器、科技园、大学科技园等组成部分。这些机构通过资金、技术和资源的支持促进科技成果转化和商业化之路的进程。相比之下,传统产业集聚区的发展模式是以资源统一配置和规模优势为核心的发展方式。它专注于发挥区域内传统产业的经济效益,如加工制造、重工业、物流等,并通过资源优势吸引企业入驻,形成产业集群,实现区域经济的整体提升。

(2) 经济结构。高新区以高科技产业为主导,其产业布局也在朝着高附加值和知识密集型产业的方向发展,产业特征是高科技、高创新、高市场前景。因此,高新区的经济增长率和发展前景都非常明显。一方面,高新区也注重以研究和人才培养为基础推动科技进步和产业升级;另一方面,传统产业集聚区的经济结构则相对简单,以加工制造业为主导。这些产业通常具有规模化、标准化的特点,其经济效益相对稳定,但缺乏创新性和竞争力。面对经济转型和行业升级的压力,传统产业集聚区需要注重技术进步、科技创新等方面的投入,以适应市场变化和提升自身竞争力。

(3) 人才引进。高新区的核心竞争力之一是人才,其拥有众多的高端人才、技术人才和管理人才。这些人才不仅构成了高新区的主干力量,而且也成为区域内众多企业的核心竞争力。相比之下,传统产业集聚区的人才结构相对单一,以制造业技能人才为主导。这些人才普遍缺乏高端技能和管理能力,难以适应市场的变化和行业的创新,从而影响区域发展。

第二节 高新技术产业开发区研究的文献综述

现有文献主要关注外部环境,包括技术外溢、市场结构、网络嵌入、政府补贴等,以及企业自身,如研发模式、企业规模、高管个人特征等对企业创新的作用。

我国高新区在演进过程中,在高新区的各个发展时期,不同区域的公司在其所在的产业集群中,所面临的政策环境等存在着巨大的差异,因此,本书将对高新区在不同发展阶段的典型企业创新决策行为进行文献综述,包括以下五个方面:① 高新区阶段划分的相关研究;② 高新区发展模式的相关研究;③ 高新区与企业研发决策的关联研究;④ 高新区与产业结构的关联研究;⑤ 高新区与城市创新能力的关联研究。

一、高新区阶段划分相关研究

随着高新技术产业的快速发展,高新技术产业开发区也呈现出不同的发展阶段。Porter指出,在有新的公司加入的情况下,产业聚集会在垂直与水平两个方面进行深入与广泛的扩展,而这种产业优势的集聚往往要花费数十年以上的时间才能形成,在此之后又会引发集群、自身强化[1]。Combes等将国家的竞争力发展划分成了四个阶段,即生产要素驱动阶段、投资驱动阶段、创新驱动阶段和富裕导向阶段[2]。不同阶段的企业战略、不同行业之间的联系和不同国家的产业发展战略等方面都有不同的特点。资源和廉价劳动力是生产要素驱动时期经济发展的主要依靠,而投资驱动时期则是以基础设施建设和基础产业投资为主要导向,以大规模的产能扩大为动力,以政府为主导;在创新驱动时期,以创新产业、高端产业为主。在这一时期,政府采取"不作为"政策,对创新产业的发展更为有利;在富裕导向阶段,当社会的财富累积到了某种水平,社会对平等的重视超过了对效率的重视,创业的动力将会减弱,随着企业投资的缩减,其竞争力难以得到提升,造成经济的衰退。我国学术界关于高新区阶段划分的代表性研究有:孙彪从空间形态的角度将合肥城市形态演化归纳为拓展生长期、快速发展期、高速增长期、优化调整期[3];廖爱红等把高新区发展分为要素集聚阶段、产业集群化发展阶段和创新驱动阶段等三个不同的发展阶段[4];解佳龙等将高新区发展分为要素群集、产业主导、创新突破辐射联动、衰退、再创五个阶段[5]。

二、高新区发展模式的相关研究

孙元元等指出国家级高新区在推动国家的创新驱动发展战略方面扮演着重要的角色,同时也是深化改革和推动体制机制创新的先行实验区[6]。谢果等为了实现国家级高新区的可持续发展,必须清晰地明确园区的核心定位和功能,使制度创新与经济发展相协调,必须确保创新和合理发展模式的兼容性,同时适应政策环境和体制机制的需求[7]。于棋研究了国家级高新区在不同时期的区位布局和空间规划发展历史及特点,并提出了"功能区块论"的空间结构规划设计理论模型,以此为基础进行了梳理和分析[8]。

学者们通常关注的是如何在发展模式方面做出明智的国家级高新区选择,并解决其中存在的问题。因为各个国家级高新区处于不同的发展阶段,所以它们的建设目标和发展模式也各有不同。从2010年开始,国家级高新区不仅承担综合经济改革的任务,而且还有着推进社会建设发展的重要职责。虽然国家级高新区与地方融合已经有了一定的进展,经济规划也有所进展,但仍存在诸多挑战,包括过度强调规模而忽略实际情况、明显的城乡分隔现象以及高风险债务问题等。为了解决上述问题,我们可以采取多种措施,例如促进主要产业的发展,转移低效的产业,合理规划区域的功能以及吸引创新资源。在推进产业结构升级的过程中,国家级高新区必须集中利用本地的特色,积极促进主导优势产业的落地和壮大,这一步骤至关重要。

宁越敏等认为目前城市的发展方向已经从局部到全面逐渐转变,以整体发展为主导思想成为了当前的发展框架。考虑到城市的特点,高新区的发展必须充分利用国家级高新区的扩散和溢出作用,在不同影响因素的作用下,逐步解决城市半城市化问题。同时,从区域角度出发,我们还需要积极发展城市新区和城市群,实现城市的科学、可持续发展[9]。许多学者从微观角度出发,探究国家级高新区对政策效果产生的影响。宋准等研究发现在国家级高新区设立初期,由于政府给予税收和土地信贷等方面的政策优惠,许多高新技术公司纷纷落户于此。这是因为国家级高新区的设立能有效降低企业的融资成本[10]。

因为产业园区内部企业的资源集聚效应比外部企业更为显著,所以政府更倾向于向产业园区提供特别支持,以促进产业发展。此外,政府定期提供的经费支持能够增强园区内部的资金流通,同时提高园区对科研和开发的投资力度,这进一步推动了园区的创新活动发展,为区域的创新发展提供了有力的推动力[11]。高安刚等采用系统论理论框架,可以将企业成长的异质性创新模式划分为三个方面,即自主创新、模仿创新和协同创新。企业的成长受到自主创新和协同创新的显著推动,研究表明,协同创新对企业盈利增长的影响最为显著[12]。

三、高新区与企业研发决策的关联研究

高新区是一个促进技术创新和企业研发的重要平台。相关研究关注企业在高新区内进行研发决策的行为和过程,并探究企业研发决策的影响因素和机制。其中,一些研究还探讨了高新区对企业研发绩效的影响。企业研发决策是指在确定产品研发方向、技术创新、研发投入等方面,企业所做出的决策。研发决策的质量和准确性将直接影响企业的竞争力和市场表现。

对企业来说,研发决策的制定需要考虑多个因素,包括市场需求、技术趋势、资源投入、风险控制等。Carboni 认为技术溢出效应、企业规模、政府扶持和研发强度等因素都会对研发方式的决策产生重要的作用[13]。目前,主流研究认为研发模式选择应优先考虑协作模式,因为协作可以将技术外溢效应内部化,从而改善市场失效现象,减少技术外溢的负面影响,提高研发绩效。虽然公司积极参与研发合作,但市场结构和技术外溢仍对其态度和成果产生了限制。

Ahmad 认为,在研发阶段进行合作,将显著降低生产成本[14]。李培鑫等认为,产业集聚是技术外部效应产生的重要原因,其作用机制与创新要素集聚、创新环境营造、地区创新发展三个维度密切相关,且核心城市与非核心城市具有显著性的差异[15]。王兴棠等认为各研发模式对于研发决策的影响机理不尽相同[16]。吴和成研究发现,在我国一些高科技行业中,研发效率较高,而有些高技术产业则效率较低[17]。钟珍等认为创新策略、投资方式、创新模式及公司规模是决定高科技公司创新能力的重要因素[18]。王青娥等同样指出,企业的研发模式必须与技术创新能力相匹配,只有这样才能提升创新能力[19]。段龙龙等研究发现企业规模和内部控制等因素都会对企业的研发模式的选择产生影响[20]。在现实生活中,在不同的经济发展时期,企业研发模式的选择也存在着差异。新古典经济学主张通过竞争来提升效率,据此,美国政府通过行业政策来限制公司之间的研发合作。以上研究表明,企业研发模式和研发投入的选择会受到生产效率、规模、市场竞争程度、技术能力等多个因素的交互作用,造成了企业决策差异和研发合作效果的差异,但已有的研究并未将多种因素纳入一个统一的分析体系中,对研发决策影响因素的考虑还相对单一。

实证研究方面,Becker 基于研发合作对企业创新投入和产出的影响分析合作伙伴的数量如何影响企业的创新行为,通过对德国制造业企业进行实证研究,探讨了跨部门合作在研

发中的重要性[21]。Miotti 的研究表明,将创新的影响和技术进步的加速联系在一起,使企业加深和扩大了其创新能力。企业已将越来越多的资源分配给研发,以加快创新步伐并使其技术能力多样化[22]。

冯再雷对我国高新技术产业发展状况和问题进行了研究,并针对这些问题,为高科技行业的发展提供了政策和建议[23]。国内学者对政府扶持和新创企业之间的关系研究起步较晚,且主要是从政府行为层面开展的。当前,在新创企业绩效评价指标体系研究方面,国内学者大多采用新创企业研发投入增长率指标进行评价。李志鹏等的实证结果表明,国家对战略新型公司的投资收益与其生存期之间存在着一个"倒 U"形的线性函数[24]。廖晓东等以 224 个新创企业为样本,实证结果表明,对于创新能力较强的企业,政府扶持会导致公司业绩下降。对于低技术水平的公司,政府支持对公司的发展具有积极的作用,这表明,政府支持更易于激发公司的"寻租"行为[25]。王建秀等的研究结果显示,相较于国有企业,私营公司在创新绩效方面受到国家补助的更大促进作用。政府在那些要素市场扭曲程度相对较低的地区补贴企业,会更有效地促进企业的创新绩效;此外,股权结构对我国国有经济发展水平的影响,也与我国国有经济发展水平存在一定的相关性[26]。许学国等的实证结果表明,在产学研结合的进程中,不管是对创新的产品补助,或对创新的投资,都可以对企业进行更多的技术研发,并且对技术研发的吸纳与其社会效益具有显著的正向影响[27]。

四、高新区与产业结构的关联研究

高新区是依据国家创新体系总体规划,利用当地优势产业打造的区域,旨在推进国家创新体系在特定区域内的创新发展。高新区被视为推动国家创新系统发展的"动力源"和"助推器"。20 世纪 80 年代初,Arthur Okun 这位著名经济学家和他的同事提出了"国家创新体系"的构想,并对政府、高校和企业三个方面的贡献进行了研究和探讨。《关于推进国家自主创新示范区建设的若干意见》是多个部门共同参与编制的文件,其主要内容是要推进国家自主创新示范区建设,即建立起一系列示范区域来促进我国的自主创新。《国家级高新区升级版报告》经由国务院发展研究中心和其他有关部门联合编制,其主旨是提出构建健全的高新区政策体系,以此来打造促进高新技术产业发展的长久机制。

国家级高新区的核心优势在于技术创新,而产业结构的优化升级需要依靠这种创新。高新区技术创新已经得到国内外学者广泛关注,针对这一话题,学者已经开展了多方面的研究。Beom 认为,通过企业的投资行为来衡量创新能力,专利是一个重要的指标。相关研究表明,大量的研发投入对高新区的企业创新起到了积极的促进作用[28];从贸易开放视角来看,王京雷等研究发现,尽管区域经济一体化加速推进,城市和高新区的贸易开放水平升高,但仅仅依靠这种方式不能有效地提升高新区的经营绩效,对于研发和创新能力没有产生积极影响[29]。李慧等基于制度环境视角,研究发现高新技术区的创新成果受到外部和内部制度的双重促进。然而,将这两种制度联系在一起并不能更进一步提升技术创新效率[30]。钞小静等认为政府应该优先投入资源和精力,加强对网络通信、生物医药等领域的重大创新的支持,建设国家级实验室,并积极促进高水平的新型研究型大学和综合性国家科学中心的发展和建设,加大力度建设国家级高新区[31]。

五、高新区与城市创新能力的关联研究

高新区对城市创新能力的影响受到学界越来越多的关注,对于创新产出影响绩效,国家研发补助资金对具有较强经济基础和科研基础的区域,具有更强的促进作用。夏茂森等通过回归模型对五个区域财政科技经费投入的创新绩效引领作用进行了实证分析,结果表明:我国高新技术产业开发区的建立能够促进地区的自主创新,但具有明显的空间差异性;同时,我国高新技术产业开发区的自主创新优势并非来自对周围地区的掠夺,而是来源于内生[32]。

程南静通过对我国高新技术产业开发区的分析,认为高新区的建立能够明显提高我国技术创新能力,说明高新区的总体政府投资是有效果的[33]。白俊红研究发现从整体上来说高新技术产业园区的创新效应差异并不明显,但是存在显著的区域差别,特别是以东部区域的区域差别最大[34]。徐紫嫣等研究发现我国高新技术开发区在产业结构转型升级过程中的影响呈现出不同的发展周期特点,相对于"成长型"国家级高新区,那些被认为是更为"成熟型"的国家级高新区在促进产业结构高度化方面发挥更加显著的作用。此外,两种类型的国家级高新区对促进产业结构转型升级方面的影响表现出较小的差异。它们均能够显著促进产业结构高度化的量,同时还能够有效地抑制产业结构高度化的质[35]。许士道等人基于全国283个地级市进行了经验分析,结果表明:高新技术产业开发区的建立能够促进当地城市的科技创新能力提升,但受到地理位置、城市初始资源和城市规模等因素的限制,也会影响其发展[36]。此外,还有一些学者通过对高新技术产业园区建设与区域企业创新业绩之间的关联进行了分析,结果表明高新技术产业园区建设对区域企业的创新业绩具有显著的正面影响,并且这种影响对于西部欠发展的地区更加显著[37]。

本书认为国家级高新区对城市创新能力的影响有以下几点值得注意:一是未来需要继续从动态变化、动态区域和动态空间等方面来对国家级高新区设立对城市创新能力影响进行系统梳理;二是在不同经济发展水平、不同空间范围内国家级高新区影响城市创新能力的机理可能存在差异;三是需要从产业结构、要素结构等方面来具体分析国家级高新区设立对城市创新能力影响的差异性,从而提出相应的政策建议。

总体来说,这些研究成果有助于深入理解高新技术产业开发区的发展现状和特点,为相关政策的制定和实施提供科学依据,同时也为高新技术产业的创新和发展提供有益的参考和借鉴。

第二章　高新区发展相关理论溯源

高新区理论是高新区发展的基础,并随着高新区的演变不断创新,本章以高新区理论的起源、发展以及新时代的创新为引线,着重对高新区相关理论进行了回顾。高新区理论是经济社会发展必不可少的组成部分,也是推动高新区高质量发展的重要理论支撑。

第一节　高新区理论的起源

高新区理论是一种新兴的国际现象,在我国还处在探索和研究阶段。然而,任何事物的发展都有规律可循,这是哲学上的认识规律,高新区理论同样如此。高新区理论是一种科学的认识,是一种对高新区发展规律的认识,其发展过程和趋势都具有规律性。

一、高新区发展的追溯

高新区的概念最早是由美国伊利诺伊大学经济学教授巴鲁克提出的。他在《发展中的经济和社会》一书中从社会和经济方面分析了产业集群产生的原因:第一,劳动力从农业部门向非农业部门转移;第二,产业集聚将一批具有相同特征的企业集中到一起,形成新的技术集群;第三,从农业生产到工业生产所需要的资源、劳动力和资本在空间上集中。他还指出在产业集群中,企业之间通过经济联系形成网络,并在网络中进行信息交流和资源整合。随着产业集聚度的提高,企业之间也可以进行技术合作和交流。同时产业集群产生于高新技术产业发展初期,它是高新技术企业发展到一定阶段的产物。

进入20世纪70年代以后,以美国为代表的西方发达国家开始重视国家级高新区建设,并逐步形成了以"国家级高新区"为代表的高新区理论。美国经济学家斯蒂格利茨于1972年出版了《创新与区域增长》一书。该书首次提出了"知识园区"概念,将知识产业和高新技术产业视为推动区域经济增长的主要因素。随后,该理论得到了世界各国学者的广泛认可,并被应用于对各国高新区发展的经验总结与规律提炼中。1985年美国《创新国家战略》中首次提出了"国家创新体系"概念,并强调了国家创新体系是未来科技创新和经济发展的重要保障,并在1993年《国家高技术研究法案中》明确了"国家创新体系"建设目标。

20世纪80年代后期,我国高新区建设开始起步。为了促进我国的高新技术产业发展,在1985年,国务院批准建立了第一批国家级高新技术产业开发区(简称"国家级高新区")。同年,清华大学经济管理学院吴志华教授在《国家级高新区建设》一文中提出了国家级高新区建设的理念和原则。他认为:"国家级高新区建设是指国家设立高新技术产业开发区,充分发挥其在产业聚集、技术创新、人才培养等方面的优势,打造高科技产业发展的新高地。"

二、高新区理论发展的定位

从理论发展的角度来看,高新区理论不是孤立的,它与其他理论如产业经济学、创新经济学等有着千丝万缕的联系。这些理论为我们认识和分析高新区问题提供了新视角和新方法。高新区理论的研究成果将为我国高新区的实践创新、产业结构的优化和区域经济的协调发展提供重要的科学依据。

(一)产业经济学

产业经济学是一门应用经济学,它对国民经济中各个产业部门的组织结构、经济运行、发展规律以及各个部门之间的相互关系等问题进行了研究,其主要内容涵盖了产业结构理论、产业政策理论、产业布局理论等。高新区是一个国家或地区发展高新技术产业的特殊区域。从高新区本身来说,它是一种高新技术产业区。而高新技术产业又是以高新技术为基础的新型的产业群。高新技术产业区不仅包括高新技术企业、科研机构和高等院校,还包括经济、文化、教育等相关领域的社会机构和组织,因此高新区也是一个社会经济体系。从经济学角度来看,高新区又是一个特殊的产业集群,是一种在空间上集聚了大量生产要素并通过高效率配置而形成的经济体系,是一个区域经济发展的重要动力来源,又是区域经济发展的重要载体,能够为人们提供关于经济结构、技术进步、区域竞争力等方面的经验总结和理论研究。

(二)创新经济学

高新区理论发展的另一个重要方面,就是探索创新经济学的新理论。创新经济学是研究经济增长、企业成长、国家和地区发展的一门学科。它将传统的经济增长理论与区域经济理论相结合,形成了对区域经济发展动力机制的新认识。从新制度经济学到创新经济学,再到高新区理论,人们对国家与企业的关系、企业成长和国家发展等问题进行了深入探讨,并提出了许多有价值的理论观点。高新区理论的研究成果对高新区建设具有重要指导意义。高新区的发展是一个与社会、经济、技术、体制等因素密切相关的系统工程。从某种意义上说,高新区是一个新兴产业,它是新技术、新工艺、新材料、新设备等创新成果进行产业化后形成的具有新结构、新功能和新形态的新型产业。

(三)发展经济学

高新区发展经济学研究的目的是促进高新区发展,实现高新区可持续发展。其研究成果的运用,对高新区的健康发展具有重要意义。从历史角度来看,高新区理论是在特定历史条件下形成和发展起来的,其形成与变化是当时社会经济环境发展变化的结果,而不是为了研究某个具体问题而产生的。因此,高新区理论应该以历史为尺度,研究其演变过程和规律。从现实角度来看,高新区理论既是特定区域经济社会发展规律、趋势和方向的反映,同时又是经济社会发展规律和方向在特定历史条件下的体现。

高新区理论起源于科学管理和企业管理,是企业发展到一定阶段的产物。从国家发展的角度来看,高新区是一种经济管理制度,它将高新技术企业作为实现工业化、现代化的重要载体,并将其作为支撑经济增长的支柱产业。高新区作为一种新兴产业,在经济发展过程中发挥着重要作用,极大地促进了国家的经济发展,对国家的综合实力也产生了深远的影响。

第二节 高新区理论的发展

随着高新区建设与发展的不断深化,围绕科技产业对区域发展的影响,已经形成了一系列的理论研究结果,这为其引领区域整体快速发展打下了坚实的理论基础。

一、增长极理论

增长极理论是美国经济学家佩尔·安德森在20世纪70年代提出的,是指在一个国家或地区首先发展起来的具有增长潜力的产业,就是经济增长的核心和动力所在。在佩尔·安德森看来,经济增长需要两个条件:一是社会经济发展水平达到一定程度,二是人口集中并以城市为依托。他认为这两个条件都不具备的区域,如沙漠、荒地等不适宜人类生存的地方,很难产生经济增长。而人口集中并以城市为依托的区域,其经济增长潜力更大,更有可能产生"增长极"。

在佩尔·安德森看来,增长极是指在一个区域内的经济发展中发挥着领导作用的工业部门或者生产部门,其特征是规模大、生产率高、就业人数多、有较高技术水平和较大生产潜力。其发展模式为:首先建立产业园区,然后将这一产业园区向外扩散并吸引相关企业入驻,同时在园区内逐步形成较大的城市,即"增长极"。当园区内的企业发展到一定程度时,就会产生集聚效应,在集聚效应的作用下,就会吸引相关企业和机构在园区内设立新的生产基地、研发中心、销售中心等。当集聚效应和扩散效应达到一定程度后,就会出现两个方面的趋势:一是产业和企业向外部扩散;二是产业和企业在向外部扩散过程中不断地产生新的集聚现象。同时,增长极内部又会产生新的产业与企业。在这种循环发展过程中,随着规模不断扩大和产业不断升级,增长极逐渐演变为经济中心或城市中心。

二、极化效应理论

在《经济理论和不发达地区》一书中,经济学家麦克达尔首次提出了极化效应理论。在高新区理论中,极化效应主要是指高新区在一定区域范围内产生集聚效应,促进生产要素、产业结构、企业组织形式和经济社会发展等向具有较强优势的方向集中,从而带动区域经济发展。极化效应的产生需要具备三个基本条件:一是高新区所在区域应是具有较强发展能力的地区,能够为高新技术产业和企业提供良好的外部发展环境。二是高新区内具有较强优势的产业或产品。三是高新区与周边地区之间存在着良好的经济联系,能够形成产业集聚效应。由于不同的高新区具有不同的主导产业或产品,因此极化效应产生的程度也不相同。

一般而言,处于主导产业地位或主导产品地位的高新区具有极强的极化效应,其经济规模不断扩大,地区生产总值不断增加,主导产业成为本区域国民经济和社会发展的支柱性产业。处于从属地位或从属产品地位的高新区则具有较弱的极化效应,其经济规模相对较小,地区生产总值处于较低水平,主导产业相对弱小。极化效应不仅可以促使高新区内部产生规模经济和范围经济,还可以使其外部产生规模经济和范围经济。高新区通过吸引外部投资、高端人才、高新技术企业进入园区等措施促进区域内企业和地区之间形成紧密联系。同时通过培育特色产业和优势企业、促进特色产品生产销售等措施提高区域内产业规模和产品质量。这样就可以在一定程度上形成规模经济效益和范围经济,从而加快整个区域的经济增长速度。因此可以认为高新区极化效应是高新区自身发展的重要推动力。

三、扩散效应理论

扩散效应理论是对增长极理论的又一次深入与发展。该理论以冈纳·缪尔达尔与赫尔希曼为代表,以两种相反的影响为切入点,总结了经济增长极与其周围区域的互动关系。扩散效果的概括性和表现性就是这些因素在空间中传播开来的结果。它对周边地区起到了正面的带动作用,使发展的刺激效应在空间上向四周扩散。

高新区对高技术产业的形成、对传统行业的扩散与渗透具有重要意义。高新技术扩散说,是指高新技术系统中的各种要素在现有产业中的一种移动,通过其扩散促进高新技术逐渐替代原有产业中的核心技术,从而形成一个以高新技术为核心的新产业。同时,要对现有的产业进行转型或重组,并与高科技进行互动,最终构建出一种新型的高新技术产业。各产业在吸纳国外技术方面存在着较大差异,具体体现在产业技术、劳动力类别、组织管理等方面。但是,高新区是高科技相对聚集的中心,它将会在高新技术向传统行业的传播、转变现有的生产模式和管理方式,以及形成具有一定影响的新型科技产业等领域发挥出积极的作用。

四、溢出效应理论

最早由阿罗对溢出效应进行了理论上的探讨,他从外部性的角度对其影响进行了分析。接着就是知识外溢(罗默),他认为,知识与一般货物的区别就是它有外溢作用,任何一个企业生产出来的知识,都可以促进整个社会生产力的提升。卢卡斯关于人力成本外溢的理论,主要是通过向别人和彼此学习来阐述,即一个人的人力资本越高,就越能对其所处环境起到积极作用。技术外溢效应(科高)被认为是通过模仿、传播、竞争等方式在社会中形成的技术,并逐步形成一种外溢效应。从溢出效应的理论实质出发,他对我国高新技术产业开发区建设中出现的各种技术外溢现象进行了理论上的解释。

在区域经济中,企业发展所需的各种资源主要通过市场机制来配置,而其他企业则主要通过竞争机制来配置资源。高新区是一个复合型与综合型的创新实体,除了产生直接的技术成果,还会产生一系列的知识、技术、人力资本、基础设施等活动,这些活动会对园区以外的地区产生一定的影响和收益,并以溢出效应推动周边地区经济增长。

五、产业关联理论

产业关联理论是里昂惕夫最早在国际上提出的一种以研究不同产业之间的中间投入和产出之间的相互关系的研究理论。产业关联性是指产业的生产规模、产值以及技术水平的变动所引起的直接或者间接关系。产业关联效应包含前向关联效应和后向关联效应。前向关联效应是指移入产业的活动可以通过降低对下游产业的投入成本,从而促进下游产业发展,或在客观上造成产业间的结构不平衡,从而使一些瓶颈问题得到更好的解决。后向关联效应,即新进入行业的发展,将带来新的投入需求,进而促进相关行业发展。环向关联效应,指一个新进入的行业的发展将对其周边产生一系列影响,如推动职业服务者的培训以及服务行业和区域建设的发展等。总之,在产业转移中,产业关联的带动作用是很有效的,这为高新区推动迁入地区的经济发展提出了一条很好的思路。一般情况下,高新技术企业都集中在这里,因此,我们可以借鉴产业关联效应的理论与实践,将高新区定位于区域产业的高梯度位置。一方面,我们要探讨高新区与区域内其他相关产业之间的关系,从而推动高新区融入当地的经济发展之中;另一方面,我们要加强与当地外部空间的对接,提高该地区在整个产业链中的地位与重要性。

六、孵化器理论

孵化器理论由英国学者 J. M. Hunter 在 20 世纪 50 年代初最早提出。孵化器理论认为,孵化器的作用是推动科技成果转化、加速高新技术企业发展,提供高水平技术服务,培养科技人才和企业家,推动区域经济发展的重要机构,同时是企业技术创新和技术产业化的重要载体,是培育科技型中小企业并使之向高新技术产业转化的重要途径。

在高新区理论中,孵化器属于一种新的组织形式,它的目标是对新创企业进行优化,培育创新型、技术密集型中小企业,降低创业风险,从而提高新创企业的生存能力和成功率。高新区是一个以研究型机构为基础,以转化科技成果、孵化高新技术企业、培养创新创业人才为主要目标的特殊孵化器。高新区在承担一般孵化器的职能之外,还担负着科技创新基地、高新技术企业孵化基地、创新创业人才的集聚与培养、高新技术产业的辐射等职能。只有从"孵化"的角度出发,才能充分发挥高新技术产业开发区的基本职能,推动经济社会发展。所以,孵化器理论对高新技术产业开发区来说,是一项非常重要的基础性理论。

七、生命周期理论

企业在发展的不同阶段,面临的内外部环境和条件会有很大的差异,不同的阶段所呈现出的特征也不尽相同。根据生命周期理论,一个公司的成长可以分为孕育、成长、成熟、衰落四个阶段。在各个发展阶段,企业所面对的外部环境与内部条件都不尽相同,这些因素彼此关联,相互作用。随着公司外部环境的改变,企业需要适时对经营战略做出调整,以适应外部环境变化。在此过程中,企业管理机制也会发生变化。当企业自身条件发生变化时,有可能会使企业进入衰退期。

事实上,在高新技术产业开发区的发展过程中,也存在这样一条发展规律,即高新技术产业开发区在孕育期,规模增长较慢;到了成长期,就会开始快速发展,为其腾飞打下坚实的基础;但到了成熟期,规模增长速度放缓。在高新园区主导产业发展质量提升、可持续竞争优势提升的同时,重点产业及关联企业的经营管理能力也得到了极大提升。成熟期也就是高新区的创新突破期,各种创新活动决定了高新区的发展质量与水平,"创新链"是高科技园区实现价值增值的重要途径。高新技术产业已逐步发展成为高新技术产业聚集、科技成果转化和高科技产业发展的重要载体。

八、产业集群理论

产业集群理论是从区域经济学的角度研究产业组织和产业发展问题,由英国著名经济学家马歇尔于20世纪30年代初首次提出。他将产业集群定义为"在特定领域内具有竞争优势、拥有专业知识与技术的公司与组织,在地域上集中于某一地区"。产业集群是"一个大企业、中间机构及相关辅助机构在一个特定领域内聚集于某个地区,彼此之间存在着密切联系和互动关系"。在马歇尔看来,产业集群是一种新兴的经济组织形式,是由许多具有共同特征或外部特征的企业组成的特殊群体,它包括相互关联和相互依存的许多企业和机构,这些企业和机构由于存在着专业化知识和技能等方面的互补而形成了相互联系、相互依存的关系。在这种关系中,每个企业都通过某种方式与其他企业形成联系,并共同构成了一个整体,即产业集群。

产业集群具有以下特点。首先,各企业在集群中建立起相互依存的关系,并且通过一种合作和交流机制促进企业间的联系。其次,集群内企业之间通过正式或非正式的联系方式相互关联,从而使这种联系方式具有较强的竞争优势。最后,集群内的企业间具有学习效应,即集群内企业之间相互学习、共同成长,不断提高自身实力和水平。

产业集群通过降低交易成本、提升创新能力、形成竞争优势等作用使其成为一种能够促进区域经济发展的新模式。根据产业集群理论,高新区需要在建设之初就考虑到未来的产业发展方向,选择具有一定优势的支柱产业和重点产业,避免"一锅烩";注重培育有潜力的企业和龙头企业,增强高新区对国内外相关企业的吸引力;注重高新区内创新文化建设和产学研合作机制建设,通过建立具有特色和竞争力的高新区内创新网络和制度环境等途径来构建高新区创新体系;完善各类中介机构和服务体系;为高新区发展提供专业化、社会化服务。

第三节 高新区理论的创新

随着新时代高新技术产业的发展,高新区对促进国家经济高质量发展的作用日益凸显,高新区理论也不断进行创新。特别是党的十八大以来,以习近平同志为核心的党中央高度重视国家级高新区建设,并从国家发展战略高度对国家级高新区进行顶层设计。在此背景下,我国高新区理论也得到了快速发展和完善,如高新区"三化"协调理论、高新区产业升级理论、国家级高新区创新发展理论等。这些理论丰富了我国高新区建设的理论体系,推动了我国高新区发展。

一、"三化"协调理论

"三化"协调理论是指在高新区建设发展过程中,以新型工业化为主导,以新型城镇化为核心,以信息化为支撑,推动高新区的产业、城市、生态协调发展。该理论是我国高新区建设的重要理论创新之一,是在高新区建设过程中对国家级高新区建设发展规律的深刻认识和总结。

"三化"协调理论首先从国家级高新区的定位入手。国家级高新区是国家实施创新驱动发展战略、推进经济结构调整和转型升级的重要载体,同时它也是我国区域经济发展的一个重要增长极。其不仅要发挥引领和辐射作用,还要注重与城镇化、工业化和信息化的融合发展。其次,该理论从国家级高新区的建设目标入手。国家级高新区要成为一个世界一流的科技园区、一个创新创业创造高地,要成为具有全球影响力的创新策源地、高质量发展示范区和现代化经济体系建设的先行区。最后,该理论从高新区与新型城镇化关系入手。新型城镇化是指以人为核心,以优化开发区域资源环境为基础,以改善城市基础设施、公共服务和提高城市生活质量为重点,以建设生态文明和宜居城市为目标的城镇化。高新区作为新型城镇化建设的重要载体,在促进城乡统筹发展、带动农村人口转移就业、推进农业现代化建设等方面具有重要作用。

二、高新区产业升级理论

随着我国高新区的不断发展,其功能也从最初的高新技术产业集聚区升级为"双创"示范基地、高成长型中小企业聚集区和国家自主创新示范区。在这一过程中,我国高新区在不断地完善创新创业生态环境、加强产学研合作、加速科技成果转化等方面进行了大量探索与实践,并取得了一系列成就。其中,最有代表性的就是高新区产业升级理论。该理论认为,高新区作为国家创新体系的重要组成部分,在推动我国经济高质量发展方面意义重大,特别是在推动国家创新型经济发展方面意义重大。要实现国家创新型经济发展,就必须提高企业的技术创新能力,特别是要增加对企业研发的投资,并积极推动科技成果转化。同时,要不断地完善有利于企业进行技术创新的体制、政策等方面的环境,使其能够顺利地进行技术创新。在此阶段,高新区要围绕国家重大战略需求和经济社会发展需要,突出关键核心技术攻关和科技成果转化应用,全面提高高新区自主创新能力。

三、国家级高新区创新发展理论

高新区创新发展理论认为,作为创新驱动发展先行区的国家级高新区,将以创建世界一流的目标为导向,通过制度和机制的创新,形成充满活力和竞争优势的科技创新系统,促进产业结构调整和升级,为我国经济高质量发展提供有力支撑。

高新区创新发展理论的核心是要将创新贯穿于园区建设全过程,在园区规划阶段就要实现"四个坚持":坚持科学规划、坚持产城融合、坚持以人为本、坚持绿色发展。这"四个坚持"贯穿了高新区建设和发展的全过程。科学规划是高新区创新发展的前提,产城融合是高新区创新发展的基础,以人为本是高新区创新发展的出发点和落脚点,绿色发展是高新区创新发展的根本保障。

国家级高新区创新发展理论主要包括两个方面内容:一是高新区的功能与使命,二是高新区的发展与建设。其中,国家级高新区的职能与使命将重点放在了对创新资源的集聚和优化上,将高新技术产业作为主导,对高科技企业和高新技术产业进行培育,促进区域经济发展。而国家级高新区的发展与建设是以高新技术产业为主导,带动区域经济和社会的协调发展,培育区域创新体系,推动区域创新体系建设。

四、新时代高质量发展理论

习近平总书记在党的十九大报告中指出,我国经济已由高速增长阶段转向高质量发展阶段。党的十九届五中全会进一步指出,要加快构建一个以国内大循环为主体,国内国际双循环互相促进的新发展格局。"高质量发展"理论能够有效运用的前提是,要从整体上理解新时代"高质量发展"的要求。

从理论层面来看,高质量发展理论强调了经济发展由要素驱动向创新驱动的转变,创新是引领经济发展的第一动力。推动高质量发展,要充分发挥创新驱动的作用,以创新驱动作为我国经济发展的第一动力,加快创新型国家建设。要通过优化创新环境、打造区域创新高地、形成区域科技产业集群等举措,增强产业技术创新能力和企业技术创新能力,促进国家级高新区高质量发展。同时要通过建设科技成果转化平台、健全技术转移体系等措施,加速科技成果转化和产业化进程。而从实践层面看,推动高质量发展离不开高新区建设。国家级高新区在我国创新体系中具有重要地位,是推动科技成果转化的重要平台。而高新区建设有利于加快科技成果转化、形成区域创新高地。因此,国家级高新区应充分发挥自身优势,促进经济高质量发展。

高新区建设的理论和实践都是我国经济社会发展的重要组成部分,也是推动高新区高质量发展的重要理论支撑。我国高新区经过30多年的发展,在实现从"跟跑"向"并跑"甚至"领跑"转变过程中,也产生了一些新的理论和实践问题。特别是党的十八大以来,我国高新区建设进入了新时代,出现了一系列新情况、新问题。比如,有的地方对高新区建设缺乏系统规划和顶层设计;有的园区产业升级滞后于产业结构调整;有的园区科技成果转化不够;有的园区创新创业活力不足等。这些问题严重影响了高新区建设的质量和效益,也制约了高新区高质量发展。对此,我们要在新时代加强国家级高新区建设理论研究,不断总结发展规律和经验教训,深入研究分析我国高新区建设中遇到的问题,并提出科学、可行、可操作的政策和建议,使之成为推动高新区高质量发展的有效理论武器。

第三章 中国高新区管理体制机制理论与实践

本章主要讲述高新区管理体制机制的理论概况和实践。高新区在不同的管理体制背景下,设立合理的组织架构,采取有效的运行机制,有效促进高新区开发建设、运营管理等工作的落实。本章从理论出发,介绍高新区管理体制机制的基本内涵、演化历程和发展现状,探讨管理体制机制面临的挑战与改革方向,并结合成功改革的高新区案例加以说明。

第一节 中国高新区管理体制机制的发展概述

高新区管理体制机制与高新区的发展相辅相成,随着高新区的发展不断改革创新,在不同发展阶段采取合乎管理逻辑的组织形式和管理方法,确保能够实现高新区内部的既定管理任务和目标,对高新区管理效能产生直接影响,进一步影响高新区的未来发展。

一、管理体制机制的基本内涵

管理体制机制可以视为整个高新区组织、管理运营的规则和逻辑,大致可以分为管理体制和运营机制两个部分。管理体制是指一个管理系统的内部结构以及组成方式,首先根据需求选择出具体的组织形式,并将这些组织形式进行有机组合形成一个科学合理的系统,最后使用对应的方式、方法实现管理活动的任务和目的。按照管理流程,高新区管理活动主要涉及主导产业规划、空间规划、项目规划、招商管理、运营管理、绩效评估等方面,基本可以划分为三个层面,即高新区规划管理、运营管理、评估管理。

运行机制是引导和制约决策并与人、财、物相关的各项活动的基本准则及相应制度,是决定行为的内外因素及相互关系的总称。在管理系统内的各种因素相互联系、相互作用,要保证社会各项工作的目标和任务真正实现,必须建立一套协调、灵活、高效的运行机制。其中,高新区运营机制指的是高新区运营主体在既定发展方向指引下,基于高新区持续发展的需要,科学划分园区与企业之间关系,包括招商管理、服务管理、组织管理、合作管理等方面内容。

高新区管理体制机制,主要指国家已明确划分的各类开发区依据合法合规方式,在区域内采取的组成方式和组织结构,实际上就是采用更合乎管理逻辑和实际情况的方法,确保能够实现高新区内部的既定管理任务和目标,简而言之就是对高新区职权范围、权限职责等进行详细规定。这一系列规定对高新区来说关系重大,可以对高新区管理效能产生直接影响,进而很大程度上决定了高新区未来发展的水平。当前,我国高新区的管理依据为中国特色社会主义法律体系中各项涉及高新区建设和运行相关的法律法规。其中不仅包含全国人大及其常务委员会制定的法律,还包括行政法规和地方性法规。与此同时,部分高新区自身也建立了适应于本区、相对完善和细化的管理办法,作为园区层面管理的依据,配合国家层面的法律法规,完善园区法律监管环境。2001年起正式实施的《中关村科技园区条例》针对当时产业园区出现的一些市场化程度高、具有知识经济特征的新经济现象和行为,相对于当时施行的法律法规作出了创新和突破。近年来,各地政府积极出台和修订适用于本省高新区及附属园区的管理条例和办法,将其作为高新区层面的管理依据,从法律依据上确认高新区管委会的管理权限,明文规定高新区管委会的工作职责和负责内容,指明高新区管委会的各机构部门的工作机制,并提出高新区管委会的各项保障措施。

二、管理体制机制的演进历程

(一)1988—1999年高新区的设立和成长初期

在此时期,国家政府积极推动高新区的建立,目的在于促进高科技产业的繁荣,以及加强地区经济结构的优化调整。为实现这一战略目标,政府采取了一系列有效举措。首先,政府在高新区的设立过程中发挥了关键的领导作用。通过明确高新区的发展定位、规划目标以及产业布局,政府有力地引导了高新区的科技产业发展方向。其次,政府在高新区的初期管理机制中扮演了主导角色。为确保高新区的顺利运作,政府成立了专门的管理委员会,负责制定和实施高新区的各项政策和管理措施。管理委员会主要负责高新区的投资引导、企业招商、科技创新、人才培养等方面的工作,全面推动高新区建设和发展。在政府有力推动下,建设初期的高新区取得了显著的发展成果。科技产业得到了迅速发展,区域经济结构得到了有效调整,同时也为国家经济发展和科技创新提供了有力支撑。

同时在这个时期,高新技术产业的发展基础相对较弱,因此,需要强有力的管理机构创造有利的发展环境。为此,大多数高新区采取"集中授权、封闭管理"的模式,并初步形成了具有中国特色的"领导小组+管委会+公司"的管理架构。该管理架构实行"决策层-管理层-服务层"的管理模式,以确保高新区的高效运作。

(二)2000—2010年高新区快速发展时期

在这个时期,高新区组织架构迎来调整与优化。高新区在面临国际竞争和内部管理的新挑战下,进行了组织架构的调整与优化。这些改革旨在提高高新区的整体竞争力,为创新驱动和内生增长的发展模式提供有力支持。一方面精简管理架构,为提高管理效率,部分高新区对组织架构进行了精简。此举有助于加强政府部门间的协作与资源共享,提高整体管理效率。另一方面,通过降低管理层级,提高政策执行的效率和质量。同时创新区域协同发展模式,"一区多园"的区域协同发展模式在高新区发展过程中得到广泛应用。这种模式将整个高新区划分为多个功能性园区,以便于专业化和区域化管理。通过加强各园区间的协作与资源共享,提高高新区的整体竞争力。其次,逐步推动政企分离与融合。在这一阶段,部分高新区尝试实行政企分离与融合的管理模式。政府部门负责制定政策和监管,而企业则更加专注于市场运作和创新发展。这种模式有助于提高管理效率,同时为企业提供更大的发展空间。最后,改进产学研合作机制。为促进技术成果转化和创新能力提升,高新区加强了与高校、科研机构的合作。通过建立产学研联盟、共建研究中心等方式,搭建企业、高校、科研机构之间的合作平台,实现资源共享和互利共赢。为吸引更多的优秀人才,高新区在人才引进与培养方面进行了创新。例如,实施人才引进计划、设立人才公寓等措施,为高新区内的企业提供人力资源支持。综上所述,在发展阶段,高新技术产业开发区针对发展需求进行了一系列组织架构调整与优化。这些改革措施有利于提高高新区的管理效率和创新能力,进一步推动高新技术产业的发展。

(三) 2011—2019年高新区成熟发展时期

在成熟阶段,高新区着力于创新驱动和产业升级,以适应新经济发展的新形势和新阶段。在这个阶段,高新区及时改变管理体制机制,着力推进市场化改革,以适应国家级高新区面临的一系列挑战。在这个时期,国家级高新区遭遇了要素成本制约、政策优势减弱以及发展活力不足等困境。特别是在新经济发展的新形势和新阶段背景下,企业对创新创业服务的需求日益增长,迫切需要实施面向服务型政府的改革。为了有效应对这些挑战,政府积极调整职能,引入市场化效率机制,以促进国家级高新区更好地适应市场经济的发展。在这一过程中,部分国家的高新区开始积极探讨如何满足新时代要求的行政审批、组织机构、人事管理和薪酬激励新机制等方面的改革。这些改革的主要目标是构建精简而高效的管理服务体系,从而提高国家级高新区的竞争力和创新能力。具体措施包括简化行政审批流程,减轻企业负担;调整组织机构,强化对创新创业企业的支持;改革人事管理制度,吸引并留住高层次人才;实施薪酬激励新机制,激发员工积极性和提高工作效率。通过实施这些改革举措,政府希望在新经济发展的新形势和新阶段下,推动国家级高新区不断发展,以适应市场经济的变化和企业对创新创业服务的日益增长需求。

(四) 2019年以后高新区高质量发展时期

高新区建设是我国改革开放的成功实践,对地方经济社会发展发挥着重要引擎作用。在建设发展过程中,高新区管理机构在加强园区组织、管理、协调等方面发挥着积极作用,但由于高新区类型多样、数量庞杂,也存在着管理机构设置不规范、职能重点不突出、与行政区关系不顺等问题。从2017年起,国务院办公厅、中央机构编制委员会相继印发了《关于促进高新区改革和创新发展的若干意见》《关于规范高新区管理机构促进高新区创新发展的指导意见》,为高新区管理体制机制变革指明了方向。一是清理、整合高新区管理机构。消除重叠性、低效率的高新区管理机构,从而提升整体运作效益。通过采取合理的整合、合并及调整措施,管理资源得到充分利用并发挥最大作用。与此同时,对不符合政策要求的高新区进行清理,确保各个高新区都能遵循相关政策规定,从而杜绝资源浪费现象,进一步提升管理质量和水平。此类措施有助于优化高新区管理体系,促使其朝着更高效、更有序的方向发展。二是规范高新区管理机构设置。加强对高新区管理机构的监管,确保其符合相关政策和法律法规要求。明确高新区管理机构的职责和定位,统一设置标准和要求,避免职责交叉和功能重叠。要求厅级高新区管理机构内设机构15个左右,处级高新区管理机构内设机构不超过8个,以提高管理效能。三是创新内部机构设置和编制管理。优化内部机构设置,减少内设机构设置过多、职责分工过细、工作职能交叉等情况。根据管理机构级别划定限额标准,合理确定人员规模。鼓励具备条件的高新区由体制内用人的"编制管理"向市场化用人的"员额管理"转变,同时积极探索人员薪酬制度改革,形成有效激励,提高人员工作效能。四是理顺高新区管理体制机制。全面加强党的建设,确保党对高新区管理机构的领导。加大经济管理方面放权、授权的力度,赋予高新区更大的自主发展、自主改革和自主创新管理权限。明确地方党委、政府及其职能部门与高新区管理机构的职责边界。同时,持续完善管理模式和运行机制,提高审批服务便民化水平,创新管理制度规则,提高监管效率和水平,推动高新区市场化运作和企业化管理。这一阶段的高新区主要是从这四个方面,结合地方实际情况进行管理体制机制创新。

第二节　中国高新区管理体制机制面临的挑战和改革方向

本节聚焦高新区管理体制机制在新发展阶段所面临的各种挑战，包括不适应战略发展方向、内部体制行政化保守化以及新时期数字转型所面临的挑战；探讨影响高新区管理体制机制改革的主要因素，并以此提出管理体制机制市场化、治理化、数字化的改革方向。

一、高新区管理体制机制面临的挑战

（一）管理体制不适应战略发展的挑战

在初始构建阶段，国家级高新区采取了一种特殊的管理体制，既受科技部的领导，又受地方政府的领导。然而，这两个领导层的关注焦点并不总是一致的。科技部对高科技发展和产业化目标的关注，与地方政府对地方经济发展贡献的重视，可能会产生某种程度的分歧。地方政府由于拥有对高新区人事任免和财政分配的决定权，因此在管理高新区的过程中占据了更为主导的地位。虽然科技部对高新区有重要的指导作用，但其导向需要与地方政府的导向相兼容，才能得到有效执行。过去的30年间，地方领导权具有压倒性优势的情况并未引发太多问题，其背后的原因主要有两点：第一，由于高新区处于建设投入期，其对资金和行政便利的需求迫切。地方政府在这方面具有显著的优势，因为它能够提供必要的资金支持，也能在权限和人事安排上给予高新区优先的考虑。第二，过去30年来，我国的高科技产业仍处于初级阶段，高科技产业的培育和招商引资在很大程度上是同一回事。这使得国家导向和地方导向在这个阶段能够相互兼容，没有产生严重的冲突。

然而，随着我国高科技产业逐步朝着价值链高端方向推进，其对资源的需求也发生了明显变化。原先以地方政府为主导的管理框架，已经难以满足"发展高科技、实现产业化"这一使命的需要。地方政府在资源分配、决策制定和优先权设定等方面的固有局限性，使得其在应对高科技产业快速变化和多元化发展的能力上显得捉襟见肘。与此同时，高新区的发展趋势更趋向于产城融合，地方政府将其纳入行政区的考核体系，使得高新区需要完成的指标更加复杂、多元和全面。这种变化进一步加速了国家级高新区的地方化和行政区化的趋势。这种趋势反映了地方政府在处理高新区管理问题时的实际困境，也揭示了现行管理模式在应对高新区发展新阶段面临的挑战。

在当前的历史背景下，高科技产业的发展具有重要的战略地位，对中华民族的复兴大业具有举足轻重的影响。然而，在现行的国家级高新区管理体制中，高科技产业的发展往往受制于地方导向的优先满足，导致高新区"发展高科技、实现产业化"的使命要求无法得到充分重视和有效实施。这种现象还可能导致诸如"形象工程"和"假象工程"等不利于高科技产业可持续发展的现象出现。为实现2035年的宏伟目标，国家级高新区亟须在管理体制上进行深刻的调整和改革，特别是需要在政策制定和实施过程中，显著增强国家导向的作用和影响力，以确保高科技产业健康、快速和持续发展。

（二）内部体制行政化保守化的挑战

国家级高新区内部组织和机制设计中，其核心理念是遵循充分授权、追求精简而高效的

工作方式。这种理念具体在以下几个方面得到体现：首先，作为市级（也有省政府）的派出机构，高新区并未设立人大代表和政协等机构，从而能够在决策过程中提高效率，实现更快速的响应和执行。其次，高新区的机构人员配置经过精心设计与规划，其规模通常仅为同级政府的四分之一到十分之一。这种极度精简的人员配置使高新区能够展现出行政效能上的优势，避免了冗余和效率低下的问题。再次，高新区的工作重心主要集中在培育产业和发展经济上，而非涉及所在地区的各类社会事务。这种特殊的职责划分使高新区能够更专注于经济发展，集中资源和精力推进科技创新和产业升级。最后，高新区的行政级别和主要领导通常设置较高，以确保在地方资源配置中具有优先性。这种设计旨在保障高新区在竞争激烈的资源获取中保持有利位置，进而能够更有效地推动其经济发展。这些制度设计为国家级高新区过去30年的快速发展，提供了有效的制度保障。

然而，随着内外部环境的变化，这样的体制机制设计正面临着多个层面的挑战。首先，随着老牌高新区对社会性公共服务需求的增长以及其所在行政区政府对支持高新区的态度可能出现的变化，高新区在处理社会事务上的协调成本逐渐攀升。这种变化引发的压力可能对高新区的运作效率和财政健康构成挑战。其次，党的十九届三中全会提出的治理体系和治理能力现代化的目标，对政府机构运行的合法性和规范性提出了更高的要求。这种转变在一定程度上限制了高新区的创新空间，增加了高新区在制度和政策创新方面的风险，可能导致高新区在决策上变得更为保守。同时，高新区在托管和协调乡镇、街道关系时，也可能出现合规性问题，这对高新区的稳定和持续发展构成了挑战。最后，经过30多年的发展，高新区内的经济规模和人口规模已经大幅增长，这使得高新区面临着治理能力不足的问题。过去那种精简高效的工作方针在新的环境下越来越难以维持。这对高新区的管理模式提出了新的考验，需要找到新的路径来应对复杂多变的内外部环境。

此外，高新区作为以高科技产业培育为主的专业部门，对其领导干部的专业能力和素质有非常高的要求。然而，在现实情况中，这些要求并未在领导干部的配置中得到充分体现，以至于"外行领导内行"现象日益显著。据相关统计数据，在火炬综合排名前30位的国家级高新区中，具备开发区相关工作经验的主要领导仅占33%。这种状况可能对高新区的发展和创新能力产生不利影响。另一方面，鉴于大多数高新区已成立近30年，与高新区共同成长的一代干部纷纷退休或离任。这一现象导致了高新区在经验和能力方面的衰退，同时也使得高新区的奋斗精神面临传承的难题。

由于以上因素的影响，国家级高新区存在行政化以及体制机制僵化、保守化的问题。若这一趋势得不到有效扭转，将使得高新区在应对未来更大挑战时陷入困境。为了应对源自内部体制机制的挑战，一个关键的方向在于通过实施一系列针对性措施，构建面向使命目标的制度优势，充分激发组织活力。

（三）全面数字化转型的挑战

随着人类社会从工业文明向数字文明的转变，尤其是在新冠疫情加速了全球数字化转型的大背景下，数字技术所具有的跨时空属性对传统以特定物理空间为核心的"园区经济模式"提出了根本性的挑战。国家级高新区作为我国数字经济的重要发展高地，在享受数字产业增长带来红利的同时，也必须正视并应对这一挑战。园区经济模式本质上是工业经济时代的产物，其有效性主要源于空间与工业企业的生产组织和各类成本之间的直接关系。在这一模式下，地理位置和物理空间在很大程度上影响着企业的运营和发展。

然而，在数字经济时代，物理空间对"云栖"的数字企业的重要性已大幅度降低。数据和算力的获取不再局限于某个特定的园区范围内,这对传统的园区经济模式提出了根本性的挑战。大型的平台公司在很多情况下,已经实质性地扮演起了产业园区的角色,因为它们能够提供如数据、算力、算法、流量等关键运营要素。在这样的新形势下,产业园区除了提供数字企业的办公空间、宽带接入和人才的生活环境,能够做的事情已经相对有限,而且在很大程度上并不那么重要。因此,国家级高新区需要采取有效措施,积极应对经济社会的全面数字化转型,以构筑并保持其在数字时代的竞争力。具体来说,高新区需要重新审视其在数字化转型中的角色,并在此基础上进行制度、管理和服务的创新,以适应数字经济的发展需要。这可能包括开发新的业务模式、提供更具针对性的服务、培育数字化人才以及加强与数字平台公司的合作等。这样,高新区才能在数字化时代保持其核心竞争力,进一步推动数字经济发展。

二、高新区管理体制机制改革的方向

(一)影响高新区管理体制改革的主要因素

国家级高新区的管理体制和组织机制是一个动态演进的过程,改革只有进行时,没有完成时。过去30年的高新区建设和发展历程可以被视为管理体制机制不断进行改革创新的过程。这包括了对管理机构的优化和重组、对社会事务的深度发展、对高新区与行政区关系的调整以及经济社会管理权限的下放和回收等多个方面。这些改变并非孤立发生,而是随着外部环境的发展形势、高新区自身发展的阶段和战略重点以及主要领导的认识变化而相应进行的调整。这一过程彰显了管理体制机制的灵活性和适应性,以及在不断变化和发展中寻找最适应的策略和方向的能力。从高新区自身发展来看,空间变迁和社会管理职能增加是影响国家级高新区管理体制机制变化的两大内在主要因素。

一是空间变迁。随着高新区内产业规模的快速扩大,土地资源供给紧缺逐渐成为其发展的主要瓶颈。为应对这一挑战,部分地方政府进行了积极的策略调整,主要表现在扩大了高新区的空间范围,包括整合了部分行政村落、乡镇或者街道办事处的土地资源以满足土地的供需平衡。此外,还有一些高新区与当地的行政区域进行了合并,甚至创设新的行政区,形成了所谓的"政区合一"的管理模式,旨在提高行政效率和资源配置的效果。同样,也有部分高新区采取了"飞地"托管的方式,形成了"一区多园"的新型格局,以解决土地短缺问题,同时也推动了区域内的经济社会发展。这些变化不仅显示了高新区在面对发展挑战时的策略选择和灵活性,同时还揭示了在高新区发展的过程中,空间调整和重新配置的重要性。

二是社会管理职能和权限增加。随着高新区进入更高的发展阶段以及国家产业结构的持续升级,高新区不得不面临从原始设备制造(OEM)向原始设计制造(ODM)和自有品牌制造(OBM)的转型需求。这一转型过程对高素质人才和优质城市环境服务的需求不断增长。为了满足这些迫切的需求,高新区开始向科技新城的模式转变,接管了一系列社会行政职能,如城市管理、教育、医疗等社会发展任务。因此,高新区不仅拥有经济发展的管理权限,还开始获得社会管理权限,从而逐渐成为一种"准行政区"。在这个阶段,社会管理和城市服务成为高新区创新创业生态的必要组成部分,高新区逐渐演变成一个集科技、经济、产业、社会、文化和自然环境协调发展于一体的科技城区和知识社区。在某些地方,甚至以高新区为基础创建新的行政区,或者将其与所在的行政区合并,形成政区合一型的高新区,显示出高新区发展的多元性和复杂性。

（二）高新区管理体制机制的改革方向

自1991年9月国家科委、体改委联合下发的《关于深化高新技术产业开发区改革，推进高技术产业发展的决定》后，国家级高新区的管理体制已形成了"领导小组＋管委会＋总公司"的管理架构，在实际发展过程中，各地又因地制宜不断演变，呈现出政府派出机构为主流（占85％左右）、区政合一、市场化公司运营体制等多种管理体制并存的局面。尽管国家级高新区的管理体制在历史发展过程中经历了不断的变迁，表现出各种不同的形式，但"更好地实现国家级高新区的高新使命"始终是高新区体制机制改革的核心目标。展望未来，高新区的体制机制应顺应市场化、治理化和数字化的三大趋势，以确保在新的发展阶段能够有效地推动高新技术产业的发展与创新。

1. 市场化改革

党的十九大报告提出"构建现代化经济体系，就是要发挥市场在资源配置中的决定性作用和更好地发挥政府作用"。高新区未来发展的关键趋势之一是市场化。这意味着高新区应充分发挥市场的力量，通过外包等形式，提供科技服务、产业服务和城市服务，以实现"小政府、大服务"的目标。为了真正实现开放、协同发展，高新区应探索构建共赢的分配机制，例如在税收分成等方面赋予其更大的自主权。对于市场化程度高、经济发展水平较好的高新区，可以尝试混合所有制或企业化、市场化的管理模式，以提升园区管理效率。而对于市场化程度较低或仍处于发展初期的高新区，上级政府应给予充分的授权，承担部分社会职能，从而促使这些高新区朝着封闭式管理方向发展。这样的发展策略将有助于更好地统筹配置资源，推动园区的开发建设和产业发展。通过这种市场化的发展路径，国家级高新区将能够充分利用市场机制来优化资源配置，提高运行效率，从而更好地推动高新技术产业的创新与发展。

2. 治理化改革

党的十八届三中全会首次提出"推进国家治理体系和治理能力现代化"重大命题，党的十九届四中全会对推进国家治理体系和治理能力现代化做出全面部署。国家级高新区从创立之初就是改革的产物，一些重要的制度创新几乎都源于国家级高新区。这意味着高新区应注重制度建设，将经过充分验证和反复实践的治理模式和经验做法，如放权、精简、高效等，通过制度化的途径予以稳定。这是实现高新区治理体系和治理能力现代化的基本保障。高新区管委会作为政府的派出机构，应充分发挥区政合一的作用。国家级高新区还需要积极转变政府服务方式，调动各类市场主体的积极性，为企业提供全方位服务，尊重并发挥社会组织、中介机构等多元主体的自律和引导作用，规范和推动各行业的健康发展。与此同时，政府的角色应逐渐从事前的限制性管理和审批转向加强事中与事后监管。通过这一治理化发展趋势，国家级高新区将在治理结构和运行方式上取得创新，提高治理效能，为高新技术产业的持续发展和创新提供有力保障。

3. 数字化改革

在数字技术全面渗透的社会背景下，高新区需要打造区域创新发展的更高能级战略平台，以推动区域创新发展，引导企业、市场专业机构、社会组织等多元主体参与，并实现生态共治。高新区需构建超越物理边界的产业园区和产业集群，倡导产业资源的虚拟集聚、平台化运营和网络化协同，构筑结合虚实的产业数字化新生态。这需要高新区积极构建数字化政府、智慧园区、虚拟园区、园区企业大数据平台、数字化考评系统等智慧化平台或系统。通过这些数字化工具，高新区能够提升治理效率和效果。相配套的，需要建立新的体制机制来适应和引导数字化治理,如建立数据治理规则,保护数据安全和隐私,促进数据共享和开放,建立适应数字化经济的税收制度等。这种数字化的发展趋势将更有利于高新区在未来长远发展,使之能够更好地适应并引领数字经济时代的变革和创新。

高新区体制机制改革的市场化、治理化和数字化,实质上只是实现高质量发展和创新的改革模式,而非目的。至关重要的是,改革的核心目标始终应聚焦推动"高"和"新"的实现,即促进创新和高质量的发展。在当前这个复杂的环境中,我们面临着一系列挑战:新一轮由数字技术创新引发的产业技术革命、中美技术"脱钩"的现实挑战以及全球性新冠疫情带来的影响。这些因素使得高新区的基本形态、发展逻辑以及竞争核心都经历了深刻的变革。因此,高新区必须对其体制机制和治理模式进行调整,建立适应新发展形态的新机制。具体而言,这需要我们重新审视高新区的定位,以及其在新的技术、产业和全球环境下的功能和责任。同时,我们也需要探索如何通过制度设计和政策工具,引导和支持高新区在新的环境下更好地发挥其作用,以推动新产业和新经济的发展,从而实现其高质量发展和创新的目标。

第三节 中国高新区管理体制机制改革的成功实践

本节从三个方面的管理体制机制改革出发,包括管理体制改革、组织架构改革、运行机制改革,同时结合代表性高新区改革实践加以说明,更为直观地了解高新区管理体制机制的创新发展。

一、管理体制改革实践——天津滨海新区"法定机构"改革

法定机构概念源于西方国家,指立法机关通过专门立法设立的公共管理机构。相比于传统的政府决策部门,这些机构在运行中享有一定程度的自主性和独立性,主要职责包括执行政府策略、提供公共服务或发展经济职能。它们在公共管理中担当着特定的角色,并以其特殊的地位和职责在一定程度上弥补了传统政府体系的不足。法定机构在推动国家治理体系现代化的过程中,展现出了其无可替代的价值。它不仅协助推动政府职能的转变,而且还在深化事业单位改革以及优化公共服务的过程中发挥了积极作用。逐步地,这种法定机构的模式已经被引入我国的公共部门改革之中,并被视为一个重要的参考模式。

2017年以来,随着占据天津市GDP 60%以上的滨海新区经济总量缩水三分之一,且GDP增速连续两年全国"垫底",进入经济转型升级的历史关口。滨海新区连同下辖五大功能区未能摆脱经济颓势,动力弱化等问题逐渐凸显。为了摆脱外部竞争压力和内部体制机制陈旧的困境,滨海新区全面实施了一系列改革措施,包括法定机构改革、干部绩效考核、科学设置机构部门及企业化管理。天津市人大常委会立法,将高新区管委会明确为负责行政管理和公共服务职责的法定机构,按照精简、高效的原则和天津市政府授权,实行全员聘任制、岗位绩效工资制等企业化管理。这些举措旨在解决体制僵化、利益固化和动力不足等问题,提升工作效率,增强服务意识和市场化意识。改革完成后,高新区更加聚焦经济发展,资源手段更丰富,效率得到大幅提升。人事制度的变革和一系列考核激励措施使人员队伍年

轻化、专业化,并搭建了以业绩为导向的分配体制,激发内生动力。

天津滨海新区成功地通过实施法定机构改革,显著提升了其经济发展指标。2019年的一组经济发展数据对滨海新区各开发区法定机构改革的效果进行了佐证:"规模以上工业增加值增长10.3%,工业总产值5128亿元,增长8.3%,创五年以来新高,规模以上工业企业利润增长达到两位数以上。"这充分展示了改革的显著效果。滨海新区以这次改革作为突破口,准确地把握了现代化治理体系和治理能力建设的核心要义,并以实际行动践行了习近平总书记提出的"发展是第一要务,人才是第一资源,创新是第一动力"的发展思想。通过法定机构改革,滨海新区不仅大大提升了经济发展水平,而且为人才提供了广阔的发展空间,并通过创新驱动了经济社会持续发展。这是对现代化治理体系和治理能力建设的深入理解和有效实践,也为其他地区的改革提供了有益借鉴和示范。

二、组织机构改革实践——济南高新区"大部制"改革

大部制是一种政府组织架构,它将相同或相互关联的职能整合到一个部门之内,或者将一些具有相近职能的部门合并为一个更大的部门。在中国的特定环境中,实施大部制改革具有深远的战略意义,这不仅满足了完善社会主义市场经济体制的内在需求,还是深化行政管理体制改革的重要手段。大部制改革能够帮助地方政府减轻机构负担、改革职能、引入管理工具的创新、提升治理效能、降低行政成本,并能够有效推动市场及公民社会的发展。自高新区创立以来,一直坚持机构的精简和优化,充分体现了大部制的设置原则。

济南高新区是市委、市政府的派出机构,在二次创业期间,一些深层次的体制问题开始显现出来,包括机构臃肿、体制僵化、权限不足以及多头管理等,这些问题反映出高新区正在逐步回归传统的行政化。另外,济南高新区受行政编制限制,全区的编制总数只有不足950个。随着不断发展壮大,高新区的辖区面积由148平方千米扩张到了318平方千米,人口也由20万增长到40多万人,企业和人口快速聚集,高新区的管理和服务的需求持续增强。但现有的机构编制数量和管理模式无法满足这种高速发展带来的需求,进一步加剧了部门机构刚性需求增长与编制限制、人力资源短缺之间的矛盾,使得这些问题日益凸显。

济南高新区自2016年开始实施一系列体制机制改革,尤其是推动实施"大部制"管理模式,目的在于优化行政机构架构,从而创建一个更高效的管理服务体系。2016年印发的《济南高新区(综合保税区)体制机制改革方案》明确提出,优化组织架构,推行"大部制"管理,打造高效的管理服务体系。大部制以来,济南高新区打破现有的行政管理体制,在不突破市编委核定的机构个数、编制总量和领导职务的前提下,基于职能和业务的相关性,相关部门被整合在一起,构建出"大建设""大经济""大服务业""大社会管理""大审批""大审计""大战略""大人力资源"等八大系统,以此将原先繁杂的部门精简为15个业务部门。大部制改革成功解决了职能交叉、条块分割和多头管理的问题,极大提升了工作效率,同时也在审批流程上实现了显著的时效性改进,带来了更高效的现场服务体验。这种创新性的体制改革为济南高新区的高质量发展注入了新的动力,取得了初步但明显的成效。这一案例也展现了行政机构通过实施系统性的、根据职能和业务相似性进行的机构整合,可以有效提升行政效率,解决公共管理中的一些常见问题,从而更好地促进区域经济和社会的高质量发展。

三、运行机制改革实践——枣庄高新区"管委会+公司"模式

"管委会+公司"管理模式是一种政企合作模式,该模式在高新区管理过程中得到了广泛应用。在这种模式下,高新区管委会与高新区开发总公司共同参与管理,形成了一种"一套班子、两块牌子"的组织架构。在这种协同管理架构中,开发区总公司在管委会的领导下进行运作,主要职能部门由管委会与开发总公司联合办公,既承担行政管理职能,又承担经济管理职能,实现了政府与企业之间的协同管理,从而提高了管理效率和效果。通过"管委会+公司"模式,政府和企业能够充分发挥各自的优势,实现资源整合,共同推动高新区发展。

在枣庄高新区的早期管理模式中,存在诸多问题,包括职权与责任界定模糊、行政效率不高、创新发展需求难以满足以及社会服务质量和效率较低等。为了有效应对这些挑战,枣庄市委、市政府相继出台了《关于推动开发区体制机制改革创新促进高质量发展的试点方案的通知》(枣发〔2019〕13号)、《关于进一步支持枣庄高新技术产业开发区高质量发展的实施意见》(枣政发〔2020〕5号)等一系列政策文件,旨在深化高新区体制机制改革,这些改革主张市场化和"去行政化",并实行了"管委会+公司"的管理模式。具体的改革措施包括整合内设机构,将原有的35个部门合并为8个,以减少冗余和提高效率;设立高新投资集团公司,以及两个子公司和四个运营公司,以便进行更为有效的管理和决策。此外,滕州经济开发区和枣庄经济开发区也分别采取了新的管理模式,如"管委会+公司+产业发展基金"和"一个投资发展集团公司+四个社会化专业园区管理运营公司",进一步推动了行政效率的提升,满足了创新发展的需求,并提高了社会服务的质量和效率。这些改革举措标志着枣庄高新区从传统的行政管理模式转向了更为灵活、高效和市场化的管理模式,这种新的模式更适应创新发展的需要,也更能满足社会服务的质量和效率提升的要求。

第二篇　背　景　篇

第四章 中国高新区总体发展现状

从 1988 年开始,中国高新区发展已经历 35 个春秋。本章将高新区发展划分为四个阶段,从国家级高新区区位布局及产业布局两个角度介绍高新区发展现状,通过对国家级高新区经济社会发展基本指标的分析,探究国家级高新区发展对我国经济增长的推动作用,从吸纳科研人才、科技研发投入、高新企业研发产出、技术收入分布四个角度分析国家级高新区创新创业能力。

第一节 中国高新区发展的历史演进

自国务院 1988 年批准设立国家首个高新区,截至 2023 年 11 月,国家级高新区数量已达 178 家[①]。30 多年来,我国高新区从无到有,由少至多,在探索中前行,在创新中崛起,已成为推动我国经济持续稳定发展的中坚力量。

一、酝酿创设期(改革开放初期至 1991 年)

20 世纪 50 年代,电子计算机、空间技术、生物工程等技术引领着工业革命的浩荡进程,掀起了一场前所未有的科技浪潮。西方发达国家,尤其是美国,勇于探索建立高科技产业园区,借助科学技术的飞速发展拉大了与发展中国家的差距。党的十一届三中全会历史性地做出了将党的工作重心转移到经济建设上来、实行改革开放的决策。这一决策鼓舞人心,倡导学习世界先进技术、采用尖端设备,并大力发展满足现代化所需的科学和教育工作。人们渐渐认识到实践是检验真理的唯一标准,而世界新技术的迅猛发展使人们深刻认识到解放思想、发展科学技术是解决社会问题的关键所在。为了加速科学技术的腾飞,中共中央相继颁布了一系列保障政策,为高新区的发展提供了有力支持。政府全力推动高新区的建设,旨在实现科技与经济的有机结合,为国家的进步奠定坚实基石。

1984 年 6 月,国家科委提出研究制定新技术园区和企业孵化器的优惠政策,这象征着高新技术产业园区的初步探索。1986 年,"863"计划出台,以全球高科技发展趋势和中国实际需求为依据,精选出生物、航天、信息、先进防御、自动化、能源和新材料等七大领域共计 15 个主题项目,将其确立为我国高科技发展的重中之重。紧接着,1988 年 5 月,国家正式批准成立北京市技术产业开发试验区,并制定了 18 项优惠政策,为全国高新技术产业开发区的发展奠定了牢固基础。同年 8 月,"火炬计划"推出,明晰了高新区产业发展的使命目标。

---

① 资料来源:中国信息化网。

二、试点探索期(1991—2001年)

1991年至2001年是高新区的一次创业阶段。1991年3月,国务院下发了《关于批准国家级高新区和有关政策规定的通知》(以下简称《通知》),《通知》指出高新区发展应以深化改革、建立发展高技术产业基地、促进科技创新创业、培育造就新技术企业为己任。明确电子与信息技术、新材料及应用技术、核应用技术、生物工程和新医药技术、先进制造技术等重点高技术领域以及一系列优惠政策,自此高新区开始大规模建设。在《通知》的指引下,1991年国家批准建设26家高新区,1992年再度新增批准建设25家。至此,我国高新区建设完成基本布局。

这一时期,我国经济体制正由传统计划型向市场型转变。高新区承载了优先发展"工业化"的历史使命,首要目标是发挥生产要素优势,通过生产条件招商引资,快速提升产业规划和产业体量,形成产业园区,打破工业基础薄弱的困境。各地区结合当地经济发展特色对产业发展进行整体规划布局,发挥当地龙头企业带动作用,快速形成具有一定经济规模的产业集群。高新区的发展搭乘了全球化的东风,通过建设硬件条件及招商引资实现了快速壮大,营造了良好的园区发展环境,为未来的创新发展、科技园区建设打下了坚实的物质基础。

学术界大多把这一时期称为高新区的"一次创业"期。这一时期国务院共批准了53家国家级高新区建设,遍布28个省级行政区。其中31家位于省会城市、直辖市或计划单列市,22家位于地级市。这批国家级高新区多布局在智力资源集聚、产业基础雄厚的地区。这一时期,高新区如同蓬勃发芽的种子,为我国科技进步和经济发展注入了生机与活力。

三、扩张发展期(2002—2011年)

20世纪90年代初,中国高新区主要以承接跨国企业生产制造转移、出口加工的方式融入全球产业链。进入新世纪,面对全球化进程加速,我国顺利加入WTO,中国高新区国际化发展内涵不断丰富,先后出现了生产制造全球化、资本全球化、人才全球化、技术全球化等多种趋势。从2001年开始,高新区进入"二次创业"阶段,此时正值中国改革开放的加速期,国家经济的崛起对高新区的发展提出了更高要求,国家科技部根据时代发展的需要提出了以科技要素为着眼点的"二次创业"口号。这一时期,国务院新批复35家高新区,建设布局更加着重向经济发达地区和资源密集城市集聚,各高新区致力于传统产业发展升级,新兴产业开始萌芽。例如,成都高新区紧抓全球化产业转移机会,与全球第一大芯片制造商英特尔合作,由此产生"英特尔效应",通过龙头企业入驻,成都高新区找到了自身产业发展的重点与方向,摸索出自身发展新一代信息技术产业的特色道路。

相比于一次创业,二次创业阶段普遍强调高新区科技内涵,发展要素从劳动力、土地、资源、优惠政策、资源禀赋转向技术、知识、信息、资本、人才。从强调聚集生产要素、做大体量转向营造生产环境、注入科技要素、形成产业配套。

四、高质量发展期(2012年至今)

改革开放以来,国家级高新区在中国社会和经济发展中,扮演着非常重要的经济增长和支撑作用。党的十八大以来,创新驱动发展的新理念高居五大发展理念之首,创新发展居于国家发展全局的核心位置。这一时期,国际及国内环境都经历了巨大变化,高新区面临着前所未有的机遇和挑战。国际上,全球政治经济格局调整,金融危机后遗症犹存,发达国家提倡"再工业化战略",引回跨国制造企业。我国经济持续高速增长,成为全球第二大经济体,面临经济大国向经济强国的转变。加快转变高新区发展方式,提高其创新能力迫在眉睫。

2022年,《国家高新技术产业开发区"十四五"发展规划》(以下简称《规划》)出台,《规划》指出,坚持科技创新和体制机制创新双轮驱动,以推动高质量发展为主题,以强化创新功能、支撑高水平科技自立自强为主线,以培育具有国际竞争力的企业和产业为重点,以营造良好的创新创业生态为抓手,全面建设创新驱动发展示范区和高质量发展先行区,为创新型国家建设作出新的更大贡献。

国家级高新区"三次创业"的核心内涵即营造创新创业生态,形成创新支撑发展、产城高度融合的创新经济体。这一创新经济体的形成不仅将为创新创业提供有力支持,还将使国家级高新区在经济增长和产业升级方面发挥更大的作用。通过创造更具活力和竞争力的创新生态,国家级高新区有望成为创新和发展的重要引擎。

第二节 中国高新区发展布局现状分析

一、总体布局现状

总体来看,我国178个国家级高新园区遍布31个省、自治区及直辖市,总体上注重了区域间的协调平衡发展,但仍呈现东强西弱的格局,东部地区水路交通便利,在20世纪极大地承接了发达国家及台资外商的产业转移,为后期发展奠定了良好的工业基础,且东部地区高校众多,经济发达,智力资源丰富,科研力量雄厚,资本吸引能力强,拥有更强的创新能力。例如,江苏省设有18个园区,广东省、山东省各设有14、13个园区。目前我国国家级高新区总体布局现状如表4-1所示。

表4-1 2023年我国国家级高新区各地区总体布局现状统计表

区域	省、区、市	数量	合计
华北	北京	1	12
	天津	1	
	河北	5	
	山西	2	
	内蒙古	3	
东北	辽宁	8	16
	吉林	5	
	黑龙江	3	

续表

区域	省、区、市	数量	合计
华东	上海	2	65
	江苏	18	
	浙江	8	
	安徽	8	
	福建	7	
	江西	9	
	山东	13	
华中	河南	9	30
	湖北	12	
	湖南	9	
华南	广东	14	19
	广西	4	
	海南	1	
西南	重庆	4	19
	四川	8	
	贵州	3	
	云南	3	
	西藏	1	
西北	陕西	7	17
	甘肃	2	
	青海	1	
	宁夏	2	
	新疆	5	

资料来源:https://mp.weixin.qq.com/s/CO1xyuiSIbLJVY1Opv6F2Q。

二、产业布局现状

产业的发展是高新区的生命线,城市的发展也与产业的发展息息相关,产业兴则城市兴,产业兴则区域兴。高新区产业布局往往通过引进板块公司或者龙头企业,借鉴他们的先进经验,加快自身的发展,从而培育出更多本地的上市公司或是垂直板块的公司,形成产业链优势,这要求高新区引进必须结合未来产业链规划及自身优势,有的放矢。我国战略性新兴产业包含八大产业①，据科技部火炬中心统计，至 2023 年 2 月，全国共有创新型产业集群 193 家。其中，近 150 家创新型产业集群位于 122 家国家级高新区内，占比近八成②。集群产业覆盖了全部战略性新兴产业领域。

（一）新一代信息技术产业

新一代信息技术产业的行业准入门槛较高，其创新和发展需要投入大量资本用于研发新技术、购置高端设备以及建设先进的生产和测试设施，也亟须拥有高水平专业技术及知识的人才不断推动技术发展，体现着资本密集与技术密集的双重特性。据统计，截至 2023 年 11 月，我国 178 个国家级高新区中，致力于发展新一代信息技术产业的高新区有 75 家，占园区总数超 40%。虽然新一代信息技术产业遍布全国，但头部效应明显，大多新一代信息技术企业聚集在京津冀、长三角、粤港澳、川渝经济圈。根据《产业分类》规定，新一代信息技术产业包括 5G、电子信息制造、软件、新兴数字领域四大板块，就细分板块而言主要呈现以下特点：

1. 下一代信息网络产业

5G 技术是下一代信息网络产业发展的重点，全国各省"十四五"规划中均有提及，但在规划重点上各有侧重。5G 产业链主要包括上游的支撑层和基础层，中游的传输层，下游的应用层和场景层五个环节。从具体环节来看，一流园区在支撑层环节的布局较少；在基础层和传输层环节布局加速，但多数仍处于初步发展阶段；在应用层和场景层的布局最多，竞争也最为激烈。

5G 支撑层方面，北京中关村拥有恒泰实达、北讯通信等民营网络规划设计龙头企业，中国移动、中国通信服务、中国电信等国有企业的下属设计院，在支撑层环节处于领先地位。深圳高新区拥有华为和中兴两大网络建设巨头。杭州高新区集聚了华信设计院、纵横通信、东冠、华星创业、广脉科技、初灵信息等网络规划建设优化企业。5G 基础层方面，深圳高新区依托华为海思、中兴微电子等一批龙头企业占领 5G 基础层高地。上海张江则依托中兴通讯、中芯国际等一批优秀企业，在 5G 芯片和射频器领域领先发展。武汉、杭州、广州、成都等高新区正加速布局基础层环节，合肥和西安高新区选择目标重点突破。当前北京中关村、深圳高新区具备比较优势的 5G 全产业链。

2. 电子信息制造

电子核心产业主要包含新型电子元器件及设备制造、电子专用仪器设备制造、集成电路制造等细分产业。集成电路产业是破解产业发展"卡脖子"难题的关键一环，对于一个地区的经济实力和教育资源要求较高。从全国布局来看，北京、上海、广东、江苏、四川、陕西等地高校资源丰富、科研实力强，依托本地资源，这些地区的高新区重点发展集成电路制造业。无锡高新区依托华润微电子、先导智能及新节能等 8 家上市公司打造集成电路产业集群。截至 2022 年，该产业集群创造出 1352 亿元总产值，约占全国集成电路产业总值的 1/9，其产业规模在全国高新区中仅次于上海张江，位列全国第二。而诸如黑龙江、河南、内蒙古、陕西等地，传统工业底蕴深厚，承接发达地区产业转移时，地区内国家级高新区主要以发展电子元器件为主。

---

① 根据《战略性新兴产业分类（2018）》（以下简称《产业分类》），战略性新兴产业包含：新一代信息技术产业、高端装备制造产业、新材料产业、生物产业、新能源汽车产业、新能源产业、节能环保产业、数字创意产业。

② 资料来源于中国高新技术产业导报，https://mp.weixin.qq.com/s/ddyQkJpQexFKM0DTc4alYQ。

3. 软件领域

如表 4-2 所示，截至目前，工信部认定的"中国软件名城"及"中国特色软件名城"共有 18 所。南京高新区依靠软件谷、南京软件园 2 个国家级软件园，已形成了一个多层次、多维度的产业集聚区。这一布局加速了软件和信息技术产业的发展，为南京地区提供了广泛的创新和发展机会。南京市软件园区数量全国领先。2022 年，南京市软件业务收入为 7408 亿元，占全省比重的 56.3%。数据显示，2022 年，南京高新区在软件领域获国家科学技术奖 8 项，承担了 16 项国家级重点研发项目。

表 4-2 中国软件名城及中国软件特色名城汇总表

城市	重点企业	优势领域
南京	南瑞集团、国电南自、金智、润和等	智能电网软件、智能交通软件、信息安全软件、人工智能软件、嵌入式软件
济南	浪潮、正元地理、中创软件、积成电子等	集成电路设计、智慧城市、信息产业
成都	积微物联、TestBird、梦思特、咕咚等	航空航天、电子信息、汽车、轨道交通核能、大型科学装置等工业应用软件
广州	佳都、北明、酷狗、海格通信等	行业应用软件、数字文创
深圳	华为、腾讯、中兴、大疆、深信服、金证科技等	嵌入式软件，金融、证券、电力、教育和企业管理类行业应用软件
上海	中国银联、华讯网络、卡斯柯携程网络、汉得信息等	信创领域、区块链领域、轨道交通应用网络游戏
北京	百度、京东、小米、航天信息、用友、启明星辰等	高端软件研发，新兴软件领域
杭州	阿里巴巴、海康威视、网易、新华三集团、浙江大华、恒生等	云计算、大数据、物联网以及移动支付等领域
苏州	国泰新点、浩辰、同程、企查心等	嵌入式软件、工业大数据、智能制造、智能交通、在线旅游、信息安全
武汉	佰钧成、中地数码、领航动力、天喻信息等	基础软件、光通信嵌入式软件、地球空间信息、信息安全
福州	福州瑞芯、新大陆、网龙、星网锐捷、顶点等	行业应用软件、互联网服务、IC 设计和智能控制、数字文创
厦门	吉比特、亿联网络、四三九九等	动漫游戏、数字文创、人工智能、大数据智慧城市

4. 新兴数字领域

新兴数字领域的范畴广泛，包括云计算服务产业、大数据服务产业等多个重要领域。中国云计算产业近几年发展迅猛，据中国通信研究院预计，到 2025 年我国云计算产业整体规模将突破万亿元。当前我国多地区正致力于建设云计算产业园，产业园整体呈现出东部-中部-西部的分布格局。受自然条件及人文因素影响，各地区云计算产业园建设各有侧重。东部地区经济发达,工业基础雄厚,智力资源密集,但同时人口密度大、土地供应紧张,云计算园区建设以小型、单一功能为主,服务现有产业,零散分布在现有高新区、经济开发区中。西部地区自然条件优越,适合建设大型云计算产业园。西部地区的云计算园区建设主要由政府主导,功能多元,产业链完整,聚集优势显著。西部云计算产业园区多建设在城市外围,这样便于集中管理和服务。中部地区在地理位置上介于西部和东部之间,在自然条件、产业环境、人才储备和资金优势等方面相对较弱。这使得中部地区的云计算产业发展相对滞后。然而,在一些IT产业发展较好的城市,如武汉、长沙和郑州等,这些城市拥有较为丰富的人才资源和技术实力,也为云计算产业和产业园区的发展提供了有力支撑。当前中部城市的政府和企业正积极寻求与东部沿海地区和西部地区的合作,以弥补自身在云计算产业方面的不足(表4-3)。

表4-3 各地云计算产业园区

地区	重点产业园
东部地区	黑龙江云计算数据中心产业园、吉林省大数据、云计算产业基地、白城市云计算产业园、京东云(辽宁)数字经济产业园、中国云计算产业园、河北亿广云数据产业园、河北保定市云计算和大数据产业园、威海市云计算中心、泰州云计算中心、华东云计算基地、张北云计算产业园、中国云计算创新基地、滨海新区云计算产业基地、市北云立方云计算产业园、云栖小镇、杭州云谷、东华云计算中心、中国东南大数据产业园、番禺云计算物联网产业园、云浮云计算大数据产业园、中关村云计算产业基地
中部地区	洛阳云计算和互联网数据中心产业园、郑州赛微云计算产业园、长沙证通云计算大数据科技产业园、襄阳云计算基地、山西云计算中心、井冈山诺亚信息产业园、上饶大数据产业基地、宿州云计算产业基地、合肥义兴智慧云计算产业园
西部地区	乌鲁木齐云计算产业园、克拉玛依云计算产业园区、西藏云计算数据中心、海南州大数据产业园、西南云计算产业基地、昆明云计算产业园、钦州华为云计算产业园、宁夏中关村科技产业园、西部云基地、陕西西安市云计算服务产业基地、中国电信云计算(陕西)基地、甘肃紫金云产业园、甘肃省"数云白银云计算产业园"、重庆两江国际云计算服务中心、中国电信云计算贵州信息园、包头高新区云计算产业园、蒙东云计算产业园、鄂尔多斯高新区云计算产业园、中国科学院云计算产业基地

数据来源:东滩智库。

(二)新材料产业

随着科技水平的进步及工业的发展,越来越多的国家重视新材料产业的战略地位。

我国新材料产业的发展呈现出多元化的趋势,依托各地的特色优势,形成了不同区域间的差异化发展格局。长三角地区作为最早承接外资产业转移的地区之一,其新材料产业得到了迅速发展。该地区具备完善的产业配套设施和便捷的交通网络,成为我国新材料产业数量最多的地区之一。例如,上海张江高新区在创新第二代高温超导材料、石墨烯材料、3D打印材料、智能纤维等前沿新材料上具有优势。苏州工业园区则以纳米材料为特色,发展潜力巨大。纳米材料的独特性质和应用潜力使得该园区在纳米技术领域处于领先地位,为纳米科技的研发和商业化提供了有力的平台。泰州高新区在生物医用材料领域有着突出的表现,这些材料对医疗器械和生物医学领域的创新至关重要。无锡高新区在微纳材料上具有竞争优势，这些微纳材料在电子、光学和医疗等领域具有广泛的应用前景。南京高新区在新型显示材料方面具备独特优势，这些材料对显示技术和电子设备的发展至关重要。江阴高新区则重点发展高性能金属材料，适用于航空航天、汽车工业等领域。连云港高新区则着重发展高性能复合材料，这些材料在结构工程、材料科学和其他领域有着广泛的用途。浙江的宁波高新区、衢州高新区、嘉兴高新区是磁性材料、氟硅新材料、高性能纤维材料等材料产业的最大基地。珠三角地区形成了以广州、深圳、佛山等城市为中心的新材料产业的热点区域，这里的新材料产业主要以外向出口为主导，具有高度集中的特点。在电子信息材料、改性工程塑料、陶瓷材料等领域，珠三角地区的中小型技术创新企业占据主导地位，拥有强大的市场竞争力和技术优势。京津冀地区虽然在制造业方面相对较弱，但其技术类生产性服务业发达，并拥有众多高等学府，凭借其独特的竞争优势，积极推动新材料产业的发展。还有部分高新区依托自身自然资源优势，比如包头稀土高新区主导产业为稀土材料及应用，衢州高新区主导产业为氟硅钴新材料，江西鹰潭高新区主导产业为铜基新材料，赣州高新区主导产业为钨新材料。

总的来说，我国新材料产业在不同地区展现出各自独特的特点和优势。这些地区通过充分发挥自身的资源和创新能力，推动新材料产业的不断壮大和创新发展。

（三）高端装备制造产业

高端装备制造业集中反映一个国家科技和工业的发展水平。当前，高端装备制造业已成为全球制造业竞争的焦点。目前我国高端装备制造业已形成以珠三角、长三角、环渤海、中西部为核心的产业集群，各高新区依托龙头企业打造相应产业链。中西部地区在高端装备制造领域发展的重点为轨道交通装备、卫星制造与应用、智能制造装备，其中西安高新区聚集了众多的航空航天企业、研究机构和高校，在航空航天产业领域形成了较为完整的产业链和集群。这些企业和机构涵盖了航空航天器研制、航空发动机、航空电子、航天器制造、航天科研等多个领域，形成了相互配套和协同发展的产业生态系统。长沙高新区聚集了长泰机器人、三一重工及湘电集团等知名企业，在高端装备制造领域形成了较为完善的产业链。环渤海地区在高端装备制造领域发展的重点为海洋工程装备、轨道交通装备及智能制造装备。大连高新区拥有7家国家级企业孵化器，拥有"船舶海工技术产业平台"这一国家级科技企业孵化器。长三角地区则重点发展智能制造装备、航空航天装备领域，如长三角产业群龙头城市上海近些年抓住商用飞机产业合作开放特性，特别在浦东新区大力推动民用航空相关产业的发展。这一努力逐渐构建了多个重要的产业集聚区，形成了多维度的产业空间布局，有助于推动商用飞机和航空航天领域的创新与发展。珠三角地区聚集了一大批坚持自主创新、做大做强的民营企业。深圳高新区依托与大疆创新、飞豹、极飞及一电航空等民营企业的合作，已形成民用航空制造集群。

（四）新能源产业

新能源产业链包括风电、充电桩、核电、光伏及储能五大产业链。全国31个省（市）在"十四五"规划中均提出未来要重点发展新能源产业。据统计，2022年，光伏产业产值超过千亿元产值的城市有常州、盐城、无锡、合肥、包头，产值接近千亿元的城市有苏州、义乌、嘉兴、滁州。

我国光伏产业已形成较为完整的产业链，各城市都致力于打造全产业链，但各地也各有侧重。常州高新区集聚了光伏产业链90余家规模以上企业，涵盖除硅料外的所有生产制造环节；合肥高新区拥有阳光电源、晶澳、晶科等一批行业龙头企业，形成关键零部件——电池片、组件、逆变器、储能电池、电站运营的产业联动格局；苏州工业园区及苏州高新区共有光伏规上企业127家，形成上游硅料技术研发、中游组件生产制造、下游电站开发全产业链。

（五）新能源汽车产业

珠三角地区既具有传统汽车产业的制造优势，又具有新能源产业、智能终端设备制造等新兴产业优势，人才吸引能力强，能够大力推动新能源汽车产业发展。目前，已形成以广州高新区、深圳高新区、佛山高新区为代表的核心集聚区，以东莞高新区、惠州高新区、肇庆高新区为代表的关键零部件及新材料配套生产的格局。在比亚迪、广汽埃安、小鹏等新能源整车企业的拉动下，珠三角地区已经形成具有代表性的新能源自主品牌和相对完备的零部件配套生产能力。

数据统计，2022年，长三角地区新能源汽车产量占全国产量40%以上。当前，长三角的新能源汽车产业发展，已然形成了以上海为总部，在苏浙皖设立制造基地的联动模式。其中，上海主要布局在安亭、临港新片区、金桥及张江等地区；浙江重点布局在杭州、宁波、温州、湖州、嘉兴、绍兴、金华、台州等地；江苏重点布局在南京、徐州、苏州、盐城、扬州等地；安徽重点布局在合肥、芜湖、马鞍山、安庆、六安等地。代表企业有上汽集团、特斯拉、吉利汽车、极氪中创新航、宁德时代、理想汽车、奇瑞汽车、蔚来等。

京津冀地区作为全国六大整车产业集群之一，具备坚实的发展基础。这一地区在汽车产业领域呈现出了多元化的特色和实力。具体而言，中关村高新区在整车生产、智能驾驶系统以及关键基础设施等领域表现出强大的实力和影响力。这不仅体现在知名汽车制造商的总部设立，还包括领先的研发机构和创新生态系统的建设。与此同时，天津滨海新区则以重点发展汽车芯片和汽车装备为特色，致力于成为汽车电子和先进装备制造领域的重要枢纽。这一举措将有助于提升汽车产业的智能化水平，推动未来出行的创新和发展。河北省也在汽车产业的多个关键领域有着布局，包括整车制造、底盘系统、智能驾驶系统、电子电器系统以及车身系统等，其中石家庄高新区拟新建四大汽车产业园。这种多样性的布局有助于建立完整的产业生态系统，促进产业链的协同发展，为汽车制造业的提升和创新提供了广泛的支持。总之，京津冀地区在汽车产业领域的多元化布局和强大实力为中国的整车制造业注入了活力和创新。这一地区的特色和实力有望为中国的汽车产业发展注入新的动力，提升国际竞争力，推动中国成为全球汽车产业的重要参与者。

（六）生物医药产业

目前我国生物医药产业已形成长三角、环渤海、粤港澳、成渝地区四大产业集群。长三角地区拥有恒瑞医药、药明康德、泰格医药、复星医药、通策医疗、新和成等优秀上市企业，已经形成以上海为核心，以江苏、浙江为两翼的生物制药创新先导区。环渤海地区拥有丰富的临床资源和教育资源，在药品及医药器械领域均具有较强的创新产出能力，目前已形成以北京为核心，天津、河北、山东等地协同发展的格局。粤港澳地区水路交通便利，毗邻港澳，对外辐射能力强，已形成以深圳、广州为核心，东莞、珠海、佛山、中山等城市协同发展的格局。成渝地区依托成都高新区、重庆两江新区等载体，已形成以成都创新引领为核心，以重庆生产制造为特色的生物制药产业集群（表4-4）。

表 4-4 生物医药产业代表性产业园名单

地 区	代 表 性 产 业 园
长三角	上海张江药谷、南京生物医药谷、连云港经开区、杭州医药港、合肥高新区、合肥经开区、长三角G60科创走廊生物医药产业合作示范园区、苏州生物医药产业园等
环渤海	北京亦庄生物医药园、中关村生命科学园、大兴生物医药产业基地、石家庄高新区、济南高新区生命科学城等
粤港澳	广州国际生物岛、广州科学城、珠海金湾生物医药基地、中山国家健康科技产业基地等
成渝地区	成都高新区生物医药产业园、成都天府国际生物城、重庆两江新区、重庆高新区、巴南重庆国际生物城等

(七) 节能环保产业

目前我国绿色环保产业还处于起步阶段,业内龙头企业数量较少,竞争力较弱,行业集中度较低。目前我国节能环保产业发展较好的省份是江苏省。

从全国节能环保产业发展情况来看,节能环保产业发展与工业体量、经济发展水平与创新要素相关性较高。目前初步形成了以北京为核心的京津冀梯队、以江浙沪为核心的长三角梯队和以广州、深圳为核心的珠三角梯队。具体而言,京津冀梯队凭借大型央企、国企的高度集聚,创新优势明显,聚焦节能环保的研发与服务;长三角依靠庞大的工业体量和广阔的市场前景,在节能环保装备制造领域优势显著;珠三角依靠开放的市场与优质的营商环境,节能环保服务业全国领先。

安徽合肥打造"中国环境谷",聚焦"科创＋产业"发展格局,5年聚集30余个国家级和省级环境领域科研平台,从屈指可数的几家企业发展到现在环境领域重点企业超过360家,2022年营业收入突破350亿元,连续3年复合增长率超过100%。

第三节 中国高新区经济社会发展现状分析

一、基本经济指标

2022年,国家级高新区生产总值达到17.3万亿元,创造了全国14.3%的GDP,贡献了全国13.6%的税收。2023年1—9月,园区生产总值(GDP)达到12.33万亿元,同比名义增长7.11%。国家级高新区基本经济指标数据如表4-5所示。

表 4-5 国家级高新区基本经济指标数据

指标名称	2017年	2018年	2019年	2020年	2021年
营业总收入(亿元)	307057.50	346213.88	385549.43	427998.06	495096.08
营业总收入同比增长率	11.03%	12.75%	11.36%	11.01%	15.68%
工业总产值(亿元)	202826.58	222525.51	240261.97	256355.83	293432.82

续表

指 标 名 称	2017 年	2018 年	2019 年	2020 年	2021 年
工业总产值同比增长率	3.04%	9.71%	7.97%	6.70%	14.46%
净利润(亿元)	21420.43	23918.10	26097.44	30442.25	35861.98
净利润同比增长率	15.57%	11.66%	9.11%	16.65%	17.80%
上交税额(亿元)	17251.19	18650.50	18594.25	18625.95	21267.51
上交税额同比增长率	10.52%	8.11%	-0.30%	0.17%	14.18%

数据来源:根据《中国火炬统计年鉴》整理。

2017—2021 年,国家级高新区的各项基本经济指标总体呈稳步上升趋势。营业总收入每年保持 10% 以上的同比增长率,企业数从 10.4 万家增长至 18.2 万家。2019 年底,受疫情影响,工业总产值有回落趋势,政府部门为救助中小企业,出台各项税收优惠政策,导致 2019 年及 2020 年上交税额同比增长率几乎为 0,受税收优惠政策影响,2020 年净利润有较大增幅。2021 年,国家级高新区摆脱疫情影响,迎来较大恢复,工业总产值同比增长 14.46%,高出 2020 年 7.76 个百分点,上交税额同比增长 14.18%,高出 2020 年 14.01 个百分点。这些关键的经济指标彰显了国家级高新区在区域经济增长中不可或缺的地位。国家级高新区不仅是经济增长的主要动力源,还承担了产业培育和企业孵化的关键角色,充分发挥了引领和推动的功能。在新经济格局下,国家级高新区已坚定地成为经济增长的稳定支柱。

二、出口增长情况

虽然我国经济战略正逐渐从出口转向内需,但外贸一直是拉动经济增长的"三驾马车"之一。回顾 2013—2021 年国家级高新区出口额数据,基本呈现稳增态势,从 2013 年到 2021 年,国家级高新区外贸出口额实现翻一番。自 2015 年起至 2021 年,国家级高新区出口总额占全国出口总额的比重均超过 20%。2021 年,摆脱疫情影响,全国经济迎来较大恢复,国家级高新区出口额同比增长 16.5%,全国外贸出口额同比增长 21.2%,故国家级高新区出口额占比相对 2020 年略有下降(图 4-1)。这些出口数据证明了国家级高新区的企业在国际市场上具备强大的竞争力,不断提高的出口量反映了它们产品和服务的国际认可度。这有助于推动该地区的产业升级和技术创新,进而提高了整个区域的生产效率和竞争力。国家级高新区为国内经济的发展提供了重要推动力。

三、吸纳就业情况

国家级高新区是拉动就业的重要引擎,2017 年到 2021 年,国家级高新区工商注册企业数持续提升,2021 年较 2020 年工商注册企业新增 88.6 万,即国家级高新区每天新注册企业 2427 家。国家级高新区在吸纳就业人员数据上表现也颇为优异,2017 年至 2021 年,年末从业人数增长率保持 6.61% 的年均增长率,随着我国综合国力水平不断提升,越来越多的留学人员选择回国建设。这 5 年期间,留学归国人员年平均增长率高达 18.12%(表 4-6)。而在

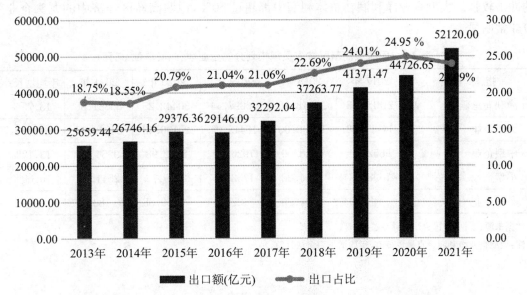

图 4-1　2013—2021 年国家级高新区出口额及占全国出口额比重

全部就业人员中,大专以上人员占比超过 55%,且逐年递增,国家级高新区高技术属性越来越强。国家级高新区作为科技创新和产业发展的引领者,对高技术领域的专业人才需求持续上升。国家级高新区的发展不仅创造了大量的就业机会,还对整个区域和国家的就业市场产生了积极的影响。它吸引了大批人才涌入,不仅促进了经济的繁荣,还丰富了就业市场,为国家提供了更多的人才资源。

表 4-6　国家级高新区工商企业注册数及从业人员统计

指标名称	2017年	2018年	2019年	2020年	2021年	年均增长率
工商注册企业数/万家	185.27	231.78	286.67	358.73	427.99	23.28%
年末从业人员(万人)	1940.74	2091.57	2213.48	2383.52	2506.77	6.61%
留学归国人员(万人)	12.60	16.31	17.08	21.03	24.53	18.12%
大专以上(万人)	1092.16	1206.10	1306.88	1444.63	1560.84	9.34%
大专以上人员占比	56.28%	57.66%	59.04%	60.61%	62.26%	2.56%

数据来源:根据《中国火炬统计年鉴》整理。

四、利润增长情况

企业是创新的中坚力量,它们在国家级高新区中扮演着至关重要的角色,承担了实现"科技自立自强"发展目标的重要使命。对企业的盈利能力进行深入研究不仅有助于我们全面了解当前园区企业的发展状况,还为我们提供了洞察产业未来发展趋势的重要线索。在 2017—2021 年的五年时间里,从国家级高新区企业按照人员规模划分的企业净利润统计数据来看,大型、中型、小型企业的净利润一直呈现稳步增长趋势,年均增长率超过 10%(表 4-7),而微型企业的净利润一直为负值,甚至净利润增长率也一直呈现负数,主要因为微型企业受原材料、门店租金、用工成本等影响严重,同时在此次疫情中,微型企业抗风险能力弱,受到的冲击较强。大型企业净利润在整体利润中都超过50%,说明高新区经济中的龙头企业效应非常明显。

表4-7 国家级高新区按人员规模划分的企业净利润(单位:亿元)

指标名称	2017年	2018年	2019年	2020年	2021年	年均增长率
净利润总额	21420.43	23918.10	26097.44	30442.25	35861.98	13.75%
大型企业	14111.83	15800.00	16445.04	20190.42	24249.39	14.49%
中型企业	5652.99	6358.09	7926.81	8122.98	9254.91	13.12%
小型企业	1698.69	1844.22	1752.66	2289.73	2541.64	10.60%
微型企业	-43.09	-84.20	-27.08	-160.88	-183.97	—

数据来源:根据《中国火炬统计年鉴》整理。
注:微型企业净利润一直呈现负值,年均增长率无法计算。

第四节 中国高新区创新现状分析

一、吸纳科技人才情况

2017—2021年国家级高新区的研究开发人员保持着10.46%的年均增长率,而研发人员年均增长率仅为3.32%(表4-8),表明从事研发成果应用活动及服务活动的人员增长率更高,间接反映了未来经济发展要警惕产业空心化,防止经济发展脱实向虚。

《中国火炬统计年鉴》显示,2021年研发人员全时当量超过5万人/年的高新区有北京中关村、深圳高新区、武汉高新区、上海张江、西安高新区、苏州工业园区、南京高新区、广州高新区、杭州高新区、成都高新区,这些高新区均具备完备的制造业产业链及高超的产业升级水准,上述10家国家级高新区研发人员全时当量占当年全国高新区的49%。

表4-8 国家级高新区企业吸纳科技人才人员数

指标名称	2017年	2018年	2019年	2020年	2021年	年均增长率
研究开发人员(万人)	378.40	428.07	465.94	514.42	563.40	10.46%
研发人员(万人)	242.71	258.36	264.15	296.15	276.61	3.32%
研发人员全时当量(人年)	159.01	177.21	181.98	202.35	186.38	4.05%

数据来源:根据《中国火炬统计年鉴》整理。

二、科技研发投入情况

资金投入是企业创新能力的重要保障。2015—2021年,国家级高新区企业科技研究开发经费内部支出及研发经费内部支出(以下简称"研发投入")分别保持着20.55%及

17.21%的年均增长率(表4-9)。2021年,国家级高新区的研发投入占全国总量(21504.1亿元)的48.2%。而研发投入排名前十位的高新区有北京中关村、深圳高新区、武汉高新区、上海张江、西安高新区、苏州工业园区、南京高新区、广州高新区、杭州高新区、成都高新区,其中,中关村和深圳高新区的研发投入占国家级高新区企业研发投入的24.5%。

表4-9 国家级高新区企业科技研发投入情况

年 份	2015年	2016年	2017年	2018年
研究开发经费内部支出(亿元)	6704.40	8524.94	10161.55	12675.01
研发经费内部支出(亿元)	3995.74	5379.88	6163.94	7455.70
年 份	2019年	2020年	2021年	年均增长率
研究开发经费内部支出(亿元)	16115.71	17313.83	20571.43	20.55%
研发经费内部支出(亿元)	8259.22	9192.16	10359.05	17.21%

数据来源:根据《中国火炬统计年鉴》整理。

三、高新企业研发产出

知识产权的重要性在创新驱动的时代背景下愈加凸显,国家级高新区在专利产出方面取得了显著的成就。这不仅是对其创新生态系统的认可,还为吸引更多的创新者和投资者提供了强有力的诱因。这有助于国家级高新区成为全国领先的科技和产业创新中心。2021年,共有87家国家级高新区被认定为国家知识产权试点园区,占国家级高新区总数的51.5%。2018—2021年,国家级高新区每万人专利申请、授权及拥有数量均呈现逐年递增趋势。4年间,每万人申请、授权及拥有专利数量年均增长率为8.99%、16.24%及17.19%,其中申请、授权及拥有发明专利数量年均增长率仅为6.92%、11.40%及11.61%(表4-10),说明国家级高新区内申请、授权及拥有的专利多为实用型专利,创新水平还有待加强。从全国的角度来看,国家级高新区专利水平远超全国平均水平。2021年,万名从业人员发明专利的申请、授权、拥有数量分别是全国平均水平的10.0倍、10.2倍和10.1倍;高新区申请、授权发明专利、发明专利拥有量在全部专利中占比均高于全国整体水平,分别是全国相应比重的1.7倍、2.1倍、1.4倍。

表4-10 国家级高新区每万人专利申请、授权、拥有量

指标名称	2018年	2019年	2020年	2021年	年均增长率	2021年全国平均
申请专利	322.3	352	389.6	417.3	8.99%	70.2
申请发明专利	173.2	185.8	198.1	211.7	6.92%	21.2
授权专利	193.3	214.9	259.5	303.6	16.24%	61.59
授权发明专利	68.5	74.8	76.3	94.7	11.40%	9.3
拥有专利	919	1068	1243.6	1478.9	17.19%	206.87
拥有发明专利	349.7	387.8	421.6	486.2	11.61%	48.2

数据来源:根据《国家级高新区综合发展与数据分析报告》整理。

四、技术收入分布情况

技术收入的增长通常伴随着企业经济稳健发展,技术收入作为创新产出的具体体现,它反映了创新成果在市场中的应用程度和受欢迎程度。高技术收入表明了创新成果的市场潜力和市场认可度,这对国家级高新区的企业来说是一项重要的竞争优势。2017—2021年,国家级高新区营业收入年均增长率为12.69%,技术收入年均增长率为20.06%,技术收入占营业收入总比重也逐年上升(表4-11)。技术收入年均增长率量化了技术创新成果的商业化转化速度。较高的年均增长率意味着高新区的企业和研究机构正在积极推动创新成果向市场转化,这不仅有助于加速科技成果的应用,还可以创造更多的商业机会,推动经济增长。技术收入占总收入的比重显示了技术创新在高新区经济中的份额,这一比重的增加预示着高新区在经济结构中的转型,更多的价值正在源自创新产出。这不仅有利于提高经济的稳定性和可持续性,还表明高新区在推动全国经济升级和转型方面发挥着关键作用。

表4-11 国家级高新区企业收入来源

指标名称	2017年	2018年	2019年	2020年	2021年
营业收入(亿元)	307057.50	346213.88	385549.43	427998.06	495096.08
技术收入(亿元)	33309.10	39284.10	47343.93	58822.70	69199.66
技术收入占比	10.85%	11.35%	12.28%	13.74%	13.98%

数据来源:根据《中国火炬统计年鉴》整理。

第五章 中国高新区发展环境分析

任何事物都存在于一定的环境中,面对诸多不确定性,发展过程存在挑战。高新区是国民经济发展的重要支撑和增长极,厘清高新区发展面临的环境因素对高新区和国家都具有非常重要的现实意义。本章使用 PEST 分析方法,着重分析高新区发展制度、经济、文化和技术环境,有利于高新区立足具体环境状况,明确发展方向、抓住发展机遇、做好发展规划,进而实现创新发展。

第一节 中国高新区发展制度环境分析

园区的发展与国家制度密不可分,尤其是高新技术产业集聚的高新区。制度环境主要指国家法律法规相关政策等,制约高新区的生产经营活动,对高新区发展具有引导意义。因此对制度环境进行分析有助于充分了解现行国家制度及政策导向,明确高新区定位与方向,为长远稳定发展做好准备。

一、法律法规环境分析

自1988年国家首个高新区设立至今,经过30多年的建设和发展,我国高新区法律建设逐渐完善,已成功探索出适合高新区的法律法规体系。在此期间,中共中央、国务院持续构筑党和国家政策、相关法律法规,既为全国范围内的高新区建设提供指导思想,也为各地区制定地方性法规条例确定基本原则和框架。

（一）具有指导性的国家法律法规

第一,国家战略规划树立高新区长远目标。制定关于高新区发展的战略规划是促进高新区发展的重要举措,指引未来高新区发展方向与重点任务。《"十四五"规划和2035年远景目标纲要》提出要建设重大科技创新平台,强化高新区的创新功能。《"十四五"国家高新技术产业开发区发展规划》指明到2025年国家级高新区要率先成为创新、人才、产业、开放和改革五个方面的高地,整体布局更加优化,自主创新能力显著提升,高新技术产业体系基本形成。国家"十四五"规划,尤其是高新区发展规划,为高新区未来发展指明方向。

第二,相关法律政策保障高新区稳健发展。国家相关法律政策从两个方面为高新区发展保驾护航:一方面从多角度给予高新区产业或企业政策支持,《企业所得税法》《中国高新区国际人才发展专项基金管理办法》等分别从财税、人才等角度促进高新区发展;另一方面保障科技发展成果,《科学技术进步法》《促进科技成果转化法》《专利法》等从成果转化、成果保护等多个方面形成对高新技术发展的强有力保护网。

第三,专门规章条例引领高新区高质量发展。针对实现高新区高质量发展进而带动全国提质增效的问题,国家也做了一些规定。例如《关于促进国家高新技术产业开发区高质量发展的若干意见》,就强调高新区要高质量发展,发挥好示范引领和辐射带动作用;《国家高新技术产业开发区综合评价指标体系》从五个维度对高新区创新驱动发展和高质量发展进行评价。

（二）具有实践性的地方规章制度

根据国家层面法律法规,各省市从本区域实际情况出发,制定相应的地方性法规或条例。《北京市新技术产业开发试验区暂行条例》是第一个有关高新区的地方性条例,涵盖开发区范围、优惠政策等多个内容。随着国家级高新区数量增多、规模扩大,地方性法规数量在高新区法律法规体系中占据越来越大的比重,对高新区发展和日常管理具有重大意义。

二、财政政策环境分析

高新区承担着科技带动经济发展的重任,政府支持高新区的建设与发展在很大程度上通过财政政策体现。本节从税收优惠政策与财政激励政策两个方面进行分析。

（一）税收优惠政策

高新区发展壮大依赖科技创新活动,而创新本身存在很高的风险和不确定性,需要政策支持与鼓励。税收优惠政策就是用来激励创新活动开展、促进技术创新能力提升的重要手段。

一方面,税收优惠可以引导产业结构转型。从税收经济学角度来看,纳税义务会促使企业规避由纳税带来的负面作用,从而影响决策判断和行为选择,如果对税收范围进行调整,企业决策也会做出相应改变。针对国家重点扶持的产业和项目提出对应的优惠税收政策,比如《企业所得税法》《"大众创业、万众创新"税费优惠政策指引》等,可以将传统的区域优惠政策转变为产业优惠政策,加强对高新技术产业发展的税务支持,加速高新区产业结构转型,进而带动国家经济和产业结构全面升级。

另一方面,税收优惠可以促进创新活动开展。税收优惠政策主要通过降低税款缴纳压力,实现税后利润空间和经济效益提升,促进资金进一步流入产品研发及生产经营活动中。《研发费用税前加计扣除新政指引》《关于延长高新技术企业和科技型中小企业亏损结转年限的通知》分别对研发费用加计扣除和延长亏损弥补年限做出规定,以达到促进创新活动的效果。税收政策向创新活动倾斜,对促进创新活动开展、高新技术产业发展乃至整个高新区建设都有非常重要的现实意义。

（二）财政激励政策

财政激励政策主要通过财政资金投入对科技创新活动形式进行补贴和引导,可以激发主体对创新活动的重视,引导社会资金流入科技创新领域,主要分为两类：

一是供给端财政激励。在新技术、新产品的开发阶段,由于技术成熟度较低、研发风险较大等原因,社会资本进入意愿不强,因此政府资金投入极其重要。《科学技术进步法》明确提出资助科技进步活动、加大财政资金投入力度,《国家科技成果转化引导基金管理暂行办法》规定中央财政设立专项基金,引导社会和地方政府加大投入力度。政府对前期开发活动的资助,能最大限度地保障研发顺利进行。

二是需求端财政激励。需求端财政激励主要是针对高新技术产品的生产和销售而采取的激励政策,我国对政府购买创新产品等做出以下相关规定。《科学技术进步法》规定在满足需求条件下,政府应当购买科技创新产品或服务。《关于促进国家高新技术产业开发区高质量发展的若干意见》也提出加大对科技型中小企业重大创新产品的采购等。需求端财政激励可以增强高新技术产业的再投资能力,引导高新技术产品的社会应用和推广。

三、产业政策环境分析

产业政策的重点是通过直接或间接的方法扶持、保护或限制特定产业的发展,加快产业结构调整升级,实现资源有效利用,促进经济高质量增长。

一是产业结构政策。国家根据经济社会发展基本情况,选取部分产业作为重点发展对象,给予一定政策倾斜。比如中央经济工作会议、政府工作报告等多次提到要制定实施基础研究十年规划,加强基础研究;《产业结构调整指导目录》将产业分为鼓励类、限制类、淘汰类,以此实现促进或控制产业发展的目标;《中国制造2025》提出我国制造业由大到强、实现跨越式发展的要求。这些均可以达到产业结构转型升级的效果。

二是产业组织政策。为了实现经济社会平稳发展、维护正常稳定的市场秩序,政府制定政策干预市场行为,协调竞争和垄断之间的矛盾,促进良性的市场竞争态势形成。比如《反垄断法》明确指出要保护市场公平竞争、鼓励创新,并界定垄断行为及惩罚措施;《反不正当竞争法》对不正当行为进行界定并明令禁止,保护和鼓励公平竞争。

三是产业技术政策。技术开发难度高、投资规模大等原因会导致私人投资不足,这需要国家采取特定政策对技术开发和应用推广进行指导和组织,保证产业技术的持续进步。我国科技发展起步较晚,产业技术与发达国家还存在差距,因此国家鼓励技术引进,同时禁止进口危害国家安全的技术,如公布并更新《鼓励进口技术和产品目录》和《中国禁止进口限制进口技术目录》,对支持引进或者明令禁止的技术做出规定。

四是产业布局政策。我国地大物博、幅员辽阔,各区域间自然资源或地理位置存在较大差异,发展不协调不平衡问题明显,通过产业布局政策可以促进区域间产业转移,维护经济公平和社会稳定。国家五年发展规划是我国产业布局政策的制定及调整依据,"十四五"规划指明强化中西部和东北地区承接产业转移能力的建设,促进产业有序转移。另外,《关于促进制造业有序转移的指导意见》结合各地区发展优势,指明了各地区具体承接转移的产业和重点发展的产业。

第二节 中国高新区发展经济环境分析

经济是人类社会发展的物质基础,对经济环境分析有助于充分认识我国经济状况、把握经济总体变动趋势、促进经济高质量增长。经济发展既包括发展水平方面量的增长,也包括结构、动力等方面质的变化,本节立足量和质两个维度,分析高新区发展经济环境。

一、经济发展水平分析

(一) 经济总量稳中有进

中国经济快速发展,经济总量逐年提升,2020—2022 年顶住国内外不利因素带来的经济下行压力,GDP 保持稳定增长,并在 2022 年迈向新台阶(图 5-1)。我国经济已转为高质量发展阶段,国民经济增长速度放缓,经济总量整体呈现出稳中有进的特点。从全球经济发展情况来看,中国经济总量已超越许多发达国家,但在人均 GDP 水平方面,2022 年中国人均 GDP 略高于全球平均值,在 G20 成员中远低于美国、澳大利亚等发达地区,我国经济仍有较大的发展空间。

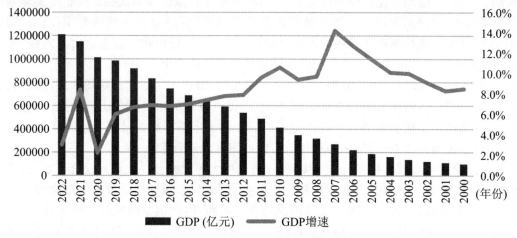

图 5-1 中国 GDP 变动情况(2000—2022 年)

数据来源:http://www.stats.gov.cn/。

(二) 产业发展总体向好

我国三次产业发展恢复向好,整体展现出较强韧劲,2022 年增加值分别同比增加 4.1%、3.8%、2.3%,第一产业发展速度已恢复至疫情前水平。从三次产业对 GDP 的贡献情况来看,近三年第一、二产业贡献率均实现一定提升,而第三产业贡献率仍低于疫情前 60%~65% 的水平(图 5-2)。工业是我国经济发展的重要支撑和推动力,2020 年工业增加值增速反超 GDP 增速,2022 年工业增加值拉动 GDP 增长 1.1 个百分点,工业在疫情期间发挥了稳定经济的重要作用。

(三) 城乡收支差异缩小

随着乡村振兴战略的深入推进,农村居民收入持续增长,增速连续快于城镇居民,2022 年城乡居民人均可支配收入比为 2.45∶1,较 2021 年减少 0.05,城乡居民收入差距平稳缩小。同时收入增加带动消费能力提升,消费水平提高,2022 年城乡居民人均消费支出分别同比变动增长 -1.7% 和 2.5%,仍保持农村居民消费支出变动大于城镇居民的趋势,城乡居民消费差异持续稳定缩小,2022 年城乡居民人均消费支出之比为 1.83∶1,较上年减少 0.07 (图 5-3)。

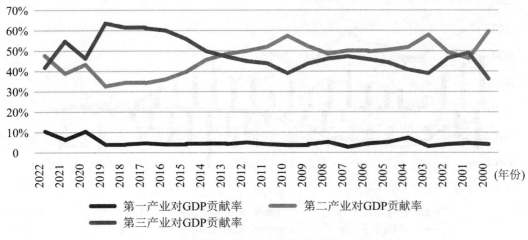

图 5-2　三次产业对 GDP 的贡献率(2000—2022 年)

数据来源:http://www.stats.gov.cn/。

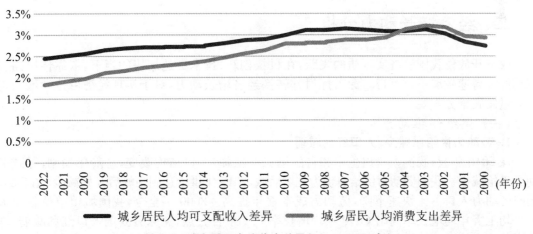

图 5-3　城乡居民人均收支差异(2000—2022 年)

数据来源:http://www.stats.gov.cn/。

(四)国际收支基本平衡

我国国际收支基本平衡,经常账户顺差和资本与金融账户逆差呈扩大状态,2022 年上述顺差额和逆差额占 GDP 分别为 2.2%和 1.7%,保持在合理区间并形成自主平衡。经常账户中货物与服务贸易顺差进一步扩大,2022 年该顺差同比增长 24.9%,其中货物贸易顺差加大且增速加快(图 5-4),体现我国货物出口新动能快速增长,服务贸易逆差收窄,主要原因是信息服务、商业服务顺差加大。

(五)价格指数温和变动

总体来看,我国居民消费价格保持平稳运行,保供稳价措施有力,"稳物价"工作取得成效。2022 年我国 CPI 同比上涨 2%,低于年初预定目标值,各类消费价格指数均实现一定程度的上涨,说明我国市场处于低通胀状态。国家采取供需调节等措施,遏制物价不合理上涨,推动 PPI 涨幅回落,2022 年 PPI 同比上涨 4.1%,低于 2021 年 8.1%的涨幅。

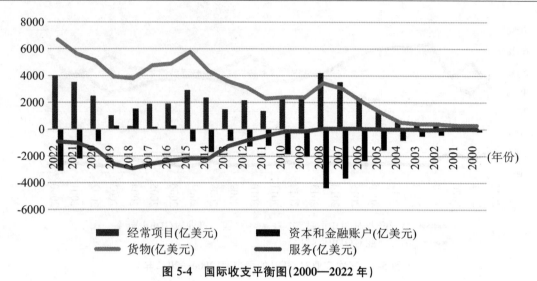

图 5-4　国际收支平衡图(2000—2022 年)

数据来源：https://www.safe.gov.cn/。

二、经济增长动力分析

改革开放使我国经济实现质的飞跃,在科技创新、技术更迭加快的当下,依靠传统路径拉动经济高速发展不再可行。深入探讨并转换经济增长动力,对于实现经济可持续增长与高质量发展十分重要。

（一）供给侧推动力

1. 劳动力供给量减少、人口红利减弱

从 2016 年起,我国人口出生率和自然增长率骤降,人口结构改变,老龄化加剧,导致劳动力供给减少。我国劳动力供给表现为先增后减,2015 年供给达到顶峰后开始减少(图 5-5),同时劳动力人口占比快速下降,劳动力成本逐年提高。2000 年至今,我国城镇单位就业人员平均工资年均增长率高出 GDP 年均增长率 0.1 个百分点,意味着我国人口红利减弱,低成本劳动力拉动经济增长的方式不可持续。

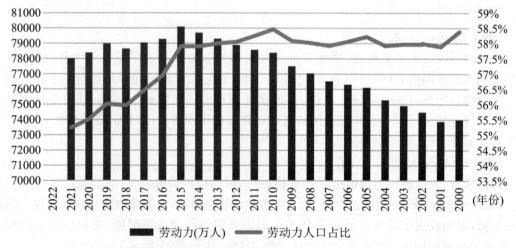

图 5-5　劳动力人口变动情况(2000—2022 年)

数据来源：http://www.stats.gov.cn/。

2. 资本投入放缓、投资拉动作用减弱

大规模固定资产投资是经济增长的重要驱动,我国固定资产投资总额持续增加,但总体增速放缓。数据显示固定资产投资对 GDP 的贡献减弱,2022 年贡献率为 43.7%(图 5-6),同比增加 24.9 个百分点;2022 年固定资产拉动 GDP 增长 1.3 个百分点,较 2021 年减少 0.3 个百分点。固定资产投资对经济发展仍然具有较强的拉动作用,但拉动作用有所减弱。

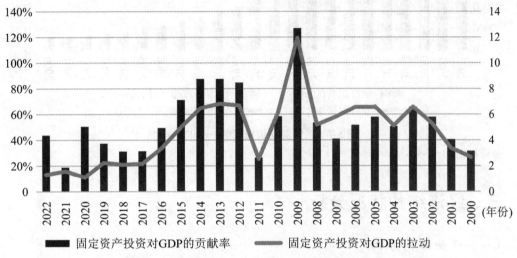

图 5-6　固定资产投资对 GDP 的贡献(2000 年至今)

数据来源:http://www.stats.gov.cn/。

3. 投入产出双向增加、创新能力提升

我国创新能力整体增强,创新资源投入能力提升,高技术产业资金和人力投入加大,2021 年研发人员全时当量、研发经费支出分别同比增长 9.2%、14.6%,高技术产业分别占比 19.6%、20.3%;创新成果产出能力增强,科技论文发表数量逐年增加,专利申请数量稳定增长;在创新成果转化方面,我国技术市场成交额以较快速度持续增加,近年来均保持 25% 以上的高速增长水平,技术市场蕴含的巨大能量和潜力逐渐得到释放。

(二)需求侧拉动力

在外需方面,外需对我国经济增长的影响程度减弱但整体仍保持在较高水平。2020 年因国际形势严峻、国内有序复工复产,货物和服务贸易顺差扩大,其对 GDP 贡献加大,拉动 GDP 增长 0.6 个百分点,此后外需对 GDP 增长的贡献率维持在较高水平。同时我国科技迅猛发展,高技术产品出口增势良好,净出口额持续增加,2021 年同比增长 50.6%,我国高技术产品的国际需求进一步增大。

在内需方面,我国内需规模持续扩大,消费支出和资本形成总额均持续增加。内需对经济增长具有十分重要的影响,我国最终消费率和资本形成率分别稳定保持在 50% 以上和 40% 以上(图 5-7),消费成为经济增长的主引擎。2000—2022 年,受疫情影响,我国消费整体表现较为低迷,对经济增长的拉动作用短暂减弱。随着"扩大内需"等措施的实施,有效对冲了危机冲击,经济运行在合理区间内,扩大内需对经济增长的拉动作用仍是未来一段时间经济工作的重点内容。

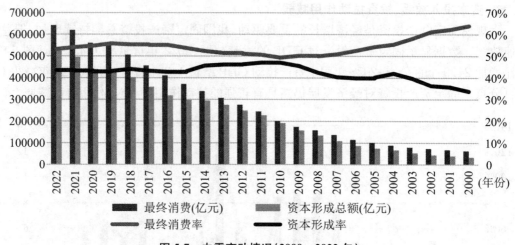

图 5-7 内需变动情况(2000—2022 年)

数据来源：http://www.stats.gov.cn/。

三、经济结构状况分析

(一)产业结构分析

在经济结构中,产业结构居主导地位,其变动会影响各行业、各部门协调发展,分析经济结构时应着重分析产业结构。进入 21 世纪以来,我国三次产业发展总体向好,各产业产值均在增加。其中,第三产业增长速度最快,2022 年第三产业产值相较于 21 世纪初已翻四番;第二产业发展速度稍慢,自 2012 年以来,第二、三产业差距不断拉大;第一产业增长幅度最小,近 22 年年均增长 8.5%。

我国产业结构发生变化:第一产业占比最低且持续下降,2022 年第一产业增加值占 GDP 比重为 7.3%;第二产业占比在 21 世纪前期变化较小,随后不断下降,2020 年第二产业增加值占 GDP 比重仅为 37.8%,随着国家大力发展工业经济以及服务业受疫情影响较大,第二产业占比开始逐渐提升(图 5-8);第三产业占比在 21 世纪前期变化不大,之后呈上升状态,并于 2012 年起成为占比最大的产业。过去 20 余年,我国产业结构由"二三一"向"三二一"转变。

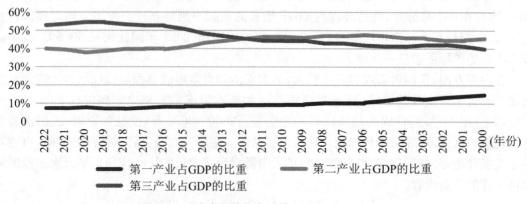

图 5-8 三次产业结构变动情况(2000—2022 年)

数据来源：http://www.stats.gov.cn/。

从各地区产业结构情况来看,我国产业转型升级整体取得良好成绩,各地区第三产业产值占比均有较大提升,产业结构进一步优化。但是受到自然资源的客观差异以及产业政策等影响,各地区产业结构存在较大差异。根据各地区产业结构变动情况,东部、中部和西部地区第一产业产值占地区总产值的比重均明显下降,而东北地区第一产业占比基本保持在较高位置;东部和东北地区第三产业发展迅速,2022年第三产业占比均超过50%,其中东部地区第三产业占比高达56.1%(表5-1);东北地区第二产业发展趋势与其他地区截然不同,由于东北三省工业发展起步较早,于21世纪初已经形成一定规模,工业发展速度放缓,第二产业产值占比持续下降,从2000年的50.1%下降到2022年的36.3%。

表5-1 各地区产业结构情况

年 份	2022	2010	2000
东部地区	4.6∶39.3∶56.1	6.3∶48.0∶45.7	11.0∶47.3∶41.7
中部地区	8.5∶42.3∶49.2	12.2∶50.9∶36.9	20.8∶39.9∶39.3
西部地区	11.4∶39.9∶48.7	13.4∶45.2∶41.4	21.3∶38.7∶40.0
东北地区	13.6∶36.3∶50.1	12.9∶48.3∶38.8	13.6∶50.1∶36.3

数据来源:http://www.stats.gov.cn/。

(二)区域结构分析

随着区域协调发展统筹推进,各地区经济总量不断增加,发展态势良好,但仍表现出发展的非均衡性。从经济规模来看,各地区经济稳步发展,2022年东部、中部、西部、东北地区生产总值均有所提升,东部地区生产总值占总产值的比重过半,东北地区生产总值占总产值的比重持续降低。从发展速度来看,东北地区经济发展缓慢,2000年至今年均增长8.7%,其次为东部地区,年均增长11.9%(图5-9),中部和西部地区发展较为迅速。

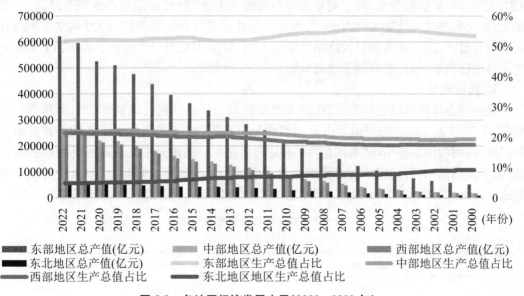

图5-9 各地区经济发展水平(2000—2022年)

数据来源:http://www.stats.gov.cn/。

率先发展的东部地区经济引领带动作用更加突出,中部崛起加快,西部大开发战略持续深入,东北振兴取得进展,区域统筹发展获得成效。2022年东部地区生产总值占总产值的比重达51.7%,对全国经济增长的贡献率达42.9%,同比减少10.2个百分点,中部、西部、东北地区发展速度加快,对经济增长的贡献增大。

四、宏观经济政策分析

经济政策是中央宏观调控的一种主要手段,不同时期国家经济发展的阶段性目标不同,宏观经济政策的侧重点也会发生改变,探讨财政货币政策及其变动的经济结果具有重要的现实意义。

（一）货币政策分析

1. 信贷市场

根据中国人民银行官网,近年来中国人民银行发布的信贷政策,可以分为三类:第一类为支持乡村振兴,主要巩固乡村振兴和脱贫攻坚成果;第二类为支持特定行业,先后加大对风电、光伏等行业的金融支持力度;第三类为支持小微企业,主要帮助小微企业渡过疫情冲击、有序恢复生产。

我国信贷政策取得良好结果:在支持乡村振兴领域,加大金融支持力度,扩大有效投资规模,2022年末涉农贷款余额同比增长14.0%;在支持产业发展领域,产业发展持续得到信贷支持,至2022年12月末制造业中长期贷款同比增长36.7%;在支持小微企业领域,信贷政策落地生效,2022年末普惠小微贷款余额增长23.8%。

2. 货币市场

央行通过降低存款准备金率、公开市场操作等方式,落实货币政策,平滑关键时期的流动性供给,既能保障短期流动性充裕,又可以保障中长期流动性合理。2020—2022年,央行共7次下调存款准备金率,并下调超额存款准备金利率,释放长期流动性资金超过4.98万亿元,加大实体经济信贷支持力度;另外央行每日开展公开市场操作,2020—2022年共开展逆回购交易661次,向市场释放流动性资金超过32.3万亿元,2022年7天期、14天期逆回购交易中标利率下行,这有利于增强市场信心,带动融资成本降低。

3. 债券市场

我国债券市场规模逐年扩大,2022年各类债券合计余额同比增长8.6%,国债余额同比增长13.5%(表5-2)。根据债券余额和债券发行情况,国债规模扩大速度快于各类债券合计规模,说明我国债券市场"重国债"的情况依然存在。国债是中央政府出具的债权债务凭证,具有最高信用,目前市场普遍将国债收益率视为基准利率,国债收益率曲线的编制和发布逐渐完善,2020—2022年我国国债收益率大体平稳,不同期限国债收益率差扩大。

表 5-2　2022 年各类债券发行情况

（单位:亿元）

债 券 品 种	发行额	较上年增减
国债	97163	29328
地方政府债券	73556	−1271

续表

债券品种	发行额	较上年增减
中央银行票据	0	0
金融债券	306195	−17321
公司信用类债券	136720	−10085
国际机构债券	825	−32
合计	614458	620

资料来源：https://www.gov.cn/。

（二）财政政策分析

财政收入是国家财政参与社会产品分配所取得的收入，税收是最主要的收入来源，占财政总收入的比重超过80%。近年来，国家采取积极的财政政策服务宏观调控大局，突出对中小微企业、重点发展行业等政策支持，财政收入增长速度放缓，尤其2020—2022年国家财政收入年均增长2.3%，远低于近10年年均增长率5.7%（图5-10）。

图 5-10　国家财政收入变动情况（2000—2022 年）

数据来源：http://www.stats.gov.cn/。

财政政策对经济社会的影响主要通过支出来实现，财政支出体现政府的活动目标和政策倾向。中央加强财政资源统筹，保持适当的支出强度，2020—2022年财政支出年均增长2.9%，增长速度放缓。我国财政支出结构不断优化：2022年教育支出排名为国家财政支出之首，占比为15.14%，且增速较快；其次为社会保障和就业支出，占比14.05%；财政支出对农林水、科学技术等领域的支持力度增大。可见财政支出既对公共服务给予保障，又积极发挥引导作用，大力支持结构性改革。

表 5-3　2022 年主要财政支出项目

项目	金额（亿元）	占比	同期变动
国家财政支出	260609.17	100%	6.1%
其中：教育支出	39454.93	15.14%	5.50%
科学技术支出	10023.49	3.85%	3.80%

续表

项　　目	金额（亿元）	占比	同期变动
文化旅游体育与传媒支出	3905	1.50%	-2%
社会保障和就业支出	36602.62	14.05%	8.10%
卫生健康支出	22541.67	8.65%	17.80%
节能环保支出	5396.3	2.07%	-3.20%
城乡社区支出	19414.86	7.45%	-0.20%
农林水支出	22489.61	8.63%	2.30%
交通运输支出	12025.25	4.61%	5.30%
债务付息支出	11358	4.36%	8.70%

资料来源：http://www.mof.gov.cn/index.htm。

第三节　中国高新区发展社会环境分析

社会环境对一切存在于社会中的事物都有着重要影响，高新区的形成和发展均在社会环境中完成，在适应社会环境时不断实现自我改变，这一过程中也给予社会环境深刻影响。了解和认清所处的社会环境，可以更好地满足社会需求，适应社会发展趋势，寻找和抓住发展机会。

一、社会结构分析

（一）人口结构

我国人口结构变化较大，整体呈现三个特点：

一是老龄化水平加剧。按照联合国对社会老龄化程度的划分标准，我国于2001年起步入老龄化社会，于2021年进入深度老龄化社会。我国老龄人口数量不断增加，2022年65岁及以上人口占总人口的比重为14.9%，同比增加0.7个百分点。

二是社会抚养负担加重。随着老龄人口增多、社会老龄化加剧，我国老年抚养比持续增大，2022年老年抚养比达到21.8%，较2012年增加9.1个百分点。人口老龄化会直接导致劳动力供给减少，加重居民养老负担和社保压力。

三是人口发展压力较大。近年来我国人口出生率大幅下滑，2012年出生率为14.57‰，到2022年跌幅超过一半，仅为6.77‰。低出生率会使人口红利进一步减弱，这意味着劳动力供给减少，再加上我国人口老龄化程度不断加深，会严重限制需求扩张，进而制约经济发展。

（二）城乡结构

我国城镇化水平不断提高，城镇化建设取得重大历史成就，空间布局持续优化，城乡融合发展模式确立。截至2022年底，我国常住人口城镇化率达65.2%，较21世纪初提升29个百分点，城镇化水平大幅提升，为全面建设社会主义现代化国家提供强大动力。

在城镇化建设中,城乡消费差距缩小。国家各项扩大消费的政策措施落地,有效促进了居民消费水平持续提高,消费能力不断增强,城乡居民消费差距持续缩小,2022年城乡居民消费水平分别同比增加0.8%、6.0%,消费水平之比较上年减少0.1。同时居民生活水平改善,城乡居民生活水平差距缩小,2000—2019年我国城乡居民恩格尔系数均呈现下降态势。2020—2022年,国内外疫情导致避险情绪高涨、消费需求不高,恩格尔系数反降为升。

(三)收入分配结构

我国初次分配结构逐渐优化。过去,随着国家工作重心转向城市,城乡间发展差异和收入差异扩大。近期,随着脱贫攻坚战略和乡村振兴战略先后实施,促进农村发展速度加快,城乡居民收入差异缩小,2022年城乡居民收入比为2.45∶1,比上年减少0.05,城乡收入结构进一步优化;居民收入基尼系数在经历快速下降后保持在0.46~0.47内,虽然我国收入平均分配程度有所提高,但仍存在一定差距。

其次我国二次分配结构更加合理。财政收支是进行二次分配的重要方式,其中税收提供了超过80%的政府财政资金,我国税收收入整体呈上涨态势,但2020—2022年受经济下行压力和各类税收政策调整的影响,税收收入在2020年和2022年两次减少。财政支出是二次分配的重要环节。根据2022年政府财政支出项目,支出金额排在前列的是教育、社保和就业支出,增速最快的是卫生健康支出,表明政府重点关注民生项目,积极发挥财政资金引导作用。

二、社会需要分析

党的十九大报告指出:"我国社会主要矛盾已经转化为人民日益增长的美好生活需要和不平衡不充分发展之间的矛盾。"正确认识美好生活需要,是带领人民创造美好生活的前提。

第一,高质量物质生活需要。改革开放以来,我国经济社会得到快速发展,人民生活水平显著提升,全面建成小康社会,向社会主义现代化强国迈进。经济社会的快速发展为人民创造了追求更高质量物质生活的条件。收入水平的提升是高质量物质生活的基本前提,其高低是人民评价自身生活幸福与否的重要指标,最能反映出民众生活水平状况。收入水平是教育、医疗、住房等各个需要得以满足的前提,在当前社会条件下,要想进一步提升生活质量,必须有更为充裕的物质财富作为保障。

第二,丰富的精神文化需要。随着物质生活得到一定满足,人民对精神文化生活的需求日益增长。新时代以来,党中央协调推进物质文明和精神文明共同发展,"人民精神文化更加丰富"是"十四五"期间主要目标任务之一。新时代人民群众对精神文化生活提出了更高要求,但现实中精神文化生活质量差距较大、精神文化生活场所未实现合理配置等问题仍然存在,现有条件无法满足人民群众多层次、多样化的精神文化需求。我国在精神文化领域稳步推进,但与美好生活相比、与人民需求相比仍有较大差距。

第三,公正平等的民生需要。党和政府始终坚持保障和改善民生,不断增进人民福祉。在社会主义新时代,更加公正平等的民生越发成为人民美好生活需要的重要组成部分,人民希望能实现更高水平的教育、收入、医疗、居住等保障。人民追求民生体现为是否对现有公共资源进行正义分配和供给,通过合理进行收入分配、平等提供社会服务等方式促进社会公平正义,是中国特色社会主义的内在要求。

第四,美丽绿色的生态需要。人类生活在大自然中,受自然环境的制约,一切生产活动与生态环境不可分割,良好生态环境是最普惠的民生福祉。保护生态环境、实现人与自然和谐共生,是人类社会可持续发展的基础,也是人类福祉所在。随着时代和社会发展,人们越来越关注生态问题,对生产和生活环境的要求越来越高,对更绿色环保、更可持续的经济社会发展方式愈加期盼,美丽、绿色的生态环境已经成为人民所向往的美好生活的重要内容。

三、社会文化分析

文化是人类社会的产物,任何社会都表现出其文化特征,这是每个社会独特的运行方式。高新区的发展根植于社会文化,文化环境不仅可以提供强大精神动力,还是不可缺少的社会保障。

(一)政策基础——文化发展导向

文化是综合国力的重要组成部分,我国进行文化体制改革,明确文化在社会发展中的重要地位,制定的各项战略规划更指明了文化发展方向。创新文化是社会关于创新的价值理念,反映出社会对创新的态度,是国家进行创新活动最持久的内在源泉,只有让创新文化深入人心,才能使全社会真正具备创新思维,增强国家创新能力,建成世界科技强国。人类社会现代化历程表明,教育、科技、人才具有不可分割的内在联系,三者统一于创新,其发展水平决定了一个国家的创新发展能力。国家先后提出科教兴国、人才强国和创新驱动发展战略,从精神层面、政策层面、物质层面等加快创新文化的形成与发展,进一步增强创新理念,大力培育创新意识,弘扬创新精神,让创新文化深入人心。

(二)科技发展——传播渠道创新

文化与科技的融合是大势所趋,科技创新不仅提高人类的生产力和认知力,同时还不断创新人类的思维方式,丰富文化发展的内容、传播和影响力。科学技术的每一次重大进步都对文化产生重大影响:活字印刷术开拓了以图书、报纸等作为媒介的纸质传播方式;电子技术使广播、电视成为文化传播的重要渠道;在新媒体时代,文化传播途径更加丰富,比如通过社交平台分享作品或心得感悟,也可以通过短视频或直播让文化得到全面呈现。这些新的传播方式,给文化发展带来了更多的可能性。新一轮科技革命和产业变革的深入推进,必将使新媒体行业进一步发展,引起文化领域的深刻变革,以新的技术手段促进文化发展是新时期满足人民日益增长的美好生活需要的重要途径。

(三)开放环境——多元文化碰撞

"百花齐放、百家争鸣"是我国社会主义科学文化建设中必须长期坚持的重要遵循,中国地大物博,各区域地理条件和风俗习惯存在巨大差异,仅国内便已形成"百花齐放"的格局。便捷的交通运输和信息传递,带来了国内人口流动和文化传播,不同地区的文化相互碰撞、交流、共存、融合,推动文化发展进入新阶段。其次,改革开放以来,与中国本土迥然不同的西方文化大量传入中国,西方价值观、生活方式和思维方式等使中华文化受到挑战。当前的时代思想活跃、文化交会,多元文化存在冲突是一个不可避免的事实,而如何将冲突转化为和谐是文化发展中必须解决的一个重要问题。

第四节　中国高新区发展技术环境分析

技术环境是影响高新区生产和发展的重要环境因素之一,可以为其带来技术、人才等多种急需资源。科技迅猛发展、创新步伐加快,对高新区构成重大影响,为此必须分析技术环境带来的机会或威胁,适当采取应对措施,保持竞争优势。

一、科技创新环境分析

科技革命和产业变革加速演进,世界各地区综合创新能力竞争愈发激烈,创新环境是创新系统的重要组成部分和重要支撑。

第一,创新基础设施分析。创新基础设施是具有公益属性的基础设施,用于支撑科学研究、技术研发、产品研制,是国家创新体系和创新能力建设的重要组成部分。我国创新基础设施建设已取得卓越成绩,截至 2022 年,移动电话普及率和互联网普及率分别达到 119.25 部/百人和 75.6%,互联网上网人数达 10.7 亿人;截至 2021 年底,全国共设有科学研究与开发机构 2962 个,创业孵化器 6227 家,众创空间 9026 家。

第二,市场环境分析。市场是一切生产经营活动和创新活动的外部环境,在创新资源配置中起决定性作用,创新活动资源流入或成果流出都需要通过市场来衔接贯通。良好的市场环境具有竞争活力,市场竞争会促进也会逼迫企业走上创新道路,通过科技创新升级技术是企业长期存续的必然要求。改革开放至今,我国市场规模快速扩张,GDP 持续突破新高,居民消费能力和收入水平提升,市场对外开放程度不断加大,科技发展迅速,高技术产品的国际竞争力和国际需求增加。

第三,劳动者素质分析。国家间综合国力的竞争归根结底是人才的竞争、劳动者素质的竞争,国家发展进步取决于国民素质特别是劳动者素质。当前我国正处于经济发展的关键时期,但是关键核心技术受制于人等问题仍然存在,这些都对创新发展、对劳动者素质提出更高要求。国家重视人才培养,教育支出不断加大,劳动者素质已有很大提升。根据第七次全国人口普查公报,拥有大学文化程度的人口 21836 万人,较第六次人口普查增加 6537 人。

第四,金融环境分析。开展科技创新活动离不开资金支持,如果创新主体无法获得足够的资金来源便会抑制创新,金融是社会资源配置的重要通道之一,有助于缓解创新主体资金困境,良好的金融环境能为创新的前、中、后期提供全过程资金支持。我国为科技创新营造了良好的金融环境,不仅在创新前期通过科技贷款等方式加大资金流入力度,而且在后期通过科技成果转化基金等方式加速对科技成果的资本化应用,为创新活动提供大量金融支持。

第五,创业水平分析。我国贯彻落实创新驱动发展战略,加大创新创业支持力度,充分发挥创业带动就业、稳定就业的作用。通过加大对自主创业的扶持力度、促进孵化基地建设运营等方式支持自主创业,大众创业已持续向更大范围、更深程度推进,主要体现为创业市场活跃,主体数量增多;创业质量提升,独角兽企业、科创板上市企业数量增加;创业投资力度加大,给予创业企业更多的资金或政策支持;创业服务机构增多,孵化载体等数量持续增加。

二、文化教育环境分析

教育是国之大计、党之大计,科教兴国战略是我国一项基本国策,教育兴国的最终目标和结果是实现教育强国,党和政府始终坚持把教育摆在优先位置。

第一,教育投入不断加大。国家始终把教育放在优先发展的战略位置,坚持将教育作为重点领域,给予坚实保障。中央财政不断加大教育经费投入力度,保证财政教育支出稳定增长,2022年国家财政教育支出达3.95万亿元,占财政总支出的比重高达15.14%。数据显示:自2011年起,我国财政教育支出占比保持在14%以上的水平(图5-11)。巨大的财政教育资金投入有力推动国民教育事业快速发展,国家实施九年义务教育制度,拥有全世界规模最大的国民教育体系,建立起覆盖范围最广的学生资助体系,我国总体教育水平跃居世界中上行列。

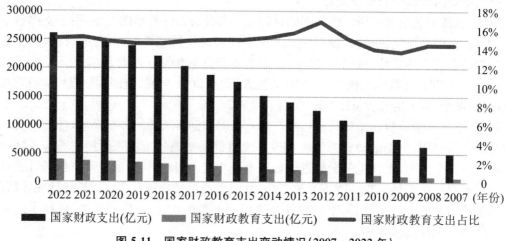

图 5-11　国家财政教育支出变动情况(2007—2022年)

数据来源:http://www.stats.gov.cn/。

第二,教育普及程度加大。我国居民公平享有接受教育的权利,教育公平是社会公平的基础,国家统筹教育资源配置,不断促进教育发展成果更多惠及全体人民,居民受教育范围不断扩大。人口普查数据显示,我国文盲情况大大改善,2020年文盲总数较1990年减少14228万人,文盲率也从15.9%下降到2.7%。其次,2000年以来初中、高中升学率总体大幅上涨,初中升学率在95%上下轻微浮动,高中升学率2016年达到94.5%。国家大力发展教育事业成果显著,我国受教育人口大幅增加,整体受教育水平提升。

第三,教育质量持续提高。我国在提高教育普及水平的同时,居民受教育程度不断提高,高层次、高水平人才供给增多,劳动力素质得到很大改善,全民素质得到极大提高。数据显示:我国受高中及中专教育人口、受大专及以上学历人口数量均不断增加,其中每十万人中受大专及以上教育人口数量由1990年的1422人增加到2022年的15467人,实现极大跨越,说明我国居民受教育质量得到很大改善。在教育普及水平和教育质量同步提升的基础上,国家也注重教育结构优化,让人力资源水平更加适应经济社会发展需求。

三、人才发展环境分析

对现有人才政策进行梳理，发现人才政策按照功能可以分为育、引、用、留等方面。从政策视角分别分析，既可以梳理国家人才政策，对人才自身可持续发展具有指导意义，又可以促进人才政策落实到位，为国家人才选拔、人才留用等方面提供参考价值。

第一，人才培育。人才培育方面，我国已形成政府、高校、企业三方共同参与的人才培育机制，依托校企合作人才培养基地、产教融合实训基地等平台有针对性地培育高技能人才。高校改变传统的教育方式，从全方位对学生进行考查评价；政府结合产业和技术发展趋势，做好各类型人才供需和培养规划；企业深化与高校、研究机构等联合培养高技能人才，完善人才继续教育制度，促进人才知识更新与技术优化。高校-企业的人才培育机制较为成熟，同时我国人才培育理念也发生变化，国家提倡"教育要从娃娃抓起"，将培育创新型人才的起点前移到基础教育阶段，在高等教育时期则鼓励学生进行创新创业，加强校企合作，联合培养应用型创新人才。

第二，人才引进。人才培育和引进都是为了更好地获得人才，高层次、高技术顶尖人才培育过程漫长，而人才引进很好地解决了人才培育的时效性问题，通过实施有吸引力的人才引进计划，可以快速吸纳顶尖人才、对口人才。国家十分重视人才引进，先后推出"国家杰出青年科学基金""长江学者奖励计划""海外高层次人才引进计划"等人才项目，并取得显著成效。"国家杰出青年科学基金"资助青年学者研究基础科学，在纳米材料、粒子物理等多个领域取得重大突破；"长江学者奖励计划"持续引进特聘教授等专家学者，推动我国重点学科建设；"千人计划"引进海外高层次人才，在量子通信、生命科学等领域获得突破性成果。此外，"春晖计划""海外赤子为国服务行动计划"等也在引进大批高层次优秀人才方面做出重要贡献。

第三，人才激励。我国对人才的激励主要通过两个方面来实现：一是对取得技术进步或相应成果的人才给予奖励或表彰，二是通过统筹公共资源解决人才的住房、医疗等后顾之忧。前者以国家表彰为引领，比如全国劳动模范、国家科学技术进步奖、青年五四奖章等都注重高技能人才的评选，对符合条件的高技能人才授予荣誉，不仅给予人才以荣誉或奖金激励，而且提高全社会对人才的认同感；后者以统筹公共服务资源为抓手，有效保障与生活息息相关的住房、子女入学等问题，切实解决后顾之忧，增强人才的凝聚力和忠诚度，积极营造尊重创造、尊重人才的氛围。

四、知识产权保护环境分析

目前我国对知识产权的保护采取"双轨制"模式，从司法领域与行政执法领域实施双重保障，其中司法保护占主导地位，行政保护是有力补充。

（一）知识产权司法保护

依法治国是党领导人民治理国家的基本方略，全面推进依法治国的根本目的是依法保障人民权益，知识产权是民事主体依法享有的专有权利，"有法可依"是我国开展知识产权保护的重要前提和基础。

当前我国知识产权司法保护体系逐渐完善，首先体现在法律体系上，我国逐步建立和健全了知识产权法律制度,国家相继出台了《著作权法》《专利法》《商标法》等法律法规,形成较为完整的知识产权法律保护体系,同时对外开放程度不断提升,我国知识产权保护与国际接轨,立法的国际化也不断加强,随着相关法律的修订和完善,立法更加全面、法律实施效果更为明显。其次体现在执法专业性上,我国知识产权立法逐步完善,知识产权法治建设的重点已转化为法律的有效执行,随着知识产权方面的案件日益增多且复杂性增强,国内各级人民法院逐步成立专门的知识产权审判庭甚至知识产权法院,同时由于知识产权纠纷的审判对工作人员有很高要求,所以审理案件的相关工作人员也具备较强的专业知识,进一步推进了知识产权案件审判的专业化。最后体现在司法保护水平上,司法保护在知识产权保护体系中占据主导地位,从人民法院审理第一起知识产权案件开始,经过不断实践和改革,迄今已形成完善的保护体系,在保护和激励创新、维护市场竞争环境、促进经济健康发展等方面发挥了重要的作用。根据最高人民法院知识产权审判庭公布的数据,我国知识产权司法服务高质量发展凸显,智慧法院建设深入推进,各级人民法院分工更加完善,案件审判质效稳步提升。

(二)知识产权行政保护

我国实行以司法保护为主导、行政保护为支撑的"双轨制"知识产权保护体系。其中知识产权行政保护以国家法律为依据,如多次修订的《专利法》。其次知识产权还是国家发展的重要战略资源,对知识产权采取行政保护措施符合我国知识产权强国战略的目标导向和战略部署。最后知识产权发展中的一些重点环节也离不开国家行政机关的参与。与司法保护相比,行政保护具有处理及时、解决迅速、主动执行等特点,随着知识产权案件日益增多,人民法院判决压力加大,行政保护发扬自身优势,依法处理了大量知识产权案件,取得了很好的社会效果。

第六章 中国高新区发展动力机制分析

为实现高新区更高质量的发展,必须探究不同阶段下高新区竞争优势背后的动力根源,这既能为今后园区更好地发展指引前进方向,又对园区企业进一步成长具有现实指导意义。本章首先分析了高新区发展动力机制的三个演变阶段,由于每个阶段的时代背景和发展侧重点不同,各个阶段的主要动力来源也是不同的;紧接着按照时间顺序,详细阐述各阶段的动力机制。

第一节 中国高新区发展动力机制的演变

本节主要描述了高新区发展动力机制的三个不同演变阶段。在第一阶段,高新区发展以政策和要素为主要动力来源,以北上深三市为典型代表,介绍其政策的推动作用以及由各类政策带动的生产要素集合;在第二阶段,高新区发展以产业集聚为主要动力来源,以深圳高新区中区的软件园为例,介绍产业集聚对高新区发展的辐射作用;在第三阶段,高新区发展以技术创新为主要动力来源,以合肥高新区为例,从三个不同的角度介绍科技创新对高新区发展的推动作用。

一、发展1.0阶段:以政策和要素为主要动力来源

中国高新区最初被认为是政府的杰作,是一种独特的由人为创造的经济发展区域,其最初阶段侧重于内部载体的建设,比如包括道路、电力、通信网络和研发设施等现代化基础设施,为企业提供了良好的发展环境,并有意识地引导部分产业优先发展。发展的主要方式为通过各类优惠政策、土地出让等外部作用力来推动其前进,外部作用力会吸引人才、技术、资本等要素的大量涌入,经济规模会在短时间内迅速扩大。但同时高新区也面临着很多困难,从企业发展层面来说,区内企业多处于初创阶段,在长期吸引资金和人才等方面都面临挑战,难以实现经济规模的持续性扩张,与大型竞争对手相比,其体量较小,市场份额和市场影响力有限;从企业制度层面来说,多数企业尚未建立现代企业制度,缺乏规范的管理和治理结构,极易导致企业内部混乱和效率低下;从园区管理层面来说,整体呈现出管理过程相对简单、资源配置不够精细和决策相对集中的粗放式管理的特征。

因此,在发展1.0阶段,"工业产品贸易区"才是更加贴合高新区特征的名称。高新区以"贸易链"和"加工链"为主,主要依赖土地开发、贸易交换等方式来实现低附加值产业的迅猛式增长,但是产业的技术创新尚未形成。随着国家不断提升对高新技术产业重要性的认知,相关政策也随之丰富,从中央政府到各级地方政府,都在积极制定和完善各类政策与法规,

希望通过促进生产要素的集合,进一步推动高新技术产业的全面蓬勃发展。

中央一级制定的相关政策主要包括:"国家星火计划"(1986)、《国家高新技术产业开发区若干政策的暂行规定》(1991)、《促进科技成果转化法》(1996)、《关于加强技术创新,发展高科技,实现产业化的决定》(1999)等。

地方政府的扶持政策当以北上深三市为代表。上海市发布了一系列规定,如1998年的《上海市促进高新技术成果转化的若干规定》(十八条),于1999年和2000年分别进行修订;北京市在1999年发布了《北京市关于进一步促进高新技术产业发展的若干政策》(三十三条);深圳市则在1998年出台《深圳市人民政府关于进一步扶持高新技术产业发展的若干规定》(二十二条)。

这些政策主要集中在以下三个重点领域:一是资金投入,政府加大对科技发展的资金投入力度,设立专项资金,支持投资机构的建立,以鼓励科技项目的发展和转化;二是财税优惠政策,在企业所得税、增值税等方面提供优惠政策,以减轻科技企业的税收压力;三是人才吸引和激励,设立专业技术职务评审制度、人才发展基金以及奖励制度等,以吸引和激励科技人员的参与和贡献。

二、发展2.0阶段:以产业集聚为主要动力来源

随着高新区软、硬件环境的迅速改善,真正意义上的高新技术企业和大型企业开始崭露头角。通过巧妙地利用高新区的资源,整合并集聚各类生产要素,吸引了一大批配套的关联企业,高新区的主导产业方向逐渐明确,相关商标和品牌逐渐站稳脚跟。高新区普遍在具备稳定主导产业的同时,不断完善现有产业链结构,向具有上中下游的垂直产业链发展。在发展2.0阶段,"高新技术产品生产基地"成为该阶段高新区发展的重要中介,以产业链的完善为主要增值方式。同时,高新区的空间扩张格局也越来越明显,出现了一区多园、一区多点等布局。虽然园区企业的技术主要来自外部引进,自主研发能力仍然较弱,但它们已经积累了较强的生产能力和较大的经济规模,推动了各类产业的技术创新。

在此阶段,以位于深圳高新园区中的深圳软件园为例,介绍产业集聚的辐射影响。深圳软件园成立于2003年,依托深圳的地理位置优势和经济特区地位,吸引了大量人才和外部投资,同时政府的政策支持也促成了软件园与产业和城市之间的优质互动关系。

目前,深圳软件园经过多年的探索和实践已经形成了五大特色产业,分别为嵌入式软件系统、集成电路设计、软件出口外包、互联网服务以及大型行业应用软件与服务。其中,嵌入式软件产业在产值和国内市场占有率上都占据主导地位,并推动了多个行业产品的升级和创新;集成电路设计领域也在市场导向下快速发展,吸引了一些有潜力的企业;软件出口外包产业群体由跨国公司、外资企业和本土企业组成,在国际市场上崭露头角。深圳软件园在保持大规模产业基础的同时,保持了数量和增长率的稳定增长,实现了双高目标,目前它已成为深圳软件产业的核心,位居全国前列。此外,园区内的企业主动与国内外知名企业、研究机构和大学合作成立研发机构,不断取得研究突破。

三、发展3.0阶段:以技术创新为主要动力来源

在发展3.0阶段,各类技术创新成为高新区发展的重要推手。前两个阶段的铺垫为高新区的创新提供了保障,创新活动和项目能够获得更多的启动资金和资源。同时创新理念

也在不断进步,企业不再完全依赖技术引进,而是越来越注重自主研发,科研成果和创新项目不断涌现,各类创新主体的创新活力全面迸发,为高新区构建更具持续竞争力的产业链和价值链提供有效助力。此外,各类研发机构的迁入为高新区构建出强大的科研网络,产学研合作也提供了更多发展机会,强化了高新区内部的合作与创新。这种合作模式有助于科研成果的迅速转化,能够在最短时间内将新的科技成果应用到生产和市场中。总之,中国高新区在各类创新要素的集聚和互动下,实现了以创新为驱动力的内生增长机制,它不仅为高新区提供了强大的竞争力,还为中国的科技创新提供了有力支持,进一步巩固了中国高新区在国内外的地位。

在此阶段,以合肥高新区为例介绍技术创新对高新区发展的推动作用。合肥高新区是中国中部地区重要的科技创新和产业发展区域之一。合肥高新区通过多种方式推动科技创新和产业发展。第一,从企业角度来看,一方面,合肥高新区积极孵化和支持创新企业,通过设立科技孵化器和创新创业园,通过提供办公空间、导师支持和技术咨询等资源的方式为初创企业提供了创业平台;另一方面,它吸引了国内外知名企业在此设立研发中心,涵盖多个领域,包括电子、信息技术、生物医药等。第二,从高校与科研机构的角度来看,合肥高新区已经与本地高校(中国科学技术大学、合肥工业大学等)和研究机构(中国科学院创新院等)建立了紧密的合作关系,并不断扩大合作范围,通过基金投资和招商引资促进科技成果转化。第三,从金融创新的角度来看,一方面,合肥高新区制定了一系列的创新金融政策,并与银行和各类投资机构建立了良好的合作关系,助力高新区持续发展;另一方面,通过设立科技创投基金,充分吸引资金投入科技创新和创业项目。

综合来看,合肥高新区在企业、高校和科研机构合作领域以及金融支持领域取得了显著的创新成就,积极推动了科技创新和产业升级。未来,合肥高新区将继续为科技创新和产业发展提供机会和支持,同时与国际科技创新体系保持紧密联系,促进国际科技交流与合作。

第二节 由政策和要素驱动的动力机制分析

我国高新区发展初期是典型的政府支持型的"工业产品贸易区",政府通过借鉴国际先进经验,设立由政府相关管理部门进行规划和管理的高新区。在市场缺乏风险投资机制、经济体制尚未完善的背景下,许多高新区在初始阶段不得不依赖国家和地方的政策优惠、土地开发、负债运营以及吸引投资的方式来逐步发展。

一、政府政策支持:激励产业快速发展

(一)财政扶持政策

1. 政府增加对高新技术产业的研发投入

一方面,政府在高新技术领域的财政支持表现在对基础科学研究的资金投入方面。虽然我国基础科学研究成果相对薄弱,但基础科学研究对国家发展具有重要的意义。政府通常会设立专项资金,用于资助学科带头人和高校中的科研骨干进行基础科学研究。基础科研的突破往往能推动高新技术产业的蓬勃发展,最终将高新区打造成产业聚集地。政府通

常采用社会基金、公共资源等方式来改善科技研发中资金和资源不足的情况,从而直接降低科研成本和风险,借此激励各类企业开展创新活动。

另一方面,高新技术产业中某些高端领域需要大规模的研发和创新投入,而这些领域的企业和市场之间并不总能实现紧密结合,从而容易发生研发资金严重不足的情况。为填补这一研发资金的缺口,中央和地方政府采取了一系列措施,其中之一是每年从财政基本建设款中划拨一部分资金,用于设立高新技术专项资金,重点支持这些企业的发展和创新,帮助它们在技术研发、新产品开发等方面取得突破。当然,政府的财政投入不仅仅局限于高新技术企业的研发阶段,还延伸到产品试制、少量产品生产和推广过程中,鼓励企业将新技术应用到实际生产中,并扩大市场影响。

2. 政府制定高新技术产品的采购政策

首先,政府制定了高新技术产品采购政策,不仅能满足自身需求和促进经济发展,还为高新技术产业创造了稳定、广泛且预期明确的消费市场。这降低了高新技术企业在销售过程中的不确定性,拓宽了产品销售渠道,减少了企业前期广告宣传和销售网络建设等成本,从而提高了企业的生存率。此外,政府采购对高新技术产品的数量、功能和质量也有明确要求,有助于降低企业在研发和产品设计方面的不确定性。

其次,政府采购对消费者起到有效并且良好的示范作用。新产品的快速市场接受程度对企业来说至关重要,但在高新技术产品刚投入市场时,由于广大消费者对其性能和品质的了解程度不够,再加上高新技术产品价格普遍较高,大多数人持观望态度,因此市场需求不足,无法满足企业的预期,容易导致资金链断裂。在这样的局面下,政府的大规模采购为新产品销售创造了有利条件,充当了企业的最佳广告宣传,鼓励了潜在消费者的购买。换言之,对高新技术企业来说,政府采购甚至可能是一个关乎其生存的关键因素,因为它能帮助新产品更快地打开市场,占领市场份额,减轻资金回笼的压力,避免潜在的资金问题。

综上所述,政府的采购为高新技术产业提供了稳定的消费市场和示范效应,促进了产品销售和市场渗透,对企业的生存和发展产生了积极影响。

(二)优惠税收政策

高新技术产业通常以技术创新、科研开发为核心,它们在塑造未来经济格局和增强国家竞争力方面扮演着重要角色。然而,这些领域的发展通常伴随着高昂的研发成本、长周期的研发过程和不确定的市场前景,这对企业来说是一项挑战。税收优惠政策的实施有助于应对这些挑战。通过降低企业的所得税率、提供研发成本的税收减免、鼓励资本投入等方式,政府为高新技术产业提供了经济支持,其本质在于将政府原本应该收取的一部分税收,通过减免、减少等方式让渡给特定行业、人群及特殊区域。在这个过程中,不仅降低了企业的财务负担,还能吸引更多投资,提高就业率,创造出有利于特定领域的商业环境,推动相关领域的可持续发展和增强其经济竞争力,最终实现设定的经济和社会政策目标。

在实际情况下,对增值税、营业税和所得税的优惠是最为常见的手段。在增值税方面,1999年8月20日,中国政府发布了《关于加强技术创新、发展高科技、实现产业化的决定》。随后,财政部和国家税务总局发布了贯彻执行上述政府文件的通知,该通知规定了对高新技术产业开发区和在区外从事高新技术活动的高新技术企业的税收政策调整和改革,允许高新技术企业在购买专利技术和技术设备时获得税款抵扣,同时科技研发费用和技术转让费用不计入增值税。

在营业税方面,政府为高新技术产业制定了免征营业税的政策,从事技术研发、技术转让和技术服务等相关活动的单位和个人(包括外资企业和外籍人士)都享有该政策的免税待遇。

在所得税方面,从事高新技术产业活动的外资企业可享受3年的所得税减免。对于国内从事技术成果转让、技术咨询和技术服务的科研机构和大专院校,可在前2年免征所得税。

总而言之,这些税收政策大大鼓励了国外先进的高新技术企业进入中国市场,为高新技术产业开发区和高新技术产业的发展提供了有力的支持。

二、传统生产要素优势:提升工业制造能力

我国高新区在初期阶段选择了工业区发展模式,这是因为受到了生产要素的限制和客观历史条件的制约。首先,当时国内科研资源紧缺,科技成果难以转化,自主创新也面临着很多的困难。其次,20世纪80年代初的农村生产率提高,释放出大量成本低廉的剩余劳动力,这与政府在土地、税收和资金等方面提供的优惠政策相叠加,经济规模在短期内迅速扩大,形成了一定的产业基础,为传统生产要素结构的构建提供了初步的推动力。另外,20世纪90年代的全球化浪潮引进了一批外资、机器设备以及低端技术,一定程度上填补了高新区发展所需要素的不足。

在这样的背景下,不得不说工业区发展道路是当时中国高新区的最优选择,也正是因为这些传统生产要素的简单集聚为中国高新区后续阶段的发展创造了一系列的有利条件,包含但不限于以下三个方面:首先,发展的硬环境得到极大的改善,包括完善基础设施建设、改造科研与生活环境以及构建了政府、企业、高校、科研院所和中介服务机构等的合作平台,均为各种生产活动提供了便利条件;其次,高新区在经济方面取得了初步显著的成就,体现在营业总收入、工业总产值、净利润、税收和出口创汇等主要经济指标上;最后,高新区成功吸引了一批企业入驻,同时也开始寻找适合自身发展的主导产业,产业链初步形成,展现出巨大的关联效应与发展潜力,为下一阶段的产业集群化发展奠定了基础。

根据本节的理论分析,可以将政府政策和各类生产要素如何促进高新技术产业开发区发展的动力机制展示在图6-1中。

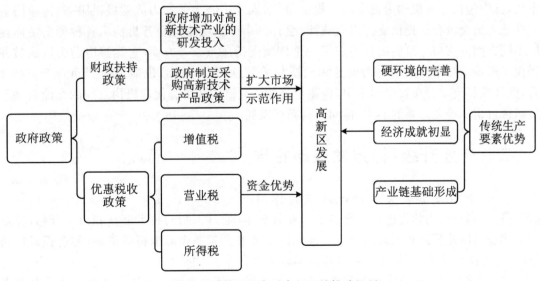

图6-1 政策和要素对高新区的推动机制

第三节　由产业集聚驱动的动力机制分析

随着高新区的不断发展,原先的政策和要素主导型模式需要逐渐转变为市场主导型模式,在这一过程中,政府的角色也需要进行调整,即从主导作用变为更多地发挥服务和规范市场的作用:一方面,通过提供公共政策和产品的服务,创造一个宽松、公开的市场环境,以促进各类社会资源更有效地流动,并进行合理配置;另一方面,通过各种偏智力生产要素的相互配合以发挥协同作用,完善和延长产业链条,构建区域创新网络,营造良好的竞合关系,逐渐演变为高级阶段的产业集群。

一、生产要素流动:完善产业链条建设

在生产要素流动方面,产业链条随着高新区内企业和投资的增多以及人才和技术等智力生产要素的全面流入而不断延长及完善。高新区内的企业为了进一步降低生产成本、获得税收优惠以及其他国家经费资助等,开始与区外建立联系,典型做法包括邀请当地科研院所、高等院校等技术研发机构人员参与园内企业的工作,提升了人才资源的流动性。同时,区内大量企业的集中不仅创造了更多就业机会,也提升了区内工作人员的工资水平,促使技术人才向高效益高回报的公司转移。此后,高新区企业的衍生和裂变进一步加强了上述过程的结果,慢慢形成了地方劳动力市场和集聚经济。高新区内产业之间通过专业化的分工形成了产业关联或产业网络,从而加强了地方产业联系,促进了衍生产业的发展,产业链条不断延长。

同时,市场机制的完善也在高新区发展进程中发挥着越来越关键的作用,但市场机制的完善要求有与之相适配的市场化支撑机构或中介服务机构,以支持相关生产要素的流动与聚集,其中包括金融机构为资金流动提供服务、人才中心为劳动力流动提供服务、行业协会为同业人员交流合作提供支持以及法律、会计师事务所等中介服务机构为各种创新主体提供不同方面的支持。这些机构组成了一个创新支持体系。一方面,它能够协助集群成员并提供了解最新技术发展动向的渠道和最新相关信息;另一方面,也能提供劳动力培训和教育,促进人员流动。在整个体系中,企业与公共研究机构和集群代理机构之间的交流有助于高新区自组织产业体系的形成,推动了高新区发展。

二、产业升级:构建发展新格局

(一)产业集聚扩大了示范效应的作用

第一,高新区内的先进企业充当了行业领头羊,通过不断的技术创新和市场开拓,展示出了成功的商业模式和创新路径。其他区内企业看到领军企业取得的成就,便会积极模仿学习,努力提高技术水平、产品质量和市场竞争力。

第二,成功的高新技术产业集群会吸引大量的外部企业前来寻找合作机会或进驻集群内,这些外部企业希望能够与集群内的领先企业合作,共享资源、技术和市场。这种现象进

一步推动了高新技术的升级与大规模应用,形成了更为完善的产业生态系统。

第三,高新技术产业集群的示范效应还在一定程度上改变了政府的政策导向。政府愈加注重支持和培育高新技术产业集群,通过政策扶持、科技基础设施建设和产业链整合等方式,促进了集群内外企业之间的互动和合作。同时,政府的政策支持又进一步强化了集群的示范效应,加速了高新技术及产业的发展。

(二) 产业集群建立了可持续发展的竞争与合作关系

高新技术产业集群内的企业既相互竞争又因为分工与交易而相互合作,这种联系在不断的交易和博弈中趋于稳定状态,从而形成了长期的竞争与合作的关系。一方面,同行业的企业通常在相同或类似的领域竞争市场份额和客户资源,竞争推动了企业不断提高产品质量、创新能力和市场表现。企业竞争的结果是优胜劣汰,市场上不断涌现出更好的产品和服务,从而使整个市场更加有效率。另一方面,竞争并不妨碍企业之间建立合作关系。实际上,许多高新技术产业集群内的企业在某些方面互补,因此存在分工与交易的机会。它们之间可以互相提供特定的技术、资源或服务,以满足各自的需求,有利于降低成本、提高效率,并加速产品开发和推广应用。各个企业在一次次的反馈循环中了解对方的优势和劣势,建立了互信和默契。最终,长期的竞争与合作关系会建立起更加稳定、更具竞争力的产业集群,也能帮助集群内的企业更好地应对外部挑战。

根据本节的理论分析,可以将产业集聚如何促进高新技术产业开发区发展的动力机制展示在图 6-2 中。

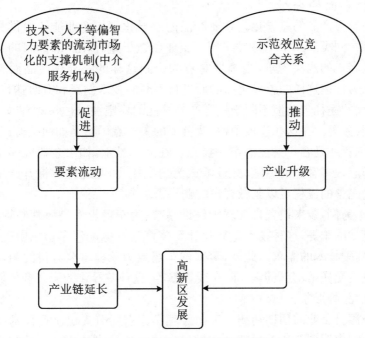

图 6-2 产业集聚对高新区的推动机制

第四节 由技术创新驱动的动力机制分析

本节主要描述了在技术创新阶段,高新区发展的主要动力来源分别为企业、高校与研究机构及金融与科技的创新。企业的技术创新能够推动企业开展自主创新;高校与研究机构的支持有效促进了科技成果转化;金融与科技的创新协同进一步推动经济的高质量发展。

一、企业技术创新:推动企业开展自主创新

高新技术企业是指集聚在高新区内,专门从事高新技术研发或成果转化的企业,它们的目标是掌握自主知识产权和核心技术。高新技术企业不仅是高新区发展中最关键的经济实体,还是直接参与创新并创造附加值的主要行动者,能在推动区域发展中发挥最直接的作用。高新技术企业与传统企业之间存在较大的差异,高新技术企业的产品周期相对较短,科技含量较高,研发的全过程都需要较大的资金投入,同时伴随着高风险和高创造性等特征。高新技术企业能够通过有形与无形这两个层面来提高自身的创新能力,进而促进高新区进一步创新发展。

(一)有形层面的分析

第一,创新源自产品的差异化。企业产品的差异化是指企业能够提供具有独特功能的产品,这些功能在同类产品中不易寻找到。企业创造出差异化产品的目的是为客户提供更高的价值,刺激客户的购买需求,当客户愿意为得到这样的差异化产品而支付更高的费用时,企业也愿意为创造这样的差异化产品而进行不断的技术创新和升级迭代,从而形成正向的循环。差异化的途径包括但不限于提升产品性能的稳定性、树立一个良好的品牌形象、完善产品的售后服务等。在这些途径中,企业首要的关注点仍然是如何提升产品性能,因为针对产品性能的创新才是客户关注的第一要点。在此基础上,如果企业能够树立一个正面的品牌形象,会引起很多客户的追随,并逐渐成为忠实用户,与此同时提升产品的售后服务水平,这样一整套完整的流程足以刺激客户的购买需求。

以蔚来汽车为例,蔚来设置自动驾驶辅助系统,为车辆提供高级驾驶辅助功能,包括车道保持辅助、自动泊车等,这种技术差异化让蔚来汽车在电动汽车市场中脱颖而出,满足了消费者对自动驾驶技术的需求。此外,蔚来汽车还致力于提供全方位的用户服务以提高用户体验,包括电池交换站、会员俱乐部、在线客服等,这种差异化的服务和体验为蔚来汽车树立了与众不同的品牌形象。

第二,创新源自企业的预期利润。美国心理学家费隆曾提出企业技术创新的动力模型及其公式,其研究表明创新活动预期利润的目标值和成功率均与企业的技术创新动力呈现出正向关联关系,即随着预期利润的增加,企业的科技创新动力也相应增强,从而实现更多的盈利和发展。

(二)无形层面的分析

第一,创新源自企业内部的激励。高新技术企业的管理层人员和技术研发人员是自主创新的核心推动力,他们掌握着高新技术企业未来发展的命脉,他们的积极参与对有效推进

企业发展起着至关重要的作用。因此，企业内部需要制定一整套有效的激励机制，并不断更新完善，才能吸引和留住这些关系到企业命运的关键人才。就激励的对象而言，不仅应该注重个人激励，同时还要考虑团队激励；就激励的时间而言，应该将短期激励和长期激励相结合，将激励制度打磨成长期、稳定的企业制度之一；就激励报酬而言，采用多元化的方式是有必要的，可以将物质激励、情感激励和精神激励相结合，针对不同的员工和团队制定不同的激励方案。

以全球知名的信息通信技术公司——华为为例，在物质激励上，华为不仅实施了股权激励计划，允许员工购买公司股票，直接让员工分享企业的成功，大大激励了员工工作的积极性，同时还设立了严格的绩效评估和奖励机制，使得员工的绩效直接影响其薪酬和职业晋升，促使员工不断提高工作效率和创新能力；在情感激励上，华为作为一家全球性公司，提供了广泛的国际化机会，员工有机会参与国际项目和团队，拓展国际视野，支持员工不断提升自己的技能和知识；在精神激励上，一方面，华为倡导的创新文化鼓励员工积极探索新的技术和解决方案，并提供资源来支持这些想法的实现，另一方面，鼓励员工具备创业精神，鼓励他们在工作中追求卓越，甚至支持他们创建自己的创业项目。

第二，创新源自外部的竞争。在各个行业中，都存在同类企业为了争夺市场份额而竞争的情况，形成了激烈的创新竞争环境。在这种环境下，企业必须不断地创新，防止其产品因为缺乏创新而失去竞争力，导致销售量下降，最终面临被淘汰的局面。综上所述，为了在竞争激烈的市场中生存和发展，高新区企业必须不断创新，提高产品性能。

以比亚迪汽车为例，随着环保意识的提高和政府对清洁能源的支持，电动汽车市场迅速增长，吸引了众多汽车制造商的参与。这种竞争迫使比亚迪不断进行重大的技术创新，包括电动驱动技术和充电技术等，以保持强大的市场竞争力。同时，它还自主研发了铁电池和锂铁电池技术，成为全球领先的电池制造商之一。总之，多方面的技术创新有助于比亚迪形成稳定的竞争优势，为中国电动汽车制造领域的可持续发展作出了重要贡献。

根据上述理论分析，可以得出企业主要通过有形和无形两种层面对高新区发展形成推动力，如图6-3所示。

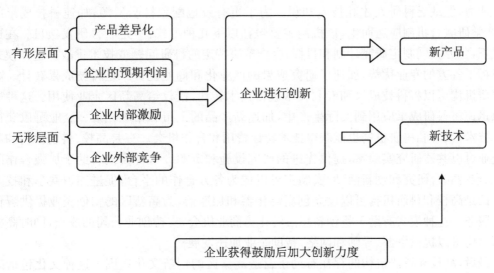

图6-3 企业创新对高新区的推动机制

二、高校与科研机构支持:促进科技成果转化

高校和科研机构在高新区的发展中扮演着关键角色。它们不仅能不断产生新的知识和技术、培养创新型人才,还促进了产学研合作、营造了创新文化氛围。这些因素共同推动了高新区的蓬勃发展,使其成为创新和经济增长的重要引擎。因此,高校、科研机构和高新区之间的密切合作和互动将继续为未来的发展注入新的动力。

首先,高校和科研机构在日常教学和研究工作中不断产生新的知识和技术,成为科技成果转化的主要内容。高校是知识的摇篮,科研机构是科技创新的前沿阵地,它们汇聚了世界各地的优秀研究人员,能够开展各种前瞻性研究。这些研究成果不仅推动了学术领域的进步,还为高新技术产业提供了源源不断的创新资源。例如,高校和研究机构在材料科学、生物技术、信息技术等领域的研究成果,常常成为新产品和新技术的基础,为企业创新和发展提供了关键支持。

其次,高校和科研机构既为高新区培养了大量的创新型人才,又为高新技术企业提供了人才培训的渠道。从培养创新人才的角度来说,高校和科研机构作为知识传承和人才培养的重要场所,它们培养了数以万计的本科生、研究生和博士生。这些学生在接受教育的同时,也接触到了最新的科研成果和技术应用,拥有了创新思维和实践能力。毕业后,他们成为高新区宝贵的人才资源,是各类企业高素质员工的重要来源,有助于促进企业的技术创新和产业升级;从提供培训渠道的角度来说,与高校、科研机构不同,企业内的科研和管理人员虽然在一线工作方面拥有丰富经验和操作技能,但在科研领域的一些动态和前沿知识方面相对欠缺。为了拓宽企业人员的视野,有必要让他们重新回到高校和科研机构,继续学习和深造。因此,企业与高校、科研机构建立合作机制是一条可行且高效的道路,能够迅速帮助企业获取更多有价值的知识、信息和技术。

再次,高校、科研机构能够与区内企业形成产学研联合机制。高校和科研机构汇聚了丰富的人才和研发能力,拥有领先的技术和理念,但不具备生产能力。相反,企业具备强大的生产能力,但缺乏科研人才和技术知识。为了更有效地配置社会资源,加速科技成果的转化,产学研联合机制应运而生,该机制主要包括以下几种方式:一是联合研发项目。在这种模式下,各方共同制定研究计划和目标,合作解决特定的科研问题或技术挑战。这种模式充分发挥了各方的专业优势,加速了研究成果的产业化和商业化。二是科技成果转让。高校和科研机构可以将科技成果和专利技术进行技术转让,授权给高新区企业使用。这种模式可以迅速将科研成果应用到实际生产中,加速新产品的上市和市场拓展。企业可以获得最新的技术,大学和科研机构也能获得技术转让费用和合作机会。三是高校、科研机构和高新区企业可以共建研究实验室,提供先进的研究设施和资源。这种模式有助于加强合作的实际性,推动联合研究和创新活动,实验室可以成为各方合作的平台,促进知识共享和技术交流。四是高校和科研机构可以设立创新孵化器和加速器,为高新区的初创企业提供孵化和加速服务。这种模式有助于将创新想法转化为商业机会,支持创业公司的成长,同时高校和科研机构可以提供资源、导师和网络,帮助企业加速发展。

最后,高校和科研机构的存在有助于营造高新区的创新文化氛围。这种文化包括鼓励创新思维、尊重知识产权、推崇实验精神等。高校和科研机构不仅在教育中培养了创新者,也通过科研项目和技术创新激发了人才的创新潜力。这种文化氛围吸引了更多的创新者和

投资者,使高新区成为吸引创新资源的磁场,进一步推动了高新区的创新发展。

根据上述理论分析,可以得出大学、科研机构主要通过四种途径对高新区发展产生有利影响,如图 6-4 所示。

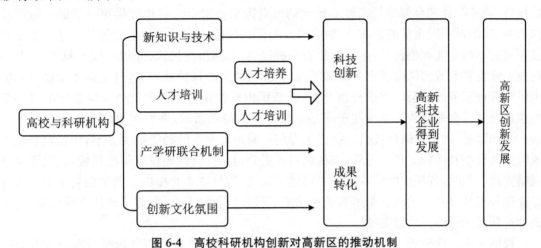

图 6-4 高校科研机构创新对高新区的推动机制

三、金融与科技协同:推动经济高质量发展

金融和科技都在现代经济中扮演了不可或缺的角色。金融作为人力和资金密集型产业,发挥了优化资源配置和调整经济运行的关键作用,为高新区内的资源配置和实体产业提供资金支持。科技作为知识和技术密集型产业,可以通过创新驱动和技术进步带来积极效应,提高各种投入要素的生产能力,从而提高园区经济增长的质量和效率。为了实现园区经济的高质量发展,金融和科技可以协同发展,产生超出两者本身的合力效应。因此,可以从以下两个角度来分析金融与科技协同如何促进高新区经济的高质量发展。

第一,金融与科技的协同发展促进了产业创新,加快了高新区经济高质量发展的步伐。在新的经济环境下,创新是经济增长的关键驱动因素。一方面,金融和科技的结合推动了金融产品、服务和制度的创新。从金融产品与服务的创新角度来说,金融科技公司利用先进的技术,如大数据分析、人工智能和区块链,重新定义了金融业务流程。在提高金融服务的效率和便捷性的同时,创造了新的金融产品,如数字支付、智能投资咨询等。这些创新性产品和服务为企业提供了更多融资和投资选择,促使传统金融机构提升竞争力,从而推动整个金融行业向前发展。从制度的创新角度来说,传统的金融机构往往存在着烦琐的流程、高昂的交易费用和信息不对称等问题。金融与科技的应用改变了这种情况,例如,区块链技术可以实现更安全、高效、透明的交易,智能合同可以自动执行金融交易,大数据分析可以提高风险评估的准确性。这些创新有助于建立更加灵活和包容的金融制度,降低了金融交易的成本,提高了金融服务的可及性,推动了经济发展。另一方面,金融支持也加速了科技领域的创新。科技领域的创新往往需要大量资金支持,包括研发成本、市场推广以及人才引进成本。金融机构通过提供风险投资、股权融资和创业支持等方式,加速了科技企业的发展。这种支持不仅有助于科技企业扩大规模,还鼓励了更多创新型企业的涌现。例如,高新区的新兴科技公司可以通过与风险投资公司合作,获得资金用于研发新技术,将新产品或服务快速推向市场,从而提高市场竞争力。

第二，金融与科技的协同发展促进了专业化分工，提高了园区经济效率。首先，科技行业的多元化融资需求已经成为常态。传统的融资渠道，如银行贷款和股权融资，已经不能满足科技公司的多样化融资需求。科技创业公司可能需要不同类型的融资，包括风险投资、天使投资、债务融资和众筹等。这种多元化的融资需求要求金融机构提供更灵活的金融产品和服务，以满足不同企业的需求。其次，科技行业的风险管理需求也变得更加复杂。由于科技领域的不确定性和创新性，企业面临着各种风险，包括市场风险、知识产权风险等。因此，科技企业需要有效的风险管理工具和策略，以降低风险并保护其利益，这也给了金融机构提供风险管理服务的机会。在这种情况下，高新区内科技企业的集聚促使金融领域的进一步专业化分工。金融机构开始专注于满足科技行业的特殊需求，开发了更加创新和灵活的金融产品和服务，例如金融科技公司提供了专门针对科技企业的融资解决方案，包括定制化的风险评估模型和融资工具。另外，某些风险投资公司会针对性地投资科技领域，提供资金和战略支持。同时，各层次的资本市场也得到了发展，为科技企业提供了更多融资渠道。这种专业化分工和多元化的融资渠道有效地满足了科技行业的需求，提高了整体金融效率，共同助力高新区的经济高质量发展。

根据上述理论分析，可以得出金融与科技协同发展主要通过两种途径对高新区发展产生正向的影响，如图6-5所示。

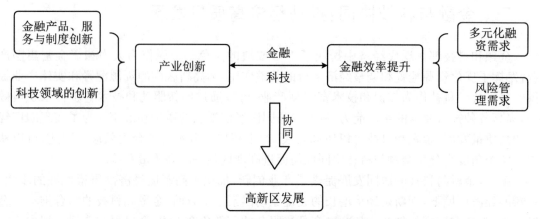

图6-5　金融与科技协同对高新区发展的推动机制

第七章 中国高新区发展战略分析

本章主要分析中国高新区发展战略的制定及实施。随着科技革新和产业转型的快速推进,全球科技领域的竞争愈发激烈,实现我国高水平科技自立自强成为国家发展的战略支撑。高新区承载着创新发展的重大战略使命,党中央、国务院对高新区建设寄予厚望。面向又高又新目标和新发展理念要求,本章深入分析了高新区开展战略管理工作的重要性和面临的战略机遇与挑战,进而明确现阶段高新区的战略制定与主要发展战略要点,最后探讨了高新区发展战略的具体实施措施,以期推动高新区创新发展迈上新台阶。

第一节 中国高新区的战略形势分析

习近平总书记强调创新驱动发展要从高新区开始,高新区就是要又高又新。2020年7月,国务院印发《关于促进国家高新技术产业开发区高质量发展的若干意见》,旨在将我国国家级高新区建设成为创新驱动发展示范区和高质量发展先行区。因此,本节通过剖析高新区发展战略管理的内涵和重要性,进而从战略管理的视角深入分析高新区面临的全新挑战和机遇,把握好高新区发展趋势,发挥高新区主动战略管理的优势。

一、高新区实施战略管理的重要性

发展战略管理是为了实现既定目标而研究整体关系且决定全局的综合性谋划,其本质是通过设定未来期望达到的目标以及制定现阶段实现这些目标的有效措施,确保未来目标的完成度和可持续发展。高新区发展战略的重点在于利用科技进步来推动区域经济的发展。因此,本书所说的高新区发展战略具体是指,在充分考虑经济社会发展等各种制约因素条件下,较长的时期内,我国高新区在经济发展、社会全面进步等方面所要达成的全局性目标以及实现这一目标的有效途径。

从本质上而言,高新区的发展战略管理过程就是指通过对高新区当前的外部环境和内在条件进行全方位的评价,构建出具有长远性的、可操作性的高新区发展战略,并依靠高新区有效的组织执行能力对战略执行情况进行监督,来保障战略实施最终效果的动态控制过程。这主要涉及以下几个步骤:战略形势分析、战略选择与制定、战略实施与控制,如图7-1所示。具体而言,高新区战略形势分析是高新区根据对内外环境的分析,找到一种方式令自己独树一帜;高新区战略选择与制定是指高新区根据未来预期取得的主要成果而在发展方面制定的战略规划;高新区战略实施与控制是指具有全局意义的实现战略的过程,它是为实现战略目标而采取的实施措施的统称。

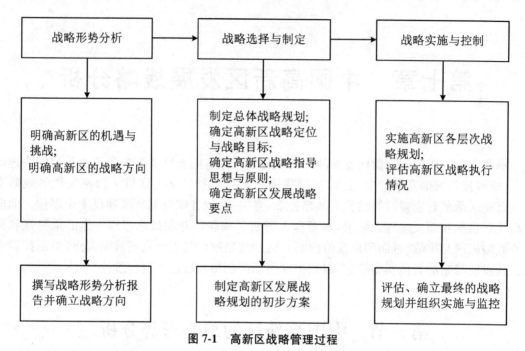

图 7-1 高新区战略管理过程

资料来源：根据资料整理绘制。

高新区实施战略管理对于区域经济和国家整体的经济发展具有重要意义。因此，我国高新区迫切需要时刻审视自己，明确战略思路、找准方位，实施积极主动的发展战略管理。其重要性主要体现在以下几点：

（一）全局性

为了实现高新区的可持续发展，战略管理必须既要立足全局，又要影响乃至决定全局。因此，高新区发展战略必须从宏观的角度出发，既要考虑到高新区及与其紧密相连的临近区域的协同性问题，又要着眼于全国乃至国际共同体的大环境，全面深入探讨高新区产业发展趋势，从而确保发展战略能够得到充分实施，进而达到最佳效果。除此之外，高新区发展战略明确的、统一的全局视角还体现在战略定位、战略目标、战略要点等目标步骤中。

以全局视野为基础，深入分析高新区发展全局，把握其中的内在联系，以便制定出更加符合实际情况的发展战略，这是高新区发展战略管理的核心特征。

（二）系统性

高新区的发展战略需要考虑到各地高新区都是一个个复杂的系统，因此，我们必须运用系统分析的方法来深入研究和有效地管理这些地区。根据不同区域的资源禀赋与发展时限，各高新区形成了不同的发展优势，走出了具有差异的发展路径。在各地高新区复杂的系统中，各个组成元素之间的关联性和限制性使得它们的组织架构变得更加紧密，从而产生多样的层级和多种用途。我国高新区之间又会形成多区联动的科技创新中心战略合作关系，从而构成我国创新功能区和创新节点聚合的大系统。高新区的发展战略管理的核心任务在于，要全面地、准确地反映和描述客观的现实系统，结合各地高新区的发展趋势，制定出具有理论和实践意义的发展战略方案，以期达到最佳效果。

在高新区的发展中，战略管理者必须深刻认识到这是一项系统性复杂工程，须以全面的视野来审视和应对发展战略上的挑战。

（三）对策性

高新区发展战略管理的对策性是指相互竞争的各方在比较中为赢得胜利而采用的对策思维。高新区应当以比较管理为基础手段，进行全面的部门、地域、国际、经济、技术、社会、历史和现状等方面评估，以便更好地发挥其优势。通过比较，各地高新区可以更好地了解自己的优势，发现差距，并找到改进和发展的机会。

随着全球经济、政治、科技、军事等方面竞争加剧，以及新一轮技术革命和产业革命的到来，高新区发展战略必须及时调整，并在紧迫的情况下制定出有效的应对措施。

（四）指导性

高新区发展战略是全局性的战略，对高新区发展的方方面面起着指导作用。从规划设计到日常工作，高新区所有的战略实施措施都必须遵循发展战略的指引，以确保取得最佳效果。因此，高新区各级管理部门和企业相关决策层都应重视发展战略管理。高新区战略管理不但可以使各级领导和工作人员不断加深对高新区的认识，及时了解高新区所处环境的新变化，而且可以帮助梳理战略重点，提供相应的战略实施方案。

在进行高新区的战略规划时，应该综合考虑社会基本矛盾运动的关系，并结合高新区体制机制改革的创新研究成果，以期将其融入具体的策划和执行中，从而达到将理论付诸实践的效果，最终取得良好的结果。

（五）综合性

高新区发展战略管理是全局性的统筹把握，涉及经济、政治、科技、军事、社会、文化、生态等广泛领域，高新区的历史渊源、现实状况与未来趋势无一不在其中。为了有效地捋清复杂而又相互关联的高新区系统，高新区人员必须采取综合管理的方式，以便从繁杂的现实表象中提炼出有效的全局规划，并从中获取更深刻的认知。

因此，高新区发展战略管理需要与之相匹配的人才管理结构。只有综合的专家团队才能灵活运用各种学科知识，制定出简洁的、凝练的发展战略。从这一点来看，综合性特征被纳入高新区发展战略研究的特征范畴，其中包括对知识结构和人才结构的深入探索。

综上所述，我国高新区发展战略管理的重要性体现在这五大特性中。只有准确把握高新区发展战略管理的理论与方法，并且与实践紧密结合，才能加快高新区发展，创造新的辉煌。

二、高新区所面临的战略机遇与挑战

在"十四五"时期，我国经济、社会以及科学技术的发展都受到全球市场的巨大影响，而高新区则是其中的关键变量。它们不仅承担着推动高新技术产业创新发展的载体功能，还肩负着实施创新驱动发展战略的使命责任，并且正在面临前所未有的挑战与机遇。

从国际来看，新一轮科技革命和产业变迁的迅猛发展使得世界科技创新进入了前所未有的活跃阶段。世界各地的竞争更多地集中在新科技与新经济的领域，这会导致世界格局的巨大改变。一方面，新技术、新产业、新业态、新模式获得突破性发展，数字经济、共享经济等新兴经济形态正在加速成长；另一方面，新一代信息技术等正在迅速渗透到传统行业中，推动传统行业重新焕发活力并释放新的能量。这些前沿的技术，如量子计算、人工智能、生物技术以及信息通信，已经成为各个发达国家快速发展的重中之重，它们不仅在促进经济增长方面起到了重大作用，而且在提升社会福祉方面也产生了深远影响。虽然中国高科技产业已经取得了显著的发展，但由于基础研究前瞻性和原创成果引领作用发挥不足，中国自主创新发展现状仍然与建成世界科技创新强国的目标存在一定差距。

从国内来看，我国正处在深入实施创新驱动发展战略的关键阶段，正以高水平的科技自立自强引领发展。而高新区则是这一进程中不可或缺的一环，它将成为汇聚各类创新资源、建设创新体系的重要载体，其肩负的国家使命也愈发举足轻重。高新区必须积极响应国家高质量发展的要求，打造高水平的园区经济，探索出一条有效的路径，促使自身成为带动城市和区域高质量发展的中坚力量。党的二十大报告强调"建设现代化产业体系"，在这一新任务面前，我国高新区更要把握发展机遇，思考创新引领高质量发展过程中的潜在问题，研究创新引领高质量发展的实施途径和落地举措，在新时期和新环境中推动高新区的新一轮提效增益，以促进"高新"的可持续性，助力经济社会可持续发展。

当前，我国高新区又一次迎来了新的跨越式发展机遇，同时也面临着重大的挑战。高新区要积极面对新一轮科技革命和产业变革带来的机遇和挑战，顺应世界科技园区发展趋势，切实增强高质量创新引领高质量发展的自觉性，以战略领先、科技领先、制度领先和文化领先为引领，进一步发挥示范、引领、带动、辐射作用，为中国式现代化提供"高新区方案"。

第二节　中国高新区发展战略的制定

高新区的建设是政府为推进改革开放和社会主义现代化进程，提升我国科技创新能力、促进高新技术产业发展做出的重大战略部署。制定适合高新区加快发展的战略措施，有利于高新区集聚科技创新资源，提升自主创新能力，加快推进我国创新型国家建设；有利于提升产业核心竞争力，为高新技术产业化成功探索出一条具有中国特色的道路；有利于优化经济结构，推动经济发展提质增效，引领城乡区域协调发展。我国高新区发展战略的制定可以从战略定位、战略目标、指导思想和发展原则四个方面进行详细分析和论述。

一、战略定位和战略目标

战略定位和战略目标是高新区建设发展的总体思路，体现了我国高新区建设的定位把握与中心任务。在不同时期，根据国家战略需求的变化，我国高新区的战略定位和战略目标也相应地经历了多次演变。

（一）战略定位

自1988年起，"发展高科技、实现产业化"的方针出台，标志着我国创建高新区的初衷和使命确立；2001年，科技部提出了"二次创业"和"五个转变"的发展策略，明确指出应由主要依赖土地、资金等要素驱动向更加注重技术创新带动发展的方式转变；2006年，政府第一次把自主创新视为对国家级高新区的首要期望，要求它们能够充当推动科学技术进步及提高我国自主创新能力的关键平台；2013年，以习近平总书记对大连高新区和中关村科技园区的视察工作为里程碑，标志着我国高新区正式踏上新的征途，"又要高、又要新"的战略布局也随之启动，我国高新区要努力将高新技术和科技人才资源有效地结合起来，加快高新技术的产业化，从而使高新区成为技术进步和提升自主创新能力的有效支撑。

2020年，《国务院关于促进国家高新技术产业开发区高质量发展的若干意见》中指出，应把国家级高新区打造为创新驱动发展的示范区、高质量发展的先行区,赋予它们新的使命和战略定位。2022年,《"十四五"国家高新技术产业开发区发展规划》着力描画高新区"强化创新功能、支撑高水平科技自立自强"的发展路线,强调高新区要强化创新链、产业链的互动融合,加快成为重大科技创新的策源地,打造高新技术产业发展的主阵地,推动科技创新这一关键变量转变为高质量发展的最大增量。

综上所述,我国在不同时期对高新区的战略定位是一脉相承且不断发展的。与改革开放初期相比,现在我国高新区已经进入了创新驱动和高质量发展的关键时期。推动我国高新区主动服务于国家战略和重大需求,努力打造一个个具有更强竞争力的"又高又新"创新驱动和高质量发展的高新科技产业园区,已成为我国高新区新时代发展的重要任务。

(二)战略目标

"十四五"时期,全国各地区的高新区均以"建设创新驱动发展示范区和高质量发展先行区"为战略定位,积极组织开展《"十四五"时期发展建设规划》的编制工作。本节将《"十四五"国家高新技术产业开发区发展规划》作为参照,同时特别关注了中关村科技园区、上海张江高新区等八个高新区的"十四五"规划,研究对比其战略目标,如图7-2和表7-1所示。

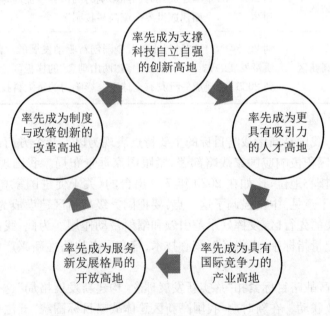

图7-2 "十四五"时期国家级高新区战略目标

资料来源:《"十四五"国家高新技术产业开发区发展规划》。

表7-1 我国重点高新区"十四五"规划中的战略目标

序号	高新区	战略目标
1	中关村科技园区	到2025年,建成世界领先的科技园区 到2035年,成为全球科技创新的重要引擎和世界创新版图的重要一极
2	上海张江高新区	到2025年,率先成为全国创新驱动发展示范区和高质量发展先行区,基本建成具有全球重要影响力的高科技园区 到2035年,全面建成具有全球重要影响力的高科技园区

续表

序号	高新区	战略目标
3	深圳高新区	到2025年,初步建成具有卓越竞争力的世界领先科技园区
4	广州高新区	到2025年,两大世界级创新型产业集群初步形成
5	苏州工业园区	到2025年,世界一流高科技园区、世界一流自贸试验区建设取得重大进展 到2035年,全面建成创新人才荟萃、创新主体集聚、创新成果涌流、创新活力迸发、创新环境卓越的世界一流高科技园区和世界一流自贸试验区
6	杭州高新区	到2025年,世界一流高科技园区初具形态,率先基本建成社会主义现代化先行示范区 到2035年,全面建成世界一流高科技园区
7	合肥高新区	到2025年,基本建成具有国际影响力的世界一流高科技园区 到2035年,全面建成世界一流高科技园区
8	武汉东湖高新区	到2025年,打造"世界光谷",全国创新驱动发展的示范区,中部地区高质量发展的先行区和长江中游"两山理念"的样板区 到2035年,建成一批具有全球重要影响力的重大科技创新平台

资料来源:各地高新区管理部门官网。

通过比较发现,我国高新区战略目标的主要特点表现为以下几个方面:

一是我国高新区积极响应国家战略部署,紧跟国家远景布局。我国现代化建设始终把坚持科技创新摆在核心地位,比如在2020年7月出台的《关于促进国家高新技术产业开发区高质量发展的若干意见》中就强调了这一点:要把国家级高新区建设成为创新驱动发展的示范区、高质量发展的先行区,发挥好示范引领和辐射带动作用。为此,我国各地高新区"十四五"规划目标和定量指标中,也将发展核心技术、培育重点战略性新兴产业作为主攻方向,争创一流科技园区。

二是我国高新区战略目标紧扣"落实新发展理念、构建新发展格局"这一主题,促进改革发展深度融合、高效联动。在新时期,我国高新区总体战略目标围绕"五位一体"总体布局展开,其核心是推动传统专注于产业发展的产业园区转向更注重生活品质与科技创新的环境友好型科创园区。这有助于提升我们国家对科技创新、人力资本、经济活动、国际交流以及制度变革等方面的全面支持和指导能力。

三是我国高新区战略目标"共性与差异"相结合。大多数高新区将研发投入强度、技术合同金额、高新技术企业数量、高价值专利、能耗等定量指标纳入其战略目标规划,以此来评估该地区创新发展活力。除此以外,各地也设定了差异性指标。例如,上海张江高新区提出外资研发中心数量,这与上海具备的国际资源优势相符合;北京提出独角兽企业数量,进一步强调了国内独角兽居首的优势;武汉东湖提出森林覆盖率指标,与其自身优美的自然环境有关。

综上所述,我国高新区的战略目标是基于不同时期高新区被赋予的国家使命而形成的。在高质量发展进程中,中国高新区正在沿着"发展高科技、实现产业化"的道路方向前进,建设成为具有实体经济、科技创新、现代金融以及人才储备的现代化产业和经济体系,这也是时代赋予我国高新区的重要战略目标。

二、指导思想和发展原则

在我国高新技术产业开发区的发展过程中,必须贯彻党中央、国务院提出的"强化高新区创新功能"的重大战略部署,必须把高新区"又高又新"的重要指示精神落到实处。

为此,我国高新区发展的指导思想是:以习近平新时代中国特色社会主义思想为引领,立足新发展阶段,全面贯彻新发展理念,加快构建新发展格局,始终坚持高新区的历史使命,继续沿着"发展高科技、实现产业化"方向前进,锚定建设成为创新驱动发展示范区和高质量发展先行区的目标定位,突出"强化创新功能、支撑高水平科技自立自强"的核心主题,坚持科技创新和体制机制创新双轮驱动,增强创新链、产业链、人才链、资金链和政策链的协同作用,以培育发展具有国际竞争力的企业和产业为重点,培育发展新动能、新优势,构筑支撑我国高水平科技自立自强的创新高地,培育知识经济时代具有吸引力的人才高地,使高新区成为区域协调发展战略的重要支撑和平台。按照这一指导思想,我们必须坚持以下原则:

一是要坚持高新区定位原则,就是要清楚地理解高新区的历史任务和战略目标,以便在未来的科技与产业发展中占据优势,把我国高新区建设成为创新驱动发展的示范区、高质量发展的先行区。只有高新区产业基础扎实,科技水平先进,智力资源丰富,营商环境良好,才能够为发展战略性新兴产业提供系统支撑。

二是要坚持创新驱动原则,即高新区的发展,要跳出现有产业基础的局限,站在新的发展阶段、新的历史高度来谋划高新技术产业的发展,谋划高新区的创新型经济发展模式。先立足产业和规模经济、追求经济增长,再聚焦创新要素、实现创新驱动发展的格局,是我国高新区在特定历史条件和历史进程中的必然选择。

三是发挥自身特色和优势原则,即根据地区资源禀赋与发展水平状况,继续探索高新区有效分类管理模式。随着时代的进步,高新区应该积极推进以产业特色和经济功能为基础的集群化发展路线,重点投资诸如量子科学、北斗卫星、网络安全、大数据、生物医药等前沿科学领域,鼓励各地高新区开展优势互补组团式发展,并依靠举国体制,形成跨区域协作,分批次对关键技术攻关突破。

四是要坚持改革引领原则,即要稳妥解决好高新区市场引导与政府引导的关系,推动市场化、法治化和差异化水平不断上台阶,打造高新区先行先试升级版。高新区处于市场的大环境中,为寻求发展,既要能满足创新主体的市场需求,又要准确把握好政府的政策导向。因此,高新区必须同时推进科技体制改革与经济社会领域改革,以构建一个科技与经济协调发展的现代化治理体系。

五是坚持开放协同原则,这意味着高新区需要牢牢把握战略性发展机会,积极融入地区、国家乃至全世界的经济发展系统中,构建竞争开放新格局。我国高新区要充分借助创新领域人才流、资金流、信息流等的流动,主动融入并提升全球价值链分工地位,在国际产业链、供应链上向中高端环节迈进,打造链接全球创新网络的关键枢纽。与此同时,深化高新区东西合作与南北互动模式,提升开放协同水平,形成创新资源双向互动的格局。

六是要发挥引领和示范作用,即抓住我国经济向高质量发展转型的重大机遇,推动地区产业和经济转型升级。我国高新区聚集了丰富的创新资源,拥有顶尖的创新人才,具有培育高新技术产业的坚实基础和高度活跃的双创因子,是促进国家科技创新发展的主导力量和主要阵地。展望未来,高新区需要更好地发挥引领示范作用,探索地区产业和经济发展的新模式。

第三节　中国高新区发展战略要点

随着国内外发展环境的变化,我国高新区发展战略不断进行动态调整优化,这些发展战略包括:创新驱动发展战略、产业集群发展战略、人才支撑发展战略、绿色低碳发展战略、产城融合发展战略、开放带动发展战略和共享共生发展战略。制定具有前瞻性、系统性的战略选择和政策规划,同时推进战略要点落实到位,是实现我国高新区高质量创新和稳步发展的重要举措。

一、创新驱动发展战略

创新驱动发展战略是我国开展特色自主创新的伟大战略部署与深刻实践,是国家与地方创新发展的重要纲领与指引。2012年11月,党的十八大报告首次提出我国开始推行创新驱动发展战略,明确指出技术创新是推动社会发展、壮大国家实力的战略支撑,要把技术创新摆在发展的中心位置。2017年10月,党的十九大报告进一步提出加快建设创新型国家的政策建议。2022年10月,党的二十大报告继续强调要加快实施创新驱动发展战略。这一战略旨在发挥科学技术作为第一生产力的巨大作用,激发经济社会发展新动力,加快形成经济发展新方式。实施创新驱动发展战略,是我国适应国际竞争做出的重大决策,也是转变发展方式、增强内生动力和推动高质量发展的根本之策。

创新驱动发展战略对于我国高新区而言同样意义重大。在国家与地方的创新驱动发展过程中,我国高新区承担着创新驱动的载体功能,其创新驱动发展战略实施的效果关系着地方乃至国家创新驱动发展的整体成效。2013年,科技部首次明确在高新区实施创新驱动发展战略的行动方案,其中《国家高新技术产业开发区创新驱动战略提升行动实施方案》被视为成功实施该战略的关键一招。自此,各地高新区深入落实一系列创新驱动发展战略的行动计划与任务安排。在实践过程中,加快落实创新驱动发展战略为我国高新区提供了转变经济发展方式的新机遇。

二、产业集群发展战略

近年来,学者们对产业集群理论的研究取得了长足的进步。最初的产业集群发展概念指的是一组在地理位置上集中分布的企业组合,它们同处于某一特定产业领域,因相互间具有共通性和互补性而形成产业集群发展的特征。而在新技术、新知识的推动下,以知识或技术创新产品为主要内容的创新型产业集群逐渐成为区域产业集群的典型发展模式。这些创新型产业集群是创新资源的集聚地,为产业转型升级提供了强有力的支撑,成为当地经济发展的重要推动力。

我国高新区是整合创新资源、优化传统产业结构的重要平台。通过推行产业集群化的发展战略,我国高新区既可以充分利用自身资源禀赋和产业集聚的优势,又能够梯次孵化和培育出一批批具有竞争力的高新技术企业。"创新型产业集群建设工程"是科技部在2011年7月推出的一项重要举措,旨在促进传统产业的深化改革和转型升级,并为新兴产业的崛起提供支持。2013年,《创新型产业集群试点认定管理办法》正式出台,为创新型产业集群的建设提供指导。随着创新型产业集群政策的推动,我国高新区汇聚了大量的创新资源要素,优化调整区域内传统产业结构不合理的问题,并结合自身产业优势创新,产出一大批科技成果,从而提升高新区的可持续发展能力,加快推动我国高新技术产业的蓬勃发展。积极实施创新型产业集群发展战略,将为我国高新区的产业转型升级和创新发展打下坚实基础。

三、人才支撑发展战略

随着经济全球化的蓬勃发展,人才在全球竞争中的决定性作用进一步凸显。30多年来,中国高新技术产业的进步得益于不断壮大的人才队伍,特别是那些拥有国际视野、精通一定的专门知识或技能、服务科技创新价值链各个环节的科技创新人才,他们为我国高新区的创新发展做出了卓越贡献。2020年7月颁布的《关于促进国家级高新区高质量发展的若干意见》中特别提及要"吸引培育一流创新人才",为国家级高新区的可持续快速发展注入强大的动能。面向全球招才引智逐渐成为创建具有世界影响力的高科技园区的不二法门。

产业因人才而兴,人才因产业而动。面对新的发展形势,我国各地高新区纷纷实施人才支撑发展战略,积极探索产业集群与人才集聚的互动关系及其协同发展的规律,力图为人才发展搭建良好平台和创造良好发展环境,促进人才效用的充分发挥。各地高新区的人才支撑发展战略是由各地高新区及其所在省市的政府相关部门及管理委员会根据当地产业发展和人才需求情况制定的一套针对人力资源开发较为全面的方案,包括了关于人力资源成长的具体目标、核心职责、详细步骤、重要项目等方面的设计,用来引导未来一段时间内人才发展的战略定位、行动指南、关键手段和基础路线。有效的科技创新人员发展规划能为人力资源设定清晰的目标和方向,确立优先引入的人才领域,调整人员队列构成,指导各种专业的人员团队构建,提升工作环境质量,这对打造出一支涵盖专业广泛、构架合理均衡、素质能力卓越、和谐稳定持久的产业人才队伍有着极大的价值。

四、绿色低碳发展战略

随着资源、环境和生态问题影响加剧,选择绿色低碳的经济发展方式已成为国际社会共识。习近平总书记在"五大发展理念"中强调了"绿色发展"是关系我国发展全局的重要理念。绿色低碳发展战略不仅是可持续发展思维方式的延续,也是可持续发展思想中国化的理论创新成果,同时它还为中国特色社会主义提供了应对全球能源紧缺、环境恶化状况的实践方案,符合时代潮流和世界发展大势的演进规律。2021年10月,《中共中央 国务院关于完整准确全面贯彻新发展理念做好碳达峰碳中和工作的意见》和《国务院关于印发2030年前碳达峰行动方案的通知》的发布,标志着我国将全面部署推进做好碳达峰、碳中和工作。碳达峰、碳中和目标的提出,将中国绿色发展事业提升到了一个新的高度,明确了我国坚定不移实施绿色低碳发展战略的目标和方向。

我国高新区实施绿色低碳发展战略是根据国家对高新区高质量发展的要求做出的重要战略部署，是发挥高新区创新功能的重要手段，有利于促进碳达峰、碳中和这一国家目标的实现。科技部于2021年印发了《国家级高新区绿色发展专项行动实施方案》和《关于编制国家级高新区绿色发展五年行动方案的通知》，明确提出要求国家级高新区加强节能减排、生态环境、绿色技术和绿色产业等方面的重点建设，培育高新区和高新技术企业的绿色发展能力，不断增强其在国际市场的竞争力与影响力，率先完成联合国2030年可持续发展议程和园区绿色发展治理能力现代化等目标。

五、产城融合发展战略

随着2012年党的十八大报告明确提出工业化与城镇化良好互动、产业与城市融合发展的理念后，各地政府越来越关注并逐渐理解产城融合的发展思路。它是在我国经济结构转型升级的背景下，为避免开发区与城市脱节而提出的一种发展思路，是集产业功能、城镇功能和生态功能于一体，推动区域工业化与城镇化协调发展的一种创新模式。《中共中央关于全面深化改革若干重大问题的决定》提出要坚持走中国特色新型城镇化道路，促进产业与城镇融合发展。基于《国家新型城镇化规划（2014—2020年）》文件，国家提出要综合考虑生产区、生活区、办公区等功能区的规划建设问题，并且确定新城和开发区这两种主要的空间形式来开展试验工作。由此，产城融合理念上升到国家战略层面，国家开始积极推进新型城镇化年度重点任务和产城融合示范区建设等行动落实。

高新区作为发展高科技产业、落实创新驱动、支撑强国制造的战略空间，是实施产城融合发展战略的理想载体。随着新型城镇化的推进、新旧动能的转换和高质量发展战略的落实，以往高新区片面追求产业规模而忽视生活配套设施的做法逐渐被摒弃，实施以统筹产业、生活和生态协调发展为核心的产城融合发展战略，是实现高新区产业功能与社会功能协调发展的必然选择，也是高新区高质量发展的必由之路。目前，我国大多数高新区正积极融入以产促城、以城兴产的实践过程中。

六、开放带动发展战略

高新区实施开放带动发展战略需要积极调整各类资源在国内外产业中的配置方式，促进对外开放与对内开放形成协同互动的态势，以期达到产业结构的优化和区域布局的合理。我国高新区从诞生之日起，就是促进区域创新发展、产业转型升级和助推经济高质量发展的重要引擎，因此高新区成为我国主动实施开放带动发展战略的排头兵，率先构建开放型创新经济的示范样板。

我国高新区开放带动发展战略的演变进程与中国经济发展格局转变相互呼应，这体现出高新区在我国经济社会建设中的重要性。党的十四大以来，我国开始实行更为积极的对外开放战略，中国企业开始"走出去"，参与到国际工程建设和劳务合作中。伴随西部大开发、中部崛起战略实施，我国对内开放进入区域经济协调互补的新阶段。2017年出台的《关于促进开发区改革和创新发展的若干意见》强调了推动东部的优质资源，如品牌、人力资本、科技成果、金融资产及管理技能等流入中西部地区的可行性，并提倡跨地域联合创建经济区以实现共同发展。这充分体现了我国高新区在区域开放带动中的先行示范作用。党的二十大报告提出,进入新发展阶段,我国坚持高水平对外开放,加快构建以国内大循环为主体、国内国际双循环相互促进的新发展格局。我国高新区借助科技创新领域的人才流、资金流、信息流等资源优势,积极参与提升在全球价值链分工中的位置,成为实现内外部市场互动和优势互补的关键节点和重要阵地。

七、共享共生发展战略

高新区共享共生发展战略是由生物学"生态系统"的概念隐喻而来,是将高新区中的企业、政府、科研机构、中介机构等独立个体以及其所拥有的资源禀赋看作一个不可分割的共同体,在高新区生态系统内实现深度融合,再进一步地与外部环境相互匹配,实现网络化的共生共存现象。许多专家都指出,我国高新区的发展模式已经从原来的生产要素集聚阶段向产业主导阶段转变,目前正朝着构建创新创业生态系统方向转型升级,共享共生发展战略是我国高新区在创新发展阶段的必然选择。

我国高新区共享共生发展战略的内涵主要有两点:一方面,"共享性"为高新区高质量发展筑牢基础。现阶段,中国高新区已成功构建了以科技创新为主导的"研究开发-孵化器孵化-生产制造"一体化创新创业生态环境链。在这个生态系统中,高新区共享性主要体现在资源共享、服务保障和互动交流三大功能中,从市场需求、产业氛围、创业孵化、人才培育、技术支撑等多维度实现共建共享,形成了高新技术企业强大的协作力量;另一方面,"共生性"为高新区高质量发展建立保障。"共生"指的是两个相互依赖的组织之间的互惠互利的关系。我国高新区的共生性体现在三个方面:第一,高新区内龙头企业与产业链上下游企业的依存关系;第二,高新区内主要产业和配套服务业的互利关系;第三,高新区内特色产业与区域主导产业的共赢关系。

第四节 中国高新区发展战略实施措施

实现高新区战略目标的关键点在于精准把握实施措施,恰当的实施方式将决定战略的成败。为更好地促进我国高新区科技自立自强和经济高质量发展,进一步推动创新驱动发展战略、产业集群发展战略、人才支撑发展战略、绿色协调发展战略、产城融合发展战略、开放带动发展战略和共享共生发展战略的顺利执行,本节分别从高新区七大发展战略的角度,提出具体实施措施。

一、实施创新驱动发展战略,坚定不移强科技增活力

一是要提升科技投入要素的集聚水平。在高新区创新驱动战略行动方案中,详尽规定各类创新资源的流动转化、集聚规模、层次水平和各科技投入要素对高新区科技创新活动的支撑方式,促进科技、人才、政策等创新要素的优化配置。二是要突出科技创新型企业培育。通过开展创新创业活动,面向企业开放重大科技创新需求场景,推动企业加大科技创新投入力度,将发展高新技术企业和科技型企业作为重点任务来推进。三是要强化高新区创新生

态体系建设。优化高新区科技创新体系全链条管理,构建具有开放协同性、复杂适应性、自组织能力等特征的组织模式和制度环境,促进创新主体间的科创成果快速转移转化。

二、实施产业集群发展战略,坚定不移调结构促升级

一是要聚焦战略性、关键性领域,推动我国高新区创新型产业集群差异化发展。遴选有条件、有基础的高新区,精确瞄准新一代信息技术、生物医药、高端装备等高新产业集群,不断提高战略性新兴产业和高技术制造业占比,打好产业基础高级化和产业链现代化的攻坚战;二是要针对创新主体及产业链的薄弱环节加强培育建设,培育均衡发展的高效强能型集群。我国高新区要充分发挥创新主体的集聚作用,利用现有的区域资源,促进知识与技术在高新区内部广泛传播,完善高新区内部的竞争合作机制,集群成链,推动供应链、产业链、创新链协同发展;三是要强化高新区产业集群的公共服务效能。坚持高新区数字化治理方案,深入谋划高新区人才培训、金融支持和园区服务等方面的政策体系,为高新区产业集群数字化转型升级全面赋能。

三、实施人才支撑发展战略,坚定不移搭平台揽英才

一是要建立人才需求和供给的预测机制,制定人才引进远景政策规划。各高新区要围绕产业链加强人才需求调研,统计相关产业项目的人才缺口,制定高新区"普通人才评价指标体系"和"高层次创新人才评价管理办法",有计划、有节奏、有目标地引进各类人才;二是要探索人才培养的新模式,丰富人才激励手段。各高新区要因地制宜,在对高新区产业集群的准确定位基础上实行多样化的激励政策,助力产业转型升级和人才价值的同步发展;三是要打造园区人才服务平台,建立灵活个性化的人才使用机制。建立高新区人才整合信息数据库,构建政府、企业和人才三方沟通交流的平台,提升人才政策的执行效率。

四、实施绿色低碳发展战略,坚定不移护生态谋发展

一是要加强顶层设计,并制定系统性的绿色发展方案。以高新区绿色低碳发展示范园区建设为抓手,突破目前高新区内跨供应链、产业链和价值链导致的碳核算复合型技术难题,研究出全国高新区碳排放总量和强度双控目标和碳达峰路线图。二是要"一园一策"地探索高新区差异化绿色发展路径。综合考虑高新区和区域资源成长能力和产业发展特点,对一流园区、创新型科技园区、特色园区和产业能耗较高的高新区编制出各具特色的绿色转型升级路线图。三是要建立绿色技术创新体系,培育绿色产业集群。我国高新区要在绿色技术、绿色产品开发和生态环境保护等绿色产业布局一批攻关项目,同时提供包括绿色产业孵化、绿色金融等配套服务,推动绿色技术与产业协同发展。

五、实施产城融合发展战略,坚定不移重规划兴区域

一是要建立从园区开发建设到区域协同发展的规划传导机制,优化高新区空间功能格局。坚持规划先行原则,按照生产、生活和生态融为一体的理念科学规划高新区空间布局,

加强区域协同,确保规划的权威性、规范性和严肃性;二是要聚焦产业发展,增强高新区产城融合发展的内生驱动力。高新区要立足既有产业基础,又能前瞻性谋划一批强功能、补短板和利长远的高技术产业,提升产业价值区段;三是要发挥生态资源优势,打造高能级配套项目。在区域层面进一步推进生态景观建设,加强综合立体交通建设,完善医疗、教育等配套设施,打造一个集研发、生产、居住等多种功能于一体的高新区。

六、实施开放带动发展战略,坚定不移抓源头转动能

一是要健全高新区产业链合作共建机制,夯实国内大循环的主体地位。我国高新区要以产业链布局为主线,鼓励东部、中部和西部的高新区通过联合组织招商、共同培育新兴产业链、深化人才交流等方式加强产业务实合作,建立产业链协作共建、利益共享的长效机制,防止出现产品的同质化。二是要大力搭建国内外创新合作平台渠道,推进"请进来"和"走出去"双向开放合作竞争。利用"一带一路"、区域全面经济伙伴关系、中国-东盟经贸合作升级等国际合作机遇,有效地利用国外资金、人才和技术,在高新区进行投资和发展。同时,通过自主建设、合作建设、海外收购等方式,建立海外孵化器和研发中心,积极参与国际创新网络建设。

七、实施共享共生发展战略,坚定不移延链网促循环

一是要打造高新区优势产业链,加强高新区产业规划。要充分考虑高新区内产业间的共生集聚关系,重点投资高新区优势产业链中的薄弱环节和延伸环节,将引进大型企业和项目作为推动力,促进高新区可持续发展。二是要加强高新区产业共生化改造,注重废弃物循环再利用的环保途径。高新区要积极引入与融合第三方生态保护产业,按照"政府引导、排污者付费、第三方治理"的逻辑,通过碳配额、排污税费等市场工具为企业提供政策引导,完善第三方协同治理副产品和代谢废弃物的循环链,推动高新区传统产业共生化改造。

第八章 高新技术企业融资模式及风险防范

本章主要讲述高新技术企业的融资模式及风险防范。在经济一体化和科技进步背景下,高新技术企业对资金的需求迫切。然而,由于信息不对称、技术成果复杂性等因素,融资过程中存在挑战。本章分析了股权融资、债权融资、政府补助等融资方式,并探讨了在融资过程中如何采取有效措施来防范潜在风险,以促进企业稳健发展。

第一节 高新技术企业融资及风险防范概述

高新技术企业是经济增长的关键驱动力,而融资作为企业发展的重要支柱,对于推动技术创新、产业升级和区域经济增长具有重大意义。因此,高新技术企业融资风险防范显得尤为重要,它能够帮助企业在资金筹集过程中识别和应对潜在风险,确保企业在创新与发展的道路上行稳致远。

一、高新技术企业在高新区创新发展中的作用

随着全球经济一体化的加速和科技进步的持续推进,创新已成为推动经济发展的核心动力。尤其是在新一轮科技革命和产业变革的大背景下,高新技术企业在促进技术创新、产业升级和区域经济增长方面发挥着至关重要的作用。我国政府对科技创新和高新技术产业发展给予了高度关注,通过设立高新区等一系列政策措施,着力推动高新技术企业发展壮大。

自1988年设立首个国家级高新区——北京中关村科技园区以来,我国高新区已逐步发展成为全国范围内的创新发展重地,汇聚了众多高新技术企业。高新区为这些企业提供了优越的政策环境、基础设施和人才资源,从而有力地促进了企业创新能力的提升和产业链的整合。高新技术企业在高新区内受益于政策扶持和资源优势,能更好地融入产业生态,与其他创新主体协同创新,形成强大的创新合力。在此过程中,高新区以其特有的创新氛围和资源禀赋,为高新技术企业成长提供了良好的土壤。通过与高校、研究机构和其他企业的紧密合作,高新技术企业不断提高自身的技术研发实力和市场竞争力,为我国经济持续增长和产业结构优化做出了重要贡献。

高新技术企业是新兴技术产业的代表,其发展与创新能力直接影响着高新区的经济发展。高新技术企业在高新区经济发展中的主要贡献体现在以下几个方面:

(一)产业结构优化

高新技术企业通过发掘和利用新兴技术,推动高新区产业结构的优化。这些企业致力

于研发高附加值的产品和服务,从而降低对资源的依赖,提高整个产业的附加值。在此过程中,高新技术企业不断进行技术升级、产品创新,吸引了更多的上下游企业聚集高新区,形成产业链集群效应。

(二)创新能力提升

高新区中,高新技术企业充当着创新引擎的角色,为区域经济发展提供强大的技术支撑。这些企业在激烈的国内外市场竞争中,不断积累和沉淀技术创新经验,为高新区研发了一批具备国际竞争力的核心技术,从而提升了整个区域的创新能力和竞争实力。除此之外,高新技术企业还致力于推动创新成果的产业化进程。通过将创新成果与实际生产相结合,实现技术成果向市场化、规模化发展的高效转化。这种转化不仅能够为高新区内的企业带来更多的商业机会,还能促进整个产业链的升级和优化,从而提高区域经济的整体附加值。

(三)高端人才集聚

高新技术企业在高新区的发展,有助于吸引国内外优秀人才前来创业、工作。这些企业注重技术创新,为人才提供了良好的创新创业环境,使得高新区成为人才的"磁场"。高新技术企业还通过与高校、研究机构等建立合作关系,培养更多具有创新精神和创新能力的人才,为高新区的长远发展奠定坚实基础。

(四)创新资源整合

高新技术企业在高新区内发挥着创新资源整合者的作用。它们通过与政府、金融机构、研究机构以及其他企业建立合作关系,实现创新资源的共享与整合。这种资源整合有助于优化高新区内的创新环境,提高创新效率,降低创新成本。同时,高新技术企业还推动了产业链的协同发展,形成了具有竞争优势的产业集群。

(五)创新驱动发展示范

高新技术企业在高新区内具有示范作用,它们的成功经验和发展模式可以为其他企业提供借鉴。这些企业通过创新驱动发展,实现了快速增长,为高新区的其他企业树立了典范,激发了整个区域创新发展的活力。此外,高新技术企业还推广了绿色发展理念,促进了可持续发展,为高新区的长远发展提供了有力支持。

综上所述,高新技术企业在高新区创新发展中起着至关重要的作用。它们通过推动产业结构的优化升级,不仅有力地提升了高新区的整体创新能力,还为区域内吸引和培育了众多高端人才,为整个高新区的持续发展注入了源源不断的活力。在高新区创新生态系统中,高新技术企业担任着多重角色,它既是产学研紧密结合的重要纽带,又是技术创新的领跑者。这些企业通过整合各类创新资源,成为创新驱动发展的典范,为整个高新区树立了榜样。为了充分发挥高新技术企业在高新区创新发展中的积极作用,政府、企业、研究机构等各方应加强合作与交流,形成合力,共同推动高新区创新发展,以实现经济社会的可持续发展。

二、高新技术企业融资的重要性

在当今经济全球化和技术革命的背景下,高新技术企业在推动国家经济发展和科技进步方面发挥着举足轻重的作用。然而,高新技术企业通常面临着技术研发周期长、市场风险高、初期投入大等挑战,因此融资对这类企业的发展至关重要。其重要性可以从以下几个方面来看:

（一）缓解资金压力，加速研发进程

在高新技术企业的发展过程中，巨大的研发投入需求使其面临着资金压力。有效融资渠道的运用，可以为企业提供更多的资金支持，从而缓解资金压力并加快研发进程。这种资金支持对高新技术企业在激烈的市场竞争中保持竞争优势、推动创新成果快速产出具有重要意义。在充足的资金支持下，企业能够加大对创新研发的投入力度，加快创新成果的产出速度，从而在竞争中占据有利地位。

（二）提高企业的市场竞争力

融资作为企业发展的重要支撑，为高新技术企业提供了充足的资金，使其能够在市场营销、品牌建设、研发投入等方面进行更多的投入。这将有助于提高企业的市场竞争力，扩大市场份额，从而提高企业的盈利能力和市场地位。具备较强市场竞争力的企业能够更好地适应市场变化，抢占市场机遇，从而推动企业持续发展。

（三）促进企业规模化发展

通过资金融通，高新技术企业可获得更多的资源，以支持其规模化发展。规模化发展能降低企业生产成本、提高生产效率，进而提升企业的竞争力。规模化发展不仅有助于企业实现经济效益的提升，还能够促进区域产业集群的形成和产业链的完善。此外，规模化发展还有利于企业充分利用经济规模效应，提高资源配置效率，降低运营成本，从而进一步巩固其市场地位。

（四）增强企业的抗风险能力

充足的资金储备可以使高新技术企业在面临市场波动和行业风险时具备较强的抗风险能力。企业能够在风险面前保持稳定发展，才能确保企业的可持续发展。在市场竞争激烈的情况下，企业具备较强的抗风险能力显得尤为重要。通过充分利用融资工具，企业可以建立起完善的风险管理体系，加强对外部市场风险的预警和应对能力。此外，充足的资金储备还能帮助企业更好地应对行业内的不确定性，提高市场适应能力，进一步巩固企业在市场竞争中的地位。在风险不断增多的当前市场环境中，强化企业的抗风险能力成为其持续稳定发展的关键支柱。

三、高新技术企业融资面临的挑战

虽然融资对高新技术企业的发展至关重要，但在实际操作中，高新技术产业仍面临诸多融资难题。以下是高新技术企业融资面临的挑战：

（一）融资渠道不足

虽然我国政府为高新技术企业提供了多种政策支持和融资渠道，但在实际操作中，这些企业仍然面临着融资渠道不足的问题。一方面，部分企业尤其是初创企业，由于缺乏信用记录和抵押物，难以获得传统银行贷款；另一方面，股权融资和债权融资等市场化融资渠道在国内仍处于发展阶段，无法满足所有高新技术企业的融资需求。

（二）信息不对称

高新技术企业所涉及的技术成果往往具备较高的复杂性和专业性，这使得投资者在评估企业价值和风险时面临较大的困难。由于信息不对称现象的存在，一些具有潜力和价值的高新技术企业可能无法获得足够的融资支持。而部分投机性较强、实际价值不高的企业却可能获得过多的资金注入。这种情况不仅扭曲了资本市场的有效配置，还在一定程度上阻碍了高新技术企业的健康发展和创新成果的产出。为克服这一挑战,有必要加强投资者和企业之间的沟通与合作,提高评估和投资决策的准确性,从而实现高新技术企业可持续发展。

(三)技术和市场风险

高新技术企业面临的技术和市场风险主要表现在技术研发失败、市场需求不如预期以及市场竞争激烈等方面。这些风险可能对企业融资后的经营成果产生重大影响,进而影响企业的后续融资能力。

技术研发风险是高新技术企业所特有的风险。技术研发具有不确定性、高投入、长周期等特点,可能导致企业投入大量人力、物力和财力却无法取得预期成果。这种风险可能导致企业融资后的资金使用效率降低,投资者预期回报受损,从而影响后续融资能力。

市场风险主要表现为市场需求的不确定性。高新技术企业往往需要面对快速变化的市场环境,如新兴产业竞争激烈、消费者需求多变等。若市场需求不如预期,企业可能难以实现规模化销售和盈利目标,从而导致投资者信心下降,影响后续融资能力。

(四)股权稀释和控制权风险

股权稀释和控制权风险主要针对通过股权融资方式进行融资的高新技术企业。股权融资意味着企业将向外部投资者出售部分股权,以换取资金支持。随着股权融资的进行,企业原有股东的股权比例将逐渐稀释,可能导致创始人和核心团队在企业中的控制权减弱。

股权稀释可能对企业决策和发展方向产生负面影响。一方面,投资者可能对企业战略和经营决策提出不同意见,导致企业陷入决策困境;另一方面,过度稀释的股权可能削弱创始团队的积极性和创新能力,影响企业发展。

四、融资风险防范的重要性

高新技术企业在全球经济一体化和科技创新的驱动下,发挥着日益重要的作用,为国家经济增长和技术进步提供有力支持。然而,高新技术企业在追求快速发展和技术创新的过程中,面临着市场不确定性大、技术风险高、竞争激烈等挑战,因此对资金的需求旺盛。融资成为高新技术企业发展的关键环节,然而在融资过程中,企业可能面临诸如信用风险、市场风险、操作风险、法律风险等多种风险。这些风险可能导致企业融资成本上升、信用受损、资金链断裂甚至破产等严重后果。

我国金融市场的快速发展和创新,为高新技术企业提供了多元化的融资渠道和工具,如风险投资、私募股权、股权众筹、债券发行等。然而,这些新兴融资方式也带来了新的风险挑战,如信息披露不透明、投资者权益保护不足、市场监管滞后等。这些风险可能导致投资者信心丧失,进而影响高新技术企业的融资效率和成本。在这样的背景下,高新技术企业融资风险防范的重要性愈发凸显。因此,风险防范在高新技术企业融资过程中有着如下举足轻重的作用:

(一)保障企业持续稳定发展

风险防范在高新技术企业融资过程中的首要作用是保障企业持续稳定发展。融资风险的有效防范有助于缓解企业因融资失误或风险事件导致的财务困境,进而保障企业的正常运营。对高新技术企业来说,保持稳定的资金支持和财务状况对其研发、市场拓展和人才培养等方面的持续投入至关重要。

（二）提高企业信用和市场竞争力

风险防范有助于在高新技术企业融资过程中提高企业信用和市场竞争力。通过对融资过程中的风险进行有效防范和管理，企业可以在市场中树立良好的信用形象，为自身拓展融资渠道和降低融资成本创造有利条件。此外，良好的风险防范机制也有助于提高企业在竞争激烈的市场环境中的竞争力。企业在面对市场变化和不确定性时，较强的抗风险能力和应对策略有利于其在竞争中脱颖而出。

（三）保护投资者利益

风险防范在高新技术企业融资过程中，对保护投资者利益具有重要意义。投资者在投资高新技术企业时，往往需要承担较高的风险。因此，企业通过有效的风险防范措施降低融资风险，有助于维护投资者利益，增强投资者对企业的信心，从而吸引更多的投资者支持。

（四）促进产业健康发展

风险防范在高新技术企业融资过程中，有助于促进产业健康发展。在金融市场中，企业融资风险的积累可能引发系统性风险，影响整个产业的稳定和健康发展。高新技术企业通过加强融资风险防范，可以降低金融市场的系统性风险，为产业的健康发展创造良好的环境。

第二节　高新技术企业融资阶段及最新发展趋势

高新技术企业在不同发展阶段呈现不同的融资需求，从初创期到成熟期，企业在融资方面面临挑战与机遇。此外，通过探讨高新技术企业融资的最新发展趋势，包括金融科技的应用、绿色融资等新兴融资模式，可为企业提供多元化的融资选择。

一、创业初期融资需求

在创业初期，高新技术企业面临诸多挑战，如技术研发、市场开拓、团队建设等。为应对这些挑战，企业需要获得充足的资金支持。在创业初期，企业通常采用以下融资方式来满足其发展需求：

（一）风险投资

风险投资是指投资机构对创业企业提供股权投资，以获取企业未来增值的收益。对创业初期的高新技术企业而言，风险投资可以为企业提供稳定且及时的资金支持，帮助企业加速技术研发、市场拓展和团队建设。然而，风险投资具有一定的投资风险，投资方通常会对企业进行严格的尽职调查，要求企业具备较高的市场潜力和竞争优势。

（二）私募股权

私募股权是指通过非公开发行的方式向特定投资者募集资金的股权融资。与风险投资相比，私募股权投资通常更加关注企业的现金流和盈利能力。对创业初期的高新技术企业而言，私募股权可以帮助企业优化股权结构，降低融资成本，增强企业的市场竞争力。然而，私募股权投资要求企业具备一定的经营规模和盈利前景。因此，私募股权不适用于所有创业初期的高新技术企业。

（三）股权众筹

股权众筹是一种通过互联网平台向广大投资者募集资金的融资方式。对创业初期的高新技术企业而言，股权众筹可以帮助企业快速筹集资金，提高企业知名度，吸引更多的潜在投资者。然而，股权众筹的融资规模有限，且受监管政策影响较大，企业需充分评估股权众筹的可行性和风险性性。

（四）政府补助和财政支持

政府补助和财政支持是指政府针对创业初期的高新技术企业提供的各类财政资金支持。这些支持通常包括科技创新基金、产业引导基金等。政府补助和财政支持对创业初期的高新技术企业具有重要意义，可以降低企业的融资成本，减轻企业负担，促进企业发展。

1. 科技创新基金

科技创新基金是政府设立的专项基金，旨在支持高新技术企业的技术研发、产品创新和市场拓展。科技创新基金通常以补助、贷款贴息等形式提供资金支持，帮助创业初期的高新技术企业解决技术研发和市场开拓过程中的资金问题。企业需通过项目申报、评审等程序，获得科技创新基金的支持。

2. 产业引导基金

产业引导基金是政府设立的一种风险投资基金，主要用于支持具有发展潜力的高新技术企业。产业引导基金通常以股权投资的形式参与企业融资，引导社会资本投向创新创业领域。对创业初期的高新技术企业而言，产业引导基金可以提供稳定的资金支持，帮助企业拓展市场、优化产品和提高竞争力。

创业初期的高新技术企业在融资方面面临诸多挑战，需要根据企业的实际情况和市场环境选择合适的融资方式。风险投资、私募股权、股权众筹以及政府补助和财政支持等融资方式均可为创业初期的高新技术企业提供资金支持。企业应充分了解各融资方式的特点、优势和风险，选择最适合自身发展需求的融资方式。

二、发展中期融资需求

当高新技术企业进入发展中期，融资需求和方式相较于创业初期有所不同。企业已经具备一定的经营规模和市场份额，需要融资来实现进一步的规模扩张、市场拓展和技术升级。发展中期的高新技术企业通常采用以下融资方式来满足其发展需求：

（一）银行贷款

银行贷款是企业融资的主要方式之一，包括短期、中期和长期贷款。对发展中期的高新技术企业而言，银行贷款可以提供较大规模的资金支持这种方式，有利于企业扩大生产规模、优化产品结构和提高市场竞争力。然而，银行贷款对企业的信用要求较高，企业需要具备良好的信用记录、偿债能力和条件。

（二）供应链金融

供应链金融是一种基于供应链关系的融资方式，包括应收账款融资、预付账款融资和存货融资等。对发展中期的高新技术企业而言，供应链金融可以帮助企业解决生产经营过程中的资金周转问题，优化现金流，降低融资成本。供应链金融的实施需要企业与供应商、客户等建立稳定的合作关系，形成良好的信用体系。

(三)合作投资与战略联盟

合作投资与战略联盟是指企业与其他企业、投资机构等合作共建项目、共享资源的融资方式。对发展中期的高新技术企业而言,合作投资与战略联盟可以帮助企业整合优势资源,提高企业的竞争力和市场份额。此类融资方式要求企业具备较强的合作意愿和协同能力,以实现共赢发展。

(四)知识产权融资

知识产权融资是指企业利用自身的专利、商标、著作权等知识产权作为抵押或担保,获取资金支持的融资方式。对发展中期的高新技术企业而言,知识产权融资可以充分发挥企业的创新优势,降低融资成本和拓宽融资渠道。然而,知识产权融资的实施需要企业具备较强的知识产权管理能力,确保知识产权价值的稳定和可持续性。

(五)保理融资

保理融资是指企业将应收账款出售给专业的保理公司,以获得现金流的融资方式。保理公司在收购企业应收账款后,负责账款催收和风险管理。对发展中期的高新技术企业而言,保理融资可以帮助企业解决应收账款周转问题,改善现金流状况,降低企业的财务风险。保理融资的实施需要企业与保理公司建立良好的合作关系,提供真实、完整的应收账款信息。

综上所述,发展中期的高新技术企业在融资方面可以选择银行贷款、供应链金融、合作投资与战略联盟、知识产权融资和保理融资等多种方式。企业需要根据自身的发展战略、经营状况和市场环境,综合评估各种融资方式的优缺点,选择最适合自己的融资模式。

三、成熟期融资需求

在成熟期,高新技术企业已具备较强的市场竞争力、稳定的收入和现金流,以及良好的信用记录。在这个阶段,企业通常需要进一步扩大市场份额、进行并购重组、加快产业链整合,以实现产业升级和技术创新。针对这些需求,成熟期的高新技术企业可以采用以下融资方式:

(一)企业上市融资

企业上市融资是指企业通过在证券市场公开发行股票,筹集资金的融资方式。对成熟期的高新技术企业而言,上市融资可以为企业提供较大规模的资金支持,提高企业的知名度和市场影响力,优化企业治理结构。然而,企业上市融资需要满足严格的法律法规和监管要求,企业需要具备良好的经营业绩、财务状况和内部管理能力。

(二)公司债券发行

公司债券发行是指企业在债券市场发行公司债券,筹集资金的融资方式。对成熟期的高新技术企业而言,公司债券发行可以提供较低成本的资金支持,降低企业的财务风险,优化资本结构。企业债券发行需要满足相关法律法规和监管要求,企业需要具备良好的信用记录和偿债能力。

(三)融资租赁

融资租赁是指企业通过将固定资产、设备等租赁给其他企业或个人,筹集资金的融资方式。对成熟期的高新技术企业而言,融资租赁可以帮助企业充分利用闲置资产,提高资产利用率,降低企业的财务风险。融资租赁需要企业与租赁公司建立良好的合作关系,确保租赁合同的履行和资产价值的保障。

企业上市融资有助于提高企业的市场知名度和竞争力,但在此过程中企业需要承担较高的上市成本和监管压力。公司债券发行能够为企业提供稳定的长期资金,但同时需要承担利率风险和信用风险。融资租赁则可以提高企业的资产利用率和现金流,但可能导致企业在租赁期限内失去对资产的控制权。在进行融资决策时,成熟期的高新技术企业需要充分考虑市场环境、政策导向和自身发展需求。

四、最新融资发展趋势

随着科技的快速发展和金融市场的不断创新,新兴的融资模式应运而生。这些新兴融资方式为高新技术企业提供了更多元化的融资选择,有助于降低融资成本和风险。以下是近年来在金融市场逐渐兴起的最新融资发展趋势:

（一）金融科技平台融资

金融科技是指将创新科技应用于金融领域,以提高金融服务的效率和降低成本。在中国,金融科技平台已逐渐成为高新技术企业融资的新渠道。这些平台通过大数据、人工智能等技术,为企业提供智能化的融资服务,降低了融资门槛,缩短了融资周期。此外,金融科技平台还可以为企业提供定制化的融资方案,满足不同企业的融资需求。

（二）绿色融资

绿色融资是指通过金融手段支持绿色产业和项目的发展,以促进可持续发展和加强环境保护。在中国,随着政府对环保的重视和绿色产业的快速发展,绿色融资已逐渐成为高新技术企业的新选择。通过绿色融资,企业可以获得政策支持和金融优惠,提高企业社会责任感,提升品牌形象。

（三）区块链融资

区块链是一种分布式数据库技术,具有去中心化、数据不可篡改等特点。在融资领域,区块链技术可以提高融资效率,降低交易成本和风险。通过区块链融资,高新技术企业可以实现多方参与的目的,达到信息透明和资金安全的效果。同时,区块链技术还可以帮助企业构建信用体系,提高融资信用度。

（四）研究与开发合同融资

研究与开发合同融资是一种基于企业研究与开发项目合作的融资方式。企业通过与投资方签订研究与开发合同,将研发成果转化为资产,以此为基础进行融资。这种融资方式可以帮助企业获取稳定的研究与开发资金支持,降低项目研发风险,实现技术与资本的有效结合。

国内当前研究与开发合同融资逐渐受到高新技术企业的关注,尤其是在科技创新密集的行业。此外,政府和金融机构也在积极推动研究与开发合同融资的发展,为企业提供政策支持和金融服务。

总体而言,随着金融市场的创新和科技的发展,高新技术企业面临着多样化的融资选择。新兴的融资模式如金融科技平台融资、绿色融资、区块链融资和研究与开发合同融资等,为高新技术企业提供了更加灵活和高效的融资途径。在选择融资方式时,企业需要充分了解各种融资模式的特点和适用条件,结合自身发展需求,制定科学合理的融资策略。同时,企业还应关注政策动向和市场变化,充分利用政府和金融机构的支持,为自身创新发展提供稳定的资金保障。

第三节　高新技术企业融资风险及防范策略

本节聚焦高新技术企业在融资过程中可能面临的各种风险,如信用风险、市场风险、操作风险等。为降低这些风险对企业发展的影响,本节提出了一系列风险防范策略,包括完善企业内部管理、加强风险识别和评估、与金融机构和政府部门合作等,旨在帮助高新技术企业在融资过程中实现可持续发展。

一、融资风险

（一）创业初期融资风险防范

在创业初期,高新技术企业通常依赖风险投资、私募股权、股权众筹和政府补助等融资方式。在此阶段,企业应重点关注以下风险防范:

1. 项目评估风险

企业应充分评估项目的市场潜力、竞争优势和盈利模式,以确保项目具有可行性和持续性。特别是在与风险投资和私募股权合作时,需要仔细审查合作方的背景和投资策略,确保双方利益一致。

2. 资金使用风险

企业应合理规划资金,防止资金滥用或挪用,确保资金用于项目研发、市场推广和团队建设等关键环节。在股权众筹过程中,应注意资金筹集目标和用途的透明度,以提升投资者对企业的信任度。

3. 股权结构风险

企业应合理设计股权结构,防止股权过度稀释或控制权被削弱,确保企业长期稳定发展。在获取政府补助和财政支持时,要关注政策变化,避免政策风险影响企业运营。

（二）发展中期融资风险防范

在发展中期,高新技术企业需关注银行贷款、供应链金融、合作投资与战略联盟、知识产权融资和保理融资等融资方式。此阶段的风险防范重点包括以下几个方面:

1. 负债风险

在借款过程中,企业应合理安排还款计划,防止负债过重导致企业资金链断裂。特别是在银行贷款和公司债券发行时,要充分评估企业的偿债能力。

2. 合作风险

在合作投资和战略联盟中,企业应与合作方建立良好的信任关系,明确双方权责分工,防范合作风险。在供应链金融和保理融资过程中,应确保供应链伙伴的资信状况,降低违约风险。

3. 知识产权风险

知识产权风险是指企业在融资过程中,因知识产权保护不力或侵权行为导致的风险。这些风险可能对企业的核心竞争力、市场地位和融资能力产生负面影响。

企业在创新过程中所产生的知识产权,如专利、商标、著作权等,是企业的核心资产。如果企业未能有效保护知识产权,可能导致其在竞争中失去优势,对企业的品牌形象、市场份额和盈利能力造成损害。此外,知识产权保护不力还可能导致投资者对企业的创新能力和核心竞争力产生怀疑,从而影响融资效果。同时,在高新技术企业的发展过程中,可能会涉及他人的知识产权。如果企业未能及时发现并处理潜在的侵权问题,可能面临诉讼、赔偿、技术改进等方面的风险。这些风险不仅可能对企业的经营成本和利润产生影响,还可能影响企业声誉和后续融资能力。在知识产权融资过程中,企业应确保知识产权的合法性和有效性,防止侵权纠纷和诉讼风险。此外,企业还需要关注知识产权保护和管理,确保核心技术的持续竞争力。

(三)成熟期融资风险防范

在成熟期,高新技术企业通常通过企业上市融资、公司债券发行和融资租赁等方式筹集资金。此阶段的风险防范主要包括以下几个方面:

1. 信息披露风险

在企业上市融资过程中,企业需遵守严格的信息披露制度,确保信息的真实性、准确性和完整性,防范虚假陈述和内幕交易等风险。在成熟期的融资过程中,高新技术企业需要向投资者、监管机构和公众提供准确、完整和及时的信息。然而,信息披露可能存在失实、遗漏或误导的风险,这可能导致企业面临信誉受损、法律诉讼、监管处罚等后果。为防范信息披露风险,企业应建立严格的内部控制和审计制度,确保信息的真实性和完整性。同时,企业还需遵循相关法律法规和监管要求,按时进行信息披露,并及时更新信息和纠正错误信息。

2. 市场风险

在公司债券发行过程中,企业需要关注市场利率、信用评级和投资者需求等因素,合理确定债券发行价格和利率,降低市场风险。市场风险包括竞争加剧、市场需求变化、政策调整等。这些风险可能影响企业的盈利能力、市场份额和发展前景,从而对融资能力造成负面影响。为应对市场风险,企业需加强市场研究和竞争分析,实时掌握行业发展趋势和市场变化情况。同时,企业应不断优化产品和服务,提高核心竞争力,以适应市场变化。在政策层面,企业需密切关注政策调整,以便及时调整战略和应对措施。

3. 资产风险

在融资租赁过程中,企业应确保租赁资产的质量和价值,防止租赁资产过度折旧或损坏,导致资产负债率上升。企业可能面临资产负债率上升、资产流动性降低、资产质量下滑等风险。这些风险可能对企业的融资能力、信用评级和发展前景产生不利影响。为防范资产风险,企业应加强资产管理和负债控制,合理配置资产和负债结构。此外,企业还需关注资产质量和流动性,确保资产能够有效支持业务发展和融资需求。在融资策略上,企业应根据自身发展阶段、业务需求和市场环境,选择适当的融资方式和渠道,避免过度依赖单一融资来源。

(四)最新融资发展模式风险防范

随着金融科技平台融资、绿色融资、区块链融资和研究与开发合同融资等新兴融资模式的出现,企业需要关注以下风险防范:

1. 技术风险

随着科技进步和创新的推动,高新技术企业可能会尝试采用最新的融资发展模式,如金融科技平台融资、区块链融资等。这些新兴融资方式可能带来技术风险,如技术不稳定、系统漏洞、数据安全等问题。为防范技术风险,企业需加强技术研究和开发,确保所采用的技术具有可靠性和安全性。同时,企业应与行业领先的技术提供商和专业机构合作,共同应对技术挑战。在技术管理方面,企业需要建立完善的技术管理制度和风险控制措施,确保技术运行的稳定性和安全性。

2. 环境和社会风险

在绿色融资过程中,高新技术企业需要关注环境和社会风险。如绿色融资要求企业关注环保和可持续发展。企业绿色融资可能面临环境污染、资源消耗、社会责任等方面的风险。为防范环境和社会风险,企业需加强环境和社会风险评估,确保其业务和融资活动符合相关法律法规和社会责任要求。

3. 合同风险

在最新融资发展模式中,企业可能面临合同风险,如合同条款不清、履约风险、合同纠纷等问题。为防范合同风险,企业需加强合同管理和法律风险防范。在签订合同前,企业应充分了解合作方的信誉、资质和实力,确保合作方具备履约能力。在合同制定过程中,企业需要与专业律师和顾问合作,确保合同条款明确、合理且符合法律法规。在合同执行过程中,企业应加强合同履约的监督和管理,及时发现并解决合同履约中的问题。假如遇到合同纠纷,企业应积极采取法律手段,通过协商、仲裁或诉讼等途径妥善解决纠纷。同时,企业还需建立完善的合同管理制度和风险控制机制,提高合同执行的效率和安全性。

在高新技术企业融资过程中,不同阶段的融资方式都面临着各自的风险。企业需结合自身发展阶段和行业特点,针对性地制定风险防范措施,确保融资活动顺利进行。

二、融资风险防范策略

(一)加强与政府和金融机构合作

为了确保企业的发展战略和融资需求与政策导向保持一致,企业应密切关注政府发布的各类政策和法规。同时,企业还应积极参与政府举办的各类论坛、研讨会和招商引资活动,以提高企业在政府和金融机构间的知名度和影响力。通过积极争取政府补助和财政支持,企业可以降低融资成本,提高融资效率。

在与金融机构的合作方面,企业应积极与各类金融机构建立联系,了解金融市场的最新动态,以便在适当的时机选择合适的融资方式和渠道。企业还应积极参与金融机构举办的各类培训和交流活动,以提高企业管理层在融资方面的专业知识水平和能力。同时,充分利用政府和金融机构的资源和信息,开展多元化融资策略,包括充分利用政府引导基金、产业基金等资金支持,加强与金融机构的信贷合作,争取更多的贷款额度和优惠政策,以及通过与金融机构合作,进行债券发行、上市融资等多种融资方式。这样的合作将有助于高新技术企业在融资过程中降低风险,为企业的可持续发展提供更多的支持和保障。高新技术企业应持续加大技术研发投入力度,提高创新能力,提升产品品质和市场竞争力,以降低市场风险。此外,企业还需关注人才培养和团队建设,为企业可持续发展和融资成功奠定坚实基础。

(二)内部风险管理机制建立

高新技术企业应加强内部风险管理,建立健全风险识别、评估、预防和控制的制度和流程。首先,企业需关注负债风险、知识产权风险、技术风险、市场风险等风险,以确保各类风险得到有效识别和管理。企业应建立严格的财务制度和内部审计制度,防止财务风险的发生;同时,企业要加强知识产权保护,维护企业的技术优势和竞争地位。此外,企业应关注市场动态和行业变化,以便在市场波动或竞争加剧时及时调整战略和运营策略。

其次,企业应注重人才培养,增强员工风险意识和风险管理能力,提升企业在融资过程中的风险防范水平。企业可以通过培训、研讨会等形式,加强员工对风险管理的认识和技能培养。同时,企业还应建立健全员工激励机制,使员工在风险防范中充分发挥积极作用。

(三) 多元化融资策略运用

高新技术企业在融资过程中,应根据自身发展阶段、行业特点和市场环境,选择适合的融资方式,避免过度依赖单一融资渠道。企业可采用多元化的融资策略,包括银行贷款、股权融资、债券融资、融资租赁等,以分散融资风险。在选择融资方式时,企业需充分评估各种融资方式的优缺点,确保融资策略与企业发展战略相匹配。

此外,企业应充分了解和利用新兴融资方式,如金融科技平台融资、绿色融资、区块链融资等,拓宽融资渠道,降低融资成本。新兴融资方式往往具有较高的灵活性和创新性,能够帮助企业更好地应对市场变化和竞争压力。同时,企业在运用新兴融资方式时,也需关注其潜在风险,如信息披露风险、技术风险等,确保融资活动的安全和稳定。

(四) 培育企业核心竞争力

高新技术企业应注重技术创新和研发投入,培育自身核心竞争力,从而降低融资风险。企业应建立健全研发体系,加大对关键技术、核心技术的研发投入力度,确保企业在行业内具有领先地位。此外,企业还需关注市场需求变化,持续优化产品和服务,以满足不断变化的市场需求。

在培育核心竞争力的过程中,企业还需注重品牌建设和市场推广,提高企业知名度和美誉度,以便在融资过程中获得更多的市场认可和信任。此外,企业应加强与上下游产业链合作伙伴的沟通与协作,整合各方资源,提高产业链整体竞争力,为企业融资提供有力支撑。

同时,高新技术企业还应关注企业文化建设和社会责任履行,树立良好的企业形象,为企业在融资过程中赢得更多的信誉和支持。企业应积极参与社会公益活动,关注环境保护和社会责任,以展现企业的责任担当和诚信品质。

第三篇　发 展 篇

第九章 中国高新区创新驱动发展研究

创新是高新区发展的核心动力,实施创新驱动发展战略有利于提高自主创新能力、推动科技成果转化、优化产业结构,为园区的高质量发展提供了有力支撑。本章首先对我国高新区实施创新驱动发展战略的必要性、发展现状以及其中存在的问题进行概括,接着就高新区创新驱动发展的影响因素及主要模式展开分析,最后从不同角度对促进高新区高水平创新发展提出建议。

第一节 中国高新区创新驱动发展概况

一、高新区实施创新驱动发展战略的必要性分析

创新驱动发展战略是在经济发展演化过程中产生的,对我国高新区发展产生了重大影响。迈克尔·波特认为创新驱动阶段是经济发展的第三个阶段,这个阶段更强调原始创新能力的提升,依靠科技创新的发展。2012年底,党的十八大报告强调科技创新是提高社会生产力和综合国力的战略支撑,必须摆在国家发展全局的核心位置,提出要通过创新来推动社会经济的发展,创新驱动发展战略由此提出。2013年科技部发布通知,国家级高新区要实施创新驱动战略提升行动,这既是新时期赋予国家级高新区的历史使命,又是国家级高新区自身发展的必然选择。李克强总理在2015年政府工作报告中强调创新创业是中国经济发展的新引擎。2022年党的二十大报告指出教育、科技、人才对全面建设社会主义现代化国家的重要性,并认为要始终坚持创新驱动发展战略,塑造发展新动能新优势。高新区实施创新驱动发展战略符合发展实际,有利于全面提升我国经济增长的质量和效益,加快转变经济发展方式。经过30多年的发展,我国高新区在创新驱动发展方面取得了重大成就,走出了一条独具中国特色的发展道路。

随着科技革命和产业革命深入发展,世界竞争格局加速重构,全球经济不确定性加剧;与此同时,我国经济迈向新的发展阶段,发展方式、经济结构等都在发生变化。一方面,在新的发展背景下,高新区应该始终明确自身"高"和"新"的定位,坚持创新驱动发展,将科技创新与经济社会发展结合起来,通过构建高质量创新创业孵化载体培育科创企业,推动创新型产业集群高质量发展,向建设创新高地、产业高地、人才高地方向迈进。另一方面,我国高新区发展虽然取得了显著成就,但仍存在创新发展不均衡、创新体系不够完善、创新效率有待提高等问题,与之相关的政策制度仍需完善,因此高新区要主动把握发展机遇,始终坚持创新驱动发展,努力实现高水平的自立自强。

二、高新区创新驱动发展现状

随着创新驱动发展战略的持续推进,高新区不断完善和优化创新创业服务体系和发展环境,为园区的高质量发展提供了有力支撑。现阶段,我国高新区出台了各类有利政策,吸引了大量人才,积累了众多创新创业资源。其中,众创空间、孵化器、加速器等为高新区企业和团队提供了技术支持和服务,为园区经济发展注入了活力。

（一）经济实力显著增强

近年来,高新区创新驱动发展成果显著,现已成为我国国民经济的重要支撑和新的增长点。2021年我国高新区共有18.2万家企业,同比增长9.8%,生产总值达到了15.3万亿元,占全国GDP的13.4%,实际缴纳税收达到了21267.5亿元,其中营业收入、工业总产值、净利润等在近几年也都有了不同程度的提升(图9-1);与此同时,我国有10家高新区园区生产总值占所在城市GDP比重达50%以上,34家比重达到了30%以上,61家比重达到了20%以上,高新区对区域经济的高质量发展起到重要的支撑作用。

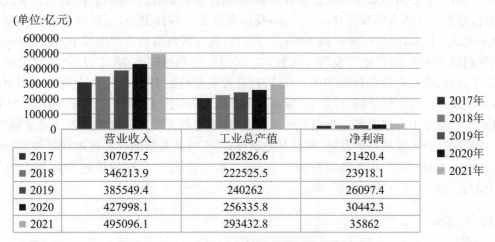

图9-1　2017—2021年国家级高新区部分经济指标

数据来源：科技部火炬中心,http://www.chinatorch.gov.cn/。

在稳住经济基本盘的同时,我国高新区注重经济发展质量和效益的提升,注重培育以质量、技术、标准等为核心的经济发展新优势,逐渐向中高端水平迈进。2021年我国园区内企业共实现营业利润40701.1亿元,增长18.7%,其中服务业营业利润为12303.6亿元,较上年增长4.0%;同时,2021年园区净利率达到了7.24%,创历史新高,整体来看高新区净利率呈上升趋势(图9-2)。

（二）创新资源加快集聚

高新区具有利于创业孵化和内生增长的先天基因,注重创新服务机构的建设与创业孵化能力的提升,在支持大众创业万众创新方面具有绝对的优势,聚集了众多高校、科研机构、企业孵化器等,逐步形成密切合作的有机整体;同时具有良好包容的学术氛围,是科技创新企业成长的乐土。

图 9-2　2015—2021 年我国高新区当年净利率变化情况

数据来源：科技部火炬中心，http://www.chinatorch.gov.cn/。

截至 2021 年底，我国高新区内建设有 302 家大学科技园、510 家生产促进中心、3990 家众创空间以及 815 家国家级科技企业孵化器，新增注册企业数量不断增加，创新创业发展方向明确，企业发展活力明显提升。一方面，我国高度重视科技创新，园区研发经费内部支出达到 10359.0 亿元，远超国家平均水平；另一方面，高新区创新创业产出颇丰，2021 年高新区申请专利数 104.6 万件、申请发明专利数 53.1 万件、专利授权数 76.1 万件、授权发明专利数 23.7 万件、拥有有效专利数 370.7 万件、拥有发明专利数 121.9 万件，人均专利产出数量和专利成果产出效率稳步提升；且 87 家高新区被国家知识产权局认定为试点园区，21 家高新区成为国家知识产权服务业集聚发展试验区，加速了创新资源的聚集与创新成果的产出。现阶段我国高新区发展态势良好，科技基础雄厚，具有突破关键的核心技术和增强原始创新能力的重要力量，培养了众多创新型企业，逐步推动产业向全球价值链中高端方向发展（图 9-3）。

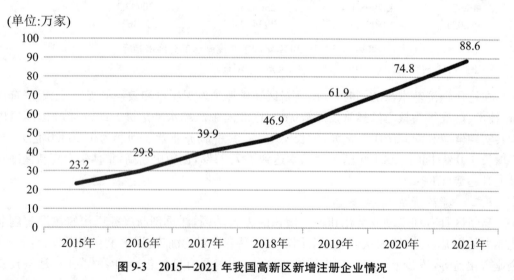

图 9-3　2015—2021 年我国高新区新增注册企业情况

数据来源：科技部火炬中心，http://www.chinatorch.gov.cn/。

（三）人才队伍不断壮大

作为典型的智力密集园区,高新区通过优惠政策和优质服务来吸引和留住人才,优化发展环境,激发创新创造活力。一方面,高新区结合自身特点和发展方向制定了专项人才计划,并通过股权投资、公用房补贴等方式引进国内外高层次人才;另一方面,高新区不断完善人文环境建设和城市服务功能,通过引入优质教育资源、医疗资源和提供配套的商业文化设施和文化娱乐场所来留住人才,为园区的发展提供了智力保障,对园区创新创业发展至关重要。

截至2021年底,我国高新区内共有1257所大学、4466家研究院、2844个博士后科研工作站,为园区创新创业的发展提供了知识载体和人才队伍;园区内从业人员达2506.8万人,其中本科及以上学历人员数1026.5万人、从事科技活动人员数563.4万人,较上年都有不同程度的增长,从业人员高学历和高技能化趋势明显;研发人员数量达到276.61万、研发全时人员数量为215.7万人,密度远超全国平均水平,结构更加优化（图9-4）;除此之外,高新区在2021年吸纳高校应届毕业生80.0万人,较上年增加7.3万人,成为毕业生就业发展的重要渠道之一。现阶段高新区逐渐成为我国的创新人才高地,产学研协同发展,慢慢建立起一支规模宏大的人才队伍,促进科技与经济社会发展的深度融合。

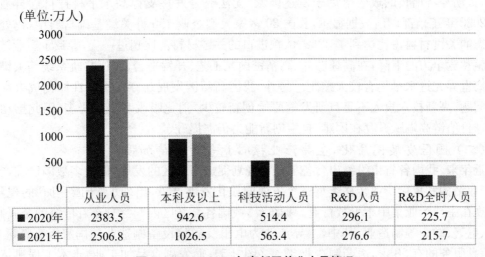

图 9-4　2020、2021 年高新区从业人员情况

数据来源:科技部火炬中心,http://www.chinatorch.gov.cn/。

（四）双创环境持续优化

高新区为鼓励创新创业发展出台并落实了相关政策,涉及创新创业扶持、营商环境优化等诸多方面,营造了浓厚的创新创业发展氛围,促进创新创业平台建设和成果转化,有利于各主体创新潜力、创业活力的释放。

一方面,我国高新区注重优惠政策的落实和各类服务平台的建设,为高新区的发展提供了优质的服务。据统计,截至2021年底,684家国家级科技企业孵化器获得财政资助资金29.0亿元,285家国家级科技企业孵化器享受了相关税收优惠政策,其中免税金额达到了2.7亿元,一定程度上减轻了企业负担。与此同时,高新区通过整合政府和社会资源来促进公共服务平台的建设,截至2021年底,我国高新区内有知识产权服务机构14889家、审计事务所2098家、会计师事务所3035家、税务机关1267家、人才服务机构9485家,助力企业的成长和发展,为高新区营造了良好的创新创业环境,在高新区发展新经济、培育新动能等方面发挥了不可或缺的作用。

另一方面,我国高新区注重培育推崇企业家精神和创业文化,鼓励创意到创业的转化;并且大力发挥媒体的新闻宣传和舆论导向作用,及时宣传创新创业先进事迹和典型人物,营造了良好的发展氛围,逐渐使得大众创业、万众创新在全社会蔚然成风。

三、高新区创新驱动发展中存在的问题

经过不断发展,虽然我国高新区在促进经济和科技结合方面取得了显著的成就,对区域的发展起到了明显的带动作用,但是面对新的经济发展形势和产业发展趋势,我国高新区在创新发展中也存在一些问题。

(一)关键核心技术掌握不足,自主创新能力仍需提升

高新区作为我国创新资源最多、科技产业实力最强的区域,拥有密集的人才、信息资源,发展优势明显。近年来,我国科技发展水平虽然取得了长足进步,但是对标美国硅谷等国际一流科创中心,在核心技术和创新能力方面还有很大差距,多项"卡脖子"问题仍未得到根本解决,带动经济增长的成效落后于发达国家,无法充分发挥支撑高水平科技自立自强的作用。2020年工信部调研数据显示,我国30多家大型企业130件关键基础材料中,仍处于空白状态的关键材料占比达到了32%,依赖进口的关键材料占比超过一半,导致了产业链条的不完整和竞争力的下降;在高速芯片、高精密抛光工艺、开发平台、高压共轨系统等关键技术上距离世界先进水平仍有较大差距。另外,我国高新区发展还存在引领性原创成果突破不够的问题,高新技术投入不足且研发等原始创新较少,消化吸收和集成居多,因此推动产业向全球价值链高端跃升存在困难,自主创新能力仍需提升。

(二)园区发展同质化,主导产业核心竞争力有待加强

近年来,我国各省市纷纷出台各项政策规划促进高新区的发展,但大多数园区在产业定位、产业结构和承接产业转移类型三个方面同质化发展严重,出现了"千园一面"的现象,主要体现在主导产业集中于少数行业。据统计,我国各高新区内广泛分布着传统的金属制造、冶金、电气、纺织等制造业,其中,主导产业为电子及通信设备制造业的国家级高新区有68家,信息服务的有38家,医药制造业33家(图9-5);而农副食品加工业、土木工程建筑业等对技术水平要求较低,在我国高新区产业中收入水平却相对靠前。此外,部分高新区产业发展和招商引资的具体政策也没有本质区别,主要体现在优惠力度上,在价格上进行竞争。园区发展同质化,主导产业优势和特色不够突出,容易在加速产能过剩、导致恶性竞争、削弱园区竞争力和增加区域风险等方面产生不利影响。

(三)发展质量不均衡,东中西部园区发展差距较大

由于区域经济发展状况存在差异,我国各高新区的创新发展质量也不均衡,主要表现在东中西部园区发展差距较大。目前我国高新区数量达到了178个,其中,东部地区70个,中部地区49个、西部地区43个、东北地区16个;从工业总产值来看,2021年东部地区达到了17.17万亿元,占据了全国高新区工业总产值的一半以上(图9-6),其中工业总产值超过万亿元的有3家,分别是北京中关村科技园区、上海张江高新技术产业园区和深圳高新技术产业园区,也都位于东部沿海地区。与此同时,东部地区也是大部分高新技术产业的聚集区,创新发展质量较高,更能吸引高端就业人才,园区高技术服务从业人员占比也远高于其他地

区；其他高新区与之差距逐渐拉大，呈现出"一次创业""二次创业""三次创业"三个发展阶段并存的特点（图9-7）。创新发展质量不平衡、创新资源过分集中会阻碍相关技术的溢出效应，不利于国家级高新区协同发展，支撑国家区域重大战略和区域协调发展战略的能力有待增强。

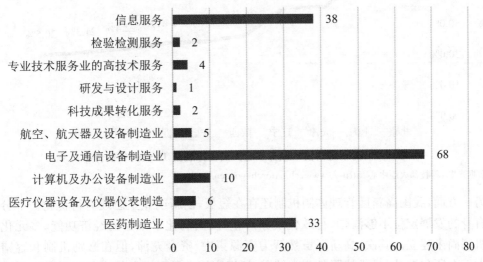

图9-5　2021年我国高新区主导产业分布情况

数据来源：科技部火炬中心，http://www.chinatorch.gov.cn/。

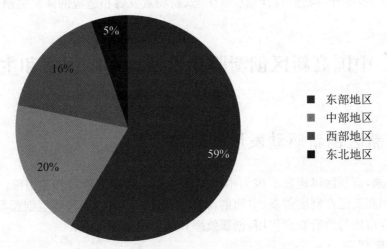

图9-6　我国高新区工业总产值分布情况

（四）政策集成度和精准度不高，创新创业生态亟待优化

我国各高新区的创新创业人才扶持、创业服务体系建设等是在国家和省市政策框架下进行完善和补充的，极快地推动了高新区创新创业的发展。但从实际情况来看，在政策集成度、精确度等方面还有待提升，部分高新区既有措施政出多门，集成度不高，缺乏有效整合，不能很好地达到政策制定的预期效果，并且存在盲目进行借鉴的现象，多个园区在创新创业政策设计上趋同，结合自身园区发展特色的扶持政策和针对各类人才和各阶段企业的具体政策较少，使得创业团队和初创企业发展受限。部分企业和创业者也表示出台的许多优惠政策力度不足或没有落实到位，实质性的科技创新得不到很好的激励，支持力度有限。

图 9-7 高新区高技术服务从业人员占比居前 10 位的省份分布

数据来源：科技部火炬中心，http://www.chinatorch.gov.cn/。

另一方面，我国高新区管理体制机制还存在短板，创新创业生态还有待优化。部分高新区对自身的发展定位不够清晰，行政化现象严重，反而弱化了本身的经济功能，多元化管理体制机制尚未建立。其次，高新区虽然智力资源集中、资金充沛，但在激励机制和容错免责机制方面有所欠缺，同时科技服务能力较弱、知识产权布局意识和能力仍不足等一系列问题制约着高新区的创新发展。随着现阶段资源约束的收紧和政策红利的减弱，创新驱动发展的能力需要进一步提升，构造与新产业、新生态、新场景发展相适应的体制机制意义深远。

第二节 中国高新区创新驱动发展的影响因素和主要模式

一、高新区创新驱动发展的影响因素

自诞生以来，高新区迅速发展成为中国经济社会发展的主阵地和主引擎。在发展目标的引领下，我国高新区在制度创新、空间创新、技术创新、产业创新和环境创新 5 个方面持续发力，充分发挥市场与政府双向作用，创新效率和能力进一步提升。

（一）制度创新

制度创新是制度设立且随时间变更的动态过程，根据所处阶段、环境的变化，制度也随之需要调整，因此修正现有制度也是一种创新活动。制度创新是我国高新区不断发展的根本动力和基本保障。一方面，高新区的诞生本身就是制度创新的结果，政策制度也对人才、资金的流动和配置起着调节和引导作用，影响高新区的运作和发展模式；另一方面，随着高新区建设的不断完善和经验的不断积累，其后续的功能定位和发展模式又在不断要求制度创新。进行制度创新是正确处理有为政府和有效市场关系的必要条件，可以促进高新区在创新中谋发展、在发展中再创新。

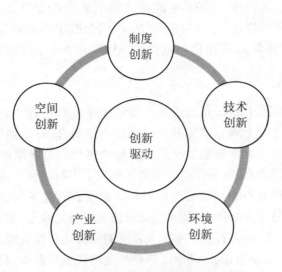

图 9-8　高新区创新驱动发展的影响因素

专栏 9-1　深圳高新区:"一区两核多园"①发展格局形成

> 20 世纪 90 年代,我国深圳高新区形成了"一区两园"的发展格局,但是各园隶属关系不同,不仅影响园区的规划、建设、产业配置等,还影响政策的落实以及招商引资;在此背景下,深圳高新区积极探索制度创新,成立高新区管理办公室并授权其全权负责园区的管理和项目审批工作,坚持全市一盘棋,统筹产业布局和科技创新资源,现在形成了"一区两核多园"的发展格局,规划面积达到了 159.48 平方千米,形成优势叠加效应,发展能级持续提升。

(二)空间创新

经济发展具有时间和空间双重属性,随着时代的发展,空间资源更加稀缺,因此高新区的发展更要注重空间资源的合理使用,进行空间创新是国家级高新区实现高质量发展的核心命题。一方面,高新区的发展需要大量的资源支撑,包括科学技术、社会环境、人力资源、资金实力等。科教资源丰富的高新区在校企合作、产教融合和人才引进方面更有优势,更能提升自身的竞争力和创新能力。另一方面,高新区通过空间创新可以实现园区规模的扩张和产业空间布局的优化,形成与城市、企业的互动,对周边地区的经济发展产生辐射效果,进而实现经济发展从点到线、从线到面的动态扩展。

(三)技术创新

技术创新是经济发展的动力源泉和国家安全的重要保障,我国高新区正是由于技术的不断创新才拥有强大的发展活力,而高新区的制度安排也不断鼓励技术创新,支撑着创新发展。高新区的技术创新主要体现在两个方面:一是对技术资源的聚集与整合的能力,目前我国高新区已经成为全国科技创新最活跃、新技术新产品产生最多、科技成果和专利产出最高的区域,具有较强的技术创新资源集聚与整合能力,催生了一大批关键核心技术,在人工智能、新材料、电子信息等诸多方面取得了重大进展;二是引导企业提高技术创新工作的能力,我国不断加大资金对技术研发的支持力度,并出台一系列税收减免优惠政策,鼓励和引导企

---

① "一区"是深圳国家级高新区,"两核"为南山园区和坪山园区,"多园"是指深圳国家级高新区由多个园区组成。

业加大对技术创新的投入力度。2021年高新区内的企业研发活动内部经费共支出资金20571.4亿元，瞄准"高"和"新"方向持续发力，运用新技术革命成果，突破"卡脖子"技术和环节，构建了区域一体化的现代化产业体系，为区域乃至全国高质量发展提供支撑和示范。

（四）产业创新

产业创新是技术创新的结果，是形成一个新的产业或对原有产业的彻底改造。在多数情况下，产业创新是多个企业或者群体共同作用的创新集合，对增强科技创新实力、提升产业集聚水平、打造应用示范场景方面意义重大。每个时代的产业结构都是对当时的需求结构、资源结构和技术发展的反映，并在这些因素的影响下不断演变。高新区的发展史就是产业结构不断优化、高端产业不断集聚的过程。在新的发展形势下，高新区需要在政策引领、科创培育、产业协同规划等方面持续发力，提高科技成果转化效率，促进产业能级提高，着力发展更高水平的产业生态，全力打造未来产业发展的策源地和聚集地。

伴随着产业结构不断优化，我国高新区高端产业也在不断聚集，目前已形成128个创新型产业集群，涉及医疗器械、绿色低碳、信息技术等重点领域，在培养世界级产业集群和保障产业链、供应链安全等方面发挥着重要作用。中关村的信息技术产业、武汉东湖高新区光电子信息产业、张江高新区的集成电路产业等在全国占据重要地位，不仅增强了高新区自身经济效益和竞争力，而且发挥了极强的示范效应。

（五）环境创新

环境创新既包括硬件环境又包括软件环境，是指对创新主体产生影响的各种外部因素的总和。一方面，优质的发展环境对人才、资金、技术等具有强大的吸引力，易形成"洼地效应"，迅速推动区域经济发展壮大，有利于园区在经济发展竞争中脱颖而出；另一方面，优质的发展环境能够使创新主体在实现自身发展的同时带动周边区域的发展，具有"连锁效应"，最终促进整个产业链条的创新发展。但高新区发展到一定阶段，就会需要更高层次的基础设施、更高质量的创新载体，甚至会出现产城分割的问题，原本的环境制约着高新区进一步发展，因此解除不合理限制、提升投融资便利度、支持创新主体发展极为重要。近年来，我国高新区不断进行环境创新，加大对科技管理体制、市场竞争环境、创新创业生态、创新人才培养等多个方面的改革力度，向创新城区的方向不断迈进，使得创新发展的市场导向更为明确，创新创业氛围更为浓厚。

二、高新区创新驱动发展的主要模式

我国高新区始终坚持创新驱动发展战略，积极响应国家"大众创业、万众创新"号召，各高新区根据自身园区经济基础、发展阶段、资源禀赋等特点出台了相关政策和规划，形成了多种典型的创新驱动发展模式。

（一）大企业大集团引领创新发展模式

大企业大集团引领发展模式是指龙头企业通过提供全方位、全链条、全要素优质资源服务来进行投资孵化、引企育企构建产业生态，从而形成完善的企业孵化链条，助力中小企业增量升级、加速成长。在这种模式下，大企业开放自身资源、共享发展能力赋能中小企业的发展，尤其是借助重大科研项目或工程组织吸纳中小企业参与，而中小企业在新的产业形态下以迭代发展的方式将成果进行回流，为其注入新的发展活力。两者不再是相互分割的独立个体，而是以创新创业为纽带紧密联系，通过夯实融通载体、完善融通环境来推动产业集群发展、助力实体经济增长，形成"以大带小、以小托大"的创新发展格局。

专栏9-2　龙头企业助力构建专业孵化生态系统

> 合肥高新区注重科技创新，在发展过程中依托龙头企业整合资源、开展孵化，形成了独特的创新生态孵化体系。科大讯飞、华米科技等龙头企业在合肥高新区引领创业孵化中表现强劲，其发挥自身资源、科技等优势，建立了中国声谷、华米硬客公园等孵化载体，在此基础上，进一步带动生态链企业协同创新发展，更好地发挥产业集聚优势。其中，通过讯飞平台的技术资源和优势，中国声谷已经培育了淘云科技、讯飞金服等瞪羚企业，在区域人工智能产业发展方面发挥了重要作用。

（二）校地企协同创新发展模式

校地企协同创新发展模式一般需要借助周边丰富的科教智力资源，通过其人才优势、技术优势、学科优势等深入开展校地合作、校企共训、人才引进等多种协同发展模式，促进区域经济高质量发展。在此过程中，一方面丰富的科教智力资源为园区提供大量高水平人才，双方在科技创新、金融交流、人才合作等多个方面找到契合点；另一方面又可以通过科技成果衍化出一批创业企业，解决就业问题，同时助力高新技术产业发展，彰显科技创新地位。构建新型校地企合作交流平台，通过产学研一体化建设提高人才培养质量、科技创新水平，从而促进学校、企业和地方的共赢发展。

专栏9-3　"新三驾马车"相互支撑，助力中关村创新创业

> 北京中关村被誉为"中国硅谷"，是将科技和人才优势转化为经济优势的典范。园区拥有众多高校、科研机构、国家级实验室、企业技术中心等，是科技、智力、人才和信息最为密集的区域。中关村积极构建新型校地企合作交流平台，利用人才、技术和资本"新三驾马车"为园区经济发展提供了源源不断的动力。据统计，每年发生在我国中关村的创业投资案例与投资金额约占全国的三分之一，每年的上市公司数量也在10家左右，涌现出大批成果，对全国科技创新的发展起到了辐射作用。

（三）国际合作创新发展模式

创新创业的沃土对于国内外优秀的企业与投资者具有强烈的吸引力，国际合作是高新区进行创新发展的另一重要模式，包括承接产业转移、引进孵化机构、外商直接投资等多种途径，对强化国际开发合作、带动国际资源融通、提高创新创业国际化水平等发挥着重要作用。一方面，我国高新区加强招商引资，积极承接国际产业转移，做大园区经济体量，加速产业集群形成；另一方面，跨国公司选择合适的地区设立创新创业孵化机构，开展创新孵化，涉及大数据、人工智能、新能源等多个领域。例如，亚马逊、微软、英特尔等与我国北京、上海、重庆等多地开展合作，通过建立孵化器的方式对初创企业的发展和传统企业的转型升级起到促进作用；亿贝与浦东科创集团合作设立创新中心，共同推动基于亿贝生态的创新孵化等。该发展模式推动创新创业企业与跨国资源进行对接，实现有机联动，同时也将全球人才、技术、资本等高端资源融入园区创新创业链条，助力园区国际化发展。

> **专栏 9-4　苏州高新区——东亚投资高地**
>
> 在发展早期,苏州高新区主要承接外部产业转移,以土地、税收等优惠政策对国际大型制造业企业形成吸引力,建设多个生产基地,同时还在民间资本的投向上起到引导作用,助力大型制造企业配套民营企业的发展,以外向型经济为特征,形成了典型的苏南模式;而后随着创新创业的深入发展,园区逐渐从制造向设计、研发等前端过渡,以企业为创新主体,构建了开放联合的发展体系。截至2023年10月,苏州高新区已经累计引进外资企业近2000家,拥有世界500强企业投资项目超60家,在电子信息、机械装备方面形成了具备国际竞争力的高端制造业产业集群。

(四)众创空间支持创新发展模式

众创空间,即"创新型孵化器",是为大众创新创业提供的服务平台,一般投入较少、规模不大,但拥有汇报路演、创意体验等众多功能,辐射范围远远超过自身面积,是国家创新体系的重要组成部分、创新创业人才的培养基地。众创空间提供了舒适的办公环境和丰富的创业资源,有利于加强创新团队之间的互动与合作;与此同时,众创空间充分利用孵化器、科研院所等有利条件,聚焦科技创新成果转化,通过社会力量作用的发挥,为初创团队搭建起进入市场的"初舞台",促进创新与创业、孵化与投资的双向结合。

截至2021年底,我国拥有9026个众创空间,当年举办了多达13.68万次的创新创业活动,服务了21.8万个创业团队,开展了接近10.21万次创业教育培训,有效推动创新能力的提升。随着不断发展,众创空间必将成为技术创新活动开展和交流的场所,也必将成为高新区的创新创业集散地,为经济高质量发展注入强劲动力。

第三节　促进中国高新区创新发展的对策建议

当今世界,大发展、大变革成为时代潮流,新机遇、新挑战层出不穷。高新区作为我国创新驱动发展的排头兵和创新创业的主阵地,既面临着重大机遇,又要迎接新的挑战。习近平总书记强调"创新链、产业链、资金链、政策链相互交织、相互支撑,改革只在一个环节或几个环节搞是不够的,必须全面部署,并坚定不移推进",面对高新区发展过程中存在的问题,本书提出了如下对策建议。

一、培育创新主体,打造高科技企业集群

企业是创新活动的主体,主导着从科技创新到商业创新再到产业化的全过程;人才是第一资源,是提升区域发展核心竞争力的引擎;两者在增强高新区创新活力方面发挥着重要作用。通过高校、科研院所与高新区的协同发展,实现科研与产业的双向赋能,形成人才培养、企业创新、产业发展的有机循环,利于促进创新创业活动的可持续发展。面对新一轮的全球高科技产业竞争,我国高新区积极响应国家创新发展战略,扛起攻克核心技术责任,提升自主创新能力。

首先,支持产业发展并围绕科技创新积极布局产业链,落实企业高质量发展的实施路

径,"引进来"和"走出去"双向发力,推动技术、成果、资金向企业聚集,充分挖掘企业价值,积极促进创新成果的转化;同时积极吸引龙头企业入驻园区,带动上下游企业协同发展,发挥行业标杆的引领示范作用,通过高新企业的聚集为园区提供发展创新的动力源泉。

其次,要瞄准世界科技革命和产业革命发展方向,积极谋划布局前瞻性战略性产业。一方面,加强战略性新兴产业集群发展的顶层设计,根据产业发展空间分布情况优化空间布局,从而实现错位发展、充分发挥地方比较优势,加快建设一批战略性产业创新创业园;另一方面,推动产业发展数字化,利用数字经济为产业发展提供新动能,同时突破行政区划限制,推动跨区域、跨领域合作,补齐短板、提升优势,推动现代化产业体系建设。

最后,要注重科技人才的引进。一方面高新区要突出项目人才招引,创新人才引进,发挥人才策源的平台功能,形成具有竞争力的创新生态;另一方面,不断完善管理机制,以优质环境留住人才,为人才提供完善的配套服务和具有吸引力的发展平台,同时通过高校合作、技术溢出、产学研等途径为人才赋能,加强国际人才交流,为高新区的发展培育符合发展要求的高素质人才。

二、优化政策链,健全创新创业政策体系

在创新创业发展过程中,政府与市场形成有效互补,通过出台政策和制度安排,来促进创新自由的配置和创新创业生态的构建。随着我国发展进入新阶段,国家级高新区的政策也需要适时调整。

一方面,就整体发展而言,政府部门要把高新区的发展放到国家大环境中来统筹考量,注意中西部的发展差异,科学理性地进行宏观规划。同时要加大改革力度,优化相关资源配置,实现资本、土地、人力等生产要素区域有序流动,并通过完善东部先进高新区与其他高新区的交流合作机制,适当引导高新技术向中西部地区转移,从而推动国家重大战略融合发展,在一定程度上缓解区域创新创业发展不均衡问题。除此之外,高新区的产业政策还应与国际接轨,观察全球价值链变化趋势,紧紧围绕提升产业价值的核心要素制定政策,采用政府采购、消费补贴等市场化的方式来促进产业的发展,逐步减少对特定主体的补贴、行政干预等,从而通过公平竞争与自主创新增强园区竞争力。

另一方面,要加强各高新区与国家、省市相关部门的政策联动,注重政策的继承性与准确性,切实解决创新创业过程中"最后一公里"的问题,建设良好的创新创业发展环境。与此同时,政府要根据各高新区企业所处的行业、发展阶段、区域特色等在人才培养、金融支持、平台建设多个方面制定实施差异化的政策,做到精准扶持。

三、畅通服务链,搭建创新创业支撑平台

创新创业发展离不开平台的支撑。现阶段,我国高新区需要积极畅通服务链条,通过线上线下多种方式搭建创业者与企业家、投资人交流的平台,为各类创新创业活动的开展提供必要的公共服务,在聚集技术资源、孵化创新成果等方面发挥关键的作用。

首先,以项目全流程、全阶段需求为出发点,建设全生命周期服务机制。在项目策划、施工许可等关键节点开展服务,解决评估耗时长、费用大、事项多等难题,提升集成服务成效;同时高新区应借助众创空间、加速器、特色小镇等多种平台健全创新创业服务链,提升服务

质量,向中关村"管家式"科创服务看齐;此外,要积极探索创新创业平台建设模式,通过"政府自建""政研共建"等途径推动创新平台集成式、矩阵式发展。

其次,高新区要从"引、育、用、留"等方面来健全人才服务模式。高层次人才可以在中央和省市奖励补贴的基础上进行加码,实施高标准人才扶持政策,同时进行职工薪酬激励、技能培训来强化人才政策支撑;除此之外,高新区还应完善住房安居、子女教育、医疗服务等多个方面的服务制度,打造更灵活、更高效、实施性更强的人才政策体系,成为人才发展和企业发展的"梧桐树"。

最后,要充分发挥市场在资源配置中的决定性作用,逐渐减少创新主体对政府的依赖性。创新生态构建是市场竞争发展的要求和结果,而我国政府所提供的公共服务仍基于关系治理而非交易成本模式,发展相对封闭,转变平台发展思路十分必要。要鼓励各类创新创业主体在市场的影响下去发挥作用,助力打造更加集约化、开放化的孵化载体,为创新创业者提供更便利的工作空间、网络空间和科技资源共享空间;此外,创新孵化载体应该放宽视野,理清市场运行机制,主动与高校、科研中心等进行合作,完成从"提供创新创业服务"向"构建创新创业生态"的转换。

四、完善资金链,解决创新创业瓶颈制约

创新创业活动的开展往往具有开创性与前瞻性,在立项、研发、市场转化等多个环节均可能耗费大量时间与资源,往往面临资金短缺问题,因此高新区发展需要解决这一瓶颈制约,以"政府引导+市场运作"为方向完善资金链条,加强金融扶持,构建多层次的融资体系。

一方面,要强化政府财政的支持与引导作用,统筹各类专项资金来推动处于不同行业、不同阶段的高新技术企业的发展。政府对创新企业在税收、土地、融资等方面给予相应支持,精准落到实处,从而降低企业融资和运营成本,为企业减负;同时加大对长期资本的引导力度,拓宽民间投资渠道,培育一批"耐心资本"在高精尖领域开展投资,例如通过发行科技创新专项国债、鼓励社会资本捐赠等方式来带动全社会对科技发展的支持与投入,从而为创新创业发展提供坚实的支撑力量;资金使用管理要有章可循,对于创新创业资金滥用、挪用等行为依法惩治,并通过大数据、区块链等技术对资本流向进行监管,建立起资本风险"防火墙"。

另一方面,要积极利用资本市场探索多元化融资模式,为高新区创新创业发展持续"输血"。首先,科技创新发展以市场化为目标,制定合理的利益分配机制,提升资本回报率,吸引资金进入创新创业领域,同时积极探索建立科技创新投资保险来降低投资者风险,既保障资本所有人的合法权益,又有助于实现资金良性循环;其次,应该尽快健全和完善风险投资制度,通过设立风险投资基金、中小企业发展基金、科技创新公共基金等缓解部分初创企业的融资难困境,促进金融与科技的结合;积极试点投贷联动创新业务推动银行、券商参与投资,优化资源配置,支持优质企业做大做强;最后,要培育一批高素质的职业风险投资专家,兼具科技生产与管理知识,从而提升风险投资率和社会生产力,激发创新活力。

第十章　中国高新区区域协调创新发展研究

随着党中央提出要构建统一大市场,深入实施区域协调发展战略,高新区作为国家和地方经济发展的重要引擎,其区域协调创新发展的重要性日益凸显。高新区区域协调创新发展不仅可以推动区域经济快速增长,还有助于形成区域间的良性竞争,进而推动全国经济持续健康发展。本章依次剖析了促进高新区区域协调创新发展的重要性、高新区区域协调创新发展的现状及主要问题,介绍了现有的三大主要模式,进而提出能够促进高新区区域协调创新发展的政策建议。

第一节　中国高新区区域协调创新发展概述

一、促进高新区区域协调创新发展的重要性

自十八大以来,为了推进更高质量的区域协调发展,党中央先后制定了西部大开发、东北振兴、中部崛起、东部率先发展四大板块的区域协调发展战略,部署了京津冀协调发展、长江三角洲区域一体化发展、粤港澳大湾区建设等多个区域重大战略。时代赋予高新区新的历史使命,党中央鼓励高新区探索具有中国特色的区域协调发展模式,引领区域协同发展。《"十四五"国家高新技术产业开发区发展规划》中提出要加强高新区的区域协同和辐射带动作用,构建新的区域创新增长极。

以时间为轴,回顾高新区的发展历程,可以发现,虽然高新区设立的初衷是打造一个能够突破关键核心技术的重要阵地,迎接新技术革命的挑战,助力建设创新型国家,但经过30多年艰苦卓绝的发展,高新区已然成为创新驱动战略的重要空间载体、经济社会发展的主引擎。尤其是在党的二十大报告提出"要构建区域协调发展新格局,着重推动高质量发展"之后,高新区就更加注重区域协调创新发展,坚持"高""新"定位,发挥"高新作为"。

一方面,促进高新区区域协调创新发展是承接区域协调发展战略和国家重大区域战略的重要载体。党的二十大报告指出,我国各区域仍存在许多非均质性因素,例如地理位置、资源禀赋、经济发展水平等,这导致我国在短期内难以破解"南北分异"和"东西失衡"的区域分化局面,将继续长期面临区域发展不平衡不充分的问题。区域协调发展战略进一步的落实与深化都离不开科技创新的支撑,高新区应树立其作为重要功能区的关键功能,从提升高新区区域协调创新发展水平入手,强化区域协同和辐射带动作用,全面提升区域创新能力、缩小区域发展差异。

另一方面,促进高新区区域协调创新发展也是推动高新区自身建设和发展的良性循环。

高新区区域协调创新发展可以促进优势资源的多向流动,发挥各园区的比较优势,弥补区域发展动力之间的差距,实现区域联动发展,提升高新区自身发展活力。例如,鼓励高知名度的高新区"先富带后富",发挥不同知名度高新区开展合作的倍乘效应,知名度较低的园区可以借此提升品牌知名度和价值,知名度较高的高新区可以扩大其市场份额与影响力;借助国家相关专项政策的东风与具有政策优势的园区开展合作,整合不同高新区的各项功能,实现园区整体效益最大化。

此外,高新区区域协调创新发展还可以充分利用协同效应,提高落后区域的发展能力,构建区域发展一体化机制。高新区区域协调创新可以促进资源多向流动,充分发挥其资源禀赋、区位优势,吸纳科创人才、资本。从提升产业的竞争水平入手,形成规模效应,促进区域共享发展成果,推动本地及周边地区的经济发展,丰沃高新区发展的土壤。

"十四五"时期,高新区迈上深入实施创新驱动发展战略、以高水平科技自立自强引领高质量发展的关键阶段。为了进一步拉动经济增长,提升国家竞争力,解决发展不平衡不充分的问题,高新区区域协调创新发展刻不容缓。

二、高新区区域协调创新发展的现状

高新区在不断的实践中已经摸索出一条具有中国特色的高新技术产业道路,争做创新体制机制的试验田,积极探索转变发展方式,致力于优化产业结构,显著提升了国际竞争力,是推动高质量发展的排头兵。为了发挥其对区域协调发展的重要示范引领和辐射带动作用,高新区主动服务支撑国家重大区域战略,落实国家制定的"一带一路"科技创新行动计划,推动了创新资源共享、区域产业转型与升级,实现了更高层次的区域协调发展。

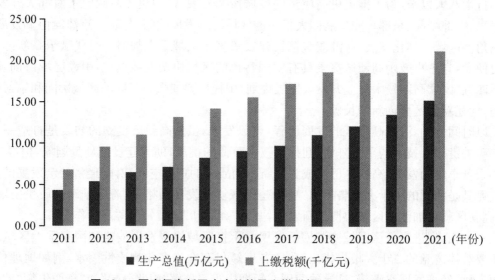

图 10-1　国家级高新区生产总值及上缴税额(2011—2021 年)

数据来源:《中国火炬统计年鉴 2022》。

根据《中国火炬统计年鉴 2022》中的数据,2021 年,169 家国家级高新区贡献了 15.30 万亿元的生产总值,占全国 GDP 的比重比 2020 年同期提升了 1.76 个百分点至 13.4%。与 2011 年相比,国家级高新区的数量翻了一番,由 84 家逐年稳步增长至 169 家;国家级高新区生产总值的10年年均增长率为15.15%,与2011年的4.33万亿元相比同比提升355.81%;2011年国家级高新区上缴税额仅为6816.7亿元,2021年就达到了21267.5亿元,年均增长率为13.48%,同比提升311.99%。但依旧不可忽视高新区存在着发展不平衡的问题,高新区区域发展不平衡主要有以下3种表现方式:

第一,我国高新区依旧呈现东密西疏发展格局,区域发展不平衡显著。根据科技部火炬中心披露的数据,截至2021年底,东部地区共有70家国家级高新区,培育了76449家高新技术企业,实现生产总值98192.7亿元;中部地区共有44家国家级高新区,培育了18973家高新技术企业,实现生产总值26997.9亿元;西部地区共有39家国家级高新区,培育了14262家高新技术企业,实现生产总值23854.5亿元;东北地区共有16家国家级高新区,培育了5237家高新技术企业,实现生产总值6992.3亿元。由图10-2可见,我国高新区主要分布在东部沿海地区,中西部地区紧随其后,东北地区发展较为滞后。其中,东部地区发展势头最为迅猛,40%的国家级高新区吸纳了全部国家级高新区66.52%的高新技术企业,贡献了64.18%的国家级高新区经济。

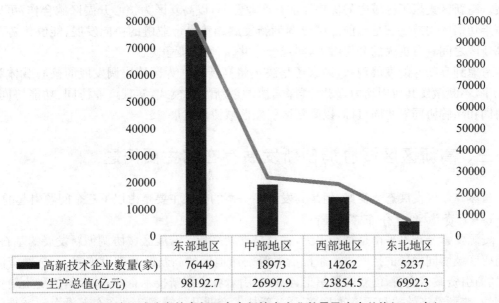

图10-2 按区域分布的高新区内高新技术企业数量及生产总值(2021年)

数据来源:科学技术部火炬高新技术产业开发中心,http://www.chinatorch.gov.cn。

第二,国家级高新区水平遥遥领先。2021年国家级高新区仅占全国建设用地的2.5%,却创造了15.3万亿元的生产总值;国家级高新区是各类创新载体的集聚地,截至2021年底,国家级高新区培育科技企业孵化器的数量同比增长12.2%,达3385家,其中省级以上科技企业孵化器共有1697家,同比增长12.5%;国家级科技企业孵化器815家,同比增长10.3%;众创空间数量跃升至3990家,同比增长8.4%,其中共有1185家国家备案众创空间建设在国家级高新区内,同比增长3.3%;科技企业加速器972家,同比增长9.5%。

第三,单个高新区内部也存在分园或者分产业的发展不平衡的问题。不同于行政区,高新区的发展一直受到其建设用地的限制。高新区的优势主导产业无疑是推动区域经济增长的重要推动力,但部分产业已经落后于时代的需要,逐步对其进行淘汰,才能在有限的建设用地上实现更高的产值。例如,石油化工的确在资源短缺的时代对经济增长起到了重要的拉动作用,但随着科技创新以及碳中和目标的提出,其靠规模和数量取胜的时代已然一去不复返,应朝着绿色低碳转型的方向,把高质量发展摆在更加突出的位置。

此外,高新区相较于一般的行政区具有引领区域协调发展得天独厚的优势。一般的行政区区域协调发展有两种模式:第一种是由上级政府直接引导下级行政区进行合作;第二种是扩区,一个行政区吞并另一个行政区的全部或部分。但这两种模式的弊端明显:前者属于直接的资源配置行为,更多的是为了将资源"公平"配置,没有考虑到合作是否具有协同性,在实践中往往会起到事倍功半的效果;后者扩区的实现条件严苛,不仅要克服来自被合并区域的阻挠,还涉及调整行政区划,需要得到国务院的批准。

正是由于存在诸多掣肘,行政区的协调发展受到了很大的局限,但高新区在客观上是由国家派出的特殊区域,有望通过产业链合作等探索区域协调创新发展的新模式。这主要得益于高新区具有以下三点优势:一是高新区具有体制机制调整的灵活性,不同于行政区,它不是一级政府,而是政府派出机构,在进行跨区域或者区域内部的协同合作时受到的制度规则约束更少。二是区域协调发展的核心不在于公平的资源配置,而在于经济和产业的协同发展。高新区集聚了区域内的优势经济和产业资源,以高新区为核心开展区域合作,可以起到事半功倍的功效。三是当前区域协调创新发展趋势是产业链的协同发展,能够优势互补的高新区之间具有更大的合作潜力,实现合作共赢,增强竞争力。

考虑到高新区的发展现状,国家还是决定将高新区作为区域协调发展的核心载体和主要抓手,不断激发其协同动力,鼓励其探索协调创新发展模式,实现产业协同、功能协同、服务协同和品牌协同等协同目标,以高新区引领区域协调发展。

三、高新区区域协调创新发展存在的主要问题

虽然高新区发展态势良好,但是其发展不平衡的格局主要是由以下三个问题引起的:

(一)资源要素分布不平衡

资源要素分布不平衡是把双刃剑,它既是推动高新区开展区域协调创新发展的基石,又是阻碍区域协同发展的拦路虎。东部沿海等发达地区的高新区基础设施完善、金融资源丰富、招商引资政策完备、创新资源集聚,深深吸引着各类高新技术企业入驻,但饱受土地资源的制约,兼顾经济效益和环境效益,部分高新技术产业升级转型活动在东部沿海地区难以开展。中西部高新区的经济发展相对滞后,虽然有大量的土地资源,但是部分地区基础设施搭建困难,对科创人才、企业的补贴力度难以与头部高新区媲美,导致高新区跨区域合作没有达到其预想的水平。

以科创资源投入为例,一方面,科创资源存在投入不平衡的问题。分地区来看,不同高新区之间的差异显著,如图10-3所示,2021年东部地区的国家级高新区企业研发人员数量达到了122.9万人,集聚了众多的优质创新资源,北京中关村研发活动人员达到20.4万人,投入相应经费内部的支出超万亿元;苏州工业园区研发活动人员为7.7万人、深圳高新区研发活动人员为13.0万人,投入研发经费都是千亿元级别;而像北海高新区、咸阳高新区,其研发人员投入仅为100多人,相应经费投入不过5亿~6亿元,创新要素分布极化,区域协调水平难以提升,发展水平差异进一步加大。孙红军等学者的文献研究也印证了这一点,他们以高新区的全要素生产率作为研究对象,来衡量科技创新以及效率提升对经济发展的拉动作用,研究发现存在空间不平衡的问题。不同高新区在资本积累、产业结构等方面的差异,

导致部分高新区的研发投入和双创平台建设都落后于头部高新区,由此加剧了高新区之间的发展不平衡。另一方面,科创资源也需要加强合理配置。虽然为了合理对接创新资源,政府会有意地将高新区选址在高等院校或研究机构附近,但仍有高校专业设置与高新区产业的匹配度不高、研究机构的研究领域偏离高新区产业结构等资源配置不合理的问题存在,这不但不利于提升科技成果的转化效率,而且会出现科创成果仍扎堆在高校及研究机构,游离于企业之外的情况。高新区资源要素分布的不平衡导致其科创能力提升空间有限,无法成为区域创新增长极,也难以带动区域协调创新发展。

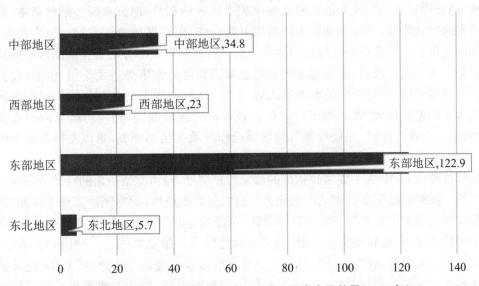

图 10-3　按区域分布的国家级高新区企业研发人员数量(2021 年)

数据来源:《国家级高新区创新能力评价报告(2022)》。

(二) 产业链、供应链发展不完整

截至 2021 年,国家级高新区不仅是全国 35.9%的科技型中小企业的集聚地,还是全国 36.2%的高新技术企业培育的土壤,孕育了超过一半的"生物百强企业"和近九成的"互联网百强"企业。高新区在引领高新技术产业发展方面的成绩斐然,同时不可忽视的是高新区仍旧普遍面临产业"新而不全、全而不强"而导致产业链发展不完整的问题。前者"新而不全"指的是在高新区内虽然不断有新兴的高新技术产业迭代涌现,但受限于产业链相对单一的技术发展路径,难以形成规模效应,上、中、下游企业的关联性不强,无法串联发展,贯通产业链面临挑战。例如,太阳能光伏产业的中游技术发展路径多样,除了传统的晶硅太阳能电池,还可以发展新兴的钙钛矿太阳能电池,为企业提供了多种发展路径,但其上游企业的技术发展路径主要还是靠比拼规模及成本,容易让企业陷入"逐底竞争"的发展困境,上、中游之间技术路径的不匹配,最终会导致产业链发展不完整。后者"全而不强"指的是部分产业虽然具有相对完整的产业链,但其关键技术仍然受制于国外,"卡脖子"问题还未解决。例如高端装备制造产业中,我国的伺服、数控系统依旧受制于国外巨头,国产品牌还是集中在中低端。只有突破其关键技术,加快国产进口替代,才能带动我国工业机器人等高端装备制造业的发展,提升产业创新能力。

深究高新区产业链、供应链发展不完整的问题,会发现这是历史与现实因素共同造就的。一方面,我国高新区的产业大多起步于劳动密集型产业,尤其是沿海地区的高新区为了

加快融入全球价值链的分工体系,采取的是加工贸易的方式,忽视了核心技术研发,导致国产自主品牌缺位。另一方面,我国在新兴产业,例如数字经济等产业领域仍处于起步阶段,还在探索如何对数据进行开放融合及定价,数据要素市场化的配置问题还未解决,所以高新区依旧需要在发展和提升产业链、供应链上下足功夫。

(三)行政分割

从狭义上来看,行政分割是指由于各个园区所在行政区存在经济利益上的冲突,地方官员的考核评价是基于行政区的经济发展绩效,这将导致行政区间更趋向于开展区域竞争,最终形成"地方保护主义",即为最大限度地维护本区域的利益,地方政府会限制资本、技术等创新要素跨区域流动,不同高新区之间难以开展合作,阻碍区域协调发展。从广义来看,行政分割还表现在行政管理和区域协同两个方面。行政管理上的分割是指高新区之间跨区域的合作涉及多个地方政府,部分地方政府可能对高新区日常事务过度干预,例如,设置一系列烦琐的审批手续,相对严格的市场准入规则等。区域协同上的分割是指不同高新区所在区域间水平的差异过大,难以制定可以弥合该差异的政策制度,相应跨区域内产业发展将"无章可依"、企业合作将"无规可循",跨区域合作政策衔接不顺畅,难以发挥其最大的协同效应。

虽然这种以GDP为主要考核指标的政绩考核制度,与由此衍生出的行政分割在改革开放之后的一段时间确实帮助调动不同地方政府之间的积极性,助力经济实现了快速发展,但这种制度设计本质上还是利于竞争而非合作,负面效应开始凸显:第一,受到疫情的影响,全球经济增长放缓,产业转型机会有限,地方政府之间的竞争更多的是一种内卷。第二,我国政策的创新空间有限,有关经济发展和产业升级的政策已经基本成熟,唯GDP论英雄的考核方法容易形成的是利好"卖方市场",会催生在招商引资、招才引智等有关政策的套利空间,加剧地方政府之间的"逐底竞争"。第三,在区域发展高度分化的形势下,这种竞争也就是拼地方政府的财力与补贴,一些欠发达地区政府本身就没有与发达地区的竞争实力,会造成巨大的资源浪费。例如,江浙沪经济发展水平远高于云贵地区,其地方政府财力、开放程度存在显著差异。一方面,前者地方经济收入较高,其在开展合作时更加注重公共服务、社会保障等层面的问题,经济发展较为滞后的后者则全身心投入经济发展,跨区域合作共同目标与地方政府目标之间可能存在错位。另一方面,开展跨区域合作将不可避免地涉及一些难以核算成本与收益的公共利益项目、难以界定风险与责任的项目等,导致跨区域合作具有极大的模糊性,缺少畅通的制度安排。这都会阻碍高新区之间的跨区域合作发挥"1+1>2"的协同效应,区域协调发展活动难以开展。

第二节 中国高新区区域协调创新发展的主要模式

一、"一区多园"模式

(一)"一区多园"模式的理论概述

所谓"一区多园"模式,就是采用新建园区和合并现有一定发展基础的园区等方式,扩大原有高新区的发展空间,在高新区内设立多个各具特色的产业园,由高新区实施统一管理,形成模块化分布、差异化发展和集中化管理的发展格局。在"一区多园"模式下,各个产业园不仅可以发挥各自的比较优势,还可以无差异地享受高新区的产业、税收、人才等优惠政策,进行良性竞争、协同发展。借此,高新区不但突破了发展空间的局限,而且实现了其与邻近区域的联动发展。

(二)"一区多园"模式的发展实践——以中关村"一区十六园"为例

高新区"一区多园"的发展模式最早可以追溯到20世纪90年代中后期,当时的高新区为了扩张产业规模就必须解决其土地空间资源不足的问题,以中关村高新区为首的几大高新区就率先探索了"一区多园"的发展模式。

统计数据显示,目前,173家国家级高新区中已实行或在推行"一区多园"发展模式的高新区占比一半以上,其中有24家高新区在火炬综合排名前30位。"一区多园"模式在全国高新区中如火如荼地发展,而其中最为瞩目的明珠则是中关村国家自主创新园区。

1. 中关村"一区十六园"的扩区路径

30多年时间里,中关村先后经历了五次扩区,才从最初的"电子一条街"演变为如今"一区十六园",图10-4展示了中关村科技园扩区路径。

1988年5月 "一区"	北京市新技术产业开发试验区
1994年4月 "一区三园"	北京市新技术产业开发试验区、丰台园、昌平园
1999年1月 "一区五园"	北京市新技术产业开发试验区、丰台园、昌平园、电子城、亦庄园
2003年7月 "一区七园"	海淀区、丰台园、昌平园、电子城、亦庄园、德胜园、健翔园
2006年 "一区十园"	海淀园、丰台园、昌平园、电子城、亦庄园、德胜园、石景山园、雍和园、通州园、大兴生物医药产业基地
2012年10月 "一区十六园"	海淀园、昌平园、顺义园、大兴—亦庄园、房山园、通州园、东城园、西城园、朝阳园、丰台园、石景山园、门头沟园、平谷园、怀柔园、密云园、延庆园

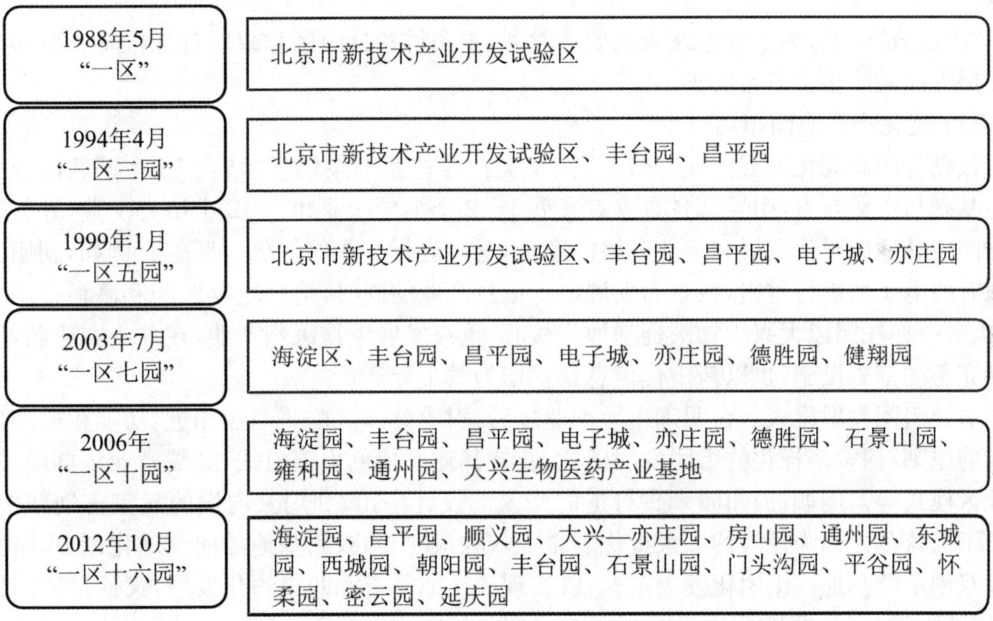

图10-4 中关村科技园扩区路径

2. 中关村"一区十六园"区域协同创新发展现状

近年来,中关村在国家政策指引下,沿着"一区多园"的统筹发展机制,坚定不移地按照分园3年提升发展行动方案的指引,做了许多有益的尝试:布局"241X"高精尖产业体系,促进各个分园区产业集群高端化发展,构建特色化和协同化并存的发展格局。目前,中关村"一区十六园"的发展格局,让高精尖产业集群初具规模。

数据显示:2021年,中关村园区总收入达到8.44万亿元,与去年同期相比增长了16.78%。分园区来看(图10-5),11个分园总收入超过千亿元,海淀园总收入超3.52万亿元,不仅是中关村"一区十六园"统筹发展机制的核心区,还成为首都高质量发展的核心引擎。分技术领域来看(图10-5),在"241"高精尖产业体系的指导下,2021年电子与信息总收入为4.29万亿元,占比高达50.87%,先进制造技术总收入为0.92万亿元,生物工程与新医药突破了0.49万亿元,比2020年增长了1倍。

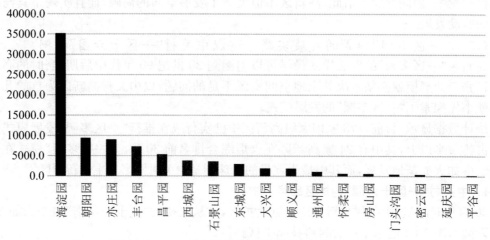

图10-5 2021年中关村按园区统计的总收入(亿元)

"十四五"时期,为了服务北京高质量发展,中关村各分园区和政府都在推动一区多园协同发展方面做了很多有益的尝试。

(1) 优化产业空间布局

鼓励分园高端化发展。在"241X"高精尖产业体系的架构下,结合16个园区内现有的产业基础与资源要素,引导其各自重点发展1~2个主导产业和1~2个培育产业,并鼓励各个分园主动适应时代发展和产业升级的变化,适时进行产业的优化与调整。例如,朝阳园对其原有的电子城进行重组,在着力发展电子信息产业的同时,培育生物医药和高科技服务产业;大兴—亦庄园以大兴生物医药基地为核心,重点发展生物医药产业,在并入亦庄新城后,借助完备的基础设施,也以新一代信息技术作为其主导产业。

引导组团发展模式。在明确主导产业之后,引导分园区按照产业相近、功能相通和地域相连的原则,探索多样化的组团发展模式,支持其建立特色小镇模式、高端产业集群模式、双创社区模式等。例如,通州园牵头打造的张家湾设计小镇,利用其内设的元宇宙创新中心,吸引了以蓝色光标为代表的一大批优质企业入驻;朝阳园双创基地导向全球化创业,跻身国家级双创示范基地。组团化发展模式,既实现了土地等资源的集约化发展,又通过协同发展提升分园区的产业承载能力。

(2) 建设高精尖产业空间载体

推进特色产业园建设。所谓特色产业园是中关村分园区主导产业的聚集地,特色产业园的构建可以通过促进产业基础设施、人力资源、优惠政策等公共资源的共享,推动创新要素等优质要素资源向优质企业流动,整合园区同赛道企业的需求等,实现产业集群与园区规模化管理。这种模式可以形成产业创新发展磁场,有助于提升园区的运营效益,并打响园区品牌。大兴生物医药产业基地是大兴—亦庄园的特色产业园,它是唯一一家由中关村冠名的千亿元级别生物医药产业园。截至2023年7月,已经有600多家企业入驻大兴生物医药产业基地。以沃森生物、科兴中维为代表的20家企业成功上市,同时它培育出近300家高新技术企业和86家"专精特新"企业。为加快打破国际垄断、填补国内空白,大兴生物医药产业基地推出"六园叠加",助力"中国药谷"主动参与国际竞争,在医药创新的前沿"抢滩"。

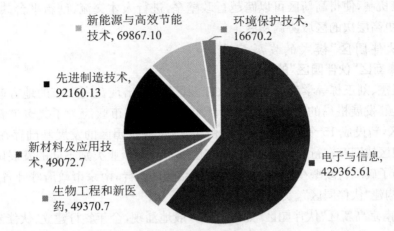

图10-6 2021年中关村按六大重点经济领域统计的总收入(亿元)
数据来源:中关村科技园区管理委员会,http://zgcgw.beijing.gov.cn。

低效园区腾笼换鸟。为了释放分园区承接高精尖产业的能力,中关村鼓励16个分园区自主开展各类腾退空间规模化、定制化的整合和升级改造,释放其潜在的空间资源。贝伦产业园位于海淀园内,原本只是一家废旧的钢构厂,已无法满足海淀园产业发展的需求。在海国投的协助下,贝伦产业园被整合改造为生物医药产业下游急需的中试空间载体,助力完善海淀园生物医药产业全链条的构建。

除了以上举措,中关村政府也将工作重心转移到"如何促进一区十六园的统筹协同发展"上,具体表现为以下3个方面:

第一,深化统筹一区多园的协同工作机制。为了解决中关村各分园区之间的发展不平衡的问题,尤其是一些专业园区规模小、产业散、经济弱的问题,中关村政府从市级层面着力统筹顶层设计,颁布了有关产业建设规划、重大项目落地等政策。引导分园区建立健全分类管理体系,支持其探索园区间合作机制,助力产业跨区域的转型升级和高精尖成果的外溢转化,进而推动上下游企业资源、政策和信息的互通共享,实现产业链联动发展。

第二,完善分园发展支持政策措施。结合"241X"高精尖产业体系和北京市高质量发展的需求,制定促进重点产业发展的政策,定点扶持分园发展主导产业。鼓励分园区搭建高精尖产业协同创新平台,提高产业服务专业化水平。开展"一园一产"提升发展专项行动,加快重大项目落地节奏,打造高精尖产业集聚区。

第三,实施园区分类考核与管理机制。中关村分园区之间的发展依旧是不平衡的,对其考核与管理也不可一概而论。政府先应该考虑不同园区的功能定位、产业领域等因素,定期开展园区分类工作,开展园区考核,并依据考核结果建立园区动态发展的调整机制,推动分园区高质量发展。

二、"伙伴园区"模式

(一)"伙伴园区"模式的理论概述

"伙伴园区"是高新区区域协调发展的新模式。"伙伴园区"借助政府部门的力量,为具有合作意愿的园区搭建起产业转移、协同发展的桥梁。与普通的园区合作关系不同,"伙伴园区"的协同发展不仅涉及产业孵化、项目落地,更重要的是在不同高新区之间搭建了常态化的工作对接机制,使得高新区可以跨越行政壁垒,进行人才交流、创新平台共享等全方位的合作,实现更高层次的区域协调发展。

(二)"伙伴园区"模式的发展实践

1. 南京高新区"伙伴园区"的发展实践

根据胡玉杰、刘玉栋等学者的文献,"伙伴园区"最早出现在南京市的地方政策文件中,是在"一区多园"发展格局的基础上构建的。2017年,南京市政府为了集聚创新要素,整合83个科技园区,新设成15个高新园区。但由于83个科技园区的发展基础存在差异,15个新设的高新园区依旧存在行政级别不同、所在区域不同和产业类别不同的发展困境,导致其各自为政。为了破除行政壁垒、空间差异和产业结构的差异,南京市政府呼吁各园区建立合作伙伴关系,构建"伙伴园区",实现集聚发展。

2019年,南京高新区"伙伴园区"如雨后春笋般地涌现,全年签订建立"伙伴园区"的高新区数量有12家,占比高达80%。各个高新区都在积极尝试利用其比较优势,克服其在行政、空间或产业结构上的短板,实现"整合资源、集聚企业、提升产业、发展园区"的目标(图10-7)。

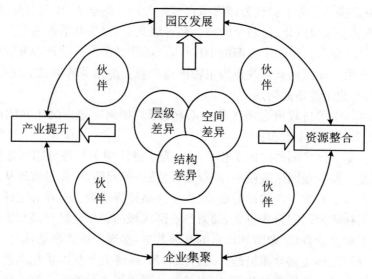

图10-7 南京高新区"伙伴园区"的协同逻辑

建邺高新区与溧水高新区不仅是南京第一对签订伙伴关系的园区,还打破了高新区地域间的空间差异,首次完成主城"牵手"副城。南京建邺高新区区位优势显著,地处南京市主城区,交通便利,创新载体丰富。溧水高新区虽然在副城区,没有靠近发达的金融中心,但其占地面积是建邺高新区的3倍,承接产业升级的土地空间资源丰富。根据南京市高新区管委会披露的文件,一家机械制造企业想要落户建邺高新区,但建邺园地处主城区,土地资源有限,无法满足其机械设备生产所需的大面积厂房建设要求。而建邺园与远郊溧水园同建的"伙伴园区"则可以发挥远郊溧水区土地资源丰富的比较优势,在解决这一难题的同时,为远郊园区引入新企业,打破边界效应,实现园区互利共赢。

秦淮园(即南京白下高新区)和六合园共设的"伙伴园区"突破行政级别差异的同时,还致力于品牌联合、打造海外创新中心。南京白下高新园区属于省级高新区,围绕智能制造、软件和信息技术服务产业;六合园是2017年整合后形成的,以高端装备制造、航空航天等产业为主导。双方虽然具有行政的层次差异,但主导产业是相近交错的。两者借助"伙伴园区",共享创新、人才、技术等资源,共同培育优势产业,互设孵化园,以便建设海外创新中心。

2. 平顶山高新区与嘉兴秀洲高新区共建"伙伴园区"的发展实践

各省市高新区都在探索"伙伴园区"的合作形式,值得注意的是,河南省不仅引导省内高新区建立合作伙伴关系,还积极加快与外省高新区开展"伙伴园区"建设的步伐,主动寻求合作,走在探索区域协调创新发展的前列。

平顶山高新区与嘉兴秀洲高新区(2022年更名为嘉兴高新区)在2021年就完成了伙伴园区建设战略合作协议的签订,并制定了要携手建设创新型特色园区的远景目标。

平顶山高新区地处中原,具有丰富的土地资源和便利的公路、轨道交通,形成现代化货运物流基地,吸引了顺丰、中通等头部企业入驻;利用其独特的产业优势——亚洲最大的尼龙66盐生产基地,重点打造"中国尼龙城",是发展新材料产业肥沃的土壤。

相较于平顶山高新区,嘉兴秀洲高新区拥有得天独厚的区位优势,地处长三角经济发展的中心,并坚持以创新促发展,吸引了众多人才与资金的流入。嘉兴高新区始终以项目建设为中心,营造良好的产业升级转型环境,补强以纺织服装为代表的主导产业的同时,主动与中电科建立合作关系,积极培育具有万亿级市场空间的航空制造产业。

平顶山高新区与嘉兴秀洲高新区签约共建"伙伴园区"是在省际层面上区域协调创新发展的标杆。两者可以整合创新资源,共享优惠政策,发挥土地、技术等要素叠加激活的效应;构建产业链、资本链贯通的营商环境,增强其承接产业集聚发展的能力;互通互联提升园区科创能力,打造科创高地。

三、"飞地经济"模式

(一)"飞地经济"模式的理论概述

"飞地经济"模式高度契合我国不平衡的经济发展。它是指两个行政区域、经济发展水平存在落差的区域为了引导资金、技术、人才等资源跨区域流动,在其各自所在政府的协商下,开展超越经济圈地和行政边界的合作,制定一系列能够发挥比较优势的投资开发战略,实现双方互利共赢的一种区域协调创新发展模式。

"飞地经济"最初被提出是呼吁发展较为滞后的中西部地区承接较为发达的东部沿海地区的产业转移,带动经济由点及面地发展。随着"飞地经济"的实践,高新区之间的"飞地经济"模式被赋予了更加深刻的内涵:第一,权力的嵌入性,高新区之间的行政壁垒是实现区域协调发展必须翻越的大山。在"飞地经济"模式下,被飞入地的管辖权被得以分离和让渡,合作双方共同参与园区的政策制定和日常事务管理,大大提高了行政效率。第二,适配度较高的产业链,开展"飞地经济"合作的高新区之间具有较高关联性的产业链。若两个园区可以完成产业上下游的匹配,将大幅度提高合作的经济效益,实现区域协调发展。

(二)"飞地经济"模式的发展实践

1. 海口高新区"省内+省外双飞地"模式

海口高新区,背靠海南自贸港,将自贸港优惠政策与自身产业基础相融合,大力发展以生物医药为代表的高新技术产业,借此融入"海上丝绸之路"战略,成为拉动海口经济增长的核心引擎。海口高新区地处热带,拥有丰富的生物海洋资源;借助自贸港建设的春风,招商引资的能力日益增强。与此同时,海口高新区在发展高精尖产业时,仍存在一些技术上的壁垒，因此省政府鼓励海口高新区利用其比较优势，主动伸出橄榄枝，与其他高新区联手探索"飞地经济"的建设。2022年，首个省内飞地与省际飞地相继落地，完善全产业链发展。

（1）"省内飞地"。2022年4月，海口高新区与博鳌乐城国际医疗旅游先行区进行协商合作，双方完成了省内首个"飞地经济"的签约，利用自贸港政策和乐城双"国九条"政策叠加的优势，创新医药产业"前店后产"——"乐城先行区研用＋高新区生产"的发展新模式。博鳌乐城享有一些国家特殊政策，如特许药械政策。未在国内上市的国外创新药械可以在乐城先行先试，进行真实的世界数据研究，作为国内未来申报数据的补充，加快国际先进药械国产化及引进的进程。例如，先声药业在美获批上市的医药新品种"曲拉西利"，就利用特许药械政策落户乐城。再将乐城先行研发试用的新药品落地海口高新区进行生产及后续的销售环节，形成园区产业链联动。全球生物医药咨询龙头企业艾昆纬是省内"飞地经济"的第一个合作成果。博鳌乐城"先行先试"帮助先声药业大大缩短了创新药品科赛拉的国内上市时间，评审环节就节省了8个月的时间。2023年，先声药业再次借助乐城研用，在创新药品先诺欣获批后，海口高新区仅耗时12天就完成试产。这些成就得益于自贸港的优惠政策，也离不开海口-乐城"飞地经济"的合作。

（2）"省际飞地"。2022年，武汉东湖高新区由武汉东湖高新集团牵头与海口国家级高新区建立合作关系，共同打造首个省际飞地，推动海口生物医药产业全链条发展。海口高新区主动与省外高新区对接，探索建立"飞地经济"，引入省外优势要素资源的同时，也让自贸港建设的红利延伸至内地。海口高新区有三个方面的比较优势是其吸引资本开展合作的制胜法宝：第一，自贸港政策利好进出口及研发企业。例如在海南自贸港中建设实验室，购买一些研究的实验器械，可以减免关税、进口环节的增值税和消费税，大大节省科技研发企业的成本。第二，海口高新区享受着自贸港政策的同时，也在不断将这些政策细化。例如海口高新区考虑到不同企业的政策应用场景存在差异，所以不断对《原辅料清单》等提出修改增补的意见，帮助企业更好地享受自贸港建设的红利。第三，海口高新区不断完善产业配套、服务配套、要素配套等服务，营造良好的营商环境。

"飞地经济"模式使得海口高新区的生物医药产业取得了长足的进步。2020—2022年，海口高新区新增62家医药企业入驻，医药头部百强企业纷纷在海口落户。2022年海口市生物医药规模以上企业达到58家，总产值达到243亿元，贡献32.2亿元的税收，占比为30%左右，是海口市重要的经济增长极。首个省际飞地——东湖高新海口生物城项目建成后，预计将与超过300家生物医药企业签约，年产值可达30亿元。此外，武汉东湖高新区与海口高新区有望在智能制造领域展开"飞地经济"合作；海口高新区依托成熟的企业培育链条，将进一步落实与广州高新区飞地项目——穗琼高新产业合作区的建设，提升区域协调创新发展水平。

第三节　促进中国高新区区域协调创新发展的政策建议

一、加强区域经济合作，加速推进创新型产业集群建设

促进高新区区域协调创新发展需要兼顾产业链与创新链，充分发挥我国制造业的优势，

结合各个高新区产业基础,探索建设创新型产业集群。当前,我国产业集群建设有两个方面的要点:一方面是传统产业集群的升级改造,另一方面是新兴产业集群的融合发展。传统产业集群建设的重点是结合不同产业所处的发展阶段与宏观环境变化,对其进行分类改造。例如,有些高新区设立时间较早,以传统产业为主导,在开展跨园区合作时,可以参照国家发改委于2021年修订的《产业结构调整指导目录(2019年本)》,加大对新能源、高端制药设备、高档机床等国家列为"鼓励类"行业的升级建设力度,促进其创新型发展;终止被国家列为"淘汰类",如落后生产工艺装备、落后产品等产业集群建设;探索 PVC 食品保鲜膜、VCD 系列整机产品等"限制类"产业的改造。一些高新区内具有如新信息技术、新材料、新医药等处于行业快速发展期的新兴产业,可以响应国家推动战略性新兴产业融合集群发展的号召,在园区合作的同时主动对接地方政府的方案,整合合作园区的比较优势资源,携手突破新兴行业前沿技术研发的瓶颈、破解前沿技术转化的难题。高新区区域协调创新发展应从产业链入手,地方政府要因地制宜,既要利用高新区影响力较大的头部企业的综合优势,又要放大园区内集聚各类中小微企业的集群优势,构建高水平区域协同创新体系。

二、开放创新资源配置,促进开放共享和互补发展

资源要素,尤其是创新资源分布不均衡且流动渠道受阻是高新区区域协调创新发展的绊脚石。为实现高水平的区域协调发展,高新区之间的合作必须破除行政壁垒,畅通资金、技术、人才等创新资源流动的渠道。具体来说,可以从以下几个方面入手:第一,要鼓励地方政府完善跨区域创新资源市场制度及交易规则,提升相应的协调监管水平;第二,加快建设创新资源交易平台,加快高新区之间创新资源跨区域流动的频率与效率,并降低制度性成本;第三,发挥 5G 技术、人工智能等数字资源在区域协调创新发展过程中的作用,搭建高新区创新资源数据库,实现高新区创新资源数据的开放共享与互联互通。例如,为鼓励人才跨区域流动,合作园区就要提供相应的社会保障制度;为吸引企业入驻,要完善税收补贴或优惠政策;为引入新技术,就要搭建完备的实验平台、加大知识产权保护力度等。只有完善高新区创新资源跨区域集聚的机制,才能合理配置创新资源要素,让合作园区优势互补、共赢发展,实现区域协调创新发展。

三、统筹跨区域协调机制,畅通有效的互动机制

畅通资源要素跨区域集聚渠道后,合作高新区所在的地方政府要统筹各类创新主体跨区域的互动机制,打造更加完善的服务平台,以发挥区域协同效应。从协调机制服务主体的角度,高新区及地方政府要在现有协调机制上加以创新,突破传统螺旋三角的局限性,将协调机制的服务对象扩大到研发机构以外的主体,例如消费者、新型的创客等其他利益相关者,丰富协调机制的服务维度。从协调机制提供的服务来看,为了让不同高新区之间得以开展更加高效的合作,地方政府可以把以下几个方面作为工作重点:第一,创新原有的配套服务平台,引入可以提供金融服务、人力资源等专业性的服务机构;适当降低合作园区内创新创业的门槛和成本,鼓励以孵化器为代表的中介机构为创新创业主体提供服务,及时准确地掌握国家政策、产业发展等外界环境的变化。第二,完善合作园区的激励机制,鼓励园区内各类主体主动参与到区域协调创新发展的战略中,克服创新"惰性"的同时,增强其"居安思

危"的意识,打造区域协调创新发展标杆。第三,畅通投融资渠道,探索设立政府引导基金、发行科技创新债券等创新的金融模式,撬动社会资本流入合作园区,助力产业升级与园区发展。借助地方政府的力量,为高新区区域协调创新发展构建有效的协调互动机制。

四、打造区域创新增长极,增强国家级高新区辐射带动作用

国家应鼓励高新区探索区域协调创新发展的新路径,发挥高新区在区域创新方面的辐射带动作用。首先,国家支持高新区展现其领头羊的风范,牵头与周边产业互补的各类工业园区、经济开发区携手共建区位成片、优势互补、协同发展的区域共同体。其次,国家支持符合条件的地区,按照相关政策规定,借助国家级高新区的平台申请设立综合保税区。如天津东疆综合保税区,为涉及进出口业务的企业减免关税等,吸引外资,增强区域核心竞争力。最后,国家支持部分有条件的地方主动整合高新区的优势要素,设立国家自主创新示范区,充当新时代改革创新的试验田,强化科技支撑,提升区域创新能级,助力优势产业转型的同时,培育新产业,深化区域一体化发展,加强高新区区域创新增长极的引领作用,实现高质量的区域协调创新发展。

第十一章　中国高新区转型升级创新发展研究

本章主要探讨高新区转型升级创新发展的现状与优化路径。通过分析高新区概况、面临环境资源的匮乏和存在的管理运营无序等问题以及在转型过程中可能遇到的挑战因素，从产业结构、创新能力、人才培养、政策保障四个方面提出相应的解决措施与建议，以促进高新区内企业的转型与协同发展，同时促进园区平台进一步建设与高效运营。

第一节　中国高新区转型升级创新发展概况

一、推动高新区转型升级创新发展的意义

中国高新区是中国在经济改革过程中为实现科技自立自强和推动经济高质量发展而设立的特殊经济区域，以1988年5月国务院批准建立第一个国家高新区为标志，我国正式拉开建设高新区的序幕。通过积极引进国际先进的企业、技术和管理经验，中国高新区进入发展"快车道"。

但是，缺乏自主创新能力的发展内生动力不足，时至今日，我们仍然面临众多问题与挑战。首先，许多企业依赖于技术引进与模仿创新，一些重要领域的制造技术仍然未能够完全掌握，大到数控机床、先进医疗设备、高端发动机，小到芯片、高端螺栓、精密轴承等，都大量依赖进口，而这些产品与装备都深刻影响我国的工业进程与民生改善。其次，高新区的地方政府对于引进企业的管理和服务水平不一，缺乏一致性和专业性，导致产业重复投资，未能形成良好的上下游互动关系。此外，高新区的人才供给与培养存在不足，特别是高技能人才的市场供给与需求之间存在差距，进一步制约了高新企业的创新发展能力。

因此，高新区的转型升级刻不容缓。产业结构的升级方向主要是数字化转型、高端制造、绿色发展、服务业结构优化以及产业链重塑等；除此之外，园区运营效率提升也是转型升级的重要聚焦点，高效运营的园区能为企业提供良好的平台服务，以此推动高新区园区主体与企业的协同发展。

党的二十大报告明确提出，"高质量发展是全面建设社会主义现代化国家的首要任务。"推动高新区高质量发展要求高新区积极进行转型升级，要坚持目标导向、问题导向，注重政府与市场的协同，统筹推进产业升级、结构优化和新老基础设施建设，符合党的二十大报告对创新能力建设以及推进新型工业化的要求。

国家级高新区作为高新技术企业的重要聚集地，其功能能否有效发挥影响着高新技术成果的产出，进而影响我国在国际上的经济与科技地位。通过促进高新区产业的转型升级，

有助于淘汰一批落后产能,促进资源向专、精、特新倾斜。同时通过产业链上下游企业的有效衔接,降低成本、促进产业协同发展。

另外,园区服务结构的转型升级对经济发展也至关重要。高新园区的管理运营、配套设施、人才落户政策等因素极大地影响企业的入驻意愿。随着服务业在国民经济生产总值的比重上升,其对实体经济的支持作用越发凸显。通过引入智能服务与数字化技术、提升园区服务和运营能力,可以极大优化产业结构,促进经济发展。

二、高新区转型升级创新发展现状

国家级高新区是中国在经济转型升级和创新发展方面的重要探索和实践领域。2020年,国务院印发《关于促进国家高新技术产业开发区高质量发展的若干意见》中提出,以转型升级为目标,完善竞争机制,加强制度创新,到2035年,建成一大批具有全球影响力的高科技园区,主要产业从低端制造到占领价值链中高端,园区治理体系和治理能力现代化迈上新台阶。

当前,中国高新区的转型升级和创新发展取得了显著成就。首先,高新区在引进和培育高科技企业方面取得了突破性进展。各地方政府通过税收优惠、资金支持、人才引进、市场准入便利化等政策,吸引了国内外优秀企业和创新团队入驻高新区。2020年国家级高新区工商注册企业数达3587294家,年末从业人员23835165人。这些企业和团队通过技术创新和研发,推动了高新技术产业蓬勃发展,为中国经济的结构调整和转型升级提供了重要支撑。

其次,高新区在推动产业协同和创新合作方面取得了积极成果。高新区通过建设创新平台、推动产学研用合作和跨界融合等方式,促进不同产业的交流和合作,促进了产业链上下游协同发展。截至2021年,已有国家大学科技园141家,在孵企业10127家;科技企业孵化器5843家,在孵企业233351家。这种协同合作提高了产业的创新能力和竞争力,在加快技术转移和成果转化速度的同时,推动了高新区产业的集聚和创新创业的繁荣。

此外,高新区在构建创新生态和优化营商环境方面也取得了重要进展。高新区加大了知识产权保护力度和科技创新成果转化的力度,为企业和创新者提供了更好的政策支持和创新环境。例如,通过简化行政审批程序、实行优惠的税收政策和降低市场准入门槛等措施,以优化营商环境,吸引更多的投资主体和科技人才,促进创新创业的繁荣。

根据余永泽(2020)总结的产业转型升级综合评价指标体系,本章从城市整体产业结构、制造业结构水平和制造业技术水平三个方面构建产业转型升级指数(表11-1)。

表11-1 产业转型升级综合评价指标体系

一级指标	二级指标	三级指标
城市整体产业结构	产业间结构变动	第三产业产值/第二产业产值
制造业结构水平	投入结构:要素依赖度	技术密集型比重
		资本密集型比重
	产出结构:产出清洁化	清洁生产产业比重
制造业技术水平	出口技术水平	出口技术复杂度

（一）城市整体产业结构

根据钱纳模型，经济发展的过程会伴随服务业比重持续上升的趋势特征，当服务业占比超过50%后，经济将进入比工业经济更高层次的社会经济形态，即服务经济阶段。经济服务化的发展推动了传统工业经济结构向现代服务经济结构的转型，此转型过程不仅标志着产业结构的演变，而且体现了服务业与制造业之间日益增长的交互作用与融合趋势。当前中国产业转型升级具有两个方面的含义：一是产业间结构调整，即第二产业所占比重下降、第三产业所占比重逐渐上升；二是产业内升级，即由"微笑曲线"中低附加值向高附加值部分移动，主要表现为制造业服务化。

根据国家统计局发布的数据，将近十年国内生产总值中的第二产业产值与第三产业产值比较绘制成表11-2。

表11-2　2011—2021年国内第二、三产业产值统计

年份	第二产业产值(亿元)	第三产业产值(亿元)	第三产业产值/第二产业产值
2011	227035.1	216123.6	0.95
2012	244639.1	244856.2	1.00
2013	261951.6	277983.5	1.06
2014	277282.8	310654.0	1.12
2015	281338.9	349744.7	1.24
2016	295427.8	390828.1	1.32
2017	331580.5	438355.9	1.32
2018	364835.2	489700.8	1.34
2019	380670.6	535371.0	1.41
2020	383562.4	551973.7	1.44
2021	450904.5	609679.7	1.35

数据来源：国家统计局。

将第三产业产值占第二产业产值比重绘制成图11-1，可以更好地反映其增长趋势。

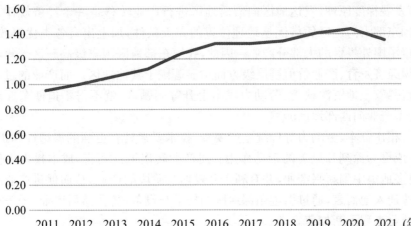

图11-1　2011—2021年第三产业与第二产业比值趋势图

分析以上图表内容可知,近 10 年来,第三产业发展增速较快,与第二产业比值呈稳步上升趋势,10 年间产值扩大近 3 倍,从城市整体结构来看,产业转型升级形势较好。

(二)制造业结构水平

根据产业转型升级综合评价指标体系,技术密集型产业比重与制造业结构水平正相关。技术密集型产业所需要的知识技能要求高,从业者劳动技术水平高,所需要投入的科研经费多,产品附加值较别的部门也高,增长速度更快。根据国家统计局分类规定,主要包括信息通信技术制造业,信息通信技术服务业,新装备制造业,新材料制造业,医药医疗产业,环保产业,研发、设计和技术服务业等 7 大类。目前,我国在信息通信技术、新装备制造、新材料等领域都取得了突破性成就。以信息通信技术为例,截至 2023 年 6 月底,我国 5G 基站累计达到 293.7 万个,逼近 300 万大关,已覆盖所有地级市城区、县城城区。从 2017 年到 2021 年,我国通信设备制造行业市场规模不断扩大,从 969 亿元增加至超过 2000 亿元(图 11-2)。

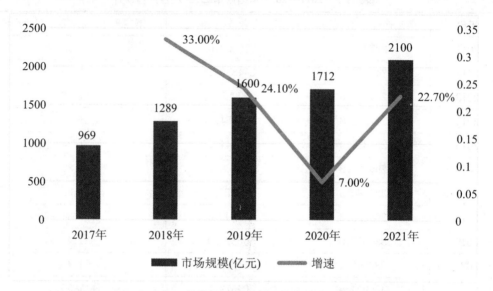

图 11-2　2017—2021 年我国通信设备制造行业市场规模及增速图

数据来源:《中国通信设备制造行业发展趋势调研与未来前景预测报告(2023—2030)》。

(三)产业梯度转移

按照经济发展梯度原理,发达地区向落后地区进行产业转移是一个经济规律。自改革开放以来,中国东部沿海地区凭借优越地理位置的先天条件,加上出台各类优惠政策,经济增长迅速,承接了国外投资的大部分产业。因此,我国东部地区国家级高新区聚集了大部分的资源,在知识经济发育、产业价值链层级方面均显著优于其他地区。而产业的过度集聚必然会带来环境污染、土地资源缺乏、劳动力成本上升等问题,这就不得不迫使东部地区的劳动与资源密集型产业向西部地区转移。

研究显示,相比资本、劳动力等传统生产要素,技术要素具有更强的渗透性和扩散性,会对产业升级造成更为深刻和显著的带动作用。对产业转出地区而言,成本投入降低后可以将生产要素更多地集中到新兴产业,并有利于开发增长阶段的产业,从而促进产业结构进一步升级;对产业迁入地而言,通过引进东部地区的技术与设备,替代落后产业,经济结构调整步伐加快,工业化进程不断加速。

从全国区域来看,东北地区正加快高端装备、航空等传统优势产业改造升级;东部地区强化关键核心技术创新,努力提升创新策源能力和全球资源配置能力;西部地区有序承接东部地区产业转移;中部地区积极承接新兴产业布局和转移,建设内陆地区开放高地。

从传统制造业来看,中国汽车制造的中心仍然在上海,但逐渐呈现由上海向周围辐射转移的趋势,东北三省原是北部汽车制造中心,目前逐渐向河北、北京集聚,中部地区的制造中心则转向湖北、重庆等地,南部区域向广东形成集聚效应;而钢铁的转移路线呈现出从河北、山西、山东和成本较高的西南、华南地区向江苏及中部地区集聚的趋势;化纤与纺织等轻工业则逐渐向江苏、浙江等优势地区聚集。

而新兴制造业的产业转移主要呈现出向地理纵深发展的迁移格局。从半导体制造和通信制造来看,主要由北上广等原先的发展优势地区向中部腹地以及江苏聚集。此外,由于国家政策支持,通信设备行业逐渐向政策优惠地、产业技术资源丰富的地区聚集。

新兴制造的迁移方向和地方政策、工业基础、区位优势的匹配度高度相关。合肥围绕芯片、半导体、人工智能等核心基础产业出台相关优惠与鼓励政策,打造了"大湖名城、创新高地"的城市名片;武汉则以光纤通信产业为发展重点,并出台相关扶持政策,经过多年建设,东湖高新区顺利成为国家光电子产业基地;郑州围绕富士康为发展中心,努力打造5000亿元级别电子信息产业基地,成功搭建配套电子制造的产业链集群。

我们通过观察以上产业转移路径可以发现,传统产业逐渐从原有优势地区向低成本、高效率的地区集聚;而中高端制造业则呈现出从沿海向中部区域的核心城市迁移的特征。

三、高新区转型升级创新发展主要问题

国家级高新区通过持续地探索与实践,已在规模扩张与效益提升方面取得显著的成绩。然而,当前高新区正处于产业结构转型升级的关键阶段,在这一过程中不可避免地面临着系列问题亟须解决。

(一)产业结构优化问题

1. 要素成本增加

在高新区的建设与发展过程中,土地资源配置、能源消耗效率、劳动力成本控制等要素构成了关键性问题。第一,工业经济的持续增长带来了对土地使用与能源消耗的刚性需求,但生态保护的红线限制了自然资源的供给,形成了供需矛盾;第二,低效率的传统企业占用了大量的资源,但不合理的土地定价机制又对初创企业构成了进入壁垒;第三,尽管普通劳动力供给过剩,但高技能人才的短缺却成为了制约发展的因素。针对这些结构性要素错配问题,国家级高新区需制定并实施一系列创新策略,以促进资源的优化配置和产业的高效发展。

如图11-3所示,近10年北京、上海、深圳工业用地价格总体呈上涨趋势,2018年以前,深圳的工业用地价格增长最为显著,但在2018年之后受政策调控及经济环境影响,出现下降趋势。进一步计算各地工业用地价格增长率,可以绘制成图11-4。

以北京、上海、深圳三地近10年的工业用地价格作为研究对象,可以发现价格走势一路上涨,2018年到达历史高点,之后增长率有所下降,深圳与上海工业用地价格在2018年之后明显回落,而北京工业用地价格仍缓慢增长。

目前,我国国家级高新区大部分土地资源被传统制造业所占据,土地利用效率有待提

高。虽然由于政策引导与控制,土地热有所消退,但高新区尚可利用的土地资源相对紧张,从而进一步要求产业转移与产业转型升级。

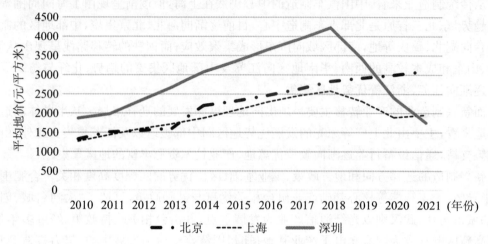

图 11-3　北京、上海、深圳工业用地价格趋势对比

数据来源:中国地价监测网。

图 11-4　北京、上海、深圳工业用地价格增长率对比

数据来源:中国地价监测网。

观察 2000 年来的数据(图 11-5)可以看出,每年我国能源的供给与消耗量大致持平,工业能源消费总量占总能源消费总量的比重较高。在工业能源消耗中,制造业能源消耗近 50%,特别是石油加工业、化学原料和化学制品制造业、金属加工业对能源的需求量最大。能源是驱动工业发展的血液,在自然资源逐渐减少的情况下,寻找可替代的再生能源、促进产业转型升级,是实现经济可持续发展的重要途径。

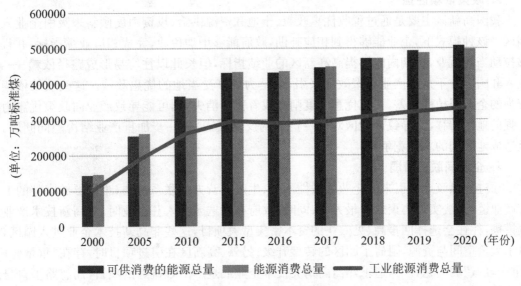

图 11-5　我国能源消费情况

数据来源:国家统计局。

2. 主导产业趋同

我国区域资源丰富,邻近省份的资源优势、生产条件和能力相近。同时地方政府为追求利益对产业发展进行干预,区域间相继追随热门产业,而市场信息引导的滞后性,导致盲目进行项目建设与角逐,企业"过度进入"造成重复建设与产业结构趋同。

从统计数据可以看出,截至 2020 年,173 个国家级高新区中,以装备制造为主导产业的有 66 个,以电子信息为主导产业的有 65 个(图 11-6),其后是新材料、生物医药、新能源、汽车及零部件制造。经过分析可以发现,超过 30% 的高新区主导产业集中在装备制造、电子信息和新材料等领域,表明这些高新区在产业发展上存在一定程度的同质性,缺乏明显的特色化发展方向。

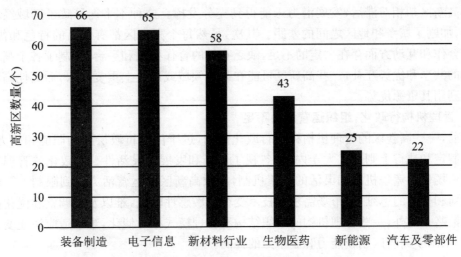

图 11-6　主要主导行业高新区数量统计图

数据来源:科技部高技术产业开发中心。

3. 政策依赖性强

我国高新区主要是通过税收优惠政策、土地和资源供给、投资力度倾斜来吸引企业入驻园区。该种模式下，企业能够得到相应补助，政府能够增加税收，完成相应业绩指标，并且能够拉动当地就业，短期内能够提高高新区的业绩指标，但长此以往容易形成路径依赖——企业入驻园区并不是被产业集聚效应吸引，而是为了享受当地的优惠政策。这些政策依赖性较强的企业根植性较差，一旦优惠力度削减或者优惠消失，则可能导致产业向政策优惠力度更强的地区转移，又导致该地区对同一产业的反复投入，进一步加重产业结构趋同问题，甚至造成地区间的恶性竞争。

4. 企业间联系薄弱

通过优惠政策吸引来的企业关联性不强、生产经营方面联系薄弱，难以形成完整的上下游产业链，无法实现集聚效应最大化；同时，政府在筛选园区入驻企业时，对高新技术产业定位模糊，往往会选择回报高、见效快的资本密集型大项目，这些非高新技术企业进入园区，挤占了大量空间与资源，阻碍了园区的转型升级；另外，高新区在引进项目时，存在"重量轻质""重产轻城"的问题，一味追求热门高精尖技术企业或是产出效益好的项目，而忽略了自身地域优势与特点，造成资源浪费与重复投资。

（二）园区运营问题

产业结构优化与升级是我国国家级高新区转型升级创新发展的拊背扼喉之难题，随着高新区发展模式越来越成熟、平台功能越发完备，园区运营问题同样不可忽视。

1. 服务业发展滞后

城市功能配套不足。目前高新区的居住用地主要呈现分散化形态，难以形成服务核心。社区组织不完善，教育、医疗、文化等设施不集中，配套设施建设滞后，直接导致总体量上配置不足。另外，园区内传统工业用地长期挤压居住空间，缺乏集中型商业设施，整体服务水平不高。

2. 区域分布不平衡

园区间缺乏互动合作。首先，一些地方的高新区凭借政策与地理优势，率先获得发展，成为经济增长的重要引擎，如北京的中关村、上海的张江、深圳的南山科技园等。然而，其他地区的高新区却相对滞后，发展潜力未能得到充分发挥。这种不平衡导致了区域经济发展的差异，加剧了城乡和地区之间的差距。其次，虽然每个高新区都有自己的特色和优势，但它们在合作和互动方面存在一定的不足，缺乏有效的合作机制和平台，限制了各个高新区之间资源的共享和优势互补，一些高新区可能在某些领域或产业上重复投入，而其他高新区无法充分利用其资源优势。

3. 管理机构行政化，组织运营活力不足

目前，一些高新区的管理机构存在行政化倾向，过于注重行政层面的职能和权力，规章制度的制定和执行上则形式大于内容，忽视了创新和发展的灵活性。行政化的管理方式通常缺乏市场化的竞争机制和灵活的决策机制，导致高新区的运营活力受到限制。管理机构缺乏创新和开放的思维，对市场需求和技术变革的敏感性较低，难以及时调整和优化高新区的发展策略。此外，一些管理机构的组织结构和管理模式相对僵化，难以适应快速变化的创新环境，限制了高新区创新能力和竞争力的提高。

第二节　中国高新区转型升级创新发展的主要驱动因素与挑战

一、高新区转型升级创新发展内外部驱动因素

（一）政策导向与市场需求

在创新驱动发展战略的背景下，国务院颁布了《国务院办公厅关于促进国家级经济技术开发区转型升级创新发展的若干意见》《关于促进国家高新技术产业开发区高质量发展的若干意见》等一系列文件，同时配套相关优惠政策和支持措施、产业政策和规划指导，旨在加强科技创新、推动产业转型升级和提高经济竞争力。

政府鼓励高新区集中力量发展信息技术、生物医药、新材料、新能源等高新技术产业。提出支持科技成果转化为实际生产力，鼓励高新区加强科技成果的转化与应用，推动科技成果向市场转化，促进经济发展。

为推动这一目标的实现，中央及各地方政府提供各种形式的资金支持，包括创新创业基金、科技创新专项资金、科技贷款等，以帮助高新区的企业和科研机构开展创新研发和技术转化。同时针对高新区的企业给予税收减免和优惠政策，以降低企业的成本，提高投资回报率。

在人才引进与培养方面，政府成立了中国高新区国际人才发展专项基金，并为科技成果转化人才落户、住房、子女就业提供保障。同时，政府也支持高新区开展人才培训和技术交流活动，提高人才的创新能力和竞争力。

市场需求是推动经济增长的关键驱动力。随着社会和科技的发展，消费者对数字化解决方案的需求日益增长。企业需要利用数字化工具、云计算、大数据分析、人工智能等技术来提升效率、优化业务模式和提供个性化的产品和服务。同时，消费者的环保和可持续发展的意识逐渐增强，市场对绿色产品和环保解决方案的需求不断增加。可再生能源、节能环保技术、循环经济等领域的产品和服务得到了广泛关注。另外，新兴技术的应用需求不断涌现，如物联网、5G通信、无人驾驶、虚拟现实、增强现实等。市场对这些技术的应用和相关产品的需求不断扩大。高新区需要通过转型升级来满足新的市场需求，提供符合消费者期望的创新产品和服务。只有紧跟市场需求的变化，才能保持竞争力和实现稳定增长。

（二）技术进步与产业升级

通过引入先进的技术和创新的生产方式，企业在提高产品质量与生产效率的同时可以进一步降低生产成本，获得市场竞争优势。引入新技术、改进生产工艺和提高管理水平，能够提高产品的附加值和市场地位，促进产业的升级和优化。国务院在《国务院关于促进国家高新技术产业开发区高质量发展的若干意见》中提出，国家级高新区要加大基础设施和应用研究投入力度，推动技术创新与产业化的深度融合。我国在卫星通信、人工智能、航空航天等领域都有了技术性的突破，走在世界前列。因此，我们更应当发挥好这些领域的优势，通过技术升级推动产业升级，实现技术成果向产品应用的转化。

新兴技术的应用和创新解决方案的提出,使得消费者对智能化产品和服务提出了更高的品质与个性化的需求。通过产业转型升级,企业能够满足这些新需求,提供创新产品和解决方案,保持市场竞争力,同时可以带来新的市场空间和商业模式的创新。企业可以借此抓住这些新商机,拓展新的业务领域,构建更加健康和繁荣的产业生态系统。

(三)国际竞争与合作

全球化经济下,产业结构转型升级是提高国家和企业在国际市场上的竞争力的重要手段。面对不同国家、不同地区的市场需求,通过调整产品结构和市场定位,企业能够开拓更多具有潜力的市场,增加自身产品的国际市场竞争力。一方面,与国外成熟的高新区相比,我国高新区的创新能力与技术转化能力偏低,亟须通过国际交流与合作、引进先进技术来提高创新效率与生产水平,实现降本增效与可持续发展。另一方面,通过转型升级改造技术与设备,提高产品质量和降低成本,企业能够在全球市场上赢得竞争优势。产业结构转型升级能够使企业具备更强的国际竞争力,抢占更多的市场份额。

二、高新区转型升级创新发展面临的挑战

(一)产业结构调整与优化

放眼全球,多数国家在经济发展过程中都会经历去工业化的过程。在中国经济实现平稳增长的同时,应当注意到产业结构的演变趋势,即工业的比重逐渐降低,第三产业的比重持续上升。这一趋势反映了中国产业结构正在进行转型升级,标志着国家经济发展模式更加趋向于服务业和高附加值产业。2022年,我国第三产业增加值比重为52.8%(图11-7)。从融合发展阶段来看,我国整体正处于服务业加速发展、工业经济向服务经济转型的过渡时期,即制造业驱动"两业"融合发展阶段。

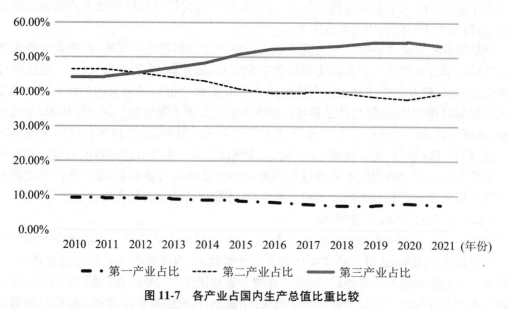

图11-7 各产业占国内生产总值比重比较

数据来源:国家统计局。

但是,产业转型升级需要依靠技术创新和转化来实现。然而,技术创新和转化面临着技术风险、高成本和长周期等挑战。开发和应用新技术需要大量的研发投入和时间成本,企业

在面临资源有限、融资困难和未来的不确定性等问题的情况下做出决策,并克服技术转化的困难,仍具有较大的挑战性。

林淑君等(2022)研究发现,在工业比重下降的过程中,劳动密集型工业收缩、资本密集型服务业扩张,从而扩大收入差距。这对实现2035年共同富裕的远景目标提出了重大挑战。产业结构调整和优化涉及多个方面,包括组织结构、供应链、市场定位和产品结构等方面的调整,需要多个利益相关者的合作和协调,可能面临利益分配、利益冲突和组织变革等复杂问题。

(二)创新能力与技术研发

创新能力是衡量高新区建设和经济高质量发展的重要指标,对于高技术产业来说,具有先发优势的企业可以通过构建技术壁垒获得创新利润,而后发企业通常难以通过模仿获得技术。我国工业起步较晚,属于高技术领域的后发国家,一些"卡脖子"技术,如芯片、发动机、材料制造领域仍落后于世界先进国家,从而不得不依赖进口。造成这种现象的原因,归根结底还是关键核心技术领域的科技创新能力不够,仍然需要进一步研究突破。

对已取得研发创新成果的企业来说,如何保护其智力成果、保持领跑优势也是需要特别关注的问题。在人工智能、大数据、量子通信、量子计算等领域具有重大进展与突破的行业,知识产权保护尤为必要,法律法规可能存在滞后性,商业泄密打击力度不够,容易挫伤企业进行创新和研发的意愿与积极性。

此外,产业转型升级需要大量的研发投入和时间。企业需要投入足够的人力、资金、设备等资源进行研发活动。同时,研发过程也伴随着一定的技术和市场风险,对初创型的高新技术企业而言,缺乏相应的资金实力与抗风险能力,容易导致研发过程中资金链断裂或市场进入困难,科技成果未能进一步转化便"胎死腹中",不利于创新企业的培育与成长。

(三)人才培养与引进

高新区转型升级需要创新推动,而创新能力建设与高素质人才的培养与引进息息相关。然而,现有人才供给与转型升级所需的技能型与知识型人才存在不匹配的情况。潜在的技术短缺、专业背景不符、创新能力不足等问题,将导致人才供需的不平衡。我国存在高等教育与职业教育严重分离的现象。首先,大量本科生、研究生在毕业后涌入热门行业,而不管自己所学专业是否符合岗位要求,容易造成个别行业的人才饱和而其他行业的人才短缺,造成教育资源的浪费;其次,先进制造业和高新技术产业创造了大量的就业岗位需求,对技能型人才依赖性较高,而高职院校普遍存在专业教育水平偏低、人才供给规模和专业对口性不充分、不适应的问题。

另外,产业转型升级需要对现有员工进行培训,以适应新的技术和工作要求。但是,技术人才的培养和转型需要时间和投入,企业需要解决培训成本、培训计划的制定和实施、员工适应新技术的能力等方面的阻碍。

在产业转型升级中,对高级技术人才和管理人才的需求往往较为迫切。然而,高端人才的稀缺与流失现象反映了我国企业存在人才管理制度不完善的问题,薪酬福利、工作强度、培养力度、激励措施等都会影响人才的积极性。对高层次人才的引进,企业则面临全球范围的竞争,需提供具有竞争力的薪酬和福利待遇,并创造良好的职业发展环境和工作环境,才有可能吸引与留住人才。

第三节　促进中国高新区转型升级创新发展的对策建议

一、优化产业结构与布局

（一）资源集约化转型

目前，我国的产业结构呈明显的区域分布状况，以京津冀、长三角、珠三角等地区为主要聚集中心。这些沿海城市凭借其区位优势、资源优势吸引了大量高新技术人才，并带动一批新兴城市的崛起与发展。但这些城市群也是容易最先遭遇发展瓶颈的区域，大量企业的聚集与入驻加剧对有限资源的争夺，从而限制了其进一步的扩张发展。因此，亟须通过现代化的管理手段，发挥人力资源的积极效应，合理调整要素组合方式，建立"以亩产论英雄""以效益论英雄""以能耗论英雄""以环境论英雄"的激励约束机制，盘活存量资源，加快"腾笼换鸟"，从而实现资源利用最大化。

人们对生活质量的要求越来越高，对产品质量和环境保护的要求也越来越高。高端制造和绿色发展成为产业结构升级的重要方向。高端制造是指在产业价值链中增加高附加值的环节，通过科技创新和结构升级，提高产品质量和品牌价值。绿色发展是指在产业发展过程中注重环境保护和资源利用的可持续性，推动经济增长与环境保护协同发展。

一方面，高新区可以鼓励企业进行智能制造、绿色制造等方面的探索，推动传统产业向高附加值领域转型。再者，企业实施资源回收和再利用，减少对资源的消耗，鼓励企业采取节能减排、环境友好的生产方式，提高资源利用效率，降低环境污染水平，积极响应国家"碳达峰""碳中和"的政策号召，实现绿色集约式发展。在产业配套方面，应当注重园区主导产业与上下游产业链相关产业的融合性与协调性，通过促进企业之间的密切合作与资源整合，形成专业化市场并带动相关产业的发展。

（二）服务业结构优化

随着经济的发展和人们消费观念的变化，服务业已经成为国民经济的重要支柱和拉动力。人们对生活品质和生活方式的要求越来越高，服务业的结构优化成为产业升级的重要方向。尤其是知识密集型和技术密集型的服务业，如金融、教育、医疗、咨询等，将成为未来服务业的重要增长点。

放宽服务业市场准入条件，降低外资准入门槛，推动金融、电信、教育、医疗等领域的对外开放。同时，加大对外资企业的政策支持力度，为外资企业提供良好的投资环境，吸引更多的外资企业进入我国服务市场。

另外，优化服务业内部结构，一是调整服务业内部行业分布，引导资本向高附加值服务业转移，推动交通运输、批发和零售、住宿和餐饮等传统服务业向现代服务业转型，提高服务业整体附加值；二是加大服务业领域对外开放力度，深化服务业改革，完善相关法律法规，消除市场准入障碍，推动服务业领域的全面对外开放。

（三）差异化发展战略

国内外高新区的发展经验表明，打造高新园区的自有特色有助于提高其竞争力。要打破产业趋同的现状,各园区必须依据各自的区域优势、经济结构、国家宏观经济发展趋势等现实条件,建设有特点、有特色的现代化园区。同时完善相关考核指标,弱化以高新区地区生产总值为主的评价指标要求,加入创新能力、生产效率等综合指标,实行有差别的绩效评价体系。在以亩均税收、亩均营业收入为主要指标的基础上,结合本地发展实际情况和工作需要,科学选取或增设其他评价指标,开展具有当地特色的亩均效益评价和结果运用工作。

（四）智慧化运营模式

高新区的转型升级不仅包括园区内产业结构的转型升级,同样对园区自身的运营模式提出了新的要求。在数字化、大数据、人工智能已深刻影响生活与工作的今天,园区的智慧化运营水平成为高新区发展能力的重要评价指标之一。园区提供的服务不应仅限于企业服务平台搭建、园区公共关系建设、招商引资、创业孵化等,更应当充分发挥信息技术和数据收集优势,建立统一的数据平台,进行数据的集中存储、管理和分析,以促进业务协同和决策支持。通过物联网、人工智能和大数据技术,加强园区监控水平、信息安全和隐私保护,建立健全信息安全管理体系;通过智能化的环境管理与监测,促进园区内资源的节约利用,提升园区内企业的智能化体验,提高成果转化与产出效率。

二、提升创新能力与技术水平

在经济全球化与科技竞争愈发激烈的背景下,高新区的创新能力与技术水平对经济增长和国际地位的重要性不言而喻。要想实现科技强国,必须加强自主创新能力,在一些"卡脖子"领域攻坚克难,做出突破性研究成果,才能摆脱西方的"科技制裁"。而提升自主创新能力的方法之一就是要加大各地区的科技创新要素投入力度。

（一）引进与开发新技术

高新区内创新型企业应当积极引入国内外高精尖技术,吸取成熟经验,将新技术应用到创新产出中去。同时提高自身创新意识与创新能力,就一些"卡脖子"关键环节,增加研发经费投入与引进相关优秀人才,引导产业链上下游企业的协同合作,带动园区内企业共同研发,形成良好的互动氛围与辐射激励效应,提高整个高新园区的创新积极性。

技术创新是推动产业结构升级的重要驱动力之一,数字化转型已经成为各个行业的共识。在制造业中,智能制造正在快速发展,通过信息技术的应用,实现生产过程的智能化和自动化,提高生产效率和产品质量。在服务业中,数字化转型也是一个重要方向,通过互联网和移动互联网技术,改变传统服务业的运营模式,提供更加个性化和高效的服务。

（二）创新平台搭建

首先,政府应当发挥引导作用,通过政策支持,破除研发创新的体制机制障碍,努力促进企业与高校之间的合作。另外,加大对科研项目的投入力度,推动诸如国家实验室、技术创新中心等创新平台的建设与有效运行,引导建立各主体间的良好交流与合作关系,进一步提升产学研的结合度,促进创新知识成果的有效转化。

全球经济一体化的加速和跨国公司的发展,正在重新塑造产业结构和产业链。跨国公司通过资源配置和技术创新的优势,加速了产业结构升级和转型。同时,全球供应链和价值链的重新布局,也推动了产业结构的变革。以电子产业为例,中国已经成为全球电子产业的重要基地,并通过参与全球供应链和价值链的重构,提高了产业的附加值和国际竞争力。面向未来发展和国际市场竞争,支持国家级高新区加强与世界各产业龙头高新区的联系,为企业提供更多学习与交流机会,借鉴其成功经验,并结合自身企业与园区特色加以本土化应用。同时加快引进集聚国际高端创新资源,深度融合国际产业链、供应链、价值链,鼓励和帮助园区内企业"走出去",拓展国际市场。

三、人才培养与激励机制

(一)建立人才培养体系

习近平总书记在党的二十大报告中强调,必须坚持"人才是第一资源",深入实施"人才强国战略",坚持"人才引领驱动"。在新一轮科技革命背景下,一流的创新人才是国家掌握科技创新主动权与优势地位的关键要素。要实现高新区的转型升级、更新迭代,必须加强人才的引进和培育。

从人才培养的层次来看,应针对不同类型的人才构建不同的培养体系。在加大对高精尖技术领域人才培养投入力度的同时,也不能忽视职业发展教育水平的提高。努力实现本科以上教育与专科教育分类发展,按照社会分工与需求为不同领域输送专业人才。

各国家级高新区应结合自身的产业结构基础与发展目标,建立符合自身发展状况的人才战略,从需求端入手,对人才进行有针对性的引进与培养。以高校为人才培养的主阵地,发挥高校在人才培养过程中的主导作用。鼓励各高校与国家级高新区内企业的交流学习,建立联合培养机制,为解决企业面临的实际难题与满足其发展需要培养人才、输送人才。

企业在科技创新人才的继续教育中发挥主体作用。人才引入后,为发挥其最大价值以及实现创新成果的尽快落地,企业应当有足够的精力与科研经费投入。为此,应当注重企业技术研究中心、博士后工作站的建设工作,通过项目合作、共同研发、产业链上下游合作等,促进校企之间、企业之间学术与技术人才的交流,共同培养创新型科技人才,促进产业结构的升级转型。

(二)设立人才激励机制

对人才的激励政策是吸引人才、留住人才的重要手段。同时有研究表明,人才政策的颁布实施显著促进了地区产业结构合理化水平和高度化水平的提升。除了打造良好的工作居住环境、有吸引力的人才补贴等外,高新区政府还应当切实解决如子女教育、医疗保障等方面的后顾之忧。

另外,政策制定应当结合人才缺口结构,相关政策优惠应当向地区紧缺型与对口型人才倾斜,提高人才引进类型与地区产业结构的契合度,从而可以更好地推动地区产业结构与经济结构转型升级。

企业也应当拓展人才激励方式,从传统的有竞争力的薪酬体系、晋升制度、股权激励等方式,到提供个人成长机会、灵活的办公地点与办公时间、团建活动与文化建设等注重心理建设的激励方式,为人才提供更加透明的职业发展道路与情感支撑,提高人才对企业的信任感与依赖性。鼓励国家级高新区开展多种形式的国际园区合作,支持国家级高新区与"一带一路"沿线共建国家开展人才交流、技术交流和跨境协作。

四、加强政策支持与环境保障

(一)政策支持

加快高新区转型升级,市场的推动是一方面,政府的引导措施也尤为重要。目前,我国存在地方政府随意干预园区管理机构的行政行为乃至谋取利益的现象。而政府的过度干预可能会阻碍企业创新。如何"善指挥"而不是"瞎指挥",这是政府相关部门需要思考的问题。

习近平总书记强调:"战略上要坚持稳中求进,搞好顶层设计,把握好节奏和力度,久久为功。"产业结构的转型升级是一个长期而复杂的过程,政策制定与实施不应仅仅停留在表面,而应深入实际,产生实质性的影响。在制定相关政策时,必须针对企业在发展过程中遇到的关键问题和挑战,采取精准有效的措施。只有通过这样的方式,政策才能真正发挥其调控和引导作用,促进产业结构的优化和经济的持续健康发展。

在推行实施差异化发展策略时,政府应当努力挖掘当地产业特色与优势,对符合条件的、有发展潜力的企业颁布针对性的扶持政策,引导特色产业的发展与壮大,从而形成区域集聚优势,吸引更多的同行企业入驻,减少资源的浪费与错配。

同时,创新更多的政策激励方式,除了传统的财税优惠政策、人才引进政策、金融服务政策等,可以探索性地增加不同地区间乃至国际交流学习机会,促进人才交往与技术交流。

(二)环境保障

我国高新区在建设初期主要发挥的是承载功能,包括为企业提供工业用地,或是承接国际产业转移,存在功能单一的缺陷。随着高新区产业结构层次的提高、更多技术人才的引进,高新区在建设过程中也应更加强调其社会功能的提升。从生态居住环境、基础设施建设、配套服务共建共享、娱乐休闲项目打造等多方面满足不同层次创新人才需求,营造良好的营商环境,进一步推动产城融合,促进高新区综合功能的实现。

对此,高新区应当加快推进老旧工业园区的优化改造,集中整治棚户区、城中村,加强园区内的绿色生态修复与治理;同时强调园区的复合功能,注重"以人为本"的理念,合理规划承担不同功能的区块,促进各区块产业、商业与服务配套功能的实现。

第十二章 中国高新区绿色创新发展研究

本章主要讲述高新区的绿色创新发展。建设生态文明，功在当代，利在千秋。党的二十大报告指出，要推动绿色发展，促进人与自然和谐共生。"十四五"是我国实现碳达峰、碳中和的关键时期，高新区应秉持绿色发展理念，加快发展方式绿色转型。绿色创新是持续发展的根本道路。本章分析了绿色创新发展的驱动因素，并依据现状与已有问题，探讨了高新区如何采取有效措施来促进绿色生态的创新发展。

第一节 中国高新区绿色创新发展概况

"双碳"目标正推动着科技革命进而引发经济社会环境的重大变革。国家级高新区作为区域科技创新、高新技术产业的聚集区和高质量发展先行区，具有推动绿色创新发展的基础和条件，理应在绿色创新发展方面走在前列，为中国绿色创新发展发挥示范引领作用。

一、绿色创新发展现状

历经30多年的建设，国家级高新区不断创新环境保护和绿色发展政策，持续完善环境管理体系认证，绿色创新发展成效显著，生态环境承载能力增强，一批低能耗、环境美的高新区成为所在城市绿色创新发展的示范区，积极引领现代环境治理体系的构建。科技部火炬中心的调查报告显示，有超过九成的国家级高新区制定实施绿色发展政策，并将环境保护与生态文明建设摆在园区发展的重要位置。总的平均绿化覆盖率达41%，平均森林覆盖率接近30%，超半数的国家级高新区得到国内外评定机构ISO14000环境体系认证。在节能减排降能耗方面，2021年国家级高新区工业企业万元增加值综合能耗低于0.5吨标准煤，平均能耗与2020年及之前年份相比，呈现持续下降的趋势。宜居宜业的发展理念正逐步深入国家级高新区，可入肺颗粒物浓度（PM 2.5）低于50的天数平均为256.7天，其中空气质量排行前20位的园区PM 2.5低于50的天数平均超过350天。

下面笔者将从绿色产业发展、绿色科技创新、绿色基础设施建设三个方面概述中国高新区绿色创新发展的现状。

（一）绿色产业发展

实现绿色发展需要积极调整产业结构。绿色发展过程涉及诸多内容，主要包括环境、生产、消费和技术标准等。它由低污染的环境体系、高质量的循环经济体系、绿色低碳的生活消费体系、创新引领的技术体系和低能耗高效能的生产体系等综合构成。这要求绿色产业以环境友好型产业为主体，做好能耗与物耗双降，保护并修复生态环境，创新绿色低碳技术，以期实现自然与经济社会高度协调发展。

2019年2月14日，国家发展改革委等七部委联合印发《绿色产业指导目录（2019年版）》。目录共分为三级，其中一级包括节能环保、清洁生产、清洁能源、生态环境产业、基础设施绿色升级和绿色服务等6大类。该目录解决了对"绿色产业"边界界定模糊和泛绿化的现象，有助于产业政策的聚焦。绿色产业的蓬勃发展，可以使得高新区在高质量经济发展的全过程与各领域注重资源集约利用和生态环境保护资源得到合理配置的同时，能源利用效率也得以提升。

以银川市高新区为例，循环经济产业是银川高新区重点发展的三大产业之一，作为国家城市矿产综合利用基地，银川高新区致力于把废旧物资的回收、加工、利用作为产业来加以培育和发展。经过多年的努力，目前已形成了以废旧有色金属回收、加工以及后端制造为主的绿色产业。

苏州市高新区积极引导全区企业加大创新力度，开展绿色制造体系创建工作，培育绿色产业集群，持续扩大绿色产业规模，逐步形成以龙头企业为核心，相关配套企业集聚发展的绿色产业格局。目前已经拥有以莱克电器、爱普电器等为代表的绿色家电产业；以星恒电源、力神电池等为代表的新能源汽车产业；以协鑫光电、固德威技术为代表的太阳能光伏产业；以苏净环保、滨特尔水处理等为代表的环保产业；以同和环保、中胶再生资源等为代表的资源回收利用产业。

国家级高新区是各区域高新技术产业的聚集地，通过建设零碳、低碳产业园，建立绿色低碳制造体系，培育绿色低碳产业集群，并将一批科学技术攻关项目布局在节能减排、环境修复、清洁能源与低碳生产等绿色发展重点领域，环境友好型产业规模不断壮大，绿色产业发展得到有力推动。

（二）绿色科技创新

科技创新与绿色发展的逻辑关系是极为密切的。它们之间是互利共生、相辅相成的关系，经济社会与自然的协同发展需要两者的耦合促进。详细地说，绿色发展需要科技创新做强有力的支撑，绿色发展正是科技创新的重要内核。因此，树立正确的科技创新价值取向有助于绿色科技不断突破，从而助力生产绿色化。

从生产实践的经验角度来看，高能耗物耗、资源无序运用、水污染与高碳排放等不利于绿色发展的行为，常常来自较低技术含量的低端产业。换句话说，资本密集型、技术密集型和知识密集型等这类高端产业通常不会出现与绿色创新发展相悖的行为，它们的环境保护意识较强，这是与传统资源密集型企业污染大的区别之一。在技术开发与产品生产的过程中，国家级高新区内的企业愈发重视资源有序配置与节能减排，以期实现自然环境的改善与污染排放物的防治。这一过程主要涉及自然环境开发保护经营、低碳工程建设、各类环保生产设备制造、废弃物重复利用与无公害技术的推广等。创新的绿色科学技术可以实现生产工艺与燃烧技术的改进，从而提高燃烧效率，同时有助于污染物排放的有效处理，进一步控制工业废弃物的产生。

以包头稀土高新区实现科技治污为例，包头天骄清美稀土抛光粉有限公司改变传统布袋除尘方式，采用了"旋风塔＋复合过滤网除雾器＋振动筛＋风机"工艺，在不影响生产工艺的前提下，同时进行降温、除尘、除雾的预处理，全球最大稀土抛光材料生产企业有色"烟羽"排放问题得到有效解决。

南昌高新区积极引导企业以技术创新探索绿色发展之路。位于园区内的中节能晶和科技有限公司将产品技术及解决方案优势构筑于自主研发的城市智慧照明管理平台上。小到城市街道的每盏灯具,大到整片区域,电箱的分布与运营状态都清晰显示。平台会根据天气阴晴变化、昼夜长短等情况,分时段调光,这既满足采光需求,又实现节能减排的效果。如今,晶和科技已在全国各地布局了 EMC 项目近 50 个。许多城区与乡下的照明系统得到了科技升级与节能改造,投运项目全运营期间可节约电量 18 亿度以上,减少二氧化碳排放 180 多万吨。

昆明市高新区以绿色技术创新为驱动,打造绿色发展新动能。昆明北方夜视技术股份有限公司从 2020 年起以节水改造为突破口,以绿色清洗剂替代有机溶剂清洗剂为切入点,通过中水回收系统改造、纯水自动控制系统改造和光学元件清洗工艺的绿色创新,全面深挖节水、绿色工艺及生产环节的潜力。该项绿色技术应用后,挥发性有机化合物和废有机溶剂等排放量迅速降低,也使得公司年节约自来水达万余吨。

国家级高新区已经积累了大量绿色科技创新的经验,这些经验来自目前正逐步发展起来的高新技术产业。其不断培育形成的科技创新资源集聚优势,也成为助力绿色技术不断攻坚克难的强劲动力。

(三)绿色基础设施建设

绿色基础设施建设的目的是运用绿色基础设施总体布局去克服传统生态保护措施的弊端,以期实现自然环境与经济社会的高度协调与可持续发展。高新园区内的工厂林立,使得自然景观呈现不断减少和破碎化的趋势,从而引发诸多环境问题。高质量建设绿色基础设施是高新区生态文明建设的重要支撑,也是解决高新区生态环境突出问题、提高人居环境品质的有效途径。

以青岛市高新区为例,园区建成的山东首家全地下城市污水处理厂,该项目在地面以上实现了零占地,换言之,项目使得园区的生态用地增加了近 8 万平方米。园区通过实施祥茂河水系等生态工程建设,建成了约 300 万平方米的生态景观,打造出一套现代化城市生态系统,昔日的废弃盐田、虾池蝶变成为科技、人文、生态新城。

在合肥市高新区,一批重点用能企业都布局了屋顶光伏。园区新能源公共交通车辆占比 100%,新建绿色建筑占民用建筑比例达 100%。合肥高新区提出碳排放强度管控限制,落实能源消费总量和强度双控制度,园区万元 GPD 能耗降低到 0.12 吨标准煤。

在贵阳市高新区,贵州翔明数据中心采用了余热回收技术,数据中心产生的热量可持续 24 小时为园区提供热水,并在冬季为园区中央空调提供热源。

高新区的绿色基础设施建设持续加强,现代基础设施正逐步达到"智能高效、经济实用、绿色环保"的要求。传统的基础设施和技术装备的绿色化正在更新换代,基础设施良好的运行效果也不断体现着绿色化程度的提升。

二、绿色创新发展存在的主要问题

做好绿色创新发展是一项极为复杂且长期动态变化的系统工程。环境资源作为促进经济发展的一个重要因素,经济发展的速度要与规模扩张、资源总量以及环境可承载的最大限额相匹配。在长期动态的匹配过程中,高新区的绿色创新发展存在以下主要难点与挑战。

(一)对绿色创新发展的认识不充分不全面

部分高新区尚未意识到绿色创新发展对于园区长期可持续发展的积极意义。绿色生态的创新发展,在短期需要高新区在能耗总量与强度上进行双控,对部分高新区来说,进一步降低能耗强度及能源总量的边际成本迅速增加,这样的做法不利于正在高速成长的园区发展。有些高新区出现兵马未动、口号先行的情况。有些高新区甚至直接忽视绿色发展问题。如何科学客观地针对资源密集型和知识技术密集型等类型的园区,实施区别的绿色创新发展策略是一大现实挑战。

部分高新区虽然意识到绿色创新发展的长远意义,但是在具体实践上不够深入,没有积极探索,绿色创新与经济、社会发展战略尚未形成统一的体系。绿色创新发展不是仅局限于自然系统的发展,而是经济、社会与自然三位一体的有机协同发展。绿色发展的一大动力源泉是创新,完善创新体系的构建就是奠定绿色创新发展的基础。该创新体系应体现出多层次、宽领域、全方位和系统性。有些高新区在生态环境治理体系、绿色创新主体培育体系、绿色技术创新成果转化体系、绿色金融体系、资源环境监测体系和绿色技术标准体系等体系方面尚未建立健全。如何充分全面地认识并积极完善上述各类体系所构建的绿色创新发展这一复杂整体是如今要面临的挑战。

(二)人才资源与绿色技术创新存在难题

绿色技术是一种新兴技术,涵盖清洁生产、环境保护与修复、低碳排放等领域,涉及产品设计、生产、消费、回收、利用等多个环节。绿色技术的出现,旨在节能减排、修复环境从而推动生态文明建设,最终实现人与自然和谐共生。2019年,国家发展和改革委员会和科技部提出构建市场导向的绿色技术创新体系。产业革命与科学技术竞争的新热点将逐步聚焦绿色技术的创新发展,该重要新兴领域的蓬勃发展,将有助于我国建立健全绿色循环经济体系。

目前,部分国家级高新区的绿色技术研发与转化不足,在低污染排放的机械设备研发和低耗高效的生产工艺设计方面缺少核心绿色技术,绿色技术的创新尚不能完全满足生态发展的需要。部分高新区尚未把握绿色技术创新的市场规律,还不能将企业在绿色技术创新、研究成果转化、产品应用示范等方面的主体作用发挥起来。这与绿色金融支撑不足、绿色技术的人才资源匮乏等因素有关。其中,绿色技术人才作为向绿色技术创新领域集聚的重要因素,该类人才资源储备不足,绿色技术人才培养的具体方案仍需优化。同时,绿色技术的专业化平台不够完善,相关的技能培训与技术支持不足。如何成功地实现绿色技术人才培养,选拔绿色技术领军人才并发挥其在创新环节的关键作用,如何将绿色创新技术进行成果转化推广从而促进绿色产业发展的融会贯通是当前的难题。

(三)绿色创新发展的制度建设不够完善

随着经济社会发展,我国在各个领域的责任划分更加细致,对复杂形势的应对能力增强,但是高新区绿色创新发展在制度建设领域还是存在部分问题的。

一是责任划分不够明确,监管落实不到位。地区生产总值作为园区重要的考核目标之一,环境考核常常被忽略,综合考量经济增长速度和质量的体系尚未建立,这就导致了在绿色生态发展领域的责任划分难度大,监管落后。

二是绿色生态发展体制机制改革创新不足。这主要体现在针对园区能效提升、低碳排放和能源消耗率等绿色创新发展的激励机制不够健全,生态保护补偿、提高再生能源利用率等工作机制尚未积极落实,绿电交易、碳汇交易、排污权等市场化程度不高等方面。对绿色生态发展处于不同阶段园区的具体政策举措不够详细,在整体与局部、时间与空间、保护与开发等关系的处理上,尚未实行有效的差异化措施。

三是法律法规体系建设缺乏全面性。立法保障绿色生态发展是促进科学合理、集约开发利用和保护资源的一种强有力措施,也是突出加快构建新发展格局,着力推动高质量发展的举措之一,我国也在此领域开展了积极探索。但是由于某些地区对污染排放的惩罚力度不足以遏制其对生态环境的持续破坏,一些市场主体违背绿色发展理念的行为未得到及时发现与纠正,这与部分法律法规对绿色发展缺乏规范性与全面性有关。

三、绿色创新发展意义

习近平总书记强调,"绿色发展是构建高质量现代化经济体系的必然要求,是解决污染问题的根本之策"。近年来中国高新区坚持绿色创新发展,不断优化产业结构,优化资源配置,着力保护与治理环境,全面构建低耗低碳的循环经济,正逐渐形成环境优化与经济增长交相辉映的良性发展格局。

(一)坚持绿色创新发展有利于高新区贯彻新发展理念

新发展理念即创新、协调、绿色、开放、共享的发展理念。绿色创新发展直接体现其中两大发展理念,两大发展理念的有机融合将作为贯彻新发展理念的重要抓手。一方面绿色生态强调环境保护与生态文明建设,环境承载力不断增强,会产生巨大的外部性作用,促进高新区可持续发展;另一方面,创新发展强调不断地突破资源"量"的约束,不断地开发拓展资源的"质"。我们既学习国外高新区先进的绿色创新技术,又通过自主研发不断提高绿色创新本领。

(二)坚持绿色创新发展有利于高新区进一步探索和形成科技创新引领绿色崛起的高质量发展路径

绿色创新发展得益于科技创新的强力支撑,高新区的高质量发展无法对自然生态环境置之不理,高新区的生态文明建设与可持续发展离不开绿色创新之举。高新区的高质量发展,不能是以牺牲环境为代价而取得的快速发展。坚持绿色创新发展,将生态环境的承载能力纳入考虑的范围,为绿色生态注入科技的血液,将生态文明建设摆在更为突出的位置。高新区需要以高品质生态环境支撑高质量发展,加快实现人与自然和谐共生的现代化。

(三)坚持绿色创新发展有利于高新区建设绿色低碳循环发展的经济体系

建立健全绿色低碳循环发展经济体系,促进高新区发展全面绿色转型,是解决高新区资源环境生态问题的基础之策。坚持绿色创新发展促进高新区以高效的资源利用、极低的碳排放量、严格的环境保护措施和积极的废物回收等形式实现循环经济体系的构建,助力高新区实现碳达峰、碳中和目标。

第二节 中国高新区绿色创新发展的驱动因素

绿色创新发展对于高新区高质量发展与生态文明建设等都有着积极作用。本节将主要从外部和内部两个角度对高新区绿色创新发展的驱动因素进行分析。外部因素主要源于外界的政策、经济和文化等对高新区的影响。内部因素主要源于高新区在自身的发展过程中所产生的驱动力量。

一、外部驱动因素

（一）绿色发展理念的引领

近年来，我国经济持续较快发展，经济增长速度快于大多数主要经济体，远高于世界平均水平。2022年我国经济总量突破120万亿元，达到121万亿元，按年均汇率计算，稳居世界第二位。如今我国的经济实力正飞速提升，但回首过去，我国原来粗放型的经济发展模式，主要依靠第二产业发展带动经济增长。虽然带来了经济高速增长，经济规模不断扩大，但是资源的无序开发，环境承载力显著下降，使得人与经济、社会、自然等多个方面和谐共存与可持续发展难以为继。如何构建集约、高效、科学、绿色的经济发展方式是目前经济发展亟须解决的重要问题。

中共十八大以来，在习近平新时代中国特色社会主义思想指引下，中国坚持绿水青山就是金山银山的理念，坚定不移走生态优先、绿色发展之路。党的二十大报告提出，"加快发展方式绿色转型""推动经济社会发展绿色化、低碳化是实现高质量发展的关键环节"。中国步入经济新常态阶段，经济将从高速增长转为中高速增长，经济增长动力从要素驱动、投资驱动转向创新驱动，经济结构不断优化升级。以降低生态环境承载力为代价换取的经济增长是不可取的，偏向经济短期的高速增长而忽略了经济、社会和生态资源开发利用间的协调作用是不合理的，应该努力实现可持续发展。

高新区作为区域科技创新、高新技术产业的集聚区，高质量发展先行区，具有推动绿色发展的基础和条件，应该在绿色创新发展的道路上争当排头兵。努力以绿色发展理念为引领，积极探寻以绿色技术创新与多方位协同发展为基础的新型绿色生产方式和绿色管理体制，开创新型绿色产业发展新局面。中国经济发展模式的转变与绿色发展理念正指引着高新区走绿色创新发展的道路。

（二）相关法律法规的要求

实行严格的环境保护规章制度是实现绿色发展的必由之路。自党的十八大以来，关于保护生态环境保障绿色发展的法律法规相继出台。2014年4月，被称为"史上最严"的新环境保护法审议通过，并于2015年1月1日正式实施。随后相关部门继续对《放射性污染防治法》《清洁生产促进法》等多部单行法进行修改，制定了《土壤污染防治法》等单行法。2017年"绿色发展"作为民事行为的基本原则被写入《民法总则》，规范所有的民事主体，并在2020年的分则中得以细化。2021年正式实施的《民法典》中仍将"绿色原则"确立为民事活动应遵循的基本原则，集中体现了以习近平同志为核心的党中央对生态文明建设的高度重视。同年施行的《排污许可管理条例》，规范了事业单位和其他生产经营者的排污行为。近年来，许多高新区都开展了"送法入企"的生态环境宣传活动，引导企业树立绿色创新发展的理念。

法律法规对生态污染的遏制作用，在速度和效率上都更具效果。通过一系列法律法规的制定颁布，可以对企业污染物的排放方式、排放数量和排放质量做出规定，如果违反，企业将面临严格的行政处罚和法律制裁。这种强制性对于高新区的企业来说，影响是深远的。首先，环境污染严重的企业可能会被颁发非转让性的许可证，禁止排污权的交易和转让，甚至面临关停的境遇。其次，违反这类法律法规所带来的生产成本的增加会使得企业转头将资金、时间等成本投入绿色技术的研发，为企业长期发展奠定基础。法律法规所要求建立的资源环境承载能力监测预警机制，将促进环境质量目标有序完成。法律法规所要求建立的跨区联合防治协调机制,将多元共治和社会参与的环境治理理念融入新型现代化环境治理体系的建立当中。

(三) 以人民为中心的发展思想的指引

坚持以人民为中心的发展思想是我国经济发展的根本立场,是推动中国式经济现代化的题中应有之义。坚持以人民为中心的发展思想既是马克思主义唯物史观的内在要求,又是中国共产党百余年奋斗的历史经验,更是贯彻党的二十大精神的重要体现。

人民是推动发展的根本力量,实现好、维护好、发展好最广大人民的根本利益是发展的根本目的。因此,在以人民为中心的发展思想的指引下,我们努力促进绿色创新发展,把增进人民福祉、促进人的全面发展作为发展的出发点和落脚点。绿色创新发展作为高质量发展中的重要一环,坚持绿色创新发展将推动绿色科学技术水平的提升,从而实现高水平科技的自立自强,也将扎实推进全体人民的共同富裕。

坚持绿色创新发展既不单单是为了解决经济发展问题,又不是单纯为缓解生态环境压力,而是在本质上探寻人与经济社会、人与自然环境的关系。绿色创新发展以认识自然、保护自然和尊重自然为前提,以人、自然与社会和谐共生为宗旨,通过发展绿色低碳产业、倡导绿色消费行为、深入推进污染治理等措施,建立可持续的生产发展模式。这一切都是以努力提高人民的生活品质为重要目标。

二、内部驱动因素

(一) 声誉的作用

随着绿色发展理念的深入人心,生态文明建设成为企业的一部分社会责任,环境保护观念深入人心。绿色创新发展将会越来越成为高品质的标签,高新区对于绿色形象的塑造,向外界传达了自身对国家号召绿色经济发展与可持续发展的响应。高新区通过坚持绿色创新发展,可以营造绿色高新的良好口碑,从而促进更多的高新技术企业入驻园区,加速更多的绿色创新技术与绿色发展成果推广应用。

从高新园区内企业的角度来看,园区对支持绿色创新发展所设计的战略安排与所配套的一系列基础设施,将有助于企业在研发、生产、销售等各个环节贯彻绿色理念,并主动将资金、人力等资源投入绿色技术创新和绿色工艺应用中去。这为日后企业的发展减少了物料消耗,降低了生产成本,生产出的产品更是科技与绿色的结合,企业的声誉也将得到提高,从而提升市场竞争力。因此,声誉驱动高新区大力推行绿色创新发展,推动高新区成为绿色创新发展的示范区,使得高新区成为支撑国民经济发展的重要支柱。

(二) 规模的扩大

近年来,高新区的占地面积不断扩大,市场主体数量逐渐增多。2023年上半年,济南高新区新设市场主体1.43万户,同比增长25.9%。合肥高新区共计新登记市场经营主体10763户,比去年同期增长20%。宝鸡高新区今年新增经营主体1785户,同比增长60.52%。高新区占地面积和所容纳企业数量持续地增长使得资源使用无序,环境承载能力减弱的问题愈发突出,部分环保设施落后,环境问题突出的高新区发展受到制约。高新区多位于城郊,在未开发之前,由于城市边缘地形开阔,大气环境质量普遍较好。但是高新区引入的工业项目会导致大气污染物增加。随着园区扩张,大量土建施工会对土壤造成扰动,同时,绿化面积占比会大幅降低,绿化系统建设需要时间,水土流失问题也变得严重。这驱动着高新区开发微污染、无污染、高效益工业,合理化布局园区,加快建设绿色基础设施与可再生能源的利用,走绿色创新发展之路。

随着高新区规模的扩大,更多技术密集型企业集聚,相较于一般企业来说,污染处理技术和污染排放管理水平更高,使得区域整体的环境治理水平得到提高,驱动园区绿色创新发展。规模的扩大使得更多的科技人才聚集,这些科学文化涵养较高、环境改善意识较强的人们,将积极促进园区有关生态文明建设的政策制度实施,使得绿色生产技术开发、绿色产品应用推广加速,也驱动着园区的绿色创新发展。

(三)社会责任的驱动

国家级高新区是发展高新技术产业的重要载体,也承载着绿色生态发展与技术革新的使命。作为绿色发展和高质量的先行示范区,园区内众多企业都更加注重区域生态环境的建设。位于青岛市高新区的青岛海尔生物医疗股份有限公司一直在探索医疗装备产业绿色创新发展之路,并成功获评国家级绿色工厂。其首发制造出的节能芯系列超低温冰箱,直接使得该行业的能源消耗降低49%。位于合肥市高新区的阳光电源是国内新能源龙头企业,其旗下的阳光产业园主要从清洁能源替代、高效用能、智能碳管理三个方面发力,实现零碳园区建设,荣获"安徽省十大低碳场景"称号。

高新区内企业的高管社会责任心正不断增强,高管层在企业战略决策中居于核心地位,他们在很大程度上保证了企业在绿色生产设备制造、绿色技术创新的人力物料等资源投入,保证了绿色技术的应用和绿色生产工艺的运用,也保证了产品设计研发、企业组织管理制度和运营销售过程是否贯彻绿色发展理念,是否实现低碳环保。生态文明建设是企业家回报社会的基本责任,所以企业家们的社会责任心正引领企业加大对绿色新型技术与绿色节能产品的研发投入力度,驱动着企业在生产决策、产品研发制造、产品销售与售后服务全过程的绿色创新发展。

第三节 促进中国高新区绿色创新发展的对策建议

绿色发展理念、政策环境与园区内部发展状况等因素驱动着高新区绿色创新发展。本节将基于前文对高新区绿色创新发展的现状与问题的阐述,分别从生态环境、绿色产业与绿色技术三个维度提出对策建议。

一、推动高新区节能减排,优化绿色生态环境

(一)降低园区各类污染物排放量

首先,需要重视各类污染物,包括有毒有害的化学、物理和生物污染物以及新兴污染物。大力推进低(无)挥发性有机物(VOCs)含量原辅材料替代。开展含VOCs产品质量提升专项行动,加强从源头到过程控制再到末端治理的完整流程管控,不断削减含氮有机废气、烟尘及生产性粉尘等温室气体和主要污染物的产生量和排放量。高新技术产业的聚集,需要园区针对重点产业,如新材料技术及其装备制造业、生物技术与医药产业、电子技术和信息

技术产业等进行清洁生产审核与污染排放检测工作。

其次,要优化高新区环境基础设施及配套管网的改造。在园区企业排水过程中,实施精细化污水检测,应用智能化水处理系统与循环利用技术实现可持续水管理。同时要加强生活污水集中处理设施的建设运行,明确污水处理设备配套管网的改造方案,保证其布局科学、建设合理与运行正常,消除园区生活污水直排现象。

最终目标在于以绿色技术为引领,聚焦从源头减少污染物的产生量。在该目标指导下,系统化处理污染排放问题,探索区域共治新模式,提升环境可承载力。

(二)降低园区化石能源消耗

化石能源的优点是明显的,它较易获得且能量密度很高,对人类社会贡献卓越,推动着电力、交通和工业生产等各方面发展。但是它的缺点也是很明显的,一是化石能源不可再生,二是化石燃料的燃烧产生了大量温室气体与有毒有害的气体排放物,对环境的破坏性极大。因此,高新区应努力提升如太阳能、风能、生物能等绿色能源的使用比重,这是走向绿色未来的重要途径。

首先,园区应当通过建立统一的能源申报管理平台,构建科学合理的园区绿色低碳发展评价指标体系,准确核算碳排放量,制定有关排放物的季度报告制度。依托资源能源环境数字化平台,加强生产制造过程中各类污染物排放的精细检测,实现智能化管控。

其次,积极探索创新市场化的节能减排手段,实行碳税和碳定价市场机制,搭建碳排放权交易平台,完善市场驱动的绿色金融,建立绿色证书和标准体系,有效促进碳减排目标的实现。

最后,加快园区交通、能源等基础设施的绿色化改造和智慧化赋能,加快形成绿色低碳的运输方式。大力提高铁路、管道、水运等清洁运能,减少大宗货物和中长途货物公路运输量和承运比重。提升可再生能源利用占比,推动目前仍在采用的高污染原料的工业煅烧设备改用风电、水电、设备余热等。支持园区企业实施屋顶光伏,建设分布式光伏电站。

二、支持高新区发展绿色产业,培育绿色产业集群

(一)持续优化完善产业结构与产业布局

首先,要依据新发展格局,从产业结构优化升级,到资源配置合理有效,从推进资源循环再利用,到加大绿色技术装备产品供给力度,推动园区产业结构高端化、能源消费低碳化、产品供给绿色化等多方面优化与转型。

其次,支持园区针对绿色产业链进行补链和强链。绿色产业链有助于企业间绿色协作的开展,避免出现一些纵向合作的分歧与管理上的复杂性。同时应着力发现产业链与创新链中存在的问题与风险,在重点领域开展科技攻关。走科技自立自强、能源绿色低碳与生态环境优美相结合的高质量发展道路。推进信息数字化、人工智能化、绿色持续化等产业项目的统筹发展,培育绿色产业集群,依靠产业增量添绿,加快培育新动能,在分布式光伏、新能源汽车等战略性新兴产业的基础上开辟新赛道,不断激活创新因子、集聚创新要素。

最后,目标是形成优势互补、协调统筹、高质量发展的绿色发展整体布局。这要求园区需要踊跃投入产业的重点领域、上下游配套产业的发展以及各产业所处内外环境的改善,定期开展供需对接活动,构建资源循环型经济发展模式。组织开展企业资源利用情况科学综

合评价,积极推进产业绿色化转型与协调合作发展,制定出台相应的考核机制,逐步落实落后产能与过剩产能的腾退与升级改造。

(二)建立绿色产业专业孵化与服务机构

首先,应积极引导各国家级高新区内的为企业投融资活动提供中介或直接服务的机构与绿色技术创新示范企业搭建用于绿色产业的创新型孵化器和专业孵化机构,包括依托绿色经济产业的环保专业孵化器。孵化器通过其企业服务平台、融资平台、业务拓展平台及公共实验平台为企业提供全方位创业创新服务。同时专注赋能、加速绿色产业发展,以整合要素资源、降低创业成本、搭建互动平台为服务宗旨,充分打造具有公益性、服务性、开放性的服务原则的众创空间。

其次,要支持孵化机构以促进科技成果转化,优化双创生态环境为目的,围绕企业所需建立健全绿色技术创新的服务体系,提供物理空间,共享公共的经济信息和市场情报分析、技术研发、知识产权保护等服务平台,提供针对绿色产业的专业化服务,从而实现面向绿色创新发展更加精准的孵化。设立一定数额的孵化投资基金,为在孵企业提供投融资公共服务平台,切实发挥孵化基金在引导资金和支持绿色生态创新活动方面的作用。积极探索与初创团队在核心技术、股权结构与商业模式等方面的深度合作,助力初创企业打造更具竞争力的商业运作模式和更具影响力的技术文化底蕴。

三、引导高新区加强绿色技术供给,构建绿色技术创新体系

(一)加强绿色技术研发攻关

首先应支持园区围绕绿色创新发展,提升绿色技术创新的主体数量,明确绿色技术创新方向,强化关键核心技术攻关,加速创新成果转化。通过政府出台的一系列政策举措与专项行动,如研发费用税前加计扣除政策、科技企业研发投入补助机制、"揭榜挂帅"机制、"三赋"专项行动等,引导园区企业参与绿色技术创新。在"碳达峰碳中和""绿色发展关键技术装备""污染综合治理"等重点专项技术方面,通过开展梯度培育与资源集聚,强化研发攻关,推动协同创新。努力研发出具有自主知识产权,高水平甚至领先国际的核心绿色技术。

其次要围绕资源集约循环利用、减污降碳协同增效、生态系统固碳增汇等重点领域,培育一批绿色技术创新的龙头企业,支持其研发项目的设立、创新中心的创设与研发平台的搭建。通过绿色低碳先进技术示范工程带动引领,推动先进适用绿色低碳技术研发、示范、推广模式走向成熟,健全相关支持政策、商业模式、监管机制,促进绿色低碳技术和产业竞争优势进一步加强。提高各主体的绿色创新意识,健全科学考核管理机制,提高绿色技术创新成效在考核评选中的权重,实行对参与绿色技术研发、技术咨询和服务的企业,拥有绿色技术创新成果的个人或团体,给予相关激励的政策,激发科研人员在绿色技术创新环节的积极性。

(二)构建绿色技术标准及服务体系

首先,要不断完善绿色技术创新发展的标准体系建设,强化创新与标准的互联互通。在污染排放、资源集约利用等重点领域,不断修订相关共性绿色技术标准,适时将绿色技术发展新成果纳入考量,强化对于绿色技术推广运用的支撑。同时要监督园区对绿色技术标准的具体落实情况,完善实施效果评价体系,加强创新赋能,引导落后企业开展绿色

技术升级改造。

其次,要推动园区强化绿色技术创新服务体系建设,加快绿色技术转化应用。不断整合园区科技资源,建设共享服务平台,鼓励园区提供节能环保技术装备发布展示、清洁生产审核服务、园区循环化改造咨询、第三方合同能源管理、"环保管家"服务、企业需求发布对接等服务,进一步完善绿色技术资源共享服务体系。同时应根据园区自身绿色技术发展优势和应用需求,布局建设绿色技术交易平台,加强与绿色技术创新平台基地的衔接,加快专利转化和技术交易。

第十三章　中国高新区国际化创新发展研究

开放是一个国家发展的必由之路,国际化创新发展是我国高新区建设的关键之举。本章主要探讨国家级高新区的国际化创新发展情况,首先对高新区国际化创新发展的现状进行梳理和分析,通过数据对比等方法,提出其在目前发展过程中存在的问题,其次是对高新区国际化创新发展模式进行探索,最后为更好地促进高新区国际化创新发展,提出针对性的对策建议。

第一节　中国高新区国际化创新发展概况

一、国际化创新发展意义

2023年是中国同欧盟建立全面战略伙伴关系第20周年,同时也是中国发起"一带一路"倡议的10周年。长期以来,中国与欧盟互为重要贸易和投资伙伴。在如今国际贸易保护主义盛行和后疫情时代,国际化创新发展对于我国国家级高新区乃至我国总体创新事业来说具有重大意义。

科技部火炬中心在发布的《2022年科技部火炬中心工作要点》中指出,要进一步增强对国家级高新区的开放力度,大力支持和引导高新区的创新发展,进一步推进"一带一路"沿线地区和国家创新合作,引导和鼓励国家级高新区与海外先进科技园区互联互通,促进双方在项目、技术、人才等方面切实合作,努力将国家级高新区打造成为"一带一路"科技创新合作高地。深化对海外科技园区发展的研究,积极推动中国与海外科技园区之间高效的创新交流和政策帮扶。进一步强化国际合作和创新创业交流,通过多种方式,如开展国际项目对接、联合开展创新创业大赛、组织国际培训辅导等,为了构建双创领域的常态化交流与合作机制,我们需要广集全球的创新创业前沿资源。在国际上,搭建更多面向发展中国家和地区的开放平台。我们需要进一步深化跨国技术转移的合作,并积极促进中国与拉美及加勒比地区国家在技术转移核心建设方面的合作。持续进行与中国香港和中国澳门在科技创新、创业以及产业对接方面的交流活动。

党的二十大报告明确表示,在过去的10年中,我们采取了更为主动和积极的开放策略,致力于建立一个面向全球的高标准自由贸易区网络。同时,我们也加速了自由贸易试验区和海南自由贸易港的建设进程,共同打造了"一带一路",使其成为一个广受欢迎的国际公共产品和国际合作平台。目前,我国已经成为140多个国家和地区的主要贸易伙伴,货物贸易总额位居世界首位,吸引外资和对外投资也在世界前列,形成了更广泛、更宽泛、更深入的对外开放格局。

在如今的发展背景中，开放共赢和创新驱动发展已经成为各国普遍达成的共识，全球范围内进行产业合作和科技创新的交流也愈发密切，高新区要想实现新一轮实质性进展，国际化创新已然成为最佳选择。这不单单是园区通过对目前发展态势和自身条件的深刻把握做出的最优选择，更是为了顺应时代发展做出的前瞻性的规划。从高新区一开始的产品和服务国际化到如今的资源国际化、人才国际化，这一切的背后是中国高新区经过多年发展的经验总结和历史性突破，更是向世界讲述好中国故事、传播好中国声音的重要过程。

二、国际化创新发展现状

从发展形势来看，如今我国高新区的发展正处于全面国际化的机遇之中。首先，从国际范围来看，全球经济即将迈入以创新为核心的新经济发展阶段。尤其是近些年来，世界各国和地区在全球范围内均加强部署创新战略，国际范围内的创新合作关系已然成为全球经济发展的新态势。从国内形势来看，2016年是我国经济发展转型的一个重要转折点，在G20杭州峰会的会议上，创新发展方式成为我国发展的全新形式，同时也标志着全球新经济发展已经进入以开放包容和科技创新为主要特征的新发展阶段。在此之前，我国提出的"一带一路"倡议也早已成为全球经济发展的命题，提出了合作共赢的中国思路。早在30年前，国际形势十分严峻，世界多极化格局导致我国面临着经济全球化发展动力不足、国内经济进入新常态等内忧外患的局面。习近平总书记为推动经济发展要素能够有序自由流动、资源的合理配置和市场的深度融合，提出了享誉海内外的"一带一路"倡议。这一倡议的提出意味着我国在全球化发展过程中的角色慢慢由跟随转为主导，在我国经济发展疲软的关键时期，为我国高新区开展国际合作提供了全新思路和宝贵机遇，同时也提出了更高的要求。2023年是"一带一路"建成10周年，经过10年的探索与发展，效果显著，为共建国家和地区的发展提供了中国特色和中国力量，也使得中国与参与国家成为共谋发展的合作伙伴和挚友。再次，经过中国人民多年夜以继日的不断奋斗和竭力探索，我国已然成为国际科技创新的重要贡献者，不断为拓展国际创新合作领域、深化科技创新合作广度和深度提供中国力量。随着全球创新领域持续发展，各国之间的发展差异逐渐显现，各国之间深化合作也进一步加强，我国一方面与发达国家之间进行高端资源的吸收交流和创新产业的深化合作，与发达国家交往日益密切；另一方面面向"一带一路"共建国家及其他发展中国家，也持续加强创新输出交流，我国高新区已然成为平衡发达国家和发展中国家友好关系、连接发达国家和发展中国家的重要国际创新枢纽。

从园区发展的程度来看，我国的高新技术产业开发区已经满足了国际化进程所需要的基础条件，在国际上搭建起更多面向发展中国家和地区的开放平台。自从2013年9月上海自贸试验区正式成立，中国自贸试验区的建设历程已经走过了整整10年。在过去的10年里，中国已经建立了一个由21个自贸试验区和海南自由贸易港组成的"雁阵"结构，形成了一个涵盖东、西、南、北、中全面改革开放的创新模式。2022年，21家自贸试验区实现进出口总额7.5万亿元，同比增长14.5%，占全国的17.8%；实际使用外资超过2200亿元，占全国的18.1%。在自贸试验区的带领下，我国高新技术产业的总产值和贸易出口量持续领先世界其他国家，并且随着国家对高新区发展的支持，我国高新区拥有更加自主的创新能力，这些实实在在的发展变化，逐步提高了我国在全球产业链中的地位，使得高新区更有优势参与国际竞争,拥有与世界先进产业竞争的能力。在创新创业方面,在"双创"背景的加持下,高新区已成为我国高新技术企业集聚最多,科技创新活力最大,科技投入程度最高,先进技术产品和专利产出最多的地域。

三、国际化创新发展存在的主要问题

(一)要素成本增加与优惠政策弱化

国家级高新区在过去数年的成长过程中,主要依赖其初创时期所积累的低成本生产资源和大量的特殊政策红利。当前,国家级高新区国际化创新发展面临的第一个问题就是原有低生产要素成本的不复存在和部分国家优惠政策的减弱,这是关乎发展动力的重大问题。

一方面,仅仅依靠要素驱动,已满足不了高新区未来持续发展的需求。随着土地资源的匮乏、劳动力成本的提高以及资金等要素成本的增加,国家级高新区最初的发展动力已然不足。具体表现如下:首先,国内很多城市的土地成本与发达国家相比有过之而无不及,再加上土地资源的客观有限,现有土地无法继续满足国家级高新区国际化发展的扩张之势。其次,生产成本的明显增加,尤其是支付给专门进行生产高新技术产品的劳动工人的薪资报酬。所以,以往那些仅仅靠简单生产,或者进行简单技术模仿,再加工生产的高新技术企业将逐渐退出高新技术领域。再次,由于我国金融体系与发达国家相比仍然处于不完善状态,对科技型中小企业而言,由于其在信用等级、资产规模等方面均处于初级阶段,所以依旧面临着"融资难、融资贵"的"老毛病",再加之企业的体制改革是一个自上而下、由内到外的渐变过程,其中还存在着方方面面的其他资金需求,使得这些科创型中小企业对低成本的融资需求更为迫切。此外,对国外先进技术而言,我国从世界范围内获取高端技术的难度日益增加,尤其是一些能够切实提高企业核心竞争力的"卡脖子"技术,不仅仅是引进成本过高,更多的是西方发达国家对我国的科技封锁。再加上近两年,全球新冠疫情的影响,国际贸易保护主义思潮的恶化,使得我国高新区内所需研发用品和技术服务等环节的进出口均存在较高的成本,在办理签证、跨国并购、外汇汇兑等方面更是手续繁杂,限制性条款多,国外相关机构入驻的审核周期长,资金、人才、设备等生产要素的流通受阻。以上情况使得高新区要素驱动发展动力不足,国家级高新区未来的发展将更多地依靠人才的力量和技术的进步,而这些因素则更多地依靠自主创新。

另一方面,政府对高新区优惠政策的弱化,使得高新区发展未达到理想效果。从国内方面来看,比如,当某些高新技术企业确定向高新区以外的地方拓展,这些高新技术企业就会带着税收优惠去国家级高新区区域范围之外的地方发展,造成原有位于高新区范围内的优惠政策弱化。与此同时,企业根据最新颁布的《企业所得税法》,确立了以"产业优惠为主、区域优惠为辅"的新税收优惠体系,这样一来,企业所属行业不同并不能带来更多的税收优惠政策。又如,近年来,虽然部分高新区相继出台一些帮扶科技型中小企业进行创新创业的相关政策文件,如高新技术企业按15%税率减征企业所得税等,但是由于现有高新技术企业按照企业最终利润进行税收优惠,把视线过分聚焦在产业的中后端,而忽视了前期的技术创新过程,从而造成这些优惠政策实际上并未真正起到降低中小企业税负的效果。再如,当具体涉及高新区监督管理、综合考核评估以及高新区制度建设等方面问题时,这类政策在具体操作中具有较强的消极性,以至于这些政策的制定和实施往往处于空置的状态。此外,融资政策也存在较大的落实问题,虽然国家出台了一系列相关优惠政策给到高新技术企业以解决企业融资难题,但由于多数高新技术企业处于成长孵化阶段,而中小企业无论是在信用评级方面、偿债能力方面还是资金融通方面,都无法与国企相比,使得这些融资优惠政策更多的是被国企和大型企业利用,而中小型高新技术企业仍然存在融资难问题,从而造成了资源的错配。从国际方面来看,近些年贸易保护主义思潮席卷全球,我国作为世界上最大的贸易出口国,出口商品受到恶意竞争,西方国家对我国的贸易壁垒也日益增强,无论是税收政策还是出口商品的种类、手续及流程等方面的压力都与日俱增,使得高新技术企业的国际化发展也层层受限。与此同时,中美贸易摩擦中美国对我国科技的封锁和打压更是加速阻碍了我国高新区发展的国际化之路。

生产要素成本的增加是客观事实所决定的,其不会因为人的意志转移而改变,先天的外部因素决定了这一客观条件。但是,有关高新区国际化优惠政策供给的问题很大程度上是由主观原因引起的,一部分优惠政策制定得过于模糊、笼统,另一部分设计欠佳,还有的未能及时跟进,而国际上又对我国的国际化政策层层加码,致使现阶段我国高新区国际化发展处于"内忧外患"的困境局面。

(二)国际化人才流失与创新能力总体偏低

党的二十大报告强调,我们必须始终认为科技是最主要的生产力、人才是最宝贵的资源、创新是最主要的驱动力,并深入推进科教兴国、人才强国和创新驱动战略,千秋基业,人才为先。习近平总书记多次强调"实施人才强国战略",目前世界各国的竞争已然演变成人才之争。人才方面,从目前数据来看,高新区国际化人才通常包括留学归国人员和外籍常驻人员(图13-1)。

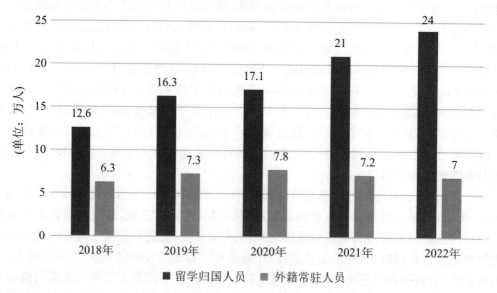

图13-1 国家级高新区国际化人才情况

1. 留学归国人员

从总体情况来看,国家级高新区留学归国人员的总量保持一定的增长趋势,截至2022年,国家级高新区企业从业人员中留学归国人员的总人数为24万人,但增长率有所下降,由2020年的22.8%降至2021年的14.2%。

2．外籍常驻人员

国家级高新区外籍常驻人员规模呈现下降趋势。截至2022年,国家级高新区企业从业人员中外籍常驻人员的总人数近7万人,较2020年下降10.3%;2018—2022年外籍常驻人员数量总体呈先上升后下降趋势,与2020年上涨至7.8万人后分别以7.6%和2.7%的速率开始下降。

根据分析,加速国际化人才分散和流失的原因主要包括:第一,人才引进面临更加复杂和严峻的外部环境问题。现如今,各类贸易保护主义频发,中美贸易争端由最初的增加贸易壁垒已经发展到科技封锁,这势必会进一步发展到对高端人才的争夺。此外,2020年突如其来的新冠疫情已经成为数十年来肆虐全球的最严重威胁,全球国家和地区面临着同样严峻的挑战,对世界范围内的各个领域均产生了一定广度和深度的影响,也必定会进一步加剧大国之间的竞争、加快重新构建世界秩序和格局,部分西方国家对我国的打压进一步加强,长此以往,对于我国高新区的发展是一个前所未有的挑战。第二,引才单位的主导作用效果不足。现阶段,我国对高端人才引进工作的探索已经取得初步成效,对国际范围内高端人才的吸收、培养和激励,发挥了正向的引导作用和推动力,也取得了很好的成效。但由于我国的人才引进工作是由国家相关部门统一组织并制定实施,因此在如今复杂严峻的国际形势下,也给一些不怀好意的国家攻击打压中国的国际引才计划提供了靶心。同时,信息不对称问题存在于整个引才战略的过程之中,由于引才单位与海外人才之间缺乏直接且高效的渠道获取双方的有效信息,再加上现有的一些人才信息网站杂乱无章、定位模糊等,不仅造成部分用人单位无法准确寻找适合本企业项目的专业对口人才,还因此付出了很多的相关成本。引才单位在吸引人才过程中未能发挥主导作用,引才路径单一,由于政府机构对引才单位的吸纳人才工作刺激性不足,导致部分企业缺乏引才主动性,多数企业更多地依赖政府相关部门为其引才。第三,现有引才政策缺乏针对性。在当今的国际形势下,已往人才从发展中国家单一的向发达国家迁移的形势已不复存在,国际人才的迁移已然呈现多元化发展的趋势。经济收入水平也不再是海内外人才流动的单一影响因素,生活环境、国家教育水平、发展潜力以及文化认同等因素的影响效果与日俱增。无论从回国意愿和政策期望的角度来看,还是从回国任职能力和国内社会认可来看,都需要针对不同的情况制定不同的引才政策和引才方法。但是目前的引才政策由于一系列原因,对人才群体的把握缺乏更加具体的认识,在政策设计上也缺乏一定的针对性研究和跟踪调研,以及整个政策实施过程中主客体之间存在的信息不对称问题,导致人才引进政策的针对性不强。

此外,国际化人才的分散和流失也造成了高新区创新能力总体偏低,直接影响了发展转型的内在动力。具体情况如下:其一,国家级高新区的研发资金投入水平、科研人员储备能力以及研发相关投入的利用率整体偏低,在自主知识产权方面、创新转化效率方面、创新等级方面均处于较低的水平。其二,绝大多数国家级高新区创新能力不足,尤其是自主创新能力缺乏,除了东部几个高新示范区外,其他的国家高新区无论是在产品设计、科学技术、信息交互以及管理方式上的创新都比较欠缺,这和政策的具体实施有关,许多政策都服务于创新链的中后端,而对前期的探索与试验阶段的支持力度不够。其三,与大数据、人工智能、云计算等高新技术产业的融合还不够深入,目前来看这些技术更多的只是应用在价值链的底部。近年来,国家级高新区的绝大部分收入依旧是低技术研发的产品生产和商品销售收入,而真正的技术创新收入比较低。根据《2022年火炬中心统计年鉴》数据分析,技术收入仅占营业总收入的13.9%。

(三)国家级高新区创新国际化水平存在显著的区域不平衡性

近年来,随着国家对科技创新的重视程度愈发增加,对国家级高新区发展的帮扶力度也愈发加大,取得了显著且高效的成就。尤其是在当今严峻的国际形势和新冠疫情的双重压力下,仍然能够保持国家级高新区营业收入和净利润的稳定增长。营业收入增长率由2020年的11.1%增加到2021年的15.7%,净利润增长率由2020年的16.6%增加到2021年的17.8%,从总体上来看,国家级高新区发展稳步向好。但是按区域划分,国家级高新区发展存在明显的区域不平衡。

截至2021年底,在国家级高新区数量上,全国共有169个国家级高新区,分地区来看,东部地区有70个,中部地区有44个,西部地区有39个,东北地区有16个。其中,在全国169家国家级高新区中,东部地区高新技术企业达7.6万个,中部地区高新技术企业达1.9万个,西部地区高新技术企业达1.4万个,东北地区高新技术企业达0.5万个,可见不同地区高新技术企业数量存在着明显的差距(图13-2)。

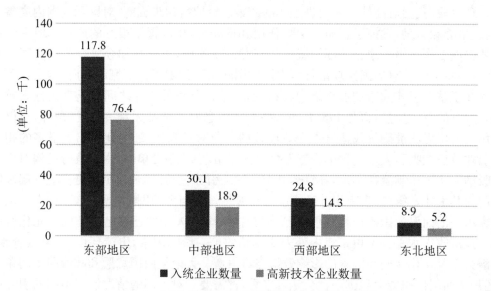

图13-2 2022年各地区国家级高新区企业数量情况

从高新区营业收入来看,2022年东部地区国家级高新区营业收入占国家级高新区营业总收入的65%(图13-3),中部地区和西部地区国家级高新区营业收入分别占国家级高新区营业总收入的16.5%和14.3%,东北地区国家级高新区营业收入仅占3.8%,东部地区营业收入是东北地区的近17倍。从高新区净利润来看,东部地区净利润占全国高新区净利润总额的68%,占到了绝大部分的比例。中部地区和西部地区的净利润占比相差不大,分别占全国高新区净利润总额的13.9%和14.4%,而东北地区仅占全国高新区净利润的3.7%(图13-4),可见在地区价值创造方面和成果转化方面,东部地区是全国高新区价值创造的核心,而东北地区则处于边缘地带。

由上述数据分析不难发现,国家级高新区存在着明显的地区发展差异和不平衡性。首先,东部地区作为国家级高新区发展的"先手棋",其发展一直处于遥遥领先的地位,无论是在高新区数量、营业收入还是净利润上,都占全国总体水平的一半以上,其中作为东部地区领头羊的北京中关村,其营业收入和净利润分别比其他三个地区的总和还要多,全国高新区发展质量很大一部分取决于东部地区国家级高新区发展的情况。其次,西部地区和中部地

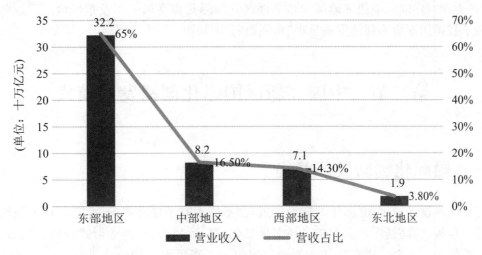

图 13-3　2022 年各地区国家级高新区营业收入情况

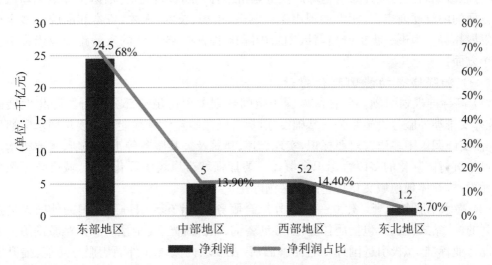

图 13-4　2022 年各地区国家级高新区净利润情况

区的国家级高新区发展情况较为均衡，两个地区无论是企业数量还是营业收入等方面的差距较小，然而这两个地区与东部地区相比，还存在着明显的差距。最后，东北地区的国家级高新区发展水平与其他三个地区相比差距甚大，但具有很大的发展潜力。

造成国家级高新区地域发展不平衡的主要原因如下：首先是客观存在的地理环境，由于东部地区与其他地区相比，其具有更加便捷的交通，更加适宜的生存环境，更加繁荣的经济基础，使得东部地区在开拓创新领域都作为优先的试验田，而中西部地区以及东北地区由于其经济发展水平及其他客观条件与东部地区相比存在明显差距，因此无论是在人才吸引还是在资金投入等方面都不及东部地区，其发展必定受到一定限制。其次，高新区发展离不开经济的加持。创新离不开经济基础，离不开政策支持，东部地区作为改革开放的前沿地区，经过几十年的积累，具有其他三个地区无法比拟的经济实力，国家级高新区作为国家重点创新规划，势必会在经济基础雄厚的东部地区率先开始，此外，作为试验田的东部地区拥有更加成熟的创新理论和创新经验，使得东部地区国家级高新区发展相较于其他地区具有明显的优势。再次，东部地区作为与世界沟通的"窗口"，其国际化水平和业务能力不断发展完善,而作为相对内陆的中西部地区和东北地区其国际化程度远远不及东部地区。这些因素也造成了我国国家级高新区发展呈现"东强西弱"的局面。

第二节 中国高新区国际化创新发展模式

一、国际化创新发展路径

国家级高新区经过30多年的建设发展,创新能力有了显著提升,尤其是自主创新能力有了进一步提高,高新区产品也越来越多地具备国际竞争力,且产业形式也日益增加,产品等级日益提升。高新区成立之初主要通过出口加工来吸引外国企业进行商品的生产和转移,这标志着高新区已经开始与全球产业链紧密结合。随着时间的推移,国家级高新区在国际化方面的内涵逐渐丰富,相继展现出生产制造、市场、技术、人才、资本和品牌等多个全球化的发展趋势。为进一步提升高新区创新国际化水平,如今具体的发展路径应当集中在以下几个方面:

(一)加强城市功能国际化建设

(1)高标准规划引领。要在区域国土空间规划中预留足够部分进行国际化发展的空间,统筹安排涉外服务设施和公共基础设施,提升园区国际化承载能力。要按照国际通用标准,全面实施园区中多语言对照标识,实现街道、建筑及公共服务等重要场所、重要机构及其相关设施进行国际化的多语言标识全覆盖。要加强城市风貌国际化设计,城市雕琢融入国际化元素,构建体现地域文化特色的园区国际化。

(2)高水平服务配套。建立一个涉外综合服务站,旨在为引进到我国的外国人员提供一系列的"一站式"服务,包括居住登记、签证咨询、旅游观光、安全预防和困难救助等。要对标国际行业标准,积极引进国外知名品牌酒店,在区域内完善涉外酒店服务功能,提升服务水平。

(3)高层次人才吸引。要进一步推进中外合作办学模式,重点增加外国留学生的国籍来源数量、增加留学生项目的类别和规模。同时建立海外高层次人才信息库,全方位引进国际英才,预留足够的城市商品房,供留学人才租赁,满足国际人才居住需求。要鼓励企业进行外资合作,通过项目引进全球技术和国际人才。

(二)提高创新创业国际化水平

(1)打造全球产业集群。要梳理本区域高成长性、高附加值、政策导向性明显的主导产业,通过上下游补链、延链、强链,培养行业技术领先、要素吸引力强,具有行业话语权、定价权的全球重点产业集群,集中力量构建园区国际化产业生态。

(2)建强创新平台体系。通过邀请国内外知名大院大所前来设立和鼓励园区企业与科研机构共建的方式,设立研发服务分支机构、技术转移中心、成果转化中心、联合实验室、创新创业服务平台等科技创新平台。要加快搭建产业科技创新公共服务平台,支持专业化众创空间、孵化器、加速器建设,鼓励生态孵化与产业升级共同发展。要做实科技金融服务创新改革,建设科技银行、科技保险、科技担保等专营服务设施,优化金融生态环境,不断对接国际化科技创新。

(3) 搭建国际规则平台。要树立国际规则意识,对接国际标准,优化涉外政务法治环境,提高办事效率。要加强知识产权保护,完善知识产权保护体系,开展国际知识产权保护交流。

(4) 促进互联网融入。随着"大智移云"(大数据、人工智能、移动互联网、云计算)技术的飞速发展,国家级高新区在国际化进程中要树立"地球村"意识,紧盯数字产业尖端,通过网络技术,加快人力、技术、产品等要素的全球流动,打通对外开放渠道,实现买全球、卖全球。

(三) 提升经济贸易国际化程度

(1) 建设一批国别产业园。加大招商引资力度,精心谋划符合外商投资意向和偏好的国别特色差异化主题产业园区。集中力量建设1~2个规模大体量、产业高层次、政策差别化的中外合作园区,打造属于中国的对外开放新特色园区,努力成为管理规范化、产业高端化、环境国际化的对外开放合作示范园区。

(2) 联合一批特殊功能区。国家级高新区在进行高端科技探索、实现产业化的同时,要善于借势、借力,依托综合保税区、自贸区、自贸港、试验区等特殊功能区,融合发展,将其特有的政策制度优势,复制应用到园区对外开放进程中,全面扩大对外开放程度。

(3) 推进一批外资项目。国家级高新区要根据自身地域特点、产业情况和客观资源等条件,实施境外招商"窗口前移",在有频繁贸易交往的国家和地区,通过与境外商务机构、当地名誉较好的商协会以及园区驻外企业合作,聘用一批招商代理人员和顾问,开展境外招商、委托招商、中介招商。努力打造一支熟悉国际准则、市场行情、产业形式、招商实务的专业化境外产业招商人群。一方面,关注一批现有的外资项目进行重点投资,力促加股增值;另一方面,锁定境外目标区域、目标产业和目标企业,多频次、点对点、一对一地开展以培育产业集群为目标的产业链招商。

(4) 发展一批对外贸易。一是大力推行出口品牌效应。加大实施出口品牌培育力度,通过品牌效应带来核心竞争力,重点是对园区内具有自主品牌的企业、拥有自主创新能力和知识产权的企业进行资金和技术上的支持。二是实施出口渠道拓展工程。加快构建国际化电商网络平台,鼓励企业通过运用国际大型网站,进行国际范围内的商品交易活动,积极发展互联网形式下的国际贸易。三是积极扩大进口规模。鼓励园区企业增加先进技术、高端人才、前沿成果及重要设备、关键零部件进口。

(四) 完善支持政策国际化体系

(1) 建立完善"走出去"服务体系。编制对外投资指南,搭建洽谈交流平台,促进企业与龙头央企抱团,与区域外大企业联手,共同承接境外项目落地建设,提高实际利用外资水平。要完善对外投资合作安全预警、风险防范和境外突发事件应急处理机制。

(2) 设立专项资金和基金支持。要结合自身特点,设立重点区域发展的国际化发展专项资金和促进企业、产业升级的基金支持,制定支持"走出去"政策,对园区内原有规模和品牌竞争力强的企业在财税、融资、信息、服务等方面重点扶持。

(五) 丰富品牌推广国际化手段

(1) 积极参与国际性会议。充分利用好高交会、广交会、服贸会、进博会等国家级的全球产业大会,深度参与布展、论坛、峰会等,创造机遇对接产业前沿和科技尖端,做好展会推广和资源集聚,提高园区品牌国际化影响力。

(2) 积极组织国际性赛事。深度推进与知名国际组织、跨国公司合作，积极承办国际赛事，加大对外推介力度，提高园区国际知名度。

(3) 建设多元开放的城市文化。构建高度开放的社会文化环境，形成开放包容、百花齐放的城市文化理念，建设影响海内外的文化交流体系和艺术平台，提升城市文化的广度和深度。

经过30多年的发展，我国高新区发展的路径体系已基本形成且不断完善，总体分为两种模式，高端链接模式和对外辐射模式，前者是通过与国外先进高新区"点对点"的链接吸收交流，促进高新区先进成果转化和创新发展，后者则是通过"一点多线"的方式以自身带动四周，促进高新区合作共赢。

二、高端链接模式

高端链接是指高新区与高科技企业之间的合作与联系模式。高新区作为政府的平台，通过政策和资金支持吸引高科技企业入驻，而高科技企业则在高新区的优越资源条件下快速成长。高端链接模式具有相互促进的作用，帮助企业更好地发展壮大，推动高新技术产业发展。高新区高端链接的模式主要包括以下几个方面：第一，企业通过跨国并购的方式吸收国际上先进的科学技术，例如中国化工通过此方式合并瑞士农药巨头先正达。此外，企业通过在境外建立科研机构的方式整合优秀创新资源。例如，三一重工在德国设立自己的研发中心，通过科技成果转化、技术合作等形式，将科研成果转化为实际生产力；第二，大力推进境外创新创业孵化建设，吸引全球范围内的创新创业者。高新区通过设立境外创新创业孵化基地，使国内科技孵化器走出国门，然后再通过预孵化等形式进行筛选，选择符合条件的孵化器进行重点培养。此外，吸引高品质的创业团队，为他们提供了办公空间、财务援助、技术指导等一系列服务，以助其迅速发展。例如，启迪控股与硅谷银行的合作、瑞安集团以及北极光创投在硅谷共同建立了第一个中美跨境孵化中心；第三，鼓励并引导著名的创新和创业服务机构进入中国，汇聚全球的创新和创业服务资源，一方面学习其成熟的产业运作体系，充分利用先进创新资源，另一方面可以借助其"品牌效应"，进一步推动我国创新创业在国际上的发展，已进入中国的知名孵化器有微软创投加速器等；第四，进一步促进先进科学技术的国际流动，一方面鼓励国内技术转移机构开展常态化国际业务，紧跟时代步伐，引入国际先进科学技术；另一方面探索联合境外综合技术转移机构搭建技术转移共享平台的方式，例如青岛高新区联合德国史太白技术转移机构建立跨国技术转移中心。这些高端链接方式有利于增强高新区创新能力与竞争力、加快科技产业发展。同时，也为企业提供了更好的发展平台和资源支持，促进了科技与经济的有机结合。

三、对外辐射模式

高新区开展对外辐射的主要途径如下：一是与国际科技园区开展经验共享。伴随着中国全方位的发展，中国在国际上的地位也在逐渐提高，与世界各国之间的关系同样稳定良好，特别是"一带一路"共建国家与中国有着经济往来，他们与中国有着多年贸易合作及产业输出，对中国科技产业园区的合作要求越来越高，与国际科技园合作已然成为我国同其他发展中国家深入进行产业交流、对外分享园区开发建设经验、传播中国声音的高效途径；第二，面向"21世纪海上丝绸之路"沿线国家构建创业生态链接,以此更好地增强创新创业合作,更快地促进创业服务的有效输出,如中国同东盟国家建立的信息港,加快推动了中国与东盟国家在技术创新合作、互联网贸易服务等方面的发展;第三,发挥中国高新区的产业优势,依托高新区多方产业领域累积的较为先进的产能余热,继续加大发展中国家产能合作力度,并进一步加大合作内容和优化合作方式;第四,刺激发展相对成熟的行业,开拓国际市场,借助互联网、人工智能、大数据、新能源、新材料等朝阳产业相继在全球迸发的契机;第五,依托高新区对发展中国家和"21世纪海上丝绸之路"沿线国家的技术优势,强化中国技术甚至将中国规则对外扩散,以提高自主创新能力为前提,引领相关产品开拓国际市场。

第三节 促进中国高新区国际化创新发展的对策建议

一、积极响应国家发展导向,完善创新创业政策

目前我国正大力实施创新驱动发展战略,高新区作为全国创新发展的示范点,为推动高新区高质量发展,政府部门应进一步加大对创新创业的有效支持力度。

在科技创新政策方面,出台鼓励高新区企业增加科技创新投入的政策,并制定具体的规定,以吸引更多的国内外科研机构在高新区落户,并进一步完善政府补贴政策体系。科技创新的关键,是人才的聚集,除了吸引科研机构的落户,人才的落户也是关键,出台加强人才工作体系建设的相关政策,为高新区人才尤其是外籍人才,提供一站式便捷服务,通过加大福利待遇及职业生涯发展规划等方面的支持力度,吸引海内外高端人才入驻高新区,为建设高新区服务。

在产业发展政策方面,结合高新区经济发展总体部署和产业发展规划,根据现代服务业发展导向和园区各自特点,设立专项政策文件支持产业发展。从招商引资、公共技术服务平台建设、专业产业园区建设、政府财政专项补贴等方面全方位完善工作体系,克服产业发展中的难题,研发和制造具备自主知识产权的产品,推动新兴业态和创新模式的形成,优化和调整产业结构,构建适应未来国际竞争的高科技和产业体系。

在企业成长政策方面,应对不同企业在成长过程中的发展需求,制定与其发展阶段相匹配的政策措施。例如,针对初创期的中小微企业,可以继续完善《高新区创业服务体系建设指南》等政策的制定,从更加具体的角度包括优惠政策、投融资服务、行政管理、信息收集、创业导师、技术平台建设等方面,完善企业建设体系,对企业形成系统的指导和服务;针对高速成长的企业,采取更多的措施来完善《瞪羚企业支持计划》等政策,以支持高成长企业的发展。这些措施将从企业发展、融资、改制上市、对外合作以及拓展发展空间等多个角度出发,为高成长企业提供更多的支持。完善《支持龙头企业参与制定国家标准和国际标准的政策》等政策措施,以促进龙头企业在国家和国际标准制定过程中的参与。

二、加大海外人才引进力度,提升总体创新能力

一是采取系统性引才思维,加强高新区人才国际化工作战略部署。在人才引进方面,针

对国家级高新区具体人才需求情况与结构性不足等问题，坚定不移地实施全球引才项目，无论是面向发达国家还是发展中国家，只要是有技术、有能力，能够促进高新区持续发展的国际化人才均广泛吸纳，尤其是在关键领域的核心技术人才。围绕高新区产业结构和产业链发展情况，同步在全球范围内进行高端人才搜索，发掘掌握先进科学技术、具有行业领先水平的顶尖人才和团队，同时与国内园区建立数据共享机制，定期向高新区企业发布产业地图和人才地图；在人才培养方面，进一步加深国内各大高校对外开放的程度，激励重点高校开展具有国际化特征的合作办学和跨国类项目的中外联合研究，同时，进一步选拔优质干部及具有专业知识的高级人才出国学习深造，更加对口地学习国外先进的科学技术和实践经验，以更好地促进学校与合作单位在产业、科学技术及创新成果转化等方面的交流。

二是采取柔性引才理念，深化企业自主引才的角色，强化企业在人才引进工作中的参与程度。美、日两国等发达国家的跨国公司在吸纳优秀境外人才方面发挥了举足轻重的作用，而我国企业在培养和引进人才方面的动力不足，企业界的潜力没有被充分挖掘，人才引进依旧是政府处于绝对主导地位，引才积极性也没能被调动起来。因此在如今的国际人才争夺战中，必须强化企业自主引才意识，促进企业特别是跨国公司成为培养、引进、使用人才的重要载体。

三是强化专业人才与产业各个部门有效对接，切实解决人才资源错配问题。要完善人才集聚平台，围绕战略性新兴产业，紧密抓住以区域为主导的产业发展方向，努力争取实现包括国家产业中心、国家重点实验室等在内的众多国家重大科技基础设施等平台的建设和落实。加强人力资源部门与产业部门之间的协作，以促进双方之间的有效沟通与合作，针对不同行业，提供专业对口的人才，引导人才向新兴技术部门、重点研发领域等关键部门集聚。推动共建产业联盟，以业内头部企业为核心，联合其他企业、高等院校、科研院所等相关单位高度参与，构成基于统一标准的产业共同体和上下游产业链。

三、深化内陆园区与东部沿海先进园区合作，推动创新资源跨区域流动

一是支持内陆中西部园区与东部沿海园区创新资源的有效流动，整理先进东部园区创新联盟、合作院校、创新平台、中介机构、科研机构等对接机构名录；结合自身产业方向情况，重点梳理东部园区重点高校、研发单位等平台的先进创新资源，吸收先进发展模式，进而因地制宜地制定符合本地区发展的合作项目目录。鼓励内陆园区企业与东部园区高校之间进行科学技术、成果转化等交流，优先对联合申报项目给予资金支持。

二是激励内陆园区与先进园区之间建立对接工作点，深化东西部园区的合作，制定与先进园区定期交流的制度安排，加大创新资源集聚、科技信息共享的力度，形成长期稳定的工作对接平台。

三是在内陆高新区充分利用其环境优势，与其他先进园区一起探索在该区域建立协同创新基地试点的可能性。吸引成熟企业、研发机构、科研院所等先进园区的入驻，并提供优先配备办公场所、中试车间和产业化用地的机会。吸收其较为先进的发展模式与管理经验，构建两地管委会工作人员沟通交流的机制。

第十四章　中国高新区开发建设创新发展研究

本章以高新区开发建设创新发展研究为主要内容。当前,在土地、资金、人口、环境等要素资源受到制约的情况下,高新区发展需要在资源环境可以承受的范围内,以人为本,统筹规划,加大基础设施投入力度,加快开发建设资金落实,提升高新区基础设施、城市功能配套的能力。高新区的开发建设和创新发展,是充分利用了土地资源、人力资源以及数据资源,以此来构建资源节约型、环境友好型的高新区,从而提高高新区可持续发展的能力,这是高新区实现可持续发展的根本。为此,高新区的开发建设需要依托生态环境,建立起低排放、低消耗、高效率的准则,发展低碳循环经济,保护自然环境,实现人与自然和谐共处,建设和谐的绿色新型高新区。国家级高新区的开发建设需要创新,以科学制定与完善高新区发展的框架,持续推进高质量建设,加大对高新区基础设施建设的投入力度,从而提升高新区的经济总量和推动产业升级。

第一节　中国高新区开发建设创新发展概况

开发建设是对具体土地资源开发,使其增加新的设施或具备新的功能,对仍有开发潜力的地区以及资源领域进行发行、挖掘和创新的活动。本书把开发建设定义为以实现对社会有限资源的合理配置,创造最多的社会效益为目的,对尚未发挥资源和经济优势的新区域进行人为建设开发,对该区域的自然资源、人力资源、数据资源进行深度挖掘、利用。高新区开发建设需要加大基础设施、公共事业、公共建设等项目投入力度,使高新区的基础设施建设慢慢完善起来,对产业和人才的吸引力也逐渐增强。

一、开发建设创新发展的意义

(一)土地资源开发建设创新发展的重要意义

对高新区的开发建设规划尤其是对高新区土地资源的规划需要具有一定的前瞻性。土地作为有限的空间资源,必须集约开发,需要结合高新区未来的发展预留部分建设空间,以作为完善高新区城市功能的补充。土地是项目落地的基础性要素,也是城市规划建设向高质量发展的硬核支撑,国土空间全面整治工作为项目落地、转型升级腾出发展空间。土地是高新区重要的发展要素,它不仅是区内高新技术产业发展的载体,政策的附加还使其具备了极高的增值潜力。与一些发达国家相比,我国高新区初期的开发规模过大,资金分布过于分散,土地使用过于广泛而非集中,导致区内集聚力较弱,这使得一些高新区不得不转变为商贸和住宅区。这样的转变带来的后果是大面积的土地荒废,耕地大幅度减少,土地资源的经济价值没有得到充分的体现,对发展的贡献可能也没有达到期望的水平。因此,高新区对土地资源的开发和建设显得至关重要。

(二)人力资源开发建设创新发展的重要意义

在当前全球竞争日益激烈,以及经济构成正迅速转变升级的情况下,人才的重要性变得格外显著。尤其是高级人才,他们在引领和推动人才队伍建设中起到决定性作用。人才被视为科学进步的首要资源,而高级的创新创业人才则负责推动科技突破。将高级人才的发展放在优化经济结构的前列,是应对全球科技竞争日益加剧背景下顶尖人才短缺问题的有效措施,是争夺新一轮科学技术创新主导权的强大利器,也是增强自主创新能力的战略行动。"十四五"时期不仅是国家级高新区从投资驱动转向创新驱动的宝贵机会,同时也是提升经济发展层次和提升产业核心竞争力的关键时期。在此期间,优先发展人才战略无疑成为"十四五"规划中最主要的发展策略。高新区的转型升级,必须把高级人才视为影响其高质量发展的关键要素。

(三)数据资源开发建设的重要意义

在大数据时代的背景下,数据资源优政惠民。如今,通过数据系统,入学报名只需要一分钟、便民服务只需要一个窗口、城市治理由一张数据网络覆盖。大数据时代,数据信息资源的开发对于高新区而言至关重要。通过利用园区内完善的高级教育系统、丰富的科技信息资源和浓郁的科技文化氛围等优势,信息服务体系可以加强信息和技术服务的交流以及提供技术培训。通过建立区域科技信息交流平台和行业信息交流与技术成果推广平台,信息服务体系也能够为园区企业提供技术和经济分析信息、市场调研以及联系申报项目,寻找合作伙伴等服务。这种创新的信息服务体系也可以最大限度地推动园区的中小企业开展技术创新活动。以"数据赋能"推动人才服务链条机制建设,搭建高新区数据资源平台,整合多方资源为人才提供双创、职业生活跟踪以及政策申报推送等服务,汇聚高新区内企业、岗位、人员需求,由此可以全方位满足产业发展对各层级人才的需求。

二、开发建设创新发展的现状

(一)高新区开发建设土地集约利用情况

中国共有173个高新区,截至2021年12月31日,根据数据统计,高新区总的范围面积是18.3万公顷,其中可开发建设的土地面积占17.62万公顷。已供国有用地面积是15.48万公顷,已建成城镇建设用地面积是14.62万公顷。工业用地率是38.3%,在土地利用强度方面,总体土地的综合容积率是1.15,建筑密度为32.29%,工业用地的综合容积率为1.05,工业用地的建筑系数为52.29%。在投入产出效应方面,高新区的工业用地固定资产投入强度为每公顷12206.46万元,工业用地地均税收为每公顷981.98万元,综合用地地均税收是每公顷695.42万元。土地开发面积扩大,土地利用率也有所提高。

城市化的加速进展和园区的扩大带来了高新区园区土地面积的快速增长。在行业聚集效应的推动下,高新区的数量和规模不断壮大,行业种类也愈发多元化。随着新型城市化理念的实施,高新区逐渐走向产城融合,除了工业用地,人居环境的规划和建设也受到了越来越多的重视,园区正在由单一的工业区发展成为集多种功能于一体的综合服务群体,土地使用的规模相应地扩大。在园区中,工业用地的比例并不是越高越好,相对成熟的园区中有较大比例的居住和公共服务设施用地,容积率和建筑密度才是园区土地开发强度的体现。随着土地集约利用理念的引入,园区中的工业厂房也开始追求更高的土地利用效率,例如增加层数以节省土地使用。同时,在推动园区转变为产城融合的"新城"的过程中,也在不断强化园区功能的多样性,逐渐平衡工业用地和居住用地的比例,由此容积率也在逐步提升。

(二)高新区人才资源开发的现状

人才一直被看作极为重要的资源,也是确保高水平科技创新能力的核心因素。国家高新技术产业开发区始终坚持以习近平新时代中国特色社会主义思想为指导,深入贯彻实施新时代人才强国战略,在积极贯彻新时代人才强国战略方面,采取了全方位的措施来培养引进人才,以充分发挥人才的作用。始终把创新人才作为引领高质量发展的"第一资源",着力实施更加开放的引才育才政策,努力打造聚集和培育人才的创新高地,取得了良好成效。2021年,国家级高新区内在进行研发活动的人员有563.6万人,是2012年的2.5倍,其中每万名从业人员中研发人员全时当量是全国平均水平的12倍。国家级高新区从业人员中本科以上人员占比从2012年的30.3%增长至40.9%,吸纳高校应届毕业生数量从2012年的47.2万人增长至2021年的80.0万人。高新区企业研发人员的密度也远远超出全国水平,每万名高新区企业从业人员中研发人员全时当量为743人,是全国平均水平的9.7倍,高新区整体从业人员高学历化和高技能化趋势明显。

截至2021年11月,全国已建立3357个博士后科研流动站和3874个博士后科研工作站。在过去的5年中,新增了339个科研流动站和896个工作站。已经招收了超过28万名博士后研究人员,其中工作站招收超过了4.6万人。目前,在站的博士后人数超过9万,其中工作站博士后人数超过1.6万。仅在2021年,进站的博士后人数就超过3万,其中工作站博士后人数达到0.6万。在过去5年中,博士后共发表了超过40万篇论文,并申请了超过7万项发明专利。

在全国博士后管理委员会的支持下,有62家国家级高新区建立了博士后科研工作站。其中,中关村科技园区海淀园、成都高新区、青岛高新区和佛山高新区等高新区代表着设站方面的显著成果,并有效地推动了地方人才高地的建设以及企业技术创新研究,进而促进了区域经济社会发展。中关村科技园区海淀园设立了96家企业分站,培养了600余名企业博士后人才。据不完全统计,园区企业博士后累计主持或参与了1013项科研项目,以第一、第二或第三申请人身份申请了940项发明专利和16项国际专利,有效促进了高校科研机构与企业之间的智力资源有效衔接、交流和转化。成都高新区设立了57家企业博士后各类站点,在2017—2021年,博士后研究人员共发表了70余篇研究报告和论文,并完成了30余个研究项目,申请了40余项专利。青岛高新区建立了68家博士后科研工作站,已出站的博士后人数约为1400人,占了青岛市的一半以上。佛山高新区目前拥有59家博士后科研工作站,占全市的92.19%,在站的博士后人数接近200人,累计培养了500多名博士后人才,每年直接带来经济效益超过5亿元,有效吸引了佛山市的高端人才资源。

(三)数据信息资源开发现状

高新区正以数据"聚、通、用、融"流程赋能和深度应用,推进"一屏观全区""一网管全域"网格化治理体系建设,通过网络实现城市运行的管理,通过数据资源为高新区的腾飞插上双翼。数字赋能,可以让群众办事更有温度,让企业经营更加速度,使城市管理更具精度。开发数据资源,高新区将继续发挥专业优势、挖掘数据价值,高质量促进基础设施建设,为园区高质量发展提供强大的数据支撑。

当前,我国一些高新区已经开始构建智慧平台。基于基础资源库系统,它们通过子系统如社区服务系统、民社大数据及决策分析系统、OA办公系统、社区事务管理系统、居民业务咨询办理系统、民情地图系统及社会救助系统等，为高新区的居民提供各项服务。拥有大规模的基础数据资源库是智慧平台充分发挥其效能的关键前提。据了解，高新区以信息化为引领、以大数据赋能，重组省、市、区3个审批层级的服务事项，集成到应用场景和主题业态中，实现证照联办、联变、联销。目前，高新区很多经营业户享受到"证照联办"的便利。与此同时，高新区搭建城市综合指挥平台，上线"网格通"App、微城管小程序，接入环保、应急、综治、城管、市场监管等12个业务场景，面向全区多个监管网格，让数据"多跑路"，构建起一套闭环流程。首先发现问题所在，然后对任务进行分解，接着整改落实，最后进行考核监督与指导。

高新区不断夯实基础设施建设，以潍坊高新区为例，现已建成潍坊云计算中心高新分中心，实现服务器集中托管和业务系统统一上云；全区"政务一网"，实现"区—街道（发展区）—社区"三级网络全覆盖；搭建高新区视频云平台，目前已汇聚1万余条视频资源，服务校园安全、交通管理、社会治安、综合执法等多部门多个场景应用；万声呼叫中心IDC机房入选省级新型数据中心名单并获授牌；积极推进5G基站、充电桩（站）等新基建建设，建成5G基站678处，实现5G信号全覆盖。高新区大数据中心将继续运用信息化技术手段，助力数字强省、数字强市建设。

现在任务最艰巨的是采集与获取基础数据。而目前的高新区数据库仍然不完整，没有现成的可以用，还是需要逐步去完善数据库。等数据库系统成熟的时候，工作人员就能在系统内看到全部信息，可真正实现"无纸化"办公、智能办公，将社区、街道、区机关工作人员从大量繁杂的工作中解脱出来，使他们有更多的时间和精力服务群众。

强大的基础资源库系统是智慧平台发挥作用的核心所在，通过"互联网+大数据"全面掌握高新区内的人、地、物、组织、舆情以及突发事件、GIS社区地理信息等基础信息数据。目前信息数据资源仍有待挖掘以及完善。利用智能抓取、分析大数据技术与资源，能为高新区管委会决策提供及时、准确、科学的参考依据。比如，系统可以设定对一段时期的经济运行数据进行分析、统计，并以表格、图形等多种形式直观展现，为准确分析预测经济形势、制定有针对性的政策、合理分配调度资源提供参考。

三、开发建设创新发展存在的主要问题

（一）土地利用不集约

最大化土地效能的原则主要通过土地集约化达成，这需要对土地功能进行整合和置换，合理布置功能空间，优化建设用地的空间安排，并致力于提升土地的产出效率，从而在经济、社会和生态等各个方面取得显著成果。在我国，传统的工业园区通常采用低层面的土地布局，特别是产业用地的建筑高度、容积率和建筑密度方面都普遍偏低，导致土地布局散乱，缺乏纵向建设，从而造成了土地资源的重大浪费。国内的高新技术产业园区的面积远超世界的平均水平，但是其土地产出率却相对较低。在当前的园区工业项目用地指标紧张的背景下，仍然存在很多低效使用土地的情况，很多土地、厂房、项目被闲置，高新区对地下空间的利用也有待完善。同时，有些入驻园区的企业和引进项目的土地未被利用或出现重复建设，导致了大项目和高质量项目所需空间的短缺，影响园区整体发展。

（二）规划建设缺乏整体性

有一些高新区，尤其是非建设主体型以及半建设主体型高新区在实施"一区多园"管理

模式时,对自身的发展定位、发展要求、发展路径不明确,缺乏统一整体的规划,相关分园做不到相互协调。规划太过粗略,只有方向性的发展规划,缺少有针对性的详细规划,规划缺乏整体性和系统性,新区内部各区块之间存在功能定位重复,特性并不鲜明的问题。其中尤为明显的是,交通规划、产业规划以及基础设施规划等滞后于土地规划,缺乏系统指导。

一直以来,我国的城市建设者在处理规划与建设的关系上存在问题,长期缺乏系统的规划理念和意识。城市新区建设应以规划作为前提和依据,作为城市建设的蓝图和指导准则。在高新区的建设中,也存在着对规划理念的认识不足,如果仅仅依赖政府的建设方案和用地标准,但没有对高新区未来发展方向和城市新区的整体规划进行深入的探讨和研究,便可能导致许多问题的出现。例如,高新区可能出现交通堵塞、配套设施不合理、功能区建设不完善等各种问题。

（三）土地功能较单一

在高新技术产业开发区的早期发展阶段,主要聚焦的是第二产业,特别是产业研发和生产加工,导致土地使用功能相对单一,缺乏与之配套的服务业等多元化产业。但随着产业结构优化提升,高新区不断转型变化,第二产业和第三产业结合在一起发展的趋势越来越明显了。这是因为制造业需要不断升级并且需要不断地创新,所以研发设计、科技服务、金融保险和中介咨询等现代服务业以及企业总部经济将成为园区未来产业着重发展的部分。如今,自主创新已经成为高新区发展的主要目标。我国高新区在发展成熟的同时,逐渐对土地功能进行了完善。

（四）配套设施建设欠完善

大多数高新区在初期发展阶段以工业为主,目标主要是吸引投资,因此大部分资金都被投入到运用在传统产业发展的基础设施上了。然而,随着产业的升级,现有的基础设施已不能满足生产的需求,公共服务设施,如居民生活所需的设施更是短缺。这不仅阻碍了产业型城区的进一步发展,还导致了人才的流失,而且还对主城区的公共配套设施产生了重大压力。随着新型城镇化的推进,高新区已经逐渐成为产城一体化发展的重要组成部分。现在,高新区在空间形态上不再仅仅是产业区,同时也在向着城市综合功能区转型,更加关注居住环境的建设。进入新的发展阶段,高新区更应注重商业、教育、居住等城市服务功能的完备,减少对主城区设施的过度依赖,提升自身设施的水平和数量,形成一个产业与城市功能融为一体、交通便捷、设施齐全的空间格局,真正实现"产城融合"。在国内,苏州科技城在规划和建设之初就注重城市建设,将产业和城市功能的升级融为一体发展。但多数国内高新区还处在"产城融合"发展的探索阶段,城市公共服务配套设施和商业服务设施,如购物娱乐设施等需要进一步完善。无论何时,存量土地拥有者在特色产业园区的开发建设过程中都扮演着重要的角色,或是产业升级的推动者,抑或是政策驱动下的践行者。

第二节 中国高新区开发建设创新发展的主要模式

一、产业新城模式

随着城市和产业发展需求对高新区功能和定位要求的进一步提升,以及区域格局的变化和新经济发展带来的新需求,长期以来以工业区为导向的高新区开发模式已不再适应当前需求。随着中国经济步入新常态,创新驱动成为国家发展的主要战略。高新区作为经济发展的重要支柱和创新发展的前沿阵地,提出了"产业新城模式"。这一模式是在新型城镇化背景下,将高新技术产业作为核心,推动经济发展和城市建设相互促进的一种新兴模式,高新区产业新城模式有以下几个主要特点。

首先,产业新城模式注重高新技术产业的集约化发展。高新区依托技术创新,形成了一系列特色鲜明、竞争力强的高新技术产业集群,如生物医药、智能制造、电子信息等。这些产业集群发挥了辐射带动作用,不仅吸引了大量相关企业入驻,而且还带动了上下游产业链的联动,促进了产业结构的优化升级。

其次,产业新城模式强化了产城融合。高新区在规划建设过程中,不仅重视产业发展,同时还兼顾城市的居住、生态、文化等多功能一体化发展。引入现代化城市设计理念,打造宜居宜业的城市环境,力求达到生态、生活、生产"三生"融合,形成产业发展和城市建设的良性互动。

再次,产业新城模式推动了创新资源的高度聚集。高新区充分利用其平台优势,吸引高校、研究院所、企业研发中心等创新资源集聚,拥有专业的孵化器、加速器等创新服务体系,营造了良好的技术创新和知识转化氛围。这些创新资源的聚集和交叉引发了创新思想的碰撞和技术成果的快速转化,加速了新技术、新产品的研发和产业化发展。

最后,产业新城模式致力于丰富融资渠道和金融服务。高新区引入多元化金融机构和金融工具,例如股权投资、债券融资、科技保险等,减少企业融资成本,提高融资效率。金融服务与高新技术企业的深度融合,为企业发展营造了良好的金融环境。

产业新城模式还体现了对绿色发展的重视。高新区在产业发展过程中坚持节能减排和循环经济原则,实施低碳管理和绿色制造,积极发展绿色建筑和可再生能源利用机制。在努力实现经济发展的同时,保护生态环境,实现可持续发展目标。

不可忽视的是,产业新城模式还展现了一种国际化的发展视野。高新区积极融入全球创新网络,与国际知名企业和研发机构合作,引入国外先进技术和管理经验,提高自身在国际化竞争中的地位,同时也为更多的国内企业走出去提供了平台和契机。

综上所述,高新区产业新城模式以其突出的高新技术产业集聚、强调产城融合、倡导创新资源集聚、金融服务多元化、关注绿色发展以及具有国际视野等特点,为中国经济转型提供了新的动能,成为新型城镇化与产业发展一体化的典范。随着中国经济不断发展,产业新城模式也需要不断创新和完善,以满足时代发展的新要求。

二、资产证券化模式

资产证券化是指企业为了实现融资的目的,通过打造资金池,以资产未来产生的现金流作为偿付条件,向投资者发行证券的过程。企业想要减轻资金流动性不足的压力并开拓新的融资渠道或是想要优化资产负债表都可以通过资产证券化的方式来实现。资产证券化也是支撑轻资产运营模式的重要方式,其中资产证券化的典型代表是REITs。不动产证券化产品依据底层资产的不同被分为酒店、商业、办公、产业园、长租公寓等几大类型;产业园类证券化产品也被分为物流园区、商务园区以及工业园区等几大类型。高新区的资产证券化产品因对未来运营的要求过高,在市场上占比较少。如何确保项目资产化并实现快速变现是一个关键问题,可以借鉴普洛斯等典型外资工业地产企业的成熟做法,在项目达到良好状态后将其打包形成资产组合,以 REITs 的方式进行快速变现。

高新区想要采用 REITs 作为推行轻资产模式的方法存在着一些难题。例如,寻找稳定优质资产难度较大,产业用地年限不够长甚至还会缩短。对这些问题,有必要探索解决的方法。通常情况下,高新区内常有一些可以证券化的质押物类型的产业,如园区内的地产物业、租赁收入和应收账目等都是可以进行证券化的候选资产。这些优秀的资产能够稳定地生成现金流,且有可能随着园区产业链逐渐完善而增值。通常而言,高新区拥有大量的物业和土地资产,并且随着规模的扩大,其品牌和团队等无形资产逐渐增强。高新区的主要运营者通常是大公司或政府单位,它们具有良好的信誉和出色的资历,为园区资产证券化提供了有利条件。当然,在园区资产证券化的过程中也可能出现各种问题,如量化无形资产、预测产业增长速度等。无形资产是高新区内证券化的核心,如果对它的量化不准确的话,会间接增加证券化后的金融产品的风险。因此,这些问题需要得到解决。随着全球经济大环境的变化和各种政策的调整,基础资产的量化标准也会不断改变。在高新区的初步建设阶段,资产证券化存在许多不确定性因素。为了获得投资者的兴趣,园区运营方需要思考提高证券资产信用级别的途径。这不仅能够显著降低融资成本,而且有助于提高资产证券化的实施成功率。资产证券化不仅对高新区投资实体的再融资有利,而且能促进市场对其有更高的估值,使高新区进一步实现轻资产运营,然而实践过程中必须克服各种潜在的困难和挑战。

三、轻资产运营模式

轻资产运营模式是寻找已建成的园区标的,为其提供招商、运营等服务,收取一定的服务费用。目前,很多孵化器、众创空间、平台等基本采用该模式,即不持有重资产,而是对现有载体进行二次招商,向业主收取服务费或者运营费。这一模式投入资金少、承担的风险低而且可以完成高新区规模化的布局,并可增加新的可协同园区,进而将外溢资源进行变现。这种模式为旗下重资产项目进入新的城市探索道路,但这种模式要求拥有很成熟的运营经验和良好的口碑。

许多高新区开发运营商为了规避风险将资产从重资产向轻资产转移,但是产业园区是一个复杂的系统,如果不具备足够体量的土地储备和可供出租出售的物业,无法任意进行选择。一个企业纯做轻资产运营的话,想要规模化复制的难度较大,即使开拓轻资产业务,也应该将轻资产业务与重资产业务相结合,两条腿走路。

轻资产运营模式是企业在价值导向的战略下,将其关注点放在核心业务上,如客户服务、技术研发和品牌推广等,而非核心业务则选择外包,目的是借小见大、扬长避短,以此来实现杠杆效应。在轻资产运营模式中,主要的操作手法是凸显主营业务的优势、减少固定资金投入,以及寻求多方合作,实现互利共赢。对高新区来说,轻资产运营模式有如下特征:首先,它倾向于资产投入较少、企业规模偏小的情况;其次,注重提升资产质量;最后,它倾向于采取软性的资产形态,从而使企业能以较低的经营杠杆和财务杠杆驱动较大的资产规模,获得较高的资产回报率和较大的财务弹性。这样可以激活存量资产,并实现企业间的互利发展,以资产运作的轻重互补的新模式为目标。

四、城市更新模式

在新获土地越来越难的时代背景下,很多开发主体瞄上了旧改,即城市更新,指的是对城市中已经不再适应现代化城市社会生活的地区必要且有计划性的改建。当城市从对增量进行扩张到向提升存量质量进行转变时,想要适应新的城市发展趋势,推动城市高质量发展,高新区实施城市更新开发模式已是必然要求。从建筑物及其功能改变的程度,可分为综合整治类、功能改变类、拆除重建类;按照改造的对象,可分为城中村改造、旧区改造、棚改、工改(工改工、工改商住、工改居)、商改(商改商、商改办、商改住)等,但是城市更新具有拆迁难度大、开发周期长、进度不可控等难点,很多项目被拆迁补偿问题所拖延,被耽误好几年才开始开工和入市销售,算上资金成本和人员精力,拓展难度不比新获土地低,非常考验开发主体的实力。

城市更新模式以更加多元、包容、开放为方向,在城市功能完善的同时,达到城市能级的跃升,对人才产生吸引力,对资金、对创新创业形成新的动力。通过城市更新行动,优化城市发展格局,面向城市发展格局塑造,优化城市功能结构,增强城市发展动能。推动产业转型升级,面向产业创新发展,结合科创生态核,重塑产业发展新格局,采取措施抢先于其他竞争者在新兴产业的发展上取得制高点,这样可以提升产业的竞争优势。提高城市的治理水平,面向人民美好生活需要,补齐公共服务设施和基础设施短板,实施城市更新行动的重要内容之一是改善人居环境,提升城市治理的科学化、精细化和智能化水平。其中,老旧小区的改造是关键的一部分。坚持尊重民意,回应民众需求,是高新区城市更新行动的出发点和落脚点。因此,如果高新区坚持把每一个建设项目打造成民生项目、民心工程,就可以让人民群众的幸福感更高。

第三节 促进中国高新区开发建设创新发展的对策建议

一、完善工业用地集约度

土地集约利用评价是国家为了及时掌握全国国家级开发区土地集约利用状况,提高节约集约用地水平,对开发区的建成率、利用强度、投入产出等方面的综合考核评价,是反映一个区域产业集聚、综合利用的重要考核指标。针对面积较大的低效闲置项目地块,可以采用分割盘活的方式,引进多家企业,有效实现土地二次开发,提高土地收益。

高新区以市场需求为导向,引导产投公司对多层高标准厂房采用分层或分栋出租、出售,或引导相关企业先租用标准厂房投产,待达到一定条件与规模后再以出让等方式供地,帮助企业以时间换空间,集约高效利用标准厂房。现阶段高新区仍存在不同程度的土地闲置及粗放利用情况,如园区厂房建设单层的多、多层的少;部分土地存在批而未用现象;闲置土地及低效利用土地回收困难等情况。下一步国家级高新区可以不断优化土地利用结构和布局、建立完善的节约集约用地长效机制,将土地利用效率提升到更高水平。

高新区想要挖掘出园区的潜力可以通过盘活存量土地来实现。考虑到高新区工业行业的容积率较低,且土地存量是有限的,因此应该优先利用高新区内部的土地资源。可以对那些已经建设多年但尚未投入产出,或对在进行孵化但是未能投入产出而且发展前景并不好的企业进行清理。对那些没有建设计划的闲置土地,我们也能进行整理并布置新项目,旨在提升产业用地的产出效益至最大程度。为了达到土地的高效利用,高新区可以鼓励立体地利用土地。首先,高新区可以让中小企业集中到标准厂房,科技企业聚焦在专业孵化基地,让公司可以更好地享受到高新区提供的公共技术服务平台的益处。其次,高度相关的企业可以统一集结到园区,有助于产业集中。最后,对容积率类似且对厂房层高无特殊需求的行业,高新区能够通过统一建设或者代为建设的方式将公司安置于多层厂房,以释放出最大的空间需求。在项目准入方面,可以科学规划来提高准入门槛,合理控制产业用地的发展规模,并提供必要的生产生活配套服务设施,以满足产业的需求。规划和建设应该结合实用性、整体性和超前性。为确保入区项目的质量,建立项目评价制度是必要的。高新区内每个新进项目都需要进行审核,以预防因市场不确定性等原因导致用地利用率低下的情况。有了这些制度和措施,高新区能够对项目进行更严格的把关,以避免浪费土地的情况出现,并提高土地的集约开发程度,挖掘内部土地潜力,并实现存量土地的优化利用。

二、基础设施和土地一体化开发

遵循适度超前和务实有效的原则,对高新区的基础设施建设进行精细化整体规划,并有效地衔接城市基础设施与公共服务设施,争取实现布局的一体化和联动发展。关于高新区用电、用气、用水、通信、道路设施、消防设备、防汛工程、环保治理和环卫设备等方面的配套服务水平,应做到全方位提升,并解决"最后一公里"的配套设施和网络稳定性问题。为提升企业服务,需要将公共信息、科技支持、物流等服务平台以及社会事业建设项目统一纳入整体规划。高新区应寻求建设更多的非生产性配套设施,以提升基础设施的共享级别和使用效能。高新区的配套建设应以现代物流服务体系为导向,以满足产业发展需求,提升物流产业配套设施水平。园区需要加快一批企业技术中心的建设,优先支持符合条件的高新区申请建立工程技术研究中心、工程实验室和国家重点实验室。并且,需要鼓励高等院校、科研院所与高新区共同建立创新创业基地和产学研基地以推进技术成果的应用。此外,还应鼓励设立科技创新发展基金、创业投资基金和产业投资基金,以完善融资、咨询、培训等创新服务。

高新技术产业的成功建设依赖生活服务设施和生产服务设施,这两者都是不可缺少的,否则将无法支持高新区的功能。衡量高新区是否能成功转型的关键因素就是是否具备完整的配套服务体系,有序地规划和发展,先配套后开发。生活服务设施为企业从业人员提供必要的保障,而生产服务设施则为产业的进步提供支持。在区域发展中,需要将高新区的生活和生产服务设施需求并入合理的规划中,以便在更大的范围内协调发展。必要的配套服务设施体系不仅可以促进高新区产业的多元化、组合化以及产学研一体化的发展,还有利于提高高新区的社会凝聚力,吸引更多真正的人才,从而推动高新区健康发展。

三、依托信息技术助推智慧新城建设

在城市更新举措中,智慧新城的建设是最符合绿色发展路径的体现。借鉴智能城市建设的经验,国家级高新区应当加速发展以主动服务模式为基础的智能管理体系,利用物联网、云计算、手机应用等前沿信息技术,促进智慧城市的数字化管理,优先达成城市智能化的目标。智慧城市建设需要和高新区的基础设施同步增长,构筑感应设备系统,创建集效率、密集度以及多功能性于一身的监控网络。推进全城数字标识体系的构建,为建立统一的城市物联网开放平台铺平了道路,实现对感应设备的统一接入、集中化管理以及远程调整,并且方便数据的公开和共享。积极建立覆盖地表地下的无线网络,达成多网络联动的目标,强化城市重要节点的网络,甚至创建智慧城市专用的网络。构建云计算、边缘计算等多种元素的计算设施,以实现相应的数据交换和预警推演。设立集合城市数据和综合管理操作信息的智慧城市信息管理中心,实现全城范围内实时的分析以及公共资源的智能配置等功能。

以基础设施为保障,用数字基建夯实国家级高新区数字经济发展基础。对现有的网络信息基础设施进行全面升级改造,加快推进千兆光纤网络、IPv6 尤其是 5G 的建设布局,实现 5G 网络深度覆盖,加强网络安全保护和风险防范保障。支持数据中心平台扩容,打造国内云计算中心和云服务平台的区域核心支点,高新区应充分发挥联合运营商、数据商、设备厂商和相关企业的协同作用,实现资源共享和优势互补。衔接共促区域联通战略,充分衔接数字中国战略、中部地区崛起战略、长江经济带发展等重大战略,通过数字新基建加强与其他数字经济发达省市及开发区的互联互通,共同促进它们的协同合作,实现彼此优势与劣势的互补。以数字产业化为增长点,用数字化业务引领国家级高新区服务业变革。推动政务服务提质升级,进一步优化营商环境,营造良好的数字经济发展生态,为打好"科技创新攻坚仗"创造条件。

四、政府合理干预,完善规划管理

高新技术产业的发展并非主要取决于物质资本的数额或质量,关键在于构建出与高新技术以及产业发展相适配的政策与制度。因此,政府在推动高新区发展上,有责任出台相关政策并制定有效的制度,如对规划、税收、产业、人才等领域的干预,以保障高新区的连续性和完整性发展。政府需要发挥好高新区规划的控制作用,加强规划管理,确保详细规划的严谨性,以充分覆盖各方面,并合理规定开发节奏、规模和强度。一旦规划得到批准,就必须严格执行,对不符合规划的地块不给予审批,更不能因为某些暂时利益和个人意愿随意更改规划。高新区的规划管理对开发和目标实现起着指导作用。在整体规划中,高新区作为城市的一部分,应明确主城和新城的功能区分,平衡发展空间,确保对各自的社会经济发展有着不同的功能指向。对高新区的规划,需要加强产业经济的分析研究,挖掘市场需求。政府应该根据高新科技产业结构变化的情况以及需求增长情况,对投入各种资源的规模进行详细论证并探讨这些投入能否满足高新区的建设需求,与此同时确定开发的节奏和方向。高新区应该灵活地进行城市规划并使得规划具有弹性,政府应该根据市场的需求对方案进行调整,合理安排各种用途地块和空间结构布局,这不仅有利于规划管理,还能吸引投资,充分发挥市场杠杆作用,避免高新区公共设施严重滞后的现象发生。城市规划不能仅仅停留在传统的"用地规划"阶段,更应该服务好高新区,将工业结构、金融服务、职业培训等写入经济规划中。随着高新区的逐渐完善,管理运行是一个不断变化的过程,为提高效率,政府需要制定合理有效的政策,提供高质量设施和公共服务,以供高新区人民生产和生活。

第十五章　中国高新区管理运营创新发展研究

深化党和国家机构改革,是贯彻落实党的二十大精神的重要举措,是推进国家治理体系和治理能力现代化的集中部署。作为计划经济体制向市场经济体制转轨时期诞生的科技特区,高新区发展的决定因素在于其管理体制,重要因素在于其运营模式。本章通过介绍高新区体制下管理体制与运营模式创新发展现状,总结管理运营创新发展的意义,分析其模式及存在的问题,提供对策建议,为未来高新区管理运营创新发展提供有益参考与借鉴。

第一节　中国高新区管理运营创新发展的概况

理论界普遍认为高新区之所以能够快速发展,其着眼点就在于高新区的管理运营,国内研究者往往以高新区管理体制为起点,进而发散研究高新区体制的各个方面。发展是高新区永恒不变的主题,30年来,高新区体制为高新区发展提供制度支撑和保障。也正因如此,研究高新区的发展就必须研究高新区管理运营机制的创新发展。

一、高新区管理运营创新发展的现状

党的二十大以来,面对新时代新征程提出的新任务,党和国家机构设置和职能配置与治理能力现代化和构建高水平社会主义市场经济体制的要求还不完全适应,需要在巩固党和国家机构改革成果的基础上继续深化改革,对体制机制和机构职责进行调整和完善。

而园区建设则是我国改革开放的成功实践,以国家级高新区为代表的园区已经从最初的"试验田"不断发展成为体制改革的"先锋队"。2020年7月,国务院颁布《国务院关于促进国家高新技术产业开发区高质量发展的若干意见》,鼓励国家级高新区深化管理体制机制改革,大胆探索,先行先试。管理运营创新发展不仅是高新区蓬勃发展的基石,同时还是实现高新区新时代发展定位和发展目标的重要引擎。管理体制和运营模式均是高新区体制的重要组成部分,两者相互交织,相辅相成,共同推动高新区的有效运行和持续发展。

多年来,我国高新区在管理运营方面取得了显著成绩。高新区管理体制的改革使得高新区成为中国创新生态系统中的重要枢纽,成为集科研、产业、资本、人才等要素于一体的创新创业平台。高新区通过建设完善的科技创新服务体系,提供了一站式的创新服务和优惠政策支持,为企业创新提供了良好的发展环境和条件。

灵活高效的管理体制是高新区的生命基因。高新区的管理体制是指在高新区的地理范围之内,管理机构、职能、运营规则、行政制度等方面的总称。从目前的高新区发展状况来看,高新区的管理体制的选择和组成与高新区发展程度、发展方式有着密不可分的关系。通

过多年实践可以发现,我国的高新区管理体制并未采用一成不变的模式,而是根据时代的发展和要求,结合自身的发展情况而逐渐形成的,大致可以归纳为政府主导型、企业主导型、政企合一型。

高新区管理体制创新发展主要体现在三个方面。一是管理机构更加精简高效。采取扁平化管理,整合内设机构,实行大部门制,推进职能部门间协同高效运转。二是政企分开,政企分离。推进管理机构与高新区所属平台类公司进行分离。三是管理灵活。高新区在行政管理中开展全方位的改革,融入现代企业的管理思想内核,以创新发展为导向,以经济发展为指标,引入绩效考评和合同制,竞聘上岗,建立起一套灵活的用人机制。

一些国家级高新区在深化"放管服"改革方面采取积极措施,开始探索适应新时代要求的新机制,以构建高效精简的管理运营体系。例如,厦门高新区遵循"小政府、大服务"的原则,精简了机构设置,确保综合性机构数量不超过内设机构总数的三分之一。强化建设管理、创新创业、应急协调等职能,构建起功能明确、职责明晰、简约高效的管理体制。又如,济南高新区和兰州高新区等地为加快经济发展和促进创新功能,采取了非传统方式,积极探索了全员聘任制、绩效考核制和薪酬激励制等改革措施,以更大程度地激发干部的创业热情。

中国高新区的运营模式也在不断创新和优化。高新区运营模式的关键就在于市场化。目前,我国高新区的主要运营模式为"管委会+平台公司"的运营模式。高新区园区在管理制度的基础上,需要由管委会或园区运营公司提供相关园区配套体系,有效引导园区内企业健康发展,为高新园区内的高新技术产业提供适宜发展的环境。一流的园区更加需要一流的服务体系加以支持。加强高新区运营建设,丰富高新区运营内容,是提升高新区自主创新能力、打造核心竞争力的重要保障。

随着有关高新区的国家政策颁布,国家各地高新区围绕运营模式积极深入创新发展。在专业人才资源体系方面,人才管理积极探索合同聘任制,探索实行工资绩效薪酬制,建立从严考核、动态管理的流动机制,人才引进的优惠政策不断落地,完善高新区人才市场服务机制的同时,建立起一套完整的引才、育才、用才的专业人才资源体系。在科技企业孵化体系方面,全国各地高新区建立了各自的全生命周期创业孵化体系,打造一流创新生态。在商贸、咨询、金融等综合服务体系方面,高新园区依靠社会中介机构,与工商税务等政府部门建立联系,集成银行、保险、担保、融资租赁、基金等各类金融机构的优质产品和服务,帮助企业获得融资。为区内企业的运输、采购、法律咨询、金融服务提供全方位、多层次、多渠道的服务。在高新园区文化培育方面,构建出开拓创新、资源互补、良性竞争的文化氛围。

二、高新区管理运营创新发展的意义

新时代下的高新区积极推动管理体制转型,积极探索运营模式创新,积极适应新时代新任务新要求,管理运营的创新发展作为支撑力量不断推动高新区的发展与壮大。30年来,高新区的管理体制与运营模式始终跟随着时代步伐不断变化不断创新,高质量发展的要求倒逼高新区在新发展阶段中加强体制改革与模式创新。高新区的体制改革和创新发展为党和国家事业取得历史性成就、发生历史性变革提供了有力保障,也为继续深化党和国家机构改革,推进治理能力现代化积累了宝贵经验。

精简管理体制,创新治理模式。精简的职能机构是管理体制正常运转的重要保障,科学合理的机构设置影响着管理能力和治理绩效。政府机构根据管理环境变化和职能需要做出调整。30年来,国家级高新区在不同发展阶段形成适应特色与共性的管理体制。在地方行政改革和职能变革下逐步形成,按精简效能原则设置机构,强调"精""简",具有明显的"大部制"特点。高新区管理部门一般为10～20个,相较于传统行政部门精简明显。在保持职能扩张与合理规模下,整合相似职能部门,探索"大部门体制"。高新区管理运营通过机构精简和职责明确,突出核心职能,进一步细化各岗位的职责,实现了部门职能的整合和岗位职责的清晰化。这一改革有效解决了职能缺失、职能交叉、部门壁垒和多头管理等问题,显著提高了工作效率,为高新区的高质量发展提供了体制机制支持。同时探索共商共治发展机制,突破传统政府管理模式。高新区管委会引导组建企业联盟与协作组织,为园区规划、产业发展、政策扶持建言献策,促进企业加强优势互补、资源整合,构建起全新的产业发展机制和园区共商共治模式。

发挥市场功能,管理运转高效。建立"一体化"园区开发模式,打造"一条龙"专业招商体系,搭建"一站式"企业服务平台。高新区坚持"政府搭台、市场唱戏",用企业来服务企业,用市场来培育市场,强化专业招商引资,持续优化营商环境。建立符合市场规则的薪酬激励机制,采取竞聘上岗,有效激发工作人员干事创业积极性。在园区管理方面,借鉴企业管理经验,采用灵活的管理和用人方式,建设高素质管理团队,为发展提供关键人才支持。管理方式逐渐从关注过程转向关注结果,并引入了考核机制,着重以经济发展和科技创新绩效为核心开展评估工作。高新区也普遍在经济和科技方面的评估位居前列,成为科技创新的推动者、引领者。此外,高新区输送了懂经济、善管理、有政绩的高素质人才,他们在其他地区的党政领导岗位上,借助经验、能力和资源推动发展,助力其他地区迅速进步。这也是高新区高效管理的生动示范。

完善服务体系,加速产业集聚。出台推动高质量发展的若干措施,从提升企业创新能力、建设高水平孵化载体等方面推动企业高质量发展,为企业在创业孵化、成长壮大、转型升级等全生命周期提供优质发展环境。围绕园区企业人力资源需求,出台支持引才、育才措施。聚焦高新区企业发展所需要的政策、资金、人才等关键要素,强化服务保障,助推高新区加速产业集聚。此外,高新区在营商环境方面"能优尽优"。为帮助高新区打造一流营商环境,全国高新区纷纷联合高新区各部门以及所在行政区税务局、行政审批局、市场监管局等部门,统筹做好优化营商环境、激励创业创新、改善社会民生服务等相关工作,打造市场化、法治化、国际化一流营商环境,通过管理体制和运营模式力量完善服务体系,促进高新产业集聚。

三、高新区管理运营创新发展存在的问题

我国高新区30余年来锲而不舍,久久为功,取得了一系列令人瞩目的成就。高新区依靠创新实现跨越式发展,下好创新的"先手棋",为高质量发展注入新动力。在30余年的体制改革创新中,高新区积极融入时代发展浪潮,不断优化创新管理体制和运营模式,推动高新区进一步适配新阶段的发展任务与要求,切实发挥出在创新驱动战略中的标杆引领作用。当前,我国正面临增长动力不足、经济下行压力大的总体局面,处于发展方式转变、经济结构转型的关键期。在新时代新背景下,高新区过去的政策优势逐渐减弱将成必然趋势,依赖政策红利和投资驱动的运营模式也将后劲乏力不足。现有体制难以适应新时代需求,以及其他长期积累的问题逐渐凸显出来,存在以下问题。

（一）管理体制与使命要求不相适应

高新区的管理体制大多属于政府主导型，即高新区党的工作委员会作为一级党组织委员会的派出机构，高新区管理委员会作为所在市政府的派出机构。与此同时，科技部作为国家级高新区的归口管理单位，在业务上指导高新区的发展。与高新区类似的经济技术开发区，国家发展和改革委员会同样可以指导设立经济技术开发区。在实际运行过程中，一般所在地政府负责具体的高新区运转事宜，而科技部主要通过颁布高新区相关政策、提供政策优惠等手段对各地高新区进行支持与引导发展。这样的组织架构就意味着高新区将接受所在地政府与科技部的双重领导，这就很容易导致权责义务配置不均、目标导向不相统一的弊端。地方政府往往更加注重的是经济效益，即高新区对当地经济发展的贡献作用。而科技部对高新区的定位在国务院2020年印发的《关于促进国家高新技术产业开发区高质量发展的若干意见》中明确提出，国家级高新区成为创新驱动发展的示范区和高质量发展的先行区，赋予国家级高新区新的使命与定位。从过去的实际运营来看，双重领导并未引发太多问题，反倒是为高新区的创新发展提供了动力。此前高新区处于建设中时，对高新区的建设投入，当地政府需要财政出资、人事安排等方式对高新区予以支持。高新区所在地政府对高新区财政、人事安排方面具有决定性的领导权。科技部予以业务指导支持。此时所在地政府与科技部的目标导向可以说是兼容的，两者相辅相成。

然而随着我国产业链升级转型，需要在国际背景下与发达国家进行高科技产业正面竞争，科技创新被摆在愈发重要的位置。高新技术产业发展与竞争所需要的资金、人力等资源开始逐渐地超出地方政府的能力范围，需要地方政府加大投入力度与支持高新区产业发展。然而地方政府作为拥有领导权的一方，这样的管理架构往往看中的是经济指标等绩效目标，发展高科技产业的导向往往只能附属于税收、增量、增速等地方导向之后。这也就与国家级高新区的新使命新定位不相符，不能充分发挥其在改变发展模式、优化产业结构和提升国际竞争力等方面的重要作用。因此，国家级高新区需要重新审视自身的优势条件，重新思考在国家创新发展战略中的角色和职责。管理体制不相适应当前阶段的使命要求，可能会导致地方政府越来越将高新区作为行政区来进行考核，对综合性的指标加以要求，逐渐与开发区同质化，加速其行政化的趋势。或是导致高新区招商引资始终慢人一步，无法掌握核心技术，在引进、落后、再引进的路上疲于奔命。

（二）府际关系摩擦不断

在中国现行的法律体系下，高新区作为所在地政府的派出机构，并不属于一级行政区机构，因此管委会并不具有行政主体资格，需要县级以上的地方政府进行授权。但我国国家层面的法律法规对高新区的行政权力还没有明确规定，这也就意味着地方政府对于是否应该授权，授权多少，授权哪些也未能厘清，导致高新区与政府之间职能重叠，干预频繁，授权不到位的情况时有发生。

导致这种现象的直接原因便是在国家层面仍未有高新区相关的法律法规。在管理方面有2007年颁布的《国家高新技术产业开发区管理暂行办法》，与当前经济发展阶段与新时代要求显然不符。虽然每年国家都会出台促进高新区高质量发展的若干意见或是行动方案，但是至今还未在立法层面对高新区的各种职能范围进行界定，这让高新区在实际操作过程中缺乏行使职权的合法性支撑，也就容易造成管理缺位、错位。高新区管委会与行政区政府之间的授权便进入到一个模糊地带。高新区除了想获得充分授权以外,同样也希望具有一定自主能力。而行政区政府由于没有明确的法律条文规定,在授权和职能范围的划定上可能存在不愿意充分授权的情况,这就取决于高新区与行政区的权力博弈。

不仅在职能范围上高新区可能与所在行政区产生摩擦,在利益方面同样会产生冲突。高新区与所在地政府间的府际关系一般为合作和竞争的关系。在产业发展中竞争资源,在产业落地上合作发展。从目前来看,绝大多数的高新区级别比区域内其他行政区高半级,但与派出政府及组成部门之间的关系模糊不清。因此,在一定区域内,高新区与邻近行政区可能存在利益冲突。

(三)内部体制机制趋于行政化保守化

总体而言,充分授权、精简高效的原则贯彻于高新区的内部组织设计当中。由于管委会作为所在地省政府或市政府的派出机构,没有人大、政协等机构,决策相对简洁。在人员配置方面相较于同级政府也是大大精简,加上级别比区域内其他行政区高半级,领导高配使得高新区具有一定的效率优势和资源配置优势。此外,因为高新区的科技创新属性,高新区并不会承担繁杂的社会事务。

然而历经 30 余年的发展,对初代老牌高新区来说,产城融合发展的阶段已经到来。高新区不可避免地将接受一些社会治理的任务,客观上给高新区体制带来了一些挑战。有些高新区直接拿出"区政合一"的体制,不可否认的是,"区政合一"的确为产城融合发展中存在的治理冲突提供了一个良好的解决方案,同时还解决了前文提到的高新区法律地位模糊所带来的问题。但由于牵扯进社会事务,其产业导向必然淡化,科技创新与服务科技的能力也将弱化,体制越发行政化,科创属性被淡化。如何在行政区的"稳"和高新区的"变"中取得动态平衡,实现"两手抓",降低与行政区协调的制度成本,去行政化,维持精简高效的原则,这也正是产城融合发展背景下,高新区管理体制亟待解决的一大问题。

党的二十大报告指出,科技是第一生产力、人才是第一资源、创新是第一动力。国家级高新区的"选人用人激励人"制度,是激发高新区创新活力和干事创业动力的关键。目前,无论是管委会还是运营公司当中,多数高新区人事制度趋于保守化,存在用人自主权受制约、人员编制和身份不清晰、职业发展通道不顺畅等问题。另一个可能会被忽视的重要问题是,以高科技产业培育为主的高新区,对领导干部的专业知识水平和能力需要具备相当高的要求,然而在目前我国国家级高新区主要领导的履历当中具有开发区工作经验的并不多,"外行管内行"并非个别案例,可能会导致高新区在一些专业性或是经验性的问题上处理不当。

综合而言,中国正处于转型期,需要转变发展方式、优化经济结构以及转变增长动力。国家级高新区在过去依赖政策支持和政府主导发展的基础上,现在面临一系列挑战,包括要素成本上升、政策优势减弱、地区内外竞争加剧、发展动力不足和发展活力减退等问题。因此,积极推动管理运营创新发展变得迫切而必要。

第二节 中国高新区管理运营创新发展的主要模式分析

一、管理体制

在经历30余年的实践与发展后,我国高新区逐渐形成了独具中国特色的三种管理体制,分别为政府主导型、政企合一型和企业主导型。目前,我国拥有178家高新区,它们在管理体制上呈现多样化发展趋势。

（一）政府主导型

现阶段政府主导型是我国大多数高新区实行的管理体制。该管理体制又可以细分为以下两个类别,分别为准政府型管理体制和行政区型管理体制。

准政府型管理体制是政府主导型的其中一种管理体制。当前,我国的绝大多数高新区采取准政府型的管理体制。这种管理体制有如下特点。

首先是领导小组与管委会共同存在。一般"设立以省市领导组成的领导小组负责高新区发展重大决策和重大问题的协调,但不插手区内具体事务"。成立高新区管理委员会(简称高新区管委会)作为所在地行政区政府的派出机构,使高新区管委会获得了行政管理职能,全方位授权管理,能够高效运转区内各项事务,尤其体现在一些需要政府协调的事务优势更加明显,例如拆迁规划、基础设施建设等方面高新区管委会能够快速推进,独自承担相关职能。

其次是机构设置更加精简与高效。设立中国共产党的工作委员会与管理委员会。因地而异,可能存在党工委与管委会一套机构,合署办公。党工委作为所在行政区的中国共产党组织的派出机构,发挥把方向、管大局、保落实的组织领导作用。管委会作为所在行政区政府的派出机构,在党工委的领导下,履行高新区发展规划、协调服务、招商引资等职能。由于高新区管委会具有一定的管理权限,在实践中更具有灵活性和可变性,不仅肩负着园区经济发展的使命,同时还承担着社会管理与公共服务的职责,因此在机构和人员的设置上与一般行政区相比较而言更加精简,不需要与上级政府一一对应设立,避免了因为机构臃肿、事务冗杂而导致资源错配。由管委会行使一级政府的职能,统筹规划,便于部门间的通力合作,提高政府的运转效率。

但该体制同样也存在弊端,因为需要牵扯许多社会事务,消耗过多的精力,高新区能否专注于发展高新技术产业仍需打一个问号。随着承担的职能过多,使得高新区的发展与一般行政区的发展并无二致,机构人员精简所带来的另一面就很可能是力量不集中而影响工作效率。

综上,准政府型可以说是一种开放的管理体制,而这种管理体制仍需实际发展适时调整,不仅需要党委和政府的支持,同时还需要下设部门之间的高效协调运转,理顺管理条块,共同促成高新区迅速发展的良好态势。

行政区型管理体制下,高新区管委会和行政区政府作为完整行政区域同时存在,两者采取"一套人马,两块牌子"的运作模式,既要规划决策,又要开发建设,与此同时还要行使行政管理职权，承担区政府的社会职能。将整个行政区都作为高新区来开发，换句话说高新区成为原有城区建制的一部分。既有作为完整的行政区的党委、政府、人大、政协和其他政府地方机构，同时设置了高新区党工委和管委会。这是行政区型高新区与一般高新区区别开来的明显特征。

在这种模式下，高新区的功能潜力将得到激发。作为行政区政府，其具有行政法律的主体地位，能够行使管理职权，便于开展项目审批，公共服务，同时依法行政，公证司法，满足高新区内企业的法律服务需要。作为管委会，可以统筹规划高新区整体未来发展。两者合二为一便于关系协调，提高效率。例如，苏州高新区、广州高新区、江门高新区、盐城高新区、沈阳高新区分别对应着苏州市虎丘区、广州市黄埔区、江门市江海区、盐城盐都区和沈阳浑南区，承担行政区内行政职能与高新区管理职能。虽然从实践的角度来说采取这种模式的高新区数量逐渐增多，但从国家层面并不赞同该种管理模式，担心以科技创新为核心发展动力、高效运转的行政机构为支撑的高新区会受到传统管理体制的渗透与影响。学术界同样对行政区型管理体制颇具争议，不提倡行政区与高新区的合并，担心高新区会重现机构人员冗余、办事流程程序复杂、财力不足等旧管理体制的缺点。因此在新旧体制的摩擦矛盾中，不少采取该管理体制的高新区也在不断摸索改革当中。

（二）企业主导型

企业主导型是由早期高新区采取的"政企合一型"管理体制的进一步发展形成。其主要特点是以高新区建设开发总公司为主体，负责高新区的建设开发及后续配套各个环节并自负盈亏，由一个经济法人资质的机构负责担当高新区管委会。这种企业化的模式充分发挥了经济杠杆的作用，带来了用于开发建设的充足资金，同时降低成本，提高效率。但同时由于政府"退居二线"，高新区没有行政管理机构，企业缺少行政管理的权利，在征地规划、招商引资、人才引进等方面难以履行管理职责，进而影响到高新区管理效能。

在这种管理体制下，政府不是园区的开发主体，需要企业有相当强大的资金实力用于园区的公共基础设施建设，并且具有良好的内外部环境。由于对经济条件要求较高，因此企业主导型往往分布在上海、浙江等经济发达的沿海地区。企业主导型的典型例子就是上海张江高新区。上海张江（集团）有限公司在该区域扮演着多重角色，既是张江科学城建设的主力军，又是新兴产业的推动者和科创生态的营造者。该公司全面负责高新区内工作，全面推动上海张江高新区的发展和繁荣。上海张江高科技园区开发股份有限公司于1996年4月在上海证券交易所正式挂牌上市，参与市场竞争。我国高新区中选择企业主导型管理体制仍属于少数，在新时代背景下，要想克服影响管理效率的弊端，政府部门需要向总公司释放一定的管理职能，为其行政管理提供支持。

（三）政企合一型

政企合一型则是上述两种模式的融合。高新区管委会与建设发展总公司合二为一，实行"一套班子，两块牌子"，主要职能部门合署办公。高新区管委会是管理主体，领导高新区的规划发展及行政管理工作。总公司则是园区运营开发主体，负责实际运作与执行决策等工作。由于是政企混合型，高新区管委会与建设发展总公司可以相互调配人员使用。

政企合一型是一种颇受争议的管理模式。主张"政企合一型"的学者认为，通过简化关系，进而促进了交流协调工作的开展。而主张"政企分离"的学者认为，"政企分离"有助于企业提高独立自主经营的积极性，减少对于政府的依赖心理，避免政企不分使得经营机制逐渐失去活力。

这种管理体制常见于高新区成立初期。管委会与建设发展总公司的融合，可以使政府运用行政力量，借助社会的灵活资金对高新区早期的快速起步起到重要的推动作用。例如，早期的上海张江高科技园区、西安高新区、南京高新区等。但随着高新区深入发展，所需要处理的事务逐渐增多，一套班子的人员体系明显不能够同时很好地兼顾决策与运营。此外，因为政企合一使得总公司会滥用行政手段进行干预，在商业活动中不公平竞争，抑制了高新区的创新活力，不满足现代市场经济的需求。所以在国家"政企分开"政策与时代大背景下，这一管理体制逐渐淡出历史舞台。实践表明，高新区在起步初期，政企合一的管理制度能够具有明显优势，但随着总公司发展，弊端逐渐显现，而政企分开也成为必然。当前，很少有高新区采取政企合一的管理模式。

二、运营模式

推行"管委会+平台公司"的运营模式是高新区体制改革的一个有力措施。目前来看，国内高新区采取的运营模式主要包括管委会主导"1+1"模式，管委会主导"1+N"模式以及公司主导"1+1"模式。

管委会主导下的"1+1"与"1+N"模式的区别在于管委会选择一家还是多家平台公司合作。管委会主导与公司主导的区别在于管委会与平台公司的关系是否相对独立。在管委会主导下，管委会始终处于领导与战略指引作用，其中在"1+1"模式下，管委会将注资组建园区管理平台公司，公司承接高新园区相关运营项目，承担开发建设、招商引资等功能作用。而在"1+N"模式下，管委会与多家平台公司合作，由管委会将园区资源职能分配给若干平台公司，管委会统一调度管理，各平台公司平行运作，例如南京高新区。公司主导"1+1"模式下，管委会与平台公司各司其职，相对独立，管委会承担行政管理职能而平台公司承担园区运营等经济活动，例如苏州工业园。

当前，全国高新区纷纷探索实行管委会主导的"管委会+N家运营公司"的运营模式。地方政府也积极出台相关政策支持国家级高新区先行先试，探索高新区的市场化模式，创新高新区运营模式。通过两手抓，一方面与高新区的政府机构政企分离、政资分离，培育发展一批资本实力强、运营能力强、服务意愿强的平台公司进行合作。另一方面，鼓励社会资本积极参与高新区建设，鼓励符合政策要求的建设主体首次公开发行股票、债券等。

从根本目的来看，"管委会+公司"的运营模式都是为了尽可能地发挥出高新区的市场属性，进一步释放创新活力。通过市场化的运营，管委会与公司发挥出各自优势。人岗相适、人尽其才、物尽其用，才能让高新区内的高新产业这群千里马竞相奔腾。"让专业的人做专业的事"，管委会成为园区发展的主心骨、战略大脑，担负起高新区顶层设计的职能，领导指挥园区规划、政策制定等方面。平台公司则承担着市场化运作的任务，提供招商引资、产业落地、企业孵化等全方位的配套服务，为园区转型升级和高质量发展提供完善的基础设施、优质的运营服务以及资本、人才、技术等发展要素。两者相辅相成，工作任务各司其职，各有侧重，使得高新区体制更加灵活高效，公司示范带头作用更加激昂有力，创新创业活力充分迸发，切实将"管委会+公司"运营优势转化为高新区高质量发展的强劲动能。

第三节　中国高新区管理运营创新发展的对策建议

一、聚焦时代使命要求，提升自身功能定位

经过30多年的发展，国家级高新区坚持"发展高科技、实现产业化"的初心和使命，取得了令人振奋的新变化，展现了日新月异的新活力。"十四五"时期，我国进入新发展阶段，必须贯彻新发展理念，构建新发展格局，推动高质量发展。国家级高新区发展面临新形势、新使命、新要求，而高新区的发展目标也将转变，向着创新驱动发展示范区和高质量发展先行区的战略目标进发。高新区的功能也将从简单的经济功能主导逐渐向多元化功能发展。其中，高新区的管理体制也需要聚焦新时代的使命要求，提升自身功能定位。其中的一大障碍便是行政障碍，主要存在于地方领导对短期发展本地经济的要求与时代使命要求的权衡以及对自身损益的考量。

在特定产业与领域之中，国家可以加强对高新区的授权力度。同时可以在高新区体制内增加由上级部门垂直管理的战略部门，专门用于监督、落实、完善所在地高新区的中长期、战略性的工作任务，也可以加大国家对高新区的直接资金投入力度，以充足的资金打消地方发展高新区管理体制或许是运营模式转变的后顾之忧。

如今高新区的政策功能已经弱化，期望如以前一样依赖于政策获得发展优势已不现实，而驱动因素也慢慢从政策驱动转变为体制驱动。通过转型，建立独特的现代化治理体系，促进多方参与，形成高新区特色治理格局，适应新时代需求，推动高新区管理体制和运行机制不断发展，塑造引领经济新常态的体制机制，为高新区发展提供保障。站在新的历史方位，高新区自身更应该主动担当，积极作为，加快体制改革与功能转型，提升自身功能定位，着眼于高新区的长期发展规划，争当新时代创新驱动高质量发展的排头兵。

二、出台国家级高新区法，明确行政主体地位

国家级高新区作为改革的产物，许多制度的创新都诞生于高新区。但一直以来，高新区从建设到发展都是依靠一些关于高新区的政策文件进行指导管理，其缺少法规性授权，也缺少关于行政主体地位的规定，不利于高新区管理体制、治理模式的制度化、规范化，也不利于高新区推进法治建设与体制机制创新。高新区关于科技创新方面的经验和做法，更应当建章立制，予以保存与稳定。地方上也常有管理体制混乱的情况出现，因为授权不充分、权责不明而矛盾冲突，或是主管领导对高新区的认识理解不到位或存在一些偏差，使得高新区在发展道路上摸索前进。

面对前文所提到的立法层面缺失的问题，虽然未有国家层面的立法，但全国各地已纷纷开展法定机构改革实践。以天津滨海高新区为例，2019年3月天津滨海新区印发的《关于在滨海新区各开发区全面推行法定机构改革的指导意见》明确"实施法定授权"，要求滨海新区和各高新区提出《天津滨海新区条例》的修订意见，经区政府审定并报市政府同意后，以市政

府名义提请市人大启动相关程序,实现权责法定。改革完成后,天津滨海新区以及所属各开发区将成为人大授权的法定机构,履行相应行政管理和服务职责。

因此,国家级高新区的法定机构改革,要从国家层面和地方层面两手抓。国家层面上,建议制定并出台《高新区法》,作为国家级高新区的"基本法",对国家级高新区的建设、发展、权限、职责、管理等基本方面做出明确统一的规定,赋予高新区明确的法律地位,让权力在法治的轨道上运行。地方层面上,支持有条件的国家级高新区以"充分授权、封闭运作、有效监督"为方向,探索法定机构等新型治理模式,逐步建立符合国际惯例和市场经济需要的行政法规体系和管理运行机制,支持地方层面制定高新区的地方性法规,同时要求地方层面将政策措施及时上升为法律规范,及时识别政策导向,为高新区发展提供坚强而有力的法治保障。

出台国家级高新区法律,明确高新区主体地位,这不仅是依法治国方面的重要举措,同时还是推进我国高新区治理体系现代化的重要一环。

三、健全社会治理结构,凝聚融合发展合力

无论是增强经济功能还是确保城市运转,都需要健全社会功能和促进相关行业发展。社会功能的参与者需要承担提供社会服务的职责,以提供高质量、便利、环保和高效的服务。同时,需要思考如何合理配置和平衡分布优质资源,这是高新区长远规划的一部分。只有实现社会服务在高新区的合理配置和均衡状态,才能促使高新区社会功能的常态化发展,为经济和社会提供有力的服务支持。这有助于促进高新区经济社会协调发展,通过城市化和社区建设为高新区未来的发展提供人才支持。

加强社会功能与健全社会治理结构需要同时开展。继续推进党和国家机构改革,目的是推动党对社会主义现代化建设的领导在机构设置上更加科学、在职能配置上更加优化、在体制机制上更加完善、在运行管理上更加高效。新时代是互联网时代,建立并完善"党委领导、政府主导、社会协同、公众参与、法治保障"的社会治理体制具有重要性与必要性。在高新区治理中,高新区管理机构和社会各自承担责任,充分利用企业和社会中介组织的作用,建立多元主体、完善功能、丰富内容的高新区治理结构。

高新区自成立以来,在管理体制和运行机制方面吸收了企业管理的优点,实现了高效精简的机构设置和灵活运营机制,积极推动了高新区的发展。在新时代,高新区管理体制更需要转型,保留原有特色,发挥优势,为发展注入新的活力。在组织结构的设置方面需要更加扁平化,决策下沉,使其具有一定的制度灵活性。同时,随着高新区功能定位的变化,可以借鉴行政区与企业管理的优势,探索企业管理与高新区运营模式的融合。此外,由于国家级高新区治理对象规模不断扩大,可能会引发治理投入与需求的矛盾。可以积极推进市场化改革,适度增编或采取外包服务。市场化是指国家级高新区在科技服务、产业服务和城市服务层面,要通过外包的形式,借助市场的力量,这样才能真正做到"小政府、大服务"。除此之外,还可通过拓展数字技术在政务、经济和社会治理中的应用,提升自动化和智能化服务水平。数字技术的应用可克服面对面限制,显著提升服务效率,积极探索运营模式,借此高新区可争做智慧政府和智能治理的先行示范区。

四、加强人事制度改革,激发体制潜力动力

"人才是第一资源",对国家级高新区而言,选贤任能永远比招商引资和任何形式的组织机构调整都更为重要,也更加有效。科技创新和产业培育的目标,对高新区人员的才能提出了非常高的要求,不仅需要其本身就具备足够的专业知识,还需要持续学习,一专多能,同时还要政治过硬,有奉献精神。经历30年发展,无论是体制内还是运营公司内部,很多国家的高新区存在人才结构老化、人才活力不足、人才能力退化的问题。因此,国家级高新区要持续推进人事制度改革。

全国各地高新区在人事制度方面也屡有创新之举。以济南高新区为例,济南高新区推进全员KPI考核,着力构建创新型人力资源管理制度。将考核结果与绩效工资、评先评优、奖惩激励等挂钩,并作为职务调整、岗位变动以及续聘、解聘的重要依据。全员KPI考核为产业发展和招商引资提供智力支撑。此外还有郑州高新区,将当时现有行政事业人员身份封存,对市场化引进人员一律实行聘任制,变身份管理为岗位管理,通过定向选聘、研究聘任、竞争聘任、双向选择以及社会招聘、公开选聘等方式聘任上岗,打破编制身份限制,实现岗位能者上、人员优者进,人岗更相适应。

以上案例可以得到启发:首先,在干部任命方面,强调专业能力和经验,确保具备创新意识、了解产业、积极进取的干部参与进高新区建设和发展。其次,改革人才评价制度,根据不同岗位的性质进行分类评价,鼓励多样化招聘,确保人才与岗位的匹配。再次,加强人才激励,开设更多的职业晋升途径,强调绩效导向的薪酬体系,以有效激发人才的积极性。最后,建立容错机制,鼓励人才勇于创新尝试,提高日常工作积极性。

第十六章　中国高新区金融服务创新发展研究

金融服务创新在促进高新区经济快速发展的过程中发挥着支持、激励和保障的重要作用,本章梳理了高新区金融服务创新发展的概况,分析了影响高新区金融服务创新的驱动因素与制约因素,并在此基础上提出了促进高新区金融服务创新发展的对策建议,以期为我国高新区的发展提供些许启示。

第一节　中国高新区金融服务创新发展概况

高新区推动金融服务创新发展不仅能提升区域内中小企业的融资效率,促进区域内科技创新与产业发展,还能进一步优化高新区资本市场结构,推动高新区多层次资本市场的构建及完善。本节梳理了高新区金融服务创新发展的主要内容与形式,并分析了高新区金融服务创新发展的现状与意义。

一、高新区金融服务创新的主要内容与形式

(一)金融科技应用创新

金融科技企业正借助一系列前沿科技手段,对传统金融领域的产品与服务进行革新,大数据、人工智能、云计算和区块链等革新性技术已成为金融创新的核心要素。这些技术的综合应用不仅重塑了金融机构的交易模式,使其能够超越时间和空间的限制,还促进了交易成本的降低与信息交流效率的提升(图 16-1)。

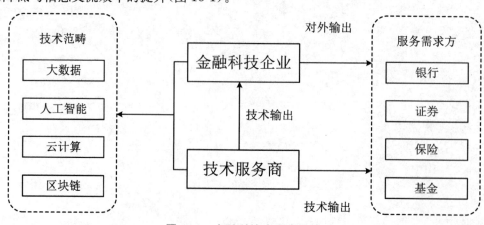

图 16-1　金融科技应用产业链

1. 区块链技术

区块链的分布式账本和不可篡改的特性使得它在金融业务中有着广泛的应用。其可以用于改进供应链金融,通过实时更新和验证交易信息,提高交易的透明度和效率;也可以为证券交易提供更安全、更高效的交易方式。

2. 大数据技术

通过收集和分析大量的数据,金融机构可以更好地理解客户的需求,提供更加个性化的服务。同时大数据也可以用于风险管理,通过分析历史数据和实时数据,预测并防范金融风险。

3. 人工智能技术

人工智能可以通过自我学习和自我优化,提高金融服务的效率和质量。其可以用于信用评估,通过分析大量的数据,预测借款人的信用风险;也可以用于投资决策,通过分析历史数据和市场趋势,帮助投资者做出更好的决策。

4. 云计算技术

云计算技术在金融服务中的应用主要体现在云存储及平台架构的可拓展性上。通过使用云存储,金融机构可以将数据存储在高度安全的云网络环境中,并随时查看和管理数据。而云计算平台架构的可展性和灵活性则使得金融机构能够轻松拓展业务,提高业务效率和灵活性。

(二)金融产品创新

金融产品创新是指在金融领域中,依据客户的需求和市场变化,通过引入新的理念、技术或组合方式,创造出具有独特特征和附加值的新型金融产品。这种创新的目的在于降低交易成本、提高信息透明度、增强资金流动性,以满足不同的客户群体在收益性、流动性上的需求。为满足高新区众多科技企业多样化的金融服务需求,各类金融机构推出了众多创新型金融产品,包括人才贷、兴速贷、科技云贷等。通过金融产品的创新,高新区能为部分科技企业提供适合其需求的金融解决方案,帮助他们解决融资难题、降低融资风险,以实现企业快速发展,同时也为高新区金融服务的创新发展奠定了坚实的基础。

专栏16-1　部分创新型金融产品介绍

人才贷:人才贷是一种在风险可控和商业可持续的基础上设计的,旨在支持高级人才或他们长期服务的企业进行科技成果转化及创新创业的信贷产品。这种贷款形式特别之处在于它无须抵押或担保,是基于信用的贷款。

兴速贷:兴速贷是指兴业银行依托大数据并结合企业经营情况及银行"技术流"审核评分,对符合模型准入的企业,系统自动核定授信额度并发放贷款的线上融资业务,其适用于优质科创企业,具有额度高、线上办理、快速审批等特点。

科技云贷:科技云贷是银行专为科技创新型小微企业设计的一款线上信贷产品。这款产品利用企业的知识产权信息,通过大数据分析评价,为这些企业提供信用贷款服务。只要符合条件的小微企业,就可以通过线上自助的方式申请、使用和还款。这种贷款业务为科技创新型小微企业提供了更加便捷、高效的融资服务,有助于推动这些企业的健康发展。

(三)金融服务模式创新

高新区是政府为促进科技创新与经济发展而建立的特定区域,汇集了众多科技型中小企业。但与传统企业相比,科技型中小企业具有"专业性、轻资产、高成长、高不确定性"的特征,其未来发展在带来或有高收益的同时,也增加了风险发生的概率。各类金融机构出于对风险容忍度、承受能力和控制能力的考虑,在没有其他风险缓释机制的情况下,对科技型中小企业的金融服务支持意愿不强。近年来,在政策的指引下,高新区各部门为解决科技型中小企业融资少、融资难的困境,保障资金向企业供给,推动科技成果转化和产业化,一直在联合金融机构探索创新的金融服务模式。

1. "园区保"服务模式

"园区保"综合金融服务模式最早由江苏省再担保机构牵头推出,是一种以园区及园区内企业为主要服务对象,通过政府部门及金融机构整合各方资源来提供综合金融服务的服务模式。在这种服务模式下,金融机构通过与政府部门的合作,深入了解园区的产业规划和发展需求,为园区内企业提供全方位、全阶段的金融服务,包括信贷、投资、保险、租赁等,旨在满足企业在不同发展阶段的金融需求。该模式强调风险共担和合作共赢的原则,在提供金融服务的过程中,金融机构、政府以及园区内企业三方共同承担风险,实现互利共赢。一方面,该模式可以引导更多的金融资源向实体经济领域倾斜,为园区经济的持续发展提供强有力的金融保障。另一方面,该模式有助于提高金融服务的针对性及有效性,帮助金融机构更好地应对市场变化和风险,提高自身的竞争力和市场地位。

2. "贷投批量联动"服务模式

"贷投批量联动"服务模式是一种针对科技型中小企业的金融服务方案,其运作机制遵循"批量推荐—分级评估—协同授信—投贷联动"的流程。这种模式以政府批量推荐企业和超额风险补偿资金池进行风险补偿为基础,银行以批量化获客、市场化决策作为依托,制定科技型中小企业贷投批量联动方案。具体操作是,银行根据政府提供的白名单优先向企业发放贷款,政府则利用超额风险补偿资金池来补偿相关风险。此模式的目的是充分利用政府的资源和功能,激励对科技型中小企业金融服务的创新,促进银行、政府和股权投资机构之间的紧密合作,构建有效的联动机制。通过这种贷投联动的合力,可以引导银行机构增强对科技型中小企业的支持,有效推动金融和资本向早期科技企业和产业链前端延伸,从而解决科技型中小企业的融资难题,并助力它们的创新和发展。

3. "1+1+N"科技金融服务模式

"1+1+N"科技金融服务模式最初在广州高新区创立,旨在依托科技金融服务中心,构建一个覆盖整个区域的科技金融赋能孵化及育成体系。在这个模式中,"1"分别代表股权投资机构和银行机构中的科技金融特派员,"N"则指的是一个综合性的赋能服务体系。这种模式集中了政府单位、高等教育院校和研究机构、金融机构、上市公司、科技企业以及孵化载体等多方面的创新资源。在实际运作中,科技金融服务中心通过要素市场化配置,创新科技创新服务链条,打通科技创新资源链,并激活整个科技创新生态链。这种服务模式为处于不同发展阶段的产业项目和企业提供全面的服务,包括项目路演、科创产品展示、主题沙龙、资源对接、投融资服务等。同时,科技金融特派员团队会深入企业,了解它们的实际需求和面临的问题,并提供定制化的解决方案,帮助这些企业克服融资难题和发展瓶颈,从而支持它们成长和发展。

二、高新区金融服务业的发展现状

为了进一步促进和完善区域内金融服务市场发展,高新区在多个方面进行了深入探索并取得了一定成果,创新基金、创业投资引导基金、科技保险以及科技银行等前沿金融领域的业务在高新区首次得到了实际应用。以国家级高新区为例,区域内金融服务业的发展成果主要体现在以下几个方面。

(一)产业投资基金规模逐年扩大

国家级高新区产业投资基金规模逐年扩大,2019—2021年园区内的产业投资基金规模从17425.3亿元增长到了26893.0亿元,两年平均增长率为24.23%。随着高新区国际化合作和金融服务国际化的逐渐深入,外资参与基金规模也在这三年里呈现蓬勃发展的态势。2019—2021年外资参与基金规模从290.1亿元增长到了1735.0亿元(表16-1),两年平均增长率为144.55%,每年同比增长达到了两倍多,这说明各高新区政府国际化水平得到了有效提升。

表16-1 2019—2021年国家级高新区产业投资基金分布情况

投资基金种类	园区内产业投资基金规模(亿元)	内资民营基金规模(亿元)	政府参与基金规模(亿元)	外资参与基金规模(亿元)
2019年	17425.3	7737.1	7969.3	290.1
2020年	23411.4	11897.4	11216.3	275.9
2021年	26893.0	11498.0	12252.0	1735.0

数据来源:《2022国家级高新区创新能力评价报告》(2023年5月发布)。

(二)创业风险投资机构数量与上市企业数量明显增加

国家级高新区还通过多种措施积极引进和培育金融服务机构,逐步完善金融服务体系,加快各类金融服务机构的发展速度。2018—2021年区域内创业风险投资机构数量增长较为迅猛,2018年园区内创业风险投资机构仅2800家,到2021年园区内创业风险投资机构增加到了9469家(图16-2),2018—2021年平均每年有2223家新的创业风险投资机构在高新区设立。

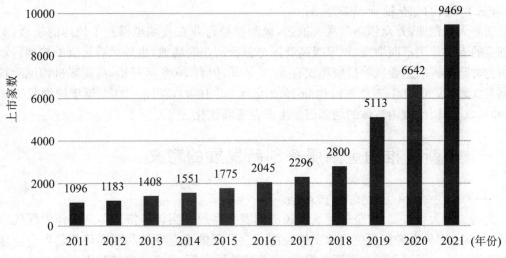

图16-2 2011—2021年高新区创业风险投资机构数量

数据来源:《2022国家级高新区创新能力评价报告》(2023年5月发布)。

2020年、2021年国家级高新区企业实收资本（股本）分别为122709.2亿元、136501.7亿元，同比增长了11.24%。2021年高新区海外上市融资股本高达2813.5亿元，较2020年增加了1253.7亿元。同时，随着我国"新三板""新四板""科创板"等资本市场的逐步建立和完善，国家级高新区已经形成了主板和中小板（一板）、创业板（二板）、科创板、全国中小企业股份转让系统（新三板）和区域性股权交易市场（新四板）五个层次的资本市场体系，区域内企业上市和挂牌情况良好。2020年高新区内的上市企业数量为1684家，2021年数量明显增加，已达到了2291家。其中，上海张江高新区企业上市数量增长最为明显，两年共增加了近200家上市企业。

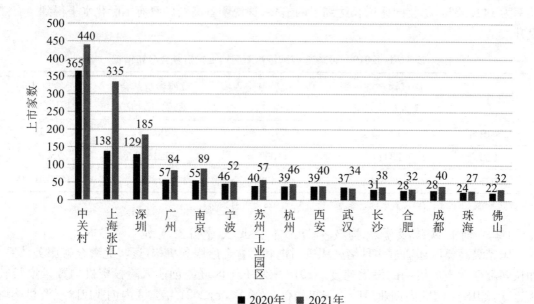

图16-3　2020—2021年各高新区上市企业数量

数据来源：《2022国家级高新区创新能力评价报告》（2023年5月发布）。

　　（三）机构风险投资情况良好

　　随着大众创业、万众创新的深入推进，风险投资行业在我国也得到了快速的发展，对创新创业的支撑作用不断增强，国家级高新区是创新创业的高地，也是风险投资的热地。2013年机构对高新区内企业风险投资额仅有51.6亿元，但自2018年开始，高新区机构风险投资额爆发式增长，到2021年总额已达3619.2亿元（图16-4），2018—2021年年均增长率高达94.43%，这说明区域内整体的创新创业生态在不断优化。

三、高新区推动金融服务创新发展的意义

　　（一）引导金融资源流向重点领域

　　党的二十大报告提出"坚持把发展经济的着力点放在实体经济上"，金融作为现代经济发展的核心，引导金融资源更好地支持经济社会发展的重点领域和薄弱环节是当今金融服务的首要工作。通过创新金融服务模式、完善政策举措等，高新区能够吸引更多的金融服务机构入驻，改善区域的金融环境，激发金融机构的积极性和主动性，使其能够更好地服务于实体经济，推动重点领域发展，促进经济增长。

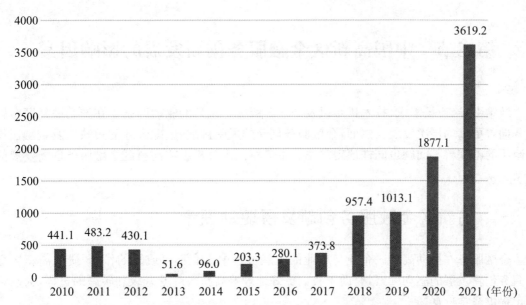

图 16-4　2010—2021年高新区创业风险投资机构对企业的风险投资额变化情况（单位：亿元）
数据来源：《2022国家级高新区创新能力评价报告》（2023年5月发布）。

（二）提高科技企业融资效率

高新区作为国家科技创新的重要平台，其积极推动区域内金融服务的创新发展，有助于提升区域内科技型企业融资效率。一方面高新区通过与金融机构建立战略合作关系，搭建共建共享共赢的金融服务平台，推出针对科技型企业的专项金融产品，降低科技型企业的融资成本和门槛，提高企业融资效率。另一方面高新区通过建立科技信贷风险补偿机制，按照省、市、区的顺序进行科技信贷风险补偿，为金融机构提供风险缓释机制，激发其服务科技型企业的潜力及动力，确保企业融资渠道畅通。

（三）促进高新区科技创新

科技创新是推动区域经济发展的重要引擎，金融服务则是这一引擎的关键支撑，优质的金融服务在支持企业科技创新上发挥了重要的作用。一方面，金融服务创新可以为高新区内的科技企业提供更加灵活、高效的融资渠道，通过为科技型企业提供一站式、综合化、定制化的金融服务，缓解科技创新过程中的资金压力，加速科技成果转移转化和产业化。另一方面，金融服务创新可以推动科技企业加快上市步伐，通过资本市场获取更多的资金支持，进一步增强企业的竞争力和创新能力，进而带动企业科技发展。

（四）优化资本市场结构

高新区秉持着"促进高科技成果向产业化转化"的使命，持续优化区域内金融服务生态，积极推动优质企业在多层次资本市场上市。在此过程中，高新区政府构筑起以政府政策性资金引导、产业创业投资引领、综合金融服务支撑以及多层次资本市场为核心的现代金融服务框架。同时，高新区不断调整和优化区域内资本市场结构，致力于推动高新区主板和中小板、创业板、科创板、新三板和新四板五个层次资本市场体系的构建及完善。

高新区推动金融服务创新发展具有其必要性和紧迫性，只有不断推进区域内金融服务的创新，才能更好地满足高新区科技创新需求与企业经济发展需求，实现高新区可持续发展。未来，高新区应继续深化金融改革，加快金融创新，为科技创新和经济发展注入更多的动力。

第二节 中国高新区金融服务创新发展的影响因素

政策引导、市场需求、技术进步以及产业升级等一系列的驱动因素正在推动高新区金融服务向着更高的层次发展。然而,金融服务创新的风险挑战、金融人才的短缺以及金融法规与政策的不完善等问题也同样值得深思。本节将深入分析影响高新区金融服务创新发展的复杂因素。

一、高新区金融服务创新发展驱动因素

金融服务在推动高新区企业与产业的发展过程中具有不可或缺的作用,研究高新区金融服务创新发展的驱动因素,有助于我们更好地理解高新区产业升级和转型的过程,为政策制定提供科学依据。

（一）政策引导

高新区政府通过制定一系列政策措施,如打造金融聚集新高地、深化科创金融业务创新、降低科创企业融资成本、建设具有国际化的基金聚集区等,来系统规划全区金融工作,为高新区金融服务创新提供政策支持。这些政策措施不仅能推动区域内金融总部机构的建设,丰富金融组织业态,还能进一步完善区域内科创金融组织体系,鼓励金融机构聚焦企业融资需求来开发专项金融产品,更能激励区域内基金扩大投资规模,提高区域内金融服务效率,推动金融服务创新发展。2022年11月,中国人民银行联合其他八个部门共同发布了《上海市、南京市、杭州市、合肥市、嘉兴市建设科创金融改革试验区总体方案》(以下简称《总体方案》),从七个方面提出了19项具体的政策措施,包括健全科创金融机构组织体系、推动科创金融产品创新、充分利用多层次资本市场体系、推进科技赋能金融、夯实科创金融基础、扎实推进金融风险防控等。《总体方案》的实施促进了高新区金融服务、科技和产业的良性循环与互动,加速构建了高新区内可持续的金融服务体系。

（二）市场需求

随着高新区内企业的发展和壮大,他们对金融服务的需求也在不断增加,这些企业急需资金来支持研发投入、加快商业化进程、扩大生产规模等,这为金融服务的创新提供了新的市场机会。金融机构为了满足企业的需求,不断进行金融创新,提供更加灵活、高效的金融服务,以支持高新区内企业的发展。以西安高新区为例,西安高新区连续多年举办"全球创投峰会",来满足各类型企业的金融服务需求。截至2022年10月,在西安高新区内,已有66家企业享受到了定制的专属金融产品,额度达到了2.2亿元;586户小微企业需要提供担保增信支持,放款额达到27亿元;区域内先后有10家企业登陆资本市场,累计首发募资总额达88.88亿元。

（三）技术进步

技术进步在高新区金融服务创新发展中的驱动作用主要体现在两个方面。一是科技型企业的技术进步为高新区金融服务创新提供了新的机遇和空间。这些企业拥有先进的技术和独特的商业模式,对金融服务的需求也变得更加复杂和多元化,同时由于这些企业具有

"轻资产、高成长、高不确定性"的特征,其未来发展也面临着较高的风险,这需要政府和金融服务机构积极创新和完善金融产品和服务模式,以适应这些企业的需求并有效应对相关风险。二是金融科技技术的进步为高新区金融服务创新提供了强大的技术支撑。随着大数据、人工智能、区块链、云计算等技术的快速发展和应用,高新区金融服务机构可以更高效地处理海量数据,做出更精准的风险评估和信贷决策,从而为企业提供更加便捷、安全、高效的金融服务。

(四)产业升级

随着高新区新兴产业的不断发展壮大,其对金融服务的需求也日益增加,产业升级为高新区金融服务提供了新的发展动力。产业升级所需的金融服务不再是单一的信贷业务,而是有着更加特殊化、多元化的要求,如科技型产业的快速发展需要科技金融的创新和支持;绿色产业的发展,则需要绿色金融的支撑。为了满足产业内不同企业的服务需求,金融机构通过积极创新和完善服务模式,以提供更加灵活、高效、个性化的金融服务。以西安高新区为例,高新区政府为大力培育区域内的生物医药企业,推动园区生物医药产业完成转型升级,创新性地出台了《西安高新区支持科技金融融合发展若干政策》,在建立科技创新融资多元化风险补偿机制、活跃创投氛围、促进科技股权投资、促进各类金融机构支持科技企业发展等方面均有一定的鼓励措施。

二、高新区金融服务创新发展制约因素

高新区作为科技创新的重要载体,正在通过金融服务创新不断推动科技企业的发展,然而这一进程受到金融服务创新带来的风险挑战、金融人才的培养与引进以及金融法规与政策的不完善等多方面的制约。

(一)金融服务创新的风险挑战

高新区在金融服务创新发展的过程中受到不同风险挑战的限制,金融创新虽然能促进高新区金融服务业的发展,但也可能给高新区带来新的风险挑战。

1. 金融科技创新产生的风险

在新技术的不断应用和推动下,高新区金融科技创新在带来便利的同时,也面临着诸多挑战,主要包括以下四个方面:一是新技术应用引发的风险;二是各类金融机构面临的网络安全威胁不断升级;三是产业链不够成熟带来的安全问题逐渐严重;四是生态系统内风险事件的增加。金融科技创新的风险增加了新兴技术的应用难度,同时也对金融监管提出了新的要求。

2. 新型金融产品与服务产生的风险

虽然高新区金融产品和服务模式的创新能够推动区域内金融市场的快速发展,但是这种创新同样可能产生潜在的市场风险、信用风险和操作风险等,并带来新的监管问题,从而对金融市场的稳健性构成威胁,进而对高新区金融服务的创新发展产生重大影响。因此,在推动高新区金融服务创新发展的过程中,必须充分考虑新型金融产品与服务的风险,并采取有效的措施来控制和管理这些风险。

(二)金融人才的培养与引进

金融服务产业属于知识密集型产业,其核心竞争力在于金融人才。金融人才的聚集是推动高新区金融高质量发展、实现高新区经济高质量发展"双螺旋"上升的关键因素。金融

人才运用专业技能知识，充分发挥金融促进资源配置的功能，助力实体经济融资畅通与居民财富资产增多。高新区作为科技创新的集中地，同时也是金融服务创新的热土，对金融人才的需求必然更加旺盛。目前高新区在引进与培养金融人才时面临以下四个方面的难题。

1．引才种类和渠道单一

目前大多数高新区引进金融专项人才是通过高新区金融机构或政府官方网站发布信息来进行招聘，引进人才的方式和种类都较为单一。同时，大多数高新区金融人才引进平台的建设也不够完善，各类金融人才的信息整合困难，仅有少量高新区建立了专项平台，通过平台的方式引进金融人才。

2．人才评定和遴选机制不健全

现有人才引进方式存在同质性、模糊性、笼统性的共性问题。未明确金融行业内各细分领域的人才需求，缺乏针对各高新区产业结构而形成的金融人才目录，金融人才引进的遴选机制标准较为模糊。

3．高端人才供需结构失衡

目前，各高新区金融人才引进政策出台时间早晚不一、优惠补贴力度强弱有别，呈现出一定程度的地区不均衡性。金融人才政策地区的不均衡导致各个高新区金融人才供需结构失衡，金融人才普遍向较为发达的头部城市高新区集聚。

4．缺乏完善的金融人才培养体系

金融服务的创新发展需要具备专业技能和知识的人才支撑，而当前高新区金融人才培养和引进机制不够完善，缺乏系统性和长期性的人才战略规划，无法满足金融服务创新发展的长期需求。

（三）金融法规与政策的不完善

虽然不少高新区政府已经发布了一系列的政策来支持区域内的金融服务创新发展，但现有的大部分法规与政策仅满足了传统金融服务的需求，在创新型金融产品和服务、金融科技的应用等方面相对滞后。此外，高新技术企业规模和所处产业的不同都会导致其对贷款期限、额度以及服务模式有着不同的需求，由于需求的差异性，高新区内现有的法规和政策并不能同时满足不同企业的金融服务需求。同时一些为科技型中小企业提供的新兴金融产品和服务可能缺乏明确的政策条款支持，这会对金融机构的创新活动形成约束。更为重要的是，随着金融科技在高新技术企业中的广泛应用，高新区相关部门在设计金融风险监管规定时也要考虑得更加全面，以预防金融创新带来的风险对区域内金融市场稳定性形成的威胁。

第三节　促进中国高新区金融服务创新发展的建议

高新区要实现金融服务创新的突破和跨越式发展，仍然面临着一系列挑战和问题，本节提出了一系列促进高新区金融服务创新发展的建议，包括优化政策环境与法规建设、深化金融服务与实体经济的联系、提升金融科技应用水平、加强金融人才培养与国际化战略等，旨在推动高新区金融服务的高质量发展。

一、优化政策环境与法规建设

良好的政策环境和法规建设为高新区金融服务创新发展提供助力与保障,通过优化政策环境和加强法规建设,可以更有效地创新金融服务,同时也可以更好地管理与防范金融风险。

(一)完善金融服务创新相关政策

高新区内的政策环境在很大程度上影响着金融机构和企业的决策,精准有力的政策不仅可以激励金融机构与企业创新,同时还可以引导金融机构与企业更加重视风险管理,提高金融市场的稳定性。因此,高新区政府需要进一步完善金融服务创新发展的相关政策,激发金融机构与企业的创新潜力。

1. 支持金融机构落地

金融机构作为金融产品和服务模式创新的重要平台,在推动高新区金融服务创新发展的过程中有着关键作用。高新区政府应出台相应的奖励政策与税收优惠政策,吸引各金融机构落地高新区。

2. 支持创投风投机构加快发展

高新区创业投资与风险投资的体量大小在一定程度上反映了区域内创新创业环境的优劣。高新区政府应对在高新区新设立的基金、基金管理人或原有基金、基金管理人进行增资的以及对投资高新区内企业的基金,按实缴资本或投资额的一定比例做出奖励,通过奖励政策支持高新区内创投风投机构的发展。

3. 完善金融风险补偿机制

高新区政府应引导区域内金融机构重视风险管理,完善风险分担机制,强化融资担保增信,支持机构放贷。此外,高新区政府应提高风险容忍度,对区域担保机构为企业增信发生代偿的业务,按代偿损失给予补贴。

(二)强化金融监管与风险防范

金融创新带来的新的金融产品和服务可能会引入新的风险,高新区需要建立一套完善的金融监管体系来管理和防范这些风险。

1. 推进金融平台建设

金融服务平台拥有领先的技术,具有安全、高效、便捷等优点,使企业和个人客户能够更快更有效地接受金融服务,高新区政府可以在区域内推进金融平台的建设,以此建立更加严格的金融风险评估和监管机制,强化金融机构的风险管理能力。

2. 强化企业风险意识

高新区在加强金融监管方面,不仅需增强金融机构的风险管理能力,还需增强高新区企业的风险意识。高新区政府需积极引导企业明确风险管理的范围和管控方式,促使其建立完善的风险管理制度和流程,规范其风险管理责任,帮助其建立风险处置机制。此外,高新区还需加强风险管理培训和宣传,通过开展培训及宣传活动,提高园区内企业的风险识别和应对能力。

(三)推动法规建设

完善的法规可以为高新区金融服务创新提供清晰的指引,同时也可以保护金融机构和企业的权益。高新区政府需要通过制定更加完善的法规,来规范区域内的金融机构及企业,推动金融服务的创新发展。

1. 确立金融服务创新的范围

在明确金融服务创新的范围和限制因素后,高新区政府可以制定适合区域内产业发展的金融服务创新指引,保护金融机构和企业的合法权益,鼓励区域内的金融机构和企业积极创新金融产品,并进一步深化金融科技的应用。

2. 强化金融机构社会责任

高新区政府应通过举办金融峰会等活动,强化金融机构的社会责任,鼓励其在追求盈利的同时重视社会责任以及风险管理,进一步完善区域内的金融环境,从而推动当地金融服务创新发展。

总的来说,通过优化政策环境及加强法规建设,既可以更有效地推动高新区的金融服务创新发展,又可以更好地管理和防范区域内的金融风险。未来,高新区政府应进一步深化与金融服务创新有关的政策改革,完善金融监管体系,加强金融法规的构建,推动区域内金融服务创新的持续发展,满足企业的融资需求,以此来促进经济不断增长。

二、深化金融服务与实体经济的联系

为满足实体经济发展需要与发挥金融服务支持作用,高新区内的金融机构与企业需要更加深入地理解实体经济和当地产业发展的金融需求。

(一)加强产融结合

高新区应积极引导金融机构与实体企业加强合作,推动产融结合。通过搭建产融对接平台,促进金融机构与实体企业之间的交流与合作,使实体企业可以更好地了解金融机构的产品和服务,同时金融机构也可以更深入地了解实体企业的需求和问题。此外,高新区可以引导金融机构开展产业链金融服务,为产业链上的实体企业提供全方位的金融服务,通过深入了解产业链上的生产、销售、采购等环节,金融机构可以制定更加符合实体企业需求的金融产品和服务,满足实体企业的多元化需求。

(二)坚持服务为本

高新区应当持续以解决问题为导向,设立专门的金融团队,针对区域内企业在贷款需求方面所面临的实际问题,积极与金融机构开展合作,推出针对高新区科技型企业需求的金融产品。尤其是在解决区域内科技型中小企业"轻资产、无担保"的贷款难题方面,高新区应积极协调区域内的金融机构,提出与科技型企业需求相符合的信用贷款解决方案。此外,高新区还需建立宣传推广机制,设立金融服务中心线上平台和公众号,对外宣传优质的金融产品,将创新金融产品精准、智能、高效地推送至区域内有融资需求的目标企业群体中,扩大企业服务覆盖面。

三、提升金融科技应用水平

当前,金融科技已成为推动高新区金融服务创新发展的重要驱动力,高新区通过提升金融科技应用水平,可以更加有效地推动区域内金融服务的创新发展,来满足实体经济的金融需求,提升金融市场的效率和稳定性。

(一)加强金融科技研发与创新

加强金融科技研发与创新是提升金融科技应用水平的关键,新兴科技如区块链、人工智能和大数据等,已在金融领域得到广泛应用。高新区需要加强对金融科技的研发与创新,掌握核心技术,推动金融服务创新发展。

1. 推广金融科技认证中心建设

为促进金融科技企业的发展,推动科技产业与金融产业更深度融合,同时进一步健全金融服务监管框架,高新区政府应着力推动区域内金融科技认证中心的建设。该中心可从区块链、人工智能、大数据等金融科技领域的软硬件产品检测出发,构建完善的金融科技产品、服务和管理认证体系,以提升金融科技创新的标准化、合规性和安全性水平。此举还有助于促进国际金融领域的互联互通,为金融科技企业的健康发展提供关键的支持。

2. 注重金融科技底层关键技术专利战略布局

为了更进一步推动金融科技在高新区的应用,加强金融科技领域的研发和创新,高新区需进一步完善金融科技专利的战略布局,特别注重底层技术和应用技术的协同创新。重视底层技术在金融科技中的前瞻性应用,加强人工智能、大数据、云计算、区块链等底层技术的开发与应用。

(二)鼓励科技企业与金融机构合作

传统金融机构相对而言技术基础较为薄弱,目前所能推出的金融产品与服务并不能完全满足高新区内高新技术企业的需求,而金融科技企业具有较强的科技技术与专业的金融研发团队,金融机构可利用其优秀的客户资源与金融科技企业进行有效的合作,实现优势互补,推动高新区金融服务创新发展。因此,高新区政府应积极营造区域内的创新氛围,鼓励金融科技企业提升技术研发能力,支持金融机构拓展优质客户,为金融科技企业与金融机构搭建良好的合作平台。

四、加强金融人才培养与国际化战略

高新区金融服务的创新发展离不开高素质金融人才的参与以及高新区国际化战略的实施。高端金融人才可以帮助高新区内的金融机构提升其服务质量,加快区域内新型金融产品的推出。同时,积极推进国际合作是提升科技创新能力的有效途径,不但可以满足实体经济对金融支持的需求,而且能提升区域内金融市场的竞争力和影响力。

(一)完善金融人才培养体系

金融人才是金融服务创新的重要驱动力,他们的素质和能力直接影响高新区内金融服务的质量和效率。第一,在金融科技人才培养方向上,应当构建以银行业为主导、证券业和保险业等为支撑的金融科技人才培养体系;第二,应当加大对应用型本科人才和硕士人才的培养力度,积极推进产学研合作;第三,基于现有的金融人才培养方法,尽快构建金融人才标准体系,提升金融人才的集聚效应,减少金融人才结构不平衡问题,加快传统金融人才体系的数字化转型。同时,高新区政府也需要通过政策引导和市场机制,吸引更多具有复合专业背景的高素质人才进入金融行业。

(二)加强国际合作与金融服务国际化

随着全球化的深入发展,金融服务也需要具有国际视野,以满足跨境经济活动的金融需求。因此,高新区政府需要帮助区域内金融机构加强国际合作,协助区域内金融机构引入国际先进的金融服务理念和技术,提升金融服务的国际化水平。与此同时,高新区政府需要继续支持本地科技型企业国际化发展,促使它们在国际市场上实现双向互动,以此来引进国际资源。同时,这种互联互通的方式也将为留学创业人员提供更广泛的发展机会,吸引更多的金融人才。

第十七章 中国高新区融资模式创新发展研究

本章主要讲述高新区融资模式创新发展。经过30多年的发展,高新区已经成为培育新兴产业、促进经济发展、加速产业集聚、提高区域竞争力的重要载体,促进高新区开发建设和产业发展的融资模式起到了关键的作用。本章分析了高新区融资模式的发展概况以及存在的问题,并提出了促进高新区融资模式创新发展的有关建议,以期更好地支持高新区的融资模式创新发展。

第一节 中国高新区融资模式创新发展概况

高新区作为科技创新和产业升级的重要阵地,对国家和区域的发展起着举足轻重的作用,而支撑高新区发展的开发建设和产业发展则成为实现其宏伟目标的关键要素。然而,在高新区的开发建设和产业发展中,融资问题一直备受关注。随着科技的进步和经济的变革,高新区融资模式的创新发展变得愈发迫切。本节将探讨高新区融资模式创新发展的意义、现状、主要形式等内容。

一、高新区融资模式创新发展的意义

(一)促进可持续发展

创新的融资模式对高新区可持续发展具有深远影响。高新区是创新创业的聚集地,需要持续的资金支持来推动基础设施建设、产业发展和科技创新。传统的融资方式受限于政府财政预算或单一的融资渠道,难以满足高新区多样化的融资需求。社会资本、金融机构合作、金融产品创新等融资模式的引入,能够更灵活地满足不同发展阶段和项目的资金需求,减轻政府财政压力,有助于高新区长期保持稳健发展,不受资金短缺制约,更好地推进科技创新和产业升级。

(二)优化金融服务与企业环境

创新的融资模式可以优化高新区的金融服务和企业发展环境。传统融资模式难以满足科技型企业多样化的资金需求,而创新的融资方式如股权众筹、创投基金等为企业提供了更多选择。这不仅拓宽了企业融资渠道,还降低了企业融资的门槛和成本,使更多初创型和中小型企业能够获得资金支持,推动整个高新区的科技创新活动开展。同时,新型融资方式也促进了金融机构服务的创新,提高了金融行业对创新型企业的适配度和专业性,进一步优化了高新区的金融生态环境。

（三）推动科技创新与产业升级

科技型企业通过创新的融资方式能够更灵活地获取资金支持，加速科技成果的转化和市场应用。多元化的融资渠道，如风险投资、科技创新基金等，有效地激发了企业的创新活力。企业不再受传统融资方式的限制，能更加专注于研发创新、技术突破和产品优化，从而推动了科技创新的迅速发展。融资模式的创新也将引导产业结构的优化升级，促进其向高附加值和高科技含量方向转型，从而提升整个高新区产业的竞争力。

二、高新区融资模式现状

高新区的开发建设是一个漫长的过程，不同发展阶段在规模、资源、发展方向和重点等方面存在差异，不同发展阶段的融资特点也有所不同。根据发展阶段的侧重点和融资需求的不同，可将高新区融资分为规划开发阶段、开发建设阶段和产业发展阶段。

（一）不同发展阶段的高新区融资特点

1. 规划开发阶段

在高新区规划开发阶段，融资需求主要集中在前期准备和规划设计等方面。这个阶段是高新区建设的起点，需要投入大量资金来进行前期准备和规划工作。这一阶段高新区资金需求量较大，主要包括征地补偿费、规划咨询费、勘察设计费等前期支出。高新区的规划设计需要综合考虑产业是否符合所在地乃至全国的发展需求，规划设立阶段的项目资金缺口较大，但开发主体的担保能力不足，融资渠道缺乏。因此，规划开发阶段的项目建设通常需要依靠地方政府财政资金，政府通过搭建项目融资平台，与开发区建设公司建立合作关系，以土地资本和政府财政为依托，制定符合当地经济发展和产业发展要求的园区规划。项目融资平台成立后，需要向各类金融机构寻求资金支持来建设高新区基础设施和公共服务项目。

2. 开发建设阶段

经过前期规划开发，园区进入全面开发建设阶段，除了土地的一级开发，也需要进行土地的二级开发，比如水电、交通、通信等公共服务配套设施的开发建设。此时资金缺口较大，这就要求开发区能够继续投入大量资金，快速完善开发区基础设施建设。通过财政收入和土地出让金来获取自有资金，以及通过银行负债等途径来实现债务融资。在这一阶段，高新区的投融资方式正在逐渐从依靠财政性融资转向政府信贷融资。此时融资的主体是代表政府的投融资平台和项目开发公司，它们由政府出资组建，代表政府承担高新区建设的融资、建设和还贷责任。随着高新区进入开发建设阶段，园区的投融资主体逐渐走向多元化，市场化的投融资模式也逐渐应用于园区各类项目的开发建设。

3. 产业发展阶段

经过规划开发和开发建设阶段，高新区的基础设施、产业载体和城市功能配套等一系列重要任务已经陆续完成，形态开发进入了尾声阶段，功能开发逐渐完善，逐步进入产业发展阶段。高新区开始加快招商引资和产业发展步伐。园区内的投融资平台以及项目开发公司，在完成基础的开发建设任务之后，也需要朝着市场化的方向进行转型。在这个阶段，支撑高新区产业发展的各种企业逐渐成为整个市场投融资的主要参与者，投融资方式也逐渐朝着更加市场化的方向发展。这一阶段开发区的融资需求主要集中在：偿还存量债务和新增债务的利息和本金、配套基础设施的升级改造、招商引资并拓展业务领域以及经营战略转型等。除了与金融机构如银行、基金、信托等对接，一些符合条件的国家级高新区开发建设主体选择上市融资，引入战略投资者等方式来进行直接融资。为了促进产业发展，部分高新区支持园区培育发展市场化股权投资基金，发挥政府引导基金的撬动作用，壮大天使投资、风险投资规模，加强对科创企业的扶持力度。

（二）主要融资模式

1. 开发建设融资模式

高新区的开发建设融资主要针对园区基础设施和公共服务项目建设，主要由园区管委会成立园区融资平台，并以此为主体进行投融资的模式。

（1）政府统筹融资模式。政府通过预算拨款、专项资金、担保资金、项目融资等方式为开发区的开发建设提供资金支持，通过政府投资的带动作用，促使民间金融机构对开发区进行投资。政府或政府的派出机构利用园区土地使用权作为抵押，从银行申请贷款，以便在开发区进行开发建设。这样可以获得更长的贷款期限、更低的利率和更大的贷款金额。通过项目融资的方式，例如 BOT、TOT、PPP、PFI 等，政府能够减轻财政负担和相关风险，投资者也能够得到政府信用的保障，获得稳定的投资收益并愿意进行投资，这将为开发区带来大量可用资金，进而加快基础设施和公共服务项目的建设。通过综合运用这些模式，可以加快开发区建设速度，激发社会各方投资基础设施建设的积极性，减轻政府财政压力，并且有效引导社会资金。

（2）直接融资模式。发行股票、专项债券、资产证券化、城投公司债、公募 REITs 等是常见的直接融资方式，它们能够吸纳社会闲置资本，拓宽资金来源渠道。发行股票或专项债券可以有效利用社会闲置资本，扩大所需资金的筹集范围。资产证券化通过定向募集、公开发行有价证券等方式，将具有现金收益的项目未来现金价值提前贴现，将融入资金投入基础设施或公共服务项目建设中。城投公司债是地方政府融资平台通过合法程序发行的债券，在约定期限内偿还本金和利息。公司债券在融资成本方面表现出较低的水平，能够高效利用资金并采用多种方式发行，同时也具备较强的灵活性，使募集到的资金能够灵活运用于不同的用途。公募 REITs 全称公开募集基础设施证券投资基金，是指通过发行标准化证券或受益凭证在公开市场上吸纳投资者资金，并由专业的投资机构进行管理，投资于稳定收益的不动产资产或权益（如基础设施和经营性物业等），并按比例将投资综合收益分配给投资人的金融工具。通过 REITs 募集的资金可以用于投资新的基础设施项目，能够拓宽高新区的融资渠道，具有盘活存量资产、缓解政府债务等优点。

（3）间接融资模式。间接融资方式主要有银行贷款、信托贷款、融资租赁等，这种融资模式适用于各种公共项目建设，项目主体需要具备完备的信用体制，并且能够有效地管理项目风险。间接融资模式具有筹资周期短、资金成本低等显著优点。但资金使用不灵活、融资主体信用要求较高、债务偿还受到严格限制等是该模式的不足之处。

2. 产业发展融资模式

高新技术企业作为高新区产业发展的主体，在不同发展阶段会面临不同的融资需求，对种子阶段和创业阶段的企业来说，需要在政府性融资的引导下，选择天使投资、风险投资、私募股权投资等融资模式帮助其快速成长；处于成长阶段和成熟阶段的企业主要选择银行信贷融资、债券融资、股票融资等方式。高新技术企业在选择融资时，需要根据自身特点来选择合适的融资模式，各方市场主体也需要共同参与来促进高新技术企业创新发展。

（1）直接融资模式。直接融资模式分为政策性直接融资模式和市场性直接融资模式，政策性融资在高新区的产业发展中发挥着关键作用。政府通过各种政策手段来支持高新技术产业,以降低企业融资成本,提高融资效率。政府通过设立多种专项基金对高新技术产业进行直接扶持,比如创业引导基金、产业投资引导基金等,通过吸纳社会资金来实现高新技术产业的发展,帮助企业加速研发和市场推广进程。

市场性直接融资是高新区企业通过发行股票、债券等金融工具进行融资的方式。这种模式侧重于企业与投资者之间的直接互动,企业通过证券市场筹集所需的资金来支持其项目和发展计划。部分高新区企业通过上市发行股票来融资,不仅为企业提供了大量的资金,还提高了企业的知名度,有助于吸引更多的投资者和合作伙伴。此外,债券市场也为高新区企业提供了重要的融资途径。高新区的高新技术企业通过发行公司债券来进一步丰富其融资渠道,以支持企业发展。近年来,资本市场创新推出科创票据、科技创新公司债等债券产品,拓宽科技型企业直接融资渠道,降低企业融资成本,并提供更加灵活的融资方式。同时,一些成长性较好的企业受到风险投资基金、私募股权投资基金等的青睐,使其能获得充足资金并快速发展。

(2)间接融资模式。间接融资模式是指企业通过金融中介机构来获取资金的方式,包括信用贷款、融资租赁等。银行贷款是间接融资的一个重要组成部分,高新区企业可以向银行申请贷款,用于项目建设、设备购置、研发投入等。此外,信用贷款为企业提供了便捷的融资途径,同时,融资租赁也为高新区企业提供了一种融资方式,它可以降低企业的资金压力,促进其可持续发展。

在间接融资模式下,高新区企业与银行、证券公司、投资基金等金融机构建立合作关系,以获得所需的融资支持。这种模式通常需要企业提供一定的担保或信用保证,以降低金融机构的风险。首先,政府通常会为企业的融资提供一定的财政担保,降低金融机构对企业信用的担忧,使企业更容易获得融资。其次,政府鼓励金融机构与科技型企业建立合作关系。通过政府的政策引导,银行和其他金融机构可以提供更多的信贷支持,降低利率,延长还款期限,以满足高新技术企业的融资需求。政府提供的融资担保以及政策支持为高新区企业提供了强大的财政支持和金融支持,有助于推动高新技术产业快速发展。

三、高新区融资模式创新发展的主要形式

近些年来,我国一直在积极探索如何通过深化金融供给侧结构性改革,加强资本市场对实体经济的支持能力,从而有力地支持国家重大战略的实施。尽管如此,高新区的开发建设和产业发展仍受制于传统的融资模式,其中包括依赖银行贷款、债务融资、政府财政等,而这些方式也导致债务风险的增加,限制了产业发展。当传统的融资模式逐渐无法满足需求时,一些新的融资方式开始出现。

(一)基础设施领域不动产投资信托基金(REITs)

1. 公募 REITs 概况

公募 REITs 是指通过发行标准化证券或受益凭证在公开市场上吸纳投资者资金,并由专业的投资机构进行管理,投资于稳定收益的不动产资产或权益(如基础设施和经营性物业等),并按比例将投资综合收益分配给投资人的金融工具(图 17-1)。

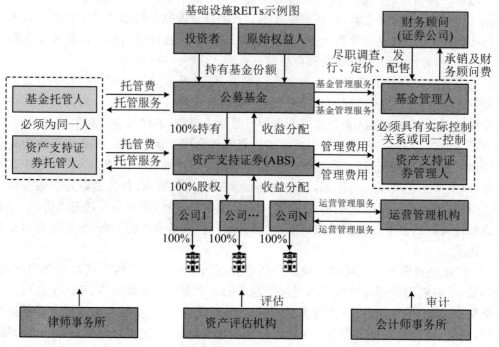

图 17-1 基础设施公募 REITs 产品架构示例图

图片来源：上海证券交易所官网。

2020年4月，证监会和国家发展改革委联合发布《关于推进基础设施领域不动产投资信托基金（REITs）试点相关工作的通知》，标志着境内基础设施领域公募REITs试点正式起步。2021年6月，我国首批公募REITs正式上市。2022年5月19日，《国务院办公厅关于进一步盘活存量资产扩大有效投资的意见》正式出台，持续推进REITs常态化发行。2023年3月7日，中国证监会发布《关于进一步推进基础设施领域不动产投资信托基金（REITs）常态化发行相关工作的通知》，提出拓宽试点资产类型，分类调整项目收益率和资产规模要求，推动扩募发行常态化。2023年4月，证监会发布的《推动科技创新公司债券高质量发展工作方案》中提出扩大科技创新资金供给规模，持续发挥中央企业示范引领作用，加大对优质企业发行科创债的支持力度，推动科技创新领域企业发行REITs。2023年6月，首批4单公募REITs扩募项目均完成定向募集，合计募资超过50亿元（图17-2）。公募REITs陆续发行和不断扩募，标志着我国公募REITs发行逐渐步入正轨。

截至2023年6月30日，已经成功发行REITs产品有28只，总市值达到869.14亿元。底层资产主要分为两大类：一类是产权类项目，主要为地产类的持有型物业，合计申报项目16只，其中产业园区类项目9只，物流园区类项目3只，保障性租赁住房项目4只，产业地产类项目数量最多、占比最高，是产权类项目的中流砥柱。另一类是特许经营权类，包括高速公路、水务、垃圾发电、清洁能源等，共申报项目12只。目前共发行的9只产业园类公募REITs产品中，底层资产位于国家级高新区的共有6只，分别是东吴苏园产业REIT、华安张江产业园REIT、博时蛇口产园REIT、建信中关村REIT、华夏合肥高新REIT、中金湖北科投光谷REIT。

第十七章 中国高新区融资模式创新发展研究

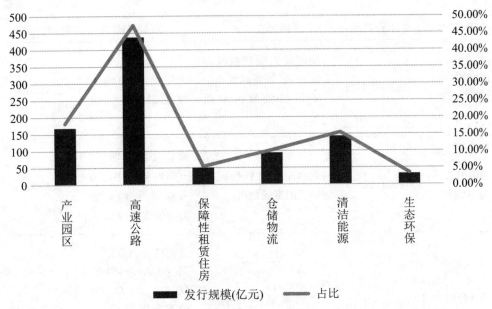

图 17-2 基础设施公募 REITs 底层资产规模及占比

数据来源：东方财富 choice 数据库，REITs 招募说明书。

公募 REITs 底层资产是基础设施和不动产，作为在长周期视角下具备相对高确定性的金融产品，属于除股票、债券、现金外的第四大类资产。对原始权益人来说，公募 REITs 是一种有效的融资模式，能缩短投资回报期，提高投资回报率，同时降低负债，并助力企业完成轻资产化转型。从投资角度来看，公募 REITs 有着"亦股亦债"的特性，对以银行理财、公司、保险、信托为主要代表的机构投资者来说具有较高的配置价值，有助于增加市场投资人的选择，提高投资组合收益；同时中小投资者也能通过购买 REITs 份额参与到体量较大的不动产项目，满足其资产管理多样化的需求。

表 17-1 底层资产在高新区的 REITs 产品概况

REITs 名称	上市日期	原始权益人	项目名称	募集规模(万元)
东吴苏园产业 REIT	2021.06.21	苏州工业园区建屋产业园开发有限公司，苏州工业园区科技发展有限公司	2.5 产业园一期、二期项目，国际科技园五期 B 区项目	349200.00
华安张江产业园 REIT	2021.06.21	光控安石(北京)投资管理有限公司，上海光全投资中心(有限合伙)，上海张江(集团)有限公司，上海张江集成电路产业区开发有限公司	张江光大园，张润大厦	149500.00

续表

REITs名称	上市日期	原始权益人	项目名称	募集规模(万元)
博时蛇口产园REIT	2021.06.21	招商局光明科技园有限公司,招商局蛇口工业区控股股份有限公司	光明项目,万海大厦,万融大厦	207900.00
建信中关村REIT	2021.12.17	北京中关村软件园发展有限责任公司	孵化加速器项目,互联网创新中心5号楼项目,协同中心4号楼项目	288000.00
华夏合肥高新REIT	2022.10.10	合肥高新股份有限公司	合肥高新创业园一期A1-A4、B4-B5、D2-D9及D2-D9地下车库项目,合肥高新创业园一期B1-B3、C1-C4、D1项目	153300.00
中金湖北科投光谷REIT	2023.06.30	湖北省科技投资集团有限公司	光谷软件园A1~A7栋,光谷软件园C6栋,光谷软件园E3栋,互联网+项目	157500.00

数据来源:东方财富choice数据库,REITs招募说明书。

发行产业园区公募REITs的企业背景好、资产优质,除东久新产业园是外资背景外,张江高科、苏州工业园、招商蛇口、中关村、合肥高新股份等都是国资背景,并且还是国内最核心城市产业高地的园区开发商、运营商,项目的原始权益人为国企背景,对投资者而言是信用背书、政策红利,在未来扩募的资产也具有极大优势。

此外,项目的区位优势比较明显。目前发行的底层资产在国家级高新区的公募REITs共有6只,分别位于北京、上海、苏州、合肥等重点城市的核心产业集聚区,是示范性强、重要程度高的开发区项目,也符合京津冀、粤港澳大湾区、长三角一体化的国家战略范畴,充分彰显了产业园区公募REITs试点项目的示范意义。

最后,项目的运营成绩较为突出。由于这些开发区的用地性质为工业用地或科教用地,产品类型为研发生产类或者研发办公类,因此,集聚了大量信息技术、科技研发类型的企业,这些企业受市场波动影响小,特别是在疫情之下,相比服务业,科技研发和生产制造类的企业受冲击较小,经营更为稳定。从经营成绩来看,这些开发区的底层资产运营时间均超过5年,出租率基本维持在85%以上,2021—2023年6月上市产业园REIT现金分派率为3.55%~5.41%,处于较高水平。

2. 发行公募 REITs 对高新区融资模式创新发展的意义

(1) 创新基础设施投融资体系，拓宽融资渠道。公募 REITs 的引入有助于高新区基础设施融资的多元化选择。在常规的融资方式中，政府通常会通过发行债券或者直接投入资金的方式来筹措资金，这些途径常常给政府带来财政压力的增加，同时也存在灵活性不足的问题。公募 REITs 的引入，克服了传统融资方式的不足，为高新区提供了更多的融资选项。公募 REITs 具有长期可持续性和稳定性，同时也对高新区基础设施项目的长期稳定发展起到了积极的促进作用。公募 REITs 将开发区基础设施资产纳入可发行的品类之一，为开发区资本实现"融管退"带来了希望。资本拥有了退出途径，增加了投资的吸引力，进而为园区物业管理带来了全新的市场机遇。

(2) 盘活存量资产，提高资金使用效率。公募 REITs 对盘活存量资产是一项重要的产品创新，它可以有效地吸引社会资本参与基础设施建设。在传统的融资模式中，高新区基础设施项目通常需要大量的前期投入，而回报周期较长，这使得许多潜在的投资者望而却步。然而，通过发行公募 REITs，高新区可以将变现能力较差的基础设施项目转化为具有流动性的金融产品，公募 REITs 的收益通常与基础设施项目的运营收入直接挂钩，从而吸引更多的投资者参与。这种方式不仅可以提高资金的使用效率，还可以缓解政府的财政压力。

通过发行公募 REITs 可以有效盘活存量资产，而回笼的资金可以通过再投资的方式，打通资本循环，形成存量资产和新增投资的良性循环，促进基础设施建设实现规模化发展。公募 REITs 可以为高新区提供更多元化、灵活化、专业化的融资渠道，降低高新区对政府财政的过度依赖，增加社会资本的参与度，提高高新区的融资效率和效益。公募 REITs 可以将规模大、流动性弱的园区不动产盘活，转化为方便广大投资者参与投资和交易的金融产品，使得普通投资者能够以较小的金额参与到优质高新区项目的建设中来，更好地推动资本市场发展，服务于实体经济。

(3) 提升投资透明度，降低投资风险。公募 REITs 需要定期公开财务报告和运营情况，这些举措将提高基础设施项目的投资透明度。在传统的融资模式中，基础设施项目的运营情况和财务状况往往不透明，这使得投资者在投资决策时面临很大的风险。然而，公募 REITs 的引入，投资者可以通过查看公开的财务报告和运营情况，了解基础设施项目的真实情况，从而做出更为理性的投资决策，使得高新区基础设施建设拥有较为充足的资金，保证项目的顺利完工。同时，这种投资透明度也有助于监管部门的监管，防止可能出现的违约风险。

(4) 转变运营商发展模式，提升企业估值。通过公募 REITs 的发行，高新区开发运营商将从过去的高投资、重资产、慢周转的持有者转变为资产运营服务商，专注运营能力的持续提升，可以从更多的项目运营中获取经验，最终打通高新区全生命周期发展模式与投融资机制。发行公募 REITs 有利于提升公司在产业园区运营领域的知名度，吸引更多的战略投资者和公众投资者关注，提升公司在资本市场的竞争力。公募 REITs 发行后，对开发运营商而言，最明显的体现是财务结构的优化，过去企业长期持有的资产缺乏流动性，虽然也可以评估增值，但是没有交易，难以获得资本市场的认可。发行 REITs 后，可以直接实现资金回笼，能够在资本市场上获得更好的估值倍数。同时，成功发行公募 REITs 后，还可以增加企业的轻资产收入，包括运营管理费、REITs 基金管理费等，收益结构的优化也可以提升资本市场估值。

（二）科技创新公司债券

高新区作为高新技术企业的集聚区，长期存在高新技术企业融资难、融资贵的问题。为提升企业自主创新能力，推进关键领域核心技术攻关，使更多资金投向科技创新领域，科技创新公司债券应运而生。2021年3月，沪深交易所启动科技创新公司债券试点工作，在创新创业公司债券框架下，引导优质企业发行科创用途公司债券。2022年5月20日，沪深交易所按照中国证监会统一部署，分别发布了《上海证券交易所公司债券发行上市审核规则适用指引第4号——科技创新公司债券》和《深圳证券交易所公司债券创新品种业务指引第6号——科技创新公司债券》，标志着科创债在前期试点基础上的正式落地。

科创债是指发行主体为科技创新领域相关企业募集资金，主要用于科技创新领域而发行的公司债券。科创债的推出，有助于引导高质量科技型企业发债融资，推动交易所债券市场资金精准高效流入科技创新领域，更好地发挥债券市场在服务国家创新驱动发展战略和产业转型升级中的积极作用。科创债发行人分为四类，分别是科创企业类、科创升级类、科创投资类和科创孵化类。其中，科创孵化类主体直接明确指向主体评级在AA+级及以上，主营业务是围绕国家级高新技术产业开发区进行运营，创新要素集聚能力突出，科创孵化成果显著的重点园区企业。

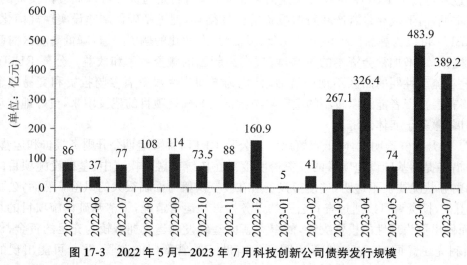

图17-3　2022年5月—2023年7月科技创新公司债券发行规模

数据来源：wind数据库。

2022年5月—2023年7月，交易所债市累计发行科创债212支，发行规模合计2331亿元，共涉及发行企业135家。科创债产品设计和募集资金在使用上贴合科技创新领域投融资特征，对科创企业更加包容，募集资金投向科创领域的方式更加灵活，尤其与高新区发挥创新引领和孵化作用更为契合，有助于增强企业自主创新的内在动力，推动科技成果转化和产业化应用。发行科创债可以提高发行人作为科创企业或科创投资、孵化企业在资本市场的辨识度，将自身的科技属性和创新价值充分显性化，以此获得债券投资者的认可，有助于降低债券融资成本。

（三）知识产权证券化融资

知识产权证券化将企业无形的资产——知识产权作为证券化的底层资产，通过不同的方式出售给专项计划，由专项计划将资产池进行结构化设计、风险隔离、信用增级，形成知识产权证券产品,向合格投资者发行募集资金。证券化产品后期的利息和本金的偿还资金由知识产权所产生的现金流作为支持。

知识产权证券化作为一种新型创新债券,有效地满足了科技创新型企业以及中小企业的需求,避免了传统融资方式所存在的各种限制,并为科技创新企业提供了更多融资渠道。首先,它突破了银行贷款在抵押物和信用额度方面的限制。通过将科技创新企业的知识产权转化为证券化产品,并引入特殊目的载体(SPV),成功地降低了投资风险,增强了投资者的信心,减少了对抵押品的需求。同时,它利用现有资产来扩大融资规模,避免了银行贷款对授信额度的限制。其次,它摆脱了传统信用债对企业资质和成熟度的严格要求。通过充分利用供应链核心企业或信用担保方的信用,以及设计合理的交易结构,实现了直接面向市场投资者进行融资。最后,它探索了知识产权定价的途径。由于知识产权本身具有无形和不确定性,虽然它属于科技创新企业所有,但很难及时得到充分利用。因此,知识产权证券化通过证券化的方式,借助资产构建,将无形资产转化为有形资产,不仅能够激活科技创新企业现有的资产,还为知识产权的定价、估值和转让提供有益的探索与可能性。

正因为知识产权证券化融资的这些优点,各地高新区也在积极进行融资试点。杭州高新金投控股集团有限公司作为发起机构,杭州高新国有控股集团有限公司作为差额补足义务人,杭州高新融资担保有限公司、杭州高科技融资担保有限公司、杭州银行等9家机构共同参与,以区内四维生态、紫光通信等12家企业的145件知识产权作为质押物,帮助企业获得证券化融资1.02亿元。此外,西安高新金融控股集团有限公司主导,发行了全国首单技术产权(技术交易)证券化项目——秦创原-华鑫-西安高新区技术产权(技术交易)1期资产支持专项计划,技术交易ABS通过地方政府政策支持,在有效防控金融风险的前提下,将西安高新区12家科技型中小企业持有的31项核心技术专利及14笔技术交易合同作为底层资产,通过在深圳证券交易所挂牌上市,让技术产权、技术合同等无形资产成功"变现",为今后金融赋能科技成果转化应用、助力科技自立自强开辟了新思路、形成新经验。

除此之外,"投贷联动"融资模式、科创票据、科技贷等融资模式和产品创新对高新区的融资模式创新发展起到了重要的推动作用,助力实现高新区的高质量发展。

第二节 中国高新区融资模式创新发展的主要问题

高新区作为我国经济发展的重要引擎和科技创新的重要基地,一直以来都扮演着关键角色。不同的融资模式对高新区开发建设和产业发展起到了重要的促进作用。虽然在促进高新区发展中取得了显著的成就,但仍然存在一系列问题。本节将探讨高新区融资模式创新发展的主要问题,从而更好地理解并解决这些问题。

一、高新区开发建设融资的主要问题

(一)融资渠道窄,融资情况复杂

基础设施建设项目建设投资回收期长,大多属于非经营性基础设施建设,在开发建设阶段缺少稳定的资金来源,建设资金短缺以及融资渠道单一,导致园区开发建设进度缓慢。虽

然部分发展较好的高新区已经拥有了较为完善的融资渠道和融资模式,但大部分高新区的开发建设仍以政府融资为主,主要体现在政府财政拨款、发行专项债券等,资金来源单一,筹集资金数量有限。在防范化解地方政府债务风险及经济下行双重因素的影响下,财政资金对基础设施投资的支撑作用下降。同时,政府专项债券的发行主要依靠省、市两级政府发行,对发行人的财政水平、信用评价的审查更加严格,使园区开发的资金制约问题更加凸显,进一步增加了开发建设融资的困难。

(二)资产规模大收益低,阻碍融资获取

高新区的开发建设不断推进,形成了庞大的基础设施和配套资产,这些资产大多由管委会下属的平台公司进行管理运营,然而其中一些平台公司的账面资产庞大,负债率较高,缺乏良好的运营手段,导致资产规模大但利润回报率较低,有些甚至变成了不良资产。这些资产需要不断投入资金来进行维护和更新,没有合理的资产盘活办法,缺乏有效的资产运营策略,多年来一直依赖财政资助,未能发挥平台公司应有的积极作用,反而成为基础设施建设发展的障碍。此外,部分开发区在规划布局方面存在不合理之处,在产业定位上缺乏前瞻性,在引进投资之前未进行有效的评估,引入了一些夕阳产业或者成长性较差的企业,导致在经过一段时间的经营后,部分园区企业面临发展困难、盈利能力下降的困境,并可能面临破产退出的境地。园区资产的低收益率以及部分园区企业的盈利能力较差对融资平台的信用产生了负面影响,进一步影响融资平台从金融机构或其他途径获取贷款和投资的能力,阻碍了其融资获取。

(三)金融产品创新不足,难以满足融资需求

在高新区快速发展的过程中,新型基础设施建设的需求日益增长,然而传统的融资模式和金融产品往往难以满足其特殊需求。在新基建不断发展的现代社会,金融产品的构造在更新速率上并不尽如人意。因此金融产品的供给有时会呈现出无法满足新基建金融实际需求的状况,导致金融供给和新基建需求的实际需求呈现不匹配的局面,很难对新基建的实际发展和融资需求予以满足。高新区基础设施建设项目通常涉及不同领域和行业,如交通、能源、通信等,而传统融资模式可能存在片面偏重某一领域的问题,造成资源配置不均衡。现有金融产品在面对高新区的大规模、高风险和长周期基础设施项目时,可能存在不适应的情况。这可能导致高新区在融资方面面临一定的挑战,如融资成本较高、融资周期较长等。

此外,高新区作为创新驱动的引领者,需要更具创新性的金融产品来支持其基础设施建设。然而,目前市场上缺乏针对高新区区域特点的定制化金融产品,在这种情况下,需要建立更加多元化和灵活的融资模式,以满足不同领域基础设施建设的需求。此外,政府在参与基础设施融资中也需要谨慎处理,在项目筛选、审批和资金分配中的角色需要明确,以避免出现政府干预过多或不足的问题。同时,政府还需要加强监管,确保融资资金的使用透明合规,避免腐败和浪费。

二、高新区产业发展融资的主要问题

(一)信息不对称,融资渠道仍较为传统

高新区内的高新技术企业常常面临着信息不对称的问题,这意味着企业自身与潜在投资者或融资机构之间的信息存在差异。高新技术企业的经营模式、技术特点等通常较为复杂,若企业对其财务信息、公司治理情况等没有进行充分的信息披露,就会使得投资者无法

对企业的真实发展情况进行评估,造成信息不对称的局面,会对企业的信用审核与评估产生不利影响。这种信息不对称导致融资决策的不确定性增加,投资者对企业的风险认知模糊,会降低提供资金的意愿。

同时,融资渠道单一也是高新区存在的突出问题。虽然近年来融资工具在不断创新,融资渠道在不断拓宽,但企业融资的方式仍然以传统的银行信贷为主。对发展初期的高新技术企业来说,企业将主要资本用于研发和知识产权方面,缺乏能够用于抵押的有形资产,银行信贷部门出于资金安全性及自身利益的考虑,通常不愿为发展初期的高新技术企业提供过多的信贷资金,使得企业无法获取足够的资金支持。当前阻碍高新技术企业获取信贷融资有多方面因素,银行与企业间的信息不对称、缺乏完善的信用担保机制、银行遵循安全性原则等,使得高新技术企业信贷融资渠道受限。

(二)经营风险大,融资获取困难

高新技术企业本身就具有较高的经营风险,技术的快速发展以及竞争对手的新产品可能在短时间内改变市场格局,对企业构成严重威胁,企业必须不断投入资源以保持竞争力。市场需求的不稳定性也增加了企业经营的不确定性,宏观经济因素和竞争压力都可能影响市场需求,导致企业的营业收入并不稳定,对企业的现金流产生负面影响。同时,高新技术领域的知识产权问题也会引发风险,企业需要投入大量资源来保护其知识产权,同时要警惕其他企业或个人的侵权行为,这增加了法律合规风险,这些经营风险对企业的融资获取构成了重大挑战。

此外,高新技术企业的资产通常以知识产权和专利技术为主,这些资产难以用于传统抵押贷款,导致了抵押难题。由于风险较高,金融机构可能会要求更高的贷款利率,从而增加了融资成本。最严重的情况下,一些高新技术企业可能根本无法获得所需的融资,这将会导致项目的中断或延迟,进一步影响企业的发展计划。

(三)直接融资渠道受限

目前我国的直接融资市场主要由股票市场和债券市场构成,但两者都存在一定的局限性。股票市场的发展还不够成熟,上市门槛较高,审核程序较长,对科技型中小企业来说难以进入。债券市场的规模和深度还不够充分,信用评级机制不健全,对风险较高、收益不稳定的科技型企业来说难以发行。

首先,高新技术企业的特点决定了其难以满足直接融资市场的要求。高新技术企业通常具有技术含量高、创新能力强、成长性好、风险大、盈利周期长等特点,这使得其难以提供稳定的现金流和充分的抵押物,也难以向投资者提供可靠的信息披露和财务报告,从而影响了其在直接融资市场的信用评级和定价。

其次,高新技术企业自身的管理水平和融资能力有待提高。高新技术企业在直接融资过程中,需要具备一定的管理水平和融资能力,包括制定合理的融资策略、选择合适的融资方式、编制规范的财务报告、进行有效的信息披露、维护良好的投资者关系等。然而,由于高新技术企业多为中小型企业,其管理团队和财务团队往往缺乏经验和专业知识,难以应对直接融资市场的复杂性和多变性,也难以赢得投资者的信任和支持。

第三节　促进中国高新区融资模式创新发展的对策建议

高新区融资模式的创新不仅关系到区域内的产业升级,更关系整个区域的经济可持续发展。本节将从金融创新、平台建设等多个角度出发,为高新区融资模式创新发展提供有益的指导和建议。

一、开发建设融资模式创新的对策建议

(一)结合自身优势,差异化选择融资方式

高新区需要结合自身产业发展优势,对园区现有资源进行整合,对园区进行整体规划、科学定位。针对特色产业制定科学有效的发展框架,对园区内的基础设施建设进行合理布局,按照功能的差异性进行合理设计,顺应资源环境等要素的发展,提升园区的整体经济效益。

首先,通过对高新区的合理定位,结合差异化的融资方式来促进高新区高质量发展。高新区可以借助科技创新的力量,探索风险投资和创业基金等融资模式,能够更好地满足初创企业和创新项目的资金需求,激发创新活力,促进科技成果的商业化应用。通过吸引风险投资和天使投资,将高新区内的创新成果转化为经济效益,从而实现资金的回笼。其次,高新区还可以充分利用知识产权无形资产,探索知识产权质押融资等模式。这有助于将科技成果转化为有形的价值,提供更多的抵押品,从而降低融资门槛。这种模式能够将科技和资金有效对接,实现资金与创新资源的优化配置。此外,基于"双创"政策背景,高新区可以建立创新创业孵化器,并通过租赁、股权投资等方式进行融资。这将为创新型企业提供必要的孵化环境和资金支持,同时也能够形成产业生态链,促进区域经济整体发展。

(二)加快整合资源,优化融资平台建设

高新区管委会下属的投融资平台是开发区进行投融资活动的核心机构,通过整合开发区内存量资源和各类专项资金,注入财政资金、土地资产、国有企业股权等资金,优化高新区投融资平台并增强其实力,成为全面负责高新区各类新增重大项目的引导性或控制性投资的综合性投融资平台。融资平台公司需要对自身的资产进行全面审查和整合,以实现优质资产和资源的最佳配置,从而提高资产的质量和效益。同时,为了实现资本的增值和最大化,融资平台需要加强资本运作,采用股权投资、资产置换等方式。

融资平台公司应主动寻求多样化的融资途径,不仅仅依靠政府财政拨款和银行贷款,还应积极探索股权融资、债券融资、资产证券化、公募 REITs 等新型融资方式,以降低融资成本、提高融资效率。高新区投融资平台可以通过出售部分股权或进行增资扩股的方式,提升自身的融资能力,积极吸引战略投资者参与园区的开发建设和产业发展。积极促进投融资平台上市,充分发挥资本市场的作用,实现投资、融资、再投资和再融资的良性循环。

(三)引入多元化投融资主体

高新区可以吸引来自不同领域、不同国家和不同背景的投融资主体,为其开发建设提供更广泛的资金来源和专业知识,推动高新区可持续发展和创新繁荣。这不仅有助于提高高

新区的国际竞争力,还有助于实现更广泛的社会经济目标。

首先,不同市场主体要做到一视同仁,积极引导不同的企业积极参与到高新区基础设施领域的股权、债权投资活动之中。鼓励风投机构、各类基金和社会资本积极参与,缓解基础设施建设资金链缺失的局面,同时强化建设和实际的运营与速度,让基建投资以更具内在逻辑联系的体系化方式呈现出来,这能够为后续工作的开展提供保障。其次,在保障不会破坏国家安全的基础上,可准许外资企业针对园区基建相关行业加大投资力度,调整市场准入负面清单,给予各市场主体公平参与竞争的机会。最后,进一步做好"放管服"的革新活动,在简化、完善项目审批各项工序的过程中,进一步明确具体的投资资格,降低不利因素在激发投资者投资前置条件方面的负面影响。

二、产业发展融资模式创新的对策建议

(一)推动融资平台转型,促进产业融资发展

积极促进融资平台的转型,将原先由管委会单独负责的行政管理和开发建设运营职责,转变为管委会与公司共同承担的职责。政府不再直接干预平台企业的经营活动,而是通过制定政策引导平台公司进行合理的投资规划和风险控制。在"管委会+公司"的合作模式中,平台公司需要从传统的基础设施建设投融资模式向产业投融资模式进行升级和转型。这包括从以土地为中心的模式转向以产业为中心的模式,同时也需要从传统的投融资平台转型为国有资本运营平台。在此基础上,通过设立投资基金、设立项目公司等形式,促进产业投资基金发展,构建新型的投融资体系。产业投融资的核心理念是以产业为基石,构建国有资本投融资的市场化循环模式,加速国有资源的资产化、资本化和资本证券化进程,推动各方资本更好地融入开发区的产业布局中,实现共同创造和共同受益的目标。

在"管委会+公司"的合作模式中,平台公司应当采纳市场化的投融资方式,加大对银行信贷和信用债券等标准化融资产品的支持,提升公募REITs及其他权益类和资产证券化产品的融资比重,同时积极吸纳地方债券、企业债券、公司股票、创业投资基金、产业发展基金和商业银行的资金参与,以增强融资平台的资本实力。政府应通过政策扶持,制定相应的优惠政策,鼓励各类投资机构积极参与到园区建设中去。与此同时,积极推进引导基金、产业母基金等多种模式的发展,例如"基金+产业""基金+基地""基金+项目",充分利用国有资本的推动力,鼓励各方资本为开发区的产业发展提供必要的支持,通过政府对市场进行宏观调控和微观监管,有效控制投资风险。

(二)优化产业链融资模式,提高融资效率

首先,高新区可以积极发展多元化的融资渠道,包括股权融资、债券融资、银行贷款、风险投资等。不同层级的企业可以根据其发展阶段和资本需求选择合适的融资渠道。例如,初创企业可以通过孵化器获得初期风险投资,而成熟企业则可以考虑发行债券或上市融资。

其次,金融创新是提高融资效率的关键。高新区可以鼓励金融机构开发创新的金融产品和服务,以更好地满足产业链企业的融资需求。例如,可以推动发展供应链金融工具,帮助解决供应商和制造商之间的融资问题。金融科技也可以应用于融资流程的优化,包括在线融资平台、智能审批系统和电子签约服务等,以提高融资的便捷性和效率。

再次,建立风险共担机制有助于降低融资风险。高新区可以与金融机构和政府部门合作,建立风险共担机制,将一部分融资风险分担给政府或其他合作伙伴,这可以增加金融机

构对企业的信心,鼓励它们更积极地参与产业链的融资活动。企业可以通过这些合作,实现资源共享,减轻融资负担。例如,可以建立联合研发项目,共同筹措资金,或者成立产业联盟,集体获取融资资源。

最后,建立有效的监管机制是确保融资活动合规和透明的关键。高新区需要建立健全信用评估体系,确保融资方的信用质量,并加大信息披露和监管力度,以预防不当融资行为。

总之,通过发展多元化融资渠道、推动金融创新、建立风险共担机制、促进企业合作和资源共享以及建立有效的监管机制,高新区产业链融资模式可以得到优化,融资效率得以提高,从而为整个产业链的企业提供更好的金融支持,推动产业可持续发展,提高竞争力和创新能力,促进经济持续增长。

(三)整合社会资本,构建金融运作机制

首先,建立合作平台是关键的一步,把单一的银行、担保公司、行业协会、地区征信体系等机构有机地整合成合作平台,这些平台可以充当企业、金融机构、投资者和政府之间的纽带,促进信息共享和资源整合。通过建立这样的合作平台,社会资本可以更容易地了解高新区产业的投资机会,而企业也可以更容易地获得融资支持。

其次,制定引导政策对于吸引社会资本至关重要。政府可以制定激励政策,如税收优惠、贷款担保和风险分担,以减轻社会资本的投资风险,鼓励更多的投资流入高新区企业。

再次,金融创新是推动资本整合的关键。高新区可以鼓励金融机构开发新的金融产品和服务,以满足高新技术企业的融资需求。这包括风险投资基金、创新型债券和股权融资工具等。此外,建立风险共担机制是降低社会资本投资风险的有效途径。政府与金融机构合作,提供一定程度的风险共担,使金融机构更愿意为高新区产业提供融资支持。

最后,加强信息披露和透明度可以增强社会资本对高新区产业的信任度。企业应主动公开其财务状况和项目进展,以便潜在投资者更好地了解风险和回报。同时,建立完善的产业生态系统也是吸引社会资本的关键。高新区产业可以积极与大学、研究机构和孵化器等创新要素合作,提高创新能力和市场竞争力,从而增加社会资本的参与度。

总的来说,通过建立合作平台、制定激励政策、推动金融创新、建立风险共担机制、加强信息披露和构建完善的产业生态系统,高新区产业可以更好地整合社会资本,构建金融运作机制,为可持续发展提供坚实的金融支持。这些措施将有助于高新区产业吸引更多的社会资本,推动其不断壮大和创新发展。

第四篇　评价篇

第十八章 创新资源集聚评价

创新资源是进行科技创新活动的基础,区域创新资源的多寡直接带来区域创新能力强弱的分化。由于我国各地区自然环境、经济发展、产业结构和资源禀赋水平不一,区域创新绩效存在明显差异,从而让创新资源向绩效高的特定空间聚集。本章旨在从创新资源集聚情况的角度探讨各区域创新能力的发展,为读者了解我国高新区创新资源集聚情况提供参考与借鉴。

第一节 创新资源集聚评价概述

衡量高新区创新资源集聚程度需要兼顾我国高新区发展实际和数据可获取性,本章采用科技部火炬中心和中国科学院战略院联合发布的《国家级高新区创新能力评价报告》(以下简称《报告》)中国家级高新区创新能力评价指标体系,根据指标体系中"创新资源集聚"一级指标,选取其下企业研发人员全时当量、企业研发投入占增加值比重、财政科技支出占当年财政支出比重、省级及以上各类研发机构数量、当年认定的高新技术企业数量五个二级指标,并分为创新人才、创新资金和创新主体三个方面对国家级高新区进行评价。本章使用的原始数据来源于《中国火炬统计年鉴》和《中国统计年鉴》,在分区域分析创新资源集聚时,按照《中国火炬统计年鉴》口径,将我国划分为东部、中部、西部和东北部四个地区,东部地区包括北京、天津、河北、上海、江苏、浙江、福建、山东、广东、海南;中部地区包括山西、安徽、江西、河南、湖北、湖南;西部地区包括内蒙古、广西、重庆、四川、贵州、云南、陕西、甘肃、青海、宁夏、新疆;东北地区包括辽宁、吉林、黑龙江。

表 18-1 创新资源集聚指标

指标名称	指 标 含 义	计算公式	数据来源
企业研发人员全时当量	国际通用指标,指参加研发项目的人员直接花在研发活动上的工作时间折合为人员的全时当量,反映企业创新人力资源的直接投入强度	企业研发人员折合全时当量	《中国统计年鉴》《中国火炬统计年鉴》《国家级高新区创新能力评价报告》
企业研发投入占增加值比重	国际通用指标,用以反映研发投入强度	企业研发投入总额/企业增加值	

续表

指标名称	指标含义	计算公式	数据来源
财政科技支出占当年财政支出比重	反映国家级高新区管委会对科技活动的支持及营造良好创新创业环境的情况	高新区财政科技拨款/高新区财政总支出	
省级及以上各类研发机构数量	反映国家级高新区创新载体的集聚程度和以企业为主体的创新平台建设情况	省级和国家级的研发机构数	
当年认定的高新技术企业数量	反映国家级高新区在聚集和培养创新型企业方面的发展情况	当年认定的高新技术企业数	

一、国家级高新区创新资源集聚整体概况

在创新人才方面，各区域高新区通过招引汇集高校、科研所和全国重点实验室等相关研究机构，为推动创新发展提供平台和源头。截至2021年底，169家国家级高新区内共有大学1257所，研究所4466家，博士后科研工作站2844家，其中国家认定工作站1577家，国家重点实验室（包括省部共建）共386个，国家重点实验室、国家工程研究中心（国家工程实验室）数量占全国的比重均超过70%。

在创新资金方面，近年来政府不断加大科技资金投入力度，并引导和撬动社会资源支持高新区创新工作。截至2021年底，国家级高新区共收到财政科技拨款1437.9亿元，占全国财政科技支出的14.2%，占高新区财政支出的15.3%。169家国家级高新区内的企业进行研发活动的费用共计20571.4亿元，同比增长18.8%；研发经费支出10359.1亿元，占全国研发支出的48.1%；国家级高新区企业研发费用占园区生产总值约6.6%，是全国研发费用占国内生产总值比重的2.7倍。

在创新主体方面，国家级高新区积极推进建设创新中心和技术转移机构，统筹各类创新要素协同发展，促进创新成果落地。截至2021年底，169家国家级高新区内经国家认定的企业技术中心（含分中心）共计999家，占全国企业技术中心数量57.3%；各类新型研发机构共计2712家，其中省级及以上新兴产业技术研发机构1365家；国家级高新区内的企业委托外单位科技创新工作支出为2730.1亿元，其中，委托境内企业支出占70.9%，委托境内研究机构支出占13.6%，委托境外机构支出占10.6%，委托境内高等学校支出占2.5%。

二、国家级高新区创新资源集聚指数表现情况

国家级高新区创新资源集聚指数是衡量国家级高新区资源集聚总体表现的重要指标。根据《中国科技统计年鉴》的数据，采用《报告》中的指数测算方法，对国家级高新区创新资源集聚能力进行综合测算，计算过程如下：

计算对称增长率:为了消除基数变化,使各指标增速控制在[-200,200]范围内,比一般增长率更加平稳,并且能够防止分母为0无法计算的情形。

$$P_{it} = \frac{Y_{it} - Y_{i(t-1)}}{\frac{Y_{it} + Y_{i(t-1)}}{2}} \times 100 \tag{18-1}$$

其中,P_{it}表示第i个指标在第t年的对称增长率。

计算加权增速:

$$R_t = \frac{\sum_{i=1}^{n} P_{it} \times a_i}{\sum_{i=1}^{n} a_i} \tag{18-2}$$

其中,R_t表示第t年创新资源集聚能力的加权对称增长率,a_i表示第i个指标的权重,按照火炬中心评价指标体系,在这里每个指标权重相同,即为0.2。

计算指数:

$$S_t = S_{t-1} \times \frac{(200 + R_t)}{(200 - R_t)}$$

其中,S_t表示第t年的创新资源集聚指数,S_{t-1}为基期,初始值为100。

从测算结果来看,如图18-1所示,创新资源集聚指数逐年上升。2021年创新资源指数为268.9,约为2010年(100)的2.69倍,表明国家级高新区在创新资源集聚方面的工作已见成效。这一方面由于政府对创新的重视程度增加,通过制定有利于创新的政策和法规,为创新资源的发展提供了支持;另一方面,国家级高新区对创新资源的投资增加,包括研发投入、技术设备更新、人才引进等。这些投资的增加提供了更多的资源用于创新活动,推动了创新资源集聚指数的上升。

图18-1 2010—2021年创新资源集聚指数

从增速来看,创新资源集聚指数的增长速度较为平缓,可能有以下几点原因:首先,初期的技术突破和资源集聚可能比较迅速,但随着时间推移,进一步的创新可能需要更多的时间和努力。其次,随着全球新冠疫情的发生,经济下行,市场需求相对较低或饱和,企业和机构可能会减少对创新资源的投入,导致创新资源集聚速度的放缓。此外,创新资源集聚速度也可能受到制度环境的影响。如果创新的制度环境不够完善,包括知识产权保护不到位、创新政策不利等,可能会对企业和机构的创新活动产生制约,导致创新资源集聚速度的减缓。但是创新资源集聚的增长速度较为平缓并不意味着创新活动的停滞或者倒退。创新是一个复杂而漫长的过程,需要持续投入和努力。虽然增速可能放缓,但仍然存在创新活动和资源的集聚,只是相较初期来说,增长速度较为缓慢。国家和企业应继续关注和推动创新,改善制度环境,提高创新投入,以促进创新资源的集聚和发展。

下面从创新人才、创新资金和创新主体三个方面对国家级高新区进行具体分析与评价。

第二节　创新人才集聚评价

一、创新人才数量及结构评价分析

高新区始终把创新人才作为引领高质量发展的"第一资源",着力实施更加开放的引才育才政策,努力打造聚集和培育人才的创新高地,激发更加强劲的创新活力,有效为高质量发展提供"智"撑。本节使用企业研发人员全时当量来评价高新区集聚创新人才情况。

(一) 人才政策相继推出,人才机制逐渐完善

引才育才是推进高新区创新发展计划的重要组成部分。近年来,各高新区以及各区域政府不断加大人才集聚工作的投入力度,纷纷出台人才招引政策和制度,并以高等院校、科研院所、重点实验室等为依托建立产学研合作基地,逐步扩大高新区高等人才队伍。据科技部火炬中心数据,截至2021年底,169家国家级高新区有163家建立了标志性专项人才计划,包括北京"中关村高端领军人才聚集工程"、上海张江国家自主创新示范区国际人才试验区建设、武汉"3551光谷人才计划"、合肥"江淮硅谷"人才工程等。

人才政策具体内容主要包括以下几个方面。

人才引进政策:高新区提供各种优惠政策,如人才津贴、子女落户保障、购房补贴、科研补助等,旨在吸引高层次创新人才和团队。

人才评价政策:高新区建立科技人才评价机制,鼓励创新创业成果和技术专利的评价和奖励,提高人才的创新积极性。

人才培养政策:高新区设立人才培养基金,支持高层次人才的培养和学术交流,提供各类培训和进修机会。

创业支持政策:高新区提供创业孵化场地、创业资金、税收减免等支持,帮助人才实现创业梦想。

人才居住政策:高新区提供人才公寓和配套服务,提供良好的居住环境和生活保障。

随着专项计划和人才政策的落地实施,高新区创新环境逐步改善,吸引了大批科技创新人才。2017—2021年,国家级高新区从业人员数量稳定提升,2021年从业人员共计2506.8万人(图18-2),相较2017年增长了566.1万人,占比29.2%。2019—2021年受新冠疫情影响,从业人员增速有所波动,但整体数量仍呈上升趋势。

(二) 高层次人才比例提升,人员结构不断优化

在从业人员队伍壮大的同时,高新区的人才构成也不断优化,高学历和高技能人才比例

逐年增加。

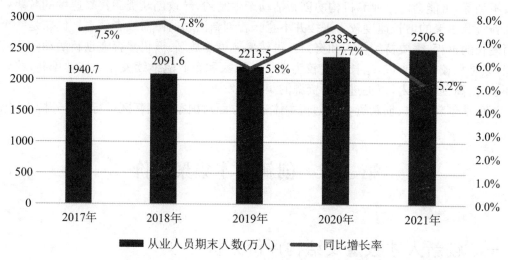

图 18-2　2017—2021 年国家级高新区从业人员情况

近年来,高新区通过本土培养与大力引进相结合,极大地提高了人才素质和质量。一方面,高新区注重培养本土人才,通过建设高水平的科研机构、创新平台和人才培养基地,提供良好的科研和创新环境,培养和吸引更多的本土人才参与高新技术产业发展,提升从业人员的素质和能力;另一方面,高新区积极引进和培养高层次人才,包括国内外知名专家学者、领军人才、创新创业人才等。通过提供优厚的待遇和政策支持,吸引具有高水平科研和创新能力的人才来到高新区工作和创业,优化人才结构。

在职业技能方面,截至 2021 年,国家级高新区高级技术(国家职业资格一级)、技师(国家职业资格二级)、高级技能人员(国家执业资格三级)、中级技能人员(国家执业资格四级)、初级技能人员(国家职业资格五级)分别有 12.3 万人、25.2 万人、68.9 万人、74.9 万人、85 万人,相较 2019 年分别增长 15.0%、9.6%、5.5%、13.0%、10.8%(图 18-3)。近年来,一方面政府在职业技能培训和人才发展方面给予了积极支持。通过制定相关政策和举措,鼓励和推动技能人才的培养和发展,例如提供经济支持、设立职业教育培训机构等。另一方面,高新区为技能人才提供了更多的培训机会和平台。高新区通过建设职业教育培训机构、举办技能竞赛和培训班等方式,为人才提供了提升职业技能的机会,从而吸引了更多的人参与技能培训,进而增加了各级技能人员的数量。这些因素共同推动了高新区技能人才的发展。

(三)研发人员迅速扩充,创新动力强劲

研发人员①是高新区进行科技创新工作的主体,可度量和对比科技领域中的人力资源投入情况。2021 年企业研发人员全时当量为 186.4 万人年,是 2011 年研发人员全时当量的 2 倍,占全国研发人员全时当量(571.6 万人年)的 32.6%。如图 18-4 所示,从 2011 年到 2021 年 10 年间研发人员全时当量总体呈上升态势,随着技术逐渐成熟,增速逐渐放慢。

从三类园区②类型来看,2021 年平均每家世界一流高科技园区企业的研发人员全时当

---

① 研发人员全时当量是一个国际指标,指报告期内研发人员实际从事研发活动的工作量,通常用"人年"作为度量单位。

② 三类园区是指科技部分类指导的世界一流高科技园区、创新型科技园区和创新型特色园区;其他园区(非三类园区)是指除了以上三类园区以外的其他高新区。

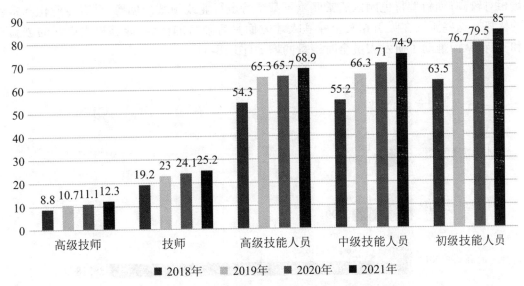

图 18-3　2018—2021 年国家级高新区各级技能人员情况

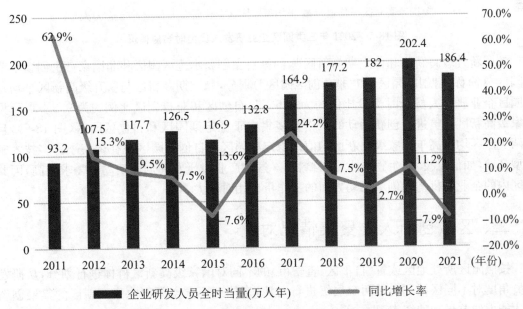

图 18-4　2011—2021 年国家级高新区企业研发人员全时当量

量为 88218 人年,每家创新型科技园区企业研发人员全时当量为 17991 人年,每家创新型特色园区的企业研发人员全时当量为 10393 人年,可见三类园区对国家级高新区研发人员全时当量贡献最大,尤其是世界一流高科技园区,平均研发人员全时当量远高于国家级高新区平均水平(11028 万人年/家),约为国家级高新区平均水平的 8 倍。

世界一流高科技园区通常拥有更为先进的科技创新平台和研发设施,吸引了大量高水平的科研人才和创新型企业,这些园区在创新资源的集聚和科技创新能力的提升方面具有较强的引领作用,从而推动了研发人员全时当量的增加;创新型科技园区企业通常专注于特定领域或技术方向的研发工作,更加注重技术创新和研发投入,这些企业在研发人员的数量和质量上有着较高的要求,并且通常拥有更多的研发资源和投入资金,因此其研发人员全时当量相对较高;创新型特色园区通常侧重于某个特定行业或领域的创新,具有专业化和特色化的优势。这些园区在吸引相关企业和人才方面具有独特的优势,能够提供更好的创新环境和支持,从而推动了研发人员全时当量的增加(图18-5)。

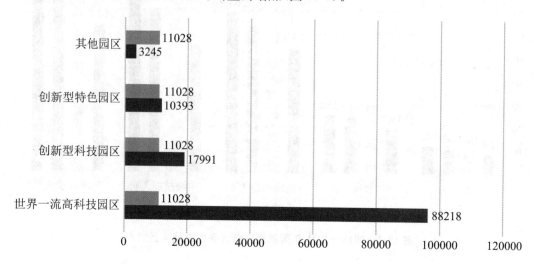

图18-5 2021年三类园区企业研发人员全时当量情况

按照新升级高新区和稳定期高新区[①]、国家自主创新示范区园区和非国家自主创新示范区园区[②](简称"自创区园区"和"非自创区园区")划分,稳定期高新区与新升级高新区平均每家园区企业研发人员全时当量比例约为9.5∶1,自创区和非自创区比例约为9.3∶1,可见国家级高新区人员进行创新活动的工作量多集中于稳定期园区和自创区园区(图18-6),且这两类园区均远高于国家级高新区均值。稳定期园区和自创区园区往往聚集了许多技术密集型产业,如信息技术、生物技术、新材料等。这些产业对研发和创新活动的需求较高,因此园区内的企业和机构在创新活动方面的工作量也相对较大。

二、区域创新人才聚集情况对比

按照园区所处地区或省(自治区、直辖市)的不同对国家级高新区群体进行划分,从研发人员角度对不同区域和省域两个层级进行对比,来体现不同空间国家级高新区的集聚创新人才能力的差异和特征表现。

(一)四大地区国家级高新区创新人才集聚情况对比

2021年,东部地区国家级高新区企业研发人员全时当量为122.9万人年,中部地区为34.8万人年,西部地区为23.0万人年,东北地区为5.7万人年。东部地区国家级高新区企业研发人员全时当量多于其他三个区域总量之和,聚集了国家级高新区65.9%人才资源,具有绝对的人才优势,地区之间的创新人才集聚情况差异十分显著。

---

① 新升级高新区是2007年及以后获得国务院批复升级的国家级高新区;稳定期高新区是指1998—2006年审计为国家级高新区的园区。

② 自创区园区是指2019年国家自主创新示范区涵盖的国家级高新区(61家),非自创区园区是指2019年纳入国家自主创新示范区之外的国家级高新区(109家)。

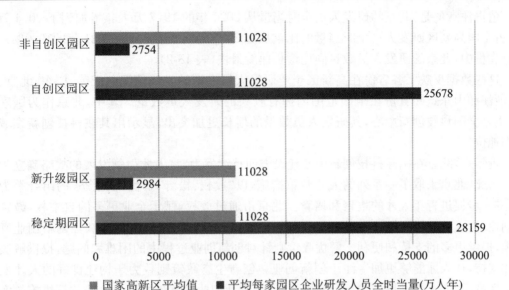

图 18-6　2021 年不同类别园区企业研发人员全时当量情况

东部地区作为我国经济发展的主要引擎之一,拥有较为发达的经济基础和良好的科技创新环境,吸引了大量的高级人才和创新人才。其国家级高新区企业的研发人员全时当量数量远超过其他地区,这反映了东部地区在科技创新领域的领先地位和较强的创新能力。

截至 2021 年,东部地区、中部地区、西部地区和东北地区分别拥有 70 家、44 家、39 家、16 家国家级高新区,四大区域平均每家国家级高新区企业研发人员全时当量分别为 1.76 万人年、0.79 万人年、0.32 万人年、0.36 万人年,可见东部地区创新人才集聚程度最高,中部次之,西部第三,东北地区人才集聚程度最低(图 18-7)。

图 18-7　2017—2021 年四大地区国家级高新区企业研发人员全时当量情况

（二）各省域国家级高新区创新人才集聚情况对比

2021 年,在全国范围内,有 6 个省份的研发人员全时当量超过 10 万人年,分别是江苏、广东、北京、湖北、浙江和山东。这些省份的研发人员全时当量占全国高新区总量的 63.7%,相比 2020 年的 68.2% 有所下降,下降了 4.5%。

值得注意的是,北京的研发人员全时当量从 2020 年的 19.7 万人年增加到了 20.4 万人年,占全国高新区研发人员全时当量的比重从 2020 年的 9.8%提升到 2021 年的 10.9%。在所有省份中,北京的研发人员数量同比增长速度最快(表 18-2)。

这些数据反映了各省份在高新区企业研发人员方面的发展情况。江苏、广东、北京、湖北、浙江和山东这些省份在全国范围内拥有较大的研发人员数量。其中,北京作为国家首都,也是全国科技创新中心,其研发人员数量的增长更加突出,显示出其在科技创新领域的领先地位。

近年来,北京在国际科技创新中心建设方面持续发力,将人才引领发展的战略确立为核心。为此,北京采取了一系列的人才政策措施,以"放权、松绑、解忧、创生态"的组合拳为核心,进一步促进青年人才的集聚和培育。北京市通过放权,赋予企业更多的自主权,鼓励创新创业,为人才提供了更广阔的发展空间。同时,松绑政策也得到实施,减轻创新创业者的负担,提供更多的支持和便利。解忧政策则针对创新创业过程中的困难和问题,提供解决方案和支持,让人才能够更加专注于创新创业。创新生态政策则致力于构建良好的人才发展生态环境,为人才提供更多的机会和资源,促进创新创业的蓬勃发展。这些政策措施的实施使得北京成为吸引人才的热门城市,特别是对青年人才的吸引力更加突出。

表 18-2　2021 年各省份国家级高新区企业研发人员全时当量情况

省　份	高新区企业研发人员全时当量(万人年)	占国家级高新区整体的比例
江苏	30.7	16.5%
广东	30.1	16.1%
北京	20.4	10.9%
湖北	14.4	7.7%
浙江	11.9	6.4%
山东	11.3	6.1%
陕西	9.4	5.0%
上海	8.0	4.3%
四川	6.9	3.7%
福建	6.1	3.3%
安徽	6.1	3.3%
湖南	5.1	2.7%
河南	4.7	2.5%
江西	4.1	2.2%
辽宁	3.8	2.1%
重庆	2.7	1.5%
河北	2.5	1.3%

续表

省 份	高新区企业研发人员全时当量（万人年）	占国家级高新区整体的比例
天津	1.8	1.0%
广西	1.1	0.6%
吉林	1.0	0.5%
内蒙古	1.0	0.5%
贵州	0.9	0.5%
黑龙江	0.9	0.5%
山西	0.5	0.3%
云南	0.4	0.2%
甘肃	0.3	0.2%
新疆	0.2	0.1%
宁夏	0.1	0.1%
海南	0.1	0.1%
青海	0.0	0.0%

第三节 创新资金集聚评价

一、研发投入及财政支出评价分析

投入科技资金是发展科技创新的必备支撑和重要保障。在国家级高新区，通过增加科技资金的投入，并改进创新支持方式，取得了显著的成效。这一举措不仅是政府的单一努力，而且是一个多方参与的合作体系。政府、社会、企业等各方共同参与，共同推动科技发展，激发科技创新活力，推动科技创新发展取得更大的成果。本节使用企业研发投入占增加值比重、财政科技支出占当年财政支出比重来分别体现科技创新经费中的企业投入和政府投入，下面是具体情况。

（一）研发投入不断增加，科技资金支持力度逐步加大

2021年国家级高新区企业的研发投入达到10359.0亿元，同比增长12.7%。这一数字占全国企业研发投入（21504.1亿元）的48.2%。其中，共有21个高新区的企业研发投入超过100亿元。按照投入金额从高到低排序，这些高新区依次为北京中关村、深圳、上海张江、武汉、西安、广州、苏州工业园、南京、成都、杭州、济南、合肥、佛山、青岛、宁波、珠海、厦门、苏州、长沙、南昌和无锡高新区。这21个高新区的企业研发投入合计占国家级高新区总量的69.6%。这些数据表明，国家级高新区在企业研发投入方面取得了显著的成绩。高新区企

业的研发投入规模不断扩大,增长率也保持较高水平。

北京中关村和深圳高新区的企业研发投入分别为1457.4亿元和1084.6亿元,这两个高新区的研发投入合计约占国家级高新区企业研发投入的25%。中关村和深圳高新区作为我国科技创新的重要核心地区,其企业研发投入在全国范围内占据重要地位。然而,除了中关村和深圳高新区之外,其他高新区的企业研发投入仍然有进一步提升的空间。国家级高新区应继续加大对创新企业的支持力度,鼓励更多的高新区加大研发投入力度,推动科技创新和经济发展的良好发展。

2011—2021年国家级高新区企业研发投入占增加值比重整体呈增长趋势,2021年为10.1%(图18-8),较上年略有下降。这可能受到多种因素的影响,包括国家政策指引、宏观环境发展、企业发展策略等,但仍然保持较高水平,这也表明国家级高新区对科技创新的重视和支持,为我国科技创新发展注入强心剂。

图18-8　2011—2021年国家级高新区企业研发投入占增加值比重

从三类园区类型来看,2021年世界一流高科技园区的企业研发投入占增加值比例最高,达到11.5%(图18-9)。其他两类园区的企业研发投入占增加值比重也都超过9.0%。

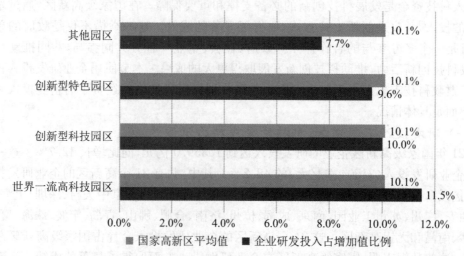

图18-9　2021年三类园区企业研发投入占增加值比重

相比之下,这三类园区的企业研发投入占增加值比重均高于其他类型的园区。尤其是世界一流高科技园区,在企业研发投入方面的优势表现得尤为明显。其企业研发投入占增加值比重比国家级高新区的平均水平高出1.4个百分点。

通过数据,可以看出世界一流高科技园区在企业研发投入方面取得了显著的成果。企业在世界一流高科技园区的支持下,不仅有更多的资金投入研发,还受益于创新支持、技术指导等方面的支持和服务,从而提高了研发投入的效果。此外,创新型科技园区和创新型特色园区的企业也表现出优势。总而言之,这三类园区在企业研发投入方面都展现出较高的研发投入水平,反映了这些园区在科技创新和创新生态建设上的积极努力。这些园区的成功经验值得借鉴和推广,以促进更多园区的科技创新和发展。

(二)财政拨款持续增加,科技创新备受重视

国家在鼓励和支持企业科技创新方面采取了直接的财政科技拨款和间接的财税政策两大主要手段。首先,直接的财政科技拨款是指国家通过向企业提供资金支持来促进科技创新。政府在预算中拨款给科技部门或相关机构,然后这些机构再将资金分配给符合条件的企业进行项目研发。同时,政府还可以设立科技创新基金或科技创新孵化器等机制,为企业提供额外的资金支持和服务,进一步激励和推动企业的科技创新。其次,间接的财税政策是通过财税手段来鼓励和支持企业的科技创新。国家通过税收优惠政策,如研发费用加计扣除、技术转让所得税优惠等,减轻企业的负担,鼓励其增加科技研发投入。此外,国家还可以通过财政补贴、科技贷款利息补贴等方式提供经济支持,减轻企业的研发成本负担,促进科技创新活动的开展。这些政策手段的综合运用,为企业创新提供了有力的支持,推动了科技创新的蓬勃发展。

从2011年到2021年,国家级高新区通过财政拨款支持科技创新的力度整体呈波动上升趋势。2021年,财政科技支出占当年财政支出的比重达到14.9%,较2011年的7.8%上升了7.1个百分点。这表明国家级高新区对科技创新的财政支持力度在逐年加大。

在财税政策方面,国家采取了多种措施来支持企业的科技创新。其中包括设立高新技术产业专项补贴资金和科技发展资金,用于资助企业的科研项目;对特许权使用费实行免征或减征;设立专利申请资助专项经费,对自主创新型企业减税或返还;建立高增值产品的增值税补偿机制等。2021年,国家级高新区对企业减免税收总计4991.3亿元,其中,减免增值税1188.7亿元,减免所得税3621.6亿元。如图18-10所示,2017—2021年减免税收总额逐年上升。

二、区域创新资金集聚能力情况对比

按照园区所处地区或省(自治区、直辖市)的不同,对国家级高新区群体进行划分,从科技资金投入和财政支出两个角度对不同区域和省域两个层级进行对比,来体现不同空间国家级高新区集聚创新资金能力的差异和特征表现。

(一)四大地区国家级高新区科技资金投入情况对比

2021年,东部地区、中部地区、西部地区和东北地区国家级高新区对企业研发投入占增加值比重分别为11.2%、9.5%、7.6%、4.5%(图18-11)。和人才集聚情况类似,东部地区在科技资金投入方面也远高于西部和东北地区。

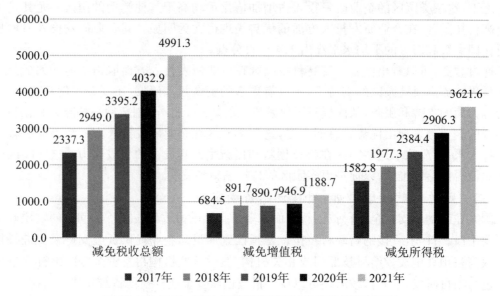

图 18-10　2017—2021 国家级高新区减免税收情况（亿元）

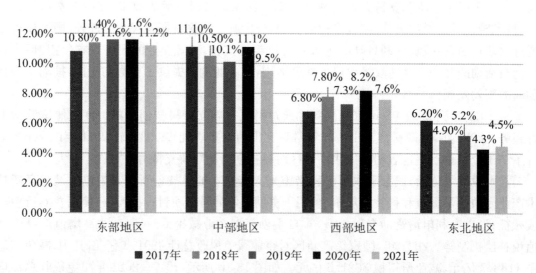

图 18-11　2017—2021 年四大区域国家级高新区对企业研发投入占增加值比重

这种地区间的差异可能与经济发展水平、科技创新环境和资源分配等因素有关。东部地区作为我国经济发展的主要引擎,拥有更多的资金来源和创新资源禀赋。因此,东部地区的国家级高新区在科技资金投入方面相对较高。然而,地区间的差异并不意味着西部和东北地区缺乏科技创新能力或发展潜力。随着国家政策的支持和区域发展的不断推进,西部和东北地区的国家级高新区也在积极提升科技创新水平和加大投入力度。2021 年东部地区高新区财政科技支出占当年财政支出比重为 15.6%,在四大区域中占比最高,其次是中部地区 15.4%,东北地区和西部地区分别为 12.8% 和 12.3%（图 18-12）,比国家级高新区财政科技支出占当年财政支出比重平均值(14.9%)分别低了 2.1 和 2.6 个百分点。

为了促进区域间的均衡发展,国家可以进一步加大对西部和东北地区的科技资金支持力度,提供更多的政策和资源支持,为企业科技发展激发出强劲动力,促进产业结构进一步升级。同时,各地区也可以积极探索和利用本地的优势资源,加强区域间的科技创新合作,实现互利共赢发展。

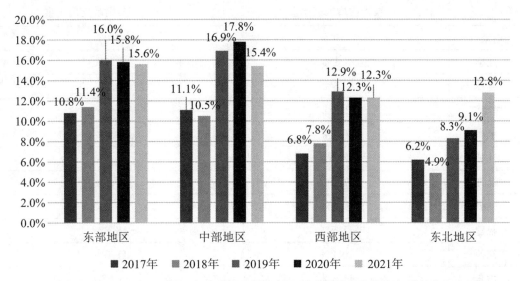

图 18-12　2017—2021 年四大区域国家级高新区财政科技支出占当年财政支出比重

（二）各省域国家级高新区科技资金投入情况对比

2021 年国家级高新区企业研发投入占增加值比重在 10% 及以上的省份共 10 个,从高到低分别为广东、江苏、河北、福建、浙江、山东、天津、湖北、湖南和江西。其中,广东高新区企业研发投入占增加值比重最高,为 14.4%。2021 年 30 个省份中有 18 个省的高新区企业研发投入占增加值比重有所下降,12 个省份有所提升。

2021 年国家级高新区财政科技支出占当年财政支出比重高于 50% 的分别是北京和上海,分别为 99.5% 和 86.2%。此外,比重高于 20% 的分别是安徽、天津和山西,分别为 39.0%、24.6%、20.3%（表 18-4）。2021 年 20 个省份中有 16 个省份比重有所上升,13 个省份下降,1 个省份持平。

不同省份在企业研发投入和财政科技支出方面存在明显差异。这可能与各省份的经济发展水平、科技创新环境以及政策支持等因素有关。为了推动科技创新和促进区域均衡发展,各省份可以进一步加大对高新区的企业研发投入力度和财政科技支出的支持力度,做好区域产业规划,促进产业升级,引导高新区和企业更快更好地发展。同时,各省份也可以加强合作,统筹资源,共享经验,实现协同发展。

表 18-4　2021 年各省份国家级高新区科技资金投入情况

省　份	国家级高新区企业研发投入占增加值比重	国家级高新区的财政科技支出占当年财政支出比重
北京	9.0%	99.5%
天津	10.4%	24.6%
河北	12.5%	5.8%
山西	4.3%	20.3%

续表

省 份	国家级高新区企业研发投入占增加值比重	国家级高新区的财政科技支出占当年财政支出比重
内蒙古	4.9%	13.0%
辽宁	8.1%	16.7%
吉林	1.8%	10.2%
黑龙江	2.2%	4.0%
上海	7.6%	86.2%
江苏	13.5%	9.8%
浙江	11.1%	13.5%
安徽	8.4%	39.0%
福建	11.5%	18.8%
江西	10.2%	11.0%
山东	11.1%	9.5%
河南	9.4%	17.2%
湖北	10.2%	12.0%
湖南	10.2%	12.7%
广东	14.4%	14.3%
广西	5.0%	12.3%
海南	2.6%	5.3%
重庆	9.6%	13.1%
四川	9.8%	12.2%
贵州	6.4%	11.7%
云南	2.9%	8.5%
陕西	9.9%	15.5%
甘肃	1.8%	13.8%
青海	1.2%	3.4%
宁夏	7.7%	11.7%
新疆	1.5%	1.6%

第四节 创新主体集聚评价

一、省级及以上研发机构数量评价分析

通过引进和培育高等院校、科研院所和企业等创新主体,国家级高新区不断增强了创新能力和竞争力,推动了科技创新和经济发展的良性循环。作为知识的创造和传播中心,高等院校和科研院所培养了大批科研人才,开展了前沿科学研究,并与企业合作,推动科技成果转化为实际生产力。本节使用省级及以上各类研发机构数量来评价高新区集聚创新主体情况。

2011—2021年,国家级高新区内省级及以上各类研发机构①整体呈逐年上升趋势。2021年机构数为31510家(图18-13),约是2011年(8269家)机构数的3.8倍。2021年平均每家国家级高新区拥有省级及以上各类研发机构186家,约为2011年(92家)的2倍。

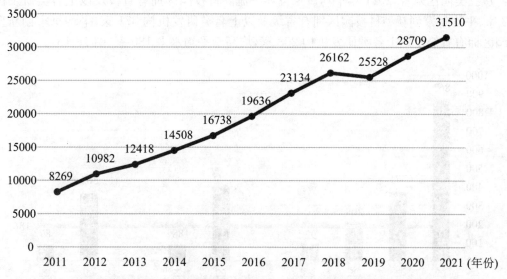

图18-13 2011—2021年国家级高新区省级及以上各类研发机构数量

从国家级研发机构情况来看,截至2021年底,国家级高新区内国家认定的企业技术中心(包括分中心)999家,国家或行业归口研究院所1105家,国家地方联合工程研究中心(工程实验室)527家,全国(国家)重点实验室435家,国家工程实验室121家,国家工程技术研究中心271家,国家工程研究中心(包括分中心)145家(图18-14)。拥有全国(国家)重点实验室、国家工程实验室和国家工程研究中心累计共占全国总数的80%以上。

---

① 省级及以上各类研发机构包括生产力促进中心、技术转移机构、产业技术创新战略联盟、产品检验检测机构。其中,从2016年该指标新纳入"国家和地方联合实验室、其他国家级研发机构和新型产业技术研发机构";从2019年开始该指标去掉了"外资研发机构"。

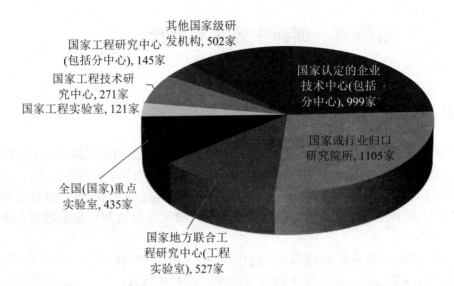

图 18-14　2021 年国家级高新区各类国家级研发机构情况

从三类园区来看，2021 年平均每家世界一流高科技园区拥有省级及以上各类研发机构 863 家、平均每家创新型科技园区拥有省级及以上各类研发机构 371 家，平均每家创新型特色园区拥有省级及以上各类研发机构 208 家，均高于平均水平 186 家（图 18-15）。

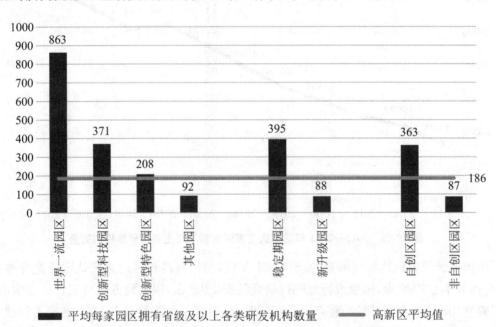

图 18-15　2021 年不同类型园区创新主体情况

从稳定期和新升级、自创区和非自创区园区来看，平均每家稳定期园区拥有省级及以上各类研发机构数量 395 家，平均每家新升级园区拥有 88 家，稳定期与新升级园区拥有机构数量差距较大；平均每家自创区园区拥有省级及以上各类研发机构数量 363 家，平均每家非自创区园区拥有 87 家，自创区与非自创区园区拥有机构数量也差距悬殊。

在未来,各类型园区可以进一步加强与研发机构的合作,提供更好的支持和服务,促进科技成果转化和产业升级。同时,政府和相关部门也可以加大对园区的政策和资源支持力度,为园区创新发展创造更加有利的环境。

二、高企认定数量及创新能力评价分析

高新技术企业是指在核心技术研发、创新能力、知识产权等方面具有较高水平的企业,高新技术企业发展情况是衡量一个地区科技实力和创新能力的重要指标,是提高高新区高质量发展水平的强劲引擎。发展和培育高新技术企业对提升高新区科技综合实力和核心竞争力具有重要意义。本节使用当年认定的高新技术企业数量来评价高新区集聚创新主体情况。

2011—2021年,国家级高新区当年认定的高新技术企业数量呈加速上升趋势。2021年认定高企数量为42214家(图18-16),约是2011年(4971家)的8.5倍。这一趋势的加速增长可能得益于国家级高新区对创新主体的引进和培育工作的重视以及提供的资源支持和政策优惠。高新技术企业往往具有较强的创新能力和竞争力,其发展壮大可以推动地方经济的增长和产业转型升级。当年认定的高新技术企业数量的增加,意味着科技创新在地方经济发展中的积极作用,为地方经济注入了活力。

图 18-16　2011—2021 年国家级高新区当年认定的高新技术企业数量

从三类园区来看,2021年平均每家世界一流高科技园区认定的高新技术企业数量为1874家,在认定高新技术企业方面具有绝对优势,远多于其他类型园区。平均每家创新型科技园区当年认定高新技术企业399家,平均每家创新型特色园区当年认定高新技术企业253家,平均每家其他园区当年认定高新技术企业82家,分别是世界一流园区当年认定高新技术企业平均数量的21.3%、13.5%和4.4%。

从稳定期和新升级园区、自创区和非自创区园区来看,平均每家稳定期园区当年认定高新技术企业621家,平均每家新升级园区认定高新技术企业76家;平均每家自创区园区当年认定高新技术企业363家,平均每家非自创区园区认定高新技术企业78家。

世界一流高科技园区、稳定期园区和自创区园区的创新生态系统更加完善,包括技术交流、人才培养、产业链配套等方面。这种创新生态的形成使得园区内的企业更容易获取创新资源和合作机会,从而促进高新技术企业的发展。

三、区域创新主体培育情况对比

按照园区所处地区或省(自治区、直辖市)的不同,对国家级高新区群体进行划分,从省级及以上研发机构数量和高新技术企业认定数量两个方面,对不同区域和省域两个层级进行对比,来体现不同空间国家级高新区培育创新主体能力的差异和特征表现。

(一)四大地区国家级高新区创新主体培育情况对比

从研发机构数量来看,四大地区拥有省级及以上各类研发机构数量逐年增加。2021年东部地区省级及以上各类研发机构数量为17739家(图18-17),占全国高新区总量的56.3%,其次为中部地区,拥有省级及以上各类研发机构7197家,西部地区和东北地区分别拥有4754家和1820家。

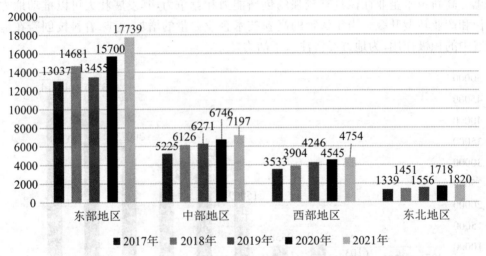

图18-17 2017—2021年四大地区拥有省级及以上各类研发机构数量

东部地区拥有较为发达的高等教育体系和科研机构,吸引了大量的科研人才和高端人才,这为研发机构的建立奠定了坚实的人才基础。与此同时,中部、西部和东北地区也在加大人才培养和引进的力度,为研发机构提供了更多的人才支持。近年来,我国政府提出了促进区域协同发展的战略,鼓励各地区之间加强合作与交流,共同推动科技创新和研发能力的提升。这种区域协同发展的机制为各地区的研发机构提供了更多的合作和发展机会。

从分布来看,2017—2021年,东部地区拥有省级及以上各类研发机构数占国家级高新区总量的比重呈上升态势,而中部地区、西部地区、东北地区占国家级高新区总量的比重则有所下降,东部地区与其他地区之间的差距进一步拉大。

这种差距的拉大可能是由多种因素导致的。首先,东部地区具有更发达的经济基础和更强的科技创新能力。其次,东部地区相对于中部、西部和东北地区更具有吸引力,包括更多的就业机会、更好的教育资源和更完善的基础设施等。此外,政策支持和投资也可能在一定程度上影响了地区之间的差距。东部地区一直是中国经济发展的重点区域,政府在该地区更加重视科技创新和研发,提供了更多的政策支持和投资。相比之下,中部、西部和东北地区可能面临一些挑战,如基础设施建设、人才引进等方面的限制,导致研发机构的增长速度较慢。

从高新技术企业认定数量来看,四大区域当年认定高新技术企业数量在逐年增长,从增长数量来看,2021年东部地区、中部地区、西部地区、东北地区的高新技术企业认定数量分别为26901家、7539家、5655家和2119家(图18-18)。从2017—2021年五年变化来看,四大区域在五年间当年认定高新技术企业数量整体都有所上升,并且东部地区上升幅度最大。从区域间分布比例来看,2021年东部地区当年认定高新技术企业数量占国家级高新区总量的比重有所下降,而其他三个区域均有所上升(表18-5),说明地区之间的不均衡有所缓和。

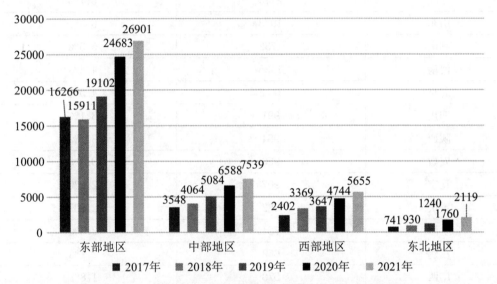

图 18-18　2017—2021 年四大地区当年认定高新技术企业数量

表 18-5　2017—2021 年四大地区当年认定高新技术企业数量比重分布

年份	东部地区	中部地区	西部地区	东北地区
2017	70.9%	15.5%	10.5%	3.2%
2018	65.5%	16.7%	13.9%	3.8%
2019	65.7%	17.5%	12.5%	4.3%
2020	84.9%	17.4%	12.6%	4.7%
2021	63.7%	17.9%	13.4%	5.0%

(二)各省区国家级高新区创新主体培育情况对比

从研发机构数量来看,2021年国家级高新区省级及以上各类研发机构数量超过了1000家的省份有8个,按照数量从高到低分别为:江苏、广东、湖北、浙江、山东、湖南、河南和北京(表18-6),共计占据国家级高新区总量的66.5%。具体而言,江苏是研发机构数量最多的省份,拥有5310家,占国家级高新区总量的16.9%。其次是广东省,拥有较多的研发机构数量。湖北、浙江、山东、湖南、河南和北京等省份也在研发机构数量上表现出色。

这些省份的研发机构数量较多,可能与其经济发展水平、科技创新能力和政府支持等因素有关。这些省份在经济发展和科技创新方面具有一定的优势,并且政府对科技创新和研发的支持力度较大,吸引了更多的研发机构设立和发展。

表 18-6　2021 年各省区拥有省级及以上各类研发机构数量及分布情况

省　份	国家级高新区拥有省级及以上各类研发机构数量(家)	占国家级高新区总量的比重
江苏	5310	16.9%
广东	4651	14.8%
湖北	2219	7.0%
浙江	2113	6.7%
山东	1973	6.3%
湖南	1732	5.5%
河南	1525	4.8%
北京	1432	4.5%
四川	991	3.1%
陕西	964	3.1%
安徽	950	3.0%
辽宁	907	2.9%
重庆	882	2.8%
上海	724	2.3%
福建	669	2.1%
广西	578	1.8%
江西	566	1.8%
吉林	520	1.7%
天津	417	1.3%
河北	404	1.3%
黑龙江	393	1.2%
贵州	307	1.0%
新疆	267	0.8%
甘肃	262	0.8%
山西	205	0.7%
云南	204	0.6%
内蒙古	162	0.5%
青海	82	0.3%
宁夏	55	0.2%
海南	46	0.1%

从认定的高新技术企业数量来看,2021年有14个省份当年认定高新技术企业数量超过了1000家,按照数量从高到低分别为:广东、江苏、北京、上海、湖北、山东、浙江、陕西、四川、湖南、福建、河南、辽宁和安徽,共计占据全国当年认定高新技术企业总量的86.3%。

具体而言,广东省是当年认定高新技术企业数量最多的省份,拥有5575家,占国家级高新区总量的13.2%。这可能是源于:① 广东省是中国经济最发达的省份之一,拥有强大的制造业和电子信息产业基础。这为高新技术企业的发展创造了绝佳的环境与需求;② 广东省拥有众多高等院校和科研机构以及一批知名的科技园区和孵化器,为高新技术企业提供了丰富的科技资源和创新支持。广州、深圳等城市在科技创新和创业创新方面具有较强的优势,吸引了大量的高新技术企业聚集;③ 广东省政府一直非常重视高新技术企业的发展,并出台了一系列支持政策和优惠措施,包括财税支持、技术创新奖励、科技项目资金等,吸引了更多的企业认定为高新技术企业;④ 广东省拥有较为开放的市场环境和创业氛围,吸引了大量的创业者和人才。高新技术企业通常需要具备创新能力和高素质的人才团队,广东省在人才吸引和培养方面投入了大量资源,为高新技术企业的发展提供了支持。从省域具体园区来看,2021年有27家国家级高新区入统高新技术企业数量在1000家以上,按照数量从高到低分别为:中关村、上海张江、深圳、南京、武汉、西安、广州、成都、天津、苏州工业园、郑州、合肥、杭州、佛山、长沙、宁波、济南、青岛、苏州、沈阳、重庆、厦门、大连、珠海、太原、石家庄和无锡高新区(图18-19)。

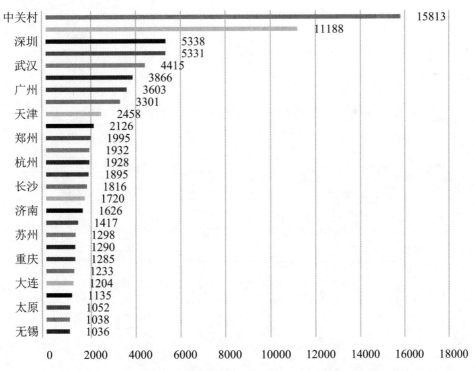

图18-19 2021年入统高新技术企业数量超1000家的国家级高新区

具体来看,中关村高新区和上海张江高新区当年认定高新技术企业数量最多。首先,中关村高新区和上海张江高新区都是国内知名的科技创新示范区,具有完善的创新生态系统。

这些地区拥有优质的高等院校和科研机构,吸引了大量的科技人才和创业者。同时,园区内设有孵化器、加速器等创业服务机构,为创新型企业提供全方位的支持和服务。其次,中关村高新区在信息技术、电子、生物医药等领域具有较强的技术优势,吸引了大量的高新技术企业,上海张江高新区则在生物医药、新材料、信息技术等领域有着独特的产业特色和优势,这些技术和产业优势为企业的创新和发展提供了重要支撑。并且,中关村高新区和上海张江高新区的建设得到了政府的大力支持,获得了一系列优惠政策和扶持措施。这些政策包括财政资金支持、税收减免、科技项目资助等,为高新技术企业提供了良好的发展环境。同时,这些地区也吸引了大量的投资,为企业的创新和发展提供了资金支持。

第十九章　创新创业环境评价

本章主要探讨国家级高新区的创新创业环境评价研究。首先,我们将在第一节中概述本章的背景原因、研究方法和内容。接下来,第二节将重点评估创新创业活力,包括对孵化载体及人才服务机构的落实情况进行评价分析以及新注册企业和在孵企业数量增长情况的评估。同时,我们还将对不同地区的创新创业活力进行比较分析。第三节将着重评估创新创业服务,包括对"双创"服务机构及政策资金情况的评价分析以及对"双创"产学研合作和城市经费投入情况的评估。同时,我们将对不同地区的"双创"服务建设情况进行对比研究。在第四节中,我们将对金融支持力度进行评价,其中包括对金融机构数量和资本投入情况进行评估分析,并比较不同地区的金融支持力度。通过该章节的研究,我们将为高新区的创新创业环境评价提供有力的依据和可行性建议,促进高新区可持续发展和创新创业生态的形成。

第一节　概　述

中国高新区创新创业环境评价起源于对创新创业活力和发展阻力的关注,旨在为政府部门了解和指导高新区的发展提供科学依据。评价结果可帮助高新区识别优势和不足,促进资源配置和政策制定的科学性和有效性,从而促进创新创业环境的优化和高新区的可持续发展。

创新创业环境的评估主要关注影响创新能力和绩效的外部因素,并重点考虑高新区所创造的创新创业环境在吸引创新要素和提升创新能力方面的作用。这一环境的形成既取决于高新区管委会直接或间接提供的创新服务,又取决于高新区内聚集的各类创新主体所共同营造的创新氛围和支撑条件。关于前者,我们可以通过研究高新区所搭建的平台载体和聚集的服务资源来对其进行测量;而关于后者,可以通过创新创业活跃度间接评估其影响程度。

创新创业环境是国家级高新区创新能力指标体系下设5个一级指标之一,其在总体指标中占比20%。该一级指标下设5个二级指标(如表19-1所示),2021年,这5个指标的数值分别为:当年新注册企业数占工商注册企业总数比例为20.7%,省级及以上各类创新服务机构数量为6976家,企业开展产学研合作研发费用支出为2374.4亿元,科技企业孵化器及加速器内企业数量为150608家,创投机构当年对企业的风险投资总额为3691.2亿元。同比增长率分别为-0.7%、17.4%、24.8%、9.2%和92.8%(图19-1)。其中,四个指标实现了增长,只有当年新注册企业数占工商注册企业总数比例略有下降。创投机构的风险投资总额对创新创业环境指数的增长贡献最大,占到了56%。而企业开展产学研合作研发费用支出和省级及以上各类创新服务机构的数量分别贡献了22%和14%。这些指标的增长对创新创业环境的提升具有积极的影响。

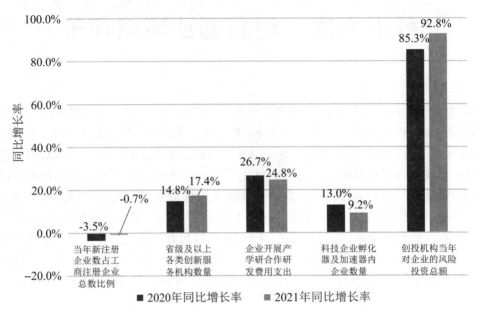

图 19-1　2020—2021年高新区创新创业环境各二级指标同比增长率对比

数据来源:《中国火炬统计年鉴》。

本章节将从创新创业活力、配套服务政策和金融支持力度三个方面,利用相关指标和资料,对国家级高新区的创新创业环境建设情况进行详细分析和说明。在这个分析过程中,我们将重点关注5个二级指标,并结合相关数据和信息进行分析。其一,创新创业活力评价:评估孵化载体及人才服务机构的落实情况,并对新注册企业和在孵企业的数量增长进行分析。同时,还需要进行高新区之间和区域内创新创业活力的对比,以衡量其在创新创业领域的竞争力。其二,创新创业服务评价:评价"双创"服务机构及政策资金(贷款贴息、创业风投)的情况,并分析"双创"产学研合作和城市经费投入的情况。此外,还需要对高新区之间的"双创"服务建设进行对比评估,以确定创新创业服务水平的优势和改进空间。其三,金融支持力度评价:评估金融机构的数量和资本投入情况,并分析不同高新区的金融支持力度。同时,还需要对高新区之间的金融支持力度进行对比,以确定其在创新创业领域的金融资源优势和发展潜力。

总的来说,通过对创新创业环境评价的原因、方法和内容进行概述,可以为深入研究和评价中国高新区的创新创业环境提供基本的理论指导和依据。创新创业环境评价不仅是高新区发展和转型的重要工具,还是提升创新创业能力和水平的关键途径之一。

评价对象选取截至2020年年底全部169家国家级高新区,评价指标体系测算涉及数据均来源于经国家统计局批准、由火炬中心组织实施的火炬统计调查,包括国家级高新区企业和高新技术企业统计报表(简称"企业报表")、国家级高新区综合统计年报表(简称"综合报表")、科技企业孵化器情况统计报表(简称"孵化器报表")、国家大学科技园情况统计报表(简称"大学科技园报表")。

表 19-1 创新创业环境评价指标解释及数据来源

一级指标	二级指标	指标界定	计算公式	数据来源
创新创业环境	当年新注册企业数占工商注册企业总数比例（采用工商注册口径）	该指标反映国家级高新区创业活力，特别是小微企业的创业氛围	当年新注册企业数量/高新区工商注册企业总数	《中国火炬统计年鉴》
	省级及以上各类创新服务机构数量	该指标反映国家级高新区服务创新和创新成果产业化的支撑条件	省级和国家级的产业促进机构数（包括生产力促进中心、技术转移机构、产业技术创新战略联盟、产品检验检测机构）	
	企业开展产学研合作研发费用支出	该指标反映国家级高新区企业开放创新合作的程度，直接反映国家级高新区内的企业在开展产学研合作方面的成效	园区内企业委托外单位开展科技活动的经费支出（包括对国内研究机构支出、对国内高等学校支出、对国内企业支出）	
	科技企业孵化器及加速器内企业数量	该指标反映国家级高新区支撑科技创业的基础条件和服务能力	科技企业孵化器、加速器和国家大学科技园内在孵企业数量	
	创投机构当年对企业的风险投资总额	该指标衡量园区的科技金融发展水平，反映国家级高新区在聚集创投机构、吸纳风险投资以支持创新创业等方面的发展情况	园区内企业当年获得创业风险投资机构的风险投资额	

第二节 创新创业活力评价

国家级高新区通过持续优化企业发展环境，强化企业科技创新主体地位，不断激发科技型中小企业的创新创业活力。同时，国家级高新区在构建创新创业生态系统的过程中，加大了创业孵化载体的建设力度,并建立了全链条的孵化培育体系,包括众创空间、孵化器、加速器和专业园区。这些举措提高了创业服务质量,完善了科技创新资源共享平台,促进了创新要素向企业集聚。作为成果,各类企业通过科技创新实现了高质量发展,并有一批骨干企业成为国家战略科技力量,大量中、小企业成为创新的重要发源地。

在国家级高新区创新创业环境评价中,反映创业孵化和活力方面的指标有两个,即"当年新注册企业数占工商注册企业总数比例"和"科技企业孵化器及加速器内企业数量"。这些指标可以了解国家级高新区创新创业生态系统中新注册企业的数量占比以及孵化器和加速器内企业的数量。这些指标的值较高通常表示创新创业环境活跃和创业孵化效果良好。

一、科技企业孵化器及加速器内企业数增长情况评价分析

近年来,我国高新区内各类孵化载体建设稳步提升,由此可见国家对大众创新创业服务环境的重视。

在 2017 年到 2021 年的 5 年间,高新区的科技企业孵化器数量同比增长 57.4%,省级及以上科技企业孵化器数量同比增长 45.4%,国家级科技企业孵化器数量同比增长 49.8%(图 19-2),这表明高新区在国家级别上得到了更多的认可和支持,为科技创新企业提供了更广泛的支持和资源。众创空间数量同比增长 54.1%,为创新创业者提供了更多的工作场所和资源,促进了科技创新生态系统的形成。国家备案众创空间数量同比增长 36.7%,进一步加大了创新创业的基础设施建设力度,为创业者提供了更稳定和更可靠的创业环境。科技企业加速器数量同比增长率达到 51.9%(图 19-2),说明高新区对多创新企业和投资机构的平台搭建起到了积极的促进作用,加速了科技创新项目的发展和商业化进程。

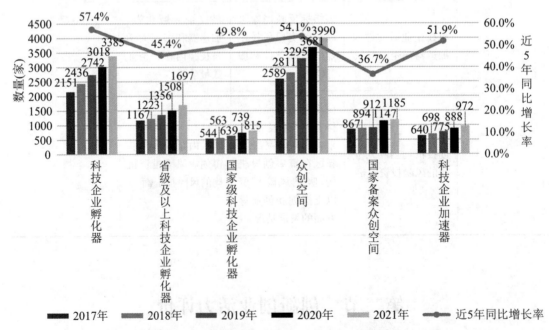

图 19-2　2017—2021 年高新区孵化器、众创空间、加速器数量和增长情况

数据来源:《中国火炬统计年鉴》。

随着国家对高新区内在孵企业的扶持以及孵化载体的有效建设,高新区内的企业数量在 2010 年到 2012 年间增长缓慢,从 5975 家增至 6423 家,增幅较小。从 2013 年开始,该数

量出现明显的增长态势,连续几年增速较快。特别是在 2019 年和 2020 年,企业数量分别达到了 122092 家和 137924 家,呈现较大幅度的增长。而高新区科技企业孵化器及加速器的数量在 2018 年到 2021 年间保持稳定,始终为 169 个,没有发生明显的变化。这反映出高新区科技创新及创业活动的蓬勃发展,吸引了越来越多的企业入驻。高新区在创新创业领域的生态系统和支持服务方面取得了积极的成果。

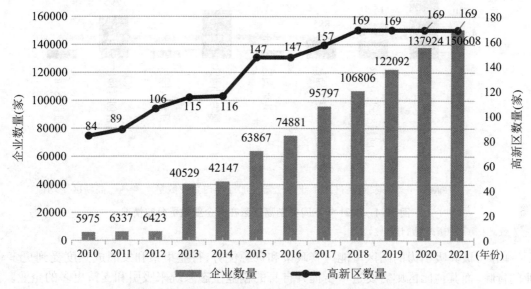

图 19-3 2021 年不同类别高新区在孵企业数量分布情况

数据来源:《中国火炬统计年鉴》。

从不同类别的国家级高新区来看,2021 年,世界一流高科技园区和稳定期园区的孵化器及加速器内的企业数量较多,分别为 5529 家和 2038 家(图 19-4),远超过高新区内企业数量平均值;创新型特色园区与高新区内的企业数量平均值相等;其他园区和新升级园区的孵化器及加速器内企业数量较少,分别为 382 家和 353 家,远低于高新区内企业数量平均值。由此可以看出,创新型科技园区、世界一流高科技园区、稳定期园区和自创区园区的创新创业生态系统相对较为成熟,有利于企业发展,而其他园区和新升级园区可能需要加强创新创业政策和资源支持,以提升其吸引力。

以上数据变化可能由于以下几点原因。其一,政策支持:世界一流高科技园区和创新型科技园区可能得到地方政府更多的政策支持和资源投入,在吸引和培育科技创新企业方面表现出更多的优势。这些园区可能提供了更多的创业支持、资金扶持、税收优惠等政策措施,吸引了大量的企业入驻。其二,基础设施和资源:世界一流高科技园区和创新型科技园区可能拥有更为完善的基础设施和资源,包括科研机构、大学、技术资源、人才池和创新生态系统等。这些园区的企业能够更好地获取创新资源和人才支持,提高创新能力和竞争力。其三,行业聚集效应:某些园区可能在特定的行业领域具有较高的专业性和行业集聚度。世界一流高科技园区和创新型科技园区可能在前沿科技领域或热门创新行业中具有较强的优势,吸引了更多的企业集中进驻。其四,园区发展阶段:稳定期园区和自创区园区可能已经过较长时间的发展,建立了相对成熟的孵化器和加速器体系,能够提供更全面的创业支持和服务。相比之下,其他园区和新升级园区可能处于初始阶段,尚未完全建立起相应的创业生态系统,限制了企业数量的增长。

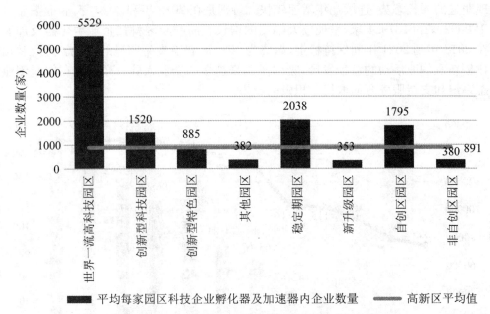

图 19-4　2021 年不同类别高新区在孵企业数量分布情况

数据来源：《中国火炬统计年鉴》。

因此，极具吸引力的园区可能因其政策和资源优势、行业集聚和发展成熟度受到更多企业的青睐，而其他园区则需要进一步提升自身的创业生态系统来吸引和支持更多的企业。

二、新注册企业及在孵企业数增长情况评价分析

过去 10 年在政府和市场的双重力量推动下，国家级高新区当年新注册企业数量不断增加。从 2010 年的 5.3 万家增加到 2021 年的 88.6 万家（图 19-5），增长近 17 倍。这表明创业热情不断提高，越来越多的创新企业蓬勃发展。

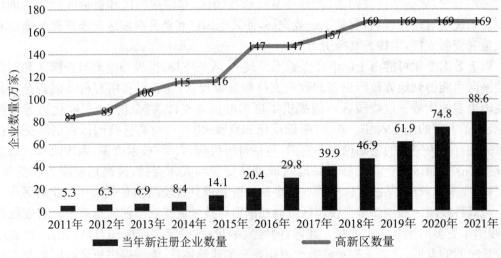

图 19-5　2010—2021 年高新区当年新注册企业数

数据来源：《中国火炬统计年鉴》。

在企业数量增长的同时,高新区数量的相对稳定意味着各个高新区之间的竞争加剧。这可能促使各个高新区不断提升创业生态环境、加大政策和资源支持力度,以吸引更多的创新企业入驻。

从园区当年新注册企业的类型来看,在 2019—2021 年,高新区当年新注册企业数量呈现了明显的增长趋势。从工业型企业的角度来看,2019—2021 年工业型企业的数量也一直增加,2019—2021 年从 68100 家增加到了 109492 家,增长率为 60.8%(图 19-6)。这反映了高新区对工业发展的重视和鼓励。

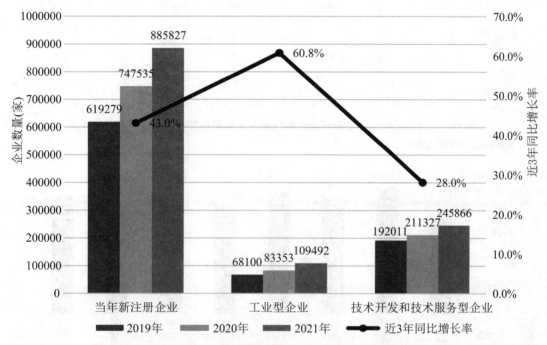

图 19-6 2019—2021 年高新区当年新注册企业类型变化

数据来源:《中国火炬统计年鉴》。

从当年新注册企业数量占比来看,自 2010 年以来,高新区当年新注册企业数量占工商注册企业总数比重整体呈现较为稳定的趋势,从 2010 年的 16.0% 上升至 2021 年的 20.7%(图 19-7)。2015 年以后,该比重逐渐上升,并在 2019 年达到峰值,之后略有回落但仍保持在较高水平。这表明在过去 12 年中,高新区持续吸引着越来越多的新注册企业,其创新创业的活跃度和发展潜力较大。

从不同类别的国家级高新区来看,2021 年新注册企业数量占工商注册企业总数比重最高的是创新型科技园区,为 23.9%(图 19-8),显示出其吸引力和创新创业环境的优势。世界一流高科技园区占比为 17.8%,在当年新注册企业数量占比中最低,可能需要进一步优化其创新创业环境和政策支持,以吸引更多的企业。

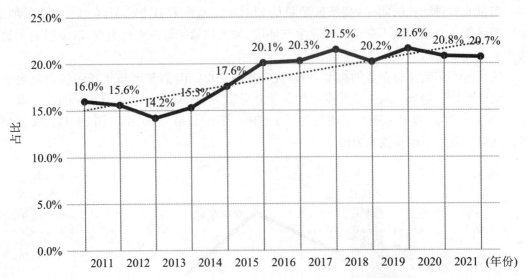

图 19-7　2010—2021 年高新区当年新注册企业数量占工商注册企业总数的比重

数据来源:《中国火炬统计年鉴》。

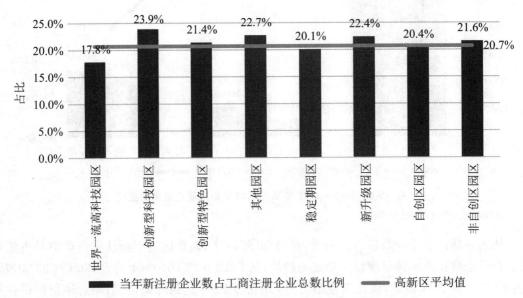

图 19-8　2021 年不同类别高新区当年新注册企业数占比分布

数据来源:《中国火炬统计年鉴》。

三、区域创新创业活力情况对比

分地区来看,2017 年高新区在孵企业数量在不同地区的分布为:东北地区为 7889 家,东部地区为 53761 家,西部地区为 12124 家,中部地区为 22023 家(图 19-9)。相对而言,东部地区的在孵企业数量最多,占高新区整体比重最大。

2021 年高新区在孵企业数量在不同地区的分布发生了一些变化:东北地区为 9280 家,东部地区为 87152 家,西部地区为 18622 家,中部地区为 35554 家。依然是东部地区的在孵企业数最多,占高新区整体比重最大。而东北地区的在孵企业数量虽有增加,但占比相对下降。

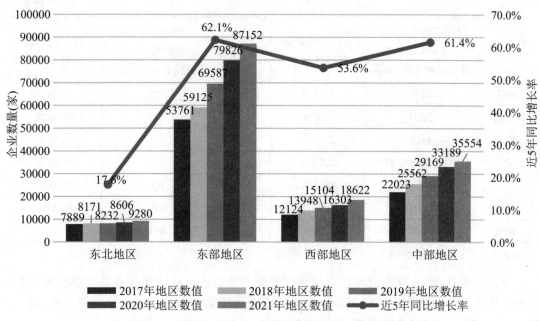

图 19-9　2017—2021 年高新区在孵企业数的地区分布

数据来源:《中国火炬统计年鉴》。

综上所述,高新区在孵企业数量的地区分布表明东部地区在创新创业方面一直保持着领先地位,拥有最多的在孵企业。而中部地区和西部地区也有相当数量的在孵企业,展示了其在创新创业发展中的积极努力。虽然东北地区在孵企业数量增加,但占比相对有所下降,可能需要进一步加大创新创业支持力度,以促进该地区持续发展。

从 2021 年国家级高新区科技企业孵化器及加速器内企业数量的省份分布数据中可以看出,江苏、广东和北京是拥有最多数量科技企业孵化器及加速器内企业数量的省份,分别占国家级高新区整体的 13.75%、11.00% 和 9.79%(表 19-3)。较多数量的企业往往集中在经济发展较为活跃的地区。而一些省份如北京、上海、广东等拥有较大的城市优势和科技创新环境,因此吸引了更多的企业孵化器及加速器落地。排名在前 5 位的省份占到高新区整体比重的 48.56%。相比之下,一些地区的企业数量较少,占比也较低。

表 19-3　2021 年国家级高新区科技企业孵化器及加速器内企业数量的省份分布

省　份	国家级高新区科技企业孵化器及加速器内企业数量/家	占国家级高新区整体比重	省　份	国家级高新区科技企业孵化器及加速器内企业数量/家	占国家级高新区整体比重
江苏	20710	13.75%	黑龙江	2732	1.81%
广东	16569	11.00%	江西	2572	1.71%
北京	14746	9.79%	福建	2539	1.69%
湖北	11381	7.56%	吉林	2454	1.63%
山东	9736	6.46%	广西	2154	1.43%
浙江	9420	6.25%	天津	1917	1.27%
湖南	8360	5.55%	山西	1144	0.76%
上海	7250	4.81%	新疆	979	0.65%

续表

省 份	国家级高新区科技企业孵化器及加速器内企业数量/家	占国家级高新区整体比重	省 份	国家级高新区科技企业孵化器及加速器内企业数量/家	占国家级高新区整体比重
河南	6199	4.12%	内蒙古	877	0.58%
安徽	5898	3.92%	甘肃	863	0.57%
陕西	4151	2.76%	贵州	736	0.49%
辽宁	4094	2.72%	云南	711	0.47%
河北	3974	2.64%	青海	61	0.41%
四川	3691	2.4576	宁夏	436	0.29%
重庆	3409	2.26%	海南	291	0.19%

数据来源:《中国火炬统计年鉴》。

分地区来看,2021 年东北地区当年新注册企业数量占工商注册企业总数的比重略高于全国平均值 20.7%,相比之下,其他三个地区在这一比重上与全国平均值相差稍远,这表明各个地区在新注册企业数量上的差异较小,整体上呈现出比较平均的分布态势。

从 2017 年到 2021 年,四大地区的比例变化相对较小,没有出现大幅度的波动。不同地区之间的差异也不明显。值得注意的是,东北地区的新注册企业数占比大幅下降,而中部地区的比例有所上升。总体而言,各地区都需积极出台政策和措施,提供良好的创新创业环境,促进新注册企业的增长和发展(图 19-10)。

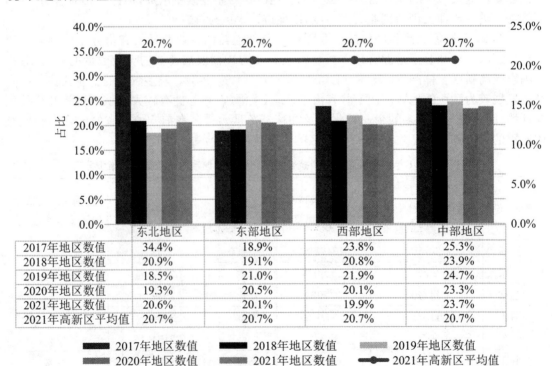

图 19-10 2021 年四大地区当年新注册企业数量占工商注册企业总数比重

数据来源:《中国火炬统计年鉴》。

第三节　创新创业服务评价

国家级高新区采取多种措施不断完善创新创业政策,为园区企业的创新发展提供优质的政策服务环境和财政支持。同时,积极推动相关创新创业服务机构的发展,提升园区的"双创"服务能力。通过这些努力,高新区为企业提供便利条件,帮助企业提升创新水平并开展产学研合作,推动科技成果的产业化。国家级高新区在创新创业环境评价中,采用以下两个指标来体现创新服务建设和合作开展情况:一是"省级及以上各类创新服务机构的数量";二是"企业开展产学研合作研发费用支出"。通过综合考量这些指标,可以客观评估国家级高新区的创新服务建设以及产学研合作方面的情况。

一、"双创"服务机构及政策资金情况评价分析

近年来,我国各城市政府不断地优化创新创业政策环境,支持高新区创新创业的专项资金也越来越多。

截至2021年底,85%以上的国家级高新区设立了创投引导基金。从2017年到2021年,高新区管委会对创新创业的资金支持力度持续加大。在支持的各项资金中,增长最显著的是支持创业风险投资的资金,增长了165.5%。这表明高新区在鼓励和促进创新创业风险投资方面有了更大的投入。吸引和支持大学及研发机构的资金增长了155.6%(图19-11),显示出高新区在支持科技研发和大学合作方面的重视。

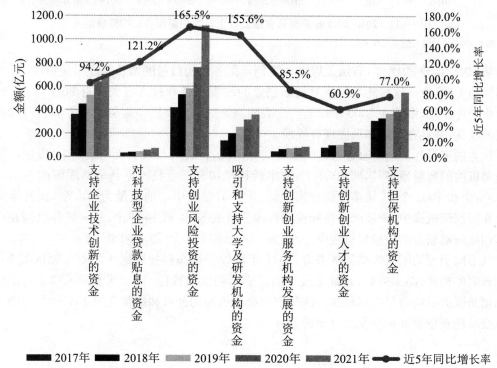

图19-11　2017—2021年高新区管委会支持创新创业资金情况

数据来源:《中国火炬统计年鉴》。

总体而言,高新区管委会对创新创业的各项资金支持均呈现增长态势。这些资金的增加有助于促进创新创业的发展、吸引更多的投资和人才,并加强与大学及研发机构的合作。然而,为了充分评估这些资金的实际效果,还需要进一步分析和了解它们的具体分配和使用情况。

从2010年到2021年,省级及以上各类创新服务机构的数量呈持续增长趋势。从2010年的995个增加到2021年的6976个(图19-12)。高新区的数量在2018年到2021年间保持稳定,一直为169个。虽然创新服务机构的总数量增加,但高新区数量的稳定可能意味着对现有高新区的重视和发展。

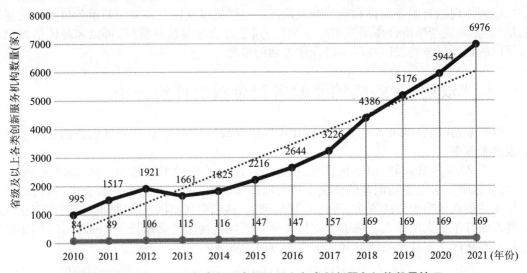

图19-12　2010-2021年高新区省级及以上各类创新服务机构数量情况

数据来源:《中国火炬统计年鉴》。

从2015年到2018年,省级及以上各类创新服务机构数量的增长速度明显加快,从2216个增加到4386个。这可能与国家对创新创业的政策支持和投入有关。自2018年起,该数量变化趋势放缓,维持在5000个以上。这表明高新区在发展创新服务机构方面已经取得了一定的成就,并且在维持和巩固现有规模。

从类别来看各类创新服务机构的数量变化情况,在省级及以上机构级别中,资质产品检验检测机构的数量最多,达到4660个;技术转移机构和产业技术创新战略联盟的数量分别为1009个和1002个,位居第二位和第三位;生产力促进中心的数量为305个,比其他类别少。在国家级机构中,资质产品检验检测机构数量最多,达到1404个;技术转移机构和产业技术创新战略联盟的数量相对较少,分别为318个和174个(图19-13)。

从不同类型的国家级高新区来看,2021年世界一流高科技园区平均每个园区拥有265个创新服务机构(图19-14),是数量最多的类别。创新型特色园区、其他园区和非自创区园区的创新服务机构数量相对较少。这些创新服务机构的分布和数量反映了不同类别的高新区在推动创新创业和科技发展方面的差异。

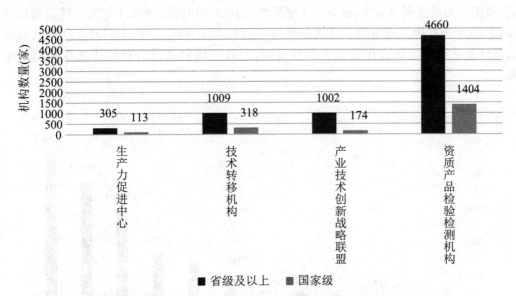

图 19-13　2021 年高新区各类创新服务机构数量情况

数据来源:《中国火炬统计年鉴》。

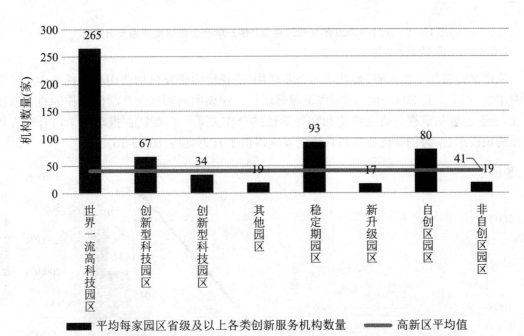

图 19-14　2021 年不同类别高新区省级及以上各类创新服务机构分布情况

数据来源:《中国火炬统计年鉴》。

二、"双创"产学研合作及城市经费投入情况评价分析

从 2010 年到 2021 年,高新区企业开展产学研合作研发费用支出呈持续增长态势。费用支出从 2010 年的 66.8 亿元增加到 2021 年的 2374.4 亿元。自 2010 年至 2015 年,企业开展产学研合作研发费用支出增速较为缓慢,从 66.8 亿元增加到 286.8 亿元。然而,自 2016

年起,费用支出增速明显加快,从515.1亿元增长到2020年的1902.4亿元。特别值得注意的是,2019年的费用支出出现了显著的跃升,达到1501.4亿元(图19-15)。这些数据反映了高新区企业在产学研合作方面的积极发展,并对区域创新能力和科技进步做出了重要贡献。

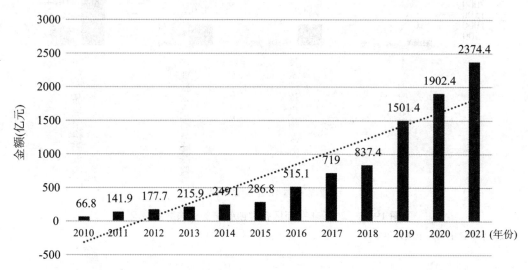

图19-15　2011—2020年高新区企业开展产学研合作研发费用支出情况

数据来源:《中国火炬统计年鉴》。

从产学研费用支出来看,委托境内企业费用、委托境内研究机构费用和委托境内高等学校费用在2017年到2021年间均呈现了显著增长。这表明高新区对产学研合作的投入有所增加,企业也更加重视与研究机构和高等学校的合作关系。高新区在推动产学研合作发展方面的积极态势,为创新创业生态系统的发展提供了有力支持(图19-16)。

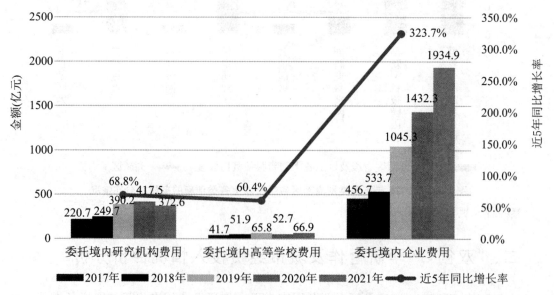

图19-16　2017—2021年高新区企业开展产学研合作研发费用情况

数据来源:《中国火炬统计年鉴》。

从产学研费用支出结构来看,2017年委托境内企业费用占据了高新区企业开展产学研合作研发费用的主导地位,占比达到了63.5%(图19-17)。相比之下,研究机构费用占比为30.7%,高等学校费用占比为5.8%。然而,到了2021年,情况发生了显著变化。委托境内企业费用占比增加到了81.5%,而研究机构费用占比降至15.7%,高等学校费用占比降至2.8%。

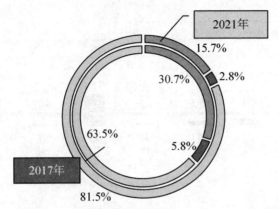

图19-17 2017—2021年高新区企业开展产学研合作研发费用分布情况

数据来源:《中国火炬统计年鉴》。

综上所述,委托境内企业费用在这五年间占比显著增加,成为主要的投入方向,这反映了高新区企业在产学研合作方面加大投入力度,增强了企业自身在创新研发上的责任和作用。与此同时,委托境内研究机构和高等学校费用占比相对减少,可能意味着高新区企业在与研究机构和高等学校的合作中更多地依赖自身资源和力量,或者与研究机构和高等学校的合作模式发生了变化。

高新区平均每家园区企业开展产学研合作的研发费用支出为14亿元。从不同类别的高新区来看,世界一流高科技园区的平均每家企业开展产学研合作研发费用支出最高,为168.9亿元(图19-18),远高于其他类别的园区。稳定期园区的平均每家企业开展产学研合作研发费用支出为37.1亿元,排在第二位。

三、区域"双创"服务情况对比

从地区分布来看,2017—2021年,省级及以上各类创新服务机构数量最多的是东部地区。2017年,东部地区有1762个创新服务机构,而2021年增加到了4013个,同比增长率为127.8%,这显示出东部地区在创新服务领域的活跃程度。中部地区2017—2021年的时间内创新服务机构数量也有显著增长,同比增长率为130.8%。西部地区虽然2017—2021年创新服务机构数量增长较为缓慢,但仍呈现出上升趋势,同比增长率为75.2%。东北地区在2017年有215个创新服务机构,而2021年增加到了419个,同比增长率为94.9%(图19-19)。这些数据反映了不同地区在创新服务机构数量上的差异和相对发展水平,也表明了各地在创新领域的扶持和支持力度。

从各省份来看,北京是创新服务机构数量最多的省份,拥有1159家机构,占国家级高新区整体比例的16.6%,这可能反映出北京作为国家的政治、经济和科技中心的地位。江苏、广东、湖北、山东、浙江和上海也有较多的创新服务机构数量,分别为785家、534家、485家、

480家、392家和302家（表19-4），占比在4.3%至11.3%之间。而青海、宁夏、海南、内蒙古、云南和甘肃等省份的创新服务机构数量较少，最多的也只有24家，占比均在0.2%以下。

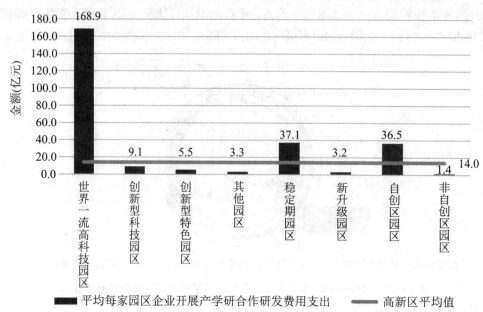

图 19-18　2021年不同类别高新区企业开展产学研合作研发费用支出对比

数据来源：《中国火炬统计年鉴》。

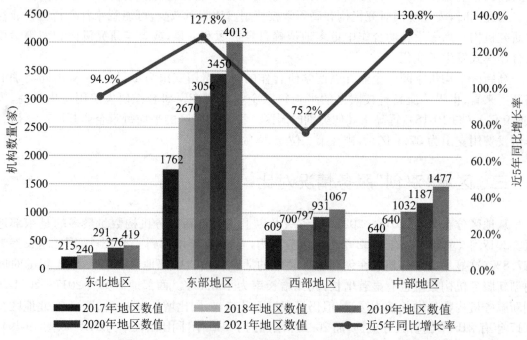

图 19-19　2017—2021年省级及以上各类创新服务机构数量的地区分布情况

数据来源：《中国火炬统计年鉴》。

与北京相比，其他省份的创新服务机构数量相对较少，需要加大投入力度和推动创新发展。不过，虽然某些省份的创新服务机构数量较少，但依然能够发挥区域创新和科技发展的作用，需要根据各地区的实际情况采取相应的政策和措施来促进创新服务机构的发展。

表 19-4　2021 年国家级高新区省级以上各类创新服务机构数量的省份分布情况

省　份	高新区省级及以上各类创新服务机构数量/家	占国家级高新区整体比重	省　份	高新区省级及以上各类创新服务机构数量/家	占国家级高新区整体比重
北京	1159	16.6%	湖南	285	4.1%
江苏	785	11.3%	四川	273	3.9%
广东	534	7.7%	安徽	247	3.5%
湖北	485	7.0%	辽宁	236	3.4%
山东	480	6.9%	河南	205	2.9%
浙江	392	5.6%	陕西	196	2.8%
上海	302	4.3%	广西	186	2.7%
江西	169	2.4%	新疆	65	0.9%
河北	143	2.0%	天津	63	0.9%
福建	141	2.0%	甘肃	63	0.9%
重庆	116	1.7%	云南	26	0.4%
吉林	105	1.5%	内蒙古	21	0.3%
贵州	98	1.4%	海南	14	0.2%
山西	86	1.2%	宁夏	24	0.2%
黑龙江	78	1.1%	青海	9	0.1%

数据来源:《中国火炬统计年鉴》。

具体到园区层面,2021 年拥有省级及以上各类创新服务机构数量最多的国家级高新区是中关村,共计 1159 家创新服务机构(图 19-20),其在科技创新和发展方面首当其冲。上海张江高新区排名第二位,拥有 290 家创新服务机构。武汉、广州、合肥、苏州工业园、长沙、成都、南宁和南京这些高新区在创新服务机构数量上排名靠前,分别拥有 198 家、188 家、183 家、180 家、180 家、168 家、129 家和 126 家创新服务机构。

分地区来看,2017—2021 年高新区企业开展产学研合作研发费用支出最高的地区依旧是东部地区。东部地区的费用支出从 2017 年的 560.8 亿元增长到了 2021 年的 2079.8 亿元,同比增长率为 270.9%(图 19-21)。中部地区研发费用支出在 2017 年时为 85.9 亿元,而 2021 年增长到了 141.0 亿元,同比增长率为 64.1%。西部地区的研发费用也从 2017 年的 54.9 亿元增长到 2021 年的 113.3 亿元,同比增长率为 106.4%。东北地区的研发费用在 2017 年时为 17.3 亿元,而 2021 年增加到了 40.2 亿元,同比增长率为 132.4%。

这些数据反映了不同地区在产学研合作研发方面的投入差异和相对发展水平,也表明了各地区在创新研发领域的潜力和动力。

从各省份来看,企业开展产学研合作研发费用支出最高的是广东省,达到 840.2 亿元,占国家级高新区整体比例的 35.4%。北京位居第二位,该项费用支出为 622.8 亿元,占比例的 26.2%。上海位居第三位,该项费用支出为 196.6 亿元,占比例的 8.3%(表 19-5)。浙江、江苏、山东、吉林等省份在产学研合作研发费用支出方面也有一定的投入,但相对于广东和北京而言较低。

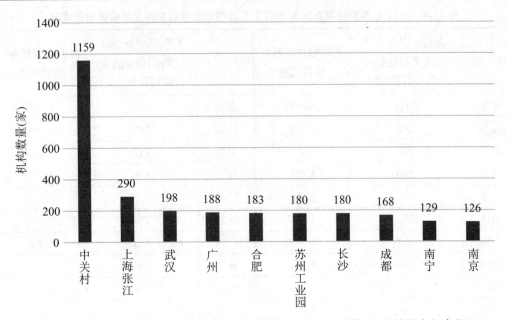

图 19-20　2021 年拥有省级及以上各类创新服务机构数排名居前 10 位的国家级高新区

数据来源:《中国火炬统计年鉴》。

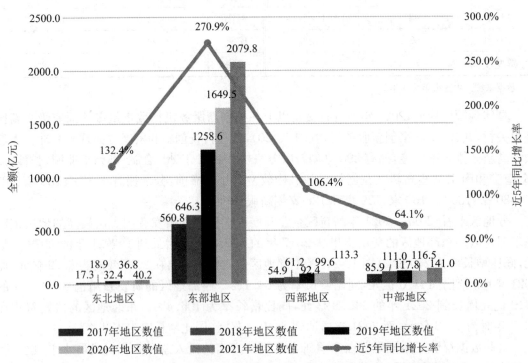

图 19-21　2017—2021 年高新区企业开展产学研合作研发费用支出的地区分布

数据来源:《中国火炬统计年鉴》。

综上所述,广东和北京是 2021 年企业开展产学研合作研发费用支出最多的省份,这显示出这两个地区在创新和科技发展方面的领先地位。其他省份的费用支出相对较低,需要加大投入力度和推动产学研合作研发的发展。各省份可以根据实际情况制定相应的政策和措施,加大对产学研合作研发的支持力度,促进创新和科技进步,推动经济转型升级。

表 19-5 2021 年国家级高新区企业开展产学研合作研发费用支出的省份分布情况

省份	高新区企业开展产学研合作研发费用支出（亿元）	占国家级高新区整体比例	省份	高新区企业开展产学研合作研发费用支出（亿元）	占国家级高新区整体比例
广东	840.2	35.4%	湖北	57.1	2.4%
北京	622.8	26.2%	陕西	38.2	1.6%
上海	196.6	8.3%	四川	37.3	1.6%
浙江	178.0	7.5%	安徽	29.9	1.3%
江苏	119.1	5.0%	江西	22.1	0.9%
山东	69.6	2.9%	河北	25.1	0.9%
吉林	20.3	0.9%	重庆	6.0	0.3%
福建	16.6	0.7%	海南	5.8	0.6%
河南	15.0	0.6%	黑龙江	5.3	0.2%
辽宁	14.7	0.6%	甘肃	4.1	0.2%
湖南	14.1	0.6%	山西	2.9	0.1%
天津	9.7	0.4%	内蒙古	2.6	0.1%
广西	8.0	0.3%	新疆	2.6	0.1%
贵州	7.8	0.3%	青海	0.2	0.0%
云南	6.3	0.3%	宁夏	0.1	0.0%

数据来源：《中国火炬统计年鉴》。

具体到单个园区，位居榜首的是北京中关村，其在企业开展产学研合作研发费用支出为 622.8 亿元（图 19-22），显示了其在创新和科技发展方面的强大实力。深圳紧随其后，企业

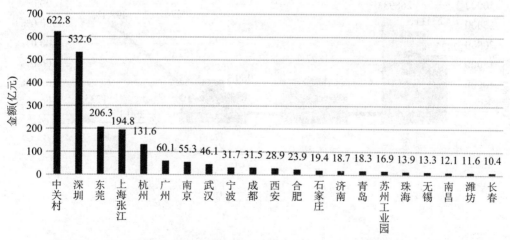

图 19-22 2021 年企业开展产学研合作研发费用支出超 10 亿元的国家级高新区

数据来源：《中国火炬统计年鉴》。

开展产学研合作研发费用支出为532.6亿元,也是一个重要的创新中心。其他高新区如东莞、上海张江、杭州、广州、南京、武汉等高新区的企业开展产学研合作研发费用支出在10亿元以上,显示了这些高新区在创新和科技领域的积极投入。这些数据可以作为各地政府和企业制定创新发展战略的参考,进一步加强创新投入和推动科技创新的发展。

第四节 金融支持力度评价

科技金融的发展是国家级高新区实施自主创新战略、提升创新能力和园区竞争力的重要方式,同时也是促进高新区经济创新增长和引领产业结构调整的关键支持。在2021年,国家级高新区积极引进和培育各类金融机构,推动构建多层次资本市场、多样化融资渠道、多元化金融产品以及多系列的科技金融服务体系,进一步加快科技和资本的融合。在国家级高新区创新创业环境评价中,"创投机构当年对企业的风险投资总额"可以体现国家对高新区企业的金融支持力度。

一、金融机构数量及资本投入情况评价分析

从2019—2021年高新区产业投资基金分布情况可以看出,高新区产业投资基金的规模呈现出稳步增长的趋势。2019年,总规模为17425.7亿元,而2021年增加到了26893.0亿元,同比增长率为54.3%。在2019—2021年,纯内资民营基金的规模一直是最大的。2019年为7737.1亿元,而2021年增加到了11498.0亿元,同比增长率为48.6%。政府参与的基金规模也逐年增长。2019年为7969.3亿元,而2021年增加到了12252.0亿元,同比增长率为53.7%。最引人注目的是外资参与的基金规模增长最为迅猛,增速高达498.1%(图19-23)。这反映高新区在吸引外资和促进创新产业发展方面取得了显著的进展和成果。

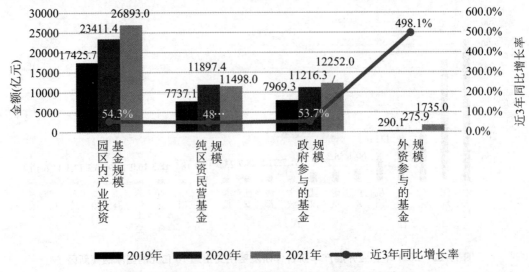

图19-23 2019—2021年高新区产业投资基金分布情况

数据来源:《中国火炬统计年鉴》。

在 2017—2021 年,高新区各类金融服务机构呈现出不同程度的增长。创业风险投资机构、银行、保险代理机构、证券机构和科技融资租赁公司都经历了较大幅度的增长,它们的增长率超过了 50%。其中,科技金融服务机构的增长率达到了 114.7%(图 19-24),增幅最为显著。科技支行、担保公司和小额贷款公司的增长率相对较低,但仍然保持了持续的增长态势,它们的增长率分别为 40.0%、30.9% 和 24.3%。

从企业上市和挂牌情况来看,2021 年国家级高新区内拥有国有上市企业 2291 家,较上年增加 607 家,其中当年新上市 222 家。

下面来分析 2010—2021 年高新区创投机构当年对企业的风险投资变化情况:

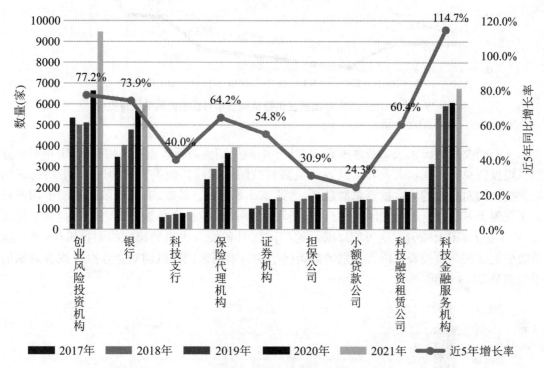

图 19-24　2017—2021 年高新区各类金融服务机构增长情况

数据来源:《中国火炬统计年鉴》。

从 2010 年至 2021 年,高新区创投机构对企业的风险投资总额方面呈现出持续增长的态势。从 441.1 亿元增长到 3619.2 亿元(图 19-25),增长幅度较大。

投资总额的变化在不同年份存在一定波动。其中,2013 年的风险投资总额较低,为 51.6 亿元,可能反映了当年投资活动低迷或投资机构更加谨慎。

自 2014 年以后,高新区创投机构对企业的风险投资开始快速增长。投资总额从 2014 年的 96.0 亿元快速增加至 2021 年的 3619.2 亿元(图 19-25)。特别是 2018 年和 2019 年,投资总额分别达到 957.4 亿元和 1013.1 亿元,实现了较快的增长。

2021 年高新区创投机构对企业的风险投资总额大幅增长到 3619.2 亿元,相较于 2020 年的 1877.1 亿元,增长幅度很大。这可能反映了创业创新市场的繁荣以及投资机构对高新区的信心不断增加。

这种增长势头对高新区经济和科技创新的发展具有积极的推动作用。同时,对创投机构进行更加全面的政策支持和创投环境优化,可以进一步促进高新区创投活动持续发展。

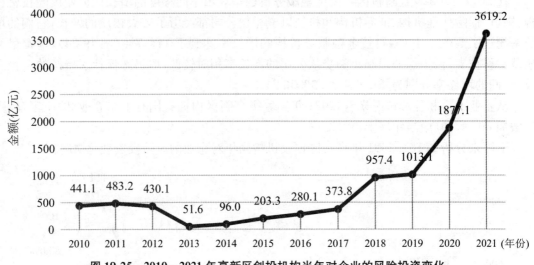

图 19-25　2010—2021 年高新区创投机构当年对企业的风险投资变化

数据来源:《中国火炬统计年鉴》。

从不同类别的国家级高新区来看,2021 年不同类别的高新区创投机构在 2021 年对企业的风险投资总额存在较大差异。世界一流高科技园区远超其他类别的园区,其平均每家园区创投机构对企业的风险投资总额最高,达到 268.8 亿元。其中,非自创区园区的平均投资总额仅为 1.8 亿元。稳定期园区和自创区园区的平均风险投资总额较高,分别为 59.2 亿元和 56.1 亿元(图 19-26)。这可能反映了这些园区具备较为成熟和稳定的创投机构,并且能够吸引更多的风险投资。所有类别的高新区平均每家园区创投机构对企业风险投资总额的平均值是 21.4 亿元。

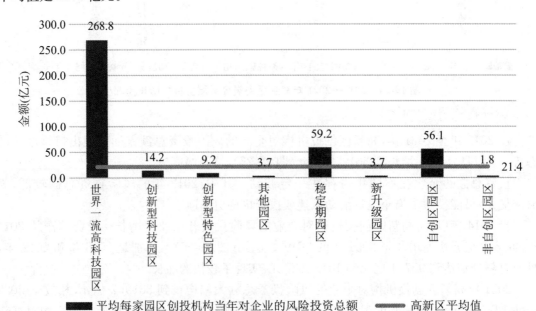

图 19-26　2021 年不同类别高新区创投机构当年对企业的风险投资总额

数据来源:《中国火炬统计年鉴》。

二、区域金融支持力度情况对比

从地区来看,从 2017 年到 2021 年,东部地区一直是高新区创投机构对企业的风险投资最多的地区。2017 年时,东部地区的风险投资为 268.2 亿元,而 2021 年增长到了 3024.1 亿元,同比增长率为 1027.6%。中部地区在 2017—2021 年风险投资也有显著增长。2017 年为 73.4 亿元,而 2021 年增长到了 369.6 亿元,同比增长率为 403.5%。西部地区在 2017—2021 年风险投资增长较快,但总体数值相对较低。2017 年为 28.2 亿元,而 2021 年增长到了 195.4 亿元,同比增长率为 592.9%。东北地区在 2017—2021 年风险投资也有较大增长。2017 年为 4.0 亿元,而 2021 年增加到了 30.1 亿元,同比增长率为 652.5%(图 19-27)。这些数据反映了不同地区在创新投资方面的差异和相对发展水平,也表明了各地在风险投资领域的潜力和动力。

从各省份来看,2021 年,上海和北京是风险投资总额最高的省份,分别为 799.83 亿元和 755.83 亿元。这两个省份之和超过了 40% 的风险投资总额。江苏、广东和浙江是受到高新区创投机构青睐的省份,它们分别投资了 530.19 亿元、486.01 亿元和 323.88 亿元(表 19-6)。这些省份在创新和高科技产业方面具有较大的优势。相对而言,有些省份的风险投资总额较低,例如贵州、内蒙古和甘肃等。

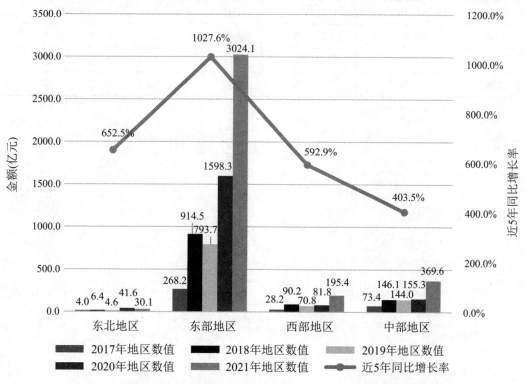

图 19-27　2017—2021 年高新区创投机构当年对企业的风险投资的地区分布

数据来源:《中国火炬统计年鉴》。

表 19-6 2021 年国家级高新区创投机构当年对企业的风险投资额的省份分布

省 份	高新区创投机构当年对企业的风险投资总额(亿元)	占国家级高新区整体的比例	省 份	高新区创投机构当年对企业的风险投资总额(亿元)	占国家级高新区整体的比例
上海	799.83	22.10%	辽宁	17.34	0.48%
北京	755.83	20.88%	重庆	15.62	0.43%
江苏	530.19	14.65%	河北	11.84	0.33%
广东	486.01	13.43%	黑龙江	10.04	0.28%
浙江	323.88	8.95%	广西	6.62	0.18%
湖北	196.52	5.43%	云南	3.00	0.08%
四川	93.02	2.57%	吉林	2.70	0.07%
陕西.	73.67	2.04%	贵州	1.41	0.04%
山东	63.50	1.75%	内蒙古	1.13	0.03%
江西	59.54	1.65%	甘肃	0.80	0.02%
安徽	48.30	1.33%	海南	0.10	0
湖南	42.19	1.17%	宁夏	0.06	0
福建	34.35	0.95%	青海	0.04	0
河南	23.06	0.64%	山西	0.02	0
天津	18.59	0.51%	新疆	0.01	0

数据来源:《中国火炬统计年鉴》。

第二十章　高新区创新活动绩效评价

第一节　高新区创新活动绩效概述

创新是社会进步的灵魂，是推进经济社会发展、改善民生的重要途径。本章通过对高新区创新活动绩效的评价研究，旨在了解我国目前高新区创新活动绩效水平。首先对我国高新区创新活动绩效评价研究进行总体概述，在此基础上，参考科技部火炬中心最新出台的高新区创新活动绩效评价指标体系，以此为本章研究提供一个可参考框架。

一、高新区创新活动绩效评价原因

我国于1988年开始建立高新技术发展园区，历经几十年的发展，取得了较为突出的社会效益以及经济效益。目前针对高新区创新发展也是现阶段我国经济学学者和社会人士等研究、探讨的热点话题，科学地评价高新区活动绩效，是有效把握高新技术产业创新活动规律、提高创新成功率、促进高新技术产业创新活动有序开展、保持高新技术产业持续健康发展的必要前提，是实现高新区与城市融合发展的必然要求。

对高新区的绩效做出科学评价也是我国政府非常重视的工作内容，我国科技部火炬中心分别于1993年、1999年、2004年、2008年、2013年和2021年先后六次修订国家级高新区评价体系。科技部火炬中心审定的国家级高新区评价指标体系对我国高新区的发展起到了很好的促进作用，本书在相关研究成果的基础上，对我国高新区的绩效进行了评价和分析。

二、高新区创新活动绩效评价方法

2021年，科技部火炬中心和中国科学院战略院联合发布《国家高新技术产业开发区综合评价指标体系》，其中创新活动绩效评价指标的权重为25%，在《创新能力评价指标体系中》下分为五个二级指标，本章利用《中国火炬统计年鉴》《中国统计年鉴》中的统计数据以及手工补充整理的数据，从横向、纵向两个角度对比分析各省份、各区域高新区创新活动绩效水平，从时间、空间两个维度把握我国高新区创新活动绩效发展。时间上选择从2017年至2021年跨越5年的时间；空间上按照《中国火炬统计年鉴》口径，分为东部地区、西部地区、东北地区和中部地区。其中，东部地区包括北京、天津、河北、上海、江苏、浙江、福建、山东、广东、海南；西部地区包括内蒙古、广西、重庆、四川、贵州、云南、陕西、甘肃、青海、宁夏、新疆；东北地区包括吉林、黑龙江、辽宁；中部地区包括山西、安徽、江西、河南、湖北、湖南。

三、高新区创新活动绩效评价内容

(一)创新活动绩效评价指标选取

构建客观、可量化、科学以及全面的评价指标,是实现评价目标准确性的关键一步。创新活动绩效评价指标下设 5 个二级指标,具体阐述如下。

(二)创新活动绩效评价指标解释及数据来源

第一,高技术产业营业收入占营业收入比例。该指标体现国家级高新区的发展是为了打造高新技术产业核心主体的本质要求。该指标的设定旨在反映国家级高新区高新技术制造业的总体规模及其在整个园区中所占的比重。第二,企业 10 亿元增加值拥有知识产权数量和各类标准数量。该指标反映了国家级高新区经济产出中包含的相对知识含量。第三,企业当年完成的技术合同成交额。该指标体现国家级高新区企业技术转让以及技术引进的收入,直观突出地体现我国高新技术园区在科技成果产业化方面的成果与效率。第四,高技术服务业从业人员占从业人员比重。该指标体现国家级高新区高端产业的配套设施环境和高新技术服务业的状况。第五,企业营业收入利润率。该指标反映了国家级高新区企业群体在企业单位营业额利润方面的贡献,用于评价高新区企业预付资本总额的增长程度。由于创新和发展能为企业带来更高的利润,因此该指标可与其他创新指标结合使用,以评估高新区实现创新价值的能力(表 20-1)。

表 20-1 创新活动绩效评价指标

指标		计算公式	数据来源
创新活动绩效	高技术产业营业收入占营业收入比例	[高技术产业(制造业)营业收入+高技术服务业营业收入]/营业收入	《中国火炬统计年鉴》
	企业 100 亿元增加值拥有知识产权数量和各类标准数量	企业拥有的有效的知识产权数/增加值×100	
	企业当年完成的技术合同成交额	技术合同成交总额	
	高技术服务业从业人员占从业人员比例	高技术服务业从业人员数量/年末从业人员数量	
	企业营业收入利润率	净利润/营业收入	

第二节 产业结构评价

国家级高新区不忘"发展高科技,实现产业化"的初心,坚持不懈培育壮大高技术产业,不断推动经济结构优化和产业价值链提升。高新技术产业营业收入占营业收入比重在国家级高新区创新活动绩效中体现的是高新技术发展方面的能力。

一、高技术产业总体评价

（一）社会经济效益

高技术产业在促进我国产业升级、转变经济发展方式方面起到重要作用。在国家高新技术园区产业中，高技术服务业与高技术制造业是其主要的构成产业。2021年，国家级高新区中有超过一万家高技术产业（其中由高技术制造业和高技术服务业共同构成），同比增长12.3%；从业人员达1150.2万人，同比增长8.6%，高新区从业人员中近半数是高新技术产业从业人员，较上年降低0.2个百分点。

近几年，高新技术产业总体处于蓬勃发展的状态。2021年国家级高新区高新技术产业主要经济指标均有不同幅度的增长，其创造的营业收入、工业总产值、产业增加值、净利润和上缴税额分别为177049.7亿元、96703.5亿元、47577.8亿元、16658.5亿元和6714.8亿元（图20-1）。纵向来看，从2017—2021年高新区高新技术产业主要经济指标占高新区整体比重情况变化幅度不大，产业增加值与净利润占比始终保持较大的比重（图20-1）。

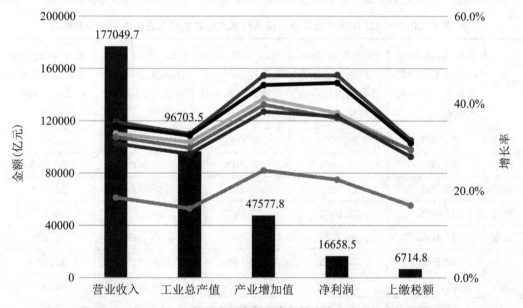

图 20-1　2017—2021年国家级高新区高新技术产业主要经济指标情况

数据来源：《中国火炬统计年鉴》。

（二）高技术产业分区域分析

通过对不同地区国家级高新区、不同省份国家级高新区进行分类，来分析评价指标"高新技术产业营业收入占营业收入比例"，以比较不同高新区群体的产业结构情况（如表20-2、表20-3所示）。

从各地区来看，横向上，2021年占比最高的是东部高新区的指标数据，为40.7%，是东北地区的2倍多，而中部和西部高新区低于平均水平；东北地区最低，为18.2%。

纵向上，从2020年到2021年，各地区都出现了增长，其中东北的增幅最大，较上年增加了2.9个百分点。从纵向整体角度来看，西部地区增长幅度最大，整体呈稳定增长趋势。

表 20-2 2017—2021 年国家级高新区高新技术产业营业收入占比地区分布情况

地区	2017年数值	2018年数值	2019年数值	2020年数值	2021年数值	2021高新区平均值
东北地区	14.7%	16.5%	15.8%	15.3%	18.2%	35.8%
东部地区	37.4%	38.0%	38.9%	40.5%	40.7%	35.8%
西部地区	24.8%	28.0%	28.4%	31.2%	32.6%	35.8%
中部地区	19.8%	20.8%	21.0%	21.6%	23.3%	35.8%

数据来源:《中国火炬统计年鉴》。

从各省份来看,2021 年广东高新区高新技术产业营业收入占营业收入的比重最大;2020 年四川高新区高新技术产业营业收入占营业收入的比重最大。高新技术产业营业收入占全国高新区营业收入的平均比重为 35.8%。其中四川、广东、福建、青海、上海、江苏、天津、陕西 8 个省份高于平均水平;而甘肃、吉林和新疆均低于 10%(表 20-3)。纵向来看,2017—2021 年,海南省高新区高新技术产业营业收入占营业收入比例变化较大,在 2020 年比例最高超过一半,之后 2021 年下降至 29%;其他省份 2017—2021 年几乎都呈增长趋势。

表 20-3 2017—2021 年国家级高新区高新技术产业营业收入占比各省市分布情况

省市	2021年高新区高新技术产业营业收入占营业收入比重	2020年高新区高新技术产业营业收入占营业收入比重	2019年高新区高新技术产业营业收入占营业收入比重	2018年高新区高新技术产业营业收入占营业收入比重	2017年高新区高新技术产业营业收入占营业收入比重
四川	54.00%	52.50%	48.90%	49.90%	48.60%
广东	53.50%	57.30%	56.50%	55.80%	56.20%
福建	49.00%	49.80%	49.70%	48.20%	50.80%
青海	41.50%	37.60%	33.90%	29.10%	28.10%
北京	41.00%	36.70%	35.30%	35.30%	36.10%
上海	37.60%	36.80%	38.90%	36.30%	36.50%
江苏	37.40%	38.00%	36.00%	34.90%	35.30%
天津	36.60%	31.50%	26.90%	30.50%	25.30%
陕西	35.70%	33.00%	31.40%	33.30%	25.40%
安徽	33.30%	33.50%	30.90%	32.20%	25.10%
贵州	33.10%	32.70%	32.30%	31.10%	24.60%
浙江	33.00%	33.20%	32.00%	30.40%	28.80%
重庆	31.90%	32.00%	32.80%	17.80%	17.40%
山东	30.70%	29.60%	22.00%	21.10%	21.30%
广西	29.80%	28.40%	24.60%	26.60%	25.60%
海南	29.00%	51.60%	51.50%	47.40%	39.60%

续表

省市	2021年高新区高新技术产业营业收入占营业收入比重	2020年高新区高新技术产业营业收入占营业收入比重	2019年高新区高新技术产业营业收入占营业收入比重	2018年高新区高新技术产业营业收入占营业收入比重	2017年高新区高新技术产业营业收入占营业收入比重
江西	28.60%	25.70%	25.30%	22.00%	19.40%
河北	28.50%	32.30%	30.20%	27.90%	28.10%
辽宁	28.40%	26.40%	26.70%	29.20%	26.90%
湖北	21.80%	21.60%	20.40%	21.00%	21.90%
河南	19.60%	14.00%	17.20%	16.50%	17.90%
湖南	17.80%	15.20%	15.50%	15.20%	14.80%
山西	14.90%	10.50%	10.00%	10.40%	11.70%
内蒙古	14.20%	9.80%	5.40%	5.40%	5.40%
云南	14.00%	16.50%	13.50%	10.50%	10.50%
宁夏	11.40%	11.00%	8.60%	4.30%	5.00%
黑龙江	10.40%	11.50%	12.50%	12.80%	8.70%
甘肃	9.90%	9.80%	9.50%	9.70%	8.70%
吉林	9.70%	7.20%	6.70%	7.10%	7.90%
新疆	5.00%	4.40%	3.40%	3.10%	3.20%

数据来源:《中国火炬统计年鉴》。

二、高技术制造业与高技术服务业

"中国制造2025"提出,先进制造业通过深加工不断提高附加值,在工业发展中起着引领作用。只有不断加强高新技术服务业与先进制造业的紧密联系,才能顺应产业变革时代潮流和工业4.0时代要求,才能不断创造制造业企业的核心优势,实现经济的高水平健康发展。

(一)主要经济指标对比

近几年,国家级高新区高新技术制造业与服务业正在快速发展。2021年,在国家级高新区高新技术产业中,高新技术制造企业超出2万家,较去年同期相比增长10.8%,而高新技术服务业的企业近8万家,超过高新技术制造业3倍多。其中,技术制造业呈现出企业数量少、从业人员少、营业收入高、净利润高等特点。从主要经济指标来看,2021年国家级高新区高新技术服务业营业收入、产业增加值、净利润、上缴税额和出口总额分别为79286.1亿元、24225.7亿元、6935.4亿元、3290.2亿元和2936.5亿元;国家级高新区高新技术制造业营业收入、产业增加值、净利润、上缴税额和出口总额分别为97763.6亿元、23352.1亿元、9723.1亿元、3424.5亿元(图20-2)、30275.0亿元(图20-2)。高新技术制造业出口总额是服务业的10.3倍,产业增加值、营业收入和净利润均高于服务业。

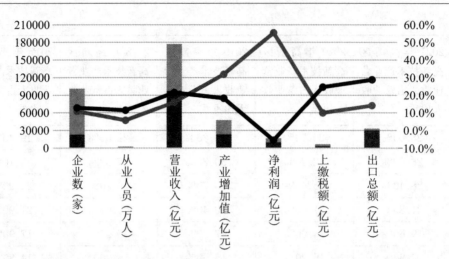

图 20-2　2021 年国家级高新区高新技术制造业、高新技术服务业主要经济指标情况
数据来源:《中国火炬统计年鉴》。

如图 20-3 所示,2021 年,在高新技术产业增长的贡献拉动上,高新技术服务业主要体现在净利润、出口总额和产业增加值三个方面,贡献度分别为 113%、85%、60%;而高新技术制造业对高新技术产业增长的贡献主要体现在提升企业数量和上缴税额等方面,企业数量相对贡献拉动最大,达到 80%(图 20-3)。

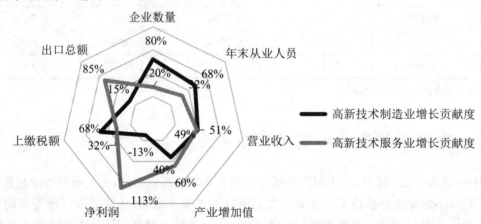

图 20-3　2021 年国家级高新区高新技术制造业和高新技术服务业对高新技术产业增长贡献度
数据来源:《中国火炬统计年鉴》。

(二)行业分布密集度

医药制造业、电子及通信设备制造业和计算机及办公设备制造业等行业在高新技术产业中集中度很高,尤其是电子及通信设备制造业,所占比重达 60.6%,在各行业占比处于绝对优势地位。这是由于高新技术产业的自身属性所导致的。

近年来,国家对高新技术服务业发展频频发布各项鼓励政策,在利好政策优势的驱动下,高新技术服务业增长趋势较快。其中信息服务、电子商务等行业企业发展速度较快(图 20-5)。2021 年高新技术服务业实现营业收入近 800 亿元,其中,信息服务占比达到 69.34%,处于主导地位,其他产业所占比重均未超过 10%。

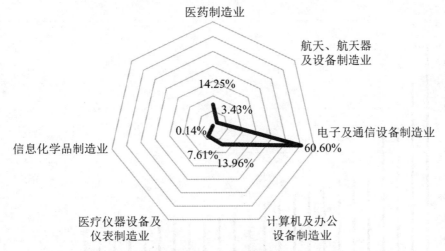

图 20-4　2021 年高新区高新技术产业制造业各行业营业收入占比

数据来源:《中国火炬统计年鉴》。

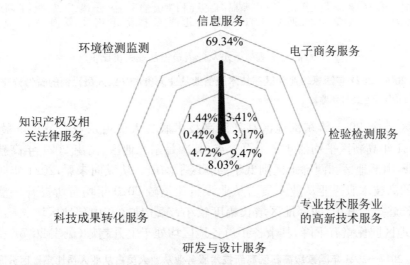

图 20-5　2021 年高新区高新技术服务业各行业营业收入占比

数据来源:《中国火炬统计年鉴》。

(三) 高技术服务业人员占比评价

作为一个战略性发展产业,高技术服务业具有高技术含量和高附加值的特点,作为一个支持和服务平台,对其他相关产业的发展壮大以及产业结构的优化都至关重要。高技术服务业属于人才密集与知识密集型产业,在该产业的发展中人才与知识的储备必不可少。从业人员中的高新技术服务业从业人员所占比重在一定程度上体现了国家级高新区高新技术服务业目前的发展状况以及发展高端产业的配套设施等客观环境,反映了国家级高新区转变经济发展方式、调整产业结构及产业升级的成效。

从各省份来看,2021 年国家级高新区高新技术服务业从业人员占从业人员比重排在前两位的分别是北京和上海,分别高达 53.7%、45.8%,高新技术服务业发达,人才吸引力强;天津、辽宁、山西、四川、安徽、河北、广东和山西均高于 20%,表现较好(图 20-6)。

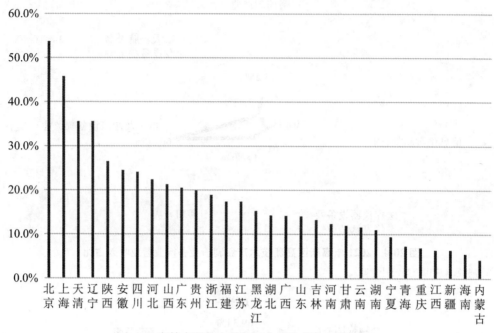

图 20-6　2021 年国家级高新区高技术服务业从业人员占从业人员比例的省份分布

数据来源:《中国火炬统计年鉴》。

从各地区来看,2021 年东部地区高新区高技术服务人员占从业人员比重最高,为 28.3%,高出 2021 年高新区平均值 4.2 个百分点,其次是东北地区,高出 2021 年高新区平均值 1.4 个百分点,中部地区和西部地区则低于高新区平均值。从纵向来看,2021 年四大地区国家级高新区的高技术服务业从业人员占从业人员比重较 2020 年均有所提升。整体上各地区呈逐年增长趋势。其中,西部地区增长幅度较小,东北地区和中部地区增长幅度较大;在 2018 年西部地区同比略有下降,其余各年份各地区均处于上升趋势(见表 20-7)。

表 20-7　2017—2021 年国家级高新区高新技术服务业从业人员占从业人员比重地区分布情况

地　区	2017 年数值	2018 年数值	2019 年数值	2020 年数值	2021 年数值	2021 年高新区平均值
东北地区	18.7%	18.2%	21.8%	23.9%	25.5%	24.1%
东部地区	24.3%	23.4%	25.2%	27.0%	28.3%	24.1%
西部地区	14.9%	12.8%	15.0%	16.3%	17.7%	24.1%
中部地区	10.6%	10.1%	12.4%	13.0%	14.2%	24.1%

数据来源:《中国火炬统计年鉴》。

从不同类别的国家级高新区来看,2021 年从业人员中高新技术服务业从业人员占比居前三位的是世界一流高技术园区、稳定期园区和自创区园区,分别是 42.2%、31.1%、29.7%(图 20-7)。全球一流高技术园区占比最高,分别是创新型科技园区、创新型特色园区和其他园区的 2.7 倍、2.6 倍和 5 倍,表明全球一流高科技园区的创业结构状态较好。

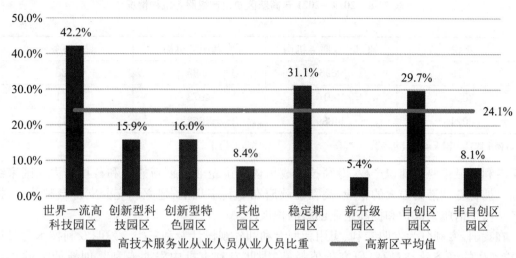

图 20-7 2021年不同类别国家级高新区高技术服务业从业人员占比情况

数据来源：《中国火炬统计年鉴》。

第三节 创新成果产出评价

在现代社会，科技创新能力在提高企业国际竞争力方面起到重要作用。加强高新技术产业创新技术，有利于发展自主创新，建设创新型国家。在国家创新支出和创新成果上，高新技术产业所占比重最大，其在创建创新型国家中发挥着重要作用。因此，在国民经济中，培育高新技术产业创新就意味着培育自主创新，就意味着提升国家的创新能力（软实力和硬实力），是经济发展的不竭动力。将创新成果产出指标纳入创新绩效评价，有效反映国家创新能力。

一、知识产权与专利产出评价

（一）知识产权

当今处于知识经济时代，企业的发展离不开知识产权的保护与申请，其地位和作用日趋重要。只有做好知识产权保护，才可以推动技术发展、推动产业结构优化升级、调整经济结构以及转变经济发展方式。科技型企业大多集中在高新区，相较之下对转变经济发展方式以及促进企业转型发展的指导作用更加明显。针对高新区转型方面，不仅要做好不断提高知识产权的质量工作，而且更要提高企业对知识产权的运用能力，将知识产权创新力转变为知识产权竞争力。一直以来，我国高新区非常重视知识产权服务工作，在集聚和培育知识产权服务等方面取得较好的成绩。2021年知识产权服务机构达14889家，其中，专利服务机构4663家，商标事务所9817家。纵向来看，知识产权服务机构较2020年同比增长36.4%，专利服务机构同比增长14.5%，商务事务所同比增长44.1%，企业品牌意识加强。2019—2021年，知识产权总体服务机构与内部的专利服务机构、商标事务所数量不断增长（表20-8）。

表 20-8　2019—2021 年高新区知识产权服务机构情况

单位：家

年份	知识产权服务机构	专利服务机构	商标事务所
2019	9696	3535	6025
2020	10916	4073	6811
2021	14889	4663	9817

数据来源：《中国火炬统计年鉴》。

专利是最重要的知识产权，专利技术成果体现了企业的创新能力和科技实力。国家级高新区拥有专利潜力强大的企业，高新区政府在专利审批上，建立和充分支持专利信息，提供各项激励措施来保护和提高企业创新的积极性。

在我国，专利分为发明专利、实用新型专利和外观设计专利三类。发明专利技术含量最高，能产生的经济效益最高，研究价值最高，因此专利审批中发明专利是创新能力的重要指标。

2021 年国家级高新区专利成果总量持续快速增长，企业当年申请专利数量超过 100 万件，同比增长 12.7%，其中，申请发明专利 53.1 万件，同比增长 12.4%；授权专利 76.1 万件，同比增长 23.1%；授权发明专利 23.7 万件，同比增长 30.5%；拥有专利 370.7 万件，同比增长 25.1%；拥有发明专利 121.9 万件，同比增长 21.3%。纵向来看，申请专利、授权专利、拥有专利，申请发明专利、授权发明专利和拥有发明专利 6 项较上年均同比增长超过 10%，最大幅度的增长率达 30.5%，反映出企业申请专利热情高。2017—2021 年，申请专利、申请发明专利、授权专利、授权发明专利、拥有专利与拥有发明专利 6 项均有较大幅度增长，2021 年比 2019 年均增长一倍左右，其中，拥有发明专利是 2017 年的两倍多（表 20-9）。

表 20-9　2017—2021 年国家级高新区企业专利数量情况

单位：万件

年份	申请专利	申请发明专利	授权专利	授权发明专利	拥有专利	拥有发明专利
2017	56.2	29.5	31.4	11.5	148.9	53.8
2018	67.4	36.2	40.4	14.3	192.2	73.1
2019	77.9	41.1	47.6	16.6	236.4	85.8
2020	92.9	47.2	61.8	18.2	296.4	100.5
2021	104.6	53.1	76.1	23.7	370.7	121.9
2021 年同比增长率	12.7%	12.4%	23.1%	30.5%	25.1%	21.3%

数据来源：《中国火炬统计年鉴》。

除专利成果外，国家级高新区其他各类型知识产权也实现较快增长。截至 2021 年底，国家级高新区企业拥有注册商标 1381485 件，同比增长 26.0%，其中当年注册商标 197811 件，同比增长 31.1%。2017—2021 年，国家级高新区各类型知识产权数量总体增长幅度较大（表 20-10）。

表 20-10　2017—2021 年国家级高新区各类型知识产权数量情况

单位:件

类　　型	2017年	2018年	2019年	2020年	2021年	同比增长率
拥有注册商标	473871	633976	840288	1096175	1381485	26.0%
当年注册商标	72329	103624	132582	150866	197811	31.1%
拥有软件著作权	510526	717656	1040936	1451211	1857729	28.0%
当年获得软件著作权	1263784	173888	235708	293986	357809	21.7%
拥有集成电路布图	9502	11004	13901	19407	23748	22.4%
当年获得集成电路布图	1630	2119	2939	5128	5350	4.3%
拥有植物新品种	1536	2126	2597	2279	2731	19.8%
当年获得植物新品种	260	546	353	383	341	-11.0%
拥有国家一类新药品种	215	295	426	465	493	6.0%
当年获得国家一类新药证书	15	35	26	33	39	18.2%
拥有国家一级中药保护品种	40	56	43	47	46	-2.1%
当年获得国家一级中药保护品种证书	8	13	5	14	11	-21.4%

数据来源:《中国火炬统计年鉴》。

(二) 专利产出效率

在知识经济时代,如何通过资源配置将专利产出变现为经济产出,是高新技术产业经济发展的关键一环。《国家中长期科技发展规划(2021—2035)》中提到,到 2030 年将建成更加完备的国家创新体系、进入创新型国家前列。从投入产出来看,国家级高新区单位研发投入的专利数量持续增长。2021 年,国家级高新区每亿元研发投入的申请专利超过一百件,申请发明专利数量为 57.7 件,分别增长 12.70%、12.40%;国家级高新区每亿元研发投入的授权专利数量、授权发明专利数量分别为 82.8 件、25.8 件,同比增长分别为 23.10%、30.50%;国家级高新区每亿元研发投入的拥有专利数量、拥有发明专利数量分别为 403.3 件、132.6 件,同比增长率分别为 25.10%、21.30%(图 20-8)。

从人均产出专利量角度,国家级高新区人均产出量持续增加。2021 年国家级高新区每万名从业人员申请专利 417.3 件,同比增长 7.1%,其中申请发明专利 211.7 件,同比增长 6.9%;每万名从业人员授权专利 303.6 件,同比增长 17.0%,其中授权发明专利 94.7 件,同比增长 24.1%;每万名从业人员拥有专利 1478.9 件,同比增长 18.9%,其中,有效发明专利 486.2 件,同比增长 15.3%(图 20-9)。纵向来看,2017—2021 年,国家级高新区每万名从业人员专利产出量逐年增加。

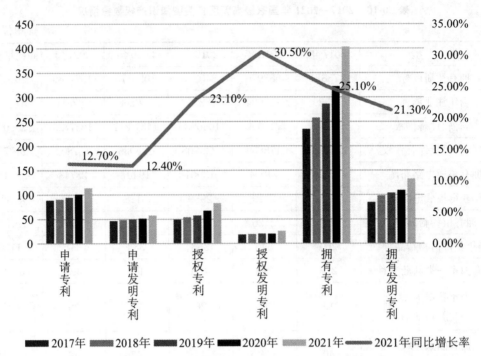

图 20-8　2017—2021 年国家级高新区单位研发投入的专利产出情况（单位：件）

数据来源：《中国火炬统计年鉴》。

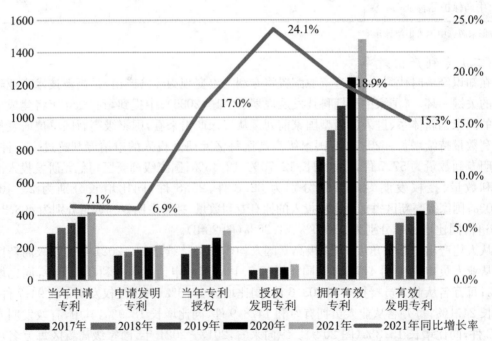

图 20-9　2017—2021 年国家级高新区每万名从业人员专利产出量（单位：件）

数据来源：《中国火炬统计年鉴》。

二、区域创新成果产出对比

(一) 知识经济区域对比

国家级高新区单位经济价值中的知识和技术含量可以在一定程度上反映高新区知识经济的发育程度,体现经济发展的"含金量"。

分地区来看,2021年东北、西部、中部和东部地区国家级高新区百亿元增加值企业知识产权拥有量和各类标准数量呈现出由低到高的发展态势。其中东部地区高达7786项,拉高了高新区平均值。纵向来看,四大地区较2020年均有所提升,东北地区增长率最高。东部地区高新区单位经济价值中的科技含量绝对值远远超过其他三个地区,是区域经济高质量发展的重要力量。2017—2021年,四大地区国家级高新区企业100亿元增加值拥有知识产权数量和各类标准数量五年均逐年增长。(表20-11)

表20-11　2017—2021年国家级高新区企业100亿元增加值拥有知识产权数量和各类标准数量地区分布情况

地区	2017年	2018年	2019年	2020年	2021年	2021年平均值
东北地区	1705	2058	2624	3641	4339	6809
东部地区	4641	5449	6351	7547	7786	6809
西部地区	2677	3281	3665	4051	4476	6809
中部地区	3398	3493	4076	5217	5849	6809

数据来源:《中国火炬统计年鉴》。

分类别来看,2021年国家级高新区内增加值达到100亿元的企业平均拥有知识产权和各类标准数量已达到6809项。其中,全球一流高科技园区、创新型科技园区、稳定期园区和自创区园区高于平均值,发展较为成熟,知识经济发育程度更高。全球一流高科技园区拥有数量最高达7688件,分别是创新型科技园区、创新型特色园区和其他园区的1.1倍、1.2倍和1.5倍。自创园区拥有知识产权数量和各类标准数量7717件,是非自创区园区的2倍。(表20-12)

表20-12　2021年不同类别国家级高新区企业100亿元增加值拥有知识产权数量和各类标准数量

	企业100亿元增加值拥有知识产权数量和各类标准数量(件)	高新区平均值(件)
全球一流高科技园区	7688	6809
创新型科技园区	7117	6809
创新型特色园区	6612	6809
其他园区	5033	6809
稳定期园区	7559	6809
新升级园区	4475	6809
自创区园区	7717	6809
非自创区园区	3950	6809

数据来源:《中国火炬统计年鉴》。

第四节 技术要素发展评价

国家级高新区为打造科技创新驱动经济社会发展的知识型园区,应提高产业技术要素含量、知识成果供给效率和优质企业扶持力度。在国家级高新区创新活动绩效评价中,体现技术要素方面的指标为企业当年完成的技术合同成交额和技术性收入相关指标。

一、技术交易规模及技术性收入评价分析

(一)技术交易规模

科技成果转化是实现提升生产力的重要环节,同样是推动创新发展和高质量发展的重要途径。科技成果转化最直接的体现就是技术合同的交易数据。通过科研院所、大学和企业之间的合作,可以发现市场需求趋势,实现知识产权产易。技术合同在促进高新技术产业高质量发展方面发挥着重要作用,如激励技术创新、提高企业竞争力和促进产业升级。国家级高新区都十分重视科技成果和先进技术的转化,采取了一系列措施促进技术交流,增强市场活力。一方面,加强技术合同登记的系统体系,建立技术合同登记簿,促进技术交流;另一方面,加强供需对接,鼓励组织科技成果交流,引导园区企业加强与优秀科研机构和一流科技公司的技术合作。并且,国家级高新区还更新了技术贸易方式,同时通过线上与线下、资本与技术的融合,促进技术贸易规模和质量的提升。

2010—2021年,国家级高新区企业当年完成技术合同成交额整体呈增长趋势,从2018年起,增长率大幅增加,2021年最高达到1022283.3亿元,总量是2010年的近10倍(图20-10)。

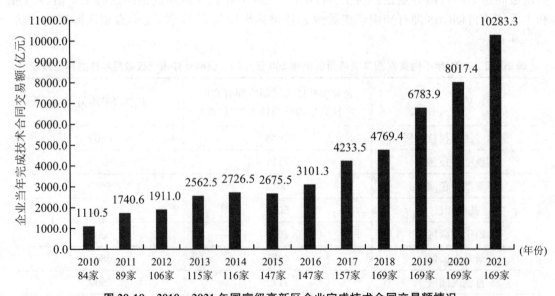

图20-10 2010—2021年国家级高新区企业完成技术合同交易额情况

数据来源:《中国火炬统计年鉴》。

国家级高新区企业完成的技术合同成交额占国内生产总值整体呈增长趋势,2021年为3.26%。2010—2018年增长较为平缓,2018—2021年开始呈现较快增长态势(图20-11)。

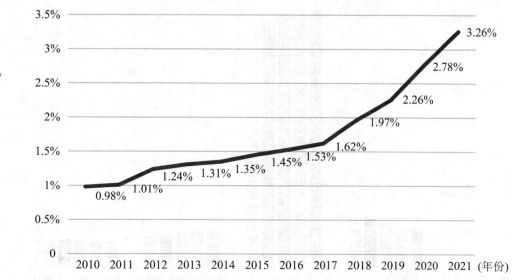

图 20-11　2010—2021年国家级高新区企业当年完成技术合同成交额占国内生产总值情况
数据来源:《中国火炬统计年鉴》。

(二)技术收入评价

高新区技术收入是指高新技术企业通过技术创新与研发所获得的收入。高新区作为一个聚集了大量高科技企业和科研机构的区域,其技术收入的增长和质量对提升企业竞争力和促进经济增长具有重要意义。

具体来看,2021年国家级高新区技术收入占营业收入的14%,较之商品销售收入与其他营业收入占比更高,但产品销售收入占比是技术收入占比的近5倍。纵向来看,2017—2021年,2021年国家级高新区技术收入占比较2020年提升0.3个百分点,技术收入占比保持增长趋势(见图20-12)。

从技术收入内部结构来看,2021年国家级高新区技术收入中最高的是技术咨询与服务收入,为44538.1亿元,占比64.4%;最低的是技术转让收入,占比为2.6%(图20-13)。

二、技术要素发展情况对比

分地区来看,四大地区中国家级高新区企业当年完成的技术合同成交额中东部地区依旧是最高,达7519.0亿元,占高新区比重73.1%,远远超过西部地区、中部地区和东北地区,其中,最低为东北地区,为263.4亿元。纵向来看,西部地区与东部地区国家级高新区企业当年完成的技术合同成交额占高新区比重较上年有所下降,降低了0.3个百分点,东北地区和中部地区较上年比重有所提高,分别增长了0.3个百分点、2.7个百分点,东北地区技术市场正在发展(图20-14)。

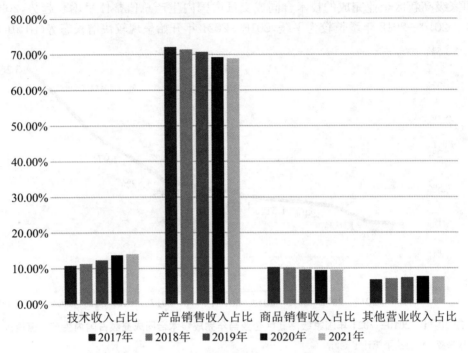

图 20-12　2017—2021 年国家级高新区营业收入构成情况

数据来源:《中国火炬统计年鉴》。

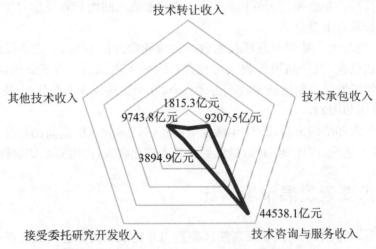

图 20-13　2021 年国家级高新区企业技术收入构成情况

数据来源:《中国火炬统计年鉴》。

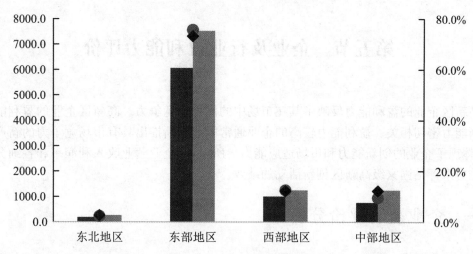

图 20-14　2020—2021 年国家级高新区企业当年完成的技术合同成交额(亿元)地区分布情况

分省份来看,2021 年国家级高新区企业当年完成的技术合同成交额数量与比值在全国中最高的是北京,高达 3362.2 亿元,占比 32.7%。成交额在 100 亿元以上的有北京、广东、上海、江苏、陕西、湖北、四川、浙江、山东、湖南、安徽、河南、辽宁和天津 14 个省份,成交额低于 1 亿元的有宁夏、海南、青海和新疆,可见东部和中部地区的技术要素发展较好(图 20-15)。

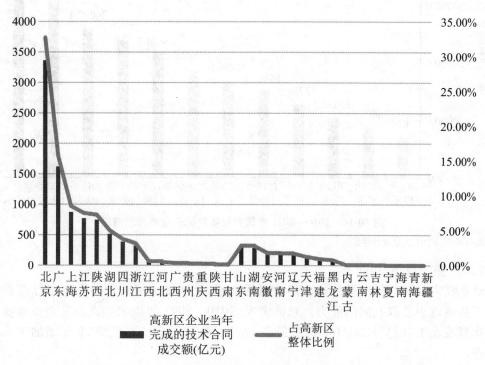

图 20-15　2021 年不同省份国家级高新区企业当年完成的技术合同成交额

数据来源:《中国火炬统计年鉴》。

第五节 企业及行业盈利能力评价

高新区企业的盈利能力反映了其在市场中的优势和竞争力。高新区企业的盈利能力与其创新能力密切相关。盈利能力较高的企业通常能够不断推出具有市场竞争力的新产品和服务,体现了企业的创新能力和市场适应能力。所以,以企业营业收入利润率和各细分行业盈利能力来评估国家级高新区创新活动的绩效。

一、企业盈利评价分析

(一)净利润

在时间维度上看,2010年至2021年,企业净利润节节攀升,增长幅度总体较大,2021年国家级高新区企业实现净利润35862.0亿元(图20-16),比2020年提高17.8%。

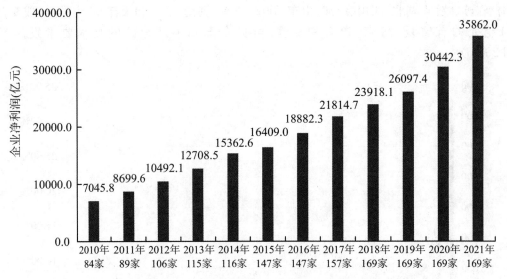

图 20-16 2010—2021年国家级高新区企业净利润情况

数据来源:《中国火炬统计年鉴》。

(二)营业收入利润率

营业收入利润率是衡量公司运营效率的指标,反映了公司管理层在考虑运营费用的情况下从运营中获取利润的能力。总体来看,2010—2021年国家级高新区企业营业收入利润率呈波动上升趋势,2021年达到最高,为7.2%(图20-17),较2020年增加了0.1个百分点。

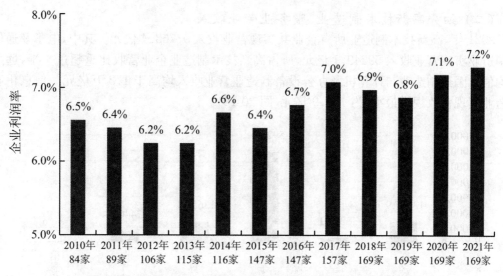

图 20-17　2010—2021 年国家级高新区企业营业收入利润率情况

数据来源：《中国火炬统计年鉴》。

二、细分行业对比分析

（一）细分高新技术制造业、服务业营收利润率

2021 年高新技术制造业 6 类细分领域中，医药制造业、医疗仪器设备及仪器仪表制造业的营收利润率高出平均值较大，分别为 25.9%、12.05%，航空、航空器及设备制造业营收利润率最低，为 3.3%。高技术服务业 8 类细分领域中，电子商务服务业营收利润率为负，为 −3.9%。其余 7 类细分领域均呈正利润率，其中，检验检测服务业营收利润率达最高，为 14.8%（图 20-18），远高于平均值。

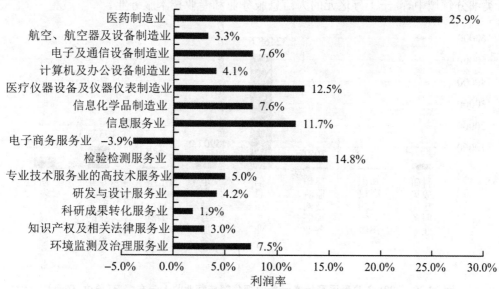

图 20-18　2021 年国家级高新区高新技术制造业、高新技术服务业细分领域营业收入利润率

数据来源：《中国火炬统计年鉴》。

（二）细分高新技术制造业、服务业营业收入

2021年，高新技术制造业所有企业共实现营业收入97763.4亿元。其中，电子及通信设备制造业实现营业收入59249.1亿元，所占高新技术制造业企业营收比重超过一半，远高于平均值。医药制造业与计算机及办公设备制造业营业收入均高于1.3万亿元。信息化学品制造业实现营收规模最小，为139.9亿元（图20-19）。

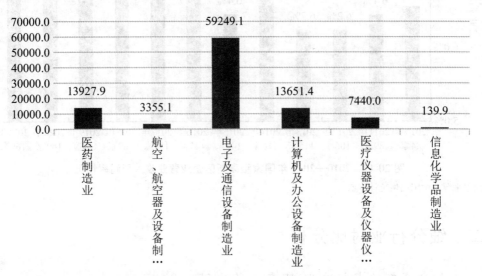

图20-19　2021年高新区高技术制造业细分领域营业收入分布情况（单位：亿元）

数据来源：《中国火炬统计年鉴》。

2021年，高新技术服务业所有企业共实现营业收入79286.1亿元。其中，信息服务业实现营业收入52468.6亿元，其所占高新技术服务业企业营收比重高达66.2%，远远高于服务业营收平均值。知识产权及相关法律服务业实现营收规模最小，为112.6亿元（图20-20）。在8类细分领域中，高于1万亿元的为信息服务业和专业技术服务业。

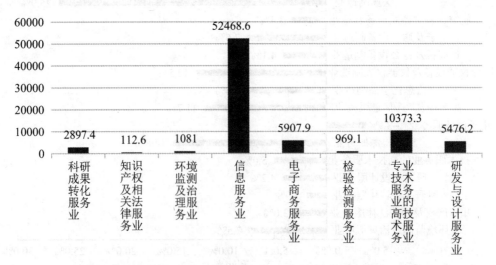

图20-20　2021年高新区高技术服务业细分领域营业收入分布情况（单位：亿元）

数据来源：《中国火炬统计年鉴》。

第二十一章 创新驱动发展评价

本章旨在研究国家级高新区的创新驱动发展评价。在当今社会下,国际经济竞争关系着世界各国综合国力之间的竞争,也关系着各国创新能力之间的竞争。因此,创新驱动发展战略对促进我国经济增长具有重要意义。本章通过对创新驱动发展评价的五个二级指标进行分析,有利于促进我国高新区的建设和发展。

第一节 概 述

1978年,我国启动了改革开放,凭借着廉价的劳动力和丰富的环境资源,实现了我国经济快速发展。截至2021年底,我国高新区的数量从当初的1家扩大到如今的169家。在这个发展过程中,国家级高新区通过积极实施创新驱动发展战略,探索其发展之路,在相关的体制机制、创新模式等方面取得了显著成就,具备了成功的优势。国家级高新区在国家快速发展的过程中扮演着创新的重要角色,也被称为"创新高地"。自成立以来,国家级高新区致力于挖掘高水平的创新资源,积极满足国家战略需求,并相继建立了国际级石墨烯创新中心、国家基因库等高质量创新平台。同时,高新区还加快了中关村、上海张江等科学城的布局,加强了协同创新平台和新型研发机构等技术中心的建设。

2021年,科技部进行了创新驱动发展评价相关的研究,修订了《国家高新技术产业开发区综合评价指标体系》,其中包含了创新驱动发展评价。在创新能力评价指标体系中有创新驱动发展评价指标,下设为五个二级指标,通过《中国火炬统计年鉴》中的统计数据以及手工补充整理的数据,从横向、纵向两个角度对比分析各地区、各类别高新区创新驱动发展评价水平,从时间、空间两个维度把握我国高新区创新驱动发展评价,从而揭示出每个高新区的优势和劣势。

国家级高新区是创新驱动发展战略的重要实施主体。本章节将从创新驱动经济、创新驱动效率、创新驱动人才、创新驱动绿色四个方面,通过相关指标和数据资料,对国家级高新区的创新驱动进行评价和分析。在这个分析过程中,我们将重点关注五个二级指标,并结合相关数据和信息进行分析。首先,关于创新驱动经济评价,它主要指园区生产总值占其所在城市GDP的比重情况。这一指标反映了国家级高新区的经济发展对所在城市经济的辐射带动作用。计算公式为本年度高新区全口径增加值(生产总值GDP)占其所在城市生产总值(GDP)的比重。其次,创新驱动效率评价,它主要指企业人均营业收入情况和企业净资产利润率情况这两个指标。关于企业人均营业收入这一指标,它可以反映高新区企业的经营状况和效益水平。较高的人均营业收入意味着企业经营状况良好,效益较高,反之则意味着企业经营状况不佳。关于企业净资产利润率,它反映了投资带来的盈利能力。这一指标越高,则说明投资带来的收益越高,该投资越有利。再次,创新驱动人才,它主要指企业单位增加值中的劳动者报酬所占比重,又被称为"GDP含金量指数",直接衡量的是GDP的质量,反映了创新对经济增长的重要作用和对人的全面自由发展的影响。在当今知识经济时代下,人才越多,劳动者报酬所占的比重就越大。最后,创新驱动绿色发展,它主要指工业企业万元增加值综合能耗。这一指标能够衡量园区低碳经济水平,也能够反映全球相关产业能耗。

总的来说,通过对创新驱动发展评价的原因、方法和内容进行概述,可以为深入研究和评价中国高新区的创新驱动发展提供基本的指导和理论依据。创新驱动发展评价(表21-1)有利于高新区发展和转型,也有利于提升创新发展能力。

表21-1 创新驱动发展评价指标

一级指标	二级指标	指标界定	指标公式
创新驱动经济	园区生产总值占其所在城市GDP的比例	反映的是国家级高新区经济发展对所在城市经济的辐射带动作用	本年度高新区全口径增加值(生产总值GDP)占所在城市生产总值(GDP)的比重
创新驱动效率	企业人均营业收入	反映的是高新区企业经营状况和效益水平	企业营业收入占年末从业人员总数的比重
	企业净资产利润率	国际上公认的体现企业群体运行效率的指标,反映的是投资的获利能力。该指标值越高,则说明投资带来的收益越高	净利润占年末所有者权益的比重
创新驱动人才	企业单位增加值中劳动者报酬所占比重	该指标衡量的是GDP的质量,通过分析这一指标,可以了解到创新驱动所带来的人才贡献情况	劳动者报酬占增加值的比重
创新驱动绿色	工业企业万元增加值综合能耗	该指标衡量的是全球衡量产业情况,也衡量了园区低碳经济实现程度	工业企业综合能源消费量(煤炭、石油、天然气、电等)占工业企业增加值的比重

依据测算结果,2021年国家级高新区的创新驱动发展评价指数为155.8点,与上年相比增长了7.9点,增速为5.3%。按照表21-2划分的二级指标,2021年指标情况分别为16.5%、197.5万元、10.4%、43.1%、0.403吨标准煤/万元。与2017年相比,除企业净资产利润率有所下降外,其余二级指标均有所增加(表21-2)。

表21-2 2017—2021年国家级高新区创新驱动发展评价的二级指标情况

年 份	2017	2018	2019	2020	2021
园区生产总值占其所在城市GDP的比例	14.0%	14.3%	14.6%	16.6%	16.5%
企业人均营业收入(万元)	158.5	165.5	174.2	179.6	197.5
企业净资产利润率	11.0%	10.6%	10.4%	10.1%	10.4%
企业单位增加值中劳动者报酬所占比重	37.7%	39.3%	41.5%	43.0%	43.1%
工业企业万元增加值综合能耗(吨标准煤/万元)	0.471	0.488	0.464	0.451	0.403

数据来源:《中国火炬统计年鉴》。

从创新驱动发展评价二级指标的增速贡献来看,对创新驱动发展指数增长贡献最大的指标是"企业人均营业收入",贡献率达到 44%;排名第二位的是"工业企业万元增加值综合能耗",对其贡献为 43%。

本章围绕五个二级指标,并结合相关数据和资料,分别从创新驱动经济、创新驱动效率、创新驱动人才、创新驱动绿色四个方面进行分析和阐述。

第二节 创新驱动经济评价

一、园区生产总值占其所在城市 GDP 比重评价

在国家级高新区创新驱动发展评价的五个指标中,主要衡量创新驱动经济的指标是园区生产总值占其所在城市 GDP 的比重。

国家级高新区支撑国民经济的高速发展,助力国民经济跑出加速度。2021 年,国家级高新区生产总值为 15.3 万亿元,与上年相比增长了 12.8%,其占全国生产总值的比重是 13.4%,与 2020 年相比提高了 0.1 个百分点。从 2017 年到 2021 年,经过 5 年的时间,园区生产总值增长了 1.6 个百分点,年均增长了 0.33 个百分点(图 21-1)。

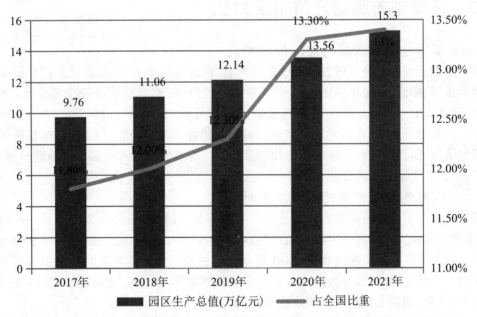

图 21-1 2017—2021 年国家级高新区园区生产总值及其占全国生产总值的比重情况
数据来源:《中国火炬统计年鉴》。

2021 年,对园区生产总值占其所在城市 GDP 的比重而言,占比在 30%以上的园区数量为 34 家,占比在 20%以上的有 61 家。从 2017—2021 年国家级高新区占其所在城市 GDP 比重分布来看,占比在 10%以下的数量除了 2018 年增加外,其余年份数量均有所下降;而占

比在30%以上的从2017—2021年数量逐年增加,从2017年的21家上升到2021年的34家。以上数据表明国家级高新区成为持续推动国民经济稳步健康发展的重要力量(图21-2)。

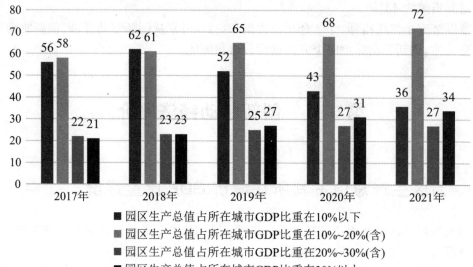

图21-2　2017—2021年园区生产总值占其所在城市GDP的比例的园区数量分布情况

数据来源:《中国火炬统计年鉴》。

二、区域创新驱动经济情况对比

(一)不同地区创新驱动经济情况对比

从不同地区国家级高新区发展规模情况来看,四大地区2021年高新区生产总值从大到小分别是东部、中部、西部和东北地区,合计数值分别为98192.7亿元、26997.9亿元、23854.5亿元和6992.3亿元,四大地区占高新区整体比重分别为62.9%、17.3%、15.3%、4.5%(图21-3)。从数值来看,东部地区仍然维持着领先优势。相比其他三大地区,东部地区统领着国家经济发展,具有明显的区位优势和政策优势。这主要表现为东部地区地理位置优越,靠近沿海,有着丰富的自然资源,同时国家也出台了大量的政策支持其发展。

(二)不同类别创新驱动经济情况对比

科技部火炬中心对国家级高新区进行了考核评价,并根据相关分类提供了一系列建设指导,这在一定程度上推进了世界一流高科技园区、创新型科技园区、创新型特色园区和其他园区这四类园区的相关建设和发展,并具有统筹协调三大主要类园区的引领示范和辐射带动作用。在此过程中,被评为世界一流高科技园区的数量就有10家,创新型科技园区的数量达到18家,创新型特色园区的数量为29家。

2021年世界一流高科技园区生产总值是55831.1亿元,创新型科技园区生产总值是25756.9亿元,创新型特色园区生产总值是26948.8亿元,其他园区生产总值是47500.4亿元(图21-4)。从园区生产总值可以看出,世界一流高科技园区对高新区整体经济做出了突出的贡献,具有显著的头部带动作用,为新时代现代化强国建设注入蓬勃动力。

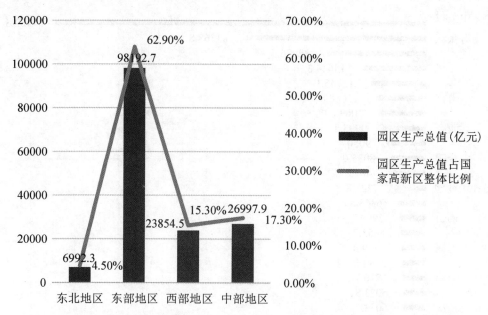

图 21-3　2021 年国家级高新区园区生产总值及其占高新区整体比例的区域分布情况

数据来源：《中国火炬统计年鉴》。

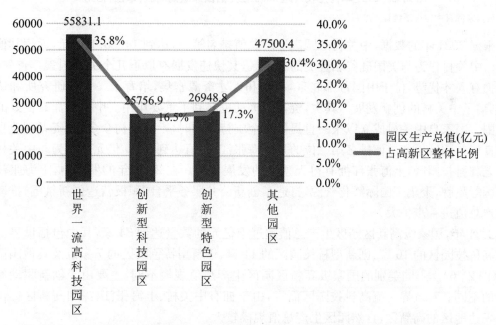

图 21-4　2021 年不同类别国家级高新区园区生产总值及占其高新区比重分布情况

数据来源：《中国火炬统计年鉴》。

至 2021 年底，169 家高新区园区企业营业收入超万亿元的数量为 7 家，其中包括中关村、上海张江、深圳、广州、武汉、南京和成都。其中，中关村以 84402.3 亿元稳居首位（图 21-5）。园区企业收入超 5000 亿元的数量有 20 家，与 2020 年相比增加了 3 家。可见园区企业积极创造企业营业收入，创新驱动经济发展取得明显成效。

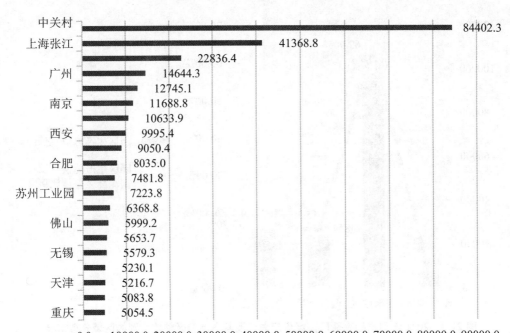

图 21-5　2021 年营业收入超 5000 亿元的国家级高新区（单位：亿元）

数据来源：《中国火炬统计年鉴》。

根据 2021 年的数据，中关村的园区生产总值排名第一，达到 14885.1 亿元，远超其他高新区。中关村作为与美国硅谷相媲美的高新区，其快速发展有以下几个关键因素。首先，中关村拥有人才优势，位于中国首都北京，高校和人才资源密集，培育了一大批研究所和研究院，推动了中关村的创新发展。其次，资本的推动也起到了重要作用。中关村拥有良好的投资氛围。国家自中关村成立以来一直提供资金支持。同时，投资机构众多，投资者创业投资环境良好。园区生产总值排名第二位的是上海张江，总值达到 9960 亿元。作为与中关村媲美的老牌科技园区，上海张江拥有得天独厚的发展优势。在 20 多年的发展中，上海张江引进了国际品牌，聚集了国际孵化资源，打造了创新公共服务平台，积极营造创新氛围，推动园区生产总值进一步扩大。

2021 年，国家级高新区园区生产总值超过千亿元的数量达到 34 家，其中包括世界一流国家高科技园区的 10 家、创新型科技园区的 11 家、创新型特色园区的 7 家以及其他园区的 6 家（图 21-6）。不同类别的国家级高新区园区生产总值规模不同，主要由于创新驱动经济水平的不同。对世界一流高科技园区而言，由于拥有中关村、上海张江、深圳高新区等位于经济发达地区的高新区，自然园区生产总值规模较大。

不同类别的高新区对所在城市的经济贡献是不同的。从图 21-7 可以看出，世界一流高科技园区排名第一位，占比达到 23.00%，超出创新型科技园区 7.8 个百分点、创新型特色园区 3 个百分点、其他园区 11.1 个百分点。与此同时，稳定期园区的相关指标高于新升级园区，自创区园区的相关指标也高于非自创区园区。通过相关数据，我们可以看出世界一流高科技园区显著地推动了城市经济的高速发展，稳定期园区和自创区园区也发挥着积极的推动作用。

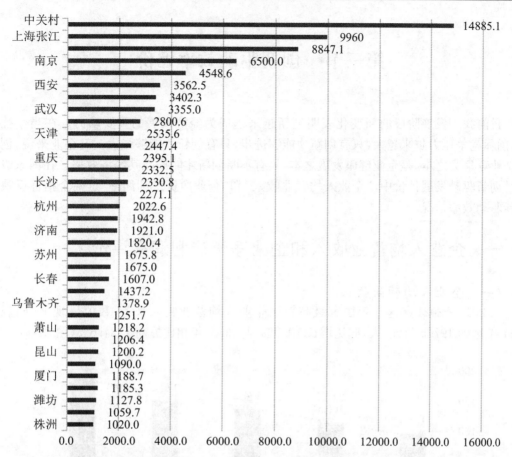

图 21-6　2021 年国家级高新区园区生产总值超过千亿元的国家级高新区情况（单位：亿元）

数据来源：《中国火炬统计年鉴》。

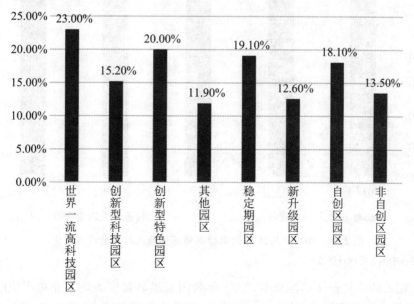

图 21-7　2021 年不同类别的国家级高新区的园区生产总值占其所在城市 GDP 的比例分布情况

数据来源：《中国火炬统计年鉴》。

第三节 创新驱动效率评价

目前我国发展阶段的新变化表明创新越来越成为经济发展的重要动力。在当今社会中,国际竞争压力越来越大,只有创新才能够进步,只有创新才能够强大。对企业来说,创新是企业竞争力之本,是企业健康发展之本,只有不断创新才能提高其经济效率。在国家级高新区创新驱动发展评价中,"企业人均营业收入"和"企业净资产利润率"这两个指标反映了创新驱动效率情况。

一、企业人均营业收入和企业净资产利润率评价

(一)企业人均营业收入

从2017—2021年这5年国家级高新区企业人均营业收入来看,数值呈现上升趋势,2021年达到197.5万元/人,同比增长10.0%,与2017年相比提高了24.6%(图21-8)。

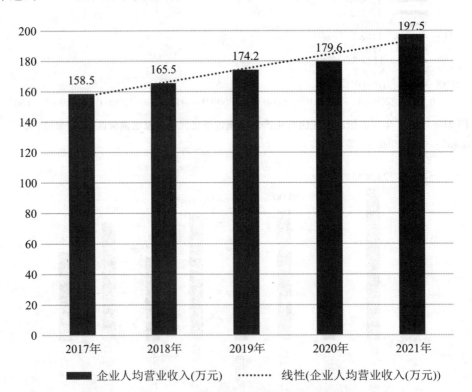

图21-8　2017—2021年国家级高新区企业人均营业收入变化

数据来源:《中国火炬统计年鉴》。

从其他相关的人均经济指标来看,2021年的国家级高新区人均工业总产值的相关数值为117.1万元,人均净利润、人均上缴税额以及人均出口总额分别是14.3万元、8.5万元和20.8万元。与2017年相比,除了人均上缴税额有所下降,其余人均经济指标均有所上升(表21-3)。

表 21-3　2017—2021 年国家级高新区主要人均经济指标比较

指　　标	2017 年	2018 年	2019 年	2020 年	2021 年	同比增长率
人均工业总产值(万元)	105.1	106.4	108.5	107.6	117.1	8.83%
人均净利润(万元)	11.1	11.4	11.8	12.8	14.3	11.72%
人均上缴税额(万元)	8.9	8.9	8.4	7.8	8.5	8.97%
人均出口总额(万元)	17.4	17.8	18.7	18.8	20.8	10.64%

数据来源：国家统计局官网。

（二）劳动生产率

劳动生产率可以直接反映国家级高新区在当今经济时代下创造价值的效率。2017—2019 年高新区劳动生产率稳步上升，2020 年略微下降，2021 年继续呈现上升趋势。2021 年国家级高新区劳动生产率是 41.4 万元/人，与 2017 年相比增长了 26.6%，2017—2021 年这 5 年中增速最快的是 2021 年，增速为 14.4%。2021 年全国全员劳动生产率是 14.6 万元/人，国家级高新区相关数值是全国平均水平的 2.8 倍。由此可以看出，国家级高新区仍然是全国经济效率的先行区(图 21-9)。

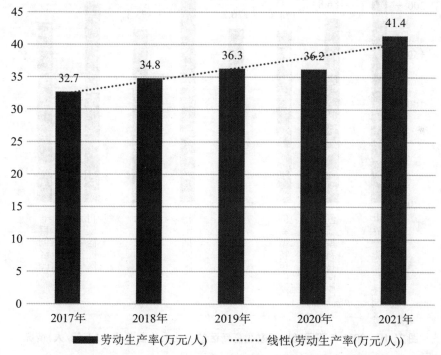

图 21-9　2017—2021 年国家级高新区企业劳动生产率变化

数据来源：《中国火炬统计年鉴》。

二、区域创新驱动效率情况对比

（一）不同类别高新区企业人均营业收入情况

从不同类别高新区企业人均营业收入情况来看，2021 年世界一流高科技园区企业人均营业收入排名第一位,高达227.7万元/人。创新型科技园区、创新型特色园区、其他园区企业人均营业收入分别为186.8万元/人、174.3万元/人、176.2万元/人。稳定期园区和新升级园区企业人均营业收入分别为205.9万元/人、175.3万元/人。自创区园区和非自创区园区企业人均营业收入分别为203.0万元/人、182.2万元/人(图21-10)。由此来看,不同类别高新区企业人均营业收入有所差别。

(二)不同类别高新区劳动生产率情况

从具体园区来看,2021年劳动生产率在30万元/人以上的国家级高新区有106家,与2020年相比增加27家。其中,10家世界一流高科技园区的劳动生产率均超过38万元/人。2021年世界一流高科技园区劳动生产率排名第一位的是合肥高新区(图21-11)。合肥高新区取得明显成效离不开以下几个方面。首先,政府积极作为,打造多方共赢局面;其次,市场有序发展,优化要素资源配置;再次,多方联动,合力有效。合肥高新区作为安徽创新的前沿区域,积极发展科技产业、聚焦科技人才。近年来,合肥高新区注重科技创新,积极发展人工智能、集成电路、量子信息等相关产业,形成了独具特色的园区品牌。

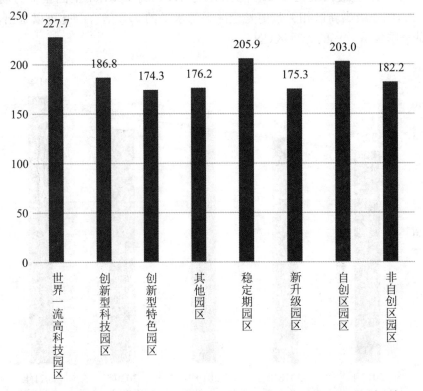

图21-10 2021年不同类别国家级高新区的企业人均营业收入(万元/人)情况

数据来源:《中国火炬统计年鉴》。

净资产利润率可以在一定程度上反映企业运用自有资产创造效益的能力。2021年国家级高新区净资产利润率为10.4%,与2020年相比上升0.3个百分点。从不同类别高新区的情况来看,世界一流高科技园区、稳定期园区、自创区园区这三类发展水平较高的园区的企业净资产利润率并不具有明显优势,其值均低于国家级高新区的平均值(图21-12)。而对于发展水平较低的新升级园区、非自创区园区的企业净资产利润率相对较高。需要注意的是,净资产利润率反映的是企业净资产(股权资金)的收益水平,但是总体来看,它不能较为全面地反映一个企业资金的综合运用能力，具有一定的局限性，所以需要辩证地看待问题。

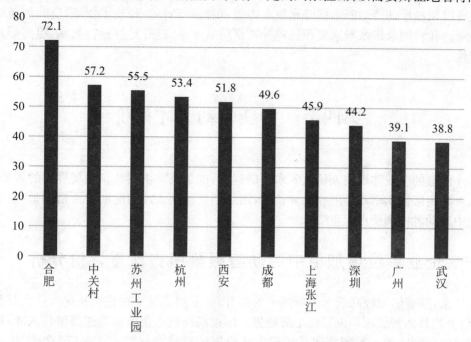

图 21-11　2021 年 10 家世界一流高科技园区劳动生产率（万元/人）情况

数据来源：《中国火炬统计年鉴》。

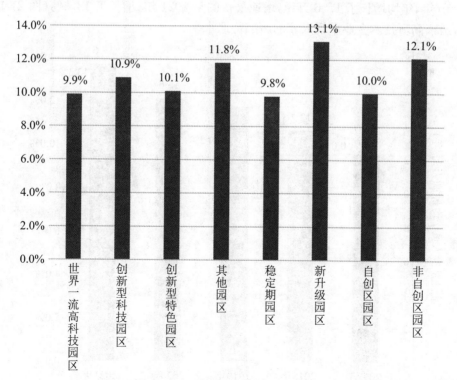

图 21-12　2021 年不同类别国家级高新区的企业净资产利润率情况

数据来源：《中国火炬统计年鉴》。

效率驱动是创新驱动的前提。通过效率驱动,可以提高创新驱动的发展水平。国家级高新区可以积极推动劳动能力提升和资本等级,积极推动科学和技术创新,反映创新驱动的科技特征;同时,国家级高新区要积极提升要素质量水平,提升经济运行效率,提高创新过程的确定性。

第四节　创新驱动人才评价

人才价值的实现体现在人民收入水平的提高,也是贯彻落实共享发展理念的重要举措。在国家级高新区创新驱动发展相关评价中,衡量创新驱动人才情况的重要指标是"企业单位增加值中劳动者报酬所占比重"。

一、企业单位增加值中劳动者报酬所占比重评价分析

近年来,随着国家级高新区创新能力的提升,企业越来越重视相关从业人员尤其是创新人才,给予的具体薪酬水平也呈现上涨趋势。国家高新技术企业如果想要留住人才,就需要提供优厚的薪酬待遇。薪酬待遇是实现人才价值的重要指标之一。2017—2021年国家级高新区企业从业人员平均薪酬水平逐年上升,由2017年12.3万元/年上升到2021年17.6万元/年,年均增长了1.06万元,增速最快的是2021年,增长了13.3%(图21-13)。可以看出,国家高新技术企业重视人才的薪酬待遇水平。

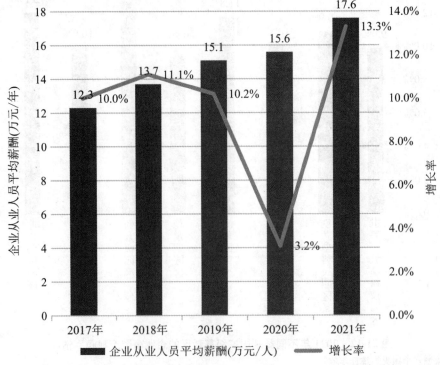

图21-13　2017—2020年国家级高新区企业从业人员的平均薪酬水平

数据来源:《中国火炬统计年鉴》。

劳动者报酬占增加值的比重间接反映了劳动收益与资本收益的相关分配情况。从2017年到2021年,国家级高新区的企业单位增加值中劳动者报酬所占的比重呈现逐年上升趋势,2021年达到43.1%(图21-14),与2017年相比提高了5.4个百分点。

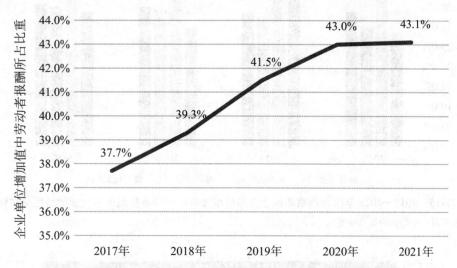

图21-14　2017—2021年企业单位增加值中劳动者报酬所占比重情况

数据来源:《中国火炬统计年鉴》。

二、区域创新驱动人才情况对比

(一)不同地区企业单位增加值中劳动者报酬所占比重情况

我国四大地区——东北地区、东部地区、西部地区、中部地区,2021年企业单位增加值中劳动者报酬所占比重与2017年相比均有所上升,其中西部地区所占的比重增加最多,增加了5.3个百分点;东北地区增加最少,增加了2.3个百分点。如图21-15所示,东北地区在2017—2021年中总体处于较低水平,这体现出位于东北地区的国家级高新区的发展方式面临严重问题,这在一定程度上导致其无法较好地实现该地区园区的人力资本价值。从相关数据来看,主要有以下两个方面。首先,东北地区的经济增长速度比较缓慢。经济水平影响企业效益,经济水平不高,人们工资水平自然不高。其次,东北地区产业结构较为落后。据统计,信息传输行业、软件行业、金融行业这三个行业在人均薪酬水平中排名前三位。这些行业主要分布在经济发达地区,如北上广深地区。对东北地区来说,产业主要是汽车行业、能源化工行业等重工业,所以薪酬水平相较于东部沿海发达地区比较低。

从具体园区来看,2021年企业从业人员平均薪酬超过15万元/年的高新区数量是40家,与2020年相比增加16家,其中人均薪酬排名第一位的是上海紫竹,达到36.2万元/年(图21-16)。

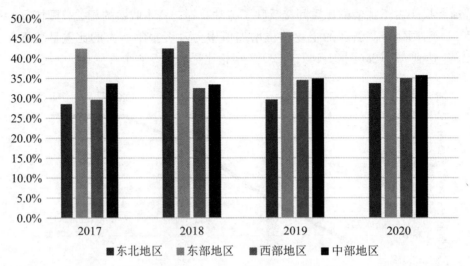

图 21-15　2017—2021 年国家级高新区企业单位增加值中劳动者报酬所占比重的地区分布情况
数据来源：《中国火炬统计年鉴》。

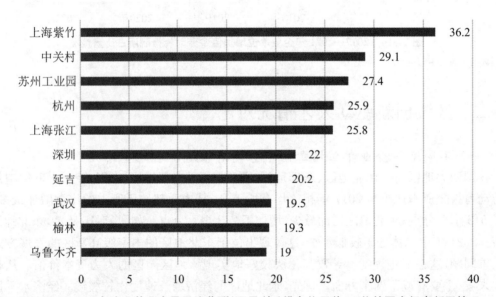

图 21-16　2021 年企业从业人员平均薪酬（万元/年）排名位于前 10 位的国家级高新区情况
数据来源：《中国火炬统计年鉴》。

相关数据表明，国家级高新区的企业单位增加值中劳动者报酬所占比重的整体平均值为 43.0%。其中，有 10 个省份超出高新区整体平均值，分别是上海、青海、北京、天津、广东、福建、湖南、贵州、河南、山西。对直辖市而言，北京、天津、上海这三个直辖市的企业单位增加值中劳动者报酬所占比重均超过 45%，重庆较低，为 37.7%。我们通过观察指标变动发现，2021 年与 2017 年相比，30 个省份中有 21 个省份劳动者报酬所占比重有所上升，有 9 个省份有所下降（表 21-4）。

表 21-4 2017—2021 年国家级高新区企业单位增加值中的劳动者报酬所占比重省份分布情况

省 份	2021 年	2020 年	2019 年	2018 年	2017 年
上海	57.8%	53.8%	52.2%	48.1%	46.9%
青海	54.7%	52.2%	56.6%	32.5%	35.7%
北京	51.1%	60.6%	58.4%	54.7%	52.3%
天津	48.7%	47.6%	26.0%	47.7%	48.2%
广东	46.7%	45.0%	44.6%	43.5%	40.2%
福建	46.0%	45.7%	46.2%	44.1%	43.8%
湖南	45.9%	38.9%	43.4%	40.8%	38.8%
贵州	44.8%	45.0%	50.3%	42.5%	32.7%
河南	43.3%	40.8%	41.5%	41.1	40.3%
山西	43.1%	47.6%	46.9%	44.7%	46.1%
江苏	42.6%	41.4%	40.9%	37.8%	36.2%
浙江	42.6%	39.9%	40.1%	36.3%	36.6%
广西	42.4%	40.5%	42.9%	38.9%	34.7%
河北	42.4%	38.2%	37.9%	36.1%	36.8%
宁夏	41.7%	47.8%	41.0%	49.4%	65.3%
山东	39.6%	40.7%	38.8%	34.2%	31.2%
新疆	38.6%	46.1%	42.1%	30.5%	32.3%
重庆	37.7%	37.1%	37.1%	37.5%	39.5%
湖北	37.5%	38.7%	33.8%	31.3%	32.2%
辽宁	36.4%	37.3%	35.9%	37.0%	36.9%
黑龙江	36.0%	37.6%	34.2%	29.0%	36.7%
甘肃	35.6%	34.7%	36.9%	33.6%	33.3%
四川	35.1%	36.6%	39.1%	37.5%	35.6%
陕西	32.8%	32.0%	27.8%	27.3%	25.1%
江西	30.4%	29.3%	29.4%	30.0%	29.1%
内蒙古	29.7%	33.9%	44.1%	44.8%	37.1%
安徽	28.6%	27.6%	28.4%	28.1%	28.5%
海南	27.8%	32.5%	34.0%	36.8%	35.1%
吉林	22.3%	22.1%	22.4%	21.4%	20.1%
云南	20.6%	16.8%	18.3%	18.0%	13.9%

数据来源:《中国火炬统计年鉴》。

（二）不同类别高新区企业单位增加值中劳动者报酬所占比重情况

从不同类别国家级高新区来看，2021年企业单位增加值中所占比重最高的园区是世界一流高科技园区，比重达到48.8%。创新型科技园区、创新型特色园区和其他园区所占比重分别是41.1%、41.6%和34.0%。稳定期园区和新升级园区所占比重分别是46.5%和32.5%。自创区园区和非自创区园区所占比重分别是46.6%和31.9%（图21-17）。

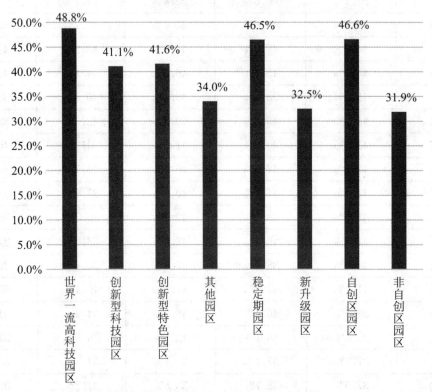

图 21-17　2021年国家级高新区不同类别企业单位增加值中的劳动者报酬所占比重情况
数据来源：《中国火炬统计年鉴》。

从图21-18可以看出，企业单位增加值中的劳动者报酬所占比重最高的园区是上海张江，比重达到58.0%，其次是中关村、深圳和杭州高新区，分别是51.1%、50.9%和50.4%。而苏州工业园、广州、武汉所占比例为49.4%、49.0%和47.1%；成都、西安所占比重分别是36.8%、36.5%；合肥高新区相对较低，为26.2%。可以看到，不同的世界一流高科技园区在劳动者报酬所占比重方面也不相同，有着较大差异。

从业人员平均薪酬与产业增加值的比例可以通过高新技术制造业和高新技术服务业进行分析。2021年，在国家级高新区6个高新技术制造业中，有3个制造业从业人员的薪酬水平在单位增加值所占比重超过了整体制造业的平均水平。同时，对高新技术服务业来说，有8个高新技术服务业的从业人员的薪酬水平所占比重超过了整体制造业的平均水平，其中有6个产业的从业人员薪酬水平所占比重超过了60%。而对非高新技术产业来说，2021年单位增加值中从业人员的薪酬所占比重是37.4%，与2020年相比提高了0.2个百分点。我们可以看到，从业人员的收入分配结构明显向高新技术产业倾斜。依据图21-19可以了解到，电子商务服务行业劳动者报酬所占比重最大，达到108.3%。我们可以看到，近年来随着人们生活方式的改变，人们的职业观念、职业选择也在发生变化。其中，电子商务行业异军突起，成为潮流。由于市场高速发展，电子商务行业用人激增；同时市场需求复杂，对人才要

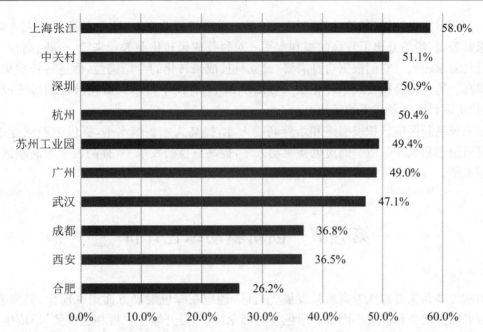

图 21-18　2021 年世界一流高科技园区企业单位增加值中劳动者报酬所占比重情况

数据来源:《中国火炬统计年鉴》。

求高,需要的往往是复合型电子商务人才。种种现象推动着电子商务行业从业人员薪酬水平的提高。知识产权及相关服务业和科技成果转化服务业所占比重也紧随其后,所占比重分别是 81.7%、80.7%(图 21-19)。知识产权服务业主要聚焦专利领域、商标领域、版权领域

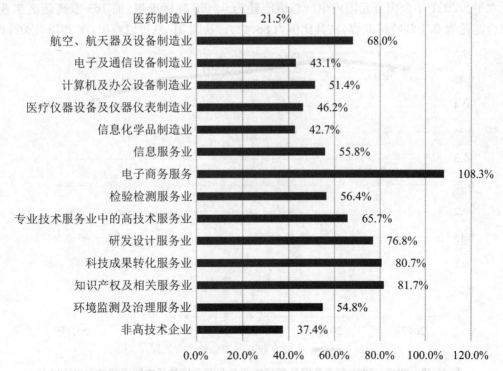

图 21-19　2021 年国家级高新区高技术制造业和服务业企业单位增加值中劳动者报酬所占比重

数据来源:《中国火炬统计年鉴》。

等,具有垄断性、主体性、利益性等特征。对于知识产权行业来说,这个行业目前人才稀缺,企业求贤若渴,纷纷开出了较高的福利水平。对科技成果转化服务业来说,企业、高校、研发机构对其需求较大。它们根据自身需要,设立科技成果转化的专门岗位,促进科技成果转化率的提高。通过提高科技成果转化服务业薪酬水平,有助于科研人员积极推动科研成果转化,加快实现科研创新成果的落地。

国家级高新区应该积极引进和培养高端人才,提高人才薪酬水平,提供创新创业平台,打造高质量创新人才队伍。通过创新驱动人才,提高科技研发水平,提高国家级高新区的自主创新水平。

第五节 创新驱动绿色评价

国家级高新区要想成为高质量发展先行区,理应在绿色发展方面走在前面、做出表率。这就要求国家级高新区要牢固秉承绿色发展理念,巩固提升绿色发展相关优势,形成生态与发展相互协调促进的良性循环发展格局。

一、工业企业万元增加值综合能耗评价分析

在国家级高新区驱动发展评价中,工业企业万元增加值综合能耗这一指标体现了节能降耗水平。2021年全国万元国内生产总值能耗为0.456吨标准煤,而169家高新区工业企业综合能耗为0.403吨标准煤,占其比例为88.4%。从图21-20可以看出,在2018—2021年,

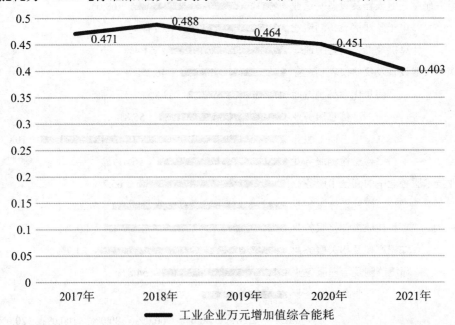

图 21-20 2017—2021年国家级高新区工业企业万元增加值中综合能耗变化情况

数据来源:《中国火炬统计年鉴》。

高新区综合能耗总体呈现下降趋势。过去,我国经济发展主要采取"经济掠夺式"的增长方式,在经济快速发展的过程中造成了巨大的环境问题。在这个过程中,国家级高新区积极响应国家政策,始终秉持着绿色发展理念,采取一系列措施进一步降低高新区工业企业万元增加值综合能耗水平。

二、区域创新驱动绿色情况对比

(一)不同地区高新区企业单位增加值中综合能耗情况

从不同地区来看,2021年国家级高新区企业单位增加值中综合能耗最高的地区是东北地区,综合能耗达到1.001吨标准煤。最低的地区是东部地区,为0.257吨标准煤。东北地区由于具有丰富的矿产资源,有着得天独厚的优势发展重工业基地、能源保障基地。但是近年来,东北地区由于不合理的开采、不合理的产业结构等原因的影响,导致能源消耗量大,环境污染严重。而东部地区位于沿海地区,环境承载力大,气候适宜,生态环境良好。在2017—2021年,东北地区国家级高新区企业单位增加值中综合能耗始终排名第一位,而东部地区能耗排名最后(图21-21)。

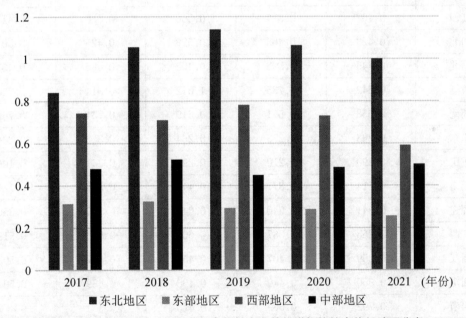

图 21-21 2017—2021 年国家级高新区企业单位增加值综合能耗地区分布

数据来源:《中国火炬统计年鉴》。

从不同省份来看,国家级高新区企业单位增加值综合能耗最低的是北京,为0.068吨标准煤。但是北京曾是环境污染的重灾区。北京生态环境持续向好离不开国家和地区的推动。北京市坚持植树造林,打赢碧水攻坚战,环保部门对污染企业也实行严格监管,使得排污情况得到了控制,生态环境方面取得明显成效。

分省(市、区)来看,2017—2021年有23个省份国家级高新区工业增加值综合能耗有所下降。其中,新疆工业企业万元增加值综合能耗始终排名第一,2021年数值是2.566吨标准煤/万元,与2017年相比下降了78%。可见国家级高新区重视生态环境建设,积极响应国家环境政策,贯彻落实发展理念。

表 21-5　2017—2021 年国家级高新区工业企业万元增加值综合能耗省份分布情况

(单位:吨标准煤)

省　份	2021 年	2020 年	2019 年	2018 年	2017 年
北京	0.068	0.138	0.128	0.121	0.120
天津	0.114	0.235	0.258	0.243	0.236
海南	0.119	0.093	0.093	0.113	0.122
上海	0.136	0.138	0.147	0.138	0.155
青海	0.144	0.150	0.169	0.142	0.143
江苏	0.232	0.249	0.274	0.290	0.365
安徽	0.285	0.264	0.352	0.347	0.443
吉林	0.366	0.389	0.452	0.426	0.460
山东	0.392	0.429	0.437	0.564	0.540
陕西	0.404	0.486	0.447	0.418	0.554
江西	0.407	0.377	0.550	0.565	0.411
河北	0.423	0.463	0.528	0.425	0.501
湖北	0.445	0.593	0.403	0.495	0.451
贵州	0.642	0.735	1.072	0.814	0.716
湖南	0.658	0.571	0.619	0.734	0.762
广东	0.288	0.278	0.264	0.322	0.204
重庆	0.290	0.210	0.292	0.341	0.106
云南	0.314	0.377	0.444	0.339	0.121
福建	0.341	0.340	0.347	0.375	0.355
广西	0.353	0.387	0.501	0.533	0.519
浙江	0.359	0.407	0.455	0.507	0.503
四川	0.360	0.449	0.498	0.489	0.506
河南	0.792	0.689	0.423	0.554	0.457
宁夏	1.079	1.544	1.640	1.392	1.455
山西	1.184	0.242	1.257	0.406	0.415
甘肃	1.268	1.381	1.561	1.285	1.192
辽宁	1.296	1.574	1.540	1.711	1.828
内蒙古	1.383	2.483	3.095	2.357	2.208
黑龙江	1.912	2.125	2.312	1.939	1.606
新疆	2.566	4.331	4.925	4.023	4.594

数据来源:《中国火炬统计年鉴》。

国家级高新区积极秉承绿色发展相关理念,坚持走创新、协调的发展道路。我国要想绿色发展,就要走新型的工业化道路,这条道路有利于科技价值、经济价值的提升,有利于营造出园区重视绿色低碳经济、促进绿色循环发展的良好氛围。

(二)不同类别的高新区工业企业万元增加值综合能耗情况

从不同类别国家级高新区来看,创新型特色园区和其他园区工业企业万元增加值综合能耗高于世界一流高科技园区和创新型特色园区,分别为0.527吨标准煤和0.694吨标准煤(图21-22)。同时,新升级高新区和非自创区园区工业企业万元增加值综合能耗也高于稳定期园区和自创区园区,分别为0.704吨标准煤和0.741吨标准煤。

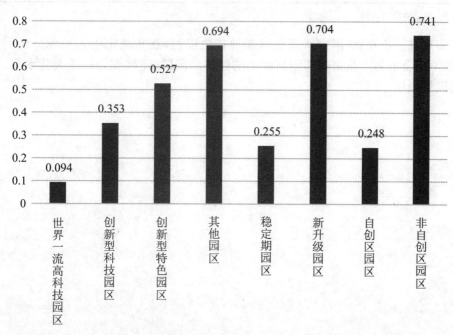

图21-22 2021年不同类别国家级高新区工业企业万元增加值综合能耗情况

数据来源:《中国火炬统计年鉴》。

(三)总体生态文明建设

区域经济要想可持续发展,就要构建美好的生态环境。近几年来,许多国家级高新区高度重视园区生态环境水平。例如,广州高新区就一直积极响应国家政策,建设生态文明,成功创立了广州市首个国家生态文明建设示范区;无锡高新区严格履行长江生态保护责任,积极提升治理长江污染区域责任;南昌高新区则从2021年开始每年下发绿色发展专项资金1000万元,这笔资金主要用于企业节能建设循环利用资源等方面。相关数据表明,截至2021年底,获批建设国家生态示范区的数量为23家(表21-6)。

国家级高新区贯彻落实绿色发展理念、积极执行国家制定的相关绿色政策,创新培育相关机制,以进一步减少污染物排放和资源消耗。同时,国家级高新区不断完善绿色制造体系,推动绿色产业发展,积极普及环境友好型生活方式,努力培育出一批具有较高影响力的绿色发展示范园区和绿色技术领先企业。

表 21-6 获批国家工业示范园的国家级高新区

常州高新区	江阴高新区	无锡高新区
赣州高新区	昆山高新区	武进高新区
天津高新区	南京高新区	萧山高新区
珠海高新区	宁波高新区	徐州高新区
株洲高新区	青岛高新区	长沙高新区
肇庆高新区	上海张江高新区	苏州工业园
沈阳高新区	苏州高新区	

数据来源：国家统计局官网。

为了实现进一步发展，国家级高新区需要持之以恒，逐步奠定生态基础。在不久的将来，高新区不仅会成为产业集聚和创新驱动的经济示范区，还将成为一道天蓝水清、百姓幸福的美丽风景线！

第二十二章 创新的国际化评价

本章主要进行高新区创新的国际化评价。在经济全球化的背景下,高新区作为我国对外开放的一大窗口,必须坚持推动高水平开放,提升自身国际化水平和国际竞争优势。本章分析了高新区创新的国际化评价的必要性及意义、评价方法,并从国际创新活动、国际创新人才、国际创新产出三个维度对高新区创新的国际化进行评价。

第一节 创新的国际化评价概述

创新是引领发展的第一动力,开放是国家繁荣发展的必由之路。作为新兴经济体,中国的企业技术创新能力相对而言较为薄弱,需要坚持对外开放,加强国际合作,获取越来越多的外部知识,增强自身的技术创造能力,在当前多变的国际经济形势中找准发展之路。

数据显示,2021年高新区外资研发机构数量为4568家,有外籍专家1.6万人;根据中国海关统计快讯报道,2021年中国高新技术产品出口额为63266亿元人民币,占全国外贸出口比重高达21.5%;高新区当年实际利用外资金额为7015.8亿元人民币,同比增长65.0%;截至2021年底,高新区企业境外授权发明专利数量为18.9万件,境外注册商标数量为14.5万件。

种种数据表明,经过30多年的探索与发展,高新区一直致力于"引进来"与"走出去"相结合,已然成为我国经济增长的推动力和对外开放的重要窗口。虽然近年来受新冠疫情影响,全球经济下行,但国家级高新区始终坚持构建"两个循环"新发展格局,为创新的国际化和国家经济的恢复做出了巨大贡献。

一、创新的国际化评价原因及意义

高新区创新的国际化是指高新技术产业园区通过与国际接轨并融合,实现创新的过程。园区内的各类主体通过国际交流与合作,例如设立研发机构、进行项目开发、开展企业并购等,有效整合和利用全球范围内的创新创业资源,从而提升高新区自身的创新能力和国际竞争水平。

随着全球化进程的加快,我国实施了一系列重大国际化战略,如"一带一路"倡议、人民币国际化战略等。实践证明,在全球化时代,要想提升竞争力,仅仅局限于自己的圈子而不与外界交流互动是行不通的。国家级高新区要立足全球化的阶段性特征,面向全球开展创新活动、深化技术交流、加强国际合作、集聚创新资源、拓展国际市场,以此来提升创新能力和技术水平,吸引外资和人才流入。

2022年10月，习近平总书记在党的二十大报告中指出：要坚持对外开放的基本国策，毫不动摇地坚持互利共赢的开放战略，全力推进高水平的对外开放，努力打造具备国际化一流标准的营商环境。2022年11月，科技部发布《"十四五"国家高新技术产业开发区发展规划》，其中强调了高新区发展的九大重点任务，在这些任务中，与本章内容密切相关的有"深化园区开放合作"，包括"集聚国际高端创新资源""推进高水平'走出去'""深度融入共建'一带一路'"等路径及政策。高新技术领域面临日益激烈的全球竞争，只有通过创新的国际化，实现与国际先进水平的接轨与融合，才能在竞争中保持优势并获得更多商机，在全球创新体系中发挥更大的作用，实现可持续发展和长期竞争优势。

高新区创新国际化评价的必要性在于帮助其适应在全球化环境中的竞争压力，提升创新能力和技术水平，拓展海外市场和商业机会，推动技术标准和规范的高效应用以及吸引和培养高端人才。

首先，通过对高新区创新国际化进行评价，有利于了解高新区创新的国际化政策实施的效果，从而为相关政策的优化调整提供参考。

其次，评价过程中可以发现创新国际化中存在的问题，以便及时制定措施解决问题，确保高新区创新国际化的顺利进行。

再次，评价过程的透明公开有助于建立政府以及相关机构的公信力，增强投资者的信心，从而推动高新区可持续发展。

最后，通过对创新国际化的评价，可以促进各地高新区、企业和机构之间的经验交流，以评价结果为基础，学习创新国际化水平领先的高新区的发展经验，从而提升整体的国际竞争优势。

二、创新的国际化评价方法

在《国家级高新区创新能力评价指标体系》中，除了本篇前四章所述内容之外，还涵盖"创新的国际化评价"，该指标权重为10%，下分5个二级指标，分别为内资控股企业设立的境外研发机构数量、企业委托境外开展研发活动费用支出、从业人员中外籍常驻人员和留学归国人员占比、内资控股企业万人拥有欧美日专利授权数量及境外注册商标数量以及出口总额中技术服务出口占比。本章节将其归纳为国际创新活动、国际创新人才以及国际创新产出三个方面进行高新区创新的国际化评价。

本章的数据来源为《中国火炬统计年鉴》《国家级高新区创新能力评价报告》以及部分手工补充整理的数据，将从横向、纵向两个角度对比分析各区域、各省份高新区创新国际化水平，从时间、空间两个维度把握和评价我国高新区创新的国际化发展。

三、创新的国际化评价内容

（一）创新的国际化评价指标

本章节借鉴科技部发布的《国家高新技术产业开发区创新能力发展报告》中关于创新的国际化的评价指标，结合高新区国际化的创新发展，将其归结成国际创新活动、国际创新人才、国际创新产出三个维度，具体指标见表22-1所示。

表 22-1 创新的国际化评价指标

一级指标	二级指标	具体指标
创新的国际化	国际创新活动	内资控股企业设立的境外研发机构数量
		企业委托境外开展研发活动费用支出
	国际创新人才	从业人员中外籍常驻人员和留学归国人员占比
	国际创新产出	内资控股企业万人拥有欧美日专利授权数量及境外注册商标数量
		出口总额中技术服务出口占比

国际创新活动：考察高新区在境外开展研发活动的情况，高新区是否能主动参与国际合作与交流，在境外设立相关机构进行创新，促进创新创业资源的跨国流动和共享。主要指标包括内资控股企业设立的境外研发机构数量、企业委托境外开展研发活动费用支出，反映园区企业对境外研发活动的重视程度以及投入情况。

国际创新人才：评估高新区的人才引进和培养情况，高新区是否能吸引和培养具有国际背景和视野的创新创业人才，主要指标有从业人员中外籍常驻人员和留学归国人员占比情况。创新人才是创新活动不可或缺的关键要素，而国际创新人才拥有国际化创新思维与能力、国际化背景与视野以及国际资源与平台，对本土的创新国际化提升具有重要作用。

国际创新产出：反映企业用自主知识产权对外提供服务、参与国际竞争，从而提升国际竞争力和国际化水平的能力。评估高新区是否具有知识产权意识，发挥自身创新能力进行技术发明与优化，主要包括内资控股企业万人拥有欧美日专利授权数量及境外注册商标数量、出口总额中技术服务出口占比和营业收入中高新技术企业的出口总额占比等指标。

（二）创新的国际化总体情况

如图 22-1 所示，2017—2021 年高新区创新的国际化指数由最初的 341.9 点上升到 2021 年的 642.2 点，达到 5 年间峰值，这不仅反映出高新区创新的国际化程度不断提升，而且在跨国合作、技术交流以及国际市场拓展方面取得了积极的成果，同时还表明高新区具备了吸引和承接国际创新资源的能力，有益于提升高新区企业的科技创新水平。

分区域来看，2021 年东北、中部、东部及西部地区高新区创新的国际化加权增长率从高到低依次为 32.3%、23.8%、11.2%、7.0%，东北地区加权增长率最高，中部地区逐渐赶超东部和西部地区，超过平均值 11.6 个百分点，东部和西部地区的加权增长率均低于平均值。

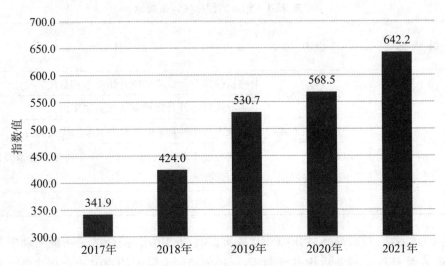

图 22-1　2017—2021 年高新区创新的国际化指数

数据来源:《中国火炬统计年鉴》。

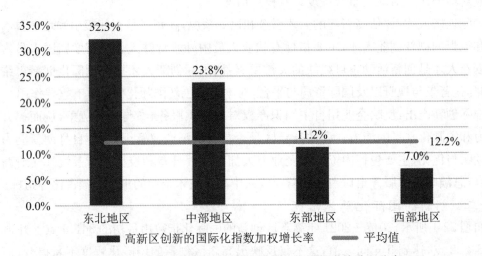

图 22-2　2021 年高新区创新的国际化加权增长率的地区分布

数据来源:《中国火炬统计年鉴》。

第二节　国际创新活动评价

高新区的国际创新活动可以通过多种形式开展,如国际技术交流、创新项目合作、创新投资合作等等,本节主要评价企业在境外设立研发机构以及研发费用支出情况。

研发与创新具有紧密的联系,两者相辅相成。研发是创新的基础,通过研发不断地挖掘新的想法和技术,为创新提供充分的支撑。创新驱动促进研发,新的市场需求驱使企业和机构研发新的产品、服务来满足这些需求,在创新的成果得到应用后,往往会带来新的挑战与需求,从而进一步推动研发的持续进行,形成一个良性循环。因此,本节选取与研发相关的指标对高新区国际创新活动进行评价,企业通过研发为新的知识和技术夯实基础,从而提高自身的创新能力,而在境外设立研发机构、加大研发投入力度,有利于与国际资源进行整合,提升高新技术产业园区创新的国际化水平与国际优势。

一、境外研发机构设立评价

境外的研发中心能够协助企业更有效地获取销售渠道,吸纳顶尖人才,了解当地市场需求,追踪全球先进技术,把握行业发展趋势。高新区积极响应国家高质量开放的号召,引导高新技术企业开展境外投资,随着全球化和科技创新的不断发展,越来越多的内资控股企业为了获得全球创新资源、开拓国际市场、获取跨文化的创新能力,在境外设立研发机构。

如图22-3所示,2017—2021年,内资控股企业在境外设立研发机构的数量步步攀升。2020年,内资控股企业境外研发机构数量的增速下跌超18个百分点,不敌以往,但是,总体数量依旧保持增加态势。在2021年,内资控股企业设立境外研发机构数量增长率回升,达1628家,为2017年的2.1倍,同比增长16.8%。这显示出高新区在全球性公共事件发生时,仍然能够稳中求进,发挥自身优势,立足新发展格局,积极融入国际市场,实现创新的国际化发展,为我国经济复苏贡献了巨大力量。

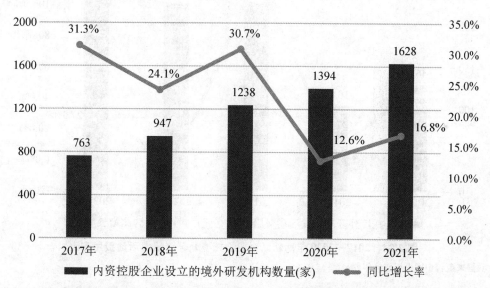

图22-3　2017—2021年内资控股企业设立的境外研发机构数量及增长率

数据来源:《中国火炬统计年鉴》。

二、境外研发活动支出评价

境外研发活动支出评价的衡量指标为"企业委托境外开展研发活动费用支出"。高新区内的企业可以通过与境外科研机构、高校、研究所、技术服务机构或其他企业进行合作,共同开展研发项目,企业委托境外开展研发活动具有重要的意义。

第一,获取创新技术和专业知识,引进国际化视野和创新思维。企业通过与境外的科研机构、高校等进行合作,可以获得创新技术和专业知识,使得企业自身研发水平和技术实力得到提高,创新能力也会得到增强。

第二,分担研发风险与成本,加快研发进度。通过与海外合作伙伴共同承担研发项目的费用与风险,利用其现有的资源与能力,可以降低单独研发带来的负担,提高研发效率。

第三,拓展海外市场和客户资源,构建全球化研发网络。高新技术企业通过与境外合作伙伴开展合作,能够更加深入地了解和适应国际市场各种各样的需求,为目标国家和地区提供符合本地需求的产品与服务,通过跨国合作建立广泛的国际研发关系网。

根据图 22-4 所示的数据,2017—2021 年,高新区企业对境外研发活动的费用支出呈现出稳步增长的趋势,尤其是在 2019 年,高新区企业委托境外进行研发活动的费用支出同比增长了 118.9%。然而,在 2017—2019 年,国家级高新区的数量并未增加,说明高新区在 2018 年以来更加注重全球化发展,不断加大对境外研发活动的投入力度,充分利用全球范围内的优质资源和市场机会,深化了高新区企业与境外机构或合作伙伴之间的合作关系,有助于培养跨文化合作和创新能力。

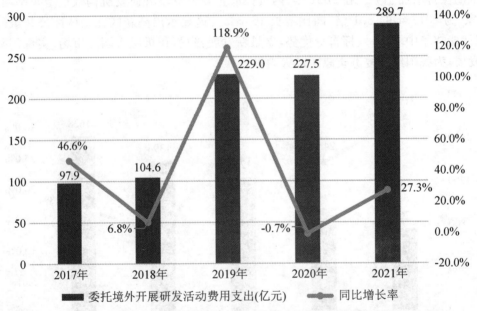

图 22-4 2017—2020 年高新区企业委托境外开展研发活动费用支出

数据来源:《中国火炬统计年鉴》。

在高新区企业委托境外开展研发活动的过程中,企业可以吸引和培养全球范围内的高级科学家、工程师和技术专家,提高企业的国际科技创新人才占比;高新技术企业委托境外企业开展研发活动可以更好地了解和适应目标市场的需求,开发适应国际标准的产品或服务,这有助于企业在全球市场中扩大市场份额并提高竞争力。

然而,高新区企业境外研发活动规模扩大的同时,也面临着一系列风险与挑战,如文化差异与交流困难、知识产权保护、合规风险、资金投入和经济风险、管理和远程协调困难等。因此,企业在开展境外研发活动时需要综合考虑利益和风险,并制定相应的策略和措施来确保项目的顺利进行和产出的有效利用。

三、区域国际化合作情况对比

合作是高质量发展的"必选题",产业的开放合作是实现多方共赢发展的重要条件,而协同则是开放合作的核心要素。高新区在发展过程中要以推动经济高质量发展为己任,明确自身的优势和劣势,不断加强与其他地区的合作,实现多方共赢发展。

（一）东部地区国际研发平台建设成果显著

高新区内资控股企业设立海外研发机构的数量存在区域分布不平衡的现象。如图22-5所示,2017—2021年,东部地区的高新区内资控股企业设立海外研发机构的数量始终处于领先地位,且增长幅度最大,2021年达到1172家,同比增长16.4%,占全国高新区整体比重为72.0%。

2021年,中部地区和西部地区海外研发机构的数量都有增加的趋势,唯有东北地区保持在36家的水平,占全国高新区整体数量比重低于5%,且相比2019年有所下降。日后,东北地区应注重破解高新区内资控股企业设立海外研发机构存在的难题,优化激励机制,加强国际化建设,形成国际竞争的意识与格局,不仅要促进高新区的国际化创新发展,而且要注重区域协调。

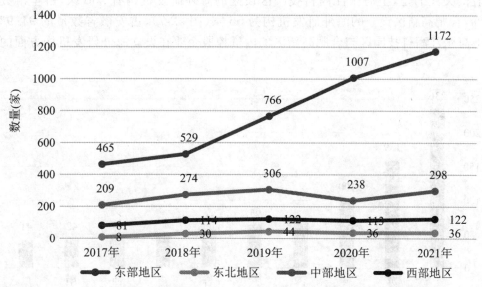

图22-5　2017—2021年高新区内资控股企业设立海外研发机构的地区分布情况

数据来源:《中国火炬统计年鉴》。

在省份层面,2021年,高新区内资企业设立海外研发机构数量超40家的省份有11个,最高的属江苏省,达到了339家,其中,苏州工业园区有159家,占全省数量的46.9%。其次是广东省、上海市,分别为298家、237家。山东省和湖北省持平,均为111家（图22-6),其余省份高新区内资企业设立海外研发机构数量均在100家以下。可见,各省份之间高新区内资企业设立海外研发机构数量分布断层现象较为明显。

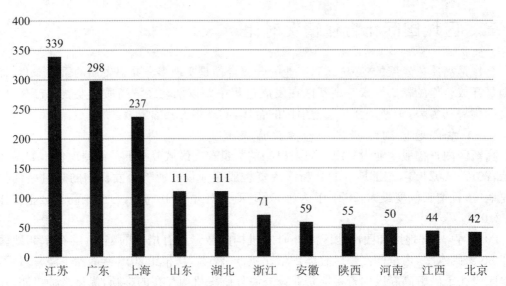

图 22-6　2021 年高新区内资企业设立海外研发机构数量超 40 家的省份分布情况

数据来源:《中国火炬统计年鉴》。

值得关注的是,上海张江高科技园区设立的海外研发机构有 236 家,占全市数量的 99.6%,合肥高新区设立的海外研发机构为 56 家(图 22-7),占安徽省数量的 94.9%,显示出上海张江高科技园区与合肥高新区的内资控股企业在设立海外研发机构方面的领先能力。

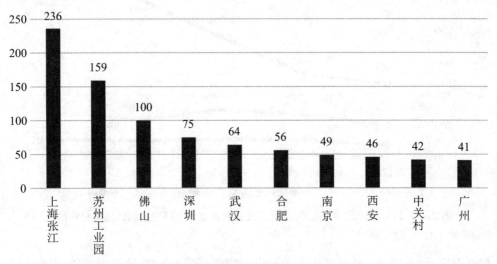

图 22-7　2021 年内资控股企业设立的境外研发机构数量超 40 家的高新区

数据来源:《中国火炬统计年鉴》。

(二) 委托境外开展研发活动费用支出逐渐增加,东部地区发展迅速

从地区分布层面看,2017—2021 年,东部地区高新区企业委托境外开展研发活动费用支出遥遥领先,增长比较迅速,尤其是 2020 年突破了 200 亿元大关。2021 年,东部地区高新区企业委托境外开展研发活动费用支出为 231.1 亿元(图 22-8),占全国整体比重高达 79.8%。

其他三个地区的占比均在 10% 以下,其中,东北地区增速最快,达 17.9%,说明东北地区在 2021 年虽然设立境外研发机构数量虽然没有增加,但委托境外开展研发活动力度加大,且费用支出超过疫情之前的水平。

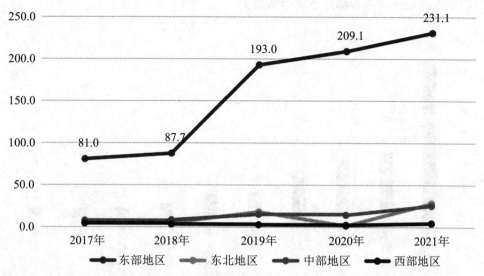

图 22-8　2017—2021 年高新区企业委托境外开展研发活动费用支出(亿元)地区分布情况
数据来源:《中国火炬统计年鉴》。

2021 年高新区企业委托境外开展研发活动费用支出超过 5 亿元的省份有 9 个,其中,广东省的数值高达 129.33 亿元(图 22-9),约是排名第二位上海的 3.6 倍,是排名第九位河南的 23.5 倍多。可见,广东省高新区企业对创新的国际化发展投入的强度比其他地区要大得多,也印证了其在国际化创新发展方面的能力与潜力。

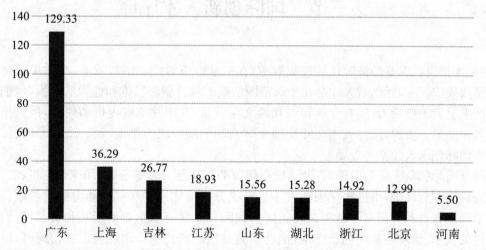

图 22-9　2021 年高新区企业委托境外开展研发活动费用支出(亿元)超过 5 亿元的省份分布情况
数据来源:《中国火炬统计年鉴》。

结合具体园区,广东省的高新区当中,深圳高新区和东莞高新区委托境外开展研发活动费用支出排名较为靠前,总计118.6亿元,占整个广东省的91.7%,上海市的高新区委托境外开展研发活动的主力军是上海张江高科技园区,其他省份对委托境外开展研发活动费用支出贡献较大的高新区基本都处于省会城市。

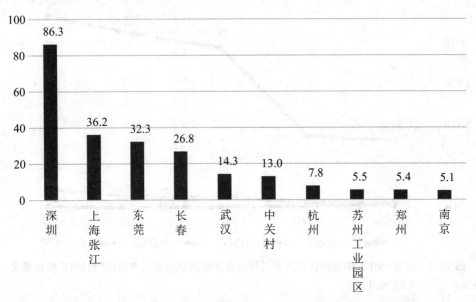

图 22-10　2021年企业委托境外开展研发活动费用支出(亿元)超过5亿元的国家级高新区
数据来源:《中国火炬统计年鉴》。

第三节　国际创新人才评价

"人才投资在农业经济时代是加数效应,在工业经济时代是倍数效应,在知识经济时代则是指数效应"。国际创新人才是在全球范围活跃的具备创新思维和能力的个人,他们往往能够产生重大的影响力,拥有专业知识和跨文化背景,在国际范围内推动创新,促进技术交流。人才是第一资源,国际人才能够推动全球高端创新资源的集聚,对一个国家而言,吸引和培养国际创新人才至关重要。

通过国际创新人才的引进,有助于增强国家的创新能力和竞争力,加速创新进程。高新区作为科技创新高地,引进国际创新人才是其提升国际化水平和创新能力的重要途径。海外留学归国人员和外籍常驻员工对高新区的国际化发展有着重要的影响和贡献,他们带来了先进的技术、管理经验和创新思维,推动了高新区的科技进步和经济发展。同时,他们也丰富了高新区乃至全国的文化多样性,促进了国际交流与合作。

因此,本节通过分析高新区企业从业人员中海外留学归国人员和外籍常驻员工所占比重,对高新区国际创新人才进行评价,体现园区对全球人才的吸引力。

一、国际创新人才结构评价

国家级高新区以全球创新资源为核心,通过集聚、整合和利用,不断加强科技创新的开放合作,吸引了大批海外高层次人才来创办和经营企业。

高新区企业从业人员中海外留学归国人员和外籍常驻员工所占比重整体呈上升态势,从2017—2021年间增加了11.21万人(图22-11),增速达55.00%。虽然2019年受疫情影响增速略微放缓,但是在2020年逆势回升。可以看出,由于彼时全球疫情状况的不确定性、不稳定性增强以及复杂严峻的国际经济环境等多方面因素的影响,海外留学归国人员的比重有所增加,外籍常驻员工的比重降低。

图22-11　2017-2021年企业从业人员中留学归国人员和外籍常驻员工占比

数据来源:《中国火炬统计年鉴》。

如图22-12所示,分地区来看,东部地区凭借其经济发展水平及资源优势吸引了大批国际创新人才,占比水平已处于高位。2017—2021年,东部、中部地区国际创新人才占比稳步上升,东北地区先出现了一波下降,而后在2021年回升到1.02%,西部地区则经历了小幅上升之后回到了2017年的占比水平。

2019—2021年,高新区外籍常驻人员逐步递减,占所有国际创新人才的比重跌破20%。聚焦2020年,只有海外留学归国人员的占比同比增长6.2个百分点,外籍常驻员工和引进外籍专家均呈负增长,在疫情好转之后,引进外籍专家数量同比增长14.2%,增长态势比较迅猛。

整体而言,海外留学归国人员是国际创新人才的主力军,其占比均超过60%,这些人员通常具备较高的教育水平和专业技能,他们通过在国外的学习和经验积累,为国家的科技、经济和社会发展做出重要贡献。外籍专家占比在2021年增长了14.2个百分点,达到3年来最高水平,他们在高新区的工作范围广泛,涵盖了科研、技术研发、创业支持等领域。外籍专家包含高新技术企业的技术顾问或研发人员,还有在高校或研究机构从事教学和科研工作的人员,他们的专业领域涵盖信息技术、生物科技、新能源等多个领域。外籍专家的加入提高了高新区的科研力量和国际化水平,有利于推动高新区的国际化发展。

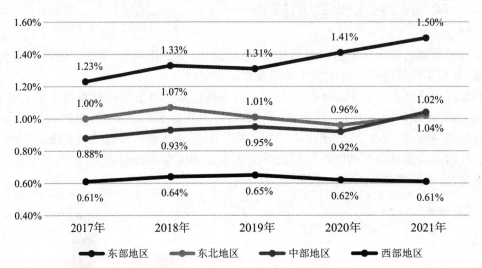

图 22-12　2017—2021 年国际创新人才占比

数据来源:《中国火炬统计年鉴》。

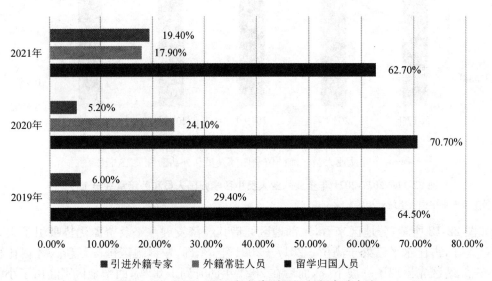

图 22-13　2019—2021 年各类型国际创新人才占比

数据来源:《中国火炬统计年鉴》。

科技部火炬中心发布的《中国火炬统计年鉴》中统计了国有企业、集体企业、股份合作企业等 9 种不同注册类型的企业从业人员中国际创新人才的数据,如图 22-14 所示,本节根据科技部火炬中心的数据整理成可视化图表。

2021 年,在有限责任公司、外商投资企业从业人员中,海外留学归国人员和外籍常驻员工人数之和分别为 76989 人、65053 人,两者处于较高水平,其中,有限责任公司中海外留学归国人员和外籍常驻员工人数达到高新区全部国际创新人才的四分之一;私营企业、港澳台投资企业、股份有限公司以及国有企业中海外留学归国人员和外籍常驻员工人数均不及 5 万人;集体企业、股份合作企业、联营企业中,海外留学归国人员和外籍常驻员工人数之和为 1155 人,占所有海外留学归国人员和外籍常驻员工人数的 0.38%,占比非常之低。

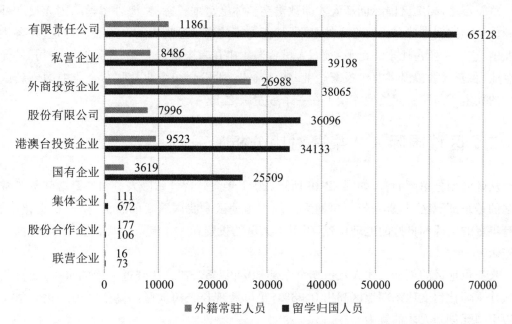

图 22-14　2021 年不同注册类型企业从业人员中留学归国人员和外籍常驻员工人数

数据来源：《中国火炬统计年鉴》。

图 22-15 所示为不同注册类型企业所有从业人员中海外留学归国人员和外籍常驻员工人数占比，占比最高者为外商投资企业，外商投资时可能会出于技术保护、技术交流等原因而采取本国人员投入等方式，将国际人才引进到国内企业，由图中对比可知，外商投资企业中海外归国人员要比外籍常驻员工多。

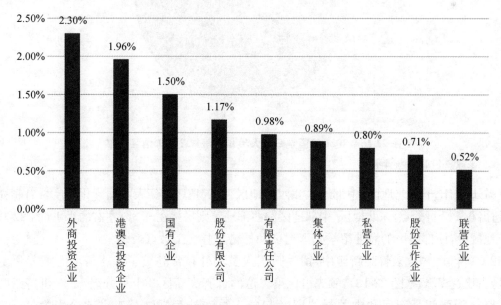

图 22-15　2021 年不同类型企业从业人员留学归国人员和外籍常驻员工人数占比

数据来源：《中国火炬统计年鉴》。

总而言之,高新区国际创新人才的数量在整体上呈增长态势,海外留学归国人员和外籍常驻员工的比例维持在比较稳定的水平,外籍专家的比重显现出上升趋势。但是,在各类型企业中,这三者所占比重缺乏平衡性,人员普遍集中在有限责任公司、股份有限公司、外商投资企业、私营企业以及港澳台投资企业,集体企业、股份合作企业及联营企业中国创新国际人才的数量与前述企业类型完全不在一个数量级之上。

二、区域国际人才集聚对比分析

从区域划分角度而言,如图 22-16 所示,2021 年海外留学归国人员和外籍常驻员工数量最多的是东部地区,其次是长三角地区。长三角地区是我国重要的经济、交通和文化中心,拥有丰富的资源和良好的地理位置,吸引了大量的投资和人才流入,包括上海、江苏、浙江以及安徽。

长三角地区的创新人才人数占整个东部地区的 45.51%,达到近一半的水平,而且其创新人才国际化程度比东部地区高出 0.03%,足以展现长三角地区的高新区国际化竞争实力与吸引国际创新人才的魅力。

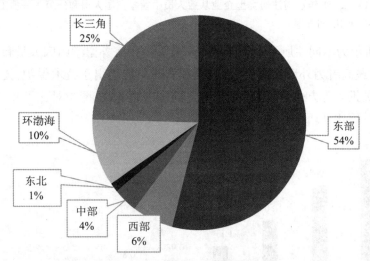

图 22-16　2021 年留学归国人员和外籍常驻员工地区分布

数据来源:《中国火炬统计年鉴》。

另外,相比于东北地区、中部地区和西部地区,东部地区创新人才国际化程度具有领先优势,超出 0.4 个百分点,东北地区、中部地区和西部地区则保持在 0.3% 左右的水平(图 22-17)。三个地区中,西部地区的海外留学归国人员和外籍常驻员工数量最多。

2021 年,我国代表性高新区中,留学归国人员和外籍常驻员工占比最高的是苏州工业园区,占比达 7.3%(图 22-18),领先占比第二位的合肥高新区 3 个百分点,是广州高新区的7 倍多,上海张江高新区和中关村的留学归国人员和外籍常驻员工占比分别为 2.7% 和 2.2%,其余 6 个高新区占比均在 2% 以下。

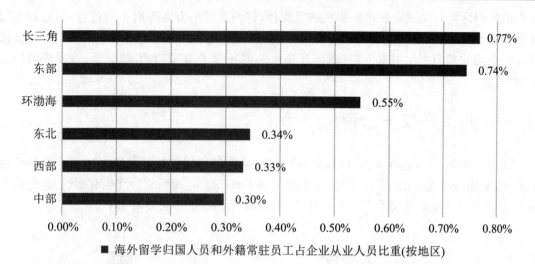

图 22-17 2021年留学归国人员和外籍常驻员工占企业从业人员比重地区分布

数据来源：《中国火炬统计年鉴》。

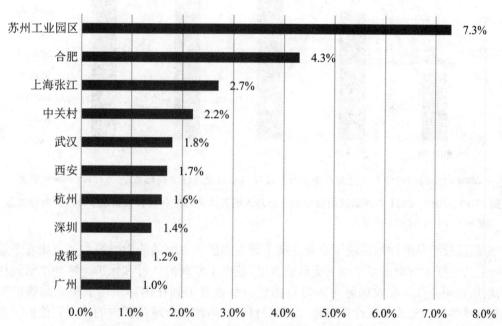

图 22-18 2021年我国代表性高新区留学归国人员和外籍常驻员工占比

数据来源：《中国火炬统计年鉴》。

第四节 国际创新产出评价

国际创新产出是指在跨国合作和国际交流中产生的创新成果，高新区在国际交流过程中，园区企业为了开拓国外市场，确保企业知识产权在国际范围内得到保护，通常会申请境外商标及发明专利，从而在国际市场上建立品牌形象并保护自身权益。另外，高新区技术服务出口是园区向其他国家或地区提供技术支持、咨询及解决方案等服务的过程,通过技术服务出口,企业可以在国际市场上获得更多的经验积累,以自主知识产权为基础,向境外提供高度专业化的知识密集型服务,从而提升企业的国际竞争力,扩大市场份额,并促进国际技术交流。

一、知识产权产出评价

2017—2020 年,高新区内资控股企业拥有欧美日专利授权数量及境外注册商标数量稳中有进,呈递增状态,尤其是在 2018 年涨幅达到了 89.96%,而后年份涨幅有所收紧,但数量保持增加,在 2021 年达到了 131.3 万件(图 22-19),是 10 年来的最高水平。

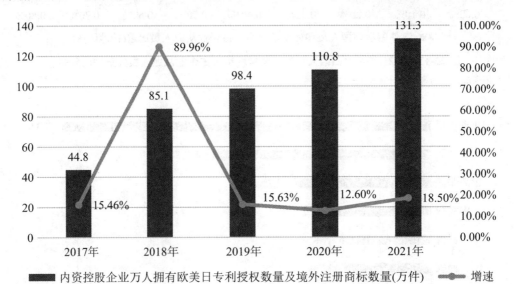

图 22-19 2017—2021 年高新区内资控股企业万人拥有欧美日专利授权数量及境外注册商标数量
数据来源:《中国火炬统计年鉴》。

专利授权数量的增加反映了企业在技术研发和创新方面的能力增强。这意味着企业在产品、工艺或技术方面取得了新的突破或改进,获得了专利的认可和保护。境外注册商标数量的增加表明企业正在对国际市场进行拓展。企业意识到在国际市场上建立品牌的重要性,通过在多个国家或地区注册商标,以保护自己的品牌在全球范围内的使用和价值。企业通过积极申请专利和注册商标,可以巩固自己在市场上的地位,吸引投资和合作伙伴,进一步推动业务发展。

由图 22-20 可知,2017—2021 年,高新区境外授权发明专利、拥有境外授权专利以及拥有欧美日专利数量增速均超过 400%,其中,拥有境外授权专利数量几乎呈 45 度角直线上涨。相比之下,申请国际 PTC 专利、申请欧美日专利、授权欧美日专利数量略有上升,增幅较小。

2021 年,高新区内资控股企业拥有境外授权专利、拥有欧美日专利、境外授权发明专利均超过 10 万件,分别为 175241 件、131221 件、114291 件,除了境外授权发明专利以外,区域国际专利数量占比均超 80%,说明内资控股企业成为国际专利产出的主力军。

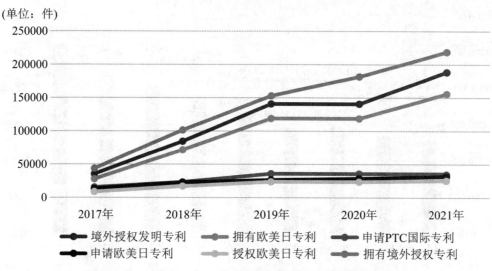

图 22-20 2017—2021 年国家级高新区企业境外知识产权情况

数据来源:《中国火炬统计年鉴》。

需要说明的是,仅仅通过专利申请及注册商标的数量分析往往具有一定局限性。关于高新区企业的国际创新产出,还要结合专利和注册商标的质量以及与企业战略的适应性进行综合考虑。

二、国际贸易交流评价

高新区企业积极参与境外资本市场,在境外上市、融资,同时鼓励外商投资,开展招商引资活动,吸引了大量国际资本。2017—2021 年,高新区实际利用外资金额逐年上升,其中 2021 年同比增长 61.0%,相较于 2017 年增加了 3711.5 亿元,达到 7015.8 亿元新高度(图 22-21)。

数据来源:《中国火炬统计年鉴》。

高新区积极推动企业开拓利用国际市场,加快调整优化出口贸易结构,重点发展高附加值高技术产品和技术服务产业。企业参与国际贸易水平不断提高,高新技术产品和技术服务出口势头强劲。

高新区出口的主要产品和服务主要有以下几种:

(1)高新技术产品:高新区通常是高科技和创新产业的聚集地,这些区域主要出口各类高新技术产品。这包括电子产品(如智能手机、电脑、平板电脑)、通信设备、先进制造设备、医疗设备、半导体产品、生物技术产品等。

(2)软件和信息技术服务:高新区可能有很多软件开发和信息技术服务企业,这些企业通过出口软件和相关服务来获取收入。

(3)知识产权和技术服务:高新区可能具有丰富的技术专长和知识产权,可通过出口技术咨询、技术转让和知识产权服务来获取收入。这包括专利审查和注册、技术咨询、技术培训、技术转移等。

(4)研发和设计服务:高新区可能设有研发和设计中心,为国内外客户提供研发和设计服务。这包括产品设计、工程设计、模型制作、创意设计等。

(5)专业咨询和工程服务:高新区通常有一些专业咨询和工程服务公司,这些公司为企

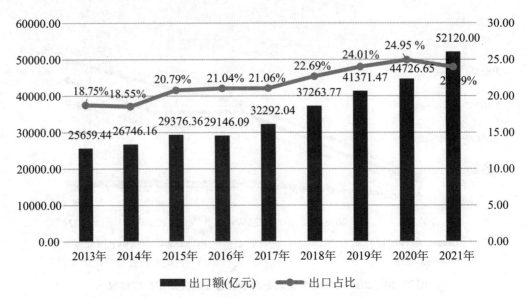

图 22-21　2017—2021 年高新区当年实际利用外资金额及占全国比重

业提供管理咨询、市场研究、工程项目管理等服务。

但是，各个高新区用于出口的产品和服务会因其特色产业不同而有所区别，因此，全国 169 家国家级高新区（截至 2021 年底）致力于打造具有自身特点的特色产业，增强自身产品和服务的竞争力，增加出口产品和服务的多样性，根据实际情况不断调整、优化出口贸易结构，使高新区的产品和服务走向全球，走向世界。

高新区的国际贸易规模不断扩大，"十三五"期间，高新区技术服务出口总额逐年攀升，到"十三五"末年达到 2916.0 亿元，占高新区出口总额的 6.5%，2021 年作为"十四五"的开局之年，高新区技术服务出口总额突破 3000 亿元大关，增速达 6.4%（图 22-22），技术服务出口总额占高新区出口总额的比重与 2020 年持平，整体而言呈上升态势。

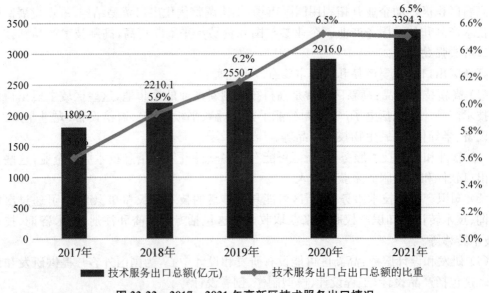

图 22-22　2017—2021 年高新区技术服务出口情况

数据来源:《中国火炬统计年鉴》。

高新区在技术服务出口方面表现积极,其创新能力与技术优势进一步显现。技术服务通常具有较高的附加值和较高的利润率,其出口额的增长有助于提升国家或地区的经济增长水平,并促进相关行业发展。技术服务包括软件开发、数据分析、网络安全、咨询和培训等领域,这些服务的需求与数字化经济的发展密切相关。另外,说明了国际市场对我国技术服务的需求和认可度在增加,有利于我国树立良好的国际形象,吸引更多高质量国际合作伙伴、国际人才与资源,促进技术交流与创新合作。

2017—2021年,高新区高新技术产品出口总额连年递增,在2021年首次突破了3万亿元,占高新区出口总额的比重总体呈先下降后上升的走势,2019年由于疫情原因占比最低,为56.8%(图22-23),但是在疫情最严重的2020年却逆势上涨,高新技术产品出口额的增长通常与经济增长和创新密切相关。这表明我国高新技术产业正在壮大和发展,并在全球市场中获得竞争优势。这种增长也可能反映了我国在研发、设计和生产高附加值产品方面的成功。

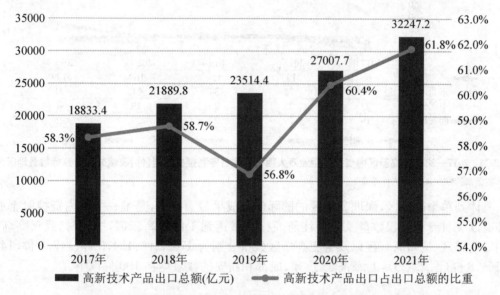

图22-23　2017—2021年高新区高新技术产品出口情况

数据来源:《中国火炬统计年鉴》。

总体来看,高新技术产品出口总额占出口总额的比重均高于55%,出口贸易的大部分份额被高新技术产品所占据。高新技术产品出口的增长为我国与其他国家之间的技术转移和合作提供了机会。国际市场的竞争和合作经验可以促进技术和知识的传播,促进创新和产业升级。通过与其他国家的合作,可以加强研发能力、提高产品质量和性能,并提高市场份额。而且,高新技术产品出口的增长意味着相关产业的需求增加,创造了更多的就业机会。高新技术产业通常需要高技能人才,因此增加了对专业人才和技术工人的需求,提高了他们的工资水平。

三、区域国际创新成果及出口情况对比分析

（一）东部地区领先优势明显，深圳高新区国际创新成果突出

地区层面，2017—2021年，东部地区高新区内资控股企业万人拥有欧美日专利授权数量及境外注册商标数量呈递增态势，中部、东北、西部地区变化不大，保持平稳状态。2021年东部地区高新区内资控股企业万人拥有欧美日专利授权数量及境外注册商标数量为199件（图22-24），领先其他地区，较上年增加30件，中部地区高新区小幅增长，西部地区有所下降，东北地区与上年持平。

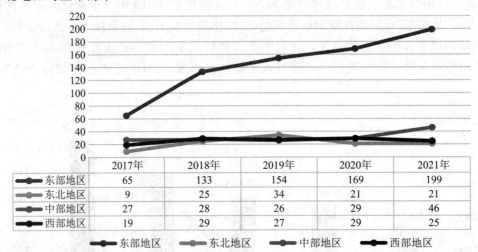

图 22-24　2017—2021年高新区内资控股企业万人拥有欧美日专利授权数量(件)及境外注册商标数量地区分布

数据来源：《中国火炬统计年鉴》。

具体到单个高新区，深圳高新区的国际创新成果最为突出，是唯一一家内资控股企业万人拥有欧美日专利授权数量及境外注册商标数量达到千件的高新区，中关村、武汉高新区、苏州工业园区、杭州高新区以及合肥高新区数量分别为176.2件、154.5件、147.6件、146.8件、104.8件（图22-25），上海张江、广州、成都和西安的数量均在100件以下。

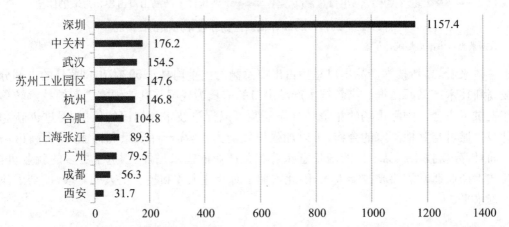

图 22-25　2021年我国高新区内资控股企业万人拥有欧美日专利授权数量及境外注册商标数量(件)地区分布

数据来源：《中国火炬统计年鉴》。

(二) 推动对外贸易交流，上海紫竹高新区成效显著

从地区层面而言，各地区高新区技术服务出口占出口总额比重均超过20%，最高的是东部地区，为46.60%，东北地区相对落后，长三角地区和环渤海地区发展较为平衡，占比分别为36.70%、35.70%（图22-26）。

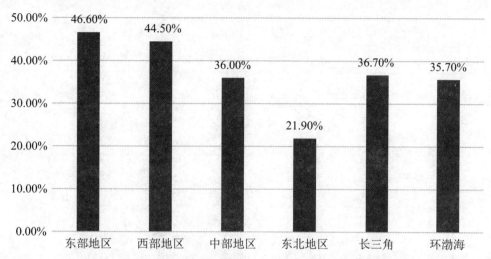

图 22-26　2021 年高新区技术服务出口占出口总额比重的地区分布

数据来源：《中国火炬统计年鉴》。

2021年，有14家高新区的技术服务出口占出口总额比重超过10%，上海紫竹高新区技术服务出口占出口总额比重高达51.2%（图22-27），领先排名第二位的延吉高新区17个百分点，约是上海张江高新区的5倍，对外贸易成果显著。

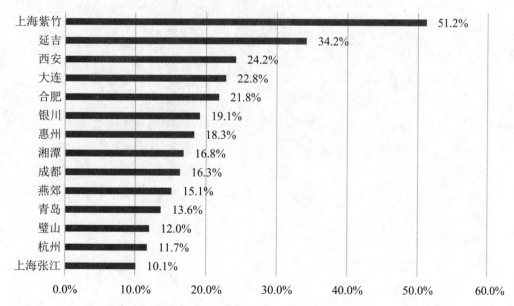

图 22-27　2021 年高新区技术服务出口占出口总额比例超 10% 的高新区

数据来源：《中国火炬统计年鉴》。

第五篇 案 例 篇

第二十三章　上海张江高新区：全产业链体系建设案例分析

上海张江高新区全产业链体系建设作为中国国家级高新区的典范之一,展示了高新区建设的成功经验和实践。在这个案例分析中,我们将深入探讨上海张江高新区全产业链体系的建设历程、具体措施,并从内、外两个部分对其发展的动因进行分析,同时从三个主要方面对其全产业链体系建设的成效进行分析。通过对该案例的分析,我们可以了解全产业链体系建设在区域产业发展中的重要性以及推动产业链深度融合发展的有效策略。此外,本章对上海张江高新区全产业链体系建设未来发展方向提出建议,希望对其他高新区的发展有所启示。

第一节　上海张江高新区全产业链体系建设案例介绍

一、上海张江高新区全产业链体系具体内涵

（一）上海张江高新区全产业链体系建设的定义

上海张江高新区的全产业链体系建设是指该区在不断深化产业结构优化、创新驱动发展的战略指引下,通过构建完整、协同、高效的产业链生态系统,实现从科研孵化、技术研发到产品制造、市场应用的全方位覆盖和协同发展,以加强创新,提升价值链水平,促进产业集聚和协同发展。

首先,上海张江高新区全产业链体系建设的核心是创新驱动。通过加强科技创新,提升企业的技术水平和产品附加值,推动产业结构的优化升级。同时,鼓励企业加大研发投入力度,培育一批具有核心竞争力的创新型企业,为产业发展提供源源不断的动力。

其次,上海张江高新区全产业链体系建设注重产业链的协同发展。通过产业链上下游企业之间的紧密合作,实现资源共享、优势互补,从而降低生产成本,提高产业整体效益。同时,加强产业链与金融、物流、信息等服务业的融合,形成产业生态圈,为企业提供全方位的支持和服务。

再次,上海张江高新区全产业链体系建设强调产业集群效应。通过政策引导和市场机制,吸引和集聚一批具有相同或相似产业特点的企业,形成产业集群。产业集群的形成有助于降低企业间的交易成本,提高产业的整体竞争力,同时也有利于政府对产业的管理和服务。

最后,上海张江高新区全产业链体系建设关注人才培养和引进。通过加强与高校、科研

院所的合作,培养一批具有创新精神和实践能力的高层次人才,为产业发展提供人才保障。同时,通过引进国内外优秀人才,提升产业的整体技术水平和创新能力。

总之,上海张江高新区全产业链体系建设是一个系统性、全面性的工程,涉及创新驱动、产业链协同发展、产业集群效应和人才培养等多个方面。通过这一体系的建设,有望推动上海张江高新区产业的快速发展,为上海乃至全国的经济发展做出积极贡献。

(二)上海张江高新区全产业链体系建设具体特征

上海张江高新区全产业链体系建设具有以下几个具体特征:

(1)多元产业集聚:张江高新区的产业链体系涉及多个领域和行业,包括信息技术、生物医药、智能制造等。这种多元的产业集聚为区域经济的发展提供了广阔的空间和机遇,同时也增强了产业链的纵深性和完整性。

(2)技术创新导向:上海张江高新区全产业链体系建设始终将技术创新作为驱动力。高新区内的企业和科研机构致力于研发和应用新技术、新产品,推动产业链的升级与优化。技术创新成为整个体系的核心动力,带来了持续的竞争优势和市场突破。

(3)产学研深度融合:张江高新区注重产学研的深度融合,建立了紧密的合作机制。高等院校、研究机构与企业加强技术交流与合作,促进科技成果的转移与利用。产学研的深度结合,是张江高新区科技创新与产业链发展的重要支撑。

(4)协同效应:全产业链体系建设增强了上下游企业之间的协同效应。不同环节的企业通过合作与衔接,优化资源配置和劳动分工,推动产业链的高效运作。协同效应的形成提高了整个体系的竞争力和效率。

(5)服务支持:张江高新区在全产业链体系建设中提供了全方位的服务支持。包括政策支持、融资支持、创业孵化、人才引进等方面的服务,为企业的发展提供了有力支持和保障。

综上所述,上海张江高新区全产业链体系建设具有多元产业集聚、技术创新导向、产学研深度融合、协同效应和服务支持等具体特征。这些特征相互交织、相互促进,推动着产业链的完善和发展,提升了区域经济的竞争力和可持续发展能力。

二、上海张江高新区全产业链体系建设历程

上海张江高新区全产业链体系建设的发展历程可以分为以下几个阶段:

(一)初始阶段(1992—2000年)

在这一阶段,一方面,上海张江高新区积极引进高新技术企业,特别是电子信息、计算机软硬件等高科技产业,并引进了一些大型跨国公司的研发中心和生产基地,初步形成了以信息技术产业为主导的产业布局,为产业链的构建奠定了产业基础。另一方面,园区重点建设张江高科技园和张江生物医药园,提供高质量的基础设施和服务,吸引企业入驻。此外,政策文件《上海市张江高新技术产业开发区办法》于1993年发布,明确了地方政府在高新区发展中的职责与权力,为园区的建设和管理提供了有力支持。同时,园区设立科技企业孵化器,为初创企业提供孵化、培育和金融支持,促进创新创业氛围的形成。

(二)深化发展阶段(2001—2009年)

在深化发展阶段,上海张江高新技术产业开发区加大了对科技创新的投资力度,引进了高层次的研究机构,加强了企业之间的合作和交流,同时也培育了高新技术企业。《上海市

人民政府关于加强科学技术政策体系建设的意见》(2004年发布)提出了提高科技创新能力的目标，推动了园区创新的发展。统计数据显示，2004—2008年，张江高新区的创新投入持续增加，年均增长率达到20%以上，为构建全产业链体系奠定了基础。

（三）综合提升阶段（2010—2018年）

在综合提升阶段，张江高新区着力调整产业结构，旨在促进科技成果的转化、强化人才引进和培养以及优化人才配置。《上海市高新技术产业发展规划（2011—2020年）》提出了全面提升科技创新能力、加强创新引领作用的目标，为全产业链体系的健康发展提供了指导。通过加强人才引进培养、引进高水平科研机构、推动科技成果转化等措施，张江高新区不断完善产业链的各个环节，提升了综合创新能力。

（四）创新引领阶段（2019年至今）

在创新引领阶段，张江高新区强调加大创新驱动力度和强化科技创新平台的建设，并推进战略性新兴产业的发展。《上海市张江高新技术产业开发区发展总体规划（2016—2030年）》提出打造国家创新型科技产业核心区的目标。政策支持方面，上海市连续多年出台《科技发展专项资金管理暂行办法》等政策，增强对创新和创业以及科技成果应用的资助和支持。通过加强创新驱动、构建科技创新平台和培育战略性新兴产业，张江高新区不断提升全产业链体系的科技创新能力，推动着整个区域的发展。

通过各个阶段的政策引导和措施实施，张江高新区逐渐形成了完善的全产业链体系，吸引了众多优质企业和创新人才，为经济转型升级提供了重要的支撑和动力。

三、上海张江高新区全产业链体系建设具体措施

（一）精简高效的管理机构

张江高新区在管理机构方面采取了精简高效的措施，以提升工作效率和决策的灵活性。根据《上海市张江高新技术产业开发区管理条例》(2017年发布)，高新区设立了高级管理机构——张江高新区管委会，加强对园区内产业链发展的协调和引导作用。管委会通过优化行政服务、简化审批程序等举措，建立了更加完善的体系，促进各类主体在产业链中顺畅运行。

为更好地整合和确立国际科创中心、张江高新技术产业开发区、张江科学城的功能定位，上海市决定推动上海科创中心、张江科学城建设管理办公室等4个事业单位合而为一，实行"一套班子、四块牌子"，通过这样的体制安排，张江科学城实现了行政功能的整合，降低了行政层级，进而提升了行政效能，更好地服务于张江综合科学中心的建设。

（二）多元化的投融资渠道

张江高新区致力于构建一个从科技研究和开发到成果实际应用的创新链条，以实现高质量和专业化的科技服务体系。为了加强金融对科技创新的支持，其鼓励国内外的投资机构聚集张江科学城，鼓励外国投资者尝试股权投资企业，支持国家风险投资机构在科技创新领域发挥更加突出的作用。同时，鼓励商业银行进一步扩大知识产权质押融资、专利商标保险等业务范围，在张江科学城开设科技金融专营部门。支持企业列入科技创新名单，建立后备企业数据库。同时，针对中小企业融资难的问题，园区相继推出孵化贷、基金贷、张江中小企业集合票据等一系列金融产品。

（三）日益成熟的孵化器建设

双创孵化优势明显。2004年张江创办的药谷平台，在生命科学领域培育了450多家优秀创新企业，380多家企业成功毕业并迁出，君实生物、之江生物等上市新贵均出自其中。成功的"孵化器"模式也引来众多生命科学产业园的模仿和学习，例如苏州BioBay也建立起了百拓这一孵化平台。目前，张江高新区已与以色列、新加坡、俄罗斯等国家建立了多个国际知名创业服务组织落户的合作项目，包括"中以创新中心""中新创新中心""中俄联合孵化器""Intel众创空间加速器"和"阿里云创客基地"等。此外，在美国硅谷以及以色列的特拉维夫、海法等地也设立了海外孵化基地，进一步扩大了国际合作的范围。通过与跨国公司如GE、英特尔、微软等合作，张江还成功打造了"跨国企业联合孵化器"的平台，吸引了许多国内外知名孵化器入驻，如Play&Plug、Microsoft、阿里等。这种合作模式拓宽了孵化领域的范畴，涵盖机器人、工业4.0、智慧医疗等前沿领域，同时也延伸至传统领域如集成电路和生物医药等。不仅如此，张江在创业孵化链条上构建了一个完整的生态系统，包括"众创空间、创业苗圃、孵化器、加速器"等各个环节，为初创企业提供全方位的支持和服务。此外，张江还积极推动跨境合作，计划与美国、韩国和澳大利亚共同举办跨境路演，帮助园区内的初创企业向全球开放市场，这种国际化的合作与拓展为创业者提供了更多的发展机遇和国际交流平台。通过以上合作和战略布局，张江高新区不断完善创业孵化生态系统，吸引了国际知名机构和企业入驻，并深入前沿领域，实现了创业孵化链条的持续发展和创新探索。截至2021年，张江已经发展了86家孵化器和2600多家在孵企业。

（四）充满活力的人才聚集机制

张江科学城聚集了一批高端人才，既有诺贝尔奖获得者，也有两院院士，既有高层次海外人才，也有行业领军人才。张江高新区全面落实人才创新政策，持续开展海外人才申请中国永久居留身份证和移民融入服务试点工作。在全国率先试点对外国人才口岸签证、外国本科及以上学历毕业生实行永久居留推荐直通车制度和直接就业政策。此外，人才服务水平显著提升，浦东国际人才港建成投用，开设上海国际科创人才服务中心，为国内外人才提供一体化便捷服务。人才安居环境进一步改善，现有人才公寓25万平方米，累计满足约2万人的租住需求。

同时，张江以实施"人才30条"政策为契机，着力优化人才发展机制。在推进建设科研创新中心的过程中，积极探索适应性强的人才发展机制，并开展人才体制机制改革试点。

一是在人才评价方面，张江正在优化市场化机制。每年通过评选程序，从众多人才中选出20位杰出人才列为"张江英才"，其中5位将各获得100万元现金奖励作为认可和激励，另外15位也将分别获得50万元现金奖励。

二是以创建学术岗位、联合培养研究生为抓手，探索社会育才机制。积极推进院士工作岗位建设，一次性奖励100万元，以鼓励院士参与创办企业或院士工作岗位。

三是以实施"多证联办"为抓手，探索人力资源管理服务推进机制。支持落实公安部"新十条"，支持上海科技创新中心建设，加强"多证联办"试点工作，简化和缩短外籍人才进入"多证联办"试点工作的流程和时间。

（五）不断完善的产业链营商环境

1. 完善科技成果转化机制

自2015年起，浦东新区知识产权局作为我国首个集专利、商标和版权管理于一体的机构开始正式运行。作为自贸区知识产权局，它同时具备行政管理和综合执法两大职能。在上海《关于进一步促进科技成果转移转化的实施意见》出台后,技术成果转让出现大幅上涨。张江成为落实高校、科研院所成果转让工作的改革试验区。从技术成交情况来看,技术转让合同额有较大幅度增长,且远远领先于上海市平均水平,张江生物医药、软件外包和集成电路成为成交主体。特别值得注意的是,跨区域技术交易在张江高新区呈现出井喷式的增长势头。以2015年为例,张江高新区技术合成量流向上海的达到24.11亿元,同比增长了47.82%。同时,在专利领域,2017年张江高新区专利授权量达到了24629件,国际专利申请(PCT)数量更是达到了2205件。这些数据反映了张江高新区在技术交流和知识产权保护方面取得的巨大成就。

2. 加强制度创新

在张江高新区的建设过程中,制度创新也扮演着重要角色。得益于国家的大力支持,张江高新区成为上海市主要的科技创新试验场所,深化了科技体制改革和政策创新。

自2011年起,张江高新区相关部门确定了10项先行先试政策,并得到上海市相应的政策扶持。这些政策包括《科创中心建设规定》《全面创新改革》《科技改革25条》等,为张江高新区建立了一套完整的政策法规体系。这些政策和措施的制定使得张江高新区在改革试点方面更加具有针对性和前瞻性,为创新与发展提供了良好的环境和条件。在张江高新区进行先行先试的多项改革试点后,在取得成效的基础上,这些创新经验再被复制推广到全国范围内。

第二节　上海张江高新区全产业链体系建设动因分析

一、上海张江高新区全产业链体系建设的形势要求

(一)全产业链体系建设是提高综合实力、增强核心竞争力的必然要求

全产业链体系建设对园区创新发展能力和核心竞争力而言至关重要,是衡量区域创新发展的重要因素。建立产业链体系是对张江高新区的独特要求,是新形势下的国家战略和上海战略,体现了张江高新区的可持续发展和品牌发展。为了实现创建世界一流科技园区的目标,张江将借鉴其成功管理国际科技园区的经验。为此,张江将围绕建设全球科技创新中心的战略要求,在建设方式上积极运用自主创新改革经验。同时,注重产城融合发展模式,努力扩大开放,在吸引国际科技人才和资源方面发挥引领作用。在内部管理上,注重多维协同,寻求体制机制创新。所有这些制度和创新举措都将聚焦创新发展,为加快创新管理能力现代化发挥关键作用。

(二)全球科技创新中心建设对张江高新区创新策源能力提升的要求

随着经济全球化程度的提高,产业链分工越来越突出。为了在全球竞争中保持竞争力,地区需要构建完整的产业链体系,实现产业链上下游环节的协同发展。张江高新区作为上海市的重要科技创新集聚区,需要构建全产业链体系以适应产业链分工的需求。优化体制机制,加强双创环境建设,为集聚人才和创新要素提供制度保障和环境支撑,是打造具有全球影响力集群的必要条件,对增强自主创新能力、形成广泛国际影响力至关重要。城市科技

创新是全球创新的中心,上海是建设全球科技创新中心的重要平台。张江高新区应按照市委、市政府《关于加快建设具有全球影响力的科技创新中心的意见》要求,通过推进园区发展方式和管理方式转变,深化功能结构整合,发挥科技创新和科研成果产业化示范作用,主动开展体制机制改革试验。

(三) 科学高效创新发展是张江高新区建设世界一流园区的内在需要

有效的科学发展和创新是世界一流科技园区的基本要素。为加快建设世界一流科技园区,发挥示范引领作用,张江高新区拥有上海最集中的科技创新资源、最多样的重点科技创新机构、最丰富的科技创新活动。作为国家级创新中心和中国最密集的创新试验和示范机构平台,张江高新区涵盖了上海大部分知识经济集聚区。其中,上海自由贸易试验区(2013年)和综合改革创新试验区(2015年)、浦东综合配套改革试验区(2004年)、国家自主创新示范区(2011年)、上海自由贸易试验区(2013年)和综合改革创新试验区(2015年)在政策试验、制度创新和推进体制改革方面的优势最为突出。特别值得一提的是,2016年4月,国务院发布了《上海系统推进全面创新改革试验加快建设具有全球影响力科技创新中心方案》。该方案总结了上海打造具有全球影响力的科技创新中心的宗旨和目标,并引入了一系列新的改革举措。这一文件的发布对张江高新区的发展具有重要意义。根据方案,上海被确定为中国建设全球科技创新中心的主战场,而张江高新区作为上海的核心创新区域,在其发展中发挥着至关重要的作用。

二、上海张江高新区全产业链体系建设的内在需求

在全产业链体系建设方面,经过几十年的不断研究,张江高新区取得了积极进展,但与国际一流园区相比,还存在不少差距和不足。

(一) 产业延伸、创新赋能等方面存在不足,链条增值能力相对低下

(1) 产业链体系亟待优化升级,存在优势产业在价值链中位置偏低、新兴产业前瞻布局不足等制约。如集成电路领域IC设计、晶圆制造、封装测试三个环节中,绝大部分收入集中在低利润水平的封装测试环节,产品附加值低,行业整体利润不高;汽车产业在研发设计、技术服务等高端环节发展相对不足;医药健康产业中生物技术药等高附加值产业偏少,在国际医药供应链体系中的影响力不强;新型显示产业在柔性显示等下一代显示技术上尚未形成顶层设计。

(2) 创新对链条的赋能效应不强,存在本地转化不足,产业化程度不高等现象。上海张江高新区在创新赋能产业链、成果转化率、产业化程度以及与新技术、新模式的结合方面,仍然面临着诸多挑战。首先,该区域的创新对产业链条的赋能效应不够强,这意味着尽管在科技研发方面投入巨大,但这些创新在实际产业应用中的推广和影响力还不够明显。其次,成果的本地转化率和产业化程度也不尽如人意。与其他城市70%~80%的转化率相比,张江高新区在将科研成果转化为可市场化产品和服务的能力上存在显著差距。

产生这种现象的一个重要原因是新技术和新模式与现有产业结构的结合不够紧密,导致创新成果难以在当地市场得到充分应用和推广。此外,高校和研究机构的科技成果转化率相对较低,这不仅限制了创新驱动发展的潜力,还意味着许多优秀的科研技术成果在转化环节中被其他地区"摘果子",即与张江高新区相比,其他地区能够更有效地利用这些成果,

实现产业化和市场化发展。

（二）产业链上下游及区域间的协同还需要加强，整体上行业协同性不高

上海张江高新区内的企业、高校和科研院所缺乏有效的平台和联动机制，创新思想交流和转移的平台和渠道尚未建立；公共研发机构活力不足，体制和机制的局限性十分明显；外资研发机构的技术溢出效应有限，自主创新驱动力尚未增强；不具有全球影响力的大公司通过民营企业收购科技型中小企业，或通过技术购买、参股等方式获取研发成果的市场价值，目前还难以建立大公司收购中小科技企业的机制。

（三）国家集中度和显示度高要求与现行开发政策存在矛盾

一是行政审批政策。张江高新区管委会职责权限不统一所导致的项目审批流程不得不经过"管委会——浦东新区——上海市"的审批路径，在一定程度上降低了项目审批效率。另一方面，常规项目审批，审批流程和时间也因与现行标准不符而被拉长，高端建设项目的审批效率也在不经意间被拉低。

二是项目开发政策。与项目开发和建设相关的土地政策和融资政策不明确，影响了项目建设的效率。

三是国资国企改革政策。在新一轮国企改革中，由于张江集团和张江高科的分立，张江集团面临资金基础不足的困境，而张江高科则因建设和需求的集中瓶颈导致无法得到启动运营的支持。这种情况给两家公司都带来了巨大的挑战和困难。

（四）要素资源对产业链精准匹配不够充分，成本集约度有待提升

加强张江高新区一批重大核心技术共性公共平台建设，但对产业发展具有广泛而重要带动作用的技术服务平台建设仍需加快，现有公共技术服务平台缺乏创新动力，综合服务能力有待提高。缺乏专业资源，特别是知识产权律师和技术经纪人、专利注册和技术交易服务机构和平台，对科技型中小企业特别是创新型企业的法律、会计、咨询等专业服务的集中度还不够。

（五）推进产城融合发展，但配套有待加强

张江科学城的建设重点在于对产业企业的人才资源进行有效整合。然而，现其面临的一个主要挑战是，园区内的生活设施发展水平远远落后于产业的快速发展需求，且与国际标准相比还存在明显差距。此外，园区在空间和环境开发方面仍有很大的提升空间。特别是在提供医院、学校等公共服务所需的餐饮、娱乐等方面，企业在园区内的表现并不理想，这种生活保障服务的不足已成为制约城市建设的一个主要因素。

第三节　上海张江高新区全产业链体系建设成效分析

一、产业链主体要素评价

（一）产业链人才要素不断集聚

张江形成了最前沿的创新生态，张江国家自主创新示范区拥有一大批高级人才，包括

215名国家级专家、227名省市级专家、11名两院院士和152名享受政府特殊津贴的专家。自2008年国家实施"千人计划"以来,到2020年,已有21人先后入选国家五批"千人计划",占上海全市283名人才总数的11.5%,张江高新区涌现出一批突破关键技术、发展高新技术产业、创新创业的战略研究人才。

根据2021年的数据,张江高新区人才资源雄厚,拥有约238万从业人员。与此同时,青年人才在该地区的占比超过80%,展现出强大的青年人才储备。令人瞩目的是,该区域还吸引了大量企业海归和外籍人才,他们约占总从业人数的3.2%。这一比重表明了张江高新区对国际化人才的吸引力。此外,该区域聚集了全市80%以上的高端人才,堪称高端人才集聚的重要枢纽。

此外,研发人员即研发人员,也就是研究与开发人员。由图23-1可知,上海张江的科技活动人员除在2021年小幅下降外,其他年份均为增长,这些都为上海张江高新区全产业链体系建设提供了源源不断的人才资源。

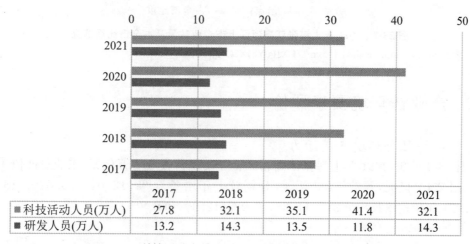

图23-1　2017—2021年上海张江高新区科技活动人员与研发人员情况

数据来源:《中国火炬统计年鉴》。

（二）产业链资本服务不断提升

张江高新区不仅汇聚了至少200个科技金融服务产品、22个科技融资服务平台,而且形成了一种"1+2N"的扇形聚焦突破格局,为区域内的科技创新企业提供多样化的支持和服务。在这些服务平台中,张江专项资金是一个重要的贡献者,为平台企业发放了总计达3.7亿元的贴息,并通过募集股本金达到了370亿元的规模。同时,该区还建立了企业信用管理服务平台,为企业提供信用等级评定等一系列服务,以促进企业发展和合作伙伴关系的形成。到2021年底,张江高新区高新技术企业达到11590家,占全市总数的57.8%。

特别注意的是,2021年,上海张江共有360家企业在我国的A股、香港以及美国的证券交易所上市,占全市企业总数的62%,其中A股上市企业240家(科创板上市企业50家,占全市85%)、港股上市企业88家、美股上市企业32家,同时,独角兽企业58家,首发募资总额占全国近1/3,具体如图23-2所示。

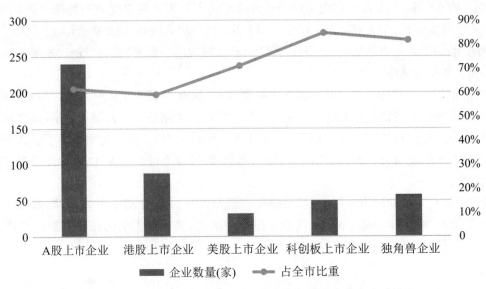

图 23-2　2021 年上海张江高新区上市企业数量及占全市比重情况

数据来源：https://mp.weixin.qq.com/s/CXIPuYc5X2OXqHUpEN_yhw。

二、产业链环境要素评价

（一）经济社会环境充满活力

由图 23-3 可知，2021 年上海张江高新区企业实现营收 3.5 万亿元，工业总产值 1.3 万亿元，利润 2307 亿元，税收 1400 亿元，分别较上年增长 39%、12.04%、5.52%、18.4%，2017—2021 年年均增长率分别为 11.6%、6.9%、12.9% 和 8.7%。

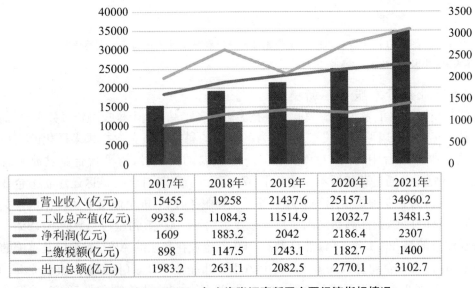

	2017年	2018年	2019年	2020年	2021年
营业收入(亿元)	15455	19258	21437.6	25157.1	34960.2
工业总产值(亿元)	9938.5	11084.3	11514.9	12032.7	13481.3
净利润(亿元)	1609	1883.2	2042	2186.4	2307
上缴税额(亿元)	898	1147.5	1243.1	1182.7	1400
出口总额(亿元)	1983.2	2631.1	2082.5	2770.1	3102.7

图 23-3　2017—2021 年上海张江高新区主要经济指标情况

数据来源：《中国火炬统计年鉴》。

(二)产业集群效应优势显著

如今,张江已经成功吸引了53家地区总部和828家高新技术企业的集聚,形成了初具规模效应和产业优势的科技创新生态系统。其中,以信息技术和生物医药为重点的主导产业得到了进一步的发展壮大。多家地区总部和高新技术企业的入驻,为张江带来了领先的创新团队、前沿技术和丰富资源,为进一步推动创新和产业升级提供了强有力的支持,汇聚了中芯国际、和记黄埔、华领医药等一批旨在围绕重大战略性项目来打造世界级高科技产业集群、引领产业发展的知名科技企业。总的来说,上海张江高新区在产业集群方面的显著优势可体现在以下几个方面。

一是信息技术产业集群。长期以来,张江重视创新全支撑链建设,围绕创新链不断完善和提升产业链。21世纪初,张江抓住了国际集成电路产业转移机遇,并建立了国内最完整的产业链布局。同时,集成电路产业创新优势加速显现,其在国际集成电路产业转移中覆盖设计、制造、封测、装备制造等各个环节,成为我国集成电路产业最集中、综合技术水平最高、产业链条最完整的集成电路产业创新优势区域。此外,在全球芯片设计研发中心排名前十位的有6家;在张江的区域总公司中,芯片设计企业总部在全国排名前10位的企业就有3家。

二是生物医药行业的扎堆。医药研发、中试放大、注册认证、批量生产上市,在张江生物医药领域形成了完整的创新链条。张江现有生物制药企业400多家,大型制药企业20多家,中小型科技研发企业300多家,CRO企业40多家,产业规模不断扩大。张江高新区不断推进各类医疗服务项目,提高科学城医疗服务产业能级,引进一系列高端医疗机构,开展医学检验、康复、养老等服务。同时,园区微创医疗器械国内市场占有率第一,成为上海最重要的高端医疗器械生产基地之一。

(三)产业链创新创业载体建设成效显著

各类双创载体达到100家,在孵企业2500余家,孵化面积近80万平方米,形成了"众创空间+创业苗圃+孵化器+加速器"的创新孵化链条。大、中、小企业融通创新格局初步建立,以跨国公司为主的大企业打造开放式创新平台,30家跨国企业加入大中小企业融通发展联盟,通过联合技术攻关、创新需求发布、应用场景开放等方式,赋能中小微企业发展。

(四)产业链基础设施不断完善

为提供更好的生活和工作环境,张江高新区采取了多项措施。一方面,推出了传奇广场、汇智中心等商圈,进一步完善地铁、公交、有轨电车等公共交通基础设施,以提供便捷的出行方式。同时,着力打造一个生活便利、服务完善、居住舒适的综合发展环境,并推进张江科学城中心区副中心建设以及孙桥国际人才公寓的规划和建设。另一方面,注重让人才安居乐业,落实与人才居住相关的子女教育和医疗服务配套。在人才公寓方面,在"十二五"期间已经开发推出了5000余套,总计约25万平方米的人才公寓,满足1000余人的居住需求,并提供约1.6亿元人民币的补助支持。在子女教育方面,张江拥有一流的中小学和幼儿园资源,同时配备近20家托幼机构,为人才子女提供优质教育资源。在医疗服务方面,张江已有曙光医院、上海国际医学中心等优质医疗资源支持。同时,张江高新区卫生局在支持国际医院组建的同时,对为张江人才提供高端特需医疗服务的"双创"人才医保专项服务医疗机构也给予重点支持。

三、产业链绩效评价

（一）产业链创新投入方面

2020年，张江国家自主创新示范区科技活动经费支出总额达2945亿元，研发经费支出达84亿元，达历史最高。如图23-4所示，2017—2021年，张江高新区对科研投入高度重视，研发研究经费内部支出在5年间稳步上升，2021年较2017年增长了34.4%。

图23-4　2017—2021年上海张江高新区科技活动经费和研发经费内部支出情况

数据来源：《中国火炬统计年鉴》。

（二）产业链创新产出方面

在创新产出方面，2021年，张江示范区专利主要指标均实现两位数以上增长。全年专利授权量82681件，比2020年的57615件增长了43.5%。其中，如图23-5所示，发明专利授权量11963件，比2020年增长了50.5%，PCT国际专利申请量3507件，比上年增长48.3%，占全市的72.6%。

2021年，张江高新区技术合同交易额1882.4亿元（图23-6），比上年增长50.1%，占全市比重达68.2%，技术合同交易额持续快速增长，技术交易含金量持续提高。张江高新区涌现出国家科技进步奖4项、新兴纳米技术离子刻蚀机、超临界和超超临界燃煤发电技术等一大批国家级科技奖项和一批自主创新成果，参与制定了国际标准749项，累计申报公开和授权知识产权10万项。

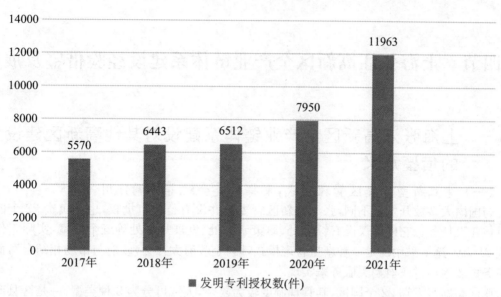

图 23-5　2017—2021 年上海张江高新区发明专利授权数情况

数据来源:《中国火炬统计年鉴》。

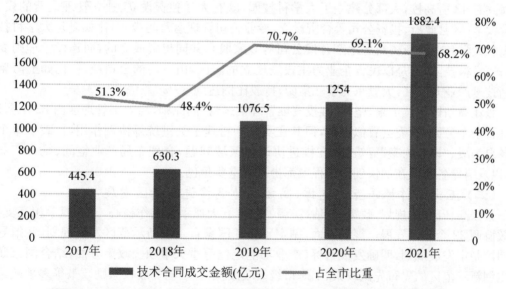

图 23-6　2017—2021 年上海张江高新区技术合同成交金额及占全市比重情况

数据来源:《中国火炬统计年鉴》。

第四节 上海张江高新区全产业链体系建设经验借鉴及展望

一、上海张江高新区全产业链体系建设对其他高新区建设的借鉴意义

(一) 建立新型开发区管理模式，发挥管委会统筹协调作用

与国内大多数开发区不同，张江高新区管委会并没有行政审批权，也不负责22个园区的具体建设任务。它内部仅设有综合处、政策研究处、发展规划处等五个处室，实际工作人员仅21人。这里采用的是一种新型管理模式，即"小政府大社会，政府与市场相结合"，而社会事务更多地通过政府购买服务来实现。

张江高新区下辖22个园区，其管理制度较为复杂，大致可分为3种类型：一是区县政府投资的园区，由政府下属国有公司负责管理运营，如漕河泾开发区由国有公司上海漕河泾新兴技术开发区负责开发、建设、经营、管理与服务；二是以高校等事业单位为主投资的园区，上海共有43所高校，大部分建立了大学科技园，既有大学独资设立、独立管理运营的模式，又有大学、区县政府、投资公司等合资设立，专业公司管理运营的模式，比如复旦大学科技园是复旦大学和上海新杨浦房地产开发公司等6家股东共同出资成立的，而建设管理则委托上海复旦科技园；三是以民营企业为主投资设立的园区，由专门的公司经营，比如上海紫竹高新技术产业开发区，大股东为紫江集团，持股比例达到55%。

张江高新区定位清晰，坚持"谁投资谁管理谁运营"的原则，高效率管理区内22个园区，共计百余个分园，管委会看似虚设，但其在实践中扮演了关键统筹协调作用，打破了单个园区各自为战、"以邻为壑"等难题，在推进协调跨区域问题，合理布局产业空间、统一产业政策，以及引导各园区在加快创新进程中都扮演着重要角色。

(二) 五大工作抓手互为支撑，高效率协调推进高新区发展

张江高新区以"规划、政策、评估、协调、资金"五大抓手为工作核心，五大抓手相互支撑、高效协调22个园区发展。规划方面，制定了张江国家自主创新示范区发展规划，并指导各个园区制定发展规划，明确发展目标、产业功能定位等重大事项。政策方面，结合国家赋予自主创新示范区的先行先试政策、上海市级简政放权试点、国资股权激励政策等多项政策以及张江高新区自身扶持政策，形成系列化政策体系。在评估方面，主要分为三类：一是试点评估认定，如2014年以来推进的八大创新试点，对申请试点的园区进行评估，对符合条件的给予认定，配套相应的经费支持。二是考核评估，主要对园区建设总体情况进行考核评估。三是产业发展专项评估，主要是园区产业发展实绩评估。协调方面，主要进行园区间协调、重大项目落地协调、国内外园区战略合作协调以及社会组织协调。在资金上，以优化创新创业环境、培育战略性新兴产业、提升示范区辐射带动能力和品牌影响力为主要内容，培育和集聚创新人才，每年安排不少于33亿元，由上海市政府和各园区所在区县政府共同设立的自主创新示范区专项发展资金进行管理。

(三) 推进八大服务平台试点，构建"政府引导+市场化运作"的平台建设模式

自2014年8月以来，上海举全市之力在张江高新区进行八大服务平台试点，包括科技

中介服务平台试点、重点领域人才实训基地试点、企业专利联盟试点、产学研联合培养实验室试点等。经多方审核,第一批确定了55个试点平台,涉及43家单位。此次试点突破了原有政府支持建设体制内服务平台模式,探索了"政府主导+市场化运作"的平台建设模式。以人才服务平台建设试点为例,6家行业龙头企业,包括全球领先的特种化学品开发商索尔维公司,将与高校、科研院所一起组建新型开放式实验室。通过试点形成一批探索服务新模式的新型服务业态。过去,张江高新区曾面临科技金融方面的挑战,例如由于存在多个分园和复杂的管理体制,科技型企业在贷款抵押等方面遇到了困难。然而,通过试点,这部分融资服务将交给第三方机构打造的平台,目标是批量化银企对接和多样化融资服务,以解决轻资产企业融资难的问题。并且,在试点企业信用管理服务平台建设方面,以大数据、云计算为基础,建立企业信用管理服务统一的征信、评信、用信新模式。同时,在这些试点中,所有公益性的探索都将由企业牵头完成。

(四)借助市场化方式、信息化手段,提高管理能力、提升工作效率

张江高新区管委会仅仅20余人,却能够如此高效率管理22个园区,一方面是管委会建立新型管理体制、优化职能的原因,另一方面也是管委会充分借助市场化方式、信息化手段的结果。具体来看,通过市场化方式,向社会购买公共服务,不但获得了高水平、专业化的公共服务,而且为公共服务机构创造了需求,有效培育出一批专业化公共服务机构。如管委会公开招标专业化服务机构对申请八大服务平台试点的园区进行评估,有效提高了评估效率、评估科学性和公平公正性。同时,在信息管理工具的帮助下,受托人开发了示范区特别发展基金综合信息管理系统和操作手册,旨在规范和监督项目资金的使用、结果和验收,使管理能力、工作效率得到较大提升。该套信息化管理系统包括项目申报评审、资助项目跟踪查询、申报项目查重对比、第三方机构和专家库,能够与政府有关部门、金融机构、第三方评估机构、相关行业协会、综合性公共服务平台等五个方面建立信息共享的横向链接,形成市级管委会、区县财政部门、分园管理机构和项目承担单位的四级管理结构。

(五)顺应产业转移趋势,通过园区战略合作实现品牌输出,通过发展新兴产业实现产业转型

面对部分产业向外转移需求以及长三角乃至中西部地区持续招商引资,张江高新区并未简单加以阻挠,而是顺应产业转移大趋势,一方面同江苏、浙江等地通过开展园区战略合作,顺利实现产业转移和上海张江品牌输出;另一方面大力扶持发展生物医药、信息技术等战略性新兴产业,成功实现产业转型。如2013年上海张江高新区与江苏盐城开展战略合作,通过"基金+基地"模式实现资源整合和优势互补,致力打造区域合作成功典范;2014年上海张江金山园、金山区与浙江平湖园三方合作共建张江杭州湾科技园,致力于打造具有国际水准、拥有创新活力、体现长三角区域合作的科技新城。同时,张江高新区通过专项发展资金加快打造产业链、创新链和成果转化链紧密结合的创新型产业集群。

二、上海张江高新区全产业链体系建设未来发展方向

(一)推进园区立法进程,为产业链提供法治保障

依法治理是张江高新区全产业链的基本前提,推进依法治理的法治化、科学化是示范区发挥引领和带动作用的重要基石。通过立法明确张江高新区的战略地位和功能定位,是上海建设具有全球影响力的中心城市、更具权威性科技创新中心的重要支撑,也是张江示范区

的支撑和保障。加快推进开发区立法工作，一是要深入了解创新主体等各方面对开发区立法的要求，在立法前开展更加深入的前期调研；二是在张江主持下，协调有关立法部门，尽快加快立法程序进程；三是要兼顾法律内容的实际需要和长远发展，使法律具有一定的适应性和可操作性。

（二）围绕重大工程项目，集聚高端创新要素

为实现进一步构建张江高新区的全产业链体系，首要任务是进行创新，尤其是有效配置国内外的优秀创新成果。作为张江创新发展的关键方向，我们必须促进国内外优秀创新成果的积累和有序配置。建议在原有张江发展战略的基础上，制定并推进张江国家科学中心、张江科学城的实施行动方案，更新张江创新资源要素整合发展战略，以帮助上海全球科创中心建设更加迅速地向前推进。

此外，紧紧围绕张江国家科学中心建设，特别关注生物医药、量子通信等重点领域，充分利用自由贸易试验区制度，引进和集聚国内外各类科研院所、高等院校等相关领域的优秀实验室。推动各类创新要素的集聚和流动，助力更多的大型国家实验室尽快落户自贸试验区，通过点带面的方式激活相应的管理机制，并强化张江国家实验室的建设规划。

（三）打造全产业链科技金融服务平台，推进"一区二十三园"的创新创业

建议以整合"一区二十三园"的存量资源为基础，在张江核心区集聚现有的创业投资、场外交易、知识产权质押、坏账分摊、资信评级等多种金融服务，建立起上海科技金融平台的"投、贷、保、贴息"联动机制。该机制将提供全方位支持，包括投资资金、借款融资、风险保障和利率贴息，以促进创新企业发展与科技金融的有效对接。这一综合性金融平台将成为上海乃至全国科技创新发展的重要支撑，实现资本和科技的无缝衔接，推动更多优秀科技企业获得融资支持，并加快科技成果转化、实现产业化的步伐。具体措施可分为以下几种。

一是天使投资部门服务初创企业。以"双创"人才为目标客户，以创新项目为需求，立足科技产业，整合市县两级天使基金，形成张江天使投资品牌。在投资方式上，以专业天使投资机构市场化运作的招标、委托方式设立产业子基金；在投资比例方面，种子期和创业期天使投资比例均不低于60%；在投资领域上，重点投向新技术、新模式、新创企业等，如生物医药、集成电路、智能制造等。在投资区域上，主要聚焦"一区二十三园"和"双创"人才基地。

二是服务于创新企业短期需求的小额贷款板块。整合市和各区的小额贷款公司，建立面向"一区二十三园"人才"双创"企业的相对独立的信用担保融资载体。

三是服务产业链的基金投资板块。结合"一区二十三园区"创新成果，围绕城市文化创意产业的创新成果，实现街区基金的资金需求转化和产业化。围绕张江科技城、浦东新区等产业创新主阵地，在产业投资、上市融资、并购重组等方面对产业链上的骨干企业给予支持和推动。

（四）推广"三区联动"制度创新，促进上海乃至长三角创新圈协同发展

在深入研究上海张江高新区的全产业链体系建设时，为实现未来的可持续发展，一项关键举措是推广"三区联动"制度创新。这一创新举措旨在促进上海乃至整个长三角创新圈的协同发展，形成更加紧密的区域协同合作格局。张江高新区作为科技创新的前沿，通过推行"三区联动"，将不仅仅关注自身发展，更着眼于整个区域的协同推进。这种跨区域的联动制度创新有望构建一个更为有机、高效的创新生态系统，推动科技、产业和人才在更大范围内的流动和共享，从而实现区域发展的协同共赢。

我们对上海乃至长三角共同推进"三区联动"的制度创新，从操作角度提出如下加强研

究探索的建议。

一是探索"黄金水道"、海陆空联运等长三角乃至长江经济带便利化机制。具体而言,就是要建立长三角海空物流通关提速机制、长三角一体化互联互通产业链跨境合作机制,依托浦东机场,建立区域港口互联互通机制。

二是对建立协同创新的长三角开发区协调机制进行探索和研究。探索建立上海、南京、杭州、合肥等城市的创新中心,重点提升应用研究能力,与非政府非正式组织共同开展科技成果转化,如建立产业创新合作研究院,共同开展创新合作规划和政策研究,建立政府间产业与产业开放融合发展机制等。

三是探索研究长三角共享共建机制,建立国家创新服务平台。张江国家综合性科学中心将重点建设长江三角洲地区的重点科研机构、国家级实验室、重点研发服务平台,并将在全国范围内建立国家级综合科学中心与中小微企业的创新创业,通过硬件、数据的共享机制,做到开放共享。

第二十四章　深圳高新区：开放式管理模式案例分析

深圳高新区实行开放式的管理模式,在此基础上,持续进行改革和创新,成功地找到了一条依赖体制创新来驱动机制创新,并推动高新技术产业向集约化方向发展的路径。这种模式在我国高新技术开发区中具有一定的典型性和代表性,这一章节将深入探讨开放式管理模式的起源和演变过程,分析该模式的发展动因及成效,旨在探明深圳高新区政府推动高新技术产业发展的方法和路径,从而为其他高新区提供经验和启示。

第一节　深圳高新区开放式管理模式案例介绍

一、深圳高新区开放式管理模式概况

（一）开放式管理模式的定义

1996年9月,深圳市高新区经科技部正式批准而成立,采用三级管理和开放式的运营模式,由此形成了深圳高新区特有的开放式管理模式。开放式运行的定义是,在不中断政府各个部门的管理和审批流程、不更改其职责和权限的前提下,不在高新区设立相应的小型政府机构,而是充分利用现有的政府管理资源。

深圳高新区的开放式管理模式最初是指园区的管理体系由领导决策层、行政管理层、服务层三个层次组成。领导决策层由市政府主要领导和市政府相关行政管理部门的负责人组成,主要负责园区的宏观决策,制定产业规划,组织园区的开发建设和运营管理。行政管理层是高新区的主要领导机关,同时也是市政府的代表机构。此外,他们还拥有对高新区土地、厂房、配套住宅等事项的行政许可权,以及对进入高新区的企业或项目的资格审核权。服务层作为高新区的服务部门,负责对高新区内的社会公共事务进行全面的管理、监督以及提供相关服务。

同时,随着体制改革的深入和实际经验的积累,管理体系也在持续优化。可以由市场机制解决的一些社会服务事项,逐步由服务层转向市场主体来承担。服务层作为区域创新系统的重要组成部分,已从原来的管理体制中脱离出来,承担更多的公共服务功能。

（二）开放式管理模式的基本特征

深圳高新区开放式管理模式具有以下三个基本特征。

一是在市委和市政府的统筹规划与统一管理之下,高新区的行政许可流程不会被中断,

各个行政许可实体都将根据国家的法律和地方的法规来执行行政任务,包括审批行政许可事项和分配资源。

二是在目前的行政和司法管理结构中,政府的各个部门和司法机关对高新区的管理职责和权限并未发生变化。因此,政府机构现行的管理体系以及执法和司法活动都自然地扩展到了高新区,实现了全面的覆盖。

三是高新技术产业开发区不是作为一个独立的行政单位来管理,它的管理职能是由已有的有关政府部门承担的。

二、深圳高新区开放式管理模式发展历程

深圳高新区始终将制度创新视为与产业培育同等重要的目标,强化了创新制度的顶层设计,并通过制度创新来促进科技创新的发展。从成立之初,深圳高新区就勇于尝试和创新,实行了一种全新的开放式管理模式,该模式的发展历程主要分为以下三个阶段。

第一阶段(1996—2008年):形成开放式管理模式及法制保障机制。1996年,深圳市在原有的深圳科技工业园基础上,进一步整合了多个园区和深圳大学,创建了深圳高新区。该区域建立了一个强大的领导和管理体系,包括决策层(高新区领导小组,由市长担任组长,两名副市长和副秘书长担任副组长,副秘书长同时兼任高新区领导小组办公室主任)、管理层(领导小组办公室,即"高新办")和经营服务层(管理服务中心等三个事业单位,以及高新区开发建设公司,简称"高新建")的三级管理模式。2001年,深圳市人大制定出台《深圳经济特区高新技术产业园区条例》,将高新区发展纳入法制化轨道。

第二阶段(2009—2018年):管理模式逐步完善。2009年,在大部制机构改革背景下,深圳市"高新办"被撤销,其职能并入市科工贸信委,并且其内部设有高新区发展处。三个原事业单位与高新技术产业开发区的行政主管机构已经没有了直接的隶属关系,其主要服务对象也不再是高新区内的企业。"高新建"公司转由市投控公司进行管理,并在2015年纳入深圳湾科技发展公司的旗下,与其他国有企业一样,实施以经营利润作为主要评价指标的考核机制。2012年,深圳市科创委正式成立,并同时加挂"深圳市高新技术产业园区管委会"的牌子,而高新区的管理职责则被转移到了其内设的高新区管理处。2015年,市科创委决定将其挂牌名称更改为"深圳市国家自主创新示范区管委会",高新区管理职能仍保留在高新区管理处。

第三阶段(2019年至今):扩区发展,进入统筹协调发展阶段。目前,高新区管理职能在深圳市科创委的区域创新和成果转化处。2019年,在《深圳国家级高新区扩区方案》发布后,南山、坪山、龙岗、宝安和龙华园区这5个比较成熟的园区相继被列入深圳高新技术产业开发区,高新区也就形成了"一区两核多园"的发展布局。其中,南山园区为高新区直管园区,坪山园区为委区共建园区,其他园区为统筹协调园区(表24-1)。

表 24-1 深圳高新区各园区发展指引

园区	总体定位	空间指引	产业指引
南山园区 (20.02 km²)	以"扬长板、补短板、抢未来、强生态"的思路为引领，以科产教深度融合为支撑，打造具有全球领导力的高新技术产业创新智核	依托深圳湾片区、留仙洞片区、大学城片区、石壁龙片区，构建"一环一带多组团"的区域空间结构	重点发展新一代电子信息、数字与时尚、高端制造装备、生物医药与健康等战略性新兴产业，前瞻布局合成生物、细胞与基因（含生物育种）、空天技术、脑科学与类脑智能、可见光通信与光计算、量子信息等未来产业
坪山园区 (51.60 km²)	以"全球研发、坪山转化"的产业创新为发展主线，建设具有全球影响力的国际科技产业创新城	依托园区整体空间资源丰富的优势，充分利用山水林田湖自然资源，打造"双核四片，蓝绿镶嵌"的区域空间结构	重点发展新一代电子信息、高端制造装备、绿色低碳、新材料、生物医药与健康等战略性新兴产业，前瞻布局细胞与基因（含生物育种）、脑科学与类脑智能等未来产业
宝安园区 (23.52 km²)	发挥先进制造产业基础雄厚、规模以上制造业企业集聚的优势，打造世界级先进制造业科技创新引领区	依托尖岗山—石岩南片区、西乡铁仔山片区、新桥东片区，构建"两轴三组团"的区域空间结构	重点发展新一代电子信息、高端制造装备、绿色低碳、海洋经济等战略性新兴产业，前瞻布局空天技术、深地深海等未来产业
龙岗园区 (46.54 km²)	发挥电子信息产业生态圈、大型龙头企业集聚的优势，着力打造世界级电子信息产业承载区	依托宝龙科技城片区、坂雪岗科技城区，构建"一轴两翼"的区域空间结构	重点发展新一代电子信息、数字与时尚、新材料、生物医药与健康等战略性新兴产业，前瞻布局细胞与基因（含生物育种）、可见光通信与光计算等未来产业
龙华园区 (117.78 km²)	发挥综合交通条件良好、数字经济基础雄厚、创新资源加速集聚、空间潜力较大的优势，打造硬科技产业创新发展先行区	依托九龙山智能科技城-福民创新园片区、观澜高新园片区，构建"一轴双中心"的区域空间结构	重点发展新一代电子信息、生物医药与健康等战略性新兴产业，前瞻布局区块链、细胞与基因（含生物育种）、空天技术、可见光通信与光计算等未来产业

资料来源：根据深圳市政府官网、深圳市科技创新委员会官网资料整理。

三、深圳高新区开放式管理模式下政府的主要职能

深圳和其他高新区的发展经验均表明，在中国的特定环境下，政府的角色显得尤为关

键,即便在像深圳特区这样的市场经济环境中,它依然发挥着决定性的作用。深圳高新区在前10年发展缓慢,其中一个关键因素就是政府的介入不足。虽然有管委会,并能够对园区内的关键问题作出决策,但它缺乏政府职能,不是一级政府单位。园区的发展必然会涉及众多的政府部门,缺乏政府的功能将使其发展进程受阻,而在开放式管理模式下,深圳高新区的管理主体在园区发展过程中发挥了巨大作用。总的来说,深圳高新区的政府管理部门主要承担着规划和服务两大核心职责。

(一)规划职能

在规划方面,深圳高新区政府主要进行产业资源规划和科研资源规划。

产业资源规划,是指深圳高新区管理部门会根据园区的总体规划与布局,筛选满足行业需要的企业,这对培育高品质的产业集群有着十分重要的作用。

而所谓的科研资源规划,实际上是深圳高新区管理部门有计划地通过多种方式来增加科研资源的策略,其中典型的方法包括发展新型的科研机构和创建"虚拟大学园"。"新"是指在制度、机制等方面进行创新。相对于传统的公共部门性质的研究机构以及纯粹以营利为目的的企业组织,其表现为一种新型的组织形式。通过全员市场化选聘,研究所既能产出公益性研究成果,又能获得一定的政府资助。同时,在大多数情况下,它还通过市场检验来获取大量的研发资金。"虚拟大学园"则是由地方高校或科研院所组建成的具有独立法人地位的非营利性社会服务实体。这个表面上看起来"四不像"的创新科研机构,其实是在政府和市场的共同推动下,为了促进科研资源的快速增长而采取的新策略。它不仅可以打破传统公共科研机构的固定模式和低效率,同时还可以避免由于完全市场化而产生的短期利益追逐。其中,具有代表性的有中国科学院深圳先进技术研究所以及深圳清华大学研究院等。这些新型科研机构都具有明显区别于其他类型科研机构的特征,如产权清晰、自主知识产权强、拥有稳定和充足的研究经费来源以及相对独立的法人治理结构等。此外,深圳高新区推出的"虚拟大学园"项目旨在协助各企业深化产学研的合作关系、吸引外地优秀高校科研人员进驻的创新平台项目,从而进一步促进了产学研之间的近距离合作,推动了科技创新发展。

(二)服务职能

在为企业提供服务的过程中,深圳高新区管理部门始终坚持"企业有问题政府出现,企业没问题政府消失"的服务理念。总体来说,深圳高新区致力于实现两大核心目标:创建低成本的商业环境和有效地解决企业面临的问题。

深圳高新区管理部门在营造低成本商业环境的过程中,高度重视利用各种政策和平台来为企业的日常运营活动提供便利和优惠措施。例如,在企业成立初期,向企业提供低成本的土地、住宅等空间资源,同时,也会为同行业企业提供一系列公共服务设施,如软件行业所需的软件设计工具和校招人员的职业技能培训平台。此外,还会设立"虚拟大学园",以方便企业与高等教育机构进行产学研合作。

深圳高新区管委会凭借其作为市政府下属机构的高级行政地位,在解决企业面临的各种问题方面表现出色。它能够按照企业的特定需要,与各相关部门积极配合。在园区建设初期,众多的公司也正处于初始阶段,而在这个时期,最大的挑战无疑是资金问题。为了帮助这些企业解决资金问题,政府相关职能部门便需要成立专门的管理部门,对企业的资金需求进行指导和管理。为了实现这一目标,服务中心在园区内设立了一个名为"创业服务投资广场"的专门平台,将深圳以及全国其他优质的资本服务机构聚集在一起,从而实现资本的集中,为那些有项目但缺乏资金的企业提供了桥梁,进一步促进了资本与项目之间的紧密结合。至今,"创业服务投资广场"已经吸引了超过300家相关的机构入驻,为众多企业解决了资金筹集的问题。随着园区和企业进入更为成熟的发展阶段,最紧迫的问题逐渐转向成如何有效地"走出去"和"引进来"的国际合作问题。因此,园区建立起了专门用于承接海外项目的"国际科技商务服务平台",该平台主要面向国内外科技公司、研发人员以及高校科研人员,为其提供一站式国际化服务。"国际科技商务服务平台"吸引了来自世界各国的有关机构,这些机构包括商业往来服务机构、研究机构等,部分还拥有政府背景。为使各机构能更有效地行使职能,服务中心特别为其成立了一支专责小组,负责解释政策,或办理需要政府援助的事项。这一举措,对我国高新技术产业园区内的企业,无论是产品的"国际化",还是技术的"引入",都起到了重要作用。随着深圳的房地产市场逐渐饱和,房价持续上涨,房产和土地变得越来越稀缺,同时成本也越来越高,这对一些创新型企业的创新投资造成了严重的压力。为了应对这一挑战,园区与多家开发商合作,共同建设了70多万平方米的工业用房和相关配套设施,并以较低的价格将其租赁给企业,以满足其对空间的需求。

第二节 深圳高新区实施开放式管理模式的动因分析

一、深圳高新区实施开放式管理模式的形势要求

(一)改革开放的时代背景

深圳高新区的开放式管理模式,是在深圳高新技术产业发展的大背景下,从制度创新以及自身发展规律出发,探索出的一种管理模式。

改革开放后,我国借鉴欧美发达国家和众多发展中国家的发展经验,建立了国家级高新区,促进了科技与经济的高度融合,进而带动了区域经济结构的优化和升级。为了突破传统的制度性障碍,构建一个与科学技术第一生产力发展相适应的管理体系,国家也进行了反复的探索。

从1985年3月的《中共中央关于科学技术体制改革的决定》提出设立"新型工业园区",到1995年6月的《中共中央、国务院关于加速科学技术进步的决定》提出要"建立良好的管理和运行机制,区内企业要率先建立现代企业制度",但关于"要不要设立高新区以及高新区的管理模式",国内还没有形成共识,具体做法也不尽相同。最核心的争议点是在已有的制度框架内增加对高科技发展的投资,还是为营造更好的创新创业环境而探索新的领域。

在1996年11月25日的APEC会议上,江泽民主席明确表示科技工业园区的创办能够在一定程度上解决科技与经济脱离的难题,实现经济与社会效益,这也终结了关于建立高新区的争议。尽管如此,但国家对高新区的管理制度并没有给出统一的规定,这也导致了各地在高新区采纳的管理模式呈现出丰富的多样性。正是在这种特定的历史背景下,深圳高新区应运而生。

1995年10月,深圳市委、深圳市人民政府联合发布了《关于促进科技进步的决定》,提出加快高新区建设,创造有利于高科技企业发展的环境,促进高科技企业的发展。因此,在改

革开放的背景下,深圳高新区自成立以来,就被赋予了体制创新的历史使命。

(二)科技体制改革的政策导向

从20世纪80年代起,中央政府决定对科技制度进行坚决且有步骤的改革,这一改革过程基本上可以被划分为四个主要阶段。

第一阶段:1985年至1992年。1985年,中共中央颁布了《关于科学技术体制改革的决定》,标志着科技体制改革的全面启动。以对拨款制度的改革和技术市场的拓展作为切入点,确保科技活动更多地服务于经济建设的核心领域。第二阶段:1993年至1998年。1995年,中共中央和国务院发布了《关于加速科学技术进步的决定》,明确了"科教兴国"的战略方针。在这一背景下,开始了科研机构结构调整的试点工作,并于1998年在中国科学院启动了知识创新工程的试点项目。第三阶段:1999年至2004年。1999年,中共中央和国务院共同发布了《关于加强技术创新,发展高科技,实现产业化的决定》,这一决策对科研机构的布局和结构进行了全面调整。在这一阶段,强化国家创新体系的构建和加快科技成果的产业化进程成为了主导的政策方向。政策供给主要集中在推动科研机构的转型、增强企业及产业的创新实力等领域。第四阶段:2005年至今。《国家中长期科学和技术发展规划和纲要》的颁布,对推进我国科技体制改革、创建创新型国家提出了更高的要求,同时也提出了新的战略构想。今后一段时期内,我国科技体制改革的中心工作如下:一是大力扶持企业作为主体,发挥科技创新主体作用;二是需要进一步深化科研机构的改革,并确立一个现代化的科研机构制度;三是积极推动科技管理的体制革新;四是全方位地推动具有中国特色的国家创新体系的构建。

深圳高新区建立初期,正值我国科技制度改革的全面发起阶段,这为深圳高新区尝试建立新的管理模式提供了有力的政策支持,深圳高新区开放式管理模式的形成及其不断完善的过程也正是我国科技制度改革持续深化的一个重要表现。

二、深圳高新区实施开放式管理模式的内在需求

(一)园区资源的稀缺状况

在众多的要素中,技术和人才是决定科技创新产业发展的两大要素,最直接的衡量标准就是区域内科研机构的数量与质量。之所以如此,一方面是因为技术转化高度依赖前沿的科技创新和研发活动,高等教育机构无疑是这类科研活动的核心力量,因此,拥有众多且高质量的高校科研机构的地区将更加有力的推动科研成果的实际应用,从而为科技创新产业的持续发展注入强大的推动力;另一方面,除了科学研究,高等教育科研机构还肩负着培养和教育人才的重要任务,可以说,一个地区高校科研机构的数量和质量与其培养的人才数量息息相关,这也符合科技创新产业对人才的需求。简言之,一个地区如果拥有更多、更高质量的科研院所,那么其技术和人才资源就会更加丰富,这也为科技创新产业的发展提供了更多的条件和推动力。然而,在深圳高新区成立的初始阶段,深圳的高等教育科研资源在数量和质量上都不尽如人意,因此,深圳高新区在初始阶段的技术和人才资源是比较稀缺的。同时,与全国其他高新技术产业开发区相比,深圳高新区较早出现了土地资源紧缺、发展空间有限等问题。

实行开放式的管理模式则有利于调动社会各界对高科技行业的投入积极性,形成协同效应。这也确保了高新区的建设与整个城市的发展同步,从而节约了有限的资源、减少了人

员编制、降低了行政成本,并提高了工作效率。

(二)经济特区的政策优势

各个高新区在初始阶段的技术基础、政策导向、体制开放程度、区域规划的通融性、高新技术单位和高级人才集聚程度等方面都存在差异,因此,不同高新区发展起点和路径各不相同,这也决定了每个园区需要采用不同的组织管理模式。

在吸收借鉴了全球其他科技工业园区的发展模式和管理方法后,我国的高新区根据其独特的实际情况,成功地建立了5个不同类型的高科技园区,分别是政策区、新建区、高新技术创业服务中心、大学科技园以及科技一条街。例如,中关村的高等教育机构和高科技公司相对集中,它们在规划设计上具有很好的融合性,无须进行大规模的土地征收和开发,因而形成了"一区多园"的发展模式。虽然北京市其他区的优势不如海淀区,但是高技术地区比较密集,整体上更适宜采取"双重领导,区县为主"的分散管理模式。那些科技资源相对分散的区域,在尝试利用这些资源开发土地和扩展城市边界时,很快就会形成新的开发区。这些区域通常采用集中式的管理模式,并常常需要通过建立如管委会这样的下设机构来全方位地执行行政管理职责。例如,中西部地区普遍采用的是一种相对集中的管理模式。

深圳作为一个经济特区,位于改革开放的最前线,所有的工作都是在创新和尝试中进行的。因此,深圳有能力在现有的体制基础上,为高新区构建一套与其自身发展需求相匹配的全新管理体制。深圳高新区在其特有的政策环境下,形成了一种开放式管理模式,同时也具有相对明显的地方特色:深圳政府各职能机构将各自的管理架构、执法与司法等职能延伸至高新技术产业开发区。

(三)传统模式的管理弊端

深圳高新区所采用的开放式管理模式是在对原有制度与其他园区制度进行扬弃的基础上产生的,并且经过不断的改革与创新,正在持续地发展和完善着。

我国的国家级高新区在发展条件、规模、优势和潜力上都存在差异,这也导致了高新区的管理体制展现出丰富的多样性和差异性。从整体上看,高新区的管理模式主要有4种:一是与其行政区域无关的封闭式管委会模式,它采用"小政府、大社会"的职责划分,并赋予上级政府更多的管理权限,这也是高新区的主要管理模式;二是管理委员会和国有企业发展实体采用的两个组织、一组人员、自主经营、滚动发展的合二为一的管理模式;三是在发展过程中逐步形成的高新区与行政区合一管理模式;四是一区多园、物理空间割断、管委会仅具有协调服务职能的模式。

上述的管理方式共有的优势是"小机构、大服务",高效的行政运作以及在区域内实施的特别优惠政策,共同构建了一个优质的服务环境。同时,它们各具特色,是当地制度和机制创新的结果,极大地促进了当地高新技术产业的发展。其各自相应的弊端是承担越来越多的社会管理职能,不利于新技术产业的集中发展;由于财政和经济的独立性,吸引投资的压力变得极其沉重;滚动发展模式往往导致以土地换技术、以土地换资金、以土地换市场,这无疑限制了高科技产业的发展。

在实际的运行过程中,机构可能会逐渐变得臃肿,甚至可能导致体制复归。深圳本质上是一个"小政府、大社会"的经济特区,享受着特殊的优惠政策,因此前文提及的模式并不符合深圳高新区的实际情况。

深圳高新区的开放式管理模式遵循高科技自身发展规律,经过对全国各高新区的管理结构进行深入比较和分析,并结合深圳高新区的具体情况,创新性地构建了一种具有独特风格的开放式管理模式;通过政府的规章和深圳经济特区的立法来确立管理模式,确保其具有法律上的权威性,从而实现其高度的稳定性和统一的执行能力。

第三节 深圳高新区实施开放式管理模式的成效分析

一、行政管理角度成效分析

开放式管理模式为高新区的行政管理部门提供了明确的管理范围,这意味着在当前的行政管理结构中,它如同撕裂了一道裂痕,确保了高新区事务的点控制、块管理、面协调。所谓点控制,即是对希望进入高新区的企业或项目进行资质审核,并对其所需的建筑或土地面积进行评估,进而给予行政批准;所谓块管理,意味着一个区域内有多个园,按照地理位置,高新区被分为若干个相对独立的区块,由政府对各个区块的工业进行规划,并加以分类引导与管理;所谓面协调,意味着需要与政府的各个部门进行有效沟通,以共同推动高新区的持续发展。因此,开放式管理模式有效地解决了高新区管理部门职责不明确和界限模糊的问题,从而显著提升了管理效率。

(一)实现协调发展

深圳高新区采用的开放式管理模式使得在市委和市政府的统一规划和管理下,政府各部门对高新区的行政许可流程不受中断,各行政许可实体根据国家法律和地方性法规进行行政审批和资源分配,从而避免了高新区与城市整体发展脱节的问题。

(二)避免利益摩擦

在现行的行政、司法制度框架下,各部门、各司法机关对高新区的管理责任与权限没有发生变化。这样,政府的管理体制、执法和司法活动就自然而然地延伸到了高新区,实现了全方位的覆盖,让其他的部门也成了高新区的一个经济利益共同体,共同分享高科技产业的经济效益。同时,还可以通过各种途径将政府的各类经济资源集中配置到高新技术产业园区,从而使园区管理机构不再是一个与其他行政机关分离的经济利益体,并在一定程度上避免了由于经济利益而引发的矛盾。

(三)减缓财政压力

高新区并不是作为一个单独的行政区域,其公共事务是由其所属的行政区来负责。这样做避免了高新区行政管理部门需要处理繁琐的社会管理任务,同时也避免了与之相对应的庞大事务机构的设立,从而减轻了财政和经济独立所带来的巨大压力。

(四)明确职能界限

高新区的行政管理部门作为市政府的派出机关,承担着政府的职能,承担着高新技术产业发展、土地利用和建设等方面的任务。同时,还具有审批入区项目、企业资质、土地管理等方面的权力。这就保证了高新区的行政管理部门的工作职能的法定化,以及与其他职能部门之间的权责界限的明晰,可以有效地解决由于权力与责任而产生的矛盾。

二、园区发展角度成效分析

开放式的管理模式为我们展示了如何将传统政府的行政管理模式与高科技产业发展之间的冲突和矛盾纳入有序的管理过程中,进而有效地解决相关问题,促进园区发展。在这一模式的指引下,自从开发区建成后,深圳市政府通过各个部门对高新区进行了大量的投资,进一步优化了园区的创业环境。政府各个部门与高新区管委会的共同努力,使高新区实现了快速且可持续发展。

（一）产业集群发展

虽然深圳没有适合农作物生长的黑土地,但是它却拥有高科技公司成长的最佳条件。1996年12月,位于深圳湾畔的深圳国家高新技术产业开发区应运而生。它自创办以来,就以"发展高科技,实现产业化"为己任,为我国高科技产业的形成与发展做出了重大贡献。

2019年4月,在继续实施开放式管理模式的基础上,市政府决定对深圳高新区进行区域扩展,将南山园区、坪山园区、龙岗园区、宝安园区和龙华园区等5个开发区都划入深圳高新区。在此过程中,开放式管理模式以其自身资源集中、管理效率高等优势为深圳高新区的扩区建设提供了绝对便利,同时也有力地推动了各园区的产业集群发展。

作为深圳发展的重要支撑和核心引擎,高新区一直在大力推动新兴产业集群的发展,如今也已经形成了清晰的产业集群布局（表24-2）。例如,南山园区已经发展成为以深圳湾和留仙洞片区为中心的战略性新兴产业聚集区,以大学城和石壁龙片区为核心的西丽湖国际科教城研发创新聚集地,形成了一批高质量的产值过百亿元的优质企业,聚集了多家国内顶尖的高等院校、研究院所,是深圳市高科技产业发展的高地,是科技成果转化的集中地。目前,该园区也已逐渐发展成为一个以高新技术产业为主导,同时承担着国家战略性新兴产业发展任务的连片产业区。特别是在生物医药领域,高新北片区的锦绣路被誉为BT大道,如今这条道路已经汇聚了191家生物医药公司和11家上市公司。

表24-2 深圳高新区产业集群布局

产业	集群	落位
新一代电子信息	网络与通信	南山园区
	半导体与集成电路	坪山园区
	超清视频显示	龙岗园区
	智能终端	宝安园区
	智能传感器	龙华园区
创新发展数字与时尚	软件与信息服务	南山园区
	数字创意	龙岗园区
高端制造装备	工业母机	南山园区
	智能机器人	坪山园区
	精密仪器设备	宝安园区

续表

产　业	集　群	落　位
绿色低碳	新能源 安全节能环保 智能网联汽车	坪山园区 宝安园区
新材料	新材料	坪山园区 龙岗园区
生物医药与健康	医疗器械 生物医药 大健康	南山园区 坪山园区 龙岗园区 龙华园区
海洋经济	海工装备制造	宝安园区
未来产业新赛道	细胞与基因(南山园区、坪山园区、龙岗园区、龙华园区) 空天技术(南山园区、宝安园区、龙华园区) 脑科学与类脑智能(南山园区、坪山园区) 深地深海(宝安园区) 可见光通信与光计算(南山园区、龙岗园区、龙华园区) 量子信息(南山园区)	

资料来源:根据深圳市科技创新委员会官网资料整理。

(二)各项经济指标增长

深圳高新区自建区以来就实行开放式管理模式,近年来,经济呈现持续、稳定、快速的增长趋势。图24-1表明,从2011年开始,深圳高新区的企业入驻数量持续上升,其主要的经济指标,如营业总收入、工业总产值、净利润和上交税额,也都呈现出稳定的增长趋势。

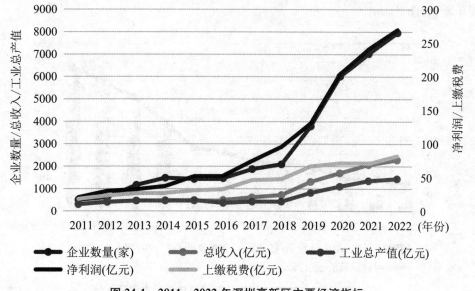

图 24-1　2011—2022 年深圳高新区主要经济指标

数据来源:根据2011—2022年中国火炬统计年鉴整理。

至2022年,深圳高新区已实现营业收入2283.64亿元,同比增长10.41%;工业总产值为1449.35亿元,同比增长6.91%;净利润为241.36亿元,同比增长11.76%;园区上缴税额82.07亿元,同比增长16.38%。此外,2020年园区生产总值为7852.55亿元,深圳高新区在占据全市大约8%土地面积的同时,贡献了全市大约30%的GDP,因此被誉为深圳真正的"高产田"。在科技部火炬中心开展的国家级高新区综合评价工作中,深圳高新区多年来一直处于领先地位,2021年在全国排名第二位,而在综合质效和持续创新能力方面则位居榜首,这充分证明了深圳高新区长久以来良好的经济发展态势。

(三)创新创业环境优化

市政府通过开放式管理模式,使得各部门投向高新区的资金更加充足,从而为园区打造创新平台、优化创新创业环境提供了条件。目前,高新区的创业和创新环境正在经历持续的优化过程,已经建立了一个完整的创新创业服务链条。这为各种创新企业在其不同的发展阶段提供了所需的支持,助力园区产业的持续升级。

其中,具有典型意义的科技企业孵化器是一种专门为科技创新型企业提供综合化、平台化和专业化服务的中介服务机构。其主要目标是利用社会资源,提升科技企业的自主创新服务水平,提高其使用效能。建立科技企业孵化器是深圳市集中科技资源,支持中小科技企业发展壮大、提升科技创新能力的关键举措。深圳高新区已经建立了一个"众创—孵化—加速"的完整孵化体系,至今已经有55家市级及以上的孵化器和155家众创空间。深圳高新区正积极打造多元化、专业化、交互性强的孵化器集群,同时,园区内的孵化器联盟、加速器的建设也正在积极开展。

(四)科研成果增加

深圳高新区始终坚持对科研的投入,这不仅为深圳的产业奠定了坚实的基础,同时还是深圳为中国高科技发展做出的贡献。在最近几年中,深圳高新区不仅为大学的科研设施和基础研究提供了相对稳定的资金支持,还明确表示将为各种创新载体的建设提供资金援助。总体来看,深圳高新区2011—2022年科技活动人员、科技活动内部经费、研发经费内部支出都在逐年增长(图24-2)。

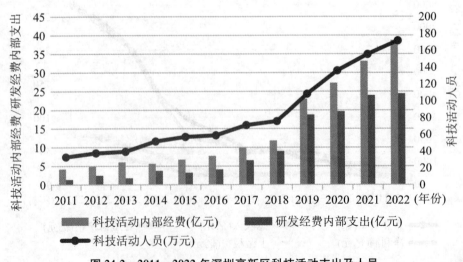

图24-2 2011—2022年深圳高新区科技活动支出及人员

数据来源:根据2011—2022年《中国火炬统计年鉴》整理。

在研发资金和研发人员的支持下,深圳高新区围绕产业链搭建创新链,联合多方主体搭建高水平研究平台,促进产学研协同创新,在多个领域跻身世界前沿。深圳高新区将在核心电子器件、高端通用芯片及基本软件等方面加大对核心部件的基础与应用研究的投资力度,在2019年度,拨出52亿元的经费,用于基础与应用研究,并组织实施4批45项共计4.04亿元的重点技术攻关项目,涌现出海思的"麒麟"应用处理器芯片、云天励飞的全球首创动态人像智能解决方案等关键技术产品突破。

高新区管理模式属于建立在社会主义市场经济基础之上的上层建筑范畴,基于马克思主义哲学的核心观点,那些建立在特定经济基础上的先进上层建筑,无疑会反映并适应经济基础的需求,从而进一步推动生产力发展;反之,则阻碍生产力发展。显然,深圳高新区已经成为深圳市创新发展的一个重要引擎,其管理模式与其经济发展状况相适应。深圳高新区的园区发展现状也充分说明了,深圳高新区采用开放式管理模式,既适应又促进了高科技工业的发展,同时也提高了企业的自主创新能力,从而增强了企业园区的核心竞争力(图24-3)。

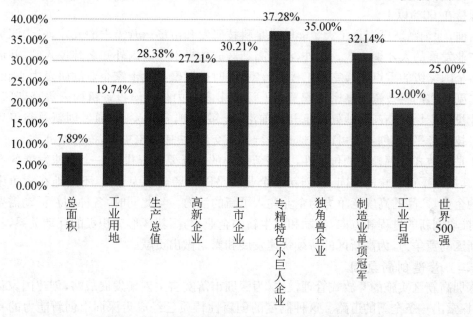

图24-3 深圳高新区有关指标占全市的比重情况
数据来源:根据深圳市科技创新委员会官网资料整理。

三、创新价值角度成效分析

(一) 形成创新簇群

开放式的管理模式成功地构建了一个卓越的区域创新体系,形成了高科技创新集群,吸引了技术创新的关键要素,并进一步推动了科技与工业的深度融合。所谓簇群,是指那些在特定地域内相互关联、地理位置高度集中的企业和机构所组成的集群,它们是在某一特定地点或领域内取得非凡竞争优势的关键因素。实际上,簇群已经变成了区域经济和城市经济的一个突出特点,特别是在经济较为发达的国家和地区,其中美国的硅谷就是最知名的簇群。簇群不仅包含了一系列在竞争中起到关键作用的行业和实体,还涵盖了专门从事培训、教育以及技术支持的政府和相关机构,例如智库和贸易联盟等。

深圳高新区在开放式管理模式下呈现出这样的集群结构,成为一个簇群。它不仅是各种创新元素的汇聚,也是高新技术产业高度竞争优势的关键组成部分。在政府的指导下,高新区致力于建立以市场需求为导向、以产业化为目标、以企业为核心、以人才为中心、以公共研发体系为基础的创新体系。这一体系不仅辐射到周边地区,还拓展到国内外,实现了官方、产业、学术和研究资源的有机结合。通过这种方式,激发了各方的积极性,共同营造了一个最佳的创新环境,吸引了更多的创新要素在高新区内聚集和流动,从而形成了一个完整的创新链条,有效地解决了科技与经济脱节的问题。

从其中创新人才要素的视角来看,深圳高新区2011—2022从业人员及其中的大专及以上人员都保持了持续的增长。至2022年深圳高新区的科技创新从业人员数量达到128.44万,较2011年分别增长了3.3倍、3.5倍。深圳高新区的研发人员数量在不断上升,并且增长的速度较快,这体现出深圳高新区对于研发人员具有很强的吸引力。与此同时,高新区的人才构成一直保持在一个相对合理的水平,园区内的就业人员中,大专或更高学历的比例基本保持在60%以上。

目前,深圳高新区汇集了大量能够满足科技研发和市场运营需求的人才,成为深圳高新技术产业发展的人才聚集地。此外,深圳高新区成功吸引了国内外知名院校入驻,并成功引进了多个国家级的重点实验室和工程实验室,同时也汇聚了几十家企业的研发中心和总部,成为名副其实的科技资源高密度配置区。深圳多家境内外风险投资机构云集高新区,形成了创业投资广场。高新区地处改革开放前沿,毗邻港澳,资讯发达,通过创新总裁俱乐部和国际科技商务平台,创业者可以快速地进行信息交流,快速做出决定,抢占先机。

正是开放式管理模式的包容性,为高新区内的创新要素提供了一个快速发展的有利环境,使其找到了市场化的方向,而创新型企业就是以市场需求为导向,不断地在竞争中成长起来的企业,产品的高度竞争力为企业注入了新的活力。与此同时,各种创新活动需要相互影响,推动创新的进程和方向,激励和催生新的企业,与高新区形成积极的互动关系,从而提升高新区的竞争力,为高新区的持续快速发展和繁荣做出贡献。

(二)营造创新氛围

深圳高新区实施的开放式管理模式,为深圳市落实自主创新发展战略,创建国家创新型城市,探索出一条全新的道路。这种制度的创新性特质已经成为深圳市创新能力的一个重要组成部分,由此产生的创新氛围和成果也将成为这座城市共同的财富。

近年来,市委市政府发布的《关于实施自主创新战略建设国家创新型城市的决定》《深圳国家创新型城市总体规划》等文件都采纳了一些创新成果,其中包括科技企业孵化器的建设应遵循多样化、专业化和互动性的发展方向;致力于创建一个融合产业生态、人文生态和环境生态的"三态合一"的综合环境;执行"厂房再造、产业置换"的项目,以扩大产业的发展空间。重点支持的技术创新和服务项目包括:虚拟大学园与国家大学科技园、深圳软件产业基地、留学生创业园、生物孵化器以及国际科技商务平台。

深圳高新区在科技的独立创新、组织结构的创新以及工作机制的创新上都展现出了试验田作用;在打造国家级创新城市的过程中,起到了排头兵作用;在落实科学发展观和推动集约化发展的过程中,发挥了示范区作用,并为我国打造世界顶尖的高科技园区做出了显著贡献。

第四节 深圳高新区开放式管理模式的经验启示与发展方向

一、深圳高新区开放式管理模式的经验启示

（一）树立主动创新意识，推动顶层设计

在经济与社会飞速发展的背景下，高新技术企业在自主创新方面所面临的压力也日益增大。如果没有创新的意识与能力，就有可能把发展机遇转变成危机，而在危机中做出创新的抉择，则会增加失败的风险。因此，各级政府，特别是地方政府和高新区管理委员会，需要持续提升自身的能力，加强创新的规划和设计，明确创新发展的方向，并始终坚持主动创新和持续创新的原则。

然而，也必须认识到，为了未来的进步，需要在国家战略的高度上构建从上到下的制度框架和系统行动，这将为地方政府提供突破既有法规和体系的机会。尤其在目前积极推动的国家自主创新示范区的建设中，从上到下的顶层设计体制成了有效地解决在区域经济改革开放过程中遇到的根本性体制问题的紧迫需求。

（二）加强制度规范，界定政府行为

不明确的行政主体地位可能会对高新区的未来发展产生不利影响。目前，许多高新区在行政执法方面仍然缺乏合格的主体资格，这导致其无法构建一个强大的行政执法体系，从而阻碍管理机构在环境建设、推动经济社会全面发展等方面发挥其潜在作用。此外，部分高新区在对管委会的管理权限上的授权不足，也会导致执行不彻底。高新区的新旧管理体制之间仍然存在许多矛盾和冲突，这导致了一些地方在体制上出现了"复归"的情况。

针对上述各种不同的情况和特性，如何进行分类指导和选择合适的管理体制，成为高新区，尤其是那些尚未充分挖掘潜力的区域加速发展的一个关键问题。为促进高新区的发展，必须完善和规范行政授权，构建稳固的制度保障，对其人员的选拔、任用、评价等机制进行恰当的改革，明确管理机构的权力与职责。

（三）健全相关法规，加快立法进程

深圳高新区的经验证明，为了确保高新区的依法行政、规范管理和加快创新，完善相关的法律法规和加速立法进程是至关重要的。为适应这种发展的需要，必须尽快出台具有中国特色的"国家级高新区法"，对高新区的各种职责与权利进行界定，从而使其工作的开展有法可依。

在地方层面，需要根据当地的具体状况来争取国家的支持，并促进地方的立法进程。如深圳高新区建设之初就在改革开放的大背景下，大胆探索、勇于创新，推动相关法规的建立，落实并强化深圳高新区的系列经济社会管理权限，从而践行了开放式管理模式。

（四）精简组织机构，增强配套服务

在高新区的内部管理结构上，采用机构精干和扁平化的管理方式，这有助于持续地建立一个高效的组织结构。对内部机构进行整合和合并，能够简化综合事务部门的结构，加强主要负责主业的机构设置，突出创新服务的职能。在职能任务、组织结构上，与上级部门不要

求相互对应。针对工作中存在的机构臃肿和干预过多等问题,鼓励采取"一对多"和"多对一"等多种形式的应对模式。

特别地,为了使国家级高新区的机构设置更为简洁和高效,应当对内部机构的职责进行合理分配,使办事流程更为简洁,完善管理流程,并努力提升工作效率。鼓励采用岗位管理和项目制管理等多种方式,以灵活的方式进行工作,防止员工分工过于固定,从而提升工作效率。在优化内部结构和推进"物理变化"的过程中,也应重视加强部门之间的合作机制,推动职责与业务的整合,并促进"化学反应"的发生。

二、深圳高新区开放式管理模式的发展方向

2019年以来,国务院发布了一系列旨在促进高新区高质量发展的政策文件,为高新区的管理体制和机制改革提供了明确的方向。深圳高新区有必要紧跟时代步伐,根据不断变化的内外部环境,深化管理机制的创新,努力提升行政效率和服务能力。

(一)因地制宜、因时制宜,持续建立健全、改革创新管理体制

经过30多年的实践,可以发现,我国高新技术产业开发区的管理制度与机制并不存在最优的模式,只有最适合的模式。从整体上看,我国高新技术产业开发区管理制度的改革是一个不断进行的过程。在这一进程中,要时刻抱着"改革始终在路上,随时自我审视"的心态,这样才能根据社会、行业、园区本身的持续发展而做出相应的调整。在市场化程度高、经济发展水平高的高新区中,可以逐渐降低管理机构的行政色彩,在适当的时候,探讨实行混合所有制、企业化、市场化的管理方式,使园区的经营和管理水平达到最大化。

对深圳高新区来说,必须坚持根据发展状况和政策导向持续优化改革现有管理模式,且不论改革的方向如何,深圳高新区都应遵循三大原则:是否有助于建立一个统一且高效的管理体系;是否有助于推动落实"放管服"政策和简化行政手续,持续改善大众创业和万众创新的制度环境;是否有助于推动政策的创新和先行先试,充分发挥领先优势,并为区域的创新发展提供方向。

(二)推进"大部制、扁平化"改革,构建科学精简高效的管理组织架构

随着人类步入数字经济的新时代,深圳高新区也经历了从工业技术范式到数字经济技术范式的转型。首先,在组织结构方面,深圳高新区需要积极推动"敏捷化、专业化、市场化"的改革措施。在敏捷化的要求下,高新区需要在组织结构上实现扁平化,决策过程下沉,并为尝试错误、承受压力和进行改进提供制度上的空间;在专业化的要求下,高新区应当以主导产业为核心,纵向地在组织结构上进行布局,从而有效地增强政府服务的专业水平;市场化则意味着高新区在科技服务、产业服务以及城市服务的各个方面,需要实施政府与企业、政府与资本的分离,并灵活地通过外包等手段来吸引市场资源。其次,在人才选拔和使用方面,高新区需要推动更为灵活的改革措施,致力于探索和建立一种灵活而自主的市场化人才选拔和使用机制,形成一套全面的人事和薪酬管理体系。实施绩效管理策略,采纳以成果为核心的绩效目标管理方法,将评价结果与行政效能的监控、干部的选拔和奖惩机制相结合,尤其需要建立一个容错制度,以激发员工的创新和尝试精神。最后,在评估和考核的过程中,高新区需要积极推动其功能的改革。以创新驱动为核心导向,全面考虑经济增长、科技进步、产业独特性和环境建设等多个方面,制定与行政区和工业园区不同的评估体系,旨在引导高新区更好地实现科技创新和产业促进的双重功能。

（三）加强新技术应用，提升现代化治理能力

深圳高新区的治理对象规模快速扩大，导致治理资金与治理需求之间出现了冲突。为了解决存在的矛盾，最有力的方法是扩大数字技术在政务服务、经济以及社会治理领域的应用范围，并进一步提高服务的自动化和智能化程度。利用数字技术可以突破服务业面对面和同时同地的限制，从而显著提升服务的投入和产出效率。深圳高新区既具备了数字产业的优势，但同时也一直对进一步发展数字科技有着迫切需求。为此，高新区应该更多地探索数字技术授权治理，努力成为智能政府和智能治理的先驱和示范区。同时，需要对园区的运营管理方式进行创新，探索多元化的经营和管理模式，以吸引更多的社会资本进入高新区，同时也吸引产业界、科技界、投资界和民间智库等不同领域的人士一起来参与到园区的管理中来，尤其是管理部门要扮演好创新战略的引导者的角色，在新的经济体制和政策以及未来的研究和科学决策上不断地创新，从而为园区创造一个既包容又审慎的发展氛围。

第二十五章　广州高新区:大湾区创新核心枢纽建设案例分析

本章主要介绍广州高新区大湾区创新核心枢纽建设相关内容。近年来,广州高新区时时刻刻都铭记关于要实现"五年大变化"的目标,要大力建设粤港澳大湾区创新核心枢纽和国家科学综合中心建设区。本书分析了广州高新区大湾区建设的必要性、发展历程、主要措施以及发展动因,并从创新主体、创新环境以及创新绩效三个方面评价广州高新区大湾区创新核心枢纽建设成效,同时介绍了广州高新区大湾区的相关经验启示以及对未来的展望,不断夯实广州作为"领头羊"的地位,进一步增强作为创新核心枢纽建设的辐射功能。

第一节　广州高新区大湾区创新核心枢纽建设概况

一、广州高新区大湾区创新核心枢纽建设设立的必要性

(一) 广州高新区面临重要的发展机遇

广州高新技术开发区于1991年3月获国务院批准,成为国家首个高新技术开发区。它位于广州中心方位和东南方位的交会处,高校云集、人才辈出,在成立地区内拥有华南理工大学、华南师范大学、暨南大学、华南农业大学等12所高等院校,有中国科学院广州分院、广东农科院等44个研究机构,3个国家级重点实验室,各类科研人员2万余人,在一定程度上,为广州高新区不断创新向上发展提供了不可估量的人才资源扶持与技术服务支撑,同时广州高新开发区的建区时间也比较早,通过这几十年的发展,已经逐步实现了基础设施完善、制度体系健全、运行效率高等发展目标,与此同时开发建设及招商引资的经验比较丰富。此外,广州高新区还具有地理位置优越,产业发展远景广阔的特点。

值得一提的是,广州经济开发区与广州高新区大湾区合作办公,这是区域经济资源共享,优势互补,联动发展的一种创新模式,同时也是实现新经济增长点与经济发展点有机统一的机制创新。

(二) 投资前景可观是广州高新区发展的关键

通过对珠三角区域发展研究可以发现,广州高新区大湾区当下需要面向内部生产动力进行空间优化,以应对国际经济形势的发展需要,广州高新区大湾区作为广州规模企业密度最大的地区中心,需要为龙头企业的发展创新提供支撑,而广州粤港澳大湾区在轰轰烈烈的建造历程中,将面临着不可估量的成长期与爆发期。广州高新区大湾区作为一个发展良好的产城融合板块,地区的整体环境、城市面貌都很好,发展"三城一岛"定位清晰,正在培育阶

段的知识板块也已经显露规模,大型商圈逐步形成。聚焦当前板块的综合实力和投资优势,汇聚新一代信息技术、人工智能、生物医药三个主要的新功能产业,致力于建设具有国际竞争力的中国智造中心,如今广州高新区大湾区随着人口增长迅速,城市发展框架扩大,投资前景可观。

(三)广州高新区存在着一系列瓶颈制约

首先,政策存在一定程度的缺陷,并不是特别完善健全,同时因为不断对外发展扩张,广州高新区在税收、财政、土地、人才等方面享有的综合性优惠政策逐渐国民化,在新一轮区域竞争中面临较大压力。现如今早已不是靠着政策优惠支撑发展的时代了,要靠着综合优势和良好的营商环境。其次,发展动力存在不足。过去引进的是传统产品,比如钢铁、化工、食品等,现在这些企业正在进入调整期或者衰退期,行业市场需求饱和,面临着产能过剩的挑战,不同程度地出现减产现象。传统产业并没有强有力的竞争力甚至有下滑的趋势,而新兴产业目前并不能站得住脚,还处于不成熟的阶段,原始创新、科技成果转化能力不足,生产不出来高科技产品,这样的结果是老项目产值往下掉,新项目产值上不来,经济下滑势头较为严峻,发展动能不足。最后,竞争压力大。随着改革开放深入,各大经济特区、贸易区、产业园区都开始不断涌现并且初露头角,产生"虹吸"效应,对高新区构成巨大压力。国家赋予其他区域更加灵活的开放政策,使得高新区原有的政策优势逐渐弱化,新一轮对外开放竞争更加激烈。

二、广州高新区大湾区创新核心枢纽建设的发展历程

(一)创建探索阶段(1991—2000年)

1991年3月,经国务院批准设立成为全国首批国家级高新技术产业区之一。1988年6月,广东省政府批准设立广东省天河高新技术产业区,并于1996年2月14日更名为广东省天河市高新技术产业区。1998年8月,经科技部批准,广州市委、市政府决定,广州高新区、广州经济技术开发区实现了办公的目标。目前,广州高新区采用"一区多园"的管理模式,实现了区域内多个园区的有机结合。经过多年的建设,广州高新区现在拥有电子信息、生物工程、新材料、光机电一体化等四大支柱产业为主干的产业结构体系,初步建成了具有一定规模的科技创新基地和人才培育中心。在此期间,广州高新区园区不断发展,先后建立了天河科技园、黄湖港科技园、民营科技园、南沙信息科技园和广州科学城,这些园区的主要经济指标保持着高速增长的态势。

(二)跨越发展期(2000—2010年)

广州高新区在前十年发展的奠基下,进入新的历史时期,发展进入新一轮高潮,广州高新区开始步入跨越式发展的新阶段。这一时期,广州牢牢地把握住了"二次创业"的时间与机会,积极响应广州高新区经济政策的转变,有条件地加强资金型和技术型行业集群的进步发展,由量的规模转向质的效益,由单纯的加工转向科技的进步,继续加强科技创新,重点引进一批科技含量较高的项目,重点培育化学原料和化学制品制造业、电器机械和器材制造业、有色金属冶炼和压延加工业制造业、汽车及零配件制造业、电子和通信设备制造业、食品饮料制造业六大支柱行业,不断地使得一系列的跨国项目进入市场,因而大量的外资项目随之涌入。在这一阶段,广州高新区秉持以人为本、积极探索的精神,率先在全国高新区开展创新模式进行管理,前前后后进行了大刀阔斧的企事业单位改革措施,按照"精简、统一、效

能"的管理理念,设立了以"八大局"为轴的"部门体制"管理模式,落实目标管理责任制,继续加强投资服务、创新招商引资体制,推进招商产业化,同时培养出一批从广州高新区大湾区建设和发展起来的人才队伍,并初步与国际接轨。

（三）优化提升期（2010年至今）

广州高新区在前30多年的发展基础上,紧紧抓住经济全球化的机遇,加强自主创新能力,加大力度鼓励外来顶尖人才和核心项目在高新区进行产业投资和落地实施,以此来促进广州高新区大湾区经济快速发展。2010年中新广州知识城建造完成并正式成立,这是与新加坡合作的项目,翌年10月中心广州知识城管委会成立,这是广州市政府的衍生机构。2016年广州高新区成功获得了全国"产城融合"的称号。2019年7月,广州高新区在全国率先试点,建立中新广州知识、广州科技城、黄埔港、广州国际生物岛以及穗港智造特别合作区、穗港科技合作园的"4+2"战略发展平台,经过几年的沉淀,广州高新区大湾区已经逐步形成了以技术、人才、资本为核心的知识建设高地。

三、广州高新区大湾区创新核心枢纽建设的主要措施

（一）优化空间布局,擘画创新蓝图

当前,广州高新区积极打造以"一轴四核多点"为核心的创新枢纽空间结构,构建"一轴主体带动、四核共同擎架、多点全方位推动"的点线面全方位布局,推动各产业共同互惠互利,各地区最大程度上高效率携手并进,加强与大湾区沿海地区高质量发展的桥梁与连接,积累顶尖突破性资源,提升重大创新节点,以点及面依次辐射周围地区改革,形成创新建设走廊。

1. 一轴

这是技术创新的轴心。以中新广州知识城、南沙科学城为极点,连接广州科学城,广州国际生物岛和数字经济试验区,天河城以及广州大学城,广州城白云湖、数字技术南沙区和珍珠科技园等广州市科技创新关键节点,从而构建起科技创新轴。

2. 四核

具体包括广州人工智能和数字经济试验区、南沙科学城、中新广州知识城、广州科学城。在这些创新平台上,汇聚了一批具有国际竞争力的企业和项目,形成以互联网为基础的智能制造与服务产业集群,推动全国智慧城市建设进程加快。广州市政府正在全力支持AI技术与数字经济发展从而推动"一江二岸三片"的积极互动,目的是打造出一个高质量发展的新型示范性园区。南沙科学城成为综合性国家科学中心的重要承载区域,目前正在进行规划编制和建设工作,中新广州知识城的目标是成为具有全球影响的国家级知识枢纽,广州科学城计划创建一个在全球范围内有影响力的中国智造中心,并作为"中小企业有潜力做大做强"的试点模范区域。

3. 多点

也就是新时期城市科技创新发展的一个重要节点。促进城市群、科技园、创新创业领域发展,中部以荔湾、越秀、天河、海珠、番禺区等重点区域为主要部分,东、北两个方向主要是黄埔、增城、白云、花都、从化区等重点片区,南部主要是以南沙为开发核心区域。

（二）引领产业发展，赋能焕发新活力

促进产业链与创新链的深度整合，政府将提高企业作为创新主要参与者的地位，鼓励具有强大国际竞争力的创新科技集群和一些创新驱动企业加大研发的投入，高新技术密集型的科技型企业将继续加强科技创新在现代产业体系中的支撑和推动作用，促进创新创造城市治理、民生改善等需求密切衔接，充分塑造城市发展的新优势。

1. 加快推动高新区和高新技术产业发展

积极开展关于高新区优惠政策落实工作，打造以国家级高新区为主、省级高新区为辅的雁阵式发展模式，促进广州高新区大湾区升级和多点发展，支持广州高新区大湾区按照国家战略和产业发展需求方向发展，引进一流高校、科研院所、企业和人才创新资源，政府需要进一步对高新区的管理体制和机制进行改革，鼓励更多的创新投资，确保技术创新化、标准化以及知识产权与产业化的深度结合。

2. 推动数字经济与产业发展贯通融合发展

提升数字经济为主的重点产业创新优势，加快数字经济产业化的发展步伐，加强与数字经济领域有关联的基础研究和技术创新应用，发展培育一系列数字经济重点产业与新兴发展前端数字产业。深化数字技术在制造业的应用，鼓励企业进行数字化、智能化改造，将一些传统的制造业进行数字化转型贯通结合制造业产业链与创新链，开发产业新模式，强化数字化创新。推动当代服务行业进行数字化创新，强化服务业新技术新态势新模式的研究创新，推动数字技术融会贯通，大力发展服务业向专业化和价值链延展、生活性服务业向高质量与多元化发展。

3. 推进创新型产业集群建设

强化科技创新与全省的二十大战略产业集群以及广州制造的"八项提质工程"之间的联系，突出"链长制"功能，全面提升产业链水平、供应链水平，大力发展新一代信息技术、生物医药与健康、新能源战略产业新支柱智能汽车、智能硬件与机器人、新材料与精细化学、新能源与节能环保数字化等新型战略产业创新和具有国际竞争力的集群。开展未来产业的孵化，重点关注量子技术、区块链、太赫兹、天然气水合物、纳米技术等领域发展前景。

（三）聚焦科学发现，增强源头创新

1. 建设具有高科学水平的实验室平台体系

广州高新区大湾区致力于结合有突破贡献的资源，有目标性地发展广州实验室，以满足国家的未来要求，肩负国家使命，彰显广州市的国家战略性科技力量。根据"战略急需，支撑产业"的整体目标，政府需要加快生物岛、人工智能与数字经济、南方海洋科学与工程、岭南现代农业科学与技术等实验室的建设进程，并积极推动目标导向的跨学科大规模协同研究以及国家实验室"预备队"的建立。同时致力于推进国家重点实验室的结构优化和调整，支持高等学校和企业建立多个国家级和省市级的重点实验室。

2. 建设高标准国家技术创新中心

为了促进粤港澳大湾区国家技术创新中心的快速发展，广州高新区大湾区以技术创新和成果的实际应用为核心，明确了该中心的发展目标和主攻方向，切实做到需求牵引与场景驱动相结合，技术推动、引领示范，促使有条件创建产业技术研究和成果转化的重大创新平台并积极融入中心建设体系中，成为国家技术创新体系的战略节点。

3. 统筹布局重大科技基础设施

集结各方优势以建设大规模的人类细胞谱系科学研究设备和冷泉生态系统研究设施，

从而促进全方位的科技基础设施的共同建设,扶持创新主体以重大科技基础设施为基础开展科学前沿问题的研究。为一系列的备选项目及时进行充分的前期准备和深入论证,确保项目的连续性和有序发展的建设格局。

4. 挖掘高等学校科技创新潜力

对广州高新区以及周边地区的高校进行大力支持,服务"双一流"建设发展,加快建设高水平大学,鼓励引导科研活动、基础研究,推进面向基础研究的教育合作,吸引国内外知名高校来广州高新区大湾区合作办学,汇集高质量教育资源,培养高水平人才,建设高层次创新人才培育中心,加强基础教育建设,引领前沿交叉学科,服务实体经济发展。

第二节 广州高新区大湾区创新核心枢纽建设的动因分析

一、市场导向推动

随着经济水平的不断提升,广州高新区相关产业市场需求也在不停增长,例如互联网、人工智能、新材料等高新技术领域,这些领域需要一个集成了技术、资金、人力等资源的产业园区来提高效率、降低成本。广州高新区蕴含着巨大的市场空间,随着政府部门推出一系列政策支持,广州高新技术产业园的建设也得到了大力推进,由此极大地拓展了市场空间。同时结合当地区域特点优势,发挥广州高新区示范效应与辐射效应,区域技术创新参与方有规范性地促进学科相互交叉、产业融合进步,多领域协同发展促进有效合理利用以及高精尖领域成果的高效率转化。2018年11月13日,广州高新区正式发布《关于大力支持民营及中小企业发展壮大的若干措施》,其中涵盖了多个方面,包括缓解民营企业在融资方面的困难,减少民营企业的生产和运营成本,强化公共服务体系全面完善,加大民营企业在多种类型企业中的占权比重,以及建立全新的政商衔接。同时,广州高新区还应积极推动民营及中小企业的发展,提供更多的支持和便利,促进区域经济的繁荣和创新能力的提升。在市场导向下,广州高新区的创新共演过程可表现为存在主体协同阶段、技术创新阶段、市场导向三个层面的协同。其中,主体协同阶段中,广州高新区在各地方各地区政府的共同努力支持下,在高校与科研院作为主要依托平台的作用下,以各类型企业为主要路线,优势产业作为重要的区域战略发展平台。而技术创新阶段中,广州高新技术创新的过程建立在政府、企业、行业、大学与科研机构以及中介机构共同参与的基础之上,形成产学研合作多元链接机制。在市场导向阶段,从用户需求、竞争驱动与部门协同三个层面开展作用路径建设。在推动广州高新区产业发展的过程中,需要加强政府与企业的合作,促进科技创新和市场导向的协同发展,此外,还应注重建立产学研合作机制,加强技术转移和转化,以满足市场需求。

二、技术革新推动

2023年6月,颠覆性技术正式在广州高新区诞生,它是基于最前沿的技术突破或创新组合实现变革式的实践与应用以及能够带来突发效果的创新技术,具有前瞻性、突破性、变革性、替代性以及高风险性五大特征。它就是颠覆了某一领域主流产品和发展格局的战略技术,是典型的科学驱动与需求牵引高度融合的产物,具有场景强、需求刚、路线新、产权独等主要特征,其来源广泛、演化路径不确定性大,是一个复杂的"裂变—聚变"过程,需要超常规选拔和科研、转化及应用一体化布局,不断迭代,实现加速。颠覆性技术创新与一般科研项目是"形似而神不似",只有重大场景中的重要问题才有颠覆的必要,且必须与主流技术、潜在技术有明显的超越性才有颠覆的可能,因此发展颠覆性项目必须逻辑共识、标准包容,即把价值说明、把道理说通,通过逻辑自洽把非共识转化为共识,而不是单纯追求新或面面俱到。以下几种重要技术是广州高新区在近几年中重点发展的目标导向,由此广州高新区在技术层次方面推动创新实践活动。

（一）新一代信息技术

广州高新区大湾区一直在积极推动大数据、云计算、物联网等方面的创新发展,利用大数据分析来提高城市管理的效率,提高市民的生活质量,推进云计算基础设施建设,政府机构与企业利用云服务来存储和处理数据,提高信息共享和协作的效率,在物联网领域采用了智能城市技术,通过连接各种设备和传感器,实现城市基础设施的智能化管理,从而提升可持续发展水平和生态友好性。广州高新区大湾区政府支持和鼓励新一代信息技术企业设立创新研发中心,促进技术创新和产业升级。

（二）集成电路产业

广州高新区大湾区努力全面打造广州北斗产业园主园,以重点企业为支撑,强化小型化、低功耗、低成本、高性能导航型芯片关键技术领域的突破和布局,形成若干自主知识产权专利与科技成果。同时要加快推动粤芯、高云半导体等集成电路新型产品建设达到一定程度与标准,在全国范围内建成具有雏形并且存在一定影响力的标志性集成电路产业集群,同时在区域范围内对"专、精、特、新"中小企业的打造和建设不断加强和深化,加大对技术服务的开发力度和产业规范化的调整力度。

（三）人工智能

广州高新技术园区打造具有全球竞争力的智能装备研发生产基地,推动相关龙头骨干企业快速发展,充分发挥示范引领作用,积极创建黄埔智能装备价值创新园区。以中以高新技术产业合作区建设为契机,从以色列引进智能装备制造业先进技术,携手打造广州中以机器人研究院和智能制造产业基地、广州中以机器人研究院、广州中以机器人和智能制造孵化基地3个产业平台。另外,大力推广人工智能场景运用,着力深化城市交通、生态环境、公共安全、社会管理等方面的运用,促进智能产品创新与多领域推广应用,同时在相关龙头企业的推动下,着力发展智能软件、云计算、无人机和认知智能。

（四）生物医药与健康产业

在科技创新方面,着力于预防重大传染病、恶性肿瘤、心血管疾病的新型疫苗的开发与产业化。在干细胞及再生医学、基因检测等新领域积极进行集成创新及原始创新。同时加快发挥科学城、知识城和生物岛引领发展型基地辐射带动作用,加快推动重大枢纽项目建成投产,并扶持壮大一批生物技术创新企业。在发展高端医疗器械和布局关联健康产业方面,重点发展体外诊断产品等高端医疗器械,引进高端国际医疗机构、研究院,带动高性能医疗器械研发制造等落户。

（五）新能源和节能环保产业

在汽车电子领域和新能源汽车领域,广州高新区加大开发与改革力度,极大促进汽车产业和创意型文化、电子信息与新材料的发展,加大对新能源汽车和相关产业水平的扶持力度,大力推进新能源汽车整车及相关配套产业的发展,并且引导区内汽车制造和创新基地设立汽车销售总部或区域总部,促进商贸业同步发展。

(六)新材料产业创新

广州高新区大湾区以先进基础材料、关键战略材料、前沿新材料为重点,并加强创新体系的构建,扶持新材料企业设立研发机构。广州高新区积极加快推进全国高分子材料产业创新中心建设,增加企业核心竞争力,同时引领世界潮流的3D打印技术。广州高新区大湾区在加强创新体系的基础上,还着力加强新材料产业的国际合作和交流,吸引国外优秀的研究人员和投资。此外,广州高新区加强对人才的培养和引进,为新材料产业的发展提供更多的支持和保障。

三、资本环境推动

(一)强化预算约束机制

广州高新区大湾区鼓励组建收入管理工作专班,实行财税收入项目及重点税源企业"双清单"管理,全面及时跟进收入执行,建立财税收入定期分析工作机制,培植巩固区域税源,在优化营商环境方面实施系列暖企稳企措施,对重点行业、重点企业进行跟踪帮办服务,更好地服务经济高质量发展。近年来,广州高新区结合区情实际,针对重点支出制定定额标准,今年将全面梳理现有支出定额标准并建立清单管理机制,充分发挥定额标准对预算编制和审核的基础性、规范性作用。同时,探索开展成本预算绩效管理,作为建立或优化支出定额标准的依据,进一步提高预算合理性和项目管理水平。依据近期"财政高质量发展12条"广州政府提出成立预算编制审核小组,对预算项目开展交叉审核,打破固化、僵化支出,提高资源配置和使用效率。

(二)提升财政资金使用效益

广州高新区大湾区建立企业扶持政策多维度监督评价体系,对实施效果"回头看",通过采取自然失效、到期调整、及时补充修订等方式,清理效果不佳的政策条款。

黄埔区、广州高新区在全市先行先试政府采购工作,推动政府采购集中带量采购工作,鼓励采购人自愿联合、集中带量采购,达到以量换价降低成本的目的。

对基建投资管理加大监管力度,包括资金监督关口前移,定期更新完善投资控制标准,要求各职能部门积极参与政府投资项目建设方案联审决策,对项目技术方案和投资估算提出优化意见。

建立项目评审"绿色通道"。黄埔区、广州高新区坚持构建"制度+技术"的管理机制,以信息管理为出发点,大幅度强化财政支撑能力,落实"数字财政"上下联动工作机制,率先参与全省"数字财政"预算绩效管理应用模块上线试点工作,在预算绩效管理领域先行先试,计划将各项财政信息充分整合,形成可视化展示模块,以提高财政辅助政府决策能力、支撑财政管理创新。

四、政策措施推动

(一)营商政策

2023年9月,广州高新区正式发布《守正固本创新优化营商环境三十条》,聚焦"守正""固本""创新"三大主题,瞄准企业开办、事中事后监管,质量提升、公平竞争、产业发展中存在的困难痛点堵点进行改正调整,增强了市场主体的发展自信,有效促进了区域内经济高质量发展。"固本"十条,就是要固本培元、筑牢市场监管基础、筑牢市场主体发展根基、建立完善规范化常态化的党政与行业商协会联系机制、更好地服务经济社会发展全局。而创新十条是释放首创改革举措的"强劲动能",区域产业质量是营商环境"软实力"的"硬支撑"。创新十条提出,开展全国首批国家级智能装备行业中小企业质量管理体系认证,提升区域试点和省级中小型化妆品生产企业试点,帮助企业解决实际技术和生产管理问题,引导中小企业树立科学管理理念。"创新"十条中开创创新,围绕市场主体诉求,打通痛点重点难点,对标国内国外先进企业,推进首创性改革举措,为各类市场主体提供最便捷、最优质、最高效、最公平的服务保障。

(二)人才政策

面对日趋复杂的国际形势和粤港澳大湾区建设的深入推进,广州高新区在近几年不断改进深入人才引进政策方案,鼓励激发人才创新活力,全力打造人才高地,出台实施"国际人才自由港10条""海外尖端人才8条""港澳青创10条""人才10条2.0版"等人才政策20个,2018—2022年累计兑现金额超过20亿元,在全国范围内数额都是遥遥领先的,获得国家批准成立的国家海外人才培养基地、国家博士后流动点与省级博士后示范重点区域,为各人才创新创业、安居安享提供全方位、多层次服务。广州高新区集聚有利政策吸引众多海内外人才以提高人才服务水平,大力推进人才引进政策,主要包括海内外精尖人才、战略科学家、行业尖端人才,让人才体系"塔基更实、塔尖更高",全力推动广州高新区人才服务的强势发展。据统计,广州高新区集聚国家、省、市、区各级人才计划的高层次人才730人,数量位居全市各区第一、全省前列,其中不乏包括一些顶尖人才带着强势项目重磅加盟——例如王晓东院士的百济神州、施一公院士的诺诚建华等。塔尖人才源源不断引进的一些具有重磅价值的项目,从而形成源源不断的"引力波",促进人才链和产业链的全方位优化,构建起以人才为核心的新局面,生动诠释了什么是"人才是第一资源"。

第三节 广州高新区大湾区创新核心枢纽建设的成效分析

一、广州高新区大湾区创新核心枢纽建设创新主体成效分析

"创新主体"主要是指推动广州高新区发展的主要创新资源因素,如高新技术产业和高端技术人才。

(一)高新技术产业集群

广州高新区深入贯彻落实IAB、NEM产业战略部署,大力支持建设人工智能示范应用

项目和纳米等产业公共服务平台,加快推动全国创新生物医药创业投资服务联盟发展,全力扶持战略性新兴产业势力崛起,世界级创新型产业集群初具规模。推动黄埔区、广州高新区生物医药企业发展,百济神州等大分子生物制药投产及规划产能50万升,生物医药产业领跑全国。2021年黄埔区、广州高新区以战略性新兴产业发展获得国务院督查激励。2022年11月,粤港澳大湾区首个未来产业科技园区获科技部、教育部批准试点。科技赋能,全力打造中国集成电路第三极的核心承载区,集聚集成电路企业160多家,重点发展文远知行、小鹏汽车等新能源汽车产业,前瞻布局纳米技术、量子信息与量子计算机、数字孪生等未来产业。

(二)高端技术人才集聚

广州高新区在全国首创采用"资本市场认可、高端研发平台及机构推荐、专家评审"相结合的多元化模式遴选领军人才。紧抓《南海方案》出台机遇,主动对接,强化与南沙区合作共建科技创新轴,推进清华珠三角研究院粤港澳创新中心、澳门青年人创新部落建设,支持与港澳科研院校、企业开展科技合作,加快打造区域创新共同体。积极利用"知识城十条"院士工作站等尖端引才政策,充分发挥广州一些机构的引智作用,多渠道、多途径遴选全球"高精尖"人才,加快推动宋尔卫院士卫浦研究院、鄂维南院士墨奇科技等一批重点高层次人才项目落地。黄埔区、广州高新区聚集钟南山、张伯礼、王晓东、施一公、赵宇亮、徐涛等国内外院士118名,高层次人才总数达到1307名,A类外籍高端人才1226人,创新团队占全市7成、创业团队占全市6成。广州高新区出台《支持港澳青年创新创业实施方法》,对港澳青年创新创业提供多层次服务及创业资助和补贴,建成澳青部落、湾创之星等服务港澳台青年创新创业载体,打造澳门青年来穗发展的事业桥头堡。

如图25-1所示,广州高新区的年末从业人员自2018年的541788人,在五年时间内上升到2022年的841954人,同比增长约55%,人员数目持续攀升,而留学归国人员从2018年到2022年期间由3096人上升至6031人,吸引更多的优质人才留在国内效力,由此高端技术人员集聚效应更为显著。

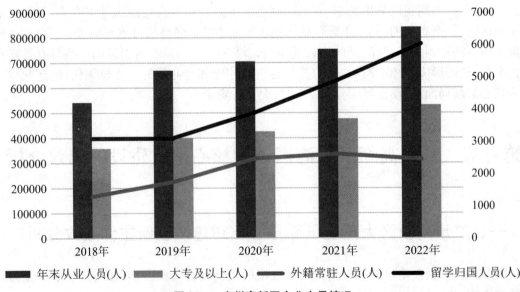

图25-1 广州高新区企业人员情况

数据来源:《中国火炬统计年鉴》。

二、广州高新区大湾区创新核心枢纽建设创新环境成效分析

创新环境主要是指区域创新活动所赖以生存的内外部环境,最具有典型性代表的有"创新平台建设"和"知识产权高地"。

(一)创新创业载体平台优化

坚持"四个面向",抢抓机遇,形成省市区联动机制,全力构建"2+3+N"战略科技创新平台集群。科技创新平台快速发展,广州实验室、粤港澳大湾区国家技术创新中心按期顺利入轨,人类细胞谱系大科学研究设施纳入国家"十四五"专项规划,航空轮胎、动力大科学装置投入使用,慧眼大设施预研项目首期实验室正式运行,纳米科技创新基地及总部园区顺利开园,琶洲实验室(黄埔)建设进展顺利。黄埔区、广州高新区拥有先进材料院、集成电路院、科学院、中医药联创院等一批含金量较高的科研院所,积极筹建广州高电存算芯片创新中心、超级机器人研究院、国家集成电路零部件技术创新中心、颠覆性技术创新中心(广州)等一批高端平台和项目。黄埔区、广州高新区聚集各类研发机构1000多家,省级高水平创新研究院9家,省级新型研发机构39家,占据全国的半壁江山,使新型研发机构的集聚度与创新能力在国内处于领先地位。广州高新区不断更新换代科技创新平台的建设模式和机制,促进科技资源的合理配置和优化利用,加强与省市区的联动合作,形成更加协同高效的科技创新体系。

(二)全球知识产权高地崛起

全力建造成为全球知识产权高地是国家赋予知识城的使命之一。经过长期的发展和进步,广州高新区已经成为全国唯一实现"专利、商标、版权"统一管理的园区和知识产权保护元素最集中的区域。知识产权服务园区也逐渐成熟,汇聚国家知识产权局专利局专利审查协作广东中心、中国(广东)知识产权保护中心、广东知识产权服务产业汇聚中心等专业服务机构300余家。广州高新技术区在知识产权制度和机制方面进行了创新研究,2021年4月,全国已批准和接受知识产权署开展试点工作,外国专利代理人资格考试和驻华代表处驻地由外国专利代理机构设立在广州高新技术区。广州高新区积极实施工作计划,加快海外知识产权服务机构的聚集,创造世界级的商业环境,为促进国际知识产权合作、扩大高端知识产权服务范围提供全方位支持,开展联合项目建设。截至2020年底,广州高新技术区有效发明专利17341项,其中197项获得中国专利奖和广东省专利奖,每万人高价值专利拥有量近54件。广州高新区"探索知识产权运用和保护综合改革试验"被国家知识产权局列为第一批知识产权强省建设试点和典型案例。

三、广州高新区大湾区创新核心枢纽建设创新绩效成效分析

"创新绩效"是指广州高新区开展创新活动所产生的效果和社会经济影响。以下主要从"经济与社会投入产出"和"科技成果产出"两个方面展开。

(一)经济与社会投入产出增加

广州高新区持续加大科技投入力度,运用创新财政资金管理方式,保证赋能资金的专属分配,提高财政资金的使用效率,探索重大科技基础设施管理机制,构建科研机构市场化运作体制,为重大科技创新平台经费松绑,在规范管理下赋予科研机构更大经费资助支配权,

并且政府出台《合作共建新型研发机构经费使用"负面清单"》等政策文件,明确经费使用禁止性行为,遵循"无禁止即可为",最大限度赋予新型研发机构经费使用自主权。近几年,广州高新技术区兼科技部火炬中心和技术中心共同构建科技金融和科技创新区大湾区、创投产业投资基金和创投大湾地区、中科院(广东)科技创业投资基金取得科技成就,科技产业投资基金总规模超过 400 亿元,多年来举办官洲国际论坛和中国创新创业大赛一系列创新创业类活动,形成浓郁的创新创业氛围。

从图 25-2 可以看出,2018—2022 年广州高新区经济增长一直呈现平稳向上的发展趋势。自从 2018 年以来,各项主要经济指标包括营业收入、上缴税费、净利润、工业总产值都保持稳定增长的趋势,充分展现出在政府一系列政策的扶持下,广州高新区经济状况良好的发展态势。到 2022 年,广州高新区的工业总产值由 2018 年的 41674.3873 亿元上升到 2022 年的 82047.1118 亿元,同比增长 96%;而在营业收入方面,在 2022 年已经达到 146443.2094 亿元,同比增长 105.34%;在净利润方面,从 2018 年 4745.5886 亿元稳步上升到 2022 年 10787.7053 亿元,同比增长 127.23%;在上缴税费方面,从 2018 年 3378.6288 亿元上升到 2022 年 5856.6965 亿元,同比增长 73.36%。

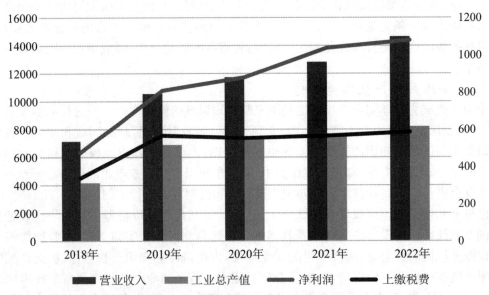

图 25-2 广州高新区主要经济指标(亿元)

数据来源:《中国火炬统计年鉴》。

(二)科技成果产出丰富

广州高新区大湾区大力支持中小企业提升自主创新能力,2021 年广州高新区研发投入强度达到 6.14%,成为全市首个"破 6"的行政区,技术合同成交额超 620 亿元,约占全市四分之一,广州高新区大湾区不断完善全链条孵化育成体系和科技企业梯次培育链条,努力培育"专、精、特、新"企业和科技创新领军企业,黄埔区、广州高新区主园区高新技术企业超 2500 家,上市高新技术企业 53 家,占全市一半以上,2021 年高新技术企业申报量居全市第一。截至目前已建设专业孵化器、加速器、科技园区,黄埔区、广州高新区拥有科技企业孵化器 113 家,国家级孵化器达 21 家,创新型产业空间超过 1000 万平方米。

如图 25-3 所示,在科技活动内部经费支出方面,从 2018 年的经费支出 3479.5746 亿元上升到2022年的6694.5087亿元,同比增长92.39%,高新技术企业数从2018年2877家上升到2022年的3603家,同比增长25.23%,科技活动人员从2018年154205人,上涨到2022年的202291人,同比增长31.18%。

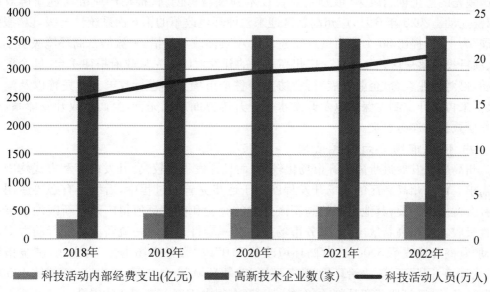

图25-3 广州高新区科技活动支出情况

数据来源:《中国火炬统计年鉴》。

第四节 广州高新区大湾区创新核心枢纽建设的经验与启示

一、广州高新区大湾区创新核心枢纽建设的经验启示

(一)科创体系完善

广州高新区大湾区正打造"2+3+N"战略科技创新平台集群,集聚各类科研机构超过1000家,拥有全省1/2的高水平创新研究院,占全市一半的省级创新新型研发机构,院士工作站20家,博士后设站单位超过120家。目前,广州高新区已经集聚中小企业超过4万家,高新技术企业超过3500家,研发投入强度达到6.14%,达到国际先进水平,建成孵化载体总面积将近500万平方米,从中孵化出洁特生物、禾信仪器、迈普医学、方邦电子等一大批优秀企业。目前,广州高新区正在加大科技创新力度,建设更多的科技创新平台。同时,该区域还拥有众多的科研机构和创新研发机构,为科技创新提供了强大的支持。此外,广州高新区还孵化了大量的优秀高科技企业,这些企业在各个领域都取得了卓越的成就。

(二)政府关注并且立法健全

广州高新区的发展是离不开广州市政府的全力支持和全方位鼓励。广州高新区发展需要得到政府的重视和健全机制,并且对各部门开发给予高度关注甚至需要上升到法律层面进行保护,予以保障,尤其是近年来对广州高新区开发的力度愈来愈大,各类扶持政策、开发措施纷纷出台,为区域快速发展提供了保障。

(三) 政策完善兼顾配套服务

广州高新区出台"专精特新10条""人才扶持10条""知识产权10条"等一系列扶持力度全国领先的惠企创新政策,鼓励企业在技术领域奋勇创新、推动产业链与创新链双链联动、双链互动。2023年6月,广州高新区迎来营商环境改革的第6次系统性升级,以"服务产业发展"为主题,提出30个方面重点任务、141项具体改革举措,一流的营商环境吸引了众多企业、项目投资落户广州高新区。广州高新区的开发大体上先从政府搭建平台、健全配套设施开始,再对职业教育、企业发展、行业协会等各个市场主体进行政策上的完善以及配套服务,接下来再对开发制度保障以及开发水平提升等方面加以完善,全面形成开发体系,这类的操作模式极具参考意义。

(四) 强化市场导向模式试用

广州高新区发展进步离不开市场化较早,而且开发程度较高,开发内容和方式均围绕市场的需求。而广州高新区的市场开发程度处于逐步完善的过程中,后续仍有必要适用于本地的社会发展的需要,其他地区的高新区开发的经验和模式都值得广州高新区加以借鉴和创造性吸收。广州高新区出台《服务市场主体进一步打造国际一流营商环境行动方案》,正式启动"营商环境改革5.0"。"营商环境改革5.0"以"服务市场主体"为主题,围绕指标提升、市场环境、国际环境、法治环境、政务环境和"硬环境"6个方面,提出23个领域125项具体改革任务,升级打造营商品牌,顾客的满意度在很大程度上有了质的提升。

二、广州高新区大湾区创新核心枢纽建设的未来前景

(一) 高质量推进"三城一岛"联动发展

提出高质量实现科学城"五年大变化",紧扣中国智造中心定位,谋划布局未来产业,不断提升高新技术产品产值。优化"一核两轴三区多点"布局,推动重要载体建设,科学分批次推动"产业上楼"。

提出高质量推动知识城提速发展,全面推进三大千亿级战略性新兴产业集群发展,加快建设重大项目,联动周边城镇发展,联动南沙共同打造广州科技产业创新轴。积极建设知识型产业园区、国内外顶尖人才基地、湾区创新策源地和对外开放型领域园区,加强与世界各国家及地区交流合作的密切度,增加开发与世界沿线国家新路径。

提出高质量推进海丝城规划建设,加强外贸博物馆基础建设,增加对外文化交流展项,推动专业产业园创新发展,深耕十里数字经济产业长廊,加快实施西区振兴计划,建立中高端航运服务产业体系。

提出高质量推进生物岛科技成果转化,开展生物医药政策创新试验,打通"基础研究—临床应用—转化医学—产业转化"全链条。成立服务生物医药高质量发展工作专班,以"双链制"为抓手,精准引进一批上下游重点产业项目。

(二) 打造未来产业创新和孵化高地

2022年广州被批准建设生物医药和新型移动出行的未来产业科技园,为此广州高新区要抢抓机遇,立足试点,以高校卓越学科为基础,探索"学科加产业"独特创新模式,构建未来行业"沿途下蛋"的发展格局,引领国家大学科技园在新时代的提升与发展。一方面广州高新区应在人才培养、成果转化和校地合作上进一步改革体制机制,另一方面应进一步利用高

水平研究型大学与科技领军企业的协同作用,加速聚集人才、技术、资本等创新要素。广州高新区大湾区将加快多项关键基础技术在未来产业关键方向的突破,孵化多家高增长科技中小企业,培养多家跨学科整合、面向未来行业发展的创新创业人才。

(三)"十四五"时期广州高新区发展目标

在创新领域重新获得新的升级,全力支持广州高新区努力跻身于全国甚至于全世界前列,科技水平的高质量发展极大地推动了广州高新区的创新程度的发展、创新创业建立新态势,逐步建立起相应的"辐射极"、全世界人才"汇聚地"、积极互相成就的"桥头堡",最终目标是建成具有一定影响力的特色型创新型区域高地。在实现这一目标的过程中,需要加大科技研发投入力度,提升科技创新能力,同时,建立全球合作网络,从而将更多的人才与技术聚拢于此地,提供更多的支持和激励措施,以促进创新创业活动蓬勃发展。

1. 创新能力大幅度提升

粤港澳大湾区在国家综合创新平台与技术创新领域有着极大的发展潜力,实现了进一步突破,省级战略技术创新平台达到 320 个,在若干个领域具有显著高水平影响,成果也初见成效。基础研究和应用研究的总体水平和国际影响力显著提高,基础研究经费占社会总经费的比重提高到 15%。科技创新在经济和社会发展中发挥了重要作用,为大湾区的发展注入了强大的动力。下一步,将继续加强合作,加快创新速度,进一步推动科技创新中心的建设,为粤港澳大湾区的繁荣和发展做出更大贡献。

2. 技术攻关整体升级

关键核心技术攻关再上新水平,呼吸疾病防治和智能网联汽车多项技术在全国领域已经遥遥领先,一些战略性领域关键核心技术已经掌握主动权,科技成果加快转化为现实生产力,促进技术合同成交额突破 3000 亿元,每万人拥有高价值发明专利 30 余项,国家级科技企业孵化器 60 余家。围绕人工智能、大数据、云计算等前沿技术,加大科研投入力度,推动技术攻关取得更多突破,加强与高校、研究机构的合作,共同开展前沿领域的研究项目,为推动技术发展提供更强有力的支持。

3. 科技水平赋予动能

科技能力在高新区领域有较高的建树,很大程度上对于科技成果提供了新的服务与帮助。同时快速建成的以新型动能为服务导向的转换功能在很大程度上提高了在工业领域的作用和能力,工业企业研发经费占营业收入的比重达到 1.7%,高新技术产品产值在规模以上工业总产值中的比重达到 55%。科技推动在改善城市治理和提升民生服务方面起到了至关重要的作用。政府需要加强科技创新,不断探索新的应用场景,推动新旧动能的转换,实现产能的不断发展进步。

4. 不断引进全方位人才

相继引进一批高科技人才、享有国际竞争力优势的人才、站在科技前沿的人才和高精尖科技人才,全力争取海外人才达 1.8 万人,每万名从业人员从事研发研究人员比重达 15%。采用更加合适、匹配高科技领域的人才,并及时对评价、激励、评级相关的人员流动机制补充完善。加强科技人才队伍建设,强化人才培育方案,优化人才评价和激励机制,提高对优秀人才的鼓励政策,加大科技人才培养力度,加强科研机构和高校之间的合作,推动优秀人才的培养和成长。

5. 科技创新生态具有国际一流水平

全社会多种有利资源融合,粤港澳大湾区合作不断深入,国际科技合作更加密切,在与全球创新资源融通共享方面先行先试,取得了显著成效。研发投入强度突破 3.4%,新增上市科技型企业数超过 60 家。全市各人群科学素质发展更加均衡,科普供给侧结构性改革成效显著,公民具备科学素质所占比重达 24.5%(表 25-1)。

表 25-1 "十四五"时期具体目标指数

	序号	指标	2020 年指标值	2025 年目标值
科学发现	1	基础研究经费支出占全社会研发支出比重	14.2%	15%
	2	省级以上战略科技创新平台数(含国家实验室、国家技术创新中心、国家重大科技基础设施、国家重点实验室、省实验室、省级高水平创新研究院、省级重点实验室等)	277 个	320 个
技术发明	3	每万人口高价值发明专利拥有量	20 件	30 件
	4	技术合同成交额	2256 亿元	3000 亿元
	5	国家级科技企业孵化器数	41 家	60 家
产业发展	6	规模以上工业企业研发经费与营业收入之比	1.51%	1.7%
	7	高新技术产品产值占规模以上工业总产值比重	51%	55%
人才支撑	8	引进海外人才数	1.4 万人	1.8 万人
	9	每万名从业人员中从事研发人员比重	138 人年(万人)	150 人年(万人)
生态优化	10	研发经费支出占地区生产总值比重	3.1%	3.4%
	11	新增上市科技型企业数	—	60 家
	12	公民具备科学素质所占比重	17.4%	24.5%

第二十六章 苏州工业园区：开放创新发展案例分析

经济特区只要在适当的情况下加以发展，就可以成为推动工业发展的有力引擎。20世纪80年代以来，中国坚持走"务实性"与"实验性"并存的改革与发展的道路，把"经济特区"作为从"计划经济"向"市场经济"转变的试验场。其中，苏州工业园区就是一个具有鲜明代表性的成功案例。从苏州工业园区建成到现在，随着改革开放的不断深入和对外开放的程度不断提高，苏州已由原来单一的重工业基地向以高新技术产业为主的现代制造业基地转变。目前，全市规模以上企业已达10402家，从业人员超过200万人，实现产值近万亿元，占全省总产值的1/4左右。"开放创新"发展一直是苏州工业园区发展的本质特征，这也是其取得巨大成功的根本原因。

第一节 苏州工业园区开放创新背景分析

一、苏州工业园区开放创新发展概况

苏州工业园成立于1994年，自成立之日起就带有深厚的"开放创新"思想底蕴。从2003年开始，苏州工业园区便积极主动地向世界开放，并开展一系列创新活动。目前，苏州工业园区已成功举办了"中国科学与技术博览会""中国国际高新技术成果交易会"等各类活动，有效地缓解了苏州高新技术产业发展的瓶颈问题。此外，在与新加坡合作的同时，苏州工业园区也在大力推行"生态优先"的绿色发展理念。在新加坡先进经验的基础上，园区还积极培育和发展以生物医药、纳米技术、人工智能、新材料、新能源为代表的一批以创新为动力、有市场前景和自主知识产权且能推动经济社会转型升级和可持续发展的新型产业。同时，在国内，苏州工业园区也与其他市区合作，积极分享园区的发展经验和产业资源，不但通过开放创新增强了自身的发展优势，而且带动了周边地区的经济发展。在2022年度，有关全国169个国家级高新区的综合排名出炉，苏州工业园区跃居第四，与上年度相比前进了3位，再创历史最佳水平。同时，在国家级高新区综合评价五项一级评价指标中，园区的"开放创新和国际竞争力"指标排名也成功位居全国第一位。

二、苏州工业园区开放创新发展历程

（一）1994年中国和新加坡两国政府合作共建苏州工业园区

苏州工业园区起于一片阡陌乡野，作为改革开放的试验田，苏州工业园区坐落在历史与时代、中国与世界、产业与发展交织碰撞的最前沿，并在建立之初就带着开放创新的特征。1994年，苏州工业园区作为中国与新加坡政府共同合作的关键项目，在苏州市成功建立。苏州工业园区的建设以苏州中新合作区的80平方公里为基础，将新加坡在园区规划、发展、管理、创新等方面的先进经验与我们国家的创新政策有机地结合在一起，意在探索一种新的经济增长模式以及一种新的国际跨界协作发展方式。除此之外，在当年，中国与新加坡不仅达成了合作开发苏州工业园区的协议，双方还共同创造了苏州工业园区的"政企分离""亲商政策"等智慧结晶。

（二）2002年开发创建苏州独墅湖科教创新区

苏州独墅湖科教创新区的建立，标志着苏州工业园区开始走向转型和发展的关键阶段。苏州工业园区是集苏州教育资源、科技资源和人才资源为一体的高地，而"聚焦科技"战略的实施，则是园区发展的一项重要策略。园区主要在独墅湖科教创新区实施这一战略，并且将发展重心放在科教产业，加速吸收行业人才，深入推进科技合作。在不断实施这一战略的过程中，园区经历了三个重要的发展阶段，包括研究生城、高等教育区、科教创新区。截至目前，创新型科技园区已经初步形成，并且带有较强的内生创新能力以及良好的产学研合作基础。除此之外，园区还在这一过程中逐渐摸索出一条以科技创新引领经济转型升级的科学发展道路。现如今，科教创新区在创新方面已经释放出巨大的能量。科教创新区现有高新技术企业1000余家，占园区41%；拥有有效发明专利11972件、PCT国际专利733件，2022年度技术合同交易金额为10749亿元，各级各类领军人才约2500人。每一年，科教创新区会撮合各类校企合作项目500余项，凭借产业联盟、协同创新中心、联合创新体、大学科技园、技术转移机构等一批校企联合体，累计已有1551家科技企业成功孵化，在独墅湖畔茁壮成长。

（三）2015年国务院批复《苏州工业园区开展开放创新综合试验总体方案》

2015年9月，国务院正式公布了《关于苏州工业园区开展开放创新综合试验总体方案的批复》这一文件，标志着关于苏州工业园区开展开放创新综合试验的建议被正式批准，苏州工业园区则正式成为全国首个进行开放创新综合试验的地区。这是苏州工业园区发展史上重要的一步，这也表明国家对于苏州工业园区寄予厚望，再次将改革试验和开放创新的重任交予了苏州工业园区。苏州工业园区被选为进行创新综合试验的原因，是国家为了寻找和建立一种新的、开放的经济体制，并形成一种创新驱动的发展模式。这对我国如何应对同其他国家激烈的科技竞争和如何加速以创新推动发展方面具有重大意义，并能为国家的改革开放事业做出更大的贡献。

三、苏州工业园区开放创新发展具体措施

（一）产业引导，筑牢发展基底

1. 发展新型离岸国际贸易，推动制造业转型发展

苏州工业园区获批发展新型离岸国际贸易政策试点地区，这在当时是一件十分难能可

贵的事情,因为此前全国只有一家地区获批。我们现在把这种"新型离岸"模式称为"产业链+金融"。所谓"产业链+金融"就是在传统转手买卖模式下,把货物卖给终端客户,然后以订单、银行贷款等形式收取中间环节费用。园区通过将传统转手买卖模式与各种新型贸易模式相结合,以此为支点撬动制造业转型发展,推动制造业、制造工厂、成本中心等转型升级,使得新业态、新模式在离岸贸易领域中不断涌现出来。

2. 引导培育前沿新兴产业,构建特色产业培育机制

基于自身制造业基础深厚,苏州工业园区作为国家创新型试点城市和国家级经济技术开发区,在引进国内外先进的产业项目方面具备得天独厚的优势。2006年园区开始对相关产业进行重点培育规划和引导,聚焦科技创新"一号动能",把发展目标放在了三大新兴产业:生物医药、纳米技术应用、人工智能。目前园区已形成"十个一"新兴产业培育机制,致力于不断壮大新兴产业创新集群。

(二)创新赋能,实现协同互促

1. 加速多个创新平台建设,促进创新成果转化

通过加快集聚创新资源,提升创新成果转化效率是新时代赋予苏州工业园区的重要使命和责任担当。近年来,苏州工业园区先后获批建设了国家生物药技术创新中心和国家第三代半导体技术创新中心。"两中心"自创立以来,经过3年的不断努力,都完成了各自的任务并取得了丰硕的成果。目前,国家第三代半导体技术创新中心已集聚相关企业1100余家,在高性能微球材料、先进半导体材料、高端芯片等多个领域均有建树。除此之外,"两中心"累计吸引集聚生物医药领域26位国家级重大人才,形成核心研发力量超280人,带动集聚超580个高质量生物医药项目。这一切成绩的背后离不开一支强有力的队伍——园区各部门、各单位通力协作、密切配合。

2. 深入实施一系列人才工程,推动实现链式效应

近年来,园区深入实施一系列人才工程,致力于打造知名人才工作品牌。其中,"金鸡湖科技领军人才创新创业工程"人才工作品牌成为园区打造的重点对象,在该工程引领下,园区构建起梯次衔接、择优扶强、开放包容的人才引育体系,基本实现"引进一个高端人才、带来一个创业团队、培育一个新兴产业、打造一个创新集群"的链式效应。

3. 创新体制机制,为园区产业增长、对外创新开放提供政策机制支持

简政放权的目的在于降低企业的运营与管理费用,有利于推动企业更好地进行创新创业。多年来,园区先行先试,积极探索并创新出独具特色的四个"一"管理机制:"一枚印章管审批、一支队伍管执法、一个平台管信用、一张网络管服务",为全国其他开发区提供了宝贵的参考经验和借鉴。之前,江苏省内就已经实施了"一照一码"商事登记制度的改革,在此基础之上,园区进一步采取了一系列措施,通过将审批程序精简,推行了"一窗式受理、一站式审批"模式,全面推行并联审批,对涉及多个部门的审批事项进行了一定程度的革新。如今,园区根据优先级,将多个分散在不同职能部门的审批任务逐步转交给行政审批局,并对园区内原有的处室和印章数量进行了精简。

(三)开放融通,凝聚共赢合力

1. 引入世界一流高校和科研院所,合作共建科研创新平台

除了引进世界一流高校和科研院所外,苏州工业园区也着力从科技创新源头补齐科教资源的短板。目前,园区已有33所中外知名院校相继入驻园区。同时,园区也聚集了包括中国科学院药物所苏州研究院、中国医科院苏州系统医学研究所在内的15家"国家队"科研院所。此外,为进一步提升创新策源能力,苏州工业园区还积极与上海交通大学、浙江大学等合作共建科研创新平台,使得园区内纳米真空互联实验站、姑苏实验室等一批高能级科研创新平台顺利落地。

2. 设立多家海外离岸创新中心,识别培育全球前沿创新项目

2023 年初至今,苏州工业园区先后组织派遣招商小分队 30 多批 100 多人次前往国外,为园区吸引了无数国际客商。此外,苏州工业园区的海外离岸创新中心也是从无到有,苏州工业园区在原有"五个中心"基础上,结合全球前沿创新领域的发展需求,陆续在新加坡、以色列等先进国家先后建立了 22 个海外离岸创新中心,目的是让海外离岸创新中心专注于全球前沿创新领域的高质量项目。

(四) 产城融合,推动城市转型

两国在合作共建园区之时就对园区内的区域有着共同的规划认识,因此苏州工业园区的建设也需遵循这一认识。除此之外,园区还会受到内部因素如人口密集度、社会构成和地理位置等的制约,这也是园区相比于其他园区所独有的社会情境。所以从开发和建设之初,园区就放弃了单一的工业发展模式,而是创新性的对"产城融合"进行总体规划,采取带状组团式的发展方式,从西到东,按照"一步规划,一步实施"的思路,以工业聚集带动人口聚集,以人口聚集推动商业繁荣,以产业发展的资本推动城市的转型,让产业兴起推动城市发展,从而进一步使得城市发展促进产业发展,产城相融,形成城与城之间的良性互动关系。产城融合,就是把开放创新产业和城市融合,三"生"并进,即生态、生产和生活,此外,为提高管理效率,还将改善园区分布,将园区划分为四大功能区。这也是园区基于国际理念对空间规划布局的一种实践性创新,让各区变得特色鲜明、功能互补,竞相发展。针对园区土地面积空间受限和人口密集而创新外溢显著等问题,园区创新了"飞地经济"模式,提出本地园区、合作园区"两个园区"协同发展的思路,并以当地情况为基础探索出多种飞地经济模式(见表 26-1)。飞地经济最重要的内涵就是输出经验与品牌,以此打破行政区划的约束,使两区域资源相互补充,推动两区域经济和谐发展。

表 26-1 飞地经济的三种模式

飞地经济模式	运作主体	运作方式	运作案例
政府主导模式	以政府合作为主,双方共同组成领导小组	苏州工业园区提供政府管理团队和开发主体,完成合作园区的"完全授权、封闭运作"。实行了大部制,审批流程变得更加平坦,效率更高。利用投资主体的多元化、投资方式的多样化,积极地将各种项目引入	苏州工业园区是在政府主导下运作的,该项目的主要运营机构始终是苏州市,并以苏州工业园区作为基础来进行组织和执行。此种管理模式下,设立了三个不同的管理层级。苏州工业园区会派遣其干部到党工委管委会担任主要领导职务,并指派各部门的负责人来负责规划建设、吸引投资和进行综合管理工作

续表

飞地经济模式	运作主体	运作方式	运作案例
企业主导模式	以市场化开发主题合作为主	苏州工业园区主要提供品牌、资金、人才、管理和招商经验，双方合资建立股份公司，由该公司负责运营、管理、开发、招商、筹资等多方面的工作	中新苏滁高新区采用企业主导的方式，由滁州市城投公司和中新集团共同投资建设，中新集团负责在该区域内进行产业招商，项目落地，为企业提供服务，并从中获取利益
对口援建模式	园区政府	在规划编制、产业合作、投资促进、人才交流、信息互通等多领域全方位形成帮扶机制	以新疆霍尔果斯经济开发区为例，在园区"输血""造血"并行的同时，更注重发挥"硬件"和"软件"共建的优势，积极利用企业、高校、科研院所等资源，结合物质支援与文化交流

数据来源：https://mp.weixin.qq.com/s/5ZWyw4spENPU36GtXjsbUA。

第二节 苏州工业园区开放创新动力机制分析

一、政策和要素资源

（一）亲商政策

1. 资金方面

园区内坐落着许多中小型的初创企业，苏州工业园区主要采取了吸引创投、地租减免等多种方式来解决这些初创企业需要解决的筹融资困难、资金匮乏等问题。首先，在园区成立前期，园区政府自己建立创投公司对创业企业进行投资，有了这些基金公司的投资，创新企业才能得到更好地发展。另外园区还推行多项优惠政策来吸引外部民办投资公司入驻工业园区，这样有利于推动园区内高新技术企业的发展。其次，苏州工业园区对初创企业实施地租和税收减免政策。对新入园的科技创新型企业，园区会给他们提供启动资金，金额最高可达到100万元。同时园区还出台了房租"一免一减半"政策，在房租问题上也给予了企业极大的优惠。在科技金融体系方面，苏州工业园区优化了科技金融体系，设立多项基金补贴，如创业投资引导基金，还有政策性天使投资专项资金、新兴产业融资风险补偿专项资金等。这一系列政策和措施都很好地解决了园区内企业存在的资金问题。

2. 技术方面

在技术方面，园区内部有一个非常重要的特征，那就是园区内政府想给园区内的初创企业提供一定的技术支持。为此，近年来，园区不断优化升级园区内公共服务体系，推出了"园易联"产业创新集群融合发展服务平台，其以企业需求为导向，整合各类资源，以"多屏联动、互联互通"为原则建设而成,目的在于满足不同发展阶段的企业在不同领域对"园易联"平台和资源服务提出的更高要求。据了解,"园易联"服务平台涵盖了技术转移、共享平台、产业合作、产业载体、产业人才、惠企政策、产业融资、专业机构8个方面的服务体系,创新活力秀、金融畅享汇、政企面对面等9大线下活动品牌,创新需求服务专区、载体资源网等10大线上服务平台,将实现园区产业创新集群生态下,企业创新创业资源服务全生命周期的"一平台联办"。

3. 人才方面

苏州工业园区对创新人才视若珍宝,自2007年起便在全省率先实施"金鸡湖科技领军人才创新创业工程",聚焦三大战略性新兴产业所需招引人才,已累计支持创新项目2654个,培育出了园区60%的上市企业。此外,为了吸引更多国内外知名的研究型大学和机构入驻园区,更是要重点引进具有优势的学科和园区内已有产业相匹配的重点院校以此来培育高素质人才,园区内政府积极采取了各项措施,目前已经吸引包括中国人民大学、东南大学在内的多所国内著名大学以及如西交利物浦大学、新加坡国立大学等多所国外名牌大学。如今,苏州工业园区已经打造出了一套引才聚才的强大矩阵,包括活动引才、赛事引才、驿站引才、以才引才、平台引才等。如今,园区的51万人才中有近3000人隶属于各级领军人才,数量和质量在国家级经开区中保持第一位。

(二)要素条件

要素条件包括自然资源、资本资源、基础设施、人力资源等多方面。苏州工业园区拥有得天独厚的自然资源,考古学家发现,在6000多年前,园区的唯亭境域内就有人类进行水稻种植和生产纺织品。另外,有古迹表明,园区娄葑境域内在约5000年以前也已经有人类从事农耕活动,这说明在当时园区内就有丰富的自然资源了。此外,古时候两条主要的水运动脉——吴淞江和娄江,也流经苏州工业园区的领域。在隋朝大运河开通后,越来越多的商人前往苏州经商,苏州成为东南地区重要的商埠,而园区娄葑境域自然而然成为南北财宝聚集地,往来商船的货物集散、运输和信息交流大多在此。这样一来,苏州工业园区不仅在陆路上同时还在水路上具有了相当的交通优势,这也赋予园区境域开放性的经济发展特色。在资本资源方面,园区得益于其较高的行政级别,受到国家最高领导层的直接关注和支持,在资金、土地等资源配置方面具有显著优势。在基础设施方面,园区自开始建设以来,坚持先规划,再行动,对园区的基础设施进行了科学合理的规划,并在此基础上进行建设,这不仅确保了基础设施的稳定性,也提高了建设的效率,因此这也成为苏州工业园区能成功的最关键的一条基本经验。在人力资源方面,苏州工业园区高瞻远瞩地建设了大批高校与科研机构,培养和吸引了源源不断的人才来为园区的发展作出贡献。

二、科技创新驱动

科技创新是苏州工业园区开放创新发展的"关键变量",也是园区高质量发展的"最大增量"。园区始终坚持建设世界一流高科技园区,用高水平科技使自身自立自强从而赢得话语权和主动权。因此,苏州工业园区在大力发展高新技术产业的同时,始终把加强自主创新能力作为开放创新发展的重要基础,不断强化各类科研载体、新型研发机构、工程技术中心、国家级实验室等建设;不断强化重点公共服务平台建设,如行政审批、检验测验等重点平台相继建成并投入使用;持续推动一批重大科研成果产业化和产业化应用。同时,园区对未来前沿技术的研究与创新的布局也非常重视。此外,园区还积极开展包括材料科学姑苏实验室、纳米真空互联实验站、国家生物药技术创新中心等一系列高能级平台项目。在去年,园区实现规模以上工业总产值6850.2亿元,其中高新技术产业占总产值的73.9%。而截至目前,园区已经构建完成其独有的战略科技力量矩阵。在此基础之上,一批细分领域头部企业逐渐形成,创新成果也在不断涌现,科技创新"一号动能"加速迸发。

三、产业协同驱动

在其他开发区都主打产业主导和产业先于城市发展为理念时,苏州工业园区独树一帜,自建设以来便摒弃了单一发展工业的模式,始终坚持"产城融合"的发展理念,并以产业发展和城市建设共同发展进步为目标,进行了一系列的实践探索。一直以来,苏州工业园区都保持着较为明确而鲜明的目标定位:要通过实施十大工程带动社会投资增长30%以上;要力争实现两个翻番;要完成50个重大项目建设任务;要建成两所大学城……在此过程中,其发展目标更是在不断更新升级,苏州工业园区在规划之初就提出了"高科技园区+国际化、现代化、园林化新城区"的建设目标,其主要是以高新技术企业集聚区为载体,将一个区域打造成具有全球影响力的国际化、现代化、信息化高科技园区。同时将国际创新中心和全球创意产业园作为园区整体功能定位,形成具有国际竞争力的创新创业平台体系,打造成集可持续发展、创新型、生态型、幸福型为一体的综合商务城区。

为提高园区内产业层次和水平,园区近年来以现有产业为基础,在培育一批具有特色性的产业地标上大力投入,并且重点规划、引导和培养三大新兴产业,并在培育新兴产业增长点上更是具有较大的积极性。

四、政府措施推动

苏州工业园区在建设初期就占据着极大的优势,得到了中国和新加坡两国领导层的大力支持,这也是苏州工业园区最为显著的特点。中国要认真学习和借鉴新加坡的先进经验这一观点最早就是邓小平同志在南方谈话时提出的,而在这之后,1992年10月,新加坡内阁资政李光耀就来访中国并来到了苏州进行考察,两国在苏州共建联合工业园区这一构想也是在这之后的第二年的4月受到了我国总理李鹏的支持,并于1994年被国务院批准。但是,值得注意的是,这个项目虽然得到了两国政府大力支持和帮助,但是在园区建设初期,园区还是面临了不少的困难和挑战。尽管如此,两个国家的领导层仍然坚持对园区项目的开发,没有被眼前的困难所吓倒,而是积极解决存在的问题,确保园区建设能够顺利实施。

健全的法律框架和优惠政策体系。苏州工业园区除了得到两国高层领导的鼎力支持外,其健全的法律体系和明确的优惠措施也是其持续发展的关键驱动力之一。一个健全的法律架构和清晰的优惠措施有助于吸引外部投资,提高投资者的信赖度。政府在国家层面不只是为经济特区制定了相关的法律,对经济和技术开发区也推出了一系列的法律和法规。其中,1994年专门为苏州工业园区制定并实施的条例明确规定园区管理委员会、开发商和投资者各司其职,扮演好各自岗位的角色。这些法律和法规也为园区内的一些棘手问题,如税务、金融、土地、海关和移民等,提供了有益的指导。苏州工业园区还可以根据这些新的法律和法规享受到特定的优惠措施。例如,在园区内,企业在盈利后的前两年将被免除所得税,而从第三年开始,它们将享受到一半的税率优惠,这就是标准的"两免三减半"政策。此外,位于出口加工区的公司在园区内也可以享受某些优惠政策,例如,这些公司有资格获得进出口的许可和关税豁免,同时还可以获得水、电、煤的价格补助以及高效的物流服务。

创新性的亲商体制和专业化的、自主性的高效管理机制。为了方便管理,对于苏州工业园区内的监管者和开发者,园区都按照国际惯例对其加以严格的区分,这样就可以保证监管部门和开发者拥有更多的自主权。园区在亲商体制方面也进行了一定程度的创新。苏州工业园区享有高度自治权,这与中国境内很多经济特区是相似的,这也表示园区能够更积极有效地从国外学习成功案例并吸取先进的经验,从而对园区内已有政策和体制进行不断地改革和创新,有利于园区更加长远的发展。

第三节 苏州工业园区开放创新发展成效

一、开放创新能力评价指标

本章选取的是苏州工业园区"十四五"经济社会发展主要指标中有关开放创新的两类指标(包括"全方位开放高地""国际化创新高地")以及其下设的 9 个二级指标(表 26-2),并通过将苏州工业园区 2020 年实际完成值与 2015 年实际完成值进行比较,对其开放创新发展成效进行分析。

表 26-2 开放创新能力评价指标

类别	序号	指标
全方位开放高地	1	各类总部累计数(家)
	2	进出口总额(亿美元)
国际化创新高地	3	研发经费支出占地区生产总值比重(%)
	4	每万人口拥有高价值发明专利数(件)
	5	国家高新技术企业数(家)
	6	上市企业及独角兽企业总数(家)
	7	省级以上研发机构总数(家)
	8	大专及以上学历人员占从业人员比重(%)
	9	海外创新中心(家)

数据来源:《苏州工业园区国民经济和社会发展第十四个五年规划和二〇三五年远景目标纲要》。

二、苏州工业园区开放创新成效分析

(一)开放发展成效

1. 园区企业不断入驻

由表26-3可见,苏州工业园区的各类总部数量从"十二五"末的仅仅18家到2020年已经累计突破了90家,其中的原因有很多。首先,园区的优势在于拥有苏州轨道交通的3号线,同时8号线也即将完工并在此与3号线交会。未来,苏州的S1线将与3号线和上海的11号线进行对接。这让毗邻上海、四通八达的苏州园区成为上海等一线城市溢出的创新性、成长型企业总部的热门选择。此外,最近一段时间,园区已经推出了一系列的企业用地、置业等优惠政策,以吸引更多的企业前来。例如,这一次,园区将会在1.5平方千米的土地范围内进行规划,将其作为苏州工业园区的企业总部基地,并且会制定一些地方的政策来推动这个基地的发展,将土地、税收、人才等资源聚集起来,形成一个总部集聚区,这也将吸引大批科学家和创业者在此创新、创业。

表26-3　各类总部累计数对比

类　别	指　标	2015年完成值	2020年完成值
全方位开放高地	各类总部累计数(家)	18	95

数据来源:凤凰网。

2. 进出口总额成绩亮眼

由表26-4可知,从2015年到2020年,苏州工业园区的进出口总额在这5年内的增长速度也是非常可观的,这与苏州工业园区的改革开放也是具有不可分割的关系。苏州工业园区坚持以国际标准和世界眼光进行超前思考和谋划,为在国际竞争中占据有利地位、为我国经济发展注入新动力、为建设创新型国家贡献新力量,不断地优化开放布局,拓宽开放的空间,丰富开放的内涵,并提升开放的能力水平。通过这种开放的主动态度,建立一个具有独具特色的开放型创新体系和国际化的创新生态。截至目前,园区已经累计吸引了70多个国家和地区超4500家外资企业投资入驻,累计实际到账外资341亿美元,园区的进出口总额逐年增加。

表26-4　进出口总额对比

类　别	指　标	2015年完成值	2020年完成值
全方位开放高地	进出口总额(亿美元)	795.96	920

数据来源:凤凰网。

(二)创新发展成效

1. 创新环境持续优化

由表26-5和表26-6可以看出,园区第一研发经费支出占地区生产总值比重从2015年的3.25%增加到了2020年的4.5%,这一指标可以用来衡量企业对研发的投入强度,其比重在五年内不断增加也表明园区内企业对研发和技术创新投入更多,越来越重视。除此之外,园区每万人口中拥有高价值发明专利数在2020年也达到了175件,相比较"十二五"末增加了87件,这是衡量园区企业的高质量创新成果的人均产出效率的指标。这说明园区内的企业这些年积极开展具有较高原创性的创新活动,使得园区内每万人口拥有的高价值发明专利数越来越多。

表26-5　研发经费支出占地区生产总值比重对比

类　　别	指　　标	2015年完成值	2020年完成值
国际化创新高地	研发经费支出占地区生产总值比重	3.25%	4.5%

数据来源:凤凰网。

表26-6　每万人口拥有高价值发明专利数对比

类　　别	指　　标	2015年完成值	2020年完成值
国际化创新高地	每万人口拥有高价值发明专利数(件)	88	175

数据来源:凤凰网。

2. 企业集群持续壮大

由表26-7和表26-8可知,园区内国家级高新技术企业数在5年内几乎增加了将近3倍,而高新技术企业的数量则标志着一个地区的知识、科研和创新的发展程度。这说明从2015年到2020年,越来越多的国家高新技术企业加入园区,并且在苏州工业园区的新兴产业发展过程中起到了主力军作用。此外,园区内上市企业及独角兽企业总数也在逐年增加,从2015年的14家增加到2020年的47家。独角兽企业是指成立时间一般不超过10年,具有发展快、估值高、创新能力强等突出特征的企业。苏州工业园区着力培育独角兽企业,其目的就是让其引领开放创新的发展,使园区日益成为苏州产业与创新、创新与资本结合最好的地区之一。

表26-7　国家高新技术企业数对比

类　　别	指　　标	2015年完成值	2020年完成值
国际化创新高地	国家高新技术企业数(家)	680	1837

数据来源:凤凰网。

表26-8　上市企业及独角兽企业总数对比

类　　别	指　　标	2015年完成值	2020年完成值
国际化创新高地	上市企业及独角兽企业总数(家)	14	47

数据来源:凤凰网。

3. 开放创新合作不断深化

由表26-9和表26-10可知,苏州工业园区内省级以上研发机构总数也在5年内增长了将近2倍,这是因为园区对于提高自身创新能力和强化创新策源功能十分重视,近年来积极引进培育各类高水平研发载体,致力于提升园区研发水平,尤其是在建设企业主导的技术创新体系方面。此外苏州工业园区内海外创新中心从无到有的设立也是一个重大的成就。2016年,苏州工业园区的海外创新中心正式成立,苏州被中国科协列为首批五个国家海外人才离岸创新创业基地试点城市之一。为了更好地在海外进行创新布局并建立一个全球性的开放创新体系,园区在美国、葡萄牙、以色列等国新建了多个海外离岸创新中心,目的在于引进更多数量的大院大所、中外知名院校和各类研发机构,推进区域一体联动,深化"一核多元"布局。

表26-9 省级以上研发机构总数对比

类别	指标	2015年完成值	2020年完成值
国际化创新高地	省级以上研发机构总数(家)	299	560

数据来源:凤凰网。

表26-10 海外创新中心数量对比

类别	指标	2015年完成值	2020年完成值
国际化创新高地	海外创新中心(家)	0	15

数据来源:凤凰网。

4. 人员综合素质明显增强

由表26-11可以发现,园区大专及以上学历人员占从业人员比重这五年来也有增加,相较于2015年的40%增加到了51%,此指标旨在评估企业员工的知识水平,进而指导公司进一步提高员工的整体素质,同时这一指标也是评估产业结构是否优化的关键指标。可以看出,近几年随着高新技术产业快速发展和经济结构不断优化升级,对企业员工整体知识水平提出了更高的要求。随着这一指标数据的逐渐增多,我们可以看到园区正在努力提高其工作人员的整体素养,并对他们的知识体系进行调整,通过一系列举措切实保证优化产业结构、加速推进经济发展方式的中心环节,提高自主创新能力。

表26-11 大专及以上学历人员占从业人员比重对比

类别	指标	2015年完成值	2020年完成值
国际化创新高地	大专及以上学历人员占从业人员比重	40%	51%

数据来源:凤凰网。

综上,由两类指标及其下设的九个二级指标可知,从"十二五"时期到"十三五"时期,苏州工业园区在开放发展和创新发展方面的成效是非常显著的。在开放发展方面,园区持续提升参与国际经济技术合作竞争的能力,支持企业全球化布局,推进人才、技术与资本合作,加快中外合作产业园建设。自园区建成以来,作为我国改革开放的重要窗口和中新合作的标志性项目,始终践行习近平总书记重大嘱托,始终牢记改革开放"试验田"职责使命,坚持先行先试、敢闯敢试,充分发挥各类开放平台示范引领作用,全方位地融入一个以国内大循环为核心、国内与国际双循环相互推动的新的发展模式,使得园区对全球乃至全国优质资源的调配能力得到提升。在创新发展方面,园区持续提升汇聚国际创新资源要素的能力,加快集聚各类高科技公司、高等院校、科研机构、创新团队,加速建立企业的海外研发中心和离岸孵化基地。持续改善金融和商务等方面的创新环境,积极推动新兴产业的成长。同时继续发挥跨国企业全球化市场、全球化布局的先进经验,形成"以技术创新促进新兴产业发展为主线,国内外两种资源互动,国内外两个市场融合"的良性发展态势。在开放与创新融合方面,园区坚持开放与创新协同,高质量"引进来"与高水平"走出去"齐头并进、本地园区和合作园区"两个园区"比翼齐飞、本土创新与离岸创新融合互动的格局基本形成。

第四节 苏州工业园区开放创新发展的经验借鉴与启示

一、苏州工业园区开放创新模式经验借鉴

综上可见,从1994年苏州工业园区建成至今,经过多年的不断发展和改革创新,苏州工业园区取得的成绩是显而易见且亮眼的。虽然苏州工业园区取得成功的原因有很多,但其中最重要的一点是围绕着"开放与创新"的发展理念。这里所说的"创新"不光是技术上的创新,还有治理模式、投融资模式、设计规划、运营管理模式及招商手段等各方面都在进行着相应创新。苏州工业园区在开放创新方面取得的成功也为我们提供了可以借鉴的诸多经验。其中主要内容包括以下几点。

1. 治理模式

在治理模式上,苏州工业园区始终坚持一种发展模式,就是新型工业化、经济国际化和城市现代化同步前进,无论是在经济密度、创新密度还是在创新程度方面,苏州工业园区都位于全国前列。此外,园区还十分重视社区的治理工作,经过不断地摸索和创新,园区成功实现了"线上搭建信息指挥平台,多网融合一网统管;线下构建三社联动框架,多元共治政社协同;借力大数据构建全要素网格,社区治理从局部智能到全域联动"这一目标,同时构建了具有独具特色的"大数据+网格化"社区治理模式,具有一定的可借鉴性。

2. 投融资模式

为了更好地实现园区的持续发展,园区需要不断进行投融资运营以实现园区的长期发展。苏州工业园区是国内第一个在借鉴了国外的先进经验的基础之上和新加坡合作共建的园区,因此,与其他园区相比其投融资模式在形成和发展方面都有所不同和特别之处。苏州工业园区投融资发展历程主要经过了以下三个阶段(见表26-12),其中,国有资本发挥了巨大的"骨干作用",在园区发展的各个阶段都担任着中流砥柱和开路先锋的作用。

表26-12 苏州工业园区投融资发展历程

时 间	开发主体和投融资主体	投 融 资 模 式
1994—2000年	较为单一	以政府型财政融资为主
2001—2008年	逐渐多元化	以政府型信贷融资为主
2009年—至今	更加多元化	政府型投融资模式与市场化投融资模式并存

数据来源:https://mp.weixin.qq.com/s/ncSXyP0Wtvs0sdzh8usrGQ。

3. 设计规划

产业的成败,关系到城市的经济活力,而作为城市产业的载体——产业园区的规划设计,其重要性也不言而喻。苏州工业园区将对园区的合理科学规划列入重点关注对象,并且再加上有新加坡先前的经验,对园区在城镇建设上提供了很大的帮助。苏州工业园区按照"整体性规划,阶段性开发""先规划后建设"以及"基础设施、地下网络和公共设施建设优先"等宗旨来对园区进行开发。苏州工业园区初建时总共大约70平方千米,分为三个阶段按需

进行建造开发,第一阶段先建造15.2平方千米,再在第二阶段建造16.6平方千米,最后在第三阶段完成最后的36.6平方千米。一开始,苏州工业园区就已经被整合进苏州市全新的城市发展规划之中,这在很大程度上为后续的产业与城市融合政策提供了稳固的基础。

4. 运营管理模式

精细化的运营管理是城市发展的内在要求,也是提升城市气质,打造城市形象的必要元素。为改善城市面貌,作好城市对外形象的靓丽名片,苏州工业园区在管理运营模式上也有自己独特的一套方法,主要体现在两个方面。一方面在于其组织架构和运营管理模式的独特性,另一方面在于其开发管理吸取新加坡经验并加以创新。首先,要明确的是,苏州工业园区的管理体系具有很高的层次,并且自园区建设之初,就已经将行政管理和开发两个主体进行了分离,由园区管委会作为苏州市政府的下属机构,全权负责行政管理职责,并为企业提供"一站式"服务,积极从管理职能向服务职能转变。而园区的开发主要负责人——中新苏州工业园区开发有限公司,则主要负责中新合作区的开发经营、项目管理、产业与基础设施开发,实行完全市场化运作、企业化管理。其次,苏州工业园区是中国国内唯一具有借鉴国外经济和公共行政管理经验特征的开发区,而苏州工业园区的共同创建者新加坡则对园区投入了巨额的资金和外商投资项目,同时还分享了大量先进的管理运营经验。

5. 招商手段

招商引资是全国各个高新区都在做的一篇大文章,有的地区能做好,有的地区就不尽如人意,很显然苏州工业园区属于前者,自建成到现在,苏州工业园区已经交出了一份优异的成绩单。在招商手段方面,苏州工业园区秉持着"亲商"理念与"全过程、全天候、全方位"服务,营造了良好的营商环境。秉持着"亲商"理念,园区管委会着力完成了四大转变,包括从管理职能向服务职能转变、从直接管理向间接管理转变、从被动服务向主动服务转变、从事前审批向事后监督转变。此外,园区还建立了以"一站式服务"为核心的政府公共服务平台,为的是让园区内的商客获得更加便捷的服务。为便于企业开园,园区成立了项目开园领导小组,从企业进园开始,就对企业进园过程中出现的各类问题进行跟踪和协调。管委会成立了企业服务部,定期走访企业,召开座谈会,实地办公,为企业争取政策、融资项目、开拓市场提供了强有力的支持。

二、苏州工业园区开放创新发展展望

在过去的29年里,苏州工业园区在国际经济和技术合作方面取得了全方位的深化,成功地从单纯的学习和借鉴转向了品牌推广,从单纯的技术引进走向了国际化,从单纯的制造园区发展到了创新园区,并从先行先试的模式转变为示范引领的模式。目前,园区正处于加速转型和升级的关键时刻,成为首个引领和示范的典范。园区当下正在进行一系列的开放创新试验,这不仅为园区提供了一个探索和构建开放型经济新体制的契机,同时还为园区与自贸试验区对接以及国家级经济技术开发区的转型、升级和创新发展创造了广阔的空间。另外,这也为园区在国际经济技术合作和竞争中培养新的优势,助推其向中高端水平迈进,加速转型和转向新的发展方向。这不仅对国家"一带一路"建设和区域协调发展具有重要意义,也将使得园区成为全球新一轮科技革命和产业变革的策源地、示范区、辐射源,为全球其他园区进行更有效的展示和示范。因此,苏州工业园区在采纳开放创新的策略时,应重点关注以下几个关键领域的发展。一是从战略高度出发,制定更加积极有效的政策支持措施,加大对外开放的力度。首先,园区需要构建一个更高级别的开放合作示范平台,以扩大外商投资的范围。与此同时,园区还需进一步扩大服务业和普通制造业对外资的吸纳,并有条不紊地推进金融、教育、文化和医疗等多个服务行业的开放。除此之外,对于相关服务行业像养老行业、育儿行业、建筑行业、会计审计行业、电商行业、物流行业等,其引入外资的准入限制也应当被适度放宽和降低。另外,还要把注意力重点放在科技研发方面,在这方面加大投入的力度,并且抓紧培育一批创新型企业,使其更加具有国际竞争力。除了这些,园区还需要对外资的使用方法进行创新,积极尝试通过股权参与、并购等手段来整合产业链,从而进一步提升产业的发展质量。另外,还要加强知识产权保护力度,完善科技创新体系,促进科技成果转化。园区还需要构建一个更为开放且具有国际视野的创新驱动示范平台,通过"引进来"和"走出去"相结合,吸引国际和国内优质企业投资园区,形成一批拥有自主知识产权、引领行业发展方向、带动区域经济增长的优势产业集群。其次,本着多培养几个在全球具有重要影响力的特色产业技术创新中心和产业集群的目的,园区需要与先进发达国家和地区积极建立在创新合作、产业和技术交流方面的联系,并集结国内外的高端人才、资金、技术和信息资源。同时要积极融入区域创新体系建设,加大对国内科技创新主体的支持力度,加快构建产学研一体化协同创新机制。再次,园区需要构建一个具有更高驱动力的产业升级和优化示范平台。通过政策扶持和制度建设,为园区提供更好更优惠的政策环境。园区需要加快外资企业转型和升级步伐,激励区域内具有优势的跨国企业主动进行并购和重组,将集团的海外产能转移到园区企业进行生产,以进一步提升其在母公司的地位,使其成为集团的重要生产基地或生产总部。最后,加快建设一批高水平特色鲜明的高新技术产业园区。借助"互联网+"这一新兴的发展驱动力,将移动互联网、云计算、大数据和物联网等先进技术与现代制造业进行深度融合,以推动园区朝着智能化、网络化和数字化的方向持续发展。

苏州工业园区之所以取得如此巨大的成功,在很大程度上是因为它有能力积极参与开放和创新的发展,这也可以为其他发展中国家的经济特区和城市的发展提供一些参考和许多有益的经验。包括园区前面提到的优质的商业环境、持续的技能培训、技术创新和工业升级、有效的投资吸引、在有效借鉴别的国家经验的基础上结合自己的实际情况对园区产业进行转型升级,对园区外优秀人才的吸引政策以及工业发展与社会城市发展之间的良好平衡等。虽然苏州工业园区成功的原因有很多,但最重要的成功原因之一是它紧紧围绕着"开放和创新"的发展理念。苏州工业园区还成功实现了创建开放创新生态系统的"园区模式",为行业、企业和国际标准服务。但是,面对未来,该园区在如何进一步提高质量和效率,以及创新和升级方面也面临着巨大的挑战。在成为全国第一个进行全面开放创新实验的地区后,苏州工业园区将继续在开放创新发展道路上前进,积极复制成功经验,探索建设新的开放经济体系,成为建设新开放经济体系的主要开发区,为国家经济技术开发区的转型、升级和开放创新发展提供宝贵的经验。

第二十七章　杭州高新区:多要素联动区域创新体系建设案例分析

建设多要素联动区域创新体系,是为促进创新发展、加强资源整合进而提升区域综合竞争力而实施的一项重要举措。该体系的建设倡导通过多元化要素和各方合作,打造出一个协同创新、互利共赢的区域创新生态系统。本章通过详细介绍杭州高新区多要素联动区域创新体系的建设内容、建设动因、所取得的建设成效以及建设经验及启示,了解该体系对推动高新区经济发展和创新创业方面的重要作用,并为我国未来各大高新区建设起到借鉴效果。

第一节　杭州高新区多要素联动区域创新体系建设介绍

一、杭州高新区多要素联动区域创新体系建设历程

(一)创新体系规划阶段(1991—2002年)

杭州国家高新技术产业开发区(简称"杭州高新区")成立于1990年,是我国改革开放后国务院批准的第一批国家级高新技术产业开发区,也是我国确认的十家"世界一流高科技园区"之一。从设立之日起,杭州高新区坚持开拓探索,力图将高新区打造成全球顶级高新产业园。

20世纪90年代,面对日新月异的世界科技革命和国内先进地区高新技术产业加速发展的态势,为推进杭州未来经济的可持续发展以及在高新技术领域的龙头地位,杭州高新区毅然展开了对多要素联动区域创新体系的探索和建设。在此背景下,杭州高新区以"科学是第一生产力""人力资源是第一资源""高新技术产业是第一增长点"的发展理念为导向,充分结合技术创新与体制创新、人才队伍建设与创业环境建设、自主创新与引进技术,做好发展高新技术产业与高新技术改造传统产业、扶持大公司大集团与培育中小科技型群体企业相协调的工作。截至2002年,全市科技创新的社会氛围、科技投入、人才队伍建设、政策支持等均达到了一个全新的高度,创新创业环境实现了从无到有的改变,科技事业和高新技术产业也实现了新发展。据浙江省相关数据,1997—2002年,杭州市的科技综合实力在多要素联动区域创新体系的初步建设和助推下取得了历史性成就,并连续多次被评为全国科教兴市(技术进步)先进城市。

2002年面对科技发展需求,杭州市政府审时度势,对现有管理体制进行重新调整,将杭州高新区与滨江区合二为一,形成"两块牌子,一套班子"的管理模式,实现城市和产业的紧

密结合,优势互补,政策叠加,迎来了高新区发展的新纪元。在此期间,高新区多要素联动区域创新体系的初步探索和合理建设规划,为构筑"数字杭州",打造中国乃至世界先进高新区,进而为推进区域经济社会持续快速发展提供了强有力的保障。

(二)创新链条构建阶段(2002—2015年)

2002年调整两区管理体制以来,杭州高新区以科学发展观为发展指引,始终坚持以"加快发展高科技、奋进实现现代化"的战略目标,充分发挥了高新区的区位、资源、体制、机制、管理、服务等全方位优势,在吸引创新人才、优化创新环境、完善多要素联动区域创新体系等多个方面均取得了巨大成就。这一期间,高新区大力打造培育内生增长和创新驱动的经济增长新模式,实现了高新区内部创新链条的构建,并在此基础上得到迅速的发展。

此间,杭州高新区打造了一批一流的科技创新平台,吸引和孵化了大量的高科技企业和科研机构,同时为引进人才、用好人才、留住人才、实现人才强区向人才特区的跨越式发展,自2010年推出首个"5050计划",杭州高新区不断引进一批又一批海外科技专家和创新团队,全球揽才数量已位居浙江之首,并成为全国各地高新区学习借鉴的对象,充分保障了杭州高新区多要素联动区域创新体系建设的人才资源供给。

根据2014年7月科技部公布的全国国家级高新区综合排名,杭州高新区在众多高新区中位列前茅,成功跻身全国高新区的第一方阵。并且在浙江省的工业强县(市、区)综合评价中,杭州高新区已连续三年排名第一位,这些数据无一不证明着杭州高新区已成为浙江省乃至全中国最重要的科技创新引领示范基地、科技成果产业转化基地、创新型人才培育基地、海外高层次人才引进基地以及高新技术产品研发基地。

(三)创新生态完善阶段(2015年至今)

2015年杭州高新区被批示为国家自主创新示范区,杭州高新区多要素联动区域创新体系建设开启了自主创新和生态完善的阶段。

目前,杭州高新区已形成以"超高灵敏极弱磁场和惯性测量装置"国家重大科技基础设施为核心,以白马湖实验室、智能感知技术创新中心2个省级重点平台为支撑,以浙江大学滨江研究院、北京航空航天大学杭州创新研究院等6个产业创新研究院为重点,以56家省重点实验室和重点企业研究院、600余家省市研发中心为依托的"1+2+6+N"高能级创新平台体系,连续两年获浙江省"科技创新鼎"。

时至今日,为吸引更多的海内外高层次人才,完善国际化创新环境,杭州高新区多要素联动区域创新体系的建设正通过"黄金12条"、"新一轮5050计划"、商事登记政策等先行试水,努力打造国际化人才特区。未来,杭州高新区将重点培育和引进能突破关键技术、带动新兴学科的领军型人才,构建"领军人才+创新团队"的高层次人才创新队伍,努力打造全国人才生态最优示范区。

为营造良好的创新氛围,更好地服务于创新体系和创新活动的建设和开展。杭州高新区坚持"主动报到、说到做到、服务周到",充分发挥国家自贸试验区、国家自主创新示范区、国家双创示范基地等国家战略平台叠加优势,积极把握"最多跑一次"改革和数字化改革战略机遇,先后推出了商事制度、知识产权质押、行政服务"去中心化"等一大批政务服务创新举措,持续加快国家自主创新示范区和浙江自贸试验区"双自联动",打造全省最优、全国领先的政务环境和创新环境。

二、杭州高新区多要素联动区域创新体系内涵特征

如今,杭州高新区多要素联动区域创新体系在步入第三阶段后日益走向成熟,逐渐展示出了"多元要素、生态创新、政策引领、开发合作"的体系特征。

(一)杭州高新区多要素联动区域创新体系是具有多元要素的体系

在"实现产业化"发展导向下,杭州高新区高度重视人才、资金、政策等各类要素在科创活动中的协同作用,逐渐建立起以人才为中心,"产学研用金、才政介美云"十要素联动为核心的多要素联动区域创新体系。通过对政策、资金等各要素之间的有效衔接和高效联动,充分挖掘出各类要素的潜力与效能,打造出一个有利于科技创新发展的协同创新体系。该体系吸引和整合了来自不同领域的创新主体,促进了不同种类创新资源的共享和交流,进一步改善组织各类创新要素的协调性,推动各种创新要素在各类要素子系统内部的高效配置,使创新要素在各组织功能间能够自由流动与应用转化,进而构建起多要素协同共促网络体系。

(二)杭州高新区多要素联动区域创新体系是构建生态创新的体系

杭州高新区区域联动创新体系致力于打造良好的生态创新系统,以引聚一流创新资源为基础,积极建设科技园区、孵化器和众创空间等校企、政企创新平台,为企业和创新者提供了创新创业的场所和支持。同时,在"产学研用"协同创新的基本原理下,配套完善创新平台、产业主体、金融机构、服务部门以及相关上下游产业链,增强自主创新能力,实现产业链、创新链、价值链之间的良性互动,将高新技术需求与产业技术创新紧密结合,将数字技术创新融入产业发展,搭建起技术创新和产业化应用两方面高度融合的创新生态系统,提升高新区的经济竞争力与创新能力。

(三)杭州高新区多要素联动区域创新体系是强调政策引领的体系

作为多要素联动区域创新体系的重要引领和规制主体,杭州高新区政府将自身体制机制创新与区内科技创新作为杭州高新区多要素联动区域创新体系的突破点,强调发挥"科技创新+体制创新"双轮驱动效应,充分发挥"服务型政府"功能,根据区内高新技术企业发展的客观需要,为高新技术研发和产业发展提供所必要的要素扶持和管理规制,以政策机制创新推动区域科技创新,引导区域内科研机构和企业进行符合国家战略导向的高新技术研发和成果产业转化。同时,杭州高新区坚持以科技创新助力政策机制创新,利用科技创新成果提升政策服务水平,实现体制机制创新与科技创新间的良性循环。

(四)杭州高新区多要素联动区域创新体系是全面开放合作的体系

在"经济全球化"和"第三次科技革命"的浪潮下,杭州高新区多要素联动区域创新体系充分发挥自身的区域优势,突出创新要素高水平、高质量地"走出去",对标国际一流产业技术,抢抓中国自贸试验区和国家自主创新示范区的联动发展机遇,放大2023年杭州亚运会的赛事效应以及"一带一路"的合作效应,致力于融入全球产业分工体系、价值体系、创新体系等,在体育、文化、科技创新等领域积极与国外各界人士、企业和科研机构等进行合作交流,深化技术创新开放和产业价值开放水平,提升对全球创新和产业要素资源的统筹利用能力,持续推动产业发展迈向全球价值链高端。

三、杭州高新区多要素联动区域创新体系要素构成

杭州高新区多要素联动区域创新体系是具有协同创新功能的组织系统,系统内诸多要

素大体可区分为主体、资源、体制、环境四大要素。

（一）创新主体要素

杭州高新区多元素联动区域创新体系的创新主体要素主要指在创新过程中起主导作用或具有核心竞争力的主要参与方。杭州高新区持续强化以数字经济相关企业为核心的创新主体，积极加大培育科技区域孵化器、众创空间、企业研究院等创新平台，形成龙头企业引领，大中小企业协调发展的雁阵形创新企业梯队。截至2021年，杭州高新区已拥有国家级孵化器、国家级高新技术企业10家和698家，新增省级重点实验室2家，均居全省第一位。

（二）创新资源要素

杭州高新区多要素联动区域创新体系的创新资源要素是指在创新过程中所利用和依赖的各种资源。人力资源是区域创新体系的核心要素之一，高素质、创新型的人才对推动创新至关重要，杭州高新区积极推进与高校、研究机构以及企业间的合作，同时制定人才引进战略，为创新活动提供丰富的人才储备。2021年，杭州高新区引进人才36927人，其中硕士8788人，博士296人，拥有国家级人才计划数124人。除人力资源外，杭州高新区多要素联动区域创新体系正积极打造科技、资本、市场等要素贯通互融的创新资源平台。2021年，杭州高新区全区研发与实验经费支出190多亿，投入强度9.57%；作为科技创新产业扶持基金运营主体的杭州高新科技创业服务有限公司累计参与设立子基金35支，规模270.33亿元。

（三）创新体制要素

杭州高新区多要素联动区域创新体系的创新体制要素是指在组织和管理创新活动过程中所采用的制度、机制和政策安排。主要包括：创新组织机制、创新生态机制、创新法律和知识产权保护机制、创新成果转化机制等。各个创新体制要素共同构成了高新区多要素区域联动的创新体系，为各类创新主体提供了良好的制度和机制环境，促进了创新要素的配置和创新资源的协同运作。2020年来，杭州高新区为强化体制要素与创新活动的适配性，积极开展了相关体制机制创新，实行了如创新积分试点、知识产权质押等一系列措施，旨在激发创新活力，助力产业发展，优化创新服务，促进科技成果转化和产业化。2021年，杭州高新区全球产业科技发现与科创服务平台正式上线运行，为高新技术企业提供IPO（首次公开募股）辅导、知识产权优税、科技金融、创新规划等相关服务。

（四）创新环境要素

杭州高新区多要素联动区域创新体系的创新环境要素是指营造良好的创新氛围和创新生态系统所需的各个方面。杭州高新区多要素联动区域创新体系旨在打造世界一流的区域创新环境，不断加快完善科创领域新型基础设施建设，优化经济产业创新生态。在创新基础设施上，杭州高新区重点发挥新型基础设施的基础作用，在智慧园区、智慧工厂领域加强与创新设施融合，在新型产业、特色文创、创新平台等领域与创新设施有机关联，促进创新基础设施支撑功能与实体产业结合。在创新服务与创新生态上，杭州高新区积极围绕"产业苗圃＋孵化器＋加速器＋产业园"科技创新服务链，致力于打造一站式孵化与培育的创新生态圈。

四、杭州高新区多要素联动区域创新体系运行机制

（一）杭州高新区多要素联动区域创新体系要素流动机制

人才、技术、资金等要素在杭州高新区内流通与互动，在充分发挥各自功能的同时，使得

创新要素得以在高新区内相互促进、交流和合作,形成创新要素的集聚效应,进而完善了创新体系并带动创新能力的提升,共同构成基于协同创新的区域创新体系。

如图27-1所示,在杭州高新区多要素联动区域创新体系中,人才、资金和技术作为创新要素,在区域创新主体(高新技术企业、高校研究所、国家研究院等)的内部组织系统关联作用下,借助技术创新平台、投融资平台等中介组织的支持,将各创新资源有效整合,催化形成技术创新、体制创新以及管理创新等创新内容,从而达到推动产业链创新和价值链提升的创新战略目标。在这一过程中,创新活动所产生的成果在市场需求以及自身价值的牵引下,最终的落脚点是促进企业产品创新升级,增加企业盈利收入,并在产业层面上,进一步推动创新活动各要素的有效流动配置并且助力区域产业模式以及结构的转型升级。

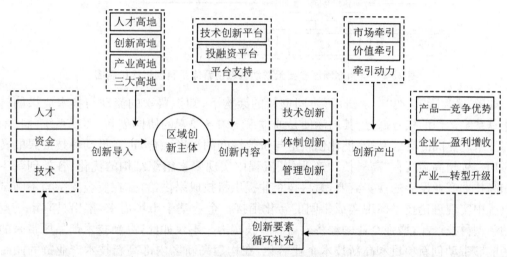

图 27-1　杭州高新区多要素联动区域创新体系要素流动机制图

(二) 杭州高新区多要素联动区域创新体系科创运作机制

科技创新是杭州高新区多要素区域联动创新体系的核心枢纽,多要素联动区域创新体系本质是促进科技创新并助力成果转化。这一机制涉及科技创新的主体、平台、政策和资源的整合与运用,以促进科技创新的快速发展和转化。

如图27-2所示,在杭州高新区区域内的科技研发以及创新活动运作模式中,政府在机制、资金等方面的支持和引导起到了至关重要的作用。政府通过制定政策、提供资源等手段形成区域科技创新的指引,为高校、科研机构以及企业科技创新活动中各要素资源的有效配置提供了战略导向,同时充分发挥了以区域制度创新支撑、政府支持引领和中介组织协调等创新衔接转化配套功能,共同形成了基于技术引进创新、基础创新研究、技术创新研究的创新活动内容,为满足企业技术创新需求和区域产业转型升级提供有效技术创新成果。

(三) 杭州高新区多要素联动区域创新体系成果转换机制

为打造具有国际竞争力与影响力的产业园区,杭州高新区多要素联动区域创新体系的最终目标在于将科技研发成果转化为企业的产品,以满足日益增长的市场需求和整个产业链转型升级的需要,即将高新技术的理论成果转化为产业应用作为研发转化机制的最终落脚点与核心,打造企业高技术产品品牌并增强企业综合竞争力,进而形成基于高新技术的产业链、价值链,推动区域内高新技术产业创新链与价值链的提升,促进区域产业向高端化、科技化方向发展。

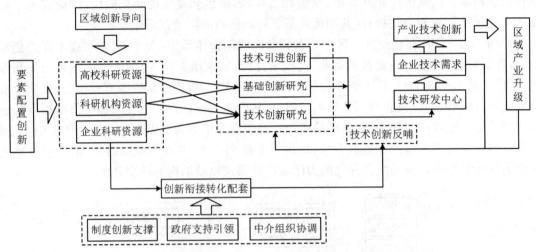

图 27-2　杭州高新区多要素联动区域创新体系科创运作机制图

如图 27-3 所示,在"产学研用"协同创新的架构下,知识要素的流动与技术成果的转移转化是系统运作的核心部分,其内涵便是通过系统内各要素的协同创新,实现系统内技术要素与技术产业间的有效衔接、催化创新链与价值链间的深度融合,进而推动科技成果的转化与应用。杭州高新区在"高科技""产业化"流程中实现要素组织结构的优化,各类创新主体紧扣高技术产业发展的现实需要,为科技企业提供科技成果供给,并在资金支持与不断试错的过程中实现理论技术向现实成果间的转化衔接。企业基于市场需求,推出具有市场竞争力的新型科技产品,增强企业的经济效益和科技实力。不仅如此,高新技术产品所带来的优势还能够带动创新项目和高新技术企业孵化,在构建高新区内部高新技术产业链的同时形成高新技术产业集群,进一步提升区域的创新能力与综合竞争力。

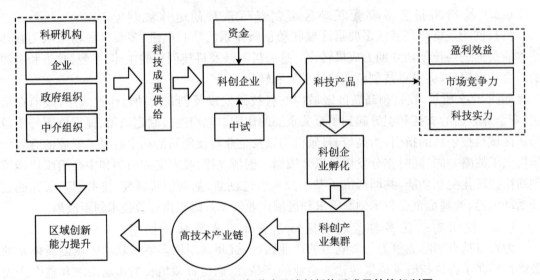

图 27-3　杭州高新区多要素联动区域创新体系成果转换机制图

第二节 杭州高新区多要素联动区域创新体系建设动因分析

一、杭州高新区多要素联动区域创新体系建设的国际动因

杭州高新区多要素区域联动创新体系建设的国际动因主要包括以下两个方面。

(一)打破技术封锁需求

在国际创新合作中,中国长期面临着诸如美国技术霸凌主义之类的技术封锁挑战。特别是在21世纪后期,美国为维护自身全球霸主的地位,阻碍中国创新能力的发展和综合国力的提升,其采取了如贸易战等一系列高新技术引进限制的举措。这些举措的核心内容便是加强对中国高新技术产业引进和科技创新能力研发升级的遏制,并试图促使中国在高新技术产业和科技创新领域与世界脱钩。美国采取的主要遏制举措涉及多个方面,主要包括设置更多的人为障碍和采取歧视性措施,在中国的研究机构、企业与美国的研究机构、企业间的合作设置人为壁垒,并对美国向我国进行高新技术出口转移设立限制条款。在这样的国际环境下,中国在推动自身产业升级和创新链升级等方面都面临着严峻的挑战,技术霸凌主义的影响使我国通过进入全球高新技术密集型产业链、价值链,进而推动本国产业升级的发展战略在全球创新链上遭遇到了前所未有的阻力和竞争压力。

杭州高新区多要素区域联动创新体系,在面临国际技术封锁的挑战时其所能发挥的作用不仅在于其能够有效激发和引导各类创新主体创新活动的协同开展,还在于其自身的特点具备极强的适应力。一个拥有强大韧性的体系即使面对强大的外来阻力,仍然能够通过利用自身内部的各类资源,发挥自身独有的协同功能,修复自身并恢复原有的基本功能和组织形态,并且在原有基础上进一步提升自身。多要素联动区域创新体系下的自我组织能力确保了区域创新体系在不同的外部环境下,仍能够实现自我适应性的调适、演化和迭代创新,从而更加有效地促进地方化产业体系实现动态调整升级,进而增强区域经济韧性。

(二)迎合世界市场需求

全球经济发展与物质生活条件的改善,市场开放和国际化对于高新技术产品的市场需求日益趋于多样化、个性化。随着全球经济的快速发展和市场的开放,杭州高新区希望借助国际动因来开拓国际市场,从国际先进地区的创新模式和经验中汲取灵感,以加快本地创新体系建设的步伐,并通过加强与国际市场的联结和合作,可以促进当地科技企业的国际化发展,拓展海外市场并扩大产品和服务的销售范围,提升企业的综合竞争力和盈利能力,满足世界市场对新型科技产品的需求。

多要素联动区域创新体系既能够对外部资源进行统筹利用,又能够向外部输出前沿知识、创新成果以及创新氛围。在高水平的多要素联动区域创新体系中,不同地区、不同类型的区域创新体系之间实现互联互通,并且创新体系之间相互联通、相互协调,从而实现优势互补,共同发展、合作共赢。同时,在与国际创新中心和科技园区的合作和交流中,可以学习其成功的管理经验和创新推动机制,并将其"本土化",推动本地区创新体系的深层次发展,在实现高水平"引进来"的同时,更高质量地"走出去"。

二、杭州高新区多要素联动区域创新体系建设的内在动因

杭州高新区建设多要素联动区域创新体系的内在动因主要包括以下三个方面：

（一）创新驱动转型需求

要素驱动向创新驱动转型是中国各大高新区发展面临的一个急迫且复杂的难题。在经济发展过程中，任何一个国家和地区初始的发展都过度依赖低成本要素，然而随着产业结构的升级，低成本要素逐渐高成本化，这不得不逼迫各地区发展模式的转型，杭州高新区也不例外。随着低成本要素优势的逐渐减弱，经济发展的动力必须转向依靠创新来驱动。目前，虽然我国的技术水平、科技能力与世界一流国家仍存在差距，但相较于改革开放初期，高新区的科技发展水平已取得了世界瞩目的成就，同国际先进水平的差距已经大幅缩小。然而，仅通过简单跟随式的创新所能取得的成果绩效和发展后续动力却日益下滑，这要求我国必须增强自主创新能力，从而提升我国在创新增值上的竞争优势。

为此，需要通过建设多要素联动区域创新体系来推动更高质量的创新，整合区域内的多种资源，包括人才、资金、科研机构等创新要素，实现资源间的协同合作、资源共享，在推动原始创新变革的同时，加强新兴创新链条间的衔接，从而培育出良好高效的创新氛围和合作机制，以克服创新回报率下降带来的挑战。

（二）创新区域协调需求

在区域协调发展过程中，从重度依赖基本要素配置型协调发展，转型升级向高质量、多层次、多要素的协调发展是一个重要的挑战。过去我国长三角各地区区域创新体系之间存在着"各自为战"的现象，各地区间发展差距显著，区域间创新协调整合能力较弱，区域间的创新互动与交流平台更是寥寥无几，缺乏有效的协调平台、合作机制和交流沟通途径是造成这一现象的重要障碍。随着区域协调发展战略的深化、改革开放的深入推进和中央财政实力的增强，区域协调发展的条件正在积极向着良好的方向变化。通过丰富创新协调手段、优化合作机制以及疏通交流途径，各区域创新体系正逐步消除要素流动障碍，区域间要素配置效率大大提升，由于要素配置不均衡推动区域发展差距持续扩大的力量有所减弱。

在多要素联动区域创新体系下，杭州高新区作为一个有机创新主体，在进入长三角乃至整个中国区域创新要素供给市场，打破区域分割、部门分割等各类隐形壁垒，逐步破除制约科技创新人才、技术、资金、数据等创新要素流动的体制机制障碍等方面具有独特优势。在国家层面建设起跨区域协同、跨部门协作、跨国合作的协同创新机制，实现不同区域创新体系之间彼此相互连接、相互支撑、资源共享。

（三）创新范式改写需求

在创新范式上，新技术革命所带来的传统创新模式的改变是杭州高新区发展面临的另一个严峻挑战。随着全球技术革命的深入，以云计算、大数据等为代表的新一轮技术革命正在全球范围内孕育兴起，传统的生产活动、组织机构以及消费方式显然已无法适应新的时代潮流。新技术革命下，创新资源要素更加突出数据特征，传统主流经济学流行的创新生产函数已不再适应时代的需求，创新体系正逐步向以数据为基础的信息网络转变，各类创新资源以网格化方式储存、流动。传统集中式、并联式、采摘果实类的创新所造成的创新成本正逐渐升高，而能够带来的经济效益却正在降低，创新体系正在向分布式、串联式、重组式结构转变，未来科技创新也将以后者为主流模式。最后，区域创新体系竞争力的核心要素也将从传

统的生产、自然资源等实物要素向学习能力、知识储备等无形要素转变。创新范式的转换，客观上对区域创新体系协同性、网络化、时代性提出了更高层次的要求，显然这也将成为未来杭州高新区创新模式转变所面临的一大挑战。

多要素联动区域创新体系在创新链条中所发挥的最显著效果便是能够有效降低知识要素流动成本，改善知识流动效率，促进分析性知识、综合性知识和形象性知识的交流、学习和转化。同时，亦能够实现基础研究与应用研究间的协同发展，以基础研究为根本，应用研究为导向。一个健全的创新链，既需要基础研究，又需要应用研究，创新体系的构建不仅加强了基础研究与应用研究这两类创新主体间的要素联系，还进一步协调了两类创新主体间的功能差异与目标导向。一方面，基础研究机构以产业应用为导向不断创造新知识、新理论；另一方面，吸引企业参与创新活动，在基础研究结果的基础上与其他主体共同推动创新成果的应用转化，使创新研究和应用方向永远处在市场导向之下。

第三节　杭州高新区多要素联动区域创新体系建设成效分析

一、创新基础条件分析

创新基础条件指在一个国家、地区或组织中，促进和支持创新的必要要素和环境。这些基础条件为创新的产生、发展和实施提供了支持和保障。杭州高新区多要素联动区域创新体系促进了区域内资源整合、人才流动和资金投入，改善了区域创新基础条件，进而提升了区域的核心竞争力。

科研投入水平方面，图 27-4 展示了 2016—2021 年，杭州高新区政府对科研投入的数据，其研发研究经费支出在 6 年间稳步上升，2021 年较 2016 年增长了 60.4%，常年位居全省第一，即便是疫情期间也稳住在较高水平；相应的研发投入占 GDP 比重却逐年下降，充分表明了杭州高新区多要素联动区域创新体系所带来的科研投入产出率正在不断提升。

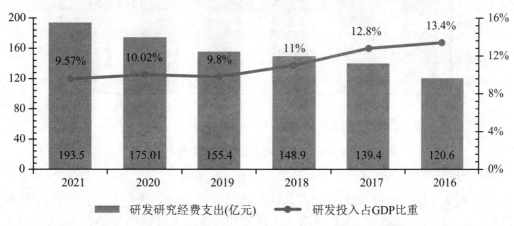

图 27-4　2016—2021 年杭州高新区研发研究经费支出（万元）情况

数据来源：《滨江年鉴》(2016—2021)。

除此之外,杭州高新区通过增加政府财政支出,加大了对相关科技研发的投入力度,2016—2021年财政科技领域的拨款数额也从最初13.37亿元快速增加至36.97亿元(图27-5),增长比率达到2.77倍,本级财政科技拨款占本级财政经常性支出比重也呈现出迅速上涨趋势。以上数据都表明了杭州高新区在建设多要素联动区域创新体系对于创新活动政府经费投入的重视。

图 27-5　2016—2021年杭州高新区财政科技拨款情况

数据来源:《滨江年鉴》(2016—2021)。

人才作为创新活动开展的第一资源,是创新活动的基础。在人才资源存量方面,杭州高新区深入贯彻"创新人才蓄水池"建设,研发活动人员数量自2016—2017年数量迅速提升后,常年稳定在35000人左右的水平(图27-6),创新人才存量的长期稳定保障了杭州高新区创新活动的顺利开展。

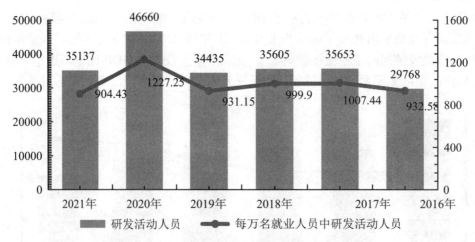

图 27-6　2016—2021年杭州高新区研发活动人员情况

数据来源:《滨江年鉴》(2016—2021)。

同时,在人才资源增量方面,杭州高新区围绕"引、育、用、留"全链条,大力构建全周期人才服务体系。2016—2021年,随着各项人才政策的落实以及教育体系的完善,人才引进数量也相应进入了增加的快车道,硕士及以上人才数量逐年增长,在保证充足创新人才血液流入的同时也保障了创新队伍的高水平、高标准(图27-7)。

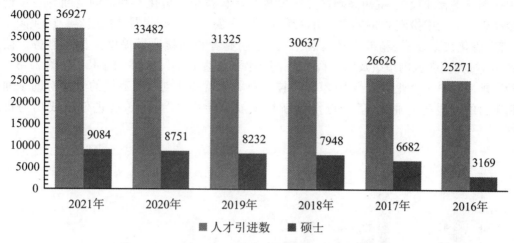

图 27-7　2016—2021 年杭州高新区人才引进情况（人）

数据来源：《滨江年鉴》(2016—2021)。

二、创新环境成效分析

一个良好的创新环境能够激发更多的创新活动和创新项目的开展，增强创新活动的有效性与多样性。随着多要素联动区域创新体系建设的深入推进，杭州高新区内经济社会环境不断改善，"科技企业孵化器""众创空间"等创新服务平台如雨后春笋般涌现，创新主体数量稳步上升，在高新区内部正形成"大众创业、万众创新"的良好创新氛围。

2016—2021 年，经济社会环境方面，杭州高新区人均 GDP 总体上呈现出上升趋势，自 2018 年以来，在高质量发展的号召下，高新区经济发展的速度呈现出稳步提升的态势，经济的高质量发展为创新活动提供了稳定的市场需求、研发投入等多个方面的保障，助力了经济的转型（表 27-1）。

相较于传统行业，信息化对高新企业创新活动的重要性更甚。2016—2021 年，杭州高新区致力于打造一条强势发展的信息经济生态链，信息化发展水平增长 13.07%，推动数字经济和新制造业"双引擎"发展，为企业创新和经济发展不断释放"聚变"动力。

"绿水青山就是金山银山"，环境质量对创新的重要性不可忽视。2016—2021 年，杭州高新区坚持可持续发展理念，落实"美丽滨江"建设工作，筑牢生态发展底线，推进环境质量日益提高，为广大创新企业、创业者、创新人员提供了一个清新、惬意的自然环境。

表 27-1　2016—2021 年杭州高新区经济社会环境情况

年　份	2016	2017	2018	2019	2020	2021
人均 GDP（万元）	28.77	35.66	36.36	37.60	35.23	39.24
信息化发展指数	110.9	112.15	117.08	110.79	121.5	125.4
环境质量指数	3.96	4.38	4.41	4.70	5.65	5.47

数据来源：《滨江年鉴》(2016—2021)。

在创新平台建设上,杭州高新区注重发挥高新科技企业孵化器和众创空间等新型创新平台在创新活动中扮演的"孵化"作用,持续加强"众创空间—孵化器—加速器—产业园—特色小镇"孵化链条建设,精准支持双创活动,为创业者和创新项目提供支持与服务。截至2021年,杭州高新区内市级及以上科技企业孵化器已达75家、众创空间42家(图27-8),其中拥有国家级科技企业孵化器10家。科技企业孵化器和众创空间数量的激增有助于加速创新项目的发展与商业化,逐步健全创新技术成果转化平台体系,促进创新成功与持续发展。

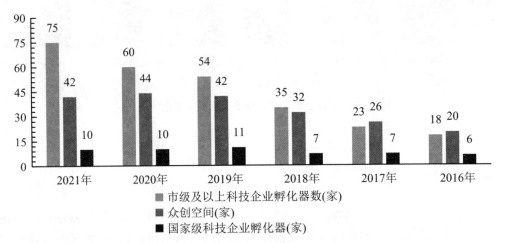

图27-8　2016—2021年杭州高新区创新平台数量情况

数据来源:《滨江年鉴》(2016—2021)。

在创新载体方面,杭州高新区商事改革成效显著。2016—2021年高新区内各创新载体数量迎来了增长"黄金期",截至2021年底,杭州高新区内已拥有173家市级及以上技术中心、356家省级研发中心、1919家高新技术企业(图27-9),分别较2016年增长了110%、27.2%、210%、216%,高新技术企业等创新载体正成为高新区内创新体系运作的核心。

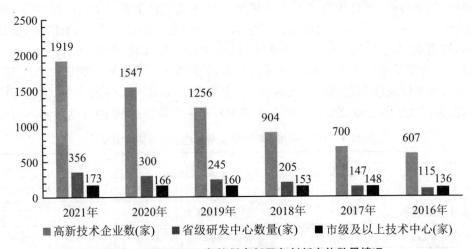

图27-9　2016—2021年杭州高新区各创新主体数量情况

数据来源:《滨江年鉴》(2016—2021)。

三、创新绩效状况分析

创新基础条件是科技创新活动的基础,创新环境则是科技创新活动的前提保证,创新绩效反映了创新活动的效果。

在创新活动产出链中,创新活动产出首要表现为专利产出,进而成果转化为高新技术产品,最终进入市场流通领域,从而推动社会经济发展。在杭州高新区多要素联动区域创新体系下,杭州高新区近年来科研产出数量持续呈现出大幅增长的趋势。专利授予量和发明专利授予量分别在 2016—2021 年增加至 17874 件和 5995 件(图 27-10),上涨 2.67 倍和 4.09 倍,常年位居浙江省第一位。

在创新成果转化方面,杭州高新区工业新产品产值 2021 年为 1888.7 亿元(图 27-11),较 2016 年 881.2 亿元增长了 114%。同时,工业新产品产值率(工业新产品产值/工业总产值)常年保持在 60% 左右的水平,超过工业总产值的一半,创新正成为高新区乃至杭州市发展的重要增长点。

图 27-10　2016—2021 年杭州高新区专利授予量情况

数据来源:《滨江年鉴》(2016—2021)。

图 27-11　2016—2021 年杭州高新区工业新产品情况

数据来源:《滨江年鉴》(2016—2021)。

促进经济社会发展是科技创新活动的最终目标。多要素联动区域创新体系建设的一切举措,其最终落脚点都是以科创促发展,优化产业结构并提高经济质量,从而增强我国的综合国力。伴随着创新成果产出的增加,成果所带来的经济效益激发并提高了高新区内高新技术产业和战略性新兴产业的发展活力和发展质量。高新区内的技术产业增加值逐年提升,增加值占工业增加值比重常年稳定在95%以上(图27-12),高新技术产业已成为高新区经济发展的重要支柱。

不仅如此,杭州高新区大力加强战略性新兴产业的建设,战略性新兴产业增加值亦持续上涨(图27-13),所占GDP比重却呈现出稳步降低的趋势,这说明高新区内的经济结构正不断优化。

图 27-12　2016—2021 年杭州高新区高新技术产业情况

数据来源:《滨江年鉴》(2016—2021)。

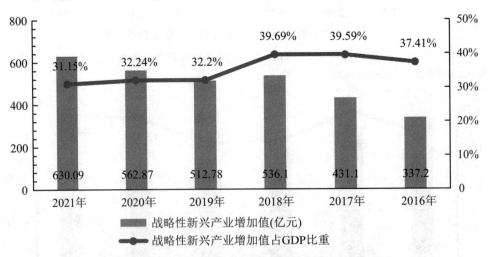

图 27-13　2016—2021 年杭州高新区战略性新兴产业情况

数据来源:《滨江年鉴》(2016—2021)。

第四节　杭州高新区多要素联动区域创新体系建设经验及启示

一、杭州高新区多要素联动区域创新体系的实践经验

（一）突出人才核心地位，打造一流创新资源的生态体系

杭州高新区多要素联动区域创新体系将创新驱动发展战略作为其区域发展的核心，尤其强调人才在科技创新中的关键角色，旨在建设"最优的人才生态环境"，以吸引和培育一流的创新人才。在"十三五"期间，该区成功吸引了大量的人才，其中包括大量硕士和博士学位的高学历人才。目前在多项政策的共同发力下，该地区的人才密度和创新活动所占比重在全国都名列前茅。

一是启动全球科技创新人才集聚行动。"科学家合伙人"计划是高新区引进全球顶级创新人才的一项重要举措，进一步提升高新区的科技人才储备和创新水平。为深入贯彻这一计划，高新区结合多层级的人才引进工程，根据人才成长和发展规律，提供优质的成长条件和创新环境，以鼓励更多的优秀人才加入。

二是为促进科技创新与产业发展，密切关注重要领域，积极打造人才高峰。在依赖杭州技术创新资源的基础上，以关注和利用与阿里网易系、浙大系和海外归国人才等群体的联系为重要落脚点，加快形成"人才带技术、技术带项目、项目融资本、实现产业化"的"技术—人才—项目—资本—产业"的良性循环发展模式。

三是积极打造"滨江工匠"人才品牌。杭州高新区注重产业需求与人才培养相结合，以最新市场需求为创新导向，推动高校和企业进行产业技术合作，并与主要领军企业和国内外知名高校建立数字创新人才联合培养基地，打造出基于"滨江需求""滨江基础"的"滨江工匠"人才队伍。

四是加强人才培育和发展的配套政策改革。杭州高新区充分发挥自身在科技创新领域的独特优势，探索建立专门的"滨江人才特区"，为创新创业海外留学生提供政策支持和便利，为海内外专家技术交流提供平台和资源渠道支持。

（二）深化产学研用融合，形成市场导向的成果转化机制

杭州高新区多要素联动区域创新体系将科技创新服务视为推动区域创新活动的重要驱动力，加强了对创新创业服务、创新载体构建和技术成果的调整，同时有效地连接了产学研用的创新要素。

一是强化科技创业服务中心。杭州高新区建立了科技创业服务中心，该中心在政策咨询、投资融资、科技要素交流、技术转换等方面已建立完整的服务链条，为区域内广大创新创业者提供了全方位的支持，在促进区域内创新创业方面发挥着不可替代的作用。截至2021年，该创新创业服务中心已成功孵化了1200多家科技企业和45家瞪羚企业，为区域的创新创业生态系统发展作出了重要贡献。

二是提高创新创业平台质量。作为高科技产业发展的关键，杭州高新区结合区内发展态势，构建了符合未来创新需求且具备梯度孵化特性的平台体系。在众创空间基础上，形成

科技企业孵化器,创建科创加速器,为科创企业提供技术咨询、投资对接、市场拓展等方面的服务,加速市场化进程,打造专业化的产业生态园区,从而孵化出高科技产业集群。截至2021年,高新区内已建立17个国家级众创空间和10个国家级科技企业孵化器,孵化的企业数量达到3548家。

三是改革产业技术应用和成果产业转化机制。杭州高新区重点放在了技术转化设施的建设上,通过借助中国科学院、浙江大学等科研机构在高科技研发方面的基础资源和科研实力,积极帮助企业加速高科技研发和科技成果转化及应用,并创建面向高科技成果向生产力转化的新型研发机构。2015—2020年,区域内的技术转移机构已从最初的12个增长至67个,产业技术创新战略联盟从15个增长至29个。

四是建立全周期科技金融服务。杭州高新区深入贯彻"店小二"金融服务精神,通过提供多样化科技金融服务以及设立或吸引金融机构,比如银行和融资租赁公司等,为企业科技转化提供相应金融配套服务。积极发挥国有资本的引领作用,政府科创产业引导基金与科技金融扶持政策共同发力,以金融创新推动科技成果的产业化。这些努力都形成了杭州高新区独特的科技金融体系,在全国范围内乃至于全球都具有深远的影响力,成为引领性的科技金融创新创业集聚区。

(三)增加科创要素投入,构建高水平全方位的保障体系

杭州高新区多要素联动区域创新体系建设科技创新平台体系,以培育区域的科技创新能力,并为区域科技创新业务和产业转化奠定基础,进一步推动产业高质量、高水平发展。杭州高新区在多个方面共同发力,构建包括科技创新资金扶持、人才资源引进、保障政策改革、创新基础设施等要素在内的保障体系。

一是紧盯国际高端技术发展进程,着重完善重大科技基础设施布局。为打造全国领先的科技创新发展战略高地,杭州高新区多要素联动区域创新体系建设紧跟全球科技发展前沿,并以国家科技战略为发展指引,立足区域创新资源现状及发展需要,在数字经济、科学医疗、智慧城市等高新技术领域开展重大科技基础设施的建设,布局了如杭州极弱磁场重大科技基础设施研究院、昇腾计算中心等科技设施,提高了杭州高新区在部分前沿高技术领域的基础研究和领军水平。

二是积极建设以企业技术需求为导向的自主研发机构和合作平台。作为长三角乃至整个全国重要科技创新基地,杭州高新区为实现企业技术研发需求和产业成果转化中各方面的协调同步,积极鼓励科技企业开展自我研发、自主创新,同时,为消除企业在科技研发中面临资金、人才、技术等多个方面的障碍,杭州高新区积极为科技企业开展科研活动提供资金、研发资源、技术转化等方面配套政策的扶持。根据有关数据显示,2020年杭州高新区企业内部自行设立研发机构的比例已达到49.1%,近乎高新区内高新技术企业数量的一半,高新区自主创新主体和能力惊人。

三是以政府财政支出为重要着力点,持续加强研发资金投入。杭州高新区多要素联动区域创新体系注重政府资金在社会科技创新活动的引导示范作用,在科技创新重点领域和重点项目中不断发挥政府财政功能,在加大资金投入力度的同时利用政府引导基金,吸引社会资金投资于高新技术创新重点领域。2016—2020年,杭州高新区财政科技支出已由最初的11.71亿元迅速增长至23.61亿元,增幅超1倍,财政产业扶持资金支出由17.06亿元增长至41亿元,增幅更是达到2倍之多。

四是鼓励与引导企业持续提高科研投入水平。为使企业技术需求与科技研发工作相协

调,杭州高新区在建设多要素联动区域创新体系中,强调对重点领域重点项目的科技研发投入,旨在为科学技术攻关提供充足资金保障,持续提升其在科技研发过程中的核心地位。从2016年至2021年,杭州高新区研发研究经费支出占GDP比重长期保持在10%以上的较高水平。到2021年,全区企业在科技创新研发中的软投入研发研究经费支出已达到了193.5亿元,相较于2016年和2019年分别增长了60.45%、24.52%。

(四)强化创新开发合作,建立科创资源协同的开放体系

杭州高新区多要素联动区域创新体系强化与世界的联系,建设"国际滨江",推动科技要素汇聚、科技创新互动及数字技术的全球贸易。这与国内国际双循环发展战略高度契合。

一是与全球科技巨头深度合作。杭州高新区积极寻求与全球高端创新力量的交流和合作。融入"一带一路"倡议的框架,使该区域进一步与世界著名学府和研究机构展开合作,特别在数字科技领域与欧美等地建立了技术伙伴关系,并多角度进行产学研交流。

二是鼓励优质企业在"引进来"的同时更高水平地"走出去"。杭州高新区注重"走出去"与"引进来"协同推进,积极支持本地技术型企业拓展海外市场,鼓励其在研发、生产、贸易等领域进行国际布局。尤其是重点龙头企业还得到在国际市场上拓展品牌的相关政策支持,增强了品牌影响力和科技产品的竞争力。

三是深入参与长三角地区一体化合作。杭州高新区充分依托多要素联动区域创新体系下长三角的科研资源,抓牢数字技术集聚和创新要素全面流通的优势,在技术、人才、产业、政策等方面展开全方位联动,推动长三角范围内的创新合作,致力于打造长三角南翼数字经济中心。

四是创新全球数字经济贸易体制。杭州高新区利用其在数字经济、大数据、人工智能等方面国际领先优势,积极推进开放体制改革,并主动向世界前沿水平看齐。通过与自创区、自由贸易区等全面协同合作体制,加速打造具有全球一流水平的跨境数字交易平台,并加速探索和完善跨境电商试验区建设,使杭州高新区在多要素区域创新体系下长期保持在数字贸易领域的领先地位。

二、杭州高新区多要素联动区域创新体系的未来展望

(一)扩展杭州高新区多要素联动区域创新体系空间布局

目前,伴随着北京中关村、上海张江、武汉东湖高新区等国家级高新区扩区工作的实施,我国国家级高新区已形成"一区十园"的发展新格局。而杭州高新区在排名前5位的国家级高新区中面积最小。考虑到其他国家级高新区已经开始扩区,为避免杭州高新区未来发展空间上的束缚,乃至在整体科技实力和国际竞争力上的劣势,杭州高新区未来多要素联动区域创新体系建设应以更长远的战略眼光和更广大的范围谋划推动高新区未来改革发展,充分发挥出国家级高新区和国家自主创新示范区的独特"两区优势",及时抓住发展契机,积极请示并推进高新区在空间上的扩容增量,并带动杭州国家自主创新示范区以及整个长三角创新体系的建设和完善。以打造世界一流高科技园区为战略目标,从实际发展客观需要出发,结合杭州区域规划特点,打造出规模更广、环境更美、创造力更强、产业布局更优、国际影响力更深的科技和产业创新"高地"。

(二)增进杭州高新区多要素联动区域创新体系创新活力

立足杭州国家自主创新示范区核心区的发展地位,抓牢建设世界一流高科技园区大好

机遇,深入贯彻创新驱动发展战略,将杭州高新区打造成具有世界级影响力的"互联网+"创新创业中心。持续跟进"互联网+""中国制造 2025"等新时代战略部署,积极培育和打造具有国际竞争力的龙头企业和高新技术产业,加快构建以信息经济为核心的现代产业生态体系。重点培育生物医药健康、人工智能等重点领域企业,并提升主导产业的国际竞争能力。引导传统企业推进转型升级,推动传统工业园区向高新产业功能区和众创空间等方向发展,帮助传统企业实现转型升级。

（三）完善杭州高新区多要素联动区域创新体系基础设施

随着新兴技术如 5G 和人工智能等开始大规模商业化应用,建设面向未来的引领性产业成为创新强国和支持新兴产业发展的必要条件。因此,杭州高新区多要素联动区域创新体系建设着眼于对接当前全球基础科学领域前沿,包括继续设立国家级孵化器、建设一批校企合作研究中心等,建设全方位、多层次的区域创新基础设施投入机制,并积极与国际接轨,确保管理制度与国际标准保持一致。不仅如此,杭州高新区多要素联动区域创新体系建设还要深化学科布局调整,加强建立与杭州本地各大高校、科研机构、高新技术企业等新型创新主体间的开放共赢关系,要加快探索形成相对稳定、技术研究与产业应用研究紧密结合的区域技术创新与成果转化体系。

（四）优化杭州高新区多要素联动区域创新体系体制建设

加快优化建设创新型政府,发挥各级地方政府的关键作用,保障杭州高新区多要素联动区域创新体系外围与创新中心相对接。各级政府在长三角区域范围内构建跨行政区域的高新技术研发与转化基地,打破地区行政壁垒带来的技术壁垒,包括建立起推动和激励知识创新、技术创新以及实现两者有效衔接的协同机制。另外,在高新技术产业发展上,各地政府加速制定新的一系列鼓励创新的新财政、人才配置、技术研发、技术奖励、技术标准等相关配套政策,尤其是跨行政区域间的创新技术的顺畅流动以及产学研各方合作共赢的创新收益分配机制。除此之外,在全社会培养起尊重知识、尊重人才、尊重创造的社会氛围,并构建起推崇创新、鼓励创造、允许失败的容错机制。

第二十八章　合肥高新区：国资引领产业投资发展案例分析

21世纪初以来，合肥在尊重产业发展规律的基础上，充分运用国有资本进行产业投资并取得显著的成效，这一产业投资模式被外界誉为"合肥模式"。而高新区作为合肥产业发展的前沿区域，其产业整体规模、产业发展水平、产业科技投入都居于市内领先地位，为了进一步加快合肥高新区产业发展的步伐，必须更好地发挥国有资本的产业投资引领作用。

第一节　合肥高新区国资引领产业投资发展案例介绍

一、合肥高新区国资引领产业投资发展的历程

合肥高新区成立于1991年，经过30余年的发展，在经济、工业领域中取得了诸多耀眼的成就，其GDP已经达到千亿元规模、自主培育的上市企业达到30余家，更是在智能语音、量子通信、液晶屏幕、新能源领域做到了世界前列，打造出"科大硅谷""中国声谷""量子中心"等城市名片。高新区产业迅速发展的背后离不开政府的支持与国有资本的投资引导。总体来说，合肥高新区的国有资本引领产业投资发展主要分为三个阶段。

（一）初始期：20世纪80年代末至20世纪末

1991年，为了建设刚刚获得批准的高新区，合肥成立合肥科技工业园建设公司。公司早期承担园区规划、土地、建筑开发等职能，但是由于财政收支无法得到有效协调，导致投融资指标难以完成。因此，在合肥高新区的初始期，国有资本的产业投资引领作用无法有效发挥，国有资本运作整体上呈现出"小建设、小融资、少投资"的特征。

（二）发展期：21世纪初至2014年

2005年，合肥市确定"工业立市"的发展路径，通过利用自身地理优势与政策扶持，吸引了如格力、美的、海尔等一系列家电企业入驻。2008年，合肥政府投资100亿元，引进京东方落户合肥高新区的同时，帮助京东方成功建设液晶面板第六代生产线。2009年，合肥高新建设投资集团成立，其以提升"产业能级、科创能级、城市能级"为使命，设立数支产业投资基金帮助高新区企业实现科技成果转化，开发运营中国声谷、中国创谷等产业基地。在发展期，国有资本体量逐渐扩大，其特征主要以"大建设、大融资、谋划投资"为主。并且在此期间，家电产业、液晶显示屏产业、汽车产业等高新区主导产业发展迅速，为合肥高新区经济的腾飞打下了坚实的基础。

（三）成熟期：2015年至今

2015年，合肥市对国有资本运营机构进行重新整合，组建三大国有资本投融平

台——合肥建投、合肥兴泰、合肥产投，分别为工程建设与城市运营、金融服务与企业融资、战略性新兴产业提供相应服务。同年，合肥高新集团成立了合肥高新创业投资管理合伙企业，其主要专注于科技创新投资，发挥国有资金对科技企业的引导作用。

随着基金规模的扩大，国有资本引领产业投资发展步入成熟期，在此期间，国有资本的投资特征主要以"精确定位、抓准龙头"为主，投资了如长鑫存储、蔚来汽车等一系列龙头企业，进一步发挥出国有资本在产业投资中的引领作用。

二、合肥高新区国资引领产业投资的主要形式

合肥国有资本引领的产业投资所形成的"合肥模式"，即在符合市场规律与合肥当地产业发展状况的基础上，政府采用国有资本设立产业引导基金，或者采用直投的方式投入企业，不仅丰富了企业的资金来源，还引导了社会资本服务于当地招商引资，形成了具有地方特色的国有资本投融资模式。

2017年，合肥市政府发布修订过后的《合肥市扶持产业发展政策的若干规定》，更加具体地规定了国有资本的4种运用方式，即基金投入、"借转补"投入、财政金融产品投入与事后奖补投入。其中基金投入占比不小于35%，"借转补"投入占比控制在30%左右，事后奖补投入占比控制在35%，金融产品根据实际政策确定比例。

（一）基金投入

政府引导基金已经成为目前国有资本投入的主要方式，合肥高新区基金主要由合肥高新集团与合肥高投创建运营。基金种类丰富，包括支持创新型小微企业的种子基金、支持战略性新兴产业的新兴产业基金等各类基金。高新区种子基金成立于2017年，分别由直接投资和基金投资两个部分构成：直接投资方面，主要采用股权投资的方式投资于合肥高新区内，并且尚处于种子期的创新型小微企业；基金投资方面，重点投资于合肥高新集团设立的以种子期创新型小微企业为主要投资对象的子基金，截至2022年6月，子基金规模达到2.26亿元。高新区新兴产业基金成立于2020年，主要围绕高新区的集成电路、信息技术、新能源、新材料等战略性新兴产业，投向早中期项目，帮助各类科技成果转化。截至2023年1月，新兴产业基金规模接近2.04亿元。

（二）"借转补"投入

所谓"借转补"投入，即政府事先为企业设定经营绩效目标，并拨付专项借款资金，在企业经营绩效达标后，将借款资金转为补贴资金，从而达到提前缓解企业资金困难、降低企业融资成本与激励企业提高经营效率的目的。合肥"借转补"资金有着严谨的申报立项流程。首先，区内的产业政策执行部门按照条件接收企业申报。其次，区政府对项目择优选择，审查其申报材料真实性，并报送至市政府进行项目可行性评审。最后，申报项目经批准后，由区政府先拨付80%的资金，在验收完工后，拨付剩余20%的资金。

合肥高新区的"借转补"资金由多个项目构成，主要有：科技小巨人项目、医疗卫生研发项目、关键技术研发项目与对外合作研发项目，单个项目由高新区财政资金支持100万元。

（三）金融产品投入

合肥市与合肥高新区推出了合肥市信易贷平台、高新区"金融超市"平台等多款金融服务平台，帮助政府、企业、金融机构实现信息共享，为企业授信、放贷提供全流程服务。

合肥信易贷平台由合肥市政府设立，是为企业融资提供信用服务的平台。平台通过大

数据技术对小微企业的信用、经营属性进行精准刻画,快速识别授信客户,从而实现政府、银行、企业信息沟通与交易撮合,实现低成本、低风险放贷。截至2021年,信易贷平台已经与49家金融机构达成合作,平台授信金额突破190亿元。合肥高新区"金融超市"平台则是综合性的金融服务平台。平台整合了"瞪羚贷""雏鹰贷""创新贷"等数10类金融产品,通过投放各类精细化、特色化、专属化的金融产品,满足不同企业的融资需要。截至2022年8月,"金融超市"累计为800多家科技型企业提供融资服务,授信总额超过45亿元。

（四）事后奖补投入

所谓事后奖补,即企业在完成某些绩效目标、获得荣誉资质、购买大额固定资产后,由政府筛选政策范围内的企业,按照企业投入资金的一定比例或定额奖励的形式,对企业进行补助。其中,合肥高新区的工业政策奖补资金与自主创新政策奖补资金在总奖补资金中占比最大。工业政策资金基本以固定资产投资类项目予以补贴;自主创新政策资金则围绕知识产权定额资助、科技小巨人、各类荣誉资质等方面予以补助。

三、合肥高新区国资引领产业发展的具体措施

合肥高新区国有资本在产业投资过程中采取了一系列措施,不仅取得了良好的经济效益,还确保了投资过程中资金的安全性。在投资前,高新区政府会严谨评审被投项目与企业的前景;投资过程中,高新区内丰富的金融产品与金融服务为企业提供了充足的金融支持;投资完成后,国有资本投资体系具有相对完善的绩效评价与退出机制。

（一）投资前:建立科学的投资论证决策制度

合肥高新区对于投资的产业项目,由政府部门组织的产业领导小组牵头,联合专业投资机构和专业人士从地区产业发展方向、地区企业竞争环境、地区未来发展空间等方面入手,做好全面尽职调查与市场前景判断等方面的论证。同时编写可行性研究报告,对企业的会计指标、企业的基本价格指标、项目产品与内容进行充分的汇编,从而形成详细的书面报告,形成不同企业、不同项目之间的横向纵向对比,最终提高了投资的科学性。

（二）投资过程中:提高充足的金融支持

2023年3月,合肥高新区发布《合肥高新区打造科创金融改革创新示范区若干政策措施》,围绕基金投资、产业升级、资本市场等九个方面提出了若干政策举措。

（1）优化金融要素供给,建设国际化的基金聚集区。金融机构对产业投资资本的引进和运营具有重要推动作用,对落户于合肥高新区内的证券、银行、信托等金融机构总部,高新区政府给予落户公司不超过其实缴注册资本5%的奖励金额。此外,为了建设国际化的基金聚集区,合肥高新区打造"科大硅谷"风投创投街区,并积极引进有影响力的基金管理机构落户于此,力争高新区基金规模达到3000亿元。同时,对于符合条件的头部基金管理机构、新型研发机构、孵化平台在高新区内设立基金,可申请区内政府引导基金参股。从而继续优化政府引导基金作为撬动其他社会资金投入、促进产业投资发展的引领作用。

（2）完善多层次的资本市场建设。首先,合肥高新区鼓励企业改制上市,对于在境内外上市的企业以及上市公司总部迁入区内的企业,高新区政府在补贴企业改制成本的基础上,再分阶段给予现金奖励。其次,合肥高新区支持上市企业再融资,对于成功配股、增发获得融资,并且所获资金50%以上用于高新区内建设的,给予金额不超过100万元的资金奖励。最后,合肥高新区鼓励企业挂牌融资,对成功在全国中小企业股份转让系统、安徽省区域股

权市场挂牌的企业给予政策支持。

（3）强化银政风险共担机制。相较于由融资担保公司全额承担代偿风险，政府出资补贴融资担保公司的传统贷款担保模式，合肥高新区推出了"4321"新型银政合作风险分担机制，即地市级担保机构、省再担保机构、合作银行、地方政府分别按照40%、30%、20%、10%的比例承担信贷风险。此外，合肥高新区提高担保风险容忍度，对区属担保机构为中小微科技企业增信发生代偿的业务，按照损失的30%比例给予补贴，使得担保机构敢于担保、放心担保小微科技企业，加快小微企业成长。

（三）投资完成后：建立完善的绩效评价与国有资本退出机制

国有资本的安全退出通道已经在合肥高新区规划项目投资前预留了出来，当政府产业投资基金的基金份额或股权投资达到了退出条件时，国有资本便依法依规通过IPO上市、股权转让、企业回购及清算、份额退出等市场化方式安全退出。另外，合肥高新区积极进行国有资本的绩效评价，制定了《合肥高新技术产业开发区财政支出绩效评价工作规程》《合肥高新技术产业开发区委托第三方机构参与预算绩效管理工作暂行办法》，明确了准备、实施、结果三个阶段绩效评价工作流程，加强第三方评价机构管理，从而提高绩效评价的工作质量与专业化程度。

第二节　合肥高新区国资引领产业投资发展的动力机制分析

一、合肥高新区产业发展转型的内在需求

产业是实体经济的根基，只有产业发展才能实现实体经济的繁荣。国有资本作为产业发展的关键投入要素之一，其在产业的形成、调整与升级的各个阶段都发挥着必不可少的作用。所以产业发展需要国有资本的支持与引导，特别是合肥高新区内有诸多高科技产业与新兴战略产业，国有资本推动是合肥高新区产业发展进步与转型的内在需求。

合肥高新区正在加速产业转型升级，国有资本需要发挥出引领产业转型"风向标"的作用。"十三五"期间，合肥高新区注重抓原始创新，在技术领域开展人工智能、生物医药、量子信息等产业的内生培育。同时通过招商引资带动集成电路、网络安全等产业发展。而在"十四五"期间，合肥高新区着重培育新兴战略产业发展，制定了"4321"产业工程计划，在原有产业的基础上进一步发展以人工智能为核心的数字经济、以光伏新能源为核心的绿色经济、以精准医疗为核心的健康经济和以高技术服务为核心的服务经济。因此，在产业投资领域，国有资本同样需要优化投资布局，引导资金向新兴产业聚集。对早期已经投资过的成熟产业，由于此类产业成熟度高，未来拥有独立发展的能力，所以国有资本应该以合理的方式从中退出，并且将资金重新投资于尚未成熟的新兴产业中。微观上，这吸引了其他社会资本参与到新兴产业的投资中，对新兴产业发展具有重要意义。宏观上，这加速了合肥高新区的产业转型升级，对推动合肥高新区可持续发展具有积极作用。

二、合肥高新区产业投资资本特征的引导

产业投资资本可以粗略分为社会资本投资与国有资本投资。社会资本进行产业投资更加强调收益,即投入后能获得多少回报,更加注重经济效益;国有资本则倾向与政府产业政策相结合,扶持产业发展,更加注重社会效益。两种资本的投资特征决定了合肥高新区需要利用国有资本引领产业投资发展。

首先,社会资本进行产业投资具有一定局限性,并不能覆盖产业投资的全过程。由于逐利性与风险控制,风险较高且经营不确定性较大的高新技术企业与初创企业难以获得社会资本的投资,导致高新技术难以萌芽发展。同时,社会资本与被投资企业存在利益与目标的冲突,即委托代理问题。社会资本要求短期获得大量利益,从而干涉了获得其投资的企业长期经营活动,导致企业仅注重短期经济利益、忽视长期技术创新等短视行为,从而使产业发展滞后。所以,为了避免社会资本产业投资的局限性,有必要利用国有资本引导产业投资发展。

其次,传统的政府主导型资本投资模式有着诸多弊端。第一,传统的政府主导型投资模式由于受到政策影响,它的投资范围也受到了一定限制。而追求政策导向意味着相较于产业未来整体的发展,投资收益率等指标并没有得到重视,致使政府主导型投资模式的投资收益率低,可持续发展能力不足;第二,传统的发展观和政绩观导致地方政府在招商投资时存在着大量急功近利行为。由于政府掌握着行政资源,通过投资进行寻租活动,在缺乏有效监督下,必然会扭曲要素价格,破坏经济可持续发展。

最后,合肥高新区市场化的国有资本投资模式平衡了收益、风险,突破了传统政府主导型投资模式的桎梏。一方面,合肥高新区国有资本的投资模式放宽了对风险的严格控制,坚持以效率与收益为目标,符合金融市场运营规律。另一方面,合肥高新区国有资本与产业政策相辅相成、互为补充,产业政策引导国有资本的投资方向,国有资本促进产业政策的不断革新。因此,产业的政策导向并不能大范围地限制国有资本的运用,而市场化的运营方式也避免了政府寻租行为的产生。

三、合肥高新区市场融资外在形势的要求

合肥高新区企业数量众多(图28-1),其中绝大多数都为高新技术企业与中小微企业,此类企业的投资风险大,破产可能性高,难以获得有效的社会投资,所以其资金缺口大,融资意愿强烈。同时,合肥高新区自主培育的上市企业数量达到了33家。虽然上市公司可以获得大量的股权、债权融资,但相较于国有资金融资,债权与股权的融资成本较高,所以大型上市公司也有强烈的国有资金融资意愿。

首先,合肥市高新区高新技术企业数量达到了数千家,占据了合肥高新技术企业数量的半壁江山。长期以来,高新技术企业融资难是个普遍的现象。一方面,部分企业规模小,实力偏弱,且处于初创期和成长期的企业存在着较大的技术风险与市场风险,贷款机构为了规避风险而拒绝贷款。另一方面,高新技术企业普遍具有"轻资产"的特质,受制于资金、场地限制,高新技术企业拥有的固定资产较少。但是否拥有固定资产作为抵押品是企业获得金融机构贷款的关键,所以高新技术企业获得融资难度大。综上,高新技术企业融资意愿强烈,需要国有资金融资支持。合肥高新区不仅对认定的国家高新技术企业给予现金奖励,而

且合肥高新区的国资平台对部分重点高新技术企业进行投资,合肥高新集团与合肥高投投资的高新技术企业数量达到数百家,以路歌、壹石通为代表的被投资的高新技术企业成功上市(表28-1)。

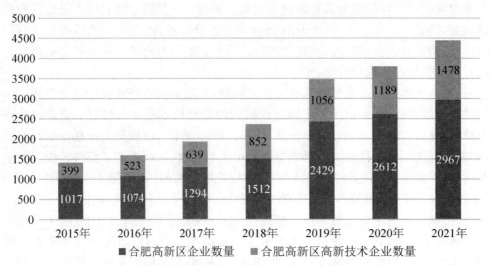

图 28-1　2015—2021 年合肥高新区企业及高新技术企业数量

数据来源:万德数据库、中国火炬统计年鉴。

表 28-1　2022 年合肥高新区上市公司各板块指标

板块名称	平均营收(亿元)	平均净利润(亿元)	研发投入占比
主板	40.11	0.2305	8.1%
创业板	68.83	7.25	4.72%
科创板	11.42	0.7647	8.56%
合计总额	120.36	8.2479	21.38%

数据来源:中安在线。

其次,截至2023年5月,合肥高新区A股上市公司的总市值达到了5171亿元,位居合肥13个县区第一,以科大讯飞与阳光电源为代表的上市企业市值已经达到了千亿元规模。对上市的大型企业来说,国有资本融资具有一定优势。有学者基于产出的资本资产定价模型证明了政府投资总体上减少了公司的产出资本比,进而降低了企业的融资成本。此外,区内上市企业以科技型企业为主,此类企业研发投入巨大,2022年区内上市公司累计投入73亿元进行研发,较2021年同比增长18%。巨量研发资金的投入使得部分上市公司仍存在资金缺口。所以,由于政府融资的低成本与上市企业资金缺口的存在,上市企业也有强烈获得政府投资的意愿。

最后,合肥高新区小微企业数量众多,由于信息不对称性与小微企业天生的脆弱性等问题,融资难、融资贵是小微企业面临的难题。一方面,在新冠疫情结束的后疫情时代,小微企业经营能力、盈利能力仍未恢复。另一方面,我国多层次的融资市场仍未建立,虽然经过全面注册制改革与新三板制度改革,但对小微企业来说,直接融资的门槛依旧较高。而银行贷款更倾向于为国有企业、大型企业放款,间接融资方面,中小微企业融资也存在难题。综上所述,中小微企业也急需国有资本提供的各类贷款与投资,补齐资金缺口。

四、合肥高新区卓越的资源与平台的推动

合肥高新区拥有卓越的资源与平台,它们在国有资本进入产业投资领域、国有资本运营过程中起到了关键作用。具体来说,专业化的人才团队可以识别优秀的投资项目,帮助国有资本投向具有发展前景的产业中;合肥高新区在人才资源、政企对接平台方面都具有优势。

(一)雄厚的人才资源

合肥高新区注重对人才的内生培育和外来人才的引进,雄厚的人才资源助力高新区打造专业化的投资、管理、运营团队。在人才引进方面,2022年安徽省印发《"科大硅谷"建设实施方案》,对科大硅谷的招才引智提出了较高的要求,科大硅谷随即发布全球合伙人招募公告,招募一批"懂科技、懂产业、懂资本、懂市场"的全球合伙人,在基金运营管理、新兴产业发展、孵化器建设等方面组建起强大的团队,从而构建起"团队+基金+载体"的模式,即团队识别孵化项目后,引入细分行业领域的专业孵化器,借助基金等资本运作,深入企业内部进行孵化。截至2023年3月,科大硅谷累计收到意向团队共137个,其中投资机构45家,园区运营机构43家,科创服务机构24家,校友组织12家,研发机构13家;在人才内生培育方面,高新区率先打造企业家培养品牌——高新区企业家大学,为科技型企业家了解基金融资、资本市场、国有资本投资的具体原理和最新动向提供学习机会,帮助他们完成从科学家思维向企业家思维的转变。

2015年至2021年,合肥高新区的留学归国人数增长迅速,2021年较2015年增长了近3倍;外籍常驻人员增长较为缓慢,在2019年后,稳定在2700人左右(图28-2)。总体上,合肥高新区高素质人才呈现增长态势,人才吸引力逐步增强,人才储备日意充足。

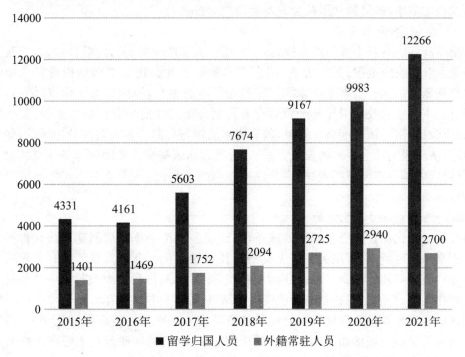

图28-2 2015—2021年合肥高新区工作人员数量

数据来源:《中国火炬统计年鉴》。

(二) 丰富的政企对接平台

合肥高新区积极建设政府与企业对接平台,依托"合创汇""未来汇""Si 享汇"等特色活动品牌,累计开展路演活动 1400 余场,帮助企业了解政府政策的同时,也帮助政府了解企业发展前景。"合创汇"平台,即合肥高新区"互联网+"创业创新服务平台,是政府与企业联系的重要载体。它是由线上"互联网+"双创服务平台及线下双创品牌活动组成。线上平台方面,它围绕政策、企业用地、金融服务、双创活动开展,使企业足不出户就能享受到政府的优惠政策;线下活动方面,"合创汇"品牌自 2016 年以来举办过数百场路演,让投资机构、政府、企业能够线下交流,路演企业累计获得风险投资数亿元。此外,还有合肥高新区与中国工商银行联合打造的中国工商银行合肥科创企业金融中心,其利用科创评级与科创授信模型评价因子打破传统信贷模式,为科创企业提供优质的信贷服务。

第三节 合肥高新区国资引领产业投资发展的成效分析

一、撬动社会资金投入,促进科技成果转化

合肥高新区国有资本对产业投资的引领作用,不仅撬动了其他社会资本的投入,提高了资金利用效率,还加速了科技成果转化。政府产业投资基金通过向投资机构传递其所投资企业的质量信息,从而在一定程度上缓解了投资机构所面临的信息差,减少了道德风险和逆向选择发生的概率,最终撬动了社会资本参与产业投资。

(一) 在社会资本层面

合肥高新区国有资本参与产业投资,一方面扩大了产业投资行业整体规模,宏观上扩大了对各类企业的投资范围;另一方面,国有资本吸引了社会资本更多地投资科技型中小企业。合肥高新区的国有资本之所以能带动社会资本的参与,原因有如下两点:第一,合肥高新区国有资本设立的政府引导基金背后有着合肥高新区政府信誉的隐性担保,其信用评级高,违约风险低,市场认可度高。同时,国有资本的参与有助于多方共同分担风险,降低总体投资风险,从而吸引社会资本的投入。第二,合肥高新区基金管理团队具备系统的投资专业知识,其设立的基金遵循市场规律,十分注重基金的盈利性,从而吸引了同样追求盈利性的市场资金的参与。

(二) 科技成果转化层面

科技成果转化仍存在资金短缺的痛点,导致诸多科技企业在初创期无法获得投资。如果企业面临融资困境,将在很大程度上抑制科技成果转化。合肥高新区政府引导基金多维度地完善科技成果转化体制,提高政府引导基金利用率,解决科技财政投入中的科研成果壁垒和低转化问题,打通了科技初创企业资金链堵点,提高科技转化率。

地区研发支出及投入强度反映当地科技资源投入水平与科技成果转化水平,研发支出即实施研究与试验发展活动而实际发生的全部经费支出;地区研发投入强度则指的是一个地区研发支出占地区 GDP 的比重,计算公式如下:

$$地区研发投入强度 = \frac{地区研发支出}{地区生产总值} \times 100\%$$

合肥高新区近7年的研发支出均保持在百亿元规模,其中2019年后研发支出接近200亿元。这说明合肥高新区科技发展支出较多,科技创新与科技成果转化有充足的资金支持。而研发投入强度均处在10%至25%的区间内(图28-3),远远高于2021年全国范围内的投入强度2.44%。这说明合肥高新区在全国范围内处在科技投入与发展的领先地位。

在创业初期,许多企业面临融资难题,但到了中后期,外部资金供应却相对过剩。合肥高新区始终坚持"早投、小投、科技投资"的原则,通过建立政府引导基金,鼓励社会资金流向正处于初创阶段的企业。这样的策略旨在培育出一批具有创新潜力和良好市场前景的初创企业,为投资机构提供更多的投资机会,以规避潜在风险,并引导它们进行后续的投资活动。通过这种"接力棒"的方式,可以推动政府产业投资和商业创业投资机构共同成长。另外,在产业达到成熟阶段之后,合肥高新区所设立的基金将重新对其他产业进行布局。在产业生命周期不同阶段,政府引导基金对产业产生影响是不一样的,随着产业进入成熟时期,产业周期与政府引导基金之间也形成了良好的互动关系。这表明,政府引导基金有能力引领产业进入成熟和收获的阶段,并在产业内建立了科技成果转化为金融链的健康互动机制。截至2022年,在合肥高新集团参控股基金资助的115个科技成果转化项目中,已有2家企业成功上市,4家企业开始了报会,18家企业正计划上市,而此外,2022年合肥高新区企业的技术收入达到154亿元规模,较2021年增长2.6%。虽然近7年合肥高新区的营业收入增速波动较大,但整体技术收入保持增长状态,并且在2018年后均达到百亿元规模,这说明合肥高新区企业的技术收入占比高,技术成熟度较高,能取得良好的经济效益(图28-4)。且10家企业在隐形独角兽榜单上名列前茅。

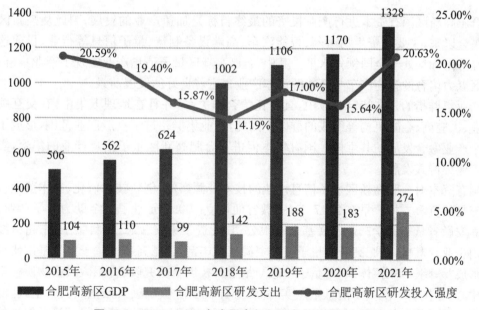

图28-3 2015—2021年合肥高新区研发支出即投入强度

数据来源:《合肥统计年鉴》《中国火炬统计年鉴》。

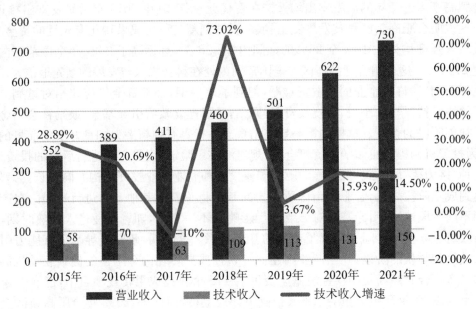

图 28-4　2015—2021 年合肥高新区企业营业、技术收入及增速

数据来源：《中国火炬统计年鉴》。

二、培育孵化新兴产业，加快产业集群发展

合肥高新区国有资本进行产业投资的最终目标是加速产业的发展，因此从高新区初试设立基金以来，主要投资生物医药、智能汽车、高端设备制造、量子信息等行业，目前这些行业的经济指标均处于全国领先水平。其中，合肥高新区量子信息产业实现了产业集群发展，高新区着力培育的智能汽车与新能源汽车产业也有着良好的发展前景。

产业集群指的是在特定区域中，具有竞争合作关系，并且在地理上集中，有交互关联性的企业、供应商、金融机构等组成的群体。因此，产业集群超过了一般产业范围，形成了区域内多个产业融合发展的共生体。国有资本促进了合肥高新区量子信息产业的集聚，实现了量子产业集群式发展。

国有资本对合肥高新区量子信息产业的技术资源禀赋、创新技术孵化、技术落地投产给予了充足的资金支持。早在 2017 年，安徽省便设立 100 亿元量子基金助力量子产业发展，并成立安徽省量子科学产业发展基金有限公司，投资于中安智芯、国科量子、东超科技等高新区内企业。其次，合肥高新区量子技术资源禀赋丰富，合肥高新区量子信息基础研究机构已经形成"一院三平台"体系，即量子信息与量子科技创新研究院、合肥微尺度物质科学国家研究中心、中国科学院量子信息重点实验室、中国科学院微观磁共振重点实验室，这使得合肥高新区量子信息的基础创新扎实。最后，技术孵化方面：合肥高新区展开量子领域的科技园、孵化器建设与合作。2022 年 11 月，以中科大与合肥高新区为共同主体的量子信息未来产业科技园被科技部教育部联合批复，有力地促进了量子技术孵化。

合肥高新区量子产业取得了良好的产业集聚效应。区内有 5 家主要从事量子技术的企业，包括科大国盾、本源量子、国仪量子、国科量子和中创为量子，以及超过 20 家量子关联企业。全区有 600 名科研人员直接参与量子领域的研究，近年来，他们在国际顶级期刊上发表的论文数量达到了151篇,位居全球首位。此外,在2021年,合肥市在量子信息产业的相关专利方面占据了全国的12.1%,仅次于北京,排名全国第二位,这些知识产权均集中在合肥高新区的"量子中心"。最后,根据合肥高新区量子信息未来产业科技园2023年度工作目标,合肥高新区2023年底将聚集量子产业链上下游企业超过50家,量子核心企业总估值超过300亿元。

除了继续扶持高新区传统强势产业发展之外,合肥高新区还大力培育与孵化新兴产业,其中新能源汽车产业与智能汽车产业是合肥高新区国有资本布局的两大方向。

合肥高新区在新兴汽车产业的发展上拥有巨大的竞争优势。一方面,合肥已经汇聚了江淮、蔚来、大众安徽、比亚迪、安凯、合肥长安、奇瑞等多家新能源整车行业的领军企业,以及国轩高科、中航锂电等100多家产业链配套企业。另一方面,合肥高新区设立了"新能源汽车和智能网联汽车产业链专班",采用"内培外引"的策略来加强区域内相关产业的深度整合。这不仅推动了以自动驾驶、智能网联整车集成和智能网联云控平台为代表的汽车智能网联集成为产品的标杆企业,还促进了配套技术和关键部件的发展,与省内其他拥有整车优势的区域形成了具有核心竞争力和特色优势的智能网联汽车产业集群。

2022年初以来,合肥高新区在新兴汽车产业发展中取得了不俗的成效,累计签约新能源和智能网联汽车产业相关项目20余个,拟总投资额近200亿元,重点在谈项目50余个,拟投资总额逾500亿元。《合肥市"十四五"新能源汽车产业发展规划》指出,未来合肥高新区重点推进整车产业集群发展壮大,培育发展汽车、电子等配套产业;发挥创新优势,加强关键技术攻关。

三、优化国资退出机制,实现国资增值保值

合肥高新区在产业投资的过程中,由于产业市场环境和资本市场环境的变化,会遇到多种因素的影响,其中大多数因素难以被有效察觉和识别;同时,政府产业基金中还存在着政府产业引导的非营利性与被吸引的社会资本追求利益最大化的矛盾,所以国有资本投资必须具备完善的后续处理措施与退出机制,才能确保国有资本的增值保值。

合肥高新区产业基金的退出采用了市场化与非市场化相结合的模式,主要包括股权转让、并购退出、IPO退出、S基金退出等方式。其中非市场化部分的基金,合肥高新区会在前期投资时给予企业一部分回购权限,在项目成熟时便可回购股权,这不仅保障了初始团队能够在未来掌握企业控制权,保证了创始团队的利益、股权分配能力,还实现了政府产业基金安全退出。在市场化退出方面,大部分采取IPO的方式退出(表28-2),IPO退出不仅可以保持企业的独立性,还可以使企业市值突飞猛进,从而使国有资本盈利。此外,合肥高新区还坚持基金退出的事前商议,实现了基金的滚动投资。合肥高新区产业基金在投资之前就会商量好退出机制,并在投资协议中对转让方式、转让条件、转让价值、转让对象等进行约定。收回投资之后,将所得资金再次投出,实现滚动投资,进一步放大政府引导基金发展战略性新兴产业的功能。最后,合肥引导基金也设置了相应的容错机制。合肥高新区出台一系列基金管理办法,对基金亏损超过一定比例该如何进行容错,制定了详细的措施与解决方案,形成了"引进团队—国资引领—项目落地—股权退出—循环发展"的国有资本运作模式。

表 28-2　2020—2023 年合肥高投 IPO 退出项目

IPO 项目	业　务	交 易 所	当前市值	上市时间
路歌	全链数字货运服务	香港证券交易所主板	28.44 亿港元	2023 年 3 月
壹石通	无机非金属材料研发	上海证券交易所科创板	3.96 亿元	2021 年 8 月
富春染织	筒子纱线制造	上海证券交易所主板	23.92 亿元	2021 年 5 月
芯碁微装	半导体制造	上海证券交易所科创板	97.36 亿元	2021 年 4 月
会通新材	改性材料研发	上海证券交易所科创板	48.45 亿元	2020 年 11 月

数据来源：清科私募通。

合肥高投通过基金直投的方式在企业上市前便投资于企业，并且在企业 IPO 后成功撤资退出，取得了良好的收益。其中路歌与芯碁微装是最具有代表性的企业。

路歌成立于 2010 年，是国内的全链路数字货运服务商，致力于通过创新的技术应用和服务模式打造良性货运生态圈。在 2015 年 A 轮融资以来经过数轮融资，最终在 2023 年 3 月得到合肥高新建设投资集团与兴泰控股作为基石投资人投资，在港股上市，被称为港交所"数字货运第一股"。

芯碁微装是一家成立于 2015 年的国家级专精特新小巨人企业，从事以微纳直写光刻为技术核心的直接成像设备及直写光刻设备的研发和生产，其获得合肥高新区瞪羚企业、深科技企业等资质。在 2016 年 A 轮融资以来，芯碁微装成功于 2021 年登陆上交所科创板上市，募资 4.16 亿元，是合肥高投 IPO 项目中市值最大的企业。

第四节　合肥高新区国资引领产业发展的经验及展望

一、合肥高新区国资引领产业投资发展的经验启示

合肥高新区聚焦战略性新兴产业发展目标，发挥国有资本引领带动作用，撬动社会资本投资，推动项目落地与科技成果转化，获取收益回报，实现了产业蓬勃发展与国有资本增值保值的双赢。合肥高新区的成功对其他高新区有重要的借鉴意义，总结下来，共有如下 4 点经验与启示。

（一）产业投资需明确地方产业发展方向

确定当地产业发展的方向，找准产业链的关键环节、持续投入是产业投资发展初期关键的一步。早期合肥的家电产业和汽车产业极具优势，是名副其实的"工业大市"，借助合肥扎实的基础工业禀赋，合肥高新区瞄准了量子信息、生物医药、光伏新能源等产业发力。积极引进各领域的头部企业，同时利用政策和国有资本去培育自主企业，孵化出阳光电源、科大讯飞、芯碁微装等一批上市企业，打造了中国声谷、量子中心的高新区名片。

（二）国有资本运作需强化市场主导思维

传统的政府母基金模式下，政府通过参股子基金，把国有资金交由机构或者团队运作，本身不直接进行项目操作。这种方式远离市场，导致"委托代理"问题的产生，即国有资金委

托出去的是机会与收益,留下了风险;机构与团队代理的是国有资金的商业运营,推掉了责任。合肥高新区国有资本优化了传统的母基金模式,一方面,合肥高新区政府运用国资对项目与企业进行直接投资;另一方面,成立政府专办的诸如合肥高新集团与合肥高投等国有投资平台去运作基金。这样直接使政府成为市场参与者,既避免了远离市场导致的过度操纵行为,又达到了引领产业投资发展的目标。

(三)政府产业投资需构建专业投资人才体系

只有专业的人才才能精准把握当地产业的发展方向,确定有价值的投资企业与项目。合肥高新区之所以能引领产业投资的发展,其根基是培养本土招商投资团队、建立本土投融资平台,构建起完整的人才体系。另外,合肥高新区聘请外部企业家作为招商顾问,帮助政府团队发展产业,研究趋势;引进高校与研究院内的教授和学者,鼓励建言献策,帮助优化政府的决策,提高产业投资效率。

(四)政府产业基金运作需要重视效益

传统观点认为,政府产业基金都是以产业发展为长远目标而设立,并不会追求短期的投资收益,但国有资本以基金的方式进入市场后,它与社会资本的共同诉求是相同的,即讲求投资效率与收益。所以,只有这样才符合市场运营规律,让国有资本引领社会资本进行产业投资。否则,如果政府产业基金不讲求效率与收益,就难以引领社会资本投资,难以实现市场化的运营机制,最终导致国有资本的浪费。

二、合肥高新区国资引领产业投资发展的前景展望

根据《合肥高新技术产业开发区国民经济和社会发展第十四个五年规划和2035年远景目标纲要》,"十四五"期间合肥高新区将建设成具有国际影响力的世界一流高科技园区,GDP突破2500亿元。未来合肥高新区将持续优化国有资本运营体系,着力壮大产业基金,发展金融服务,推出REITs等新型金融产品。

合肥高新区将扩大基础设施不动产投资信托基金(REITs)发展。2022年华夏合肥高新REIT上市成功,发售规模15.33亿元,拟认购数269.07亿份,其底层资产为合肥创新产业园一期,原始权益人为合肥高新股份有限公司。正是因为优质的底层资产与权益人,华夏合肥高新REIT才能取得成功。未来合肥高新区将继续深化REITs与产业投资的协调发展。

合肥高新区政府将进一步打造繁荣茂盛的产业"基金丛林",将进一步围绕产业的上下游、企业的供应链提供全方位的基金服务。截至2023年4月,高新区基金总规模超过2500亿元,基金数量超过200支。未来打造的"基金丛林"将进一步完善产业链,同时培育孵化新产业。

合肥高新区将加大金融产品研发力度与贷款发放力度。第一,加大大数据和科技金融的创新力度,推出更多数字化线上金融产品供给。探索投贷联动业务、知识产权证券化,打通科技成果转化"最后一公里"。鼓励金融机构制定针对科创企业的差别信贷政策,运用金融科技手段,开发"弱担保、低成本、高效率"的中长期金融产品;第二,加大"雏鹰贷""瞪羚贷"支持力度,以配套奖励、贷款贴息等方式,支持企业融资发展,从而培育一批具有自主知识产权、技术具备一定先进性、未来发展潜力大的雏鹰、瞪羚企业,制定"雏鹰—瞪羚培育—瞪羚—潜在独角兽—独角兽—平台型龙头企业"企业培养计划。

合肥高新区将继续优化国有资金运用绩效评价,建立专家评审机制。合肥市国资委发

布的《合肥市产业投资引导基金管理办法》对基金监管与评审做出明确规定:负责基金管理机构每月向市国资委提交关于引导基金的投资运营和资金使用状况的报告,并将这些信息抄送给相关的管理部门。在进行引导基金的监管决策时,市国资委建立了专家评审机制。评审委员由产业专家以及投资、管理、财务和法律等领域的专家组成。市国资主管部门根据评审结果,结合企业实际情况,决定是否批准设立或备案设立引导基金。评审委员会负责对基金的直接投资计划、后续投资计划以及较大规模的基金组建计划进行尽职评估,并向市国资委提交评审意见。

第二十九章　武汉东湖高新区：科技企业孵化器建设案例分析

本章介绍武汉东湖高新区科技企业孵化器建设的总体情况并总结经验。新时代背景下,科技创新已经成为我国迈向科技强国和实现科技自主自强的核心动力,同时也成为推动经济高质量发展和现代化建设的重要保障。科技企业孵化器作为支持科技创新的关键载体,在加速科技成果转化、产业结构升级、科技企业和人才培养等多个方面都扮演着重要的角色。本章全面介绍武汉东湖高新区科技企业孵化器的建设动因、举措以及成效,进而总结出武汉东湖高新区科技企业孵化器建设经验,以期为后发高新区科技企业孵化器建设提供相关经验借鉴。

第一节　武汉东湖高新区科技企业孵化器建设案例介绍

一、建设历程与特点

东湖高新区是我国科技企业孵化器的发祥地。1987年6月,东湖高新区见证了我国首家科技企业孵化器——东湖新技术创业中心的成立。30多年来,东湖高新区积极推动科技企业孵化器建设工作,取得了一系列里程碑式的成就:全国首个科技企业孵化器的设立、首份针对孵化器发展的政策文件、首条科技创业街、首个走出国门建设孵化器等。科技企业孵化器已经成为东湖高新区科技工作的特色"名片",其成功经验被广泛复制开来。总体而言,武汉东湖高新区科技企业孵化器建设可以分为以下三个阶段:

（一）起步探索阶段（1987—2000年）

1987年,国家科委颁布《关于进行科技创业服务中心可行性研究的通知》;同年6月,东湖创业者服务中心(现更名为东湖新科技创业中心)在东湖高新区正式挂牌成立,标志着我国首个科技企业孵化器开始正式运营。在这个阶段,国家科委制定了"服务为主、开发为辅"的孵化器发展策略,科技企业孵化器的工作主要围绕项目孵化展开。同时,在这一阶段,我国处在改革开放之初,民营科技企业是一个新兴事物,当时学界对孵化器的理论研究也尚且处于探索阶段,实践经验不足。因此,这一时期,东湖高新区科技企业孵化器主要由政府出资成立,为在孵企业提供无偿性、公益性服务,旨在扶持区域内民营企业的发展壮大,响应中国改革开放的基本国策。在东湖新科技创业中心示范作用的带动下,东湖高新区相继成立了5家由政府投资组建的创业中心,拉开了东湖高新区乃至全国孵化器发展的序幕。

（二）迅猛发展阶段（2000—2014年）

2000年9月,武汉市人民政府颁布《关于加快高新技术创业服务中心建设与发展步伐的通知》,这是全国第一份由地方政府出台的专门针对孵化器发展的政策文件。2002年7月,国家科技部将武汉确立为全国首个孵化器建设试点城市。这一阶段,科技企业孵化器的特殊地位和重要作用开始逐步受到政府和相关部门的关注和重视。东湖高新区也成功把握关键发展机遇,集中出台了一系列政策措施,积极扩张东湖高新区科技企业孵化器数量并引导孵化质量的提升,推动"孵化带"和"孵化基地"的形成和扩大。科技企业孵化器的功能和服务范围也在不断扩展,从最初的仅限于物业管理逐渐拓展到包括融资、咨询、技术支持以及优惠政策在内的多个服务领域。与此同时,东湖高新区率先实践产权式科技企业孵化器(即SBI模式),其通过对孵化器投资结构进行重新设计以实现单个孵化器内投资主体的多元化,从而有效地拓宽了孵化器建设资金的来源渠道,并进一步刺激孵化器规模的扩张。在此期间,科技企业孵化器的数量由最开始的5家激增到25家,国家级科技企业孵化器也增至8家。东湖高新区成为当时全国孵化器规模最大的高新区之一,孵化器场地面积达到300万平方米,在孵企业接近3000家。

(三)高质量发展阶段(2014年至今)

在2014年9月的夏季达沃斯论坛上,李克强总理提出了"大众创业、万众创新"的理念,这为全国科技企业孵化器建设创造了新机遇。自2014年起,东湖高新区的科技企业孵化器数量呈现持续上升趋势,其中专业型科技企业孵化器在这段时间里经历了"井喷式"的增长。科技企业孵化器为了培养特定的高新技术企业和优质产业,采取了专业化的建设策略。东湖高新区利用其独特的"光联万物"的产业特色,集中精力于光电子信息、生物与健康、智能制造以及数字创意这四大关键领域,并成功地创建了一大批专业型科技企业孵化器。近几年来,东湖高新区在创业孵化探索方面大胆先试先行,积极探索科技成果转化的"四级跳"模式,推出"黄金十条"政策,推动高校成果转化"三权改革"。通过顶层设计和各种政策的不断设立和精进,东湖高新区科技企业孵化器不断找准定位,迎合市场经济条件下科技企业的新需求,推动科技企业孵化器向网络化、国际化和多元化方向发展。

二、建设现状

(一)科技企业孵化器进入稳步发展阶段

经过30多年的发展,武汉东湖高新区科技企业孵化器在数量和规模上已经达到了全国领先水平,成为推动高新区科技成果转化和培养科技型中小企业的关键平台,为东湖高新区经济社会高质量发展做出了卓越的贡献。

从孵化器数量上看,截至2021年,东湖高新区已经拥有68家科技企业孵化器,包括24家国家级科技企业孵化器,其占总数的35.3%。这些孵化器涵盖了政府主导型、高校型和企业型三大类,充分满足了主体多元化的需求。从时间演变角度上来看,从2014年到2021年,东湖高新区新增科技企业孵化器24家,国家级科技企业孵化器的占比也在持续扩大,说明科技企业孵化器总体发展质量持续向好(图29-1)。

从孵化器规模上来看,东湖高新区科技企业孵化器使用总面积从2014年的355万平方米增长至2020年的约600万平方米(图29-2),增长了69%。在孵企业数量从2014年的460个增长至2020年的6350个,增长了近14倍,年均新增在孵企业981家。科技企业孵化器已然成为东湖高新区中小型企业成长和壮大的摇篮。截至2020年,科技企业孵化器已累计毕业企业2967家,其中包括凯迪电气、楚天激光等一批知名上市科技企业,这些企业有力带动了东湖高新区战略性新兴产业的迅猛发展,为高新区经济高质量发展提供了源源不断的动力。

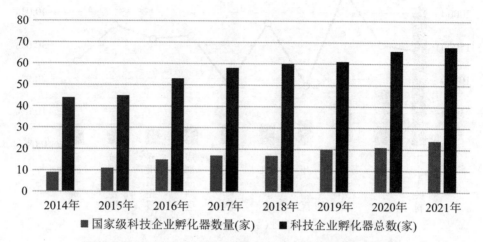

图 29-1　2014—2020 年东湖高新区科技企业孵化器数量统计

数据来源:武汉东湖新技术开发区政务网(http://www.wehdz.gov.cn)。

图 29-2　2014—2020 年东湖高新区科技企业孵化器使用总面积和在孵企业数量统计

数据来源:武汉东湖新技术开发区政务网(http://www.wehdz.gov.cn)。

(二)孵化摇篮效应进一步显现

东湖高新区科技企业孵化器成功孵化了一批高质量高新技术企业,其数量呈现出持续快速增长的良好态势。截至 2020 年,东湖高新区高新技术企业数量已经增长至 3146 家,位居全国高新区第五位,中部地区第一位;相较于 2019 年,东湖高新区高新技术企业数量增长了 36.8%,高于全国高新技术企业数量平均增长率 12.8 个百分点,说明其科技企业孵化器孵化效率高,"造血"能力强。依托科技企业孵化器这一摇篮,东湖高新区成功培育了一批科技含量高、发展潜力大的高新技术企业,科技企业孵化器成为推动东湖高新区创新发展的强劲动力。

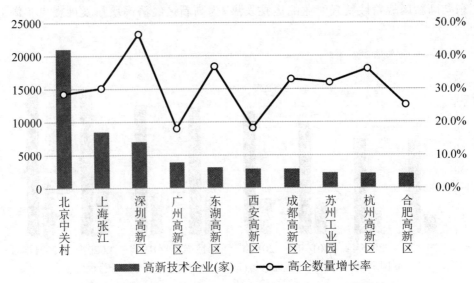

图 29-3　2020 年十家世界一流高新区高新技术企业数量对比

数据来源：武汉东湖新技术开发区政务网（http://www.wehdz.gov.cn）。

总体而言，东湖高新区科技企业孵化器总体规模位于全国的前列，孵化器主体种类完备，产生了一定的产业集聚和人才培养效应。从短期来看，东湖高新区科技企业孵化器将保持稳定发展的良好态势，继续助力初创企业成长，培育大批优秀企业家，提升科技成果转化率。从长期来看，东湖高新区产业结构的调整、高新技术产业的集群以及经济、社会、创业文化的提升都将得益于科技企业孵化器的发展。

三、武汉东湖高新区推动科技企业孵化器建设的举措

（一）人才方面

人才是创新创业活动的关键资源。科技企业孵化器要实现高质量发展，其中关键核心竞争力之一就是在孵企业的人才资源。基于此，东湖高新区在深入推动实施"新九条""黄金十条"和"创业十条"等相关政策的同时，发布了《武汉东湖高新技术开发区"3551 光谷人才计划"暂行办法》。这些举措为科技企业孵化器和在孵企业提供了较为全面的人才支持政策，其主要涵盖以下几个方面的扶持政策：① 岗位培训。为满足不同行业领域专业技术人才队伍建设的需要，高新区开展多种形式的职业培训工作。通过分阶段、分批次、多途径和多样化的培训方法，确保所有参与科技企业孵化活动的员工都能顺利完成岗位职责培训和考核，实现持证上岗。② 创业指导。通过培育一批专业创业指导教师，为在孵企业提供其所需的创业指导。同时，也鼓励一批具有丰富经验和创业资源的企业家、天使投资者以及专家学者担任创业导师或组成辅导团队。③ 资金补助。针对在孵企业中的大学生创业先锋，以房租补贴等形式对其进行资助和补贴。

（二）财税政策方面

东湖高新区主要采用资金激励和财政补助等扶持政策来减少科技企业孵化器的建设开销，增加在孵企业的生存概率，从而促进科技企业孵化器与在孵企业共同发展进步。

在资金激励方面，依据《武汉市科技企业孵化器和众创空间管理办法》，东湖高新区制定

了针对科技企业孵化器的考核评估细则,其从综合服务、专业服务、投融资服务、孵化绩效、可持续发展能力等多个方面对科技企业孵化器运行状况进行定量评价,并根据考核的等级,对评价为优秀等级的孵化器给予相应的资金补助。东湖高新区对科技企业孵化器进行的绩效考核在一定程度上引入了市场机制,对孵化器的高质量发展起到了推动和监督的作用。

在财政补贴方面,东湖高新区以支持科技企业孵化器稳健发展和解决在孵企业资金短缺问题为目标,制定了一系列的财政扶持政策来帮助初创企业克服早期融资纾困,并通过青年大学生为主的普通人群进行创业扶持,实现普通劳动者的高质量创新创业。其主要涵盖两个方面举措:① 资金补助。这些补助资金涵盖了孵化器建设的多个领域,包括产业孵化器建设资助、高等院校人才创业资助、退伍军人创业资助、科技创新成果资助、在孵项目高新技术企业认定资助等。② 发展专项资金。政府财政每年都会为选择留在武汉创业的大学毕业生提供 1000 万元的专项资金。设置专项资金的主要目的是激励和支持这些毕业生开展创新创业活动,主要运用于扶持创业孵化基地、资助创业项目以及组织创业比赛和推广创业成功案例等各类活动。

(三) 市场培育方面

东湖高新区在市场培育上主要采取了两大核心举措:① 构建有利于孵化器发展的生态环境。通过丰富孵化框架、扩展孵化体系,从而构建集技术、产业和服务于一体的生态环境,有助于打通孵化链上下游承接并实现产业转移。例如,现行的"专业孵化+创业导师+天使投资"的孵化模式,"众创空间—孵化器—加速器—专业园"的孵化体系、"初创企业—瞪羚企业—独角兽企业—新兴产业"的孵化路径;② 推动新产品、新技术在市场上的普及。最具代表性的例子是一系列为加速区块链技术与产业创新发展的孵化平台和产业整合的政策,包括开展一系列"区块链赋能"行动,以拓展区块链技术在各个领域的应用。与此同时,支持建设面向中小企业创新创业的区块链孵化平台,推动申报市级、省级、国家级孵化器。总体而言,武汉东湖高新区在市场培育上兼顾横向和纵向两个方向,旨在促进科技企业孵化器公共服务的全面覆盖。横向上通过消除孵化器与其他科技创新服务平台之间的壁垒,为科技企业提供了更广泛的公共服务。纵向上通过深入探索孵化器与上下游资源之间的连接,为孵化企业提供了从初创到毕业的一站式服务,这些举措极大地保障了科技型初创企业的稳步成长和发展。

第二节 武汉东湖高新区推动科技企业孵化器建设的动因分析

一、主观因素分析

(一) 科技自立自强成为国家发展的战略支撑

自"十三五"以来,党中央对科技创新进行了科学的规划,全面执行了创新驱动发展策略,并设定了在 2035 年跻身创新型国家前列的战略发展目标。在"十四五"期间,我国开启全面建设社会主义现代化国家、实现中华民族伟大复兴的新征程,在强化科技创新、供给更多高水平科技创新成果、突破高质量发展瓶颈、塑造发展新优势等方面提出了更加紧迫的需求。

为完成这一历史性的使命,高新区政府需要依靠科技进步来推动经济社会持续健康发展。党的十九届五中全会,强调了创新在我国现代化进程中的核心地位,并将实现科技自立自强作为国家发展的重要战略支撑。而作为培养科技公司和企业家精神的服务平台,科技企业孵化器肩负着将科技成果转化为实际应用的重大责任。推动科技企业孵化器的建设有助于营造有益于创新创业的大环境,掀起科技创新创业的新高潮,从而促使我国经济发展方式高效转变、加快实现科技自立自强。在此背景下,推动科技企业孵化器建设、利用科技企业孵化器服务高新技术产业功能成为东湖高新区推动区域创新发展、肩负服务高水平科技自立自强时代重任的必然选择。

(二)中小型企业成为推动经济高质量发展的重要动力

中小型企业不仅是我国国民经济和社会进步的核心力量,也构成了我国经济韧性、就业韧性的关键支柱。近年来,我国中小企业在技术创新方面取得长足进展,成为推动经济高质量发展的重要动力。当前,我国经济社会面临复杂严峻的外部环境,要加快实施国家战略布局,必须进一步深化供给侧结构性改革,为中小企业提供更多的机遇与支持。《"十四五"促进中小企业发展规划》也明确指出,到2025年要实现中小企业整体发展质量的稳步提高;推动形成一百万家创新型中小企业、十万家"专精特新"中小企业、一万家专精特新"小巨人"企业。

然而,科技型中小企业的成长与壮大受到初创企业较低存活率的制约,这些年轻科技型中小企业的倒闭,一方面由于受到市场结构、行业进入政策、规模经济等壁垒的制约,另一方面中小企业本身的融资约束、人才匮乏等难题也束缚其高效、迅速地从市场获取资源,从而阻碍其发展。科技企业孵化器能够将民营中小科技企业与高校院所进行搭桥,协助企业获得其所需的各类资源,推动企业与科研院所的深度融合、相互嵌入式发展,从而帮助企业突破资源纾困和发展困境。科技企业孵化器通过为中小型高新技术创业公司提供必要的基础设施、办公场所和金融支持,不仅有助于显著降低初创企业的运营开销,还能有效地提升其生存概率。此外,通过为科技型中小企业科技成果转化提供有利的环境条件和帮扶指导,有助于简化科技企业的创业流程,提高创新创业效率。基于此,推动科技企业孵化器建设、激励孵化器向科技型中小企业提供孵化服务成为东湖高新区推动中小企业发展,助力经济高质量发展的必然选择。

(三)优化经济结构的需要

2001年7月,武汉东湖高新区获得原国家计委的正式批准,允许其建立国家光电子产业基地,即"中国光谷"。这样标志着东湖高新区发展从此进入"重点突破、跨越发展"的新阶段,有着集中力量发展光电子产业的迫切需要。而科技企业孵化器具有促进专业化,实现规模经济的功能。因此,科技企业孵化器可以作为一个有力的政策工具,帮助政府驱动高新区科技产业发展、增强其科技创新能力并对特定产业进行扶持以实现产业结构的升级和转型。基于此,推动专业型科技企业孵化器建设、发挥孵化器对特定产业的扶持作用成为东湖高新区满足其优化经济结构、布局高精尖现代产业的必然选择。

二、客观因素分析

(一)创新资源集聚

东湖高新区独特的科教优势为其发展科技企业孵化器提供了有利条件,而这些科教优势有着转化为产业优势的迫切需求。东湖高新区是全国第二大科教资源集中区,这里汇集了56个国家级和省部级的科研机构、58位两院院士、42所高等院校以及100多万在校大学生。目前已形成了包括电子信息、生物医药、新材料、新能源等在内的八大支柱产业集群和一批高新技术企业,布局或建成了具有一定国际竞争力的科技研发与转化基地。科技部发布的高新区评价结果显示,东湖高新区的综合实力位居全国第三位,仅落后于北京中关村科技园区和深圳高新区;技术创新能力位居全国第二位,仅落后于北京中关村科技园区。东湖高新区良好的区位环境、丰富的人才资源和技术平台等社会资源为科技企业孵化器的蓬勃发展提供了便利。同时,有效整合各类优势资源是科技企业孵化器最重要的功能之一,持续推动科技企业孵化器的建设能够进一步促进东湖高新区的创新创业发展,推进科技成果转化,加速培育战略性新兴产业,并加快将东湖高新区建设成一个具备国际竞争力的高新技术园区。

(二)科技创新成果不断涌现

科技企业孵化器的主要功能是将科技创新成果产业化,而东湖高新区依托其独特的科教优势,催生了一大批科技创新成果,这些成果亟须利用科技企业孵化器实现商业化和产业化。东湖高新区已经成为全省的"智力之谷"和"创新之谷",科技创新实力在国内高新区中也居于领先水平。东湖高新区在多年的发展过程中,科技成果不断涌现,科技创新能力也在持续增强。东湖高新区的科技企业在获得国家级和省级的科学技术奖励数量上领先全省,并且积极地参与了多个国际、国家和行业标准的制定和修订工作。另外,东湖高新区每年专利申请数量占湖北省的比重超过四分之一。而这些科技创新结果亟须进行产业化、商业化,以创造经济和社会价值,从而壮大经济发展新动能。而科技企业孵化器作为连接研发和产业化的重要桥梁,一方面能够满足科研院所、高校等科研工作者的创业需求,另一方面也能加速科技成果转化和应用,从而进一步促进东湖高新区的创新创业发展。

第三节 武汉东湖高新区科技企业孵化器建设的成效

一、创新高地建设方面

(一)加速科技成果转化

科技企业孵化器在推动科技成果转化为实际生产力和增强企业的自主创新能力方面起到了至关重要的平台作用。东湖高新区一直持续完善"众创空间—孵化器—加速器—专业园"的全链条孵化体系,助力打造孵化"初创企业—瞪羚企业—独角兽企业—新兴产业"的摇篮,推动建设区、高校院所、中介机构"三位一体"的科技成果转化新格局体系。与此同时,在东湖高新区管委会的推动和引导下,科技企业孵化器通过与高校、科研院所以及科技企业进行深度交流合作,持续推进科研成果产业化和院所企业化的进程,逐步形成了环高校院所创新经济带并进一步释放科研院所的科技创新潜能。近年来,东湖高新区积极组建科技成果转化局,建立了中国工程院院士专家成果展示与转化中心,获批国家科技成果转化示范区,并持续加强以产业技术研究院、技术转移中心和技术转移公共服务平台为核心的技术转移服务体系建设。2020年,东湖高新区成功举办了10场科技成果转化对接活动,签署落地80个项目,办理1.3万项技术合同的认定和登记,相较前一年增长8.8%;技术合同的总成交金额高达388.9亿元,比上年增长17.7%,单一技术合同的平均成交金额达296.1万元,同比增长8.2%;累计申请各类专利合同4.7万项,专利授权2.5万项,占武汉市总量的70%,东湖高新区已然成为全市创新创业和科技成果转化的高地(图29-4)。

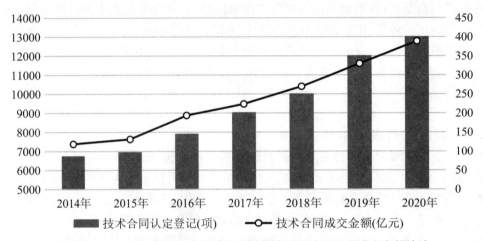

图29-4　2014——2020年东湖高新区技术合同认定登记及成交金额统计

数据来源:武汉东湖新技术开发区政务网(http://www.wehdz.gov.cn)。

(二)助力营造良好的创新创业氛围

科技企业孵化器的壮大对培育高新区自主创新能力具有强烈的溢出效应。在孵化器中的初创企业之间,彼此既是竞争对手又是合作伙伴,这种环境有利于创业精神、竞争精神和合作精神的培养。东湖高新区孵化器的成功实践和持续发展,在为创新创业营造一个积极的社会环境上起到了重要作用。在30余载的积淀中,东湖高新区诞生了"敢于冒险、崇尚成功、鼓励创新、宽容失败"的创新文化,树立了推崇创新创业、支持创新创业的社会氛围。科技企业孵化器不仅推动了人们在创业、就业、市场、风险和合作精神方面的观念转变和成熟,这无疑与社会主义核心价值观是一致的。

(三)成为科技国际合作的重要窗口

科技企业孵化器逐步成为东湖高新区科技国际合作的重要窗口。在科技部国际合作司的委托之下,武汉东湖新技术创业中心多次组织国际研讨会,并吸引了包括来自俄罗斯、波兰、捷克、印度、泰国、南非、巴西等30多个国家的上百名官员和专家参与。而每年在武汉留学生创业园举行的"中国武汉华人华侨创业洽谈会",在吸纳回国留学的创业者、启动新的创业计划以及筹措创业所需资金上都发挥了至关重要的作用。除此之外,东湖高新区还组织科技企业孵化器的相关人员前往北美、德国、韩国等地进行实地考察和交流学习,从而进一步促进了东湖高新区在科技企业孵化器建设上实现与全球共商、共建、共享。科技企业孵化器为东湖高新区与发展中国家在技术、产业、产品和成果转化等多个领域的合作与交流搭建了桥梁,为国内外人才和智力的融合交流创造了一个有利的环境。

二、产业高地建设方面

科技企业孵化器已经成为东湖高新区推动战略性新兴产业集群发展的关键驱动力。围绕重点产业和特色产业,东湖高新区积极推动专业型科技企业孵化器建设。截至2020年底,光电子、生物医药、新材料等专业型孵化器已达30余家,占园区科技企业孵化器总数的45.6%。凭借更具专业化的服务和资源整合能力,专业型科技企业孵化器面向细分产业领域,其孵化效率更高、发展韧性更好,还带动了孵化器内相关联的初创企业形成集聚效应,从而加速推动高新区产业集群的发展。

依托科技企业孵化器建设,东湖高新区不仅培育了众多骨干科技企业和高新技术企业,还形成了一批瞄准中高端产业价值链、拥有独立知识产权和强大核心竞争力的战略性新兴产业集群。例如,以三工激光、楚天激光和团结激光为龙头,汇聚了大量配套的上下游企业的高端激光装备产业集群;以立得空间、利德测控、国测科技等龙头企业为核心,集合了数百家关联企业的地球空间信息产业集群。现阶段,园区正在以一批优秀毕业企业为领军,逐步构建起光电子信息产业集群和生命健康集群两大万亿级的产业集群,使之成为高新区经济新的增长点,以进一步推动东湖高新区产业结构的高级化转型。截至2020年,东湖高新区的光电子信息产业已经实现了5585亿元的收入,这一数字占到了高新区总收入的45.02%;生物产业的收入达到1115亿元,占总收入的8.99%;环保节能产业收入达到1225亿元,占总收入的9.88%;高端装备制造业的收入达到1363亿元,占总收入的10.99%(图29-5)。

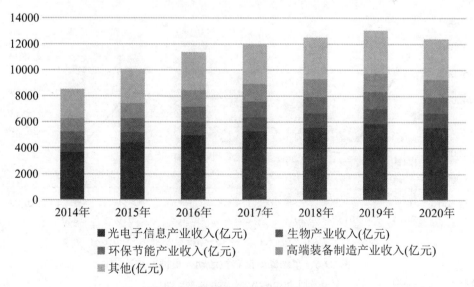

图 29-5 东湖高新区产业结构统计

数据来源:武汉东湖新技术开发区政务网(http://www.wehdz.gov.cn)。

总体而言,东湖高新区依托科技企业孵化器形成了一大批具有强大竞争能力,拥有自主知识产权的新兴高新产业,打造了战略性新兴产业和创新创业的"热带雨林",这些战略性新兴产业集群极大地推动着高新区经济、科技发展，助力东湖高新区打造成具有全国影响力的产业创新高地。

三、人才高地建设方面

东湖高新区科技企业孵化器成功培育了一大批创业企业和创业人才。截至2020年，东湖高新区的各大科技企业孵化器已经培育出2967家科技企业，特别是东湖新技术创业中心，在过去的30多年中成功孵化了超过1000家科技公司，培育出凯迪电力、凡谷电子、高德红外、华工科技等一批本土战略性新兴企业。而这些创业企业逐步成长的过程，也是吸引、培育与锤炼人才的过程。随着科技企业的大量增加，东湖高新区内人才数量呈现井喷之势，人才质量也不断提升。同时，借助科技企业孵化器这一"温床"，成功吸引并聚集了一群在科技、管理、市场和金融领域都有深入了解的复合型人才，这些人才为东湖高新区的创新发展注入了新动力。东湖高新区内的人才智力密集度远高于全国高新区平均水平。截至2020年底，东湖高新区拥有科技活动人员15.34万人，占年末总体从业人员的25.37%，汇聚了诺贝尔奖得主4名、中外院士66名，国家重点联系专家79名，省级重点联系专家216名，"3551光谷人才计划"专家2271名。

总体而言，人才优势是高新区创新发展的关键优势，也是经济高质量发展的重要支撑。利用人才链来支撑整个产业链，从而形成人才优势、创新优势，这是实现跨越式发展的关键策略。东湖高新区科技企业孵化器致力于推动创业企业的成长，使得各大高校与科研机构的专业人才参与到高新技术产业的主战场，实现了人才资源合理配置，为高新区经济高质量发展注入人才活水，从而有力地推动了东湖高新区新时代人才活力园区建设（图29-6）。

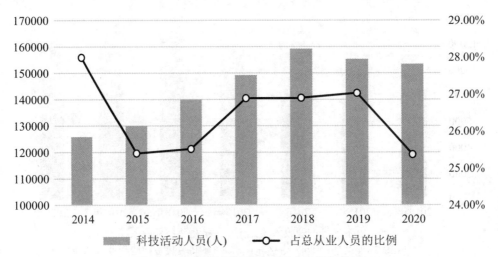

图29-6 东湖高新区科技活动人员情况统计

数据来源：武汉东湖新技术开发区政务网（http://www.wehdz.gov.cn）。

第四节 武汉东湖高新区科技企业孵化器的经验借鉴及展望

一、武汉东湖高新区科技企业孵化器建设经验总结

东湖高新区科技企业孵化器建设注重各种创新资源和要素的集聚,积极探索创业孵化新模式、新方法,为在孵企业和科技企业孵化器提供良好的生态环境,科技企业孵化器建设工作走在全国前列,其诸多经验和做法值得借鉴。

(一)明晰政府与市场边界,调动市场主体参与孵化器建设

高新区政府有责任积极引导科技企业孵化器走企业化发展的路径,实现投资和管理模式的多元化,逐步摆脱在孵化器建设初期政府作为经营实体的角色定位,从而更有效地激活科技企业孵化器的市场活性和内在驱动力。在具体举措方面,可以考虑以下三点。一是依靠市场力量来组建科技企业孵化器。将孵化平台的资金注入、硬件设施的搭建以及企业的孵化等多个步骤流程交由相关企业承担。政府不直接介入孵化器的管理运营工作,而是根据企业的经营情况,在恰当的时机为企业提供场地租金和设备上的补贴,并为项目投资设置恰当的绩效奖励机制。二是针对科技企业的创业活动,鼓励投资机构或成功的创业者建立科技企业孵化器,为创业者提供服务。由创业服务公司自主负责项目筛选,在前期提供创业指导和发展路径规划,在中期进行种子投资,以加速项目孵化。三是鼓励孵化器积极开展国际合作,引入国际资本新动能,并为在全球创新尖峰区域建立分支机构提供一定的资金补助。

(二)推行"一孵多园"式集群,壮大科技企业孵化器的规模和实力

在稳定发展现有科技企业孵化器技术的基础上,鼓励条件成熟的国家级、省级、市级的科技企业孵化器创建各具特色的孵化集群园区,积极推动孵化器专业化建设的进程。其次,在建设新型孵化园区的过程中,必须确保其与高新区的主要或支柱产业紧密结合,依托科技企业孵化器推动高新区主要和核心产业的发展和成熟,实现孵化集群和产业集群的结合。最后,充分整合各类社会资源并最大化地发挥孵化器在组织和管理上的优势,采用集中指导、分级管理、市场运作和团队合作的方式,构建一个逻辑清晰、链条通畅的孵化产业链,将科技企业孵化器真正做大做强,并持续向产业园区输送毕业企业,为高新区高新技术产业的持续发展提供源源不断的动力。

(三)建立政产学研协调合作机制

政产学研之间的互动协作有助于科技企业孵化器更高效地整合和共享资金、技术和人才等资源;通过对这些资源的整合,可以显著提高科技企业孵化器的整体孵化效能。高新区政府主要可以采取以下两点举措来推动政产学研合作。一是积极引导科技企业孵化器与各大高等院校、科研机构等创新源头的深入协作,构建高效的技术转移通道,为在孵企业提供包括合作开发和技术交易在内的多方面服务,以实现技术转移和产学研合作的双赢局面。二是充分利用高新区内丰富的科教智力资源并结合高校资源对外开放,将高校资源平台上的高科技硬件设施和科技服务引入孵化器,例如通过与高校实验室和检测技术服务的合作,

来降低在孵企业在科技创新方面的成本。

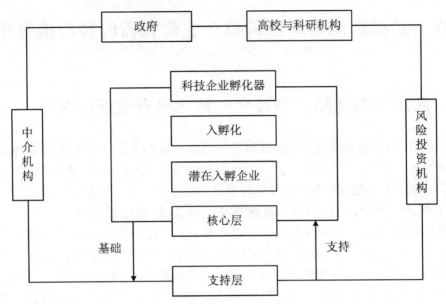

图 29-7 科技企业孵化器政产学研合作结构图

（四）打造"双创"品牌活动，营造浓厚双创氛围

依托现有的科技企业孵化器等平台，最大限度地发挥双创活动的独特优势，制定一系列创业支持计划，具体举措可以考虑以下三点。一是积极推行"科技企业孵化器进校园行动"，向高校大学生普及孵化器的服务内容和入孵流程，宣传扶持创新创业的相关政策，从而激励大学毕业生留在园区创业、就业，同时吸引创业人才和创新项目向科技企业孵化器聚集。二是举办"创客汇"系列活动，为优秀创业者提供一个与知名企业家、投资者及其创业服务平台进行交流和交易的平台。这些系列活动以创业者和投资者为中心，以项目融资路演为首要内容，旨在提供一个集项目、投资、人才、场地和市场多位一体的综合链接平台，其有助于培养"大众创业、万众创新"的社会氛围。三是加快互联网平台建设，在网上开展系列科技企业孵化器宣讲活动，试点远程创业辅导，从而推动创新创业的全方位发展。

二、武汉东湖高新区科技企业孵化器发展展望

武汉东湖高新区科技企业孵化器在近30多年的发展过程中，不断完善对"双创"孵化载体的支持政策，助力完善科技企业的功能，提升创新创业全链条服务质量和效能，推动打造专业化、品牌化科技企业孵化器体系并取得了令世人瞩目的成绩。

"十四五"期间，作为国家"双创"工作重要抓手的科技企业孵化器将迎来新一轮扩容，这有利于东湖高新区持续集聚各类要素资源，提供物理空间、共享设施和专业化服务，以创业带动就业，继续激发东湖高新区创新创业活力。东湖高新区也将紧紧围绕武汉建设国家中心城市、国家创新城市的目标，继续推进科技企业孵化器建设，加快建设"国之重器"平台载体，加快完善创新制度软环境，强化重大科技基础设施建设和高端创新要素集聚，从而攻克一批"卡脖子"关键核心技术，努力形成一批基础性、源头性、体系性、累积性和衍生性创新成果，打造全球创新网络关键节点，确保实现2030年全面打造"世界光谷"，成为具有较强全球

影响力的创新创业中心。

东湖高新区也将继续依托科技企业孵化器的产业聚集效应,努力推进创新链、产业链、人才链、资金链和价值链的深度融合,全面推动产业基础的高级化和产业链的现代化转型,将光电子信息产业发展成为世界级的产业集群。在此基础上,武汉东湖高新区提前规划新一代信息技术、生物健康和智能制造等战略性新兴产业建设,前瞻性布局一批未来产业,全方位提升东湖高新区对国家高端产业发展的支撑和带动能力,力争将东湖高新区建设成国家高精尖产业的汇聚地。

第三十章　中国高新区投资适用指引

第一节　投资适用指引概述

一、本投资指引的分类方法

本投资指引选取国家级高新区作为对象，以我国的地区划分为基础，将截至2023年6月30日的178家国家级高新区从区域上划分为华北地区高新区、华东地区高新区等7大类。在每一个区域的国家级高新区中，本投资指引将挑选出其中颇具代表性、产业特色较为显著、综合经济实力较强的高新区展开具体介绍。

本投资指引将着重介绍各国家级高新区的主导产业、优势产业链、特色产业集群，并分析其未来规划及政策导向。此外，本投资指引将从高新区的创新发展角度介绍其具有的投资优势与未来发展前景。最后，参照2023年上半年的市场价格情况，给出部分高新区的投资标准及投资成本以供读者参考。

二、高新区投资指引的政策总览

(一)发展现状

国家高新技术产业开发区自1988年创办至今，开创了一条具有中国特色社会主义的高新技术发展道路，已然成为我国创新发展的重要引擎。截至2023年6月30日，国家级高新区总数达178家，其中，华东地区数量最多，达到65家；华中地区30家位列第二；其他区域分布情况为西南地区19家、华南地区19家、西北地区17家、东北地区16家、华北地区12家。

(二)总体布局

在"十四五"期间，我国将进一步优化国家级高新区布局，强化示范的辐射作用，保持各地区之间的协调性发展和可持续发展。国家会将符合标准且具有发展优势、独具特色的省级高新区升级为国家级高新区，以此来促进其未来的发展。到2025年，国家级高新区的数量预计达到220家左右，实现国家级高新区在东部地区大部分地级市和中西部地区重要地级市的基本覆盖。

(三)产业发展的未来规划

1. 着力发展特色主导产业

落实各高新区根据自身的资源禀赋和产业优势，因地施策、因地制宜，重点发展各自的特色主导产业，优先部署相关的重大产业规划，快速形成聚集效应和高新区品牌特色。园区要充分利用主导产业的领航作用,推动关联产业的协同发展,形成独具产业特色的园区生态。引导高新区内的企业积极运用新技术、新材料、新工艺、新设备,推进园区内人工智能、互联网、大数据、云计算同实体经济融合发展,促进高新区产业向智慧化、高端化、绿色化、协调化方向发展,快速迈向产业链的中高端,提升供应链和价值链的现代化建设水平。

2. 壮大战略性新兴产业

落实国家级高新区对战略性新兴产业的相关布局,布局一批重大项目和新技术的示范工程,推进关键性技术的发展应用,锻造发展战略产业的新引擎。做到高新区以创新链重要技术、产业链重要产品为核心,加速汇聚关键要素,开展跨界融合,完善战略性前沿领域的基础设施,打造世界一流的战略性新兴产业集群。根据国家战略规划,在高新区内重点发展电子信息、新材料、高端装备制造、新能源、生物医药、节能环保、空天技术、海洋装备等产业。

3. 塑造数字经济新优势

落实高新区推动数字经济与实体经济产业深度融合,培育出一批新产业、新经济、新模式。支持园区内部的数字基础设施建设,构建数字技术创新系统,培育一批数字化的智慧工厂,打造一批智能化的工业互联网平台。引导园区积极培育人工智能、区块链、大数据、云计算、工业互联网等新型数字产业,加快打造具有优势的数字经济产业集群。

4. 前瞻布局未来产业

重点聚焦量子信息、类脑智能、未来网络、基因技术、氢能与储能等前沿性科技和产业变革,前瞻布局未来产业。促进各高新区携手重点大学科技园共建未来产业科技园、未来产业技术研究院等,加快创新未来产业的应用场景打造,建设未来产业的创新高地。支持高新区产业跨界融合,开展前沿领域的科技、硬科技创新创业,加速打造若干未来产业。

第二节 各区域高新区投资指引

一、华北地区的高新区投资指引

截至2023年6月30日,华北地区共拥有国家级高新区12家,其中北京1家、天津1家、河北5家、山西2家、内蒙古3家(表30-1)。

表30-1 华北地区的国家级高新区分布

省 份	高新区名称	主 导 行 业
北京	中关村科技园区	电子信息、生物医药、新能源、新材料、高端装备制造
天津	天津滨海高新区	信创产业、新经济服务业、生物医药、新能源、高端装备制造
北京	中关村科技园区	电子信息、生物医药、新能源、新材料、高端装备制造
河北	石家庄高新区	生物医药、新材料、电子信息
河北	保定高新区	新能源、智能电网设备制造

续表

省　份	高新区名称	主　导　行　业
河北	唐山高新区	机器人、高端装备制造、焊接
	燕郊高新区	电子材料、高端装备制造
	承德高新区	装备制造、食品材料、生物医药
山西	太原高新区	光机电一体化、新材料、新能源
	长治高新区	煤化工、装备制造、生物医药
内蒙古	包头稀土高新区	稀土材料及应用、铝铜续及加工
	呼和浩特金山高新区	乳产品、化工
	鄂尔多斯高新区	云计算、生物医药、节能环保

中关村科技园区

（一）高新区概况

提到中国的高新区，中关村一定是第一个被人们想起的。中关村科技园区是中国创办时间最早、整体规模最大、综合经济实力最强的高新区。2022年，中关村科技园区内企业的总收入为8.7万亿元，占到全国178家国家级高新区总收入的六分之一。在科技部对国家级高新区的综合评价中，中关村科技园区常年位居第1名，且保持着绝对优势。总而言之，中关村就是中国高新区的典范，是中国高新区创新发展的标杆。

（二）主导产业

1．产业结构现状

时至今日，中关村形成了以电子信息产业为核心，以先进制造、新能源、新材料、生物医药为支撑的"1＋4"特色产业体系。2021年中关村电子信息产业收入突破4万亿元，其余四大产业收入均突破4000亿元，具体数据如图30-1所示。

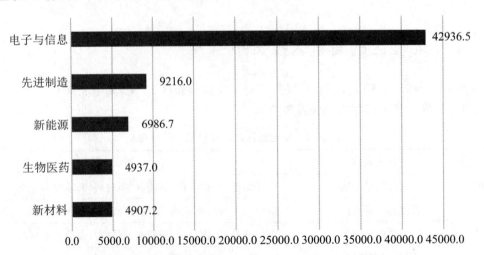

图30-1　中关村2021年5大主导产业收入（亿元）统计

数据来源：https://www.zgcyqz.cn/zjzl/index.jhtml。

中关村科技园区以大数据、云计算、物联网为代表的电子信息产业在全国范围内率先形成产业集群,为该产业的全国龙头。目前建成了中关村软件园、中关村集成电路设计园和其他40余个电子信息产业专业化园区,为全国最多。截至2023年6月30日,中关村内所属电子与信息产业的高新技术企业数量达到16177家,居全国第一位。其中不乏多家行业内的龙头企业,行业生态优势巨大。2021年,中关村科技园区电子信息单个产业实现总营收4.3万亿元,占示范区总收入的50.9%,是中关村科技园区的核心支柱。

2. 未来规划及政策解读

(1) 未来重点产业布局。根据北京市政府于2021年11月29日印发的《"十四五"时期中关村国家自主创新示范区发展建设规划》,"十四五"期间中关村规划构建出"241"高精尖产业体系。

打造新一代信息技术产业、生物技术与健康产业两大核心产业引领发展。推动以人工智能、集成电路为引擎的新一代信息技术产业创新发展,做优做强以创新药品、新型疫苗、高端医疗器械、精准医疗为重点的生物技术与健康产业。

打造先进制造、现代交通、绿色能源与节能环保、新材料四大重点产业。大力培育以机器人、智能装备为核心的先进制造产业;大力培育以智能网联汽车、轨道交通与智能出行为核心的现代交通产业;加快壮大以氢能及燃料电池、能源互联网为代表的绿色能源与节能环保产业;大力发展以第三代半导体材料、石墨烯为代表的新材料产业。

打造以科技创新为特色的现代服务业。重点发展研发服务、创业孵化服务、科技咨询服务等专业科技服务和综合科技服务,大力发展金融科技、文化科技、消费科技、城市科技等新业态、新模式,带动传统产业转型升级。

(2) 未来重点技术布局。根据中关村"十四五"规划,未来中关村内将重点布局的技术领域有:高端通用型芯片、高性能模拟芯片、操作系统、EDA软件、工业通用流程模拟系统、智能传感器、集成电路装备与制造工艺、科学试验用仪器设备、医用设备、高端医疗器械、生物医用材料、高性能先进材料。力求攻克我国的一系列"卡脖子"技术难题,加快实现产业自主可控。

(3) 打造人工智能全国高地。2023年5月30日,北京市政府下发《北京市加快建设具有全球影响力的人工智能创新策源地实施方案(2023—2025年)》。该文件提出到2025年,要将北京市努力打造成具有国际影响力的人工智能创新策源地。文件提出人工智能核心产业规模达到3000亿元、持续保持10%以上增长、辐射产业规模超过1万亿元等具体工作目标。而中关村作为北京市发展人工智能的核心地区,势必将自身的电子信息产业优势充分利用,打造人工智能产业全国高地。

(三) 投资优势

中关村科技资源极为丰富,其中不乏北京大学、清华大学等全国一流学府和中国科学院等一流研究机构。这些科研资源为园区在基础科学理论前沿以及应用科学领域的研究奠定了不可动摇的基础。

除此之外,园区还包含了清华科技园区、北航科技园区等20个大学科技,汇集孵化器企业、留创园、大学科技园、科技企业加速器等多种创业服务机构达170多家。丰富的科技创新产业配套设施助力中关村科技园区成为驱动高质量发展的创新能级。

（四）投资成本

中关村科技园区投资成本参考如表 30-2 所示。

表 30-2　中关村科技园区投资成本参考

水价 9 元/m³	天然气 2.63 元/m³
工业用电成本 0.6 元/度	人力成本≥2320 元/(月·人)
厂房租金 1.0～2.5 元/(m²·天)	厂房售价 5000～12000 元/m²
楼宇租金 3.5～6.0 元/(m²·天)	楼宇售价 42000～120000 元/m²

天津滨海高新区

（一）高新区概况

天津滨海高新区创设于 1988 年，规划面积 135 平方公里。2022 年，天津滨海高新区生产总值为 7233 亿元，同比增长 7.7%，总体经济规模在华北地区仅次于中关村科技园区。建立 30 多年来，天津滨海高新区已经成为天津市创新资源最为充沛、知识产权拥有数量最多、最具经济发展潜力的区域。

（二）主导产业

1. 产业结构

天津滨海高新区现已构建起以信创产业为主要依托，以新经济产业、生物医药产业、新能源产业和高端装备制造产业为辅助的"1+1+3"特色产业结构。

目前，天津滨海高新区创立了"中国信创谷"和"细胞谷"，高新区内集聚了一千家以上信创产业的上下游公司，产业规模超过 800 亿元，初步打造了该产业领域中全国领先的产业链布局。高新区内吸纳了包括中科曙光、麒麟、飞腾、360 等一批高新技术企业，先后引进云账户、今日头条、腾讯等龙头企业。

2. 未来规划及政策解读

（1）大力发展新一代信息技术产业。根据天津市工信部 2021 年 12 月 16 日印发的《天津市新一代信息技术产业发展"十四五"专项规划》，未来天津市将坚持大力发展新一代信息技术产业，到 2025 年，全市电子信息制造业产值力求突破 3000 亿元，年均增速超过 9%；软件和信息技术服务业营业收入力求突破 3500 亿元，年均增速达 10%。到 2025 年，人工智能产业持续做强做大，质量效益全面跻身全国第一梯队。

（2）促进发展新能源产业。2023 年 3 月 17 日，天津新能源产业局印发《天津滨海高新区促进新能源产业高质量发展办法》，提出未来将促进高新区新能源产业高质量发展，进一步引育市场主体和人才、壮大产业规模、引领技术革新，进一步营造高新区新能源产业联合创新、能源耦合互通的良好氛围。

（3）加快发展生物医药产业。2022 年 10 月 20 日，高新区管委会印发《天津滨海高新区关于促进生物医药产业高质量发展的鼓励办法》，该办法提出未来将从生物医药产业的产品研发及产业化、科创企业孵化、平台和机构发展、专业投资机构、行业标准和认证、产业生态营造等 6 方面给予支持，实现生物医药产业全链条发展，力求将天津滨海高新区打造成国际一流、国内领先的生物医药产业基地。

（三）投资优势

1. 人才资源丰富

滨海高新区拥有各类科研院所 96 个，包含南开大学、天津大学等多所一流高校。园区内拥有中高级科技人员超过3万人。根据政策导向,未来将进一步放宽人才引进落户条件,吸纳更多的高端人才落户滨海高新区,为园区的创新提供最根本的活力。

2. 全国最大规模的孵化器群

以天津滨海高新区内的华苑科技园为例,其园区内的孵化器群面积突破50万平方米,孵化成功的企业数量超过1500家,为全国最大规模的孵化器群。成熟的科技企业孵化体系能够帮助新入驻企业快速成长。

(四)投资成本

天津滨海高新区投资成本参考如表30-3所示。

表30-3 天津滨海高新区投资成本参考

水价6.7元/m^3	天然气2.4元/m^3
用电成本0.6元/度	人工成本≥2180元/(月·人)
厂房租金0.5~1.0元/(m^2·天)	厂房售价2500~5000元/m^2
楼宇租金1.0~3.0元/(m^2·天)	楼宇售价5000~20000元/m^2

数据来源:手工整理,截至2023年11月。

二、东北地区的高新区投资指引

东北地区高新区的发展在各区域对比中较为落后,截至2023年6月30日,共有国家级高新区16家,其中辽宁8家、吉林5家、黑龙江3家(表30-4)。

表30-4 东北地区的国家级高新区分布

省 份	高新区名称	主 导 行 业
辽宁	沈阳高新区	信息技术、智能制造、生物医药
	大连高新区	数字技术
	鞍山高新区	工业自动化、系统控制、激光
	营口高新区	高端装备制造、新材料
	辽阳高新区	芳烃及精细化工、金属材料
	本溪高新区	生物医药
	锦州高新区	汽车、精细化工、食品
	阜新高新区	液压装备、农产品加工
吉林	长春高新区	新能源汽车、生物医药
	长春净月高新区	高技术、文化
	吉林高新区	化工、汽车、电子
	延吉高新区	医药、食品
	通化医药高新区	医药
黑龙江	哈尔滨高新区	高端装备制造、电子信息、新材料
	大庆高新区	石化、汽车、高端装备制造
	齐齐哈尔高新区	装备制造、食品

大连高新区

（一）高新区概况

大连高新区，位于大连市西南部，目前辖区面积153平方公里。2022年，大连高新区生产总值达到420.8亿元，同比增长5.0%；规模以上软件及信息技术服务业收入突破性实现285.5亿元，同比增长8.9%；规模以上工业总产值超过100亿元。大连高新区是东北地区综合实力最强的高新区，在2022年科技部火炬中心的综合评价中位列第29名。

（二）主导产业

1. 产业现状

回看过去30年的发展历程，大连高新区实现了从劳动成本推动到价值驱动的转变。从1998年至2012年，大连高新区主要以软件服务外包作为主要的发展方向。大连市曾在2011年的全球软件服务外包交付中名列中国第一位。2013年至今，大连高新区改变发展战略，转为创新驱动，开始大力发展数字经济以及战略性新兴产业。

时至今日，高新区实现了全新的蜕变，确立的发展理念为既要利用好软件信息产业传统优势，又要推动数字技术在元宇宙、车联网、洁净能源、生命健康、文化旅游、智慧海洋、智能制造、数字贸易八大前沿领域的协同发展。目前已经形成一个以数字技术为核心，"1+8"产业共同发展的现代产业体系。

2. 未来规划及政策解读

根据高新区管委会于2021年5月18日印发的《大连高新区国民经济和社会发展第十四个五年规划和二〇三五年远景目标纲要》，未来大连高新区将重点打造"1+6"产业体系，重点打造八大产业链。

（1）以数字技术产业为核心。打造我国北方数字技术产业创新发展高地。推动软件服务外包产业高端转型，由项目主导向产品主导、平台主导商业模式转变，强化自主创新与系统集成能力，加快培育自主品牌，建设深耕国内、服务全球的数字化解决方案研发中心与交付中心。加快发展高端软件、人工智能、大数据与云计算等环节，布局区块链6G通信、量子信息等前沿领域。

（2）培育发展六大新兴产业。发展文化创意、洁净能源、生命健康、智能制造、智慧海洋、新材料六大具有潜力的新兴产业。突出高端、智能导向，加大重要产品和关键核心技术攻关力度，发展先进适用技术与产品，力争到2025年，六大新兴产业总规模达到千亿元。

（3）重点打造八大产业链。重点打造软件和信息技术服务产业链、文化创意产业链、人工智能产业链、车联网产业链、工业互联网与智能制造产业链、洁净能源产业链、生命科学产业链和海洋科技产业链。

（三）投资优势

1. 创新人才持续集聚

从2020年起，大连高新区连续举办中国海外学子创业周，吸引众多海外学子通过海创周回国创业。2022年出台"高新人才10条"政策。2023年4月，大连高新区人才港成立，坐落火炬路海外学子创业园，开启了以全领域支撑、全要素保障、全周期服务为核心的人才服务新模式。全区现有国家级人才120人、省级人才151人、市级人才3000余人，大学以上文化程度为17.4万人，占比为56.68%。

2. 创新生态持续优化

大连高新区建设众创空间43家、市级以上孵化器12家。2021年获批全国3家创新示范街区之一。2022年在国家双创示范基地考核评估中获评优秀。

（四）投资成本

大连高新区投资成本参考如表30-5所示。

表30-5 大连高新区投资成本参考

水价3.52元/m³	天然气6.4元/m³
用电成本0.858元/度	人工成本≥1910元/(月·人)
厂房租金0.5~0.8元/(m²·天)	厂房售价2000~3000元/m²
楼宇租金1.5~2.1元/(m²·天)	楼宇售价6000~9000元/m²

大庆高新区

（一）高新区概况

大庆高新区是第一家依靠石油石化资源创立的国家级高新区，在过去的30年里取得了显著的发展成就。园区的规划管理面积达到184.29平方公里。2022年，全区营业总收入达到了1150亿元，园区的生产总值突破性达到403.6亿元。大庆高新区已成为黑龙江全省重点打造的超千亿级产业园区，正在展现强大的发展活力和潜力。

（二）主导产业

1. 产业现状

大庆高新区目前形成了"3+N+1"产业体系。其中，3大主导产业为石化、汽车和新材料产业。石油石化资源是大庆高新区的建设基石。截至2023年3月，大庆油田的原油累计产量达到25亿吨，超过了我国同期原油总产量的三分之一。凭借此资源禀赋，大庆高新区大力发展石油化工产业。

目前，大庆石化炼油结构调整转型升级，多个百万吨级别石油化工项目在高新区开工。石化产业自始至终是大庆高新区立足发展的支柱和引擎。

汽车产业方面，高新区建成SPA平台整车生产线，S90车型实现稳产，全新S60车型投产上市，沃尔沃SPA2平台3款新车型落户大庆，吸纳延锋安道拓、安翔、思享驾融资租赁等零部件及后市场配套企业，初步形成了整车带配套、制造带服务的产业格局。

2. 未来规划及政策解读

根据大庆高新区管委会2021年3月21日印发的《大庆高新技术产业开发区国民经济和社会发展第十四个五年规划和二〇三五年远景目标纲要》，文件指出未来要以打造黑龙江省西部重要的产业增长极为目标，重点聚焦汽车、新能源装备制造两个主导产业，依托沃尔沃汽车、明阳智能等龙头企业，培育壮大战略性新兴产业，大力发展现代服务业，加快建设大庆经济转型核心区。

（1）做大做强石化产业。加快发展乙烯、丙烯、碳四、芳烃4条下游深加工产业链。抓住大庆油田加大勘探开发力度、中俄原油管道提升输送能力、庆油及俄油提高就地转化力带来的机遇，努力做大"油头"规模、拉长"化尾"链条，实现油气资源精深加工，推动以高端精细化学品、橡塑等产业集群为核心的石化产业基地建设。力争到2025年，高新区石化产业营业收入达到500亿元。

(2) 巩固提升汽车产业。规模发展汽车整车，集群发展汽车零部件。努力开辟面向省内外整车企业和一、二级供应商的供应渠道，逐步形成具有全国影响力的汽车零部件产业集群。力争到2025年，高新区整车产量达到20万辆，零部件配套和后市场服务企业达到40家，全产业链营业收入达到1000亿元。

(3) 发展壮大新能源装备制造产业

发挥大庆可再生能源综合示范区政策先导优势，推动风光储热氢等多种可再生能源创新、多元化、高比例应用，推进建设新能源装备制造产业集群，打造东北亚一流、具备国际影响力的新能源装备制造中心、创新研发中心、销售中心、运营中心，为大庆产业结构转型升级提供有力支撑。力争到2025年，高新区新能源装备制造产业营业收入超过500亿元。

(三) 投资优势

1. 石油资源丰富

丰厚的石油石化资源是大庆高新区的立足之本，也是大庆高新区的最大优势。近年来，大庆油田年产油气当量始终保持在4000万吨以上。石油资源禀赋使得工业企业购买石油石化生产原料的成本要明显低于其他高新区。本地的石油供给使得企业用油无须大量的储存成本、交通运输成本。

2. 营商环境优越

虽然总体经济发展处于全国较为落后的水平，但高新区始终把优化营商环境摆在突出位置，持续优化政务服务环境，实现经济发展、社会管理、环境保护、公共服务、网格党建、市场监管以及安全应急管理等实现智能化"一网统管"，高新区成功获评"中国十佳优质营商环境产业园区""2019中国(区域)最具投资价值园区"。

(四) 投资成本

大庆高新区投资成本参考如表30-6所示。

表30-6 大庆高新区投资成本参考

水价5.60元/m³	天然气3.45元/m³
用电成本0.2978~0.5858元/度	人工成本≥1860元/(月·人)
厂房租金0.23~0.4元/(m²·天)	厂房售价2200~3000元/m²
楼宇租金0.8~1.2元/(m²·天)	楼宇售价3500~4500元/m²

三、华东地区的高新区投资指引

华东地区是我国高新区分布最多、总体发展最好的地区，集聚了众多国内顶级的国家级高新区，形成了包括上海张江高新区、苏州工业园区、杭州高新区、合肥高新区等众多一流园区协同发展的局面。截至2023年6月30日，华东共有65家国家级高新区，其中上海2家、江苏18家、浙江8家、安徽8家、福建7家、江西9家、山东13家(表30-7)。此处每个省罗列部分具有代表性的高新区作为参考。

表 30-7 华东地区的国家级高新区分布

省　份	高新区名称	主　导　行　业
上海	上海张江高新区	电子信息、生物医药、新能源
	上海紫竹高新区	集成电路、软件、新能源、航空
江苏	南京高新区	软件、电子信息、生物医药
	苏州高新区	电子信息、装备制造、新能源
	苏州工业园	电子信息、机械制造、生物医药
浙江	杭州高新区	信息技术、生命健康、节能环保
	宁波高新区	电子信息、新能源、节能环保、新材料
	绍兴高新区	新材料、电子信息、环保
安徽	合肥高新区	家电及配套、汽车、电子信息
	芜湖高新区	装备制造、汽配、新材料、医药
	马鞍山慈湖高新区	新材料、节能环保、化工
福建	福州高新区	电子信息、光机电、新材料
	厦门火炬高新区	电子信息、半导体及集成电路、软件
	莆田高新区	电子信息、机械
江西	南昌高新区	生物医药、电子信息、新材料
	景德镇高新区	航空、家电、化工
	赣州高新区	新材料、稀土、食品
山东	济南高新区	电子信息、生物医药、智能装备
	威海火炬高新区	医疗器械、医药、电子信息、新材料
	青岛高新区	软件信息、医药、智能制造

上海张江高科技园区

（一）高新区概况

上海张江高新区是中国综合实力最强的高新区之一。1992年张江高科技园区正式建成，共有22个分园。2022年张江高新区营收突破6.2万亿元，园区内国家级高新技术企业数量突破9300家，其中上市企业数量为309家，跨国公司中国地区总部数量53家，外资研发中心179家。高新区拥有330家国家级研发机构、14个国家重大科技基础设施和40所大学。上海张江高科技园区常年稳定位于全国第一梯队，在2021年科技部火炬中心的排名中位列第三位。

（二）主导产业

1. 产业现状

如今，张江高新区确立起三个支柱产业：集成电路产业、生物医药产业和人工智能产业。该三大产业已经成为世界一流的产业集群，为园区的发展提供主要支撑。

（1）集成电路产业。张江高新区的集成电路产业拥有全国最全面的产业链布局，拥有多达307家集成电路企业,汇聚了多家国际知名企业,在刻蚀机、大硅片、光刻胶、清洗机等细分领域打破国际垄断。2020年,集成电路产业规模突破性达到1800亿元,占全上海市的87%,占全国的20%。"十三五"期间,张江高新区集成电路产业产值年均增长约为21%,贡献了全市超过90%的增量。此外,世界十大集成电路设计企业中,有6家已经将其中国总部设在张江。张江是中国乃至全球最大、最完整的光电子产业基地。

(2) 生物医药产业。张江高新区内集聚了1500余家生物医药企业和超过7万名专业从业人员。2019年全国约三分之一的Ⅰ类创新药来自张江,2020年三分之二的全国批准上市抗体药物、五分之一的创新医疗器械均来自张江。2022年,园区内已有14个创新医疗器械产品获得批准,占全国总数的11%,并已累计获得16个临床试验项目,占全国的30%。2022年,张江生物医药行业的经营总收入达到了1320亿元,同比增长7.5%,进一步彰显了其在生物医药产业的领先地位。2022年内,张江高科技园区培养出了10家A股生物医药行业上市公司,为全国高新区最多,具体数量如图30-2所示。

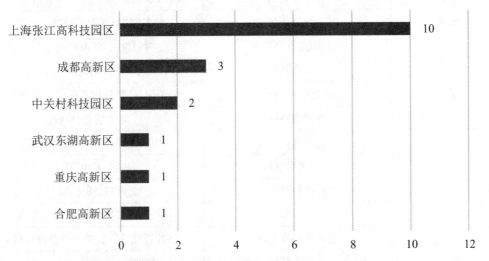

图30-2　2022年各高新区新增A股上市生物医药公司数量(家)

数据来源:choice数据库。

(3) 人工智能。张江高新区人工智能产业近年来加速集聚,企业数量与产业规模占全市约70%,培育了一批细分领域的领军企业以及全球龙头企业。人工智能领域研究机构、创新平台众多。张江人工智能岛、徐汇西岸国际人工智能中心多平台融合创新载体加速建设,成立了上海人工智能研究院等高水平科研平台。

2. 未来规划及政策导向

2021年7月27日,上海推进科技创新中心建设办公室印发了《上海张江高新技术产业开发区"十四五"规划》(以下简称《规划》)。《规划》中强调,势必巩固好当前集成电路、生物医药、人工智能三大国际一流产业,并加快发展其他战略性新兴产业,以确保全产业链和供应链的稳定和安全。同时,张江高新区将会力求达到价值链创新链的高端领域地位,打造具有国际竞争力的创新型产业集群。《规划》中明确,到2025年,高新区的规模以上企业总营收力求突破8万亿元,战略性新兴产业总产值力求突破1.1万亿元。

2021年8月4日,上海市政府印发了《上海市人民政府关于促进本市高新技术产业开发区高质量发展的实施意见》强调了提升创新策源力的系列举措,在加速发展园区内三大支柱产业集群的基础上,进一步拓展到数字经济、绿色低碳等行业,力求建成更多具有国际影响力的优势产业集群。

(三) 投资优势

1. 创新生态优势

张江目前拥有国家、市、区级研发机构达440家,汇聚了一批重量级的科研平台,如上海光源、国家蛋白质设施、上海超算中心和张江药谷公共服务平台等。同时近40家高校和科研院所也扎根于此,为企业成长给予丰富的技术支持和人才供给。2022年张江科技园区从业人员中,博士研究生11940人,同比增长13.3%;硕士研究生91736人,同比增长17.2%。

2. 双创孵化优势

截至2022年底,张江高新区已有86个孵化基地,占地面积近600000平方米,可容纳2600多家入驻企业。从众创空间到孵化器,再到加速器,形成了一条完整的创业孵化链。丰富的创新创业孵化基地充分体现了张江"国际化、集群化、专业化"的独特双创优势,为企业的创新发展创造了良好的环境。

(四) 投资成本

上海张江高新区投资标准及成本如表30-8所示。

表30-8 上海张江高新区投资标准及成本

水价 4.10 元/m³	天然气 4.2 元/m³
用电成本 0.87 元/度	人工成本≥2690 元/(月·人)
厂房租金 1～1.5 元/(m²·天)	厂房售价 12500～20000 元/m²
楼宇租金 2.5～3 元/(m²·天)	楼宇售价 50000～100000 元/m²

苏州工业园区

(一) 高新区概况

苏州工业园区是国家级高新区中唯一由两国政府合办的园区,由中国和新加坡两国合作建成,因而被视为改革开放的典型示范。2022年,苏州工业园区地区生产总值达到3515.6亿元,较上年增长2.3%;规模以上工业总产值达到6850.2亿元,同比增长7%。苏州工业园已经成为国内开放程度最高、发展质量最好、创新活力最足、营商环境最佳的高新区之一。2022年科技部火炬中心的高新区评价中,苏州工业园区位于第四名。

(二) 主导产业

1. 产业现状

苏州工业园区目前形成了以新一代信息技术产业、高端装备制造产业为主导,以生物医药产业、人工智能产业、纳米技术产业为辅导的现代化产业体系。

(1) 新一代信息技术。2021年实现产值2266.82亿元,增长8.9%,占规模以上工业总产值的37.7%。高新区内的公司实力强劲,产值破亿元的新一代信息技术企业共有129家。集成电路、新型显示、5G光通信以及软件与信息服务为园区内新一代信息技术探索的重点领域。集成电路产业是园区重点发展的产业链,2021年集成电路产业规模达到700亿元,其中的核心领域——"芯片设计、晶圆制造、封装测试"占苏州市的14%、全国的近5%。苏州市集成电路企业20强中有13个出自苏州工业园区。新型显示产业规模达520亿元。5G

及光通信产业规模240亿元。

(2) 高端装备制造。2021年,园区高端装备制造业涵盖智能网联汽车、高档数控装备、民用航空装备工业机器人、高端仪器仪表等重点优势产业链。集聚规模以上企业452家,实现产值2271.19亿元,同比增长29.8%,占规模以上工业总产值的37.8%。产值1亿元及以上的高端装备制造企业有311家。在全国高端装备制造园区排名中,苏州工业园区排名第三位。

航空航天产业,2021年园区集聚航空装备产业核心企业60余家,其中30家入选苏州市航空航天产业优选企业培育库,核心企业营收总额88亿余元。

智能网联汽车产业,2021年园区以汽车及零部件为基础的智能网联汽车规模以上企业实现产值867亿元,拥有智能网联汽车企业超过70家,占全市的1/3。

高端仪器仪表产业,2021年园区集聚高端仪器仪表相关企业500余家,总产值360亿余元,重点分布于先进医疗设备及器械、电子信息仪器仪表、智能测控系统及装置等三大领域。

(3) 生物医药。2021年苏州工业园区生物医药产业产值1168亿元。截止2021年底,生物医药上市企业数量累计23家,上市创新药累计16款,新药临床批件累计1146个。生物医药产业已经逐渐成为苏州工业园的优势产业,2021年园区生物医药产业综合竞争力排名全国首位,且产业、人才、技术3个专项的竞争力均居首位。

(4) 人工智能。2021年苏州工业园区汇聚人工智能产业相关企业超过1000家,人工智能产业产值达到600亿元,推动百图生科新华三工业互联网、图灵视频科技、镁伽机器人等22个重大创新项目落地园区。

(5) 纳米技术应用。2021年苏州工业园区纳米技术应用产业能级继续扩大,集聚纳米技术企业1000余家,完成产值1255亿元,增长24%。年内,多家纳米科技公司挂牌上市,海光芯创、桐力光电启动上市辅导备案,纳米技术领域累计上市企业10家。纳维科技、桐力光电、汉天下电子、纳芯微电子、度亘激光等纳米技术企业在园区内设立总部。

2. 未来规划及政策解读

2021年3月27日,苏州工业园区管委会印发《苏州工业园区国民经济和社会发展第十四个五年规划和二〇三五年远景目标纲要》,对园区未来的产业发展作如下规划。

(1) 打造5个千亿级产业集群。到2025年,园区制造业总产值突破7000亿元,制造业增加值占GDP比重不低于40%,年均制造业投资保持在120亿元以上。制造业企业数量突破12000家,形成生物医药、电子信息、装备制造、人工智能、纳米技术应用5个千亿级产业集群。

(2) 推进重点产业链高质量发展。将生物药、半导体和集成电路、纳米技术应用、智能网联汽车、智能制造装备、高端医疗器械、机器人、光通信、新型显示等确定为园区制造业重点产业链,突破一批关键核心技术,突出头部企业引领,择优筛选出一批系统能力强、市场份额高、产业链地位高的"链主企业"。

(3) 推动新兴产业高质量发展。大力支持生物医药产业、纳米技术产业及人工智能产业发展,开展3大攻坚行动,实施7项重大工程,推进20条关键举措,聚力创新发展,打造"高原""高峰",把三大新兴产业尽快培育成为高新区内新的产业支柱。

(三) 投资优势

1. 创新生态一流

2022年高新区研发经费投入总量166.77亿元,入库科技型中小企业超过4000家,增长

17%；2022年园区内新增发明专利授权数量3574件，增长29.54%，万人有效发明专利达169.81件，均保持全市第一位。

2. 开放程度高

作为唯一一家由中外政府联合创办的高新区，苏州工业园持续丰富中新合作内涵，加快建设国际化走廊，成功发行了全国首单中新合作自贸区债券，举办中新双向投资洽谈会、中新合作服务贸易创新论坛等活动。苏州工业园争创国家开放创新综合示范区，加快编制研究报告、总体方案、批量授权清单，发展外贸新业态新模式，离岸贸易结算额增长185%，推进生物医药全产业链开放创新试点。

（四）投资成本

苏州工业园区投资成本参考如表30-9所示。

表30-9　苏州工业园区投资成本参考

水价 4.16 元/m³	天然气 4.13 元/m³
用电成本 0.6151～0.9151 元/度	人工成本≥2280 元/(月·人)
厂房租金 0.6～1.1 元/(m²·天)	厂房售价 2800～4400 元/m²
楼宇租金 1.7～3.3 元/(m²·天)	楼宇售价 13600～30000 元/m²

合肥高新区

（一）高新区概况

合肥高新区是发展速度最快的高新区之一，同时也是安徽省内综合实力最强的高新区。2022年高新区实现地区生产总值突破1300亿元，同比增长4.3%。国家高新技术企业数量超过2500家，每万人拥有有效发明专利500件。合肥高新区连续保持着快速发展的态势，2022年综合排名上升到第7名，连续9年在国家级高新区综合排名中位居前10位。

（二）主导产业

1. 产业现状

合肥高新区目前打造了"1+N"的产业体系，即以人工智能产业为核心，集成电路、量子信息、网络安全、生物医药、光伏新能源、空天信息等高端产业共同发展。

中国声谷是位于安徽合肥高新区的国家级产业基地，是工业和信息化部与安徽省政府共同推进的智能语音产业发展基地，也是中国首家定位于人工智能领域的产业基地。经过十年的建设，中国声谷已经形成了以智能语音及人工智能产业为核心的新一代信息技术产业集群，为国内甚至全球的科技创新贡献了巨大的力量。截至2022年底，中国声谷的入驻企业总数已经达到了2005户，年产值约为2050亿元。中国声谷在全国语音产品的市场占有率超过了70%，足以看出中国声谷在智能语音及人工智能领域的领先地位。

2. 未来规划及政策解读

2017年，合肥高新区出台《中国（合肥）智能语音及人工智能产业基地（中国声谷）发展规划（2018—2025年）》，明确提出要以"人工智能"为核心，建设多个智慧产业，确定未来的发展趋势。其中强调的产业包括：智能语音、集成电路、人工智能软件产品、智能机器人、智能终端、虚拟现实和增强现实、智能运载工具等，并推动智能制造、智能家居、智能金融、智能商务、智能物流等产业的智能化升级。此外,在智慧教育、智慧医疗、智慧健康、智慧养老等方面,也提出了提供方便、有效的智慧服务。

为了进一步推动人工智能产业的发展,2022年8月下发了《关于印发合肥市加快建设国家新一代人工智能创新发展试验区促进产业高质量发展若干政策的通知》,明确提出要支持全市人工智能产业园、孵化器等产业载体,对入驻企业数量不少于20家,并且人工智能企业占比超过60%的,给予一次性100万元奖励。

同年11月,安徽省也出台了《支持新能源汽车和智能网联汽车产业提质扩量增效若干政策》,以促进全省新能源汽车和智能网联汽车产业的提质扩量增效,打造具有国际影响力的新能源汽车和智能网联汽车产业集群。这些政策的出台将为合肥高新区的人工智能和智能汽车产业的发展提供有力的支持。

(三)投资优势

1. 科研实力强

园区内汇聚了中国科学技术大学高新校区、中科大先研院以及中国科学院合肥技术创新工程院等众多知名学府和重要的协同创新平台,为园区提供了丰富的人才资源和研发能力,为科技创新提供了强有力的支持。此外,园区还拥有类脑智能国家工程实验室、国家深空探测实验室、数据空间研究院、人工智能研究院等多个重大科技基础设施和新型研发机构,为园区内的企业和研究机构提供了先进的实验条件和研发环境,有力地推动了科技创新和产业升级。

2. 人才环境佳

合肥高新区内开创了国内首家企业家大学。园区企业员工超过50万人,本科学历以上超过47%。

3. 孵化平台优

截至2022年底,园区拥有各类孵化平台76个,孵化总面积突破600万平方米,集聚了合肥高创、合肥大学科技园等知名孵化载体,累计孵化企业超过6500家。

(四)投资成本

合肥高新区投资成本参考如表30-10所示。

表30-10 合肥高新区投资成本参考

水价3.4元/m³	天然气3.16元/m³
用电成本0.5898元/度	人工成本≥2060元/(月·人)
厂房租金0.6~1.0元/(m²·天)	厂房售价2800~3600元/m²
楼宇租金1.8~2.7元/(m²·天)	楼宇售价17000~28000元/m²

数据来源:手工整理,截至2023年11月。

四、华中地区的高新区投资指引

截至2023年6月30日,华中地区共有国家级高新区30家。其中河南9家,湖北12家,湖南9家。此处每个省罗列部分具有代表性的高新区作为参考(表30-11)。

表 30-11 华中地区的国家级高新区分布

省份	高新区名称	主导行业
河南	郑州高新区	电子信息、装备制造
	洛阳高新区	装备制造、新材料、高技术服务
	南阳高新区	装备制造、新材料、光电
湖北	武汉东湖高新区	光电子信息、生物、装备制造
	襄阳高新区	汽车、装备制造、新能源、新材料
	宜昌高新区	新材料、先进制造、纸制品、盐化
湖南	长沙高新区	装备制造、电子信息、新材料
	益阳高新区	电子信息、装备制造、新材料
	宁乡高新区	新材料、先进装备制造、光电信息

武汉东湖高新区

（一）高新区概况

武汉东湖高新区被称为中国光谷，创立于 1988 年，是全国光电信息领域最强的高新区之一，获批国家光电子信息产业基地、国家生物产业基地。武汉东湖高新区综合实力常年稳居全国高新区第一梯队，2022 年园区产值达到 2643 亿元，增速达 6%。

（二）主导产业

1. 产业现状

武汉东湖高新区已经形成了 5 个千亿产业，分别是光电子信息、生命健康、节能环保、高端装备制造和高科技服务业。此外两个新兴行业：新型显示、数字经济也在蓬勃发展，共同组成了"5+2"的新兴产业体系。

2022 年，高新区数字经济核心产业增加值预计超过 900 亿元，占武汉市的比重将超过 50%，这显示出数字经济产业的主导地位和增长势头。数字产品制造业的营收超过 2100 亿元，数字技术应用业的营收近 840 亿元，展现了东湖高新区在数字经济领域的领先地位。

另外，东湖高新区还拥有世界上最大的光缆、光电子器件、光通信技术的研究与生产基地，并拥有世界上最大的光通信装备制造基地。

2. 未来规划及政策解读

2021 年 12 月 1 日，武汉市政府印发《武汉东湖新技术开发区发展"十四五"规划》，对高新区的未来产业布局作出如下规划。

（1）建成全球顶尖光电子信息产业集群。坚持不懈"追光逐芯"突出"光"特色，做强"芯"核心，做大"屏"规模，强化"端"带动，稳步推进集成电路、新型显示器件、下一代信息网络三大国家级战略性新兴产业集群建设，打造全球顶尖光电子信息产业高地。加快提升光通信和激光产业核心竞争力，做强做优新型显示产业，加快发展智能终端产业。

（2）创建世界一流生命健康产业集群。跨越式发展生命健康产业。加快推进国家现代农业科技创新中心、国家重大公共卫生事件医学中心等国家重大创新平台的创建工作，把园区打造成一座有国际竞争力的生命产业创新中心和国家生物经济创新发展示范区。

（3）加紧谋划培育未来产业创新集群。瞄准未来前沿领域，大力发展新一代人工智能、新型空天技术、脑科学以及生物组学等未来产业,率先建设未来产业先导区,助力东湖高新区未来创新发展和高端产业发展。大力发展人工智能产业,快速布局智能软硬件、智能机器人、智能运载工具、虚拟现实与增强现实、新一代物联网基础器件等智能产业。

(三)投资优势

1. 我国孵化器的起源地

孵化器对科技创新型企业的重要性不言而喻,而全国第一个科技企业孵化器就诞生于武汉东湖高新区。武汉东湖高新区的光电子信息产业园总面积约82.38平方公里,是中国首个国家级光电子信息产业基地的核心载体,也是中国孵化器事业的发源地。截至2022年底,光谷共有国家级科技企业孵化器28家,省级孵化器8家,国家大学科技园5家,国家备案众创空间40家,省级众创空间31家,为区域高质量发展提供强有力的科技支撑。

2. 我国三大智力密集区之一

武汉东湖高新区聚集武汉市"城市合伙人"86名、超过1200人入选"光谷人才计划"。高新区拥有4000多个海内外高等人才团队、超过8000名博士、4万多名硕士的人才资源。丰富的人才储备为高新区的创新发展提供了根本动力。

(四)投资成本

武汉东湖高新区投资成本参考如表30-12所示。

表30-12 武汉东湖高新区投资成本参考

水价2.35元/m³	天然气2.53元/m³
用电成本0.3219~0.9993元/度	人工成本≥1750元/(月·人)
厂房租金0.5~1.1元/(m²·天)	厂房售价2200~3200元/m²
楼宇租金1.1~1.8元/(m²·天)	楼宇售价13000~18000元/m²

郑州高新区

(一)高新区概况

郑州高新高新区于1988年启动建设,是河南省第一个开发区,同时也是河南综合实力最强的高新区。区内2021年度生产总值达到548亿元,较上年增长3%。发展至今日,郑州高新区已然成为中部最具竞争力的高新技术产业高地,是河南省创新发展的重要支撑。

(二)主导产业

1. 产业现状

郑州高新区现已形成四大优势主导产业:传感器产业、电子信息产业、北斗精密测绘产业和超硬材料产业。

郑州高新区的传感器产业居"中国十大传感器产业园区"第四名,中部第一名。截至2020年底,园区内传感器领域企业超过3000家,占高新区企业总数的6.7%。高新区已形成全国领先的智能传感器研发与产业化基地,着重打造智能传感器材料生产研发、智能传感器系统研发、智能传感器终端研发"三个产业集群"。

高新区目前已经建成全国有影响力的网络安全产业基地。截至2020年底,高新区网络安全领域相关企业达到1232家,占高新区企业总数的2.7%,布局了清华紫光、长城计算机、芯盾网安等行业龙头企业,推动启明星辰华中大数据总部等落户,积极培育安全可信领域未来增长点。

新材料产业发展势头迅猛。截至2020年底,高新区超硬材料领域相关企业达到1838家,约占高新区企业总数的4.1%。郑州高新区是国内唯一一家国家级超硬材料产业基地。高新区内超硬材料领域研发创新实力全国领先,集聚了该行业内七成以上的中高端创新资源。

2. 未来规划及政策解读

2021年7月28日,高新区管委会印发了《郑州高新区国民经济和社会发展第十四个五年规划和二〇三五年远景目标纲要》,对高新区未来的发展作出如下规划。

(1) 巩固以传感器为重点的物联网产业。加强智能传感器材料、智能传感器系统、智能传感器产业优势。加强物联网关键核心技术攻关研究,强化关键器件和成套解决方案设计能力,推动智能传感器材料、设备、设计、制造、封装、测试、系统集成和重点应用全产业链发展。

(2) 巩固以网络安全为重点的电子信息产业。以"创新驱动、应用牵引、军地合作"为路径,重点发展网络安全软硬件产品,巩固发展物联网安全、工业互联网安全。加强量子保密技术、可信身份标识保护、身份管理和验证系统等领域的核心技术研发。

(3) 巩固以精密测绘为关键的北斗应用产业。依托国家北斗系统未来发展和业内发展战略,打造国际知名的北斗产业创新及应用示范基地。全面落实遥感测绘、时空溯源、定位导航等领域技术,快速推进北斗导航产业实现规模化、大众化、国际化进程,培育壮大战略性新兴产业。鼓励北斗企业与其他领域融合发展,支持开发嵌入式解决方案,出台专项支持政策,鼓励本地化采购。

(4) 巩固以超硬材料为重点的新材料产业。打造全国先进的新材料产业集聚地。夯实超硬材料发展基础,提升发展超硬材料在磨料磨具磨削及加工领域的工具产品,探索发展第四代半导体材料,推动高纯度金刚石材料制备技术研究。

(三) 投资优势

高新区内坐落着河南省唯一的211高校——郑州大学以及被称为"军中清华"的中国人民解放军战略支援部队信息工程大学。这些高等学府为高新区提供了丰富的人才资源和学术氛围。此外,高新区还汇聚了8个部属研究所、5个国家重点实验室,这些研究机构在各自的领域进行着深入的科研探索,为高新区的科技创新提供了强大支持。

(四) 投资成本

郑州高新区投资成本参考如表30-13所示。

表30-13 郑州高新区投资成本参考

水价 4.15 元/m³	天然气 2.25 元/m³
用电成本 0.5725~0.7347 元/度	人工成本≥2000 元/(月·人)
厂房租金 0.35~0.7 元/(m²·天)	厂房售价 2300~3500 元/m²
楼宇租金 1~1.5 元/(m²·天)	楼宇售价 11000~16000 元/m²

五、华南地区的高新区投资指引

截至2023年6月30日,华南地区拥有国家级高新区19家,其中广东省14家,广西壮族自治区 4 家,海南省 1 家。此处每个省罗列部分具有代表性的高新区作为参考(表 30-14)。

表 30-14 华南地区的国家级高新区分布

省 份	高新区名称	主 导 行 业
广东	广州高新区	电子信息、生物医药、新材料
	深圳高新区	电子信息、光机电一体化、生物医药
	珠海高新区	电子信息、生物医药、光机电一体化
广西	南宁高新区	电子信息、生命健康、智能制造
	桂林高新区	电子信息、生物医药
	柳州高新区	汽车、装备制造、新材料
海南	海口高新区	医药、汽车及零部件、食品

广州高新区

(一)高新区概况

广州高新区是国家第一批建立的高新区之一,也是目前综合实力最强的高新区之一。高新区由"三城一岛"构成,分别为知识城、科学城、海丝城、生物岛。目前,广州高新区已拥有中小企业超过 4 万家,高新技术企业超过 3500 家。在 2021 年科技部火炬中心的高新区综合评价中,广州高新区位列第四名。

(二)主导产业

1. 产业现状

目前,广州高新区已拥有汽车制造、新型显示、绿色能源、新材料、美妆大健康五大破千亿级产业集群,生物技术、高端装备、集成电路三大超百亿级产业集群。以生物医药、集成电路、新能源汽车等产业为代表的"万亿制造"产业格局已经初显。

新型显示产业,高新区汇聚了乐金显示、华星光电、创维等一批显示龙头企业,2022 年产值达 1629 亿元。集成电路产业,广州科学城重点集聚集成电路设计企业,产业载体建设逐步完善,产业集聚效应初步显现。生物医药产业,广州国际生物岛将打造世界顶尖的生物医药和生物安全研发中心。汽车制造产业,广州科学城打造传统汽车制造基地;生物岛打造 5G 自动驾驶应用示范岛;知识城拥有百度阿波罗、小鹏汽车等一批智能网联汽车项目。2022 年园区汽车产业产值达 1735 亿元,占广州市汽车产业产值约 30%。

2. 未来规划及政策解读

根据高新区的"十四五"发展规划,在"十四五"期间力争实现广州高新区营业收入突破 2 万亿元,综合排名进入全国国家级高新区前 5 位。

生物医药与健康产业集群形成贯穿基础研究、技术创新到产业化的完整链条,整体竞争力进入全国乃至全球前列,在生物制药、高端医疗器械、第三方医学检验检测、干细胞与再生医学、基因测序等细分领域形成领先优势,工业总产值达到千亿元。

在集成电路、新型显示、新一代网络通信、软件等新一代信息技术产业细分领域,突破一批关键核心技术和产品,形成具有更强创新力、更高附加值、更安全可靠的产业链、供应链,工业总产值达到 3000 亿元。以"万亿制造"为目标,筑牢产业发展"四梁八柱",持续推动制造业高质量发展。

（三）投资优势

1. 创新平台优势

广州高新区正打造"2+3+N"战略科技创新平台集群,集聚各类科研机构超1000家,拥有全省1/2的高水平创新研究院,占全市一半的省级新型研发机构,院士工作站20家,博士博士后设站单位超120家。

2. 创新主体优势

目前,广州高新区已集聚中小企业超4万家,高新技术企业超3500家,国家级专精特新"小巨人"企业超60家。研发投入强度达6.14%,达到国际先进水平。建成孵化载体总面积近500万平方米,从中孵化出洁特生物、禾信仪器、迈普医学、方邦电子等一大批优秀企业。

（四）投资成本

广州高新区投资成本参考如表30-15所示。

表30-15　广州高新区投资成本参考

水价3.46元/m³	天然气4.85元/m³
用电成本0.339~0.7904元/度	人工成本≥2300元/(月·人)
厂房租金0.7~1.5元/(m²·天)	厂房售价3700~6200元/m²
楼宇租金2.0~5.0元/(m²·天)	楼宇售价25000~55000元/m²

深圳高新区

（一）高新区概况

深圳国家高新区自1996年12月设立以来,便始终走在科技创新的前沿。高新区已经发展成为引领深圳科技创新的核心动力,同时也是高新技术产业的示范基地。高新区创新资源丰富,创新氛围浓郁,创业环境优越,是全国最具活力和潜力的区域之一。2021年,高新区的收入突破2.2万亿元,国际专利申请数量突破12000件。此外,高新区拥有超过5400家国家级高新技术企业,其中年产值过亿元的企业有970家,上市企业数量达到了185家。2021年,深圳高新区综合评价位列全国第二名,已经成为全国发展最快、综合实力最强的高新区之一。

（二）主导产业

1. 产业现状

深圳高新区目前拥有电子信息、生物医药、新材料、新能源、先进制造五大主导产业。截至2022年底,高新区共有电子信息技术领域企业3835家,生物医药企业304家,新材料领域642家,新能源企业355家,先进制造与自动化企业2056家。

2. 未来规划及政策解读

（1）重点打造全球领先的电子信息产业。高新区将把网络与通信、半导体与集成电路、超高清视频显示、智能终端、智能传感器等优势产业集群当作未来发展的重点,以提升高新区在全球电子信息产业领域的竞争力。与此同时,高新区还将积极推动数字和时尚产业的创新发展,致力于培育软件和信息服务、数字创意等产业集群,以满足消费者不断增长的数字化和个性化需求。

（2）提升高端装备制造产业现代化水平。高新区将重点推动工业母机、智能机器人和精密仪器设备等产业集群的发展,旨在提升制造业的核心竞争力,提高产业的现代化水平,为创新赋能。

(3) 支持园区辅助产业的发展。高新区将做大做强新能源、安全节能环保、智能网联汽车等产业集群,以推动绿色低碳发展,促进可持续发展。此外,高新区还将大力培育新材料产业,并做优做强生物医药与健康产业,包括高端医疗器械、生物医药、大健康等产业集群,以增强大健康产业优势。

(三)投资优势

深圳高新区近几年一直在努力营造大众创业、万众创新的良好环境,为广大创业者提供更好的服务与支撑。深圳高新区通过建立"众创-孵化-加速"的完整的孵化系统,加强对众创空间、孵化器、加速器等的扶持,已在深圳高新技术产业开发区建成一批门类齐全、层次分明、服务专业的众创空间与孵化器。这些孵化载体不仅数量众多,而且质量优异,为企业成长的全过程提供了全方位的服务和支持。目前,深圳高新区已经拥有市级以上的孵化器55家和众创空间155家,这些机构为创新创业者提供了更加广阔的舞台和更加丰富的资源,有力地推动了深圳高新区的科技创新和产业发展。

(四)投资成本

深圳高新区投资成本参考如表30-16所示。

表30-16 深圳高新区投资成本参考

水价 2.95 元/m³	天然气 4.9 元/m³
用电成本 0.3974~0.8474 元/度	人工成本≥2360 元/(月·人)
厂房租金 0.4~0.6 元/(m²·天)	厂房售价 2500~3500 元/m²
楼宇租金 2.0~5.0 元/(m²·天)	楼宇售价 25000~55000 元/m²

六、西南地区的高新区投资指引

截至2023年6月30日,西南地区共有国家级高新区19家,其中重庆4家、四川8家、贵州3家、云南3家、西藏1家。此处每个省罗列部分具有代表性的高新区作为参考(表30-17)。

表30-17 西南地区的国家级高新区分布

省 份	高新区名称	主 导 行 业
重庆	重庆高新区	汽车、电子及通信设备、新材料
	璧山高新区	装备制造、互联网
	荣昌高新区	消费品、电子信息、生物医药
四川	成都高新区	电子信息、生物医药、新经济
	绵阳高新区	电子信息、汽车及零部件、新材料
	自贡高新区	节能环保、装备制造、新材料

续表

省　份	高新区名称	主　导　行　业
贵州	贵阳高新区	装备制造、电子信息、生物医药
	安顺高新区	装备制造、医药、航空机械
	遵义高新区	新能源、先进装备制造、健康医药
云南	昆明高新区	生物医药、新材料、装备制造
	玉溪高新区	装备制造
	楚雄高新区	生物医药、装备制造
西藏	拉萨高新区	医疗医药、电子信息

重庆高新区

（一）高新区概况

重庆高新区地处重庆中心区西部的山谷地带，规划面积为1198平方千米，以面积313平方千米的直管园为中心布局发展。目前，高新区围绕"科学之城，创新高地"的发展方向，把目标确立为"科学家的家园，创业者的城市"，加速向全国的科技创新中心迈进。2022年高新区生产总值达到706.13亿元，同比增长5.9%。

（二）主导产业

1. 产业现状

重庆高新区目前打造了新一代信息技术、生命健康、绿色低碳、高技术服务四大主导产业。战略性新兴产业产值占工业总产值比重达87.4%，成为全球最大的笔记本电脑制造基地，年产笔记本电脑等智能终端设备占全球近四分之一。

首屈一指的新一代信息技术产业，规模保持稳步增长，自2016年以来产值年均增速始终保持在10%以上，到2020年达到了2259亿元。重庆高新区聚集众多电子产业龙头企业，如广达、英业达、海力士、华润微电子等，已经初步形成以西永微电园和金凤电子信息产业园为代表的产业集聚区。

2. 未来规划及政策解读

2022年1月14日，重庆市政府印发了《重庆高新区国民经济和社会发展第十四个五年规划和二〇三五年远景目标纲要》，对高新区的未来产业做出如下规划。

（1）重点发展新一代信息技术产业。聚焦集成电路、智能终端、先进传感器、工业互联网、人工智能等领域，加快形成新一代信息技术产业生态体系。到2025年，力争新一代信息技术产业产值超过3500亿元。

（2）突出发展生命健康产业。围绕医疗器械、生物药两大核心领域和化学药、中医药、医养健三大重点领域，加大产业主体培育引进、创新要素集聚、对外合作链接力度，打造集专业化、高端化、制造与服务为一体的"西部生命芯谷"。到2025年，力争生命健康产业产值超过500亿元。

（3）加快发展绿色低碳产业。围绕新能源及智能网联汽车、节能环保装备和新型储能等重点领域，完善"双碳"经济相关产业链与创新链，打造具有区域影响力的"双碳"经济示范区。到2025年，力争绿色低碳产业产值超过500亿元。

(4) 大力发展高技术服务业。重点发展研发孵化、软件信息、检验检测、数字文创、科技金融五大领域,着力引进服务业总部机构、领军企业、旗舰项目、功能平台。到2025年,力争高新技术服务业营业收入达到300亿元。

(三) 投资优势

重庆高新区创新平台资源丰富,汇聚了一大批尖端的实验装置和研究院所。目前,重庆已集聚了14所高校,拥有市级以上的研发平台达到272家。这些平台不仅推动了科研的进步,还为产业发展提供了强大支持。此外,高新区获得了全国首批国家应用数学中心的称号,进一步提升了在数学研究和应用领域的实力。社会研发经费投入占地区生产总值的比重达到4.9%。

在金融服务方面,高新区提供了知识价值信用贷款、"助保贷"、种子基金等多种融资方式,帮助科研项目和初创企业获得足够的资金支持。同时,重庆还发布了人才、创新、产业、金融相互促进的"金凤凰"政策,为重庆的科技创新和产业发展提供了全方位的政策支持。

(四) 投资成本

重庆高新区投资成本参考如表30-18所示。

表30-18 重庆高新区投资成本参考

水价2.53元/m³	天然气4.9元/m³
用电成本0.3974~0.8474元/度	人工成本≥1500元/(月·人)
厂房租金0.5~0.83元/(m²·天)	厂房售价2500~3000元/m²
楼宇租金1.1~1.8元/(m²·天)	楼宇售价8000~15000元/m²

成都高新区

(一) 高新区概况

成都高新区同属首批开展建设的国家级高新区,经过十几年的发展被科技部认定为全国创建"世界一流高科技园区"试点,并且成为我国西部首个国家自主创新示范区。2022年,成都高新区实现地区生产总值3016亿元,迈上3000亿元台阶,综合实力长期位于全国高新区第一方阵。

(二) 主导产业

1. 产业现状

成都高新区目前打造了电子信息、生物医药和数字经济三大主导产业。

(1) 电子信息产业。电子信息产业支撑有力。成都高新区被评为全国第三代半导体最具有竞争力产业园区,位居中国集成电路园区综合实力榜单第三位,形成了以集成电路、新型显示、智能终端以及网络通信四大产业链为主的产业体系,在世界电子信息产业拥有一定的话语权。

(2) 生物医药产业。生物医药产业进位提速。2022年成都高新区生物医药产业产值超过1200亿元,同比增长20%,在科技部面向全国生物医药产业园区的综合竞争力排名中位列第三位。拥有国内首个重大新药创制国家科技重大专项成果转移转化试点示范基地,拥有国内唯一的国家精准医学产业创新中心、国家卫生健康委科技发展中心全国首个示范平台落地。汇聚了赛诺菲、艾尔建、蓉生、迈克生物、美敦力等生物医药企业3000余家,已经形成现代中药、化学药、生物制剂、医疗器械等重点产业集群。

(3)数字经济产业。数字经济量质齐升。2022年数字服务业实现营收1431.4亿元、同比增长8.9%,引进腾讯未来中心、抖音生活服务全国总部等百亿级项目2个。超高清视频创新中心获批成为全省首个国家制造业创新中心,建成全省首个智能驾驶示范场景。

2. 未来规划及政策解读

成都市政府于2021年11月印发了《成都高新技术产业开发区"十四五"发展规划》,对成都高新区的未来发展作如下规划。

(1)巩固加强电子信息产业链发展。以成渝共建世界级电子信息产业集群为机遇,大力推进电子信息产业升级,培育出世界一流的电子信息产业基地、国家科技创新示范基地、功能区产城融合升级典范。到2025年,实现电子信息产业规模以上企业超过200家,总产值年均增速超过10%,达到6200亿元。

(2)提升医药健康产业全球显示度。重点支持现代生物技术药、化学创新药、高性能医疗器械、专业外包服务、健康服务等5大领域。到2025年,成都高新区医药健康产业规模翻两番,总规模达到2500亿元,进入全国医药产业园区第一梯队。

(3)巩固提升新经济产业全国竞争力。攻关抢位基础软件和工业软件、工业互联网、区块链、卫星互联网四大新兴领域,加快建设国家级人工智能产业融合发展核心区,力争成为中西部创新能力最强、创业速度最快、经济活跃度最高、城市形象最优的产业功能区,打造具有国际竞争力的新经济技术产业集聚区。到2025年,规模以上软件和信息技术服务业、新经济属性服务业营收达到2100亿元。

(三)投资优势

成都高新区创新生态持续优化。高新技术企业数量达4320家,净增量首次突破1000家;科技型中小企业数量达3900家、增长约25%,稳居全国高新区第一方阵。吸纳各类高端人才超75万人,平均年新增高新区从业员工超过10万人、吸引本科人才落户成都近5万人。各类人才创办科技企业超过10万家。拥有各级各类学校215所、高等院校5所,拥有国家重点实验室2个、院士工作站33家。

(四)投资成本

成都高新区投资成本参考如表30-19所示。

表30-19 成都高新区投资成本参考

水价2.95元/m³	天然气4.9元/m³
用电成本0.3974~0.8474元/度	人工成本≥2360元/(月·人)
厂房租金0.4~0.6元/(m²·天)	厂房售价2500~3500元/m²
楼宇租金2.0~5.0元/(m²·天)	楼宇售价25000~55000元/m²

七、西北地区的高新区投资指引

截至2023年6月30日,西北地区共有国家级高新区17家,其中陕西7家、甘肃2家、青海1家、宁夏2家、新疆5家。此处每个省罗列部分具有代表性的高新区作为参考（表30-20）。

表30-20 西北地区的国家级高新区分布

省份	高新区名称	主导行业
陕西	西安高新区	半导体、智能终端、装备制造
	宝鸡高新区	先进制造、新材料、电子信息
	杨凌高新区	绿色食品、生物医药、涉农装备
甘肃	兰州高新区	生物医药、电子信息、新材料
	白银高新区	生物医药、电子信息、新材料
青海	青海高新区	精细化工、有色金属、生物医药
宁夏	银川高新区	装备制造、重藏医药、食品
	石嘴山高新区	新材料、装备制造、纺织
新疆	乌鲁木齐高新区	新材料、电子信息、生物医药
	新疆生产建设兵团石河子高新区	信息技术、通用航空、节能环保
	克拉玛依高新区	装备制造和油气技术服务、油气化工、新能源、新材料

西安高新区

（一）高新区概况

西安高新区是西北地区建立最早、发展最好的高新区，地处西安市西南部，经过多年的快速发展，目前是我国西北区域经济规模最大的高新区，成为西北创新发展的重要增长极。2021年西安高新区总产值达到2681亿元，增量271亿元；2022年高新区实现生产总值3104.3亿元。

（二）主导产业

1. 产业现状

西安高新区目前打造了光电子信息、生物医药、智能制造、汽车、新材料新能源等5大主导产业。2022年，西安高新区成功实现拥有汽车产业、电子信息两大破千亿级产业集群，新增两家市值破千亿级企业；目前已经成为国际生产规模最大的闪存芯片基地以及最大的新能源整车基地；5大主导产业产值同比增长了46.7%，总投资超过1000亿元；2022年高新区新增10家上市企业，累计已经达到75家，总市值超过4000亿元。

2. 未来规划及政策解读

2021年11月1日，西安高新区管委会印发了《西安高新区国民经济和社会发展第十四个五年规划和二〇三五年远景目标纲要》，对高新区未来的产业作如下规划。

（1）打造以半导体为关键点的国际级光电子产业集群。重点发展半导体、智能终端两大核心产业，提升电子元器件产业能级。半导体产业重点发展存储芯片，加快布局逻辑芯片、光子芯片和第三代半导体，完善半导体制造设备与材料配套，建设先进硅光平台。智能终端以智能手机制造为核心，加快发展可穿戴设备，家用、专用智能终端，提高智能终端本地配套率。到2025年,光电子产业产值达到2300亿元,打造全球光电子技术原始创新高地和光电子产业发展主阵地。

(2)打造以新能源汽车为核心的汽车产业集群。坚持电动化、网联化、智慧化发展导向,重点开发汽车整车与核心零部件领域,完善智能网联增量零部件产业链。整车制造,依托比亚迪等龙头企业,大力发展插电式混动车型与纯电动乘用车型,拓展纯电动商用车。汽车核心零部件,重点布局汽车芯片,加强研发动力电池、变速器、通用零部件制造能力,加快布局充换电设备智能网联增量零部件,重点发展车载摄像头、雷达、传感器、智慧座舱。到2025年,努力实现汽车产业产值超过800亿元,打造全国一流的新能源汽车产业基地。

(3)打造以智能电力和航空航天为特色的智能制造产业集群。重点发展智能电力装备、航空航天装备,培育提升工程装备与新型轨道交通装备。智能电力装备,发展超特高压输配电设备、光伏逆变器,打造"关键零部件—输变电成套装备—智能电力解决方案"的电力装备产业链。航空航天装备,重点发展专用无人机、航空电子设备、空天组合动力。到2025年,智能制造产值达到350亿元,打造特色凸显、生态完备的智能制造产业集群。

(4)打造以高端医疗器械为中心的生物医药产业集群。重点发展高端医疗器械,加快在生物创新药和化学创新药领域的布局,拓宽现代中药产业。重点发展植入医疗器械、高价值医用材料、高性能诊疗设备。生物药方面,重点发展CAR-T细胞疗法药物产品。化学药方面,重点发展化学创新药。现代中药方面,重点发展中药经典名方、中药独家品种、配方颗粒、特殊膳食等领域。到2025年,生物医药产值达到350亿元。

(5)打造以氢能和光电材料为核心的新能源新材料产业集群。重点发展新材料及新能源产业,加快布局前沿新材料。基础新材料方面,重点支持新一代硅基半导体材料、空天复合材料、增材制造材料、生物医用材料。前沿新材料加快谋划布局光子材料、超导材料、石墨烯材料、液态金属材料和稀土新材料。新能源方面,以氢能源为核心,加快发展可再生能源电解水制氢设备、工业副产氢提纯装备等制氢装备,培育引进氢燃料电池系统、加氯储氰设备和氢能源商用车。到2025年,新能源新材料产值达到400亿元。

(三)投资优势

西安高新区较早构建起从研发到科技孵化、再到企业产业化的全方位式科创体系,聚集高等院校13所、科研院所50家,重点实验室、工程技术中心等创新平台313个,新型研发机构189家。2022年成功争创全国唯一综合性科学中心和科创中心的"双中心"核心承载区,新增科技型中小企业4607家,完成技术合同交易额1100亿元,较去年增长超过60%;高新技术产业领域产值、战略性新兴产业产值的同比增速均超过了30%,成为科技自立自强的重要承载地。

(四)投资成本

西安高新区投资成本参考如表30-21所示。

表30-21 西安高新区投资成本参考

水价2.0元/m³	天然气1.98元/m³
用电成本0.44元/度	人工成本≥1800元/(月·人)
厂房租金0.4~0.6元/(m²·天)	厂房售价2500~3500元/m²
楼宇租金0.7~1.1元/(m²·天)	楼宇售价5000~15000元/m²

乌鲁木齐高新区

(一)高新区概况

乌鲁木齐国家高新技术产业开发区成立于1992年,规划面积243.42平方千米。截至2022年底,拥有高新技术企业216家,占新疆的15.8%。2022年地区生产总值1437亿元,在各项主要经济指标中,生产总值、财政收入、金融业增加值占GDP和第三产业产值比重、社会融资总规模量、存贷款规模数量和质量效益等主要经济指标均在新疆处于领先地位。2022年荣登全国综合实力百强区第34位。

(二)主导产业

1. 产业现状

乌鲁木齐高新区大力培育发展了新材料、生物医药、新一代信息技术和现代服务业四大主导产业。

新材料产业初步建成了以新疆众和股份有限公司为龙头的铝基电子新材料和以莱沃科技、凯沃科技为骨干的高分子复合材料产业集群。生物医药与大健康产业聚集了全疆70%以上的企业,已经形成民族药特色药、生物制药、化学原料药与制剂药、医药与医疗器械流通和医疗健康服务为特色的产业集群。新一代信息技术相关数字产业企业超过1100家,创立新疆首个信息技术品牌"欣光",实现高端服务器及核心部件在新疆的国产化、本地化生产制造。现代服务业迅速崛起,总部经济、金融、信息服务、电子商务等新兴服务业支撑能力显著提升,先后被评为国家级"双创示范基地""绿色园区"。

2. 未来规划及政策解读

高新区管委会于2021年6月印发了《高新区(新市区)国民经济和社会发展第十四个五年规划和2035年远景目标纲要》,未来将重点打造四大产业集群。

(1)新材料产业集群。重点引进培育具备核心技术的行业细分龙头企业及上下游配套企业,创建一批科技孵化中心、创业创新载体,扶持一批国家级企业技术中心,支持新材料产业领域的技术研究,实现技术、产品和实际应用逐步迈向高端化、高附加值化。

(2)生物医药与大健康产业集群。重点盘活现有产业园区,由政府资金引导社会资金和民间资金一起投资一批特点鲜明、定位清楚、配套完善、绿色可持续的产业园。大力培育一批龙头骨干企业,在药品和医疗器械行业培育出一批智能供应链示范公司。扶持综合实力达标的企业通过扩张规模、兼并重组、资产收购等发展壮大,支持企业引入其上下游企业来园区发展,加快产业链上下游延伸补强。

(3)新一代信息技术产业集群。围绕园区现有新型信息技术服务等产业集群进一步加强、补齐产业链,发展产业上下游以及邻近产业分类。支持辖区企业信息技术创新集成、适配、检测认证、培训及展示中心等建设,筹划打造信息安全产业基地。强化智慧安防产业集群,完善新型信息技术服务生态。支持通信设施和服务企业,加快5G网络等信息基础设施建设和服务,推动5G网络区域全覆盖。支持云计算与大数据产业发展,培育数据平台产业生态,鼓励企业优先采购本地数字产业企业服务。

(4)先进装备制造产业集群。以培育高端、提升能力为重点,大力发展智能农机装备、新能源矿车装备等产业。加快装备制造产业由生产型制造型为主向服务型制造型为主转变,引导该产业向研发设计、智能制造、维护服务等领域延伸,形成涵盖研发、设计、制造、服务等各个环节的全产业链,促进制造业由产业链低端向高端迈进。

(三)投资优势

自2015年来,乌鲁木齐高新区科技管理体制改革不断推进,科技创新步伐和成果转化快速推进,出台科技政策环境持续优化,国内外科技合作与交流日益活跃。新区"双创"工作作为优秀案例入选《全国双创示范基地创新创业百家案例》,拥有众创空间17家(其中国家级7家),科技企业孵化器11家(其中国家级3家),科技型企业1764家,高新技术企业达166家,累计使用孵化面积达41万平方米,已建成全疆创新能力最强的孵化器体系,成为高新技术产业聚集地和创新示范区。

(四)投资成本

乌鲁木齐高新区投资成本参考如表30-22所示。

表30-22 乌鲁木齐高新区投资成本参考

水价 2.0 元/m³	天然气 1.98 元/m³
用电成本 0.44 元/度	人工成本≥1800 元/(月·人)
厂房租金 13 元/(m²·月)	采暖费用 22 元/m²
楼宇租金 35 元/(m²·月)	楼宇售价 1200~2500 元/m²

参 考 文 献

[1] Porter M E. Clusters and the New Economics of Competition[J]. Harvard Business Review,1998, 76:77-90.
[2] Pierre-Philippe C,Duranton G,Gobillon L,et al. Industrial Agglomeration and Spatial Persistence: Entry,Growth,and Exit of Software Publishers[J]. Econometrica,2012,80(6).
[3] 孙彪,杨山.多中心作用下大城市房价空间分异的特征及影响因素:以合肥市为例[J].长江流域资源与环境,2021,30(7):1538-1546.
[4] 廖爱红.基于高新区演进的企业创新决策机制研究[D].长春:吉林大学,2022.
[5] 解佳龙,胡树华,王利军.高新区发展阶段划分及演化路径研究[J].经济体制改革,2016(3):107-113.
[6] 孙元元,杨壮.国家级新区如何促进地区经济增长:人口规模的扩张还是发展质量的提升[J].经济问题探索,2021,471(10):123-140.
[7] 谢果,李凯,叶龙涛.国家级新区的设立与区域创新能力:来自70个大中城市面板数据的实证研究[J].华东经济管理,2021,35(10):48-58.
[8] 于棋.国家级新区建设中的制度建构研究[D].济南:山东大学,2022.
[9] 宁越敏,张凡.中国省会城市首位度变化分析:兼论省会城市的高质量发展[J].同济大学学报,2021, 32(3):92-100.
[10] 宋准,孙久文,夏添.承接产业转移示范区促进了城市创新创业吗?基于城市层面面板数据的研究[J].西南民族大学学报,2022,43(12):121-131.
[11] 李婉红,刘芳,刘天森.国家级高新区提升了城市创新效率吗?基于空间集聚调节效应的实证检验[J].管理评论,2022,34(5):93-108.
[12] 高安刚,张林.异质性创新模式对区域企业成长的影响研究[J].科技与经济,2018,31(6):21-25.
[13] Carboni O A. Heterogeneity Structural Change and Economic in 研发 collaboration:An Dynamics [J]. June Empirical Vestigation,2013,25:48-59.
[14] Ahmad A J. A Mechanisms-driven Theory of Business Incubation[J]. International Journal of Entrepreneurial Behaviour & Research,2014,20(4):375-405.
[15] 李培鑫,张学良.城市群集聚空间外部性与劳动力工资溢价[J].管理世界,2021,37(11):121-136, 183,9.
[16] 王兴棠.与强者为伍还是与弱者结盟?供应商研发合作对象选择机制研究[J].软科学,2022,36 (10):77-83.
[17] 吴和成,李犟.中国高技术产业技术创新效率动态演进[J].河海大学学报,2020,22(3):58-65,107.
[18] 钟珍,旷毓君,纪建强.政府补贴、企业研发投入与军工企业技术创新能力[J].科学管理研究,2022, 40(4):107-116.
[19] 王青娥,赵露薇,张少锦.基于目标导向的科技创新模式选择与实证分析[J].铁道科学与工程学报, 2022,19(2):562-569.
[20] 段龙龙,王林梅.营商环境、中小企业成长与地区创新能力[J].数量经济研究,2021,12(1):92-110.
[21] Becker W,Dietz J. 研发 Cooperation and Innovation Activities of Firms:Evidence for the German

Manufacturing Industry[J]. Research Policy,2004,33(2):209-223.

[22] Miotti L,Sachwald F. Co-operative 研发:Why and with Whom?:An Integrated Framework of Analysis[J]. Research Policy,2003,32(8):1481-1499.

[23] 冯再雷,司武斌.定远县深化科技特派员制度赋能乡村振兴[J].安徽科技,2022,405(11):32-34.

[24] 李志鹏,等.基于大数据的福建省科技特派员服务云平台构建与实现[J].农业大数据学报,2021,3(4):59-69.

[25] 廖晓东,李奎,赖培源.基于双边匹配理论的广东企业科技特派员与企业技术需求精准匹配研究[J].决策咨询,2021(2):76-80.

[26] 王建秀,李星辰,韩博.基于后疫情时代背景的政府补贴与企业生存研究[J].经济问题,2022,519(11):58-66.

[27] 许学国,吴鑫涛.产学研协同模式下关键核心技术创新演化与驱动研究[J].科技管理研究,2023,43(4):1-11.

[28] Cin B C,Young-Jun K,Nicholas-S V. The Impact of Public 研发 Subsidy on Small Firm Productivity:Evidence from Korean SMEs[J]. Small Bus. Econ,2017,48(2):345-360.

[29] 王京雷,赵静,陈升.国家级高新区创新效率及其城市环境因素影响分析[J].企业经济,2022,41(3):100-111.

[30] 李慧,温素彬,焦然.企业环境文化、环境管理与财务绩效:言而行,行有报吗?[J].管理评论,2022,34(9):297-312.

[31] 钞小静,廉园梅,沈路.中国经济高质量发展的时空差异与收敛特征研究:基于"条件—过程—结果"的三维测度[J].财经问题研究,2023,472(3):3-21.

[32] 夏茂森,白云飞,刘建伟.财政科技经费投入对区域创新的绩效影响与区域比较[J].地方财政研究,2022,216(10):95-105.

[33] 程南静.国家级高新区的设立对城市创新能力的影响[D].南京:南京大学,2021.

[34] 白俊红,张艺璇,卞元超.创新驱动政策是否提升城市创业活跃度:来自国家创新型城市试点政策的经验证据[J].中国工业经济,2022(6):61-78.

[35] 徐紫嫣.人力资本积累与服务业劳动生产率关系探究:基于服务消费与技术创新的双重视角[J].改革,2023,348(2):105-117.

[36] 许士道,江静,郑洁.国家级高新区设立推动产业协同集聚了吗?基于双重差分法的实证检验[J].经济问题探索,2022,484(11):113-127.

[37] 周国富,陈鑫鹏.国家级新区建设对区域经济发展的影响[J].经济经纬,2022,39(3):3-14.

[38] 蔡莉,张玉利,陈劲,等.中国式现代化的动力机制:创新与企业家精神——学习贯彻二十大精神笔谈[J].外国经济与管理,2023,45(1):3-22.

[39] 陈鹏鑫,曾刚,胡浩,等.国家级高新区研发人员集聚的空间特征与影响因子探究[J].世界地理研究,2023,32(1):80-91.

[40] 郭雪萌,王志刚.高新区与区域经济协同发展的机理分析及实证研究[J].东岳论丛,2021(1):004.

[41] 蒋敏.数字经济与三农产业融合机制创新研究[J].智慧农业导刊,2023,3(2):72-77.

[42] 李星棋.黄陵工业园区成功创建省级高新技术产业开发区[N].延安日报,2023-02-06(001).

[43] 刘愫,彭恺.基于创新生态系统理论的高新区创新空间集群形成机理研究:以武汉东湖高新区为例[J].华中建筑,2023,41(2):104-108.

[44] 乔榛.建设全国统一大市场的法治化之路[J].上海政法学院学报(法治论丛),2023,38(1):27-37.

[45] 任保平.新发展格局下"数字丝绸之路"推动高水平对外开放的框架与路径[J].陕西师范大学学报(哲学社会科学版),2022,51(6):57-66.

[46] 施蕾.国家级高新区高质量发展评价研究[J].甘肃科技,2019,35(22):58-61.

[47] 汪涛,杨雪梅.高校技术创新溢出能力对国家大学科技园孵化效率的影响[J].华中师范大学学报(自然科学版),2021,55(5):876-889.

[48] 解佳龙,熊晓雪.国家级高新区创新资源集聚分异与空间极化格局[J].管理现代化,2022,42(6):14-21.

[49] 新时代高新区开展区域合作的理论与实践(上)[J].新材料产业,2020(5):72-76.

[50] 新时代高新区开展区域合作的理论与实践(下)[J].新材料产业,2020(6):61-66.

[51] 徐顽强,胡文强.基于生产要素视角的国家级高新区建设进程解构及优化研究[J].科技管理研究,2020,40(15):150-156.

[52] 周新军,刘向阳.国家级高新区管理制度创新研究[J].华北电力大学学报(社会科学版),2019(6):59-69.

[53] 专家支招:民企如何把握两会重大发展机遇[N].中华工商时报,2021-03-17(003).

[54] 白冰,潘效华.关于创新开发区管理体制机制的思考[J].行政科学论坛,2022,9(2):15-20.

[55] 匡贞胜,赖思振.管理体制、空间类型与功能区经济绩效:基于国家级高新区2008—2017年面板数据的实证分析[J].管理评论,2022,34(4):34-43.

[56] 大力推进经济开发区体制机制改革[J].中国机构改革与管理,2021(7):42-43.

[57] 国务院关于促进国家高新技术产业开发区高质量发展的若干意见[J].安装,2020(8):1-2,4.

[58] 许恬.促进国家级高新区高质量发展发挥好示范引领和辐射带动作用国务院印发《关于促进国家高新技术产业开发区高质量发展的若干意见》[J].中国科技产业,2020(7):51-52.

[59] 周新军,刘向阳.国家级高新区功能偏离与回归本位分析[J].党政干部学刊,2020(1):57-63.

[60] 刘向阳,周新军.高新区管理体制改革与完善研究[J].科技创业月刊,2019,32(12):44-47.

[61] 李兴开,李宇辉,卢东宁.国家级高新区管理政策创新研究综述[J].经济研究导刊,2019(36):174-177,179.

[62] 长城企业战略研究所.国家级高新区管理体制创新研究[J].新材料产业,2019(10):65-70.

[63] 倪星,黄天梁.从"共谋"到"共演":高新区管理体制的变迁逻辑:基于东莞市S高新区的案例研究[J].江汉论坛,2019(8):17-22.

[64] 张振,陆卫明.新时代加强和创新社会治理的理论与实践:学习习近平关于社会治理的重要论述[J].党的文献,2019(4):3-8.

[65] 王宏志.动能转换创新为先为全国高新区践行高质量发展探索"济南经验"[J].产业创新研究,2019(7):1-2.

[66] 魏澄荣.高新区转型发展的路径选择[J].社科纵横,2018,33(10):43-46.

[67] 王胜光,朱常海.中国国家级高新区的30年建设与新时代发展:纪念国家级高新区建设30周年[J].中国科学院院刊,2018,33(7):693-706.

[68] 刘斌,王红兵.创新驱动发展背景下国家级高新区的功能定位分析[J].科学管理研究,2017,35(3):1-5.

[69] 曾绍伦,林蕴慧.产业链韧性研究进展与展望[J].科技促进发展,2023,19(Z2):474-483.

[70] 中国工程科技发展战略研究院2023中国战略性新兴产业发展报告[M].北京:科学出版社,2023.

[71] 于棋.国家级新区建设中的制度建构研究[D].济南:山东大学,2022.

[72] 刘馨,俞鹏飞.我国软件名城发展现状与建议[J].电子产品可靠性与环境试验,2021,39(5):103-107.

[73] 李争粉.高擎火炬照亮高新技术产业发展之路[N].中国高新技术产业导报,2021-06-28(002).

[74] 方嘉宇.区域发展政策对企业创新的影响研究[D].长沙:湖南大学,2021.

[75] 李玥,徐永兴,武川.科技创新服务平台供需匹配决策[J].系统工程,2021,39(4):30-39.

[76] 刘洋.新时代高新区管理体制转型研究[D].苏州:苏州大学,2021.

[77] 刘旭.商业银行对战略性新兴产业授信风险的评估[D].包头:内蒙古科技大学,2020.

[78] 边俐婷.促进辽宁省高新技术产业发展的公共政策研究[D].大连:辽宁师范大学,2020.

[79] 陈潇.现代职业教育治理的政府责任研究[D].天津:天津大学,2017.

[80] 郑博儒.粤苏浙鲁四省国家级高新区创新能力比较分析:基于《国家级高新区创新发展报告 2013》[J].广东科技,2015,24(14):15-17.

[81] 杨苓.上海市杨浦区云计算产业发展策略研究[D].上海:复旦大学,2013.

[82] 陈梅.关于高新技术产业园区投资软环境建设的研究[D].西安:西安建筑科技大学,2006.

[83] 王皓东.中国高新技术产业开发区企业集群系统研究[D].南宁:广西大学,2004.

[84] 洪森.国家级高新区一区数核多园发展模式研究[J].中国科技产业,2023(8):54-57.

[85] 马丽亚,戴宏伟.国家级高新区、科技创新与产业集聚:基于空间双重差分模型的实证分析[J].山西财经大学学报,2023,45(8):70-85.

[86] 姜琴,等.高新区高质量发展评价体系的构建与实施:南京高新区 1991—2021 年纵向案例[J].科技管理研究,2023,43(13):57-63.

[87] 范玉仙,张翊.中国式现代化视域中人民美好生活的理论内涵与适配路径[J].管理学刊,2023,36(3):120-131.

[88] 杜明军.绿色低碳转型重塑区域发展格局的战略思考[J].中国国情国力,2023(5):43-46.

[89] 段艳红,石义寿,王世豪.新时代广东高新区产业集群发展实践经验及深化对策[J].科技创新发展战略研究,2023,7(2):17-22.

[90] 马光明,高源.居民受教育广度、深度与文化产品进口[J].国际商务(对外经济贸易大学学报),2023(2):52-66.

[91] 任慧玲,周庆元,于斌.科教兴国、人才强国、创新驱动发展战略再认识[J].中国集体经济,2023(6):79-82.

[92] 张倩,朱新超.能源绿色低碳转型助推"双碳"战略实施[J].煤炭经济研究,2023,43(1):17-25.

[93] 雷一鸣,唐兴军.论共同富裕视域下的社会结构及其优化[J].学校党建与思想教育,2023(2):7-10.

[94] 何眉.国家自主创新示范区建设:战略定位、典型特征与路径选择[J].财会研究,2023(1):71-80.

[95] 王立斌.太仓高新区高质量发展路径探析[J].产业科技创新,2022,4(6):18-20.

[96] 任保平.从中国经济增长奇迹到经济高质量发展[J].政治经济学评论,2022,13(6):3-34.

[97] 姚枝仲.奉行互利共赢开放战略推进高水平对外开放[J].财经智库,2022,7(6):11-20,134-135.

[98] 钱文波.国家级高新区高质量发展水平评价及优化研究[D].大连:东北财经大学,2022.

[99] 孙婷,孙欢.试论金融与科技协同集聚对国家级高新区高质量发展的影响[J].新西部,2022(10):65-67.

[100] 潘教峰,王光辉.创新驱动发展战略的实施及成效[J].科技导报,2022,40(20):20-26.

[101] 孙红军,杜琴.国家级高新区绿色全要素生产率的区域差异与驱动因素[J].智库理论与实践,2022,7(5):91-102.

[102] 戴翔,李亚.数字技术、全球价值链重构与中国开放战略调整[J].治理现代化研究,2022,38(5):31-40.

[103] 刘军,钱宇,段蓉蓉.产业共生集聚:一种循环型产业集聚的新形态[J].江苏社会科学,2022(4):152-162,244.

[104] 赵虎,等.体现产城融合导向的高新区空间规划对策体系研究:以枣庄高新区东区为例[J].城市发展研究,2022,29(6):15-21.

[105] 何寿奎,薛琼琼,马维文.国家级高新区高质量发展的内在机理及发展路径研究[J].资源开发与市场,2022,38(8):986-995.

[106] 张占仓.科学稳健实施绿色低碳转型战略路径研究[J].改革与战略,2022,38(4):1-13.

[107] 廖爱红.基于高新区演进的企业创新决策机制研究[D].长春:吉林大学,2022.

[108] 潘教峰,万劲波.新时代科技强国战略[J].中国科学院院刊,2022,37(5):569-577.

[109] 梁建华.当代中国大众文化价值引领研究[D].成都:西南财经大学,2022.

[110] 龙海波.中小城市新区产城融合发展研究:以邯郸冀南新区为例[J].开发研究,2021(6):51-57.

[111] 罗仁朝,等.基于共生融合理念的创新空间设计:镇江国家级高新区"云创空间"案例考察[J].安徽建筑,2022,29(2):6-7,156.

[112] 周力."双碳"目标下国家级高新区绿色发展研究[J].中国环境管理,2021,13(6):7-12.

[113] 刘荣荣."碳中和"战略愿景下的绿色低碳发展对策研究[J].清洗世界,2021,37(11):57-58.

[114] 王一鸣.中国碳达峰碳中和目标下的绿色低碳转型:战略与路径[J].全球化,2021(6):5-18,133.

[115] 马海涛,等.国家级高新区绿色发展评价指标体系建构研究[J].发展研究,2021,38(10):61-70.

[116] 仇华飞,叶心明.习近平对外开放战略理论与实践的继承和创新[J].国外社会科学,2021(5):4-12,156.

[117] 徐正丽,肖尧.政策工具视角下西部地区高新区科技人才政策研究[J].大众科技,2021,23(8):99-101.

[118] 史芬芬,王晟,曾麒.国家级高新区如何实现绿色发展[J].国际人才交流,2021(8):30-31.

[119] 郭铁成.大战略引领我国科技跃升:庆祝中国共产党成立100周年[J].北京交通大学学报(社会科学版),2021,20(3):1-8.

[120] 杨斌,刘会武,胡一鸣.国家级高新区人才吸引力表现:北深广位居前三[J].科技中国,2021(6):74-79.

[121] 刘杨.以科技创新为抓手赋能高新区"双碳"发展[J].科技中国,2021(6):80-82.

[122] 程子玲,等.国家级高新区人才国际化与新时期海外科技引才政策建议[J].中国科技产业,2021(5):36-40.

[123] 张学文,陈劲.科技自立自强的理论、战略与实践逻辑[J].科学学研究,2021,39(5):769-770.

[124] 王丙参,魏艳华,朱琳.中国经济发展水平的综合评价[J].统计与决策,2021,37(9):97-100.

[125] 宋新.率先发力碳中和国家级高新区绿色发展专项行动启动[J].今日科技,2021(3):29.

[126] 冯烽.开发区在构建"双循环"新发展格局中的支点作用与提升路径[J].当代经济管理,2021,43(7):61-68.

[127] 沙德春,胡鑫慧,赵翠萍.中国创新型产业集群创新效率研究[J].技术经济,2021,40(2):18-27.

[128] 马德彬,等.徐州市铜山区产城融合发展的测度与比较[J].江苏师范大学学报(自然科学版),2021,39(1):14-20.

[129] 周绍东,张宵,张毓颖.从"比较优势"到"国内国际双循环":我国对外开放战略的政治经济学解读[J].内蒙古社会科学,2021,42(1):123-130.

[130] 郭吉龙,等.区域协同:杭州高新区(滨江)富阳特别合作区的探索实践[J].杭州,2020(22):48-49.

[131] 陈思羽,骆天庆.产城融合发展下高新区生活空间提升策略:以漕河泾新兴技术开发区为例[J].城市建筑,2020,17(28):30-35.

[132] 苏晓杰.产城融合背景下传统高新区转型提升路径探索[J].山西建筑,2020,46(17):27-29.

[133] 徐顽强,胡文强.基于生产要素视角的国家级高新区建设进程解构及优化研究[J].科技管理研究,2020,40(15):150-156.

[134] 方浩军.人才集聚与区域产业协同发展的对策研究:以无锡高新区物联网产业发展为例[J].现代营销(经营版),2020(8):108-110.

[135] 王恺乐,熊永兰,宫庆彬.典型国家级高新区人才资源对经济贡献的对比[J].科技导报,2020,38(13):104-112.

[136] 李金华.中国高新技术发展行动的成就及政策思考:基于"火炬计划"实施的测度分析[J].北京工商

大学学报(社会科学版),2020,35(2):22-33.

[137] 冯晓青.关于中国知识产权保护体系几个重要问题的思考:以中美贸易摩擦中的知识产权问题为考察对象[J].人民论坛·学术前沿,2018(17):27-37.

[138] 谭志敏.中国创新驱动发展战略思想体系研究[D].广州:华南理工大学,2018.

[139] 李耕.创新驱动战略下国家级高新区转型发展的方向及对策[J].改革与战略,2017,33(11):103-106.

[140] 廖中举,黄超.中国科技人才创新政策研究[J].上海经济研究,2017(3):17-22.

[141] 张先进.绿色发展理念下的中国国家级高新区发展战略研究[J].改革与战略,2016,32(8):27-30,91.

[142] 解佳龙,胡树华,王利军.高新区发展阶段划分及演化路径研究[J].经济体制改革,2016(3):107-113.

[143] 易漫.软件园虚拟集群风险防控研究[D].成都:西南交通大学,2016.

[144] 张新明.国家级高新技术产业开发区发展要素分析及上海张江高新区实证研究[D].上海:华东师范大学,2013.

[145] 张同斌,高铁梅.财税政策激励、高新技术产业发展与产业结构调整[J].经济研究,2012,47(5):58-70.

[146] 刘德勇,闫爱平."产业共生"是高新区的发展方向:关于国家级高新区未来发展及招商引资的思考[J].中国高新区,2012(5):113-116.

[147] 张克俊,唐琼.高新区动态演化的阶段性、路径依赖性与动力学机制研究[J].经济体制改革,2012(1):47-51.

[148] 王晓倩,任建标.基于企业家视角的高新区发展动力机制研究[J].华东经济管理,2009,23(4):29-31.

[149] 赵敏,李谕齐,肖丕楚.产业集聚、创新扩散与"一区多园"运行模式探讨[J].软科学,2008(11):91-94.

[150] 温献民.高新技术产业园区阶段跨越研究[D].上海:上海交通大学,2007.

[151] 张忠德.产业集群与高新区发展动力机制研究[J].特区经济,2006(2):282-284.

[152] 俞凯华.基于产业集群的高新区发展导向研究[J].科技进步与对策,2006(1):59-61.

[153] 胡军国.高新技术产业发展公共政策选择研究[D].重庆:西南大学,2005.

[154] 郭胜伟.国家级高新区法律法规体系建设的思考[J].中国高新区,2004(12):60-62.

[155] 朱方伟,高畅,王国红.产业集群的核心要素演进分析[J].科学学与科学技术管理,2004(2):66-69.

[156] 苏东水.产业经济学(第五版)[M].北京:高等教育出版社,2021.

[157] 中国科技发展战略研究小组.中国区域创新能力评价报告 2019[M].北京:科学技术文献出版社,2019.

[158] 王正志.中国知识产权指数报告 2018[M].北京:中国财政经济出版社,2018.

[159] 高鸿业.西方经济学[M].北京:中国人民大学出版社,2014.

[160] 郭孜一.科技金融二元融资模式的国际经验借鉴[J].财会通讯,2023(5):154-158.

[161] 陈舒,等.我国不同地域高新技术企业高质量发展路径研究[J].决策咨询,2023(1):56-59,64.

[162] 焦媛媛,等.区块链赋能视角下保理融资三方演化博弈研究[J].管理学报,2023,20(4):598-609.

[163] 秦涛,等.林业碳汇质押贷款融资模式比较、现实困境与突破方向[J].农业经济问题,2023(1):120-130.

[164] 刘鹏振,等.政府补贴对高新技术企业绿色创新的影响研究:基于企业生命周期和产业集聚视角[J].软科学,2023(5):1-11.

[165] 董珍,缪言.高新技术企业认定政策与企业绩效:兼论高新区建设的调节作用[J].宏观经济研究,

2022(9):141-160.

[166] 徐畅,呼建光.无形资产如何影响高新技术企业债务融资?价值创造、抵押价值与税盾效应[J].科技管理研究,2022,42(11):162-172.

[167] 吴克钊.高新技术企业融资风险及管理研究[J].现代营销(上旬刊),2022(5):49-51.

[168] 刘晨.我国瞪羚企业发展现状与金融支持[J].西南金融,2022(4):19-30.

[169] 黄海滨,等.区域高新技术企业创新发展量化评价实证研究[J].科技管理研究,2021,41(24):67-73.

[170] 贾宁.高新技术企业融资渠道选择研究[J].中国储运,2021(11):150-151.

[171] 张国卿,陈秋声.中小型高新技术企业专利融资问题探讨[J].中国注册会计师,2021(7):102-104.

[172] 沈剑飞,陈艺丹.企业生命周期、行业竞争水平和研发平滑:基于沪深 A 股高新技术企业的实证研究[J].北京理工大学学报(社会科学版),2021,23(4):124-134.

[173] 李剑,郭莹.高新技术企业融资模式创新研究[J].现代商业,2020(27):141-142.

[174] 赵婉婷.高新技术企业风险投资退出机制的国际比较[J].财会通讯,2020(12):156-160.

[175] 刘谊,章新蓉,沈静琦.融资约束、政府补贴与技术创新:基于高新技术企业生命周期视角[J].财会通讯,2019(9):97-102.

[176] 姚晶.高新技术企业供应链融资租赁模式博弈分析[J].合作经济与科技,2018(18):57-59.

[177] 王京雷,陈欣,何增华.国家级高新区创新驱动战略、科技投入与高质量创新[J].东北大学学报(社会科学版),2023,25(3):38-47.

[178] 卢顺平,朱旭迪,包海波.国家级高新区政策机制演进研究:一个基于政策过程的分析框架[J].科技管理研究,2022,42(21):16-23.

[179] 亢延锟,黄海,张柳钦,等.产学研合作与中国高校创新[J].数量经济技术经济研究,2022,39(10):129-149.

[180] 杨骞,陈晓英,田震.新时代中国实施创新驱动发展战略的实践历程与重大成就[J].数量经济技术经济研究,2022,39(8):3-21.

[181] 何寿奎,薛琼琼,马维文.国家级高新区高质量发展的内在机理及发展路径研究[J].资源开发与市场,2022,38(8):986-995.

[182] 李享,等.2020年国家级高新区综合发展与数据分析报告:二[J].中国科技产业,2022(1):46-59.

[183] 李享,等.2020年国家级高新区综合发展与数据分析报告:一[J].中国科技产业,2021(12):16-27.

[184] 张杰,毕钰,金岳.中国高新区"以升促建"政策对企业创新的激励效应[J].管理世界,2021,37(7):76-91+6.

[185] 魏颖,张军,曹方,等.成渝地区双城经济圈国家级高新区高质量发展研究[J].科技管理研究,2021,41(4):75-82.

[186] 肖渊,高春东,魏颖,等.关于做好国家高新技术产业开发区"高"和"新"两篇文章的一些思考[J].中国科学院院刊,2021,36(1):86-92.

[187] 李享,谷潇磊,张琳,等.2019年国家级高新区综合发展与数据分析报告:一[J].中国科技产业,2020(12):42-53.

[188] 孙红军,王胜光.创新创业平台对国家级高新区全要素生产率增长的作用研究:来自 2012—2017 年 88 个国家级高新区关系数据的证据[J].科学学与科学技术管理,2020,41(1):83-98.

[189] 高春东,魏颖,金凤君.国家级高新区发展定位和思路探讨[J].中国行政管理,2019(3):158-159.

[190] 王胜光,朱常海.中国国家级高新区的 30 年建设与新时代发展:纪念国家级高新区建设 30 周年[J].中国科学院院刊,2018,33(7):693-706.

[191] 李明,王卫.基于飞地经济视角的区域经济高质量发展机理与路径[J].经济纵横,2023(6):90-98.

[192] 张双悦,刘明.区域协调发展:战略定位、面临的挑战及路径选择[J].经济问题,2023(5):103-109.

[193] 魏颖,等.国家自创区支撑区域协同发展的路径分析[J].特区经济,2023(3):7-12.
[194] 孙久文,胡俊彦.迈向现代化的中国区域协调发展战略探索[J].改革,2022(9):1-10.
[195] 吕鹏,石林.国家级高新区设立对城市居民收入的影响[J].企业经济,2022,41(8):47-58.
[196] 崔日明,赵鲁南,盛新宇.中国主要经济区贸易强省水平测度及比较[J].国际经贸探索,2021,37(7):69-84.
[197] 苏文松,等.中关村科技园区智慧产业集群的演化过程、动力因素和集聚模式[J].地理科学进展,2020,39(9):1485-1497.
[198] 胡先杰,刘玉栋,姜玲."伙伴园区"建设:园区跨区域合作的新模式[J].中国经贸导刊(中),2020(10):32-35.
[199] 於勇成,等.司法行政化与经济增长:基于市场分割的视角[J].制度经济学研究,2020(2):99-122.
[200] 孙红军,等.中国高新区全要素生产率增长的空间不平衡及影响因素研究[J].软科学,2020,34(1):1-6.
[201] 尹伟华.全球价值链视角下中国制造业出口贸易分解分析:基于最新的WIDD数据[J].经济学家,2017(8):33-39.
[202] 史丹,叶云岭,于海潮.双循环视角下技术转移对产业升级的影响研究[J].数量经济技术经济研究,2023,40(6):5-26.
[203] 陈紫涵,廖泽芳."双循环"新发展格局下现代服务业开放对产业转型升级的影响[J].商业经济研究,2023(1):114-119.
[204] 赵竟楠.产业转型背景下我国高职人才供给结构经济适应性研究[J].广西社会科学,2022(12):164-172.
[205] 林淑君,郭凯明,龚六堂.产业结构调整、要素收入分配与共同富裕[J].经济研究,2022,57(7):84-100.
[206] 米旭明.建设用地审批制度改革与产业结构调整:要素市场发育滞后下的路径之困[J].经济社会体制比较,2022(3):32-43.
[207] 刘康,袁敏,申社芳.产业转移能促进地区产业结构优化升级吗?基于承接产业转移示范区的事实检验[J].科技和产业,2022,22(3):36-46.
[208] 李荣,张冀新.创新型产业集群对国家级高新区集聚效应影响研究[J].技术经济与管理研究,2021(8):114-118.
[209] 王志刚,郭雪萌.利益相关者视角的国家级高新区高质量发展研究[J].北京交通大学学报(社会科学版),2021,20(2):68-78.
[210] 余泳泽,孙鹏博,宣烨.地方政府环境目标约束是否影响了产业转型升级?[J].经济研究,2020,55(8):57-72.
[211] 刘佳骏.中国产业园区转型升级历程与政策建议[J].重庆理工大学学报(社会科学),2019,33(9):41-48.
[212] 卞亚斌,房茂涛,杨鹤松."互联网+"背景下中国制造业转型升级的微观路径:基于微笑曲线的分析[J].东岳论丛,2019,40(8):62-73.
[213] 袁航,朱承亮.国家级高新区推动了中国产业结构转型升级吗[J].中国工业经济,2018(8):60-77.
[214] 刘斌,王红兵.创新驱动发展背景下国家级高新区的功能定位分析[J].科学管理研究,2017,35(3):1-5.
[215] 冯诗媛,杨守云.国家级高新区转型升级的思考及对策[J].中国高新区,2017(8):49.
[216] 陈耀.推动国家级开发区转型升级创新发展的几点思考[J].区域经济评论,2017(2):5-9.
[217] 黄秀娟.以创新驱动为动力,推动产业转型升级[J].现代商业,2017(6):114-115.
[218] 高峻峰,蒋兰,尹波.技术壁垒与互补性资产视角下产业升级路径研究[J].科技进步与对策,2014,

31(24):58-63.

[219] 蒋永穆,廖浩君,谢强.推进中国式经济现代化必须坚持以人民为中心的发展思想[J].政治经济学评论,2023,14(3):22-41.

[220] 凌娟."绿色发展"国内外研究综述[J].中国市场,2023(3):55-57.

[221] 闫晗,侯晓娜.新时代下区域经济绿色发展面临的挑战及对策研究[J].商展经济,2023(2):32-34.

[222] 章胜峰.高质量一体化发展背景下浙江新区绿色化研究[J].金华职业技术学院学报,2022,22(6):35-40.

[223] Zhuoxi Y, Siqi L. Regional Economic Statistics and Green Development: Ecological Thinking for Environmental Quality Development[J]. Journal of Environmental and Public Health,2022,2022.

[224] 董鑫.绿色发展理念价值意蕴探析[J].合作经济与科技,2022(17):17-19.

[225] 杨新梅.中国城市绿色发展研究:理论、测度与影响因素[D].南昌:江西财经大学,2022.

[226] 张素兰,等.中国绿色发展的基础理论、内涵、实现路径及成效[J].环境生态学,2022,4(5):109-114.

[227] Jijian Z, Fengqin L, Xuhui D. Will Green Finance Promote Green Development: based on the Threshold Effect of 研发 Investment[J]. Environmental Science and Pollution Research International,2022,29(40).

[228] 周力."双碳"目标下国家级高新区绿色发展研究[J].中国环境管理,2021,13(6):7-12.

[229] Han Z, Yijun Z. Does environmental regulatory system drive the green development of China's pollution-intensive industries?[J]. Journal of Cleaner Production,2022,330:129832.

[230] 史芬芬,王晟,曾麒.国家级高新区如何实现绿色发展[J].国际人才交流,2021(8):30-31.

[231] 刘传明.环境规制对绿色发展效率的影响效应研究[D].北京:中央财经大学,2021.

[232] 中华人民共和国国民经济和社会发展第十四个五年规划和2035年远景目标纲要[N].人民日报,2021-03-13(001).

[233] 张先进.绿色发展理念下的中国国家级高新区发展战略研究[J].改革与战略,2016,32(8):27-30,91.

[234] 丁长红.浅析高新科技园区发展对环境的影响[J].科技风,2008(19):29.

[235] 陈姚朵,郝义国,涂山峰.东湖高新区科技创新国际化发展研究[J].科技进步与对策,2016,33(6):40-46.

[236] 孙红军,张路娜,王胜光.国家级高新区创新国际化水平及影响因素研究[J].科技进步与对策,2020,37(4):42-51.

[237] 程子玲,等.国家级高新区人才国际化与新时期海外科技引才政策建议[J].中国科技产业,2021(5):36-40.

[238] 陈文丰,马文良,张越.深入推进"一带一路"建设 开启高新区国际化新征程:记"创新双月谈"第三期[J].中关村,2017(3):56-65.

[239] 我国高新区全面进入国际化发展新阶段[J].新材料产业,2017(6):61-62.

[240] 王林川,刘丽,吴慈生.新经济环境下国家级高新区高质量发展评价研究:以10个国家级高新区为例[J].科技管理研究,2021,41(3):33-39.

[241] 常敏,黎晓春,张乐才.新时代我国高新区全面推进产业国际化发展问题研究:以杭州滨江高新区为例[J].甘肃理论学刊,2018(1):100-107.

[242] 韩子睿,魏晶.江苏深入推进创新国际化路径研究[J].科技管理研究,2022,42(19):52-58.

[243] 左茜.杭州推进创新国际化经验与启示[J].现代商贸工业,2021,42(28):29-30.

[244] 孙红军,王胜光,张路娜.国家级高新区创新国际化的地区差距及其分布动态演进[J].技术经济,2019,38(6):58-66.

[245] 曾铁城.深圳高新区实施"走出去"国际化发展战略的经验做法及启示[J].科技创新发展战略研究,

2017,1(1):91-94.

[246] 张园圆,刘建梅,薛永基.中国高校科技企业创新的国际化发展路径研究:基于5个典型案例的比较分析[J].中国高校科技,2022(4):39-44.

[247] 吕瑶.中国与"一带一路"中东欧国家创新国际化发展及模式比较[J].经济问题探索,2019(9):125-136.

[248] 张可心,车向前.国际化都市的语言景观建设:社会文化价值、实践探索与实现路径:以西安市高新区为例[J].郑州航空工业管理学院学报(社会科学版),2023,42(2):66-74.

[249] 杨留花,石磊.国家级高新区科技创新人才吸引力研究:以湖南省典型国家级高新区为例[J].今日科苑,2022(11):68-78.

[250] 张家港高新区管委会.张家港高新区:打造百亿级产业创新集群谱写港城现代化建设新篇[J].中国科技产业,2023(9):43.

[251] 宓伟庆,王海龙.科学统筹创新探索杭州高新区(滨江)开辟土地节约集约新路径[J].浙江国土资源,2023(3):47-48.

[252] 邓文慧,温小乐,徐涵秋,等.新区开发建设及其生态效应:以雄安新区为例[J].生态学报,2023,43(1):263-273.

[253] 张立群.着力打造西部大开发新格局中的重要战略支点:兰州新区开发建设10周年回顾与展望[J].发展,2022(8):8-10.

[254] 刘海连.欠发达开发园区高层次人才队伍建设的思考:以江苏省东海高新区为例[J].人才资源开发,2022(14):6-8.

[255] 闻坤.园区"优等生"之一:深圳高新区8%的土地面积贡献30%的GDP[J].中国中小企业,2022(4):14-16.

[256] 李志远,陈文丰,石妍妍."一区多园"国家级高新区要加强统筹发展[J].经济与管理,2021,35(6):87-92.

[257] 俞波睿,樊婧怡,霍玉婷.城市新区开发建设过程中的规划研究[J].美与时代(城市版),2021(8):36-37.

[258] 刘洋.国家级新区开发建设的成效与问题[J].中国经贸导刊(中),2019(7):125-127.

[259] 吴鸣.新城新区开发建设中的问题、对策及思考[J].商讯,2019(15):115-116.

[260] 肖帆.联动开发宜居宜业的"高新城":以中建方程郑州高新区城镇综合建设项目为例[J].财经界,2018(11):57-59.

[261] 秦智,殷海霞.加快产城融合步伐推进国家级高新区开发建设:以柳州国家级高新区为例[J].中国高新区,2015(2):57-59.

[262] 李飞流.广州高新区中新广州知识城开发建设全面提速[J].中国高新区,2014(2):49.

[263] 王小娟.伟人故里创业佳园:湘潭高新区开发建设掠影[J].中国高新区,2008(11):72-73.

[264] 王林强,钱卓瑛,陈心贝.高新区管理体制机制建设对策研究:以金华高新技术产业园区为例[J].产业科技创新,2023,5(4):17-19.

[265] 南阳市委编办行编科课题组.关于创新开发区管理体制机制的思考[J].行政科学论坛,2023,10(3):18-21,41.

[266] 姜琴,胡先杰,苏思骐,等.南京高新区高质量发展路径探析[J].科技创业月刊,2022,35(2):59-62.

[267] 吴莲漪,傅正超,张栀.重庆市国家级高新区建设现状及高质量发展研究[J].决策咨询,2021(6):37-40.

[268] 匡贞胜,赖思振.管理体制、空间类型与功能区经济绩效:基于国家级高新区2008—2017年面板数据的实证分析[J].管理评论,2022,34(4):34-43.

[269] 苏瑞波.我国高新区管理体制改革面临的形势及对广东高新区的建议[J].广东科技,2021,30(4):

54-56.

[270] 张喜红.责任政治建设与政府职能转变:关系、路径与指向[J].学习与探索 2019(12):45-50

[271] 倪星,黄天梁.从"共谋"到"共演"高新区管理体制的变迁逻辑:基于东莞市S高新区的案例研究[J].江汉论坛,2019(8):6.

[272] 张振,陆卫明.新时代加强和创新社会治理的理论与实践:学习习近平关于社会治理的重要论述[J].党的文献,2019(4):3-8.

[273] 刘会武.国家级高新区30年:评价指标演变及新的指引方向[J].科技中国,2018(9):78-82.

[274] 薛宏立.金融赋能高质量发展探究[J].中国货币市场,2023(6):6-12.

[275] 孙健,刘铮.高新技术产业集聚效果的实证研究:以中国高新区政策为例[J].软科学,2014,28(2):1-5.

[276] 魏守华,吴贵生,吕新雷.区域创新能力的影响因素:兼评我国创新能力的地区差距[J].中国软科学,2010(9):76-85.

[277] 李强,韩伯棠.我国高新区产业集聚测度体系研究[J].中国管理科学,2007(4):130-137.

[278] 李洋.国家级高新区增加至178家[N].中国高新技术产业导报,2023-06-26(002).

[279] 李有平.持续做好"高"和"新"两篇文章加快推进国家级高新区创新驱动高质量发展[J].国际人才交流,2022(11):6-9.

[280] 张伟.为中国式现代化探索"高新方案"[N].中国高新技术产业导报,2022-11-07(001).

[281] 杨舒,刘坤.发展新引擎动能更强劲[N].光明日报,2022-10-15(005).

[282] 佘惠敏,佘颖.抓住创新这个引领发展的"牛鼻子"[J].大众投资指南,2022(6):25-27.

[283] 廖丽萍,管轩,雷飏.为创新驱动发展筑牢"第一资源"[N].福建日报,2022-01-17(001).

[284] 钟源.国家级高新区加快打造区域创新高地[N].经济参考报,2022-01-14(002).

[285] 雷杰.党建引领创新驱动谱写新时代宝安科创工作新篇章[J].特区经济,2021(8):161-164.

[286] 李争粉.国家级高新区:创新驱动引领高质量发展[N].中国高新技术产业导报,2021-06-28(003).

[287] 李昕.兰州高新区创新驱动发展的领头羊排头兵[N].兰州日报,2021-06-20(004).

[288] 白静.新版国家级高新区综合评价指标体系出炉:科技部火炬中心主任贾敬敦解读新规变化与亮点[J].中国科技产业,2021(5):12-13.

[289] 李有平.牢记使命砥砺前行掀起国家级高新区创新驱动高质量发展新高潮[J].高科技与产业化,2020,26(12):66-68.

[290] 恩施高新区:创新驱动绿色发展争创国家级高新区[J].中国科技产业,2020(12):27.

[291] 肖丹.高新区的新时代使命[J].中国科技奖励,2020(7):3.

[292] 李兆友,刘冠男.科技政策对国家级高新区创新驱动发展的影响路径:一个定性比较分析[J].科技进步与对策,2020,37(6):11-18.

[293] 刘战国,张齐,王命禹,等.坚持创新驱动推动河南经济高质量发展[N].河南日报,2018-04-04(008).

[294] 凌捷.国家级高新区与中国经济发展新动能转换研究[J].改革与战略,2018,34(2):53-57.

[295] 刘斌.创新驱动发展背景下国家级高新区的功能定位分析[J].科学管理研究,2017,35(5):1-5.

[296] 万钢.以科技创新支撑引领供给侧结构性改革[J].时事报告(党委中心组学习),2017(4):20-33.

[297] 中国科技发展战略研究院,湖北省科技信息研究院课题组,王奋宇.东湖高新区创新驱动发展路径及对张江高新区的启示[J].科学发展,2017(7):14-22.

[298] 王胜光,朱常海.国家级高新区"三次创业"主题文章之九决定国家级高新区十三五发展方向的五大关键词及其解读[J].中国高新区,2015(9):160-166.

[299] 郑巧英,朱常海.国家级高新区"三次创业"主题文章之八众创空间的概念、运作机制与发展建议[J].中国高新区,2015(8):132-137.

[300] 樊春勤,张静攀.西安高新区持续壮大实体经济规模[N].消费日报,2023-08-29(A02).

[301] 张伟.广州高新区:以创新能力打分放"金融活水"[N].中国高新技术产业导报,2023-08-07(004).

[302] 合肥高新区交出十年答卷"合肥版中关村"已然成型[J].党史纵览,2023(5):59.

[303] 张晔,吴婷.苏州工业园区:人才与生物医药产业"双向奔赴"[N].科技日报,2023-05-11(007).

[304] 梁鲁岳.我国高新区建设世界一流高科技园区发展路径研究[J].产业创新研究,2023(7):32-34.

[305] 薛秀茹.以创新驱动经济高质量发展研究:基于合肥高新区的实证分析[J].安徽科技,2022(12):34-38.

[306] 谢燕娟,郝莹莹.国内重点高新区"十四五"规划发展目标比较分析[J].青海科技,2022,29(5):67-74.

[307] 《"十四五"时期中关村国家自主创新示范区发展建设规划》印发[J].中国科技奖励,2022(1):18-19.

[308] 王天祥.乌鲁木齐市高新区乡村振兴规划策略研究[D].哈尔滨:哈尔滨工业大学,2020.

[309] 周俊强.安徽省科技创新政策绩效评估与优化策略研究[D].芜湖:安徽师范大学,2021.

[310] 齐晓丽,郭沛珍,梁艳阳.政府支持提升区域创新绩效的作用机理与实证检验[J].财会月刊,2021(4):126-134.

[311] 陈琳.西部地区国家级高新区创新绩效研究[D].西安:西北大学,2019.

[312] 方玉梅.我国国家级高新区创新能力结构模式研究[D].大连:大连理工大学,2015.

[313] 张玉臣,罗芬芬.国家创新活动绩效评价的比较研究[J].科研管理,2015,36(S1):145-150.

[314] 梁洪力,郝君超,李研.国家创新体系绩效评价的基本框架[J].中国科技论坛,2014(1):5-9.

[315] 刘志华.区域科技协同创新绩效的评价及提升途径研究[D].长沙:湖南大学,2014.

[316] 宋东林,魏宝明.高新技术产业技术创新绩效评价研究:以江苏省为例[J].技术经济与管理研究,2012(9):34-37.

[317] 任爱莲.高新技术企业创新绩效审计评价研究[D].上海:东华大学,2011.

[318] 唐厚兴.区域创新系统创新绩效分析与评价[D].南昌:江西财经大学,2006.

[319] 张彦红."十三五"时期我国高新区发展态势及优化路径研究[J].决策咨询,2022(6):33-35.

[320] "十四五"国家高新技术产业开发区发展规划[J].中小企业管理与科技,2022(23):1-14.

[321] 习近平.高举中国特色社会主义伟大旗帜为全面建设社会主义现代化国家而团结奋斗[N].人民日报,2022-10-26(001).

[322] 郑玉雯,薛伟贤.面向高质量发展的西部国家级高新区绿色创新能力提升路径[J].技术经济,2022,41(5):1-11.

[323] 李享,谷潇磊,庞林花,等.2020年国家级高新区综合发展与数据分析报告(一)[J].中国科技产业,2021(12):16-27.

[324] 翟小宁,荣佳慧.创新人才培养的国际经验及启示[J].中国高等教育,2021(20):62-64.

[325] 杨震宁,赵红.中国企业的开放式创新:制度环境、"竞合"关系与创新绩效[J].管理世界,2020,36(2):139-160,224.

[326] 朱莉,袁丹.深圳国际人才引进障碍及对策研究[J].特区经济,2020(1):14-17.

[327] 本报评论员.合作,高质量发展的"必选题"[N].攀枝花日报,2019-03-20(001).

[328] 王征,韩在霞.基于全球资源统配视角下的企业境外研发机构设置方式研究[J].市场经济与价格,2015(1):39-42.

[329] 童晶.成都高新区探索创新驱动发展新路径[J].成都行政学院学报,2018(6):86-88.

[330] 黄秀娟.以创新驱动为动力,推动产业转型升级[J].现代商业,2017(6):114-115.

[331] 赵欣.以创新驱动助推转型发展[J].中国高新区,2014(12):150-155.

[332] 伍爱霞,罗千灵,阮若林.地方高校产学研用创新创业模式建设:现状分析、问题透视与路径探索:以

湖北省咸宁市为例[J].湖北科技学院学报,2021,41(6):148-152.

[333] 徐示波,陈晴,谷潇磊.我国创新创业发展态势及应对策略[J].中国科技产业,2020(7):60-62.

[334] 黄建新.发展方向突出创新创业主攻路径突出产业升级[J].发展,2018(4):14-16.

[335] 芮国强,陈童,马继迁.高新区创新创业发展现状、问题及对策:以苏南地区为例[J].常州大学学报(社会科学版),2018,19(2):38-47.

[336] 刘会武,刘单玉.关于提升创新驱动/运营能力的思考和路径选择[J].中国高新区,2016(11):74-80.

[337] 魏晶.深圳高新区创新发展的实践与启示[J].特区经济,2019(1):90-92.

[338] 张向阳,张涵.对深圳高新技术产业园的发展现状分析[J].深圳信息职业技术学院学报,2014,12(2):15-19,35.

[339] 陈志红.我国高新技术产业开发区管理体制分析[J].长沙大学学报,2010,24(3):10-11.

[340] 新中国成立60周年科技成就报道之科技体制改革历程和成效[J].中国科技财富,2009(19):31-35.

[341] 李涛.深圳高新区发展经验对湖北的借鉴意义[J].当代经济,2006(12):66-67.

[342] 于维栋.深圳高新区缘何走上快车道[J].科学新闻,2001(32):2.

[343] 王胜光,程郁.国家级高新区创新发展报告:二十年的评价与展望[M].北京:中国经济出版社,2013.

[344] 中国科技园区观察.广东省国家级高新区管理体制机制现状、创新实践及建议[EB/OL].[2020-02-24].https://www.sohu.com/a/375527276_100021897.

[345] 程娆.广州高新技术产业开发区行政管理体制改革研究[D].广州:华南理工大学,2012.

[346] 王晶.广东财政支持战略性新兴产业发展的效率研究[D].广州:暨南大学,2017.

[347] 行帆.区域一体化发展视野下湛茂都市圈协同治理研究[D].湛江:广东海洋大学,2020.

[348] 李斌,杜斌,王平.市场导向对国家级高新区技术创新的影响机制[J].经济与管理研究,2016,37(10):73-81.

[349] 严和.中国-以色列科技产业合作研究[D].重庆:四川外国语大学,2017.

[350] 丁旭光.新时代科技创新发展的广州路径探析[J].探求,2022(5):51-61.

[351] 陈超.区域创新环境对高新区发展的影响研究[D].西安:陕西师范大学,2017.

[352] 武加媚.技术创新网络结构对创新绩效的影响研究[D].北京:首都经济贸易大学,2018.

[353] 李慧凤.情境嵌入的实践理性:中国方案的理论解释:苏州工业园区创新的历史考察[J].公共管理学报,2021,18(4):152-164,176.

[354] 牛玮妮.苏州工业园区城市规划管理体系研究[D].苏州:苏州科技学院,2009.

[355] 曾智华.通过开放与创新打造国际化新城:以苏州工业园区为案例[J].城市发展研究,2017,24(10):117-124.

[356] 韩俊,王翔.新型城镇化的苏州工业园区样本[M].北京:中国发展出版社,2015.

[357] 方伟,李静会.深入推进苏州工业园区开放创新综合试验的思考和建议[J].常熟理工学院学报,2018,32(1):5.

[358] 孙伟良,郭帅新.协同创新视阈下的国家级高新区区域创新体系建设研究:以杭州高新区为例[J].西南金融,2022(10):3-18.

[359] 楼健人,施勇峰,徐长明.加快杭州区域创新体系建设的战略思考[J].科技进步与对策,2003,20(15):130-132.

[360] 中国社会科学院工业经济研究所课题组,张其仔."十四五"时期我国区域创新体系建设的重点任务和政策思路[J].经济研究参考,2020(18):107-119.

[361] 洪银兴.论区域创新体系建设:基于长三角区域一体化创新体系的考察[J].西北工业大学学报(社会科学版),2020(3):49-59.

[362] 王洁,曹莉莎.区域创新体系视角下的科技创新能力评价研究:以东莞为例[J].科技管理研究,2014,34(12):63-67.

[363] 建设"一园三谷"产业地标杭州高新区打造现代化建设滨江新路径[J].杭州,2023(6):78-81.

[364] 吕月珍.杭州国家级高新区创新发展路径分析[J].杭州科技,2018(3):51-55.

[365] 杭州高新区(滨江)发改局课题组.杭州高新区发展经验研究[J].杭州科技,2018(1):52-56.

[366] 李洁.杭州高新区(滨江):打造国际化人才特区[J].中国高新区,2017(7):44-47.

[367] 杭州高新区(滨江)努力建设世界一流高科技园区[J].浙江人大,2017(Z1):68-69.

[368] 王立军.杭州高新区(滨江)实践"八八战略",奋力打造"两个天堂"[J].杭州科技,2023,54(4):14-18.

[369] 陈文强.杭州高新区(滨江)"创新七式"[J].安徽科技,2018(10):21-22.

[370] 李洁."双创"激发新动能蓄能创建大孵化:杭州高新区(滨江)建设全域大孵化器纪实[J].中国高新区,2017(8):25-29.

[371] 李海基.区域科技创新指数及其算法研究[D].广州:华南理工大学,2011.

[372] 叶伟,肖鳕桐.杭州高新区向世界领先科技园区奋力迈进[N].中国高新技术产业导报,2022-09-26(005).

[373] 张毅.合肥篇 坚持深化国资国企改革,奋力开创高质量发展新局面[J].上海国资,2023(2):64-67.

[374] 应易林,刘磊鑫.揭秘"合肥模式":以基金撬动资本,以资本培育产业[J].宁波经济(财经视点),2023(6):42-43.

[375] 帅丹琪.地方政府融资平台运营模式市场化转型案例分析[D].南昌:江西财经大学,2022.

[376] 苏梦婷."合肥模式"下合肥建投转型案例研究[D].青岛:青岛理工大学,2022.

[377] 王晴,杨希韵,白玉静.地方国有资本投资运营公司转型发展路径探索:以合肥产投集团改革创新发展实践为例[C]//中国企业改革与发展研究会.中国企业改革发展优秀成果2020(第四届)上卷,2020:110-119.

[378] 刘光明.政府产业投资基金:组织形式、作用机制与发展绩效[J].财政研究,2019(7):71-76.

[379] 刘祯.从合肥高新区看高新区创业孵化发展的典型模式[J].中国科技产业,2019(5):66-67.

[380] 刘昭恒.互联网金融视角下科技金融发展现状与对策探析:以安徽省合肥高新区为例[J].长江大学学报(自然科学版),2018,15(10):75-78.

[381] 李晗韬.政府主导的产业投资基金研究[D].北京:中国财政科学研究院,2016.

[382] 刘春晓,刘红涛,孟兆辉.政府创业投资引导基金参股基金绩效评价研究[J].上海金融,2015(10):61-65,39.

[383] 喻智.中国汽车产业规模与效益研究[D].南昌:江西财经大学,2015.

[384] 郭艳琴.合肥高新区科技金融服务体系构建与发展路径研究[D].合肥:合肥工业大学,2015.

[385] 孙朝霞.产业集群与合肥高新区竞争力研究[D].合肥:安徽大学,2006.

[386] 张伟.国有资本与产业选择[J].上海交通大学学报(社会科学版),2000(4):103-106.DOI:10.13806/j.cnki.issn1008-7095.2000.04.018.

[387] 徐振明,宋军,张海戈,等.科技开发基金在科技成果转化中的作用[J].研究与发展管理,1998(1):42-45.

[388] 陈培诚,陈曦.杭州科技企业孵化器发展现状及对策建议[J].科技中国,2023(2):72-78.

[389] 江巍."双创"背景下武汉市科技企业孵化器发展的政策工具选择研究[D].武汉:武汉大学,2022.

[390] 龚斌.科技企业孵化器对区域创新创业的影响研究[D].武汉:华中科技大学,2021.

[391] 李烨.地方政府发展科技企业孵化器的政策研究[D].南京:南京理工大学,2020.

[392] 蔺全录,朱建雄.我国科技企业孵化器发展现状及对策研究[J].科技管理研究,2019,39(14):

32-41.
- [393] 汤润之.科技企业孵化器发展中的政府行为研究[D].武汉:华中师范大学,2018.
- [394] 李政刚.武汉东湖新技术开发区双创示范基地建设经验及对西部地区的启示[J].科技促进发展,2017,13(Z_2):629-635.
- [395] 赵莹.武汉科技企业孵化器:现状分析与发展政策研究[D].武汉:武汉科技大学,2017.
- [396] 曾翠玲.东湖高新区创新型孵化器运营模式研究[D].武汉:华中科技大学,2015.
- [397] 陈建安,李燕萍,吴绍棠.东湖高新区产学研合作的现状、问题与对策[J].科技进步与对策,2009,26(24):12-16.
- [398] 陈莉敏.科技企业孵化器集群机理研究[D].武汉:武汉理工大学,2008.
- [399] 苏剑,刘伟.现代化与金融高质量发展[J].国际金融研究,2023(6):3-12.
- [400] 孙晓曦."三区一群"背景下郑州高新区科技金融发展问题研究[J].金融科技时代,2023,31(6):92-95.
- [401] 张腾,蒋伏心.科技金融、技术创新与经济高质量发展[J].统计与决策,2023,39(9):142-146.
- [402] 曲昀佳.建设统一大市场提高金融服务实体经济能力[J].北方经贸,2023(3):9-11.
- [403] 方霞,张云,赵平.数字经济时代金融人才数据素养培养困境与对策研究[J].中国大学教学,2022(9):23-27.
- [404] 张晓青.自贸区金融服务创新与发展[J].中国金融,2022(14):47-49.
- [405] 邱兆祥,刘迪,安世友.以金融创新服务科技创新的若干思考[J].理论探索,2022(3):86-91.
- [406] 王馨,王营.以金融科技为核心的金融专业人才培养探讨[J].金融理论与实践,2021(12):73-78.
- [407] 刘少波,张友泽,梁晋恒.金融科技与金融创新研究进展[J].经济学动态,2021(3):126-144.
- [408] 陈炜.金融服务集群的网络结构研究:以广东金融高新区为例[J].商业经济,2021(3):176-179.
- [409] 侯世英,宋良荣.金融科技、科技金融与区域研发创新[J].财经理论与实践,2020,41(5):11-19.
- [410] 汪传雷,吴娟华,牛传琼,等.面向世界一流的高新区创新服务能力影响因素分析:以合肥高新区为例[J].湖北经济学院学报(人文社会科学版),2019,16(3):43-46,50.
- [411] 王传生,高杰英.新时代金融人才培养:问题与对策[J].中国大学教学,2018(9):29-32.
- [412] 匡敏,曲玲玲.我国自贸区金融服务创新的现状及升级途径[J].对外经贸实务,2017(10):57-60.
- [413] 刘阳.我国高新区配套金融服务体系的研究[J].中国商论,2016(13):75-76.
- [414] 刘心.论民营高新技术企业融资现状及改进措施[J].老字号品牌营销,2023(16):85-87.
- [415] 舒倩文.中小高新技术企业融资问题与对策分析[J].商场现代化,2023(9):122-124.
- [416] 赵文硕.中小型高新技术企业融资问题研究[J].营销界,2023(3):53-55.
- [417] 黎文思.产业园区建设发展投融资模式研究[J].现代营销(上旬刊),2022(10):7-9.
- [418] 陈钒.高新技术企业不同发展阶段的风险和融资策略探析[J].活力,2022(16):166-168.
- [419] 张捷.公募REITs:基础设施融资新方式[J].宏观经济管理,2021(8):14-21.
- [420] 张巍.产业园区开发建设融资策略研究[J].中国产经,2021(1):51-52.
- [421] 李晨,于果,王纬佳.新时期产业园区投融资模式:现状、挑战及对策[J].公共财政研究,2020(6):76-84,68.
- [422] 李剑,郭莹.高新技术企业融资模式创新研究[J].现代商业,2020(27):141-142.
- [423] 戴明辉.产业园区开发融资新模式:REITs初探[J].中国总会计师,2020(1):81-83.
- [424] 项飞英.促进中小高新技术企业发展的融资新模式探讨[J].中国集体经济,2019(36):102-104.
- [425] 孙翔宇,等.新时期集聚高端创新资源的新平台:我国新型研发机构发展概况[J].中国人才,2023(8):9-11.
- [426] 薛维娜.研发资本流动、金融资源集聚与科技创新[D].绵阳:西南科技大学,2023.
- [427] 解佳龙,熊晓雪.国家级高新区创新资源集聚分异与空间极化格局[J].管理现代化,2022,42(6):

14-21.

[428] 苏建军,关丽.中原城市群高新技术产业集聚特征及影响因素研究[J].创新科技,2022,22(4):31-42.

[429] 林剑铬,等.中国高新技术产业开发区的知识基础及其创新效应:基于国家级高新区上市企业的研究[J].地理研究,2021,40(2):387-401.

[430] 吴价宝,等.江苏省国家级高新区创新资源集聚路径与融合机制研究[J].江苏海洋大学学报(人文社会科学版),2021,19(1):104-114.

[431] 王鹏,吴思霖.研发投入对高新区集聚发展影响的门限效应[J].科学学研究,2019,37(6):996-1005.

[432] 张林,高安刚.国家级高新区如何影响城市群创新空间结构:基于单中心-多中心视角[J].经济学家,2019(1):69-79.

[433] 欧光军,杨青,雷霖.国家级高新区产业集群创新生态能力评价研究[J].科研管理,2018,39(8):63-71.

[434] 魏素敏,顾玲琍.上海张江示范区创新发展的借鉴与思考[J].科技中国,2019(6):85-90.

[435] 高长春.长三角区域创新网络协同治理思路和对策[J].科学发展,2018(9):35-46.

[436] 中国科技发展战略研究院,湖北省科技信息研究院课题组,王奋宇.东湖高新区创新驱动发展路径及对张江高新区的启示[J].科学发展,2017(7):14-22.

[437] 周洪宇.国家自主创新示范区创新能力比较研究:以北京中关村、武汉东湖、上海张江为例[J].科技进步与对策,2015,32(22):34-39.

[438] 付弘斐."全能型"国家级高新区管理体制改革研究[D].郑州:郑州大学,2021.

[439] 钟本章.市场产业部门:深圳高新区走出的另类国家创新道路[J].经济体制改革,2020(4):115-121.

[440] 周新军,刘向阳.国家级高新区管理制度创新研究[J].华北电力大学学报(社会科学版),2019(6):59-69.